Der große illustrierte Atlas

Erde & Weltraum

Der große illustrierte Atlas

Erde & Weltraum

ISBN-10: 3-7886-1396-3
ISBN-13: 978-3-7886-1396-9
www.tessloff.com

Aus dem Englischen übertragen von: Birgit Reß-Bohusch · **Lektorat der deutschen Ausgabe:** Sabine Tessloff, Sibylle Faber
Umschlag: Grafik + Design Brigitte Gabler

Erde:

Design Concept: John Bull · **Leitung der Redaktion:** Ariana Klepac · **Art Director:** Sue Burk

Projekt-Lektor: Scott Forbes · **Beratender Herausgeber:** Colin Sale · **Lektoratsassistentin:** Anne Ferrier · **Text:** Scott Forbes

Leitende Layouterin: Hilda Mendham · **Layout, thematische Doppelseiten:** Lena Lowe · **Koordination:** Jocelyne Best
Computer-Satz: Laura Sassin, Amanda Woodward · **Computer-Grafik:** Stuart McVicar
Leitung der Bildrecherche: Anne Ferrier · **Bildrecherche:** Peter Barker · **Archiv:** Rita Joseph

Illustratoren: Susanna Addario, Andrew Beckett/Illustration, André Boos, Anne Bowman, Greg Bridges, Danny Burke, Martin Camm, Fiammetta Dogi, Simone End, Giuliano Fornari, Chris Forsey, John Francis/Bernard Thornton Artists, G.B., Jon Gittoes, Ray Grinaway, Terry Hadler/Bernard Thornton Artists, G.B., Tim Hayward/Bernard Thornton Artists, G.B., David Kirshner, Frank Knight, Mike Lamble, James McKinnon, Peter Mennim, Nicola Oram, Tony Pyrzakowski, Oliver Rennert, Barbara Rodanska, Claudia Saraceni, Michael Saunders, Peter Schouten, Stephen Seymour/Bernard Thornton Artists, G.B., Marco Sparaciari, Sharif Tarabay/Illustration, Steve Trevaskis, Thomas Trojer, Genevieve Wallace, Trevor Weekes, Rod Westblade, Ann Winterbotham

Karten: Digital Wisdom Publishing Ltd · **Flaggen:** Flag Society of Australia

Produktionsleitung: Caroline Webber · **Produktionsassistentin:** Kylie Lawson

Vizepräsident International Sales: Stuatz Laurence

Weltraum:

Autor: Robert Burnham · **Wissenschaftlicher Berater:** Bryan Bunch · **Leitung der Redaktion:** Jenni Bruce · **Redaktionsassistentin:** Tracey Jackson
Design Concept: John Bull · **Art Director:** Clare Forte · **Bildrecherche:** Jenny Mills

Illustratoren: Wildlife Art Ltd:
David A. Hardy · Tom Connell · Luigi Gallant · Lee Gibbons · Sandra Pond · **Sternkarten:** Wil Tirion

Produktionsleitung: Helen Creeke, Caroline Webber · **Produktionsassistentin:** Kylie Lawson

Colour Reproduction by Colourscan Co Pte Ltd
Printed by Kyodo Printing · Printed in Singapore

A WELDON OWEN PRODUCTION

Der große illustrierte Atlas

Erde & Weltraum

TESSLOFF

Der große illustrierte Atlas

Erde

TESSLOFF

INHALT

EUROPA 56

ASIEN 76

AFRIKA 92

AUSTRALIEN UND OZEANIEN 98

Hinweise zur Benutzung

DER GROSSE ILLUSTRIERTE WELTATLAS lädt euch zu einer faszinierenden Weltreise ein, bei der ihr auf Schritt und Tritt den Wundern unserer Erde begegnen werdet. Ehe ihr jedoch startet, solltet ihr euch die beiden nächsten Kapitel – Karten und ihre Herstellung und wie man eine Karte liest – ansehen. Darin erfahrt ihr etwas über die verschiedenen kartografischen Darstellungen und wie man sich auf einer Karte orientiert. Die übrigen Seiten der Einführung behandeln alle wesentlichen Fragen zu unserem Heimatplaneten – seine Position im All, seine Zusammensetzung und das Entstehen seiner Landschaften, aber auch das Wetter, die Pflanzen- und Tierwelt und die Volksstämme der verschiedenen Erdteile. Die Karten selbst sind in sieben Abschnitte gegliedert – je einen für die Kontinente Nord- und Mittelamerika, Südamerika, Europa, Asien, Afrika, Australien und Ozeanien sowie einen für die Polargebiete. Jeder Teil beginnt mit einer Kontinentkarte, die neben einer politischen Karte mit allen Ländern die wichtigsten Landschaftsmerkmale enthält. Danach kommt jeweils eine Gruppe von Karten, die mit einer Fülle von Bildern und Fakten die Besonderheiten der dargestellten Regionen veranschaulicht. Den Atlasteil beschließt ein Länder-Lexikon, das nützliche Kurzinformationen zu allen Staaten der Erde gibt. Ganz am Ende des Bandes findet ihr noch ein Glossar, das die im Text verwendeten Fachbegriffe erklärt, und ein umfassendes Namensverzeichnis mit Lageangaben, die euch das Auffinden bestimmter Orte auf den Karten erleichtern.

ILLUSTRIERTE KARTE

LÄNDERLISTE Sie enthält in alphabetischer Reihenfolge alle auf der Karte verzeichneten Staaten mit Einwohnerzahl und Hauptstadt.

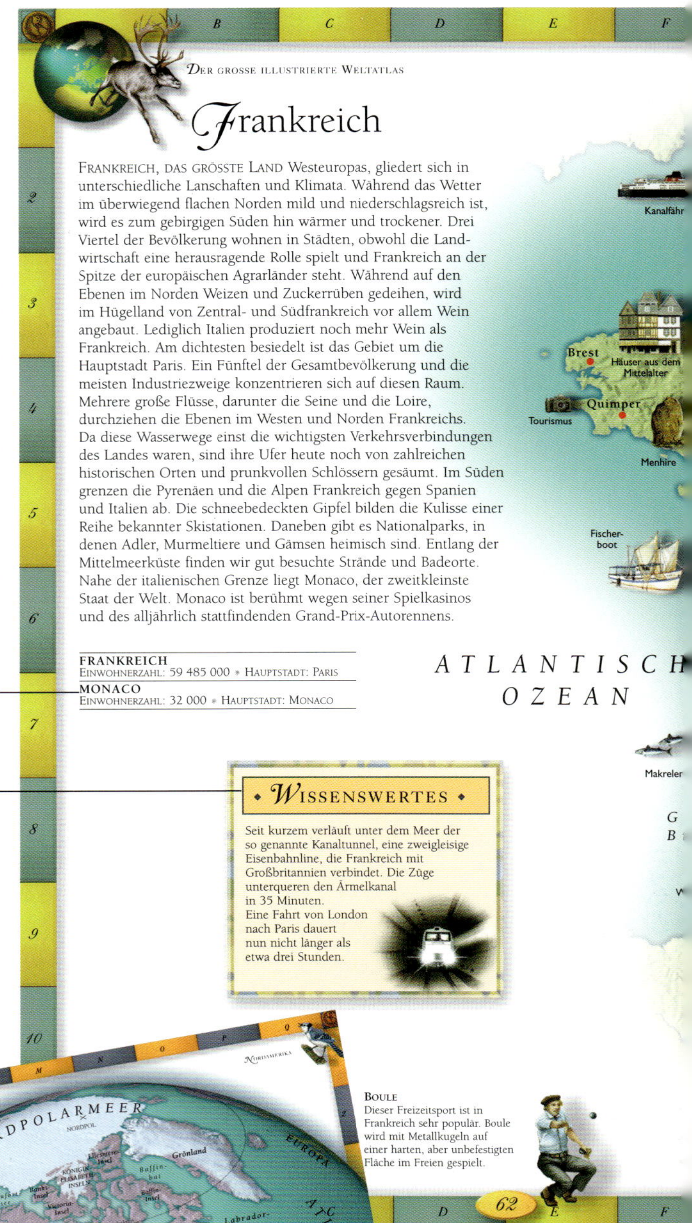

WISSENSWERTES In diesem Kasten könnt ihr verblüffende, kuriose oder außergewöhnliche Dinge über das jeweils dargestellte Gebiet nachlesen.

KONTINENT-FAKTEN Dazu gehören die Größe des Kontinents, seine Einwohnerzahl und die Namen seiner Länder.

KONTINENTKARTE

REKORDE Hier sind die höchsten, längsten und größten geografischen Merkmale des Kontinents aufgelistet.

GRÖSSENVERGLEICH Diese Abbildungen zeigen, wie die wichtigsten Berge und Flüsse des Kontinents aussähen, wenn man sie nebeneinander sehen könnte.

POLITISCHE KARTE Auf dieser Karte sind alle Staaten des betreffenden Kontinents verzeichnet.

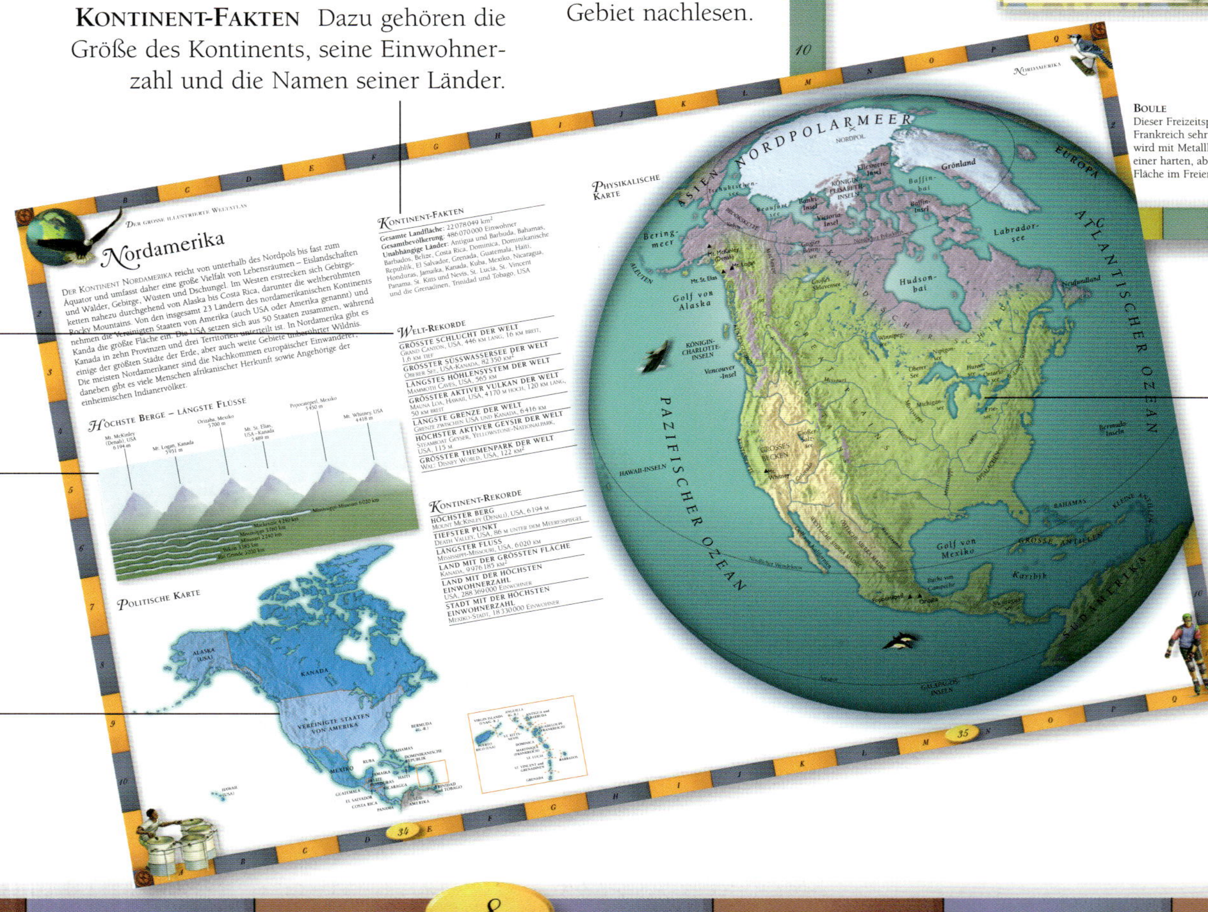

PHYSIKALISCHE KARTE Diese Karte stellt die natürlichen Landschaftsformen des betreffenden Kontinents dar. Man bezeichnet sie auch als Reliefkarte.

FARBIGE UMRANDUNG Jeder Atlasteil ist mit einer anderen Farbe umrandet.

SUCHGITTER Die Buchstaben und Ziffern der Umrandung erleichtern euch die Suche nach bestimmten Orten. Auf Seite 12 erfahrt ihr Näheres über die Benutzung solcher Lageangaben.

MACH MIT Hier findet ihr Vorschläge zum Basteln, Experimentieren und Gestalten, die euch besser mit einem Land oder einem Thema vertraut machen.

SCHAU NACH Damit ihr die hier gestellten Fragen beantworten könnt, müsst ihr euch die Karte genauer ansehen.

POSITION Anhand dieser Weltkugel kann man genau erkennen, an welchem Punkt der Erde sich das auf der Karte abgebildete Gebiet befindet.

ILLUSTRATIONEN Sie zeigen die für eine bestimmte Region auf der Karte typischen Menschen, Tiere, Pflanzen, Bauwerke oder Tätigkeiten.

RAND-ILLUSTRATIONEN Die Illustrationen und Texte am Rand der Karte liefern zusätzliche Informationen zu manchen der Karten-Abbildungen.

MASSSTAB Mit dem Maßstab-Balken könnt ihr die Entfernungen auf der Karte errechnen. Wie das geht, wird auf Seite 12 erläutert.

KOMPASS Der Kompass dient dazu, den Norden zu bestimmen. Wie ein Kompass funktioniert, erfahrt ihr auf Seite 12.

ZEICHENERKLÄRUNGEN

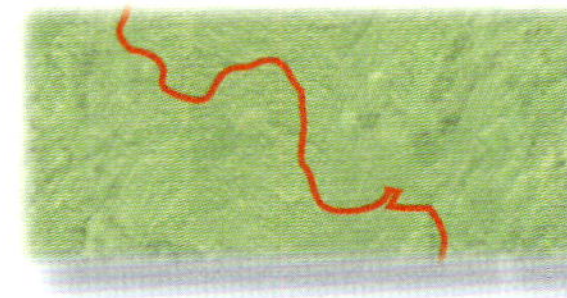

Landesgrenze

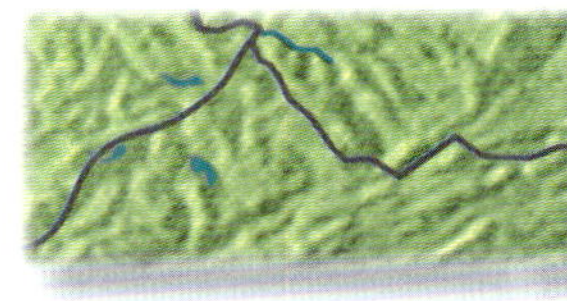

Regionalgrenze

umstrittene Grenze

abhängiges Territorium und das Land, zu dem es gehört

✪ Landeshauptstadt
◉ Regionalhauptstadt
● Stadt

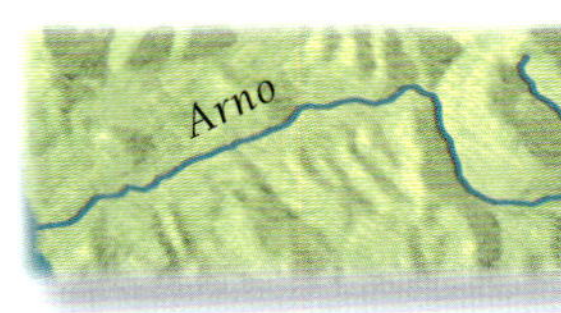

Fluss

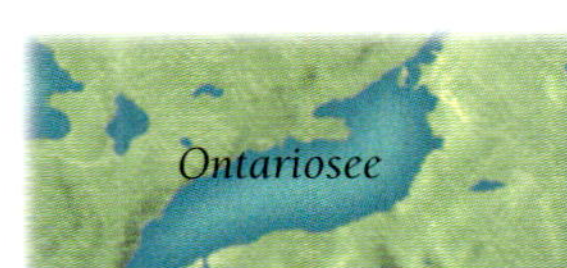

See

▲ größerer Berg

Ⓑ bedrohte Tierart

FARBKODE

Wüste und Halbwüste | Wald oder Grasland | Tundra | Eiskappe

Karten und ihre Herstellung

EINE KARTE IST EINE ABBILDUNG, mit deren Hilfe ihr erkennen könnt, wie eine bestimmte Gegend der Erde von oben aussieht. Jedes Gebiet, ganz gleich, wie groß oder klein, lässt sich auf einer Karte wiedergeben. Manche Karten zeigen nur eine Ortschaft, andere dagegen die ganze Welt. Da Karten aber grundsätzlich Regionen darstellen, die größer sind als die Seite, auf der sie abgedruckt werden, müssen die Besonderheiten dieser Regionen auf der Karte stark verkleinert eingetragen werden. Das geschieht in einem bestimmten Verhältnis oder Maßstab. Je größer das dargestellte Gebiet ist, desto kleiner müssen die jeweiligen Merkmale gezeichnet werden. Man unterscheidet Karten mit großem, mittlerem und kleinem Maßstab. Auf fast allen Karten werden die eigentlichen Landschaftsformen oder Gegenstände durch Linien, Farben und Symbole ersetzt. Auf einem Stadtplan beispielsweise verwendet man meist schwarze Doppellinien für Straßen und farbige Flächen für Gebäude. Auf einer Länderkarte dagegen erscheinen Städte meist als schwarze oder rote Punkte und Flüsse als blaue Linien. Ein Kartenwerk in Buchform wird als Atlas bezeichnet. Ein Atlas enthält in der Regel Welt-, Kontinent- und Länderkarten.

WISSENSWERTES

In der griechischen Mythologie war Atlas ein Riese, der einen Aufstand gegen die Götter anführte. Zur Strafe für diesen Frevel wurde er dazu verurteilt, das Himmelsgewölbe zu tragen. Als im 16. Jahrhundert die ersten Kartenwerke erschienen, hatten viele auf dem Umschlag ein Bild des Atlas mit der Weltkugel auf dem Rücken. Das hatte zur Folge, dass man ein Kartenwerk bald als Atlas bezeichnete.

VERSCHIEDENE MASSSTÄBE

Diese Karte von der Riverford-Schule verwendet Linien, Farben und Symbole, um die Schule, die umliegenden Straßen und sonstige Besonderheiten darzustellen.

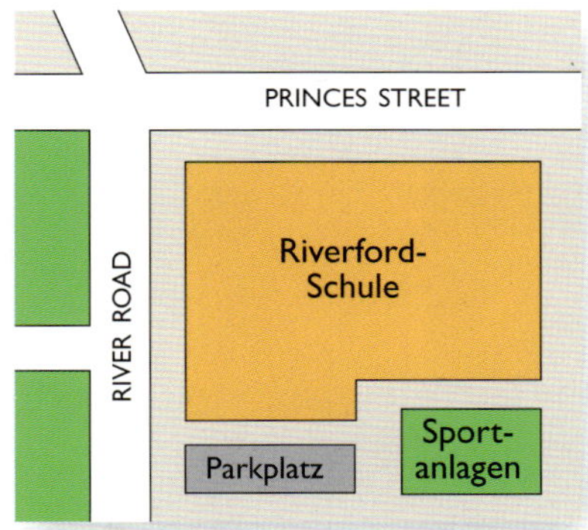

Eine solche Stadtteil- oder Stadtkarte wird meist als Plan bezeichnet.

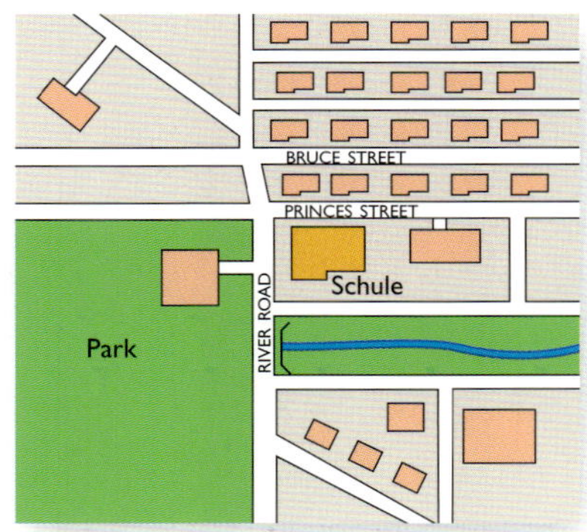

Das hier ist ein Ortsplan von Riverford. Der größere Kartenausschnitt zeigt euch, dass die Schule in der Nähe von Häusern, einem Park und einem Fluss liegt; dafür fallen allerdings Details wie der Parkplatz oder die Sportanlagen weg.

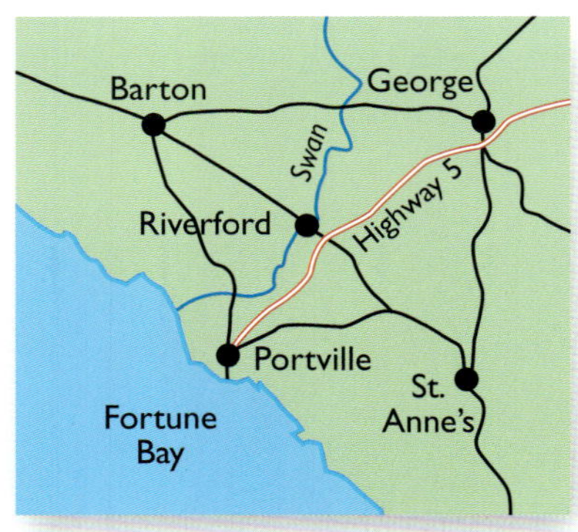

Diese Karte stellt die Region um Riverford dar. Die Stadt selbst erscheint jetzt nur noch als schwarzer Punkt. Die Schule und die Straßen sind nicht mehr zu erkennen, aber ihr seht jetzt, dass Riverford nahe der Küste liegt und durch ein Netz größerer und kleinerer Straßen mit anderen Orten verbunden ist.

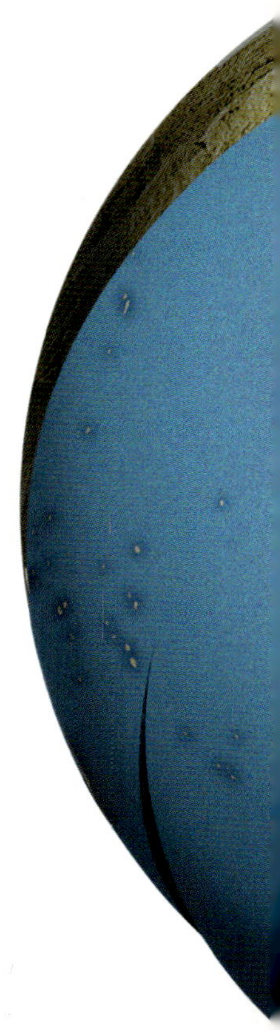

MACH MIT: *Planzeichnen*

Warum versucht ihr nicht, einen Plan eures Wohnviertels anzufertigen? Überlegt euch als erstes, wo sich die verschiedenen Gebäude, Straßen und Plätze befinden, wie weit sie auseinander liegen und welche Form sie haben. Vielleicht seht ihr euch die Gegend bei einem Spaziergang an und macht dabei eine Liste der Dinge, die euer Plan enthalten soll.

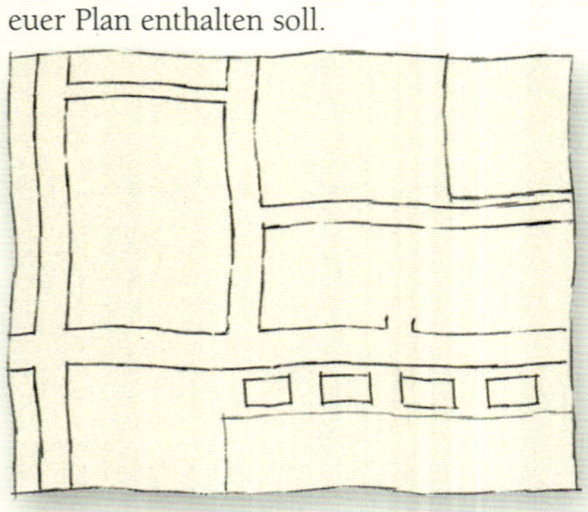

❶ Sobald ihr entschieden habt, welches Gebiet euer Plan umfassen soll, könnt ihr die Straßen zeichnen.

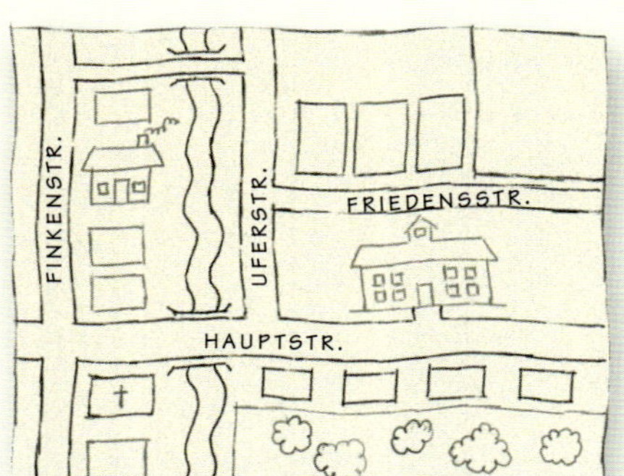

❷ Fügt besondere Merkmale wie Plätze, Parks, Flüsse und Bauwerke hinzu und beschriftet die Straßen.

❸ Nun wird der Plan angemalt. Verwendet eine Farbe für Bauwerke, eine andere für Straßen usw. Vermerkt am Rand der Karte, was die einzelnen Farben bedeuten. Zuletzt könnt ihr noch die Orte kennzeichnen, die euch besonders wichtig sind – z. B. euer Haus und eure Schule.

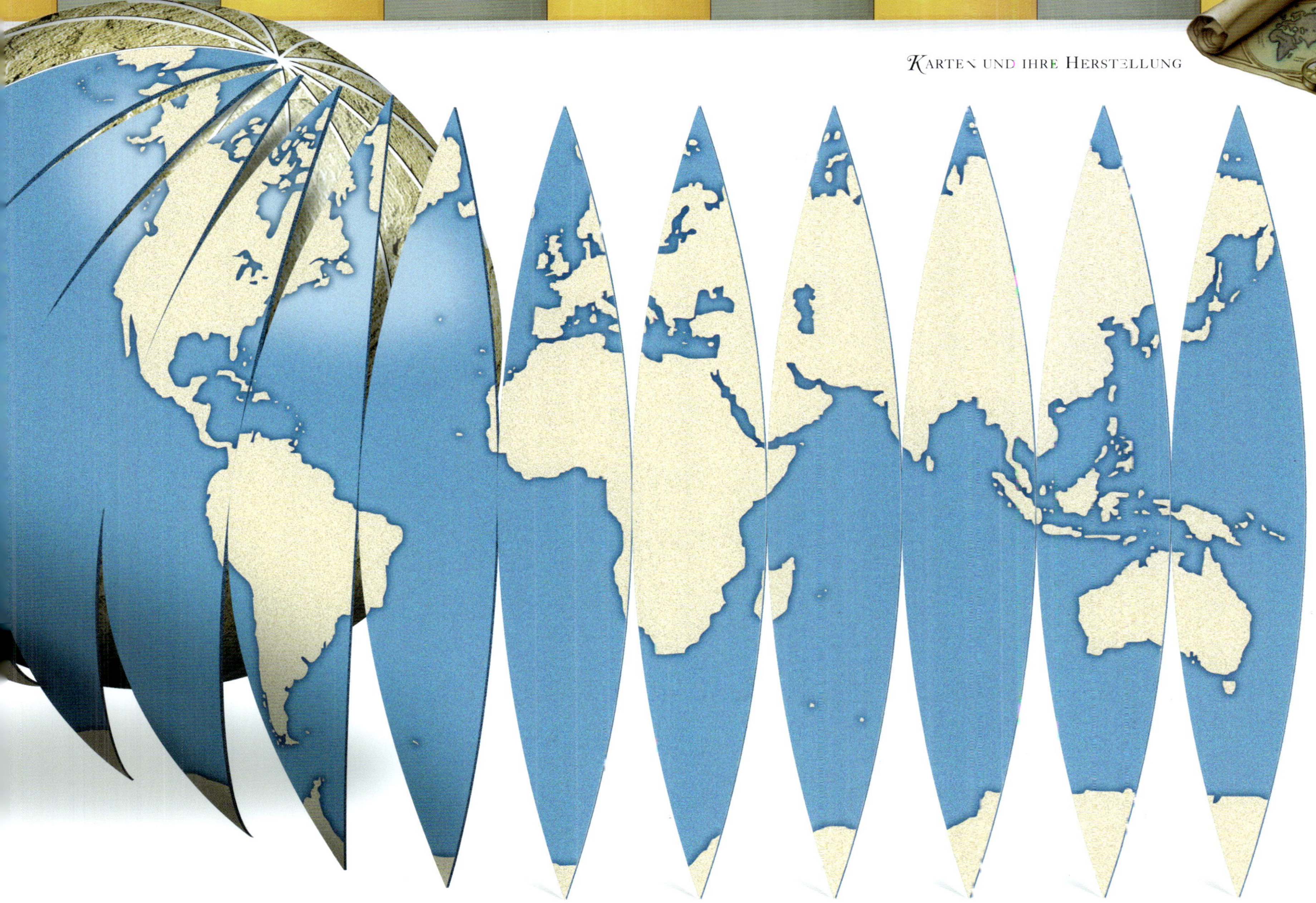

So entstehen Karten

Leute, die Karten zeichnen, nennt man Kartografen. Früher, als es die Luft- und Raumfahrt noch nicht gab, waren Kartenmacher auf die Berichte und Informationen von Reisenden und Forschern angewiesen. Heute beruhen die meisten Karten auf Landvermessungen und auf Luft- oder Satellitenaufnahmen. Das Hauptproblem bei der Kartenherstellung liegt darin, dass die runde Erde auf einer Fläche abgebildet werden muss. Ein Globus ist die genaueste kartografische Wiedergabe, da er die gleiche Form wie die Erde hat. Wenn ihr allerdings glaubt, man müsste nur die Oberfläche einer solchen Weltkugel abziehen, um eine flache Karte zu erhalten, dann täuscht ihr euch. Am Ende hättet ihr eine Weltkarte, die aus lauter Stücken oder Segmenten bestünde. Ihr könnt das selbst testen, indem ihr vorsichtig eine Orange schält und die Haut flach zu drücken versucht. Ihr werdet sehen, dass die Schale einreißt, sobald ihr sie glatt streicht. Um eine flache Karte herzustellen, müssen die Kartografen manche Felder oder Segmente des Globus dehnen oder verkürzen, eine Methode, die als Projektion bezeichnet wird. Man hat viele Arten der Projektion entwickelt, die verschiedenen Zwecken dienen und deren Ergebnisse jeweils leicht voneinander abweichen.

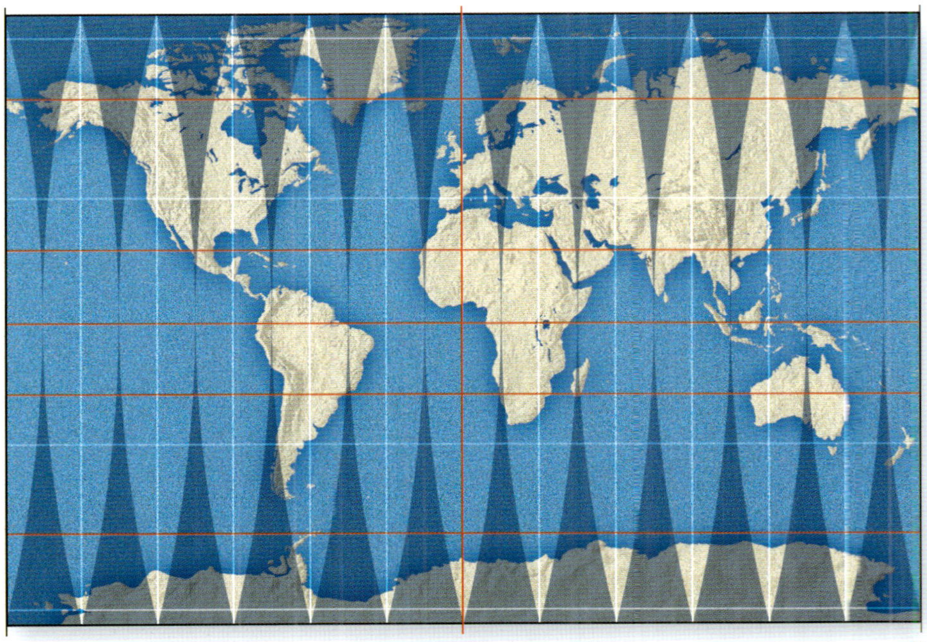

Die Erde als Fläche
Wie oben zu sehen, kann die Erdkugel in Segmente unterteilt werden. Um eine flache, rechteckige Karte herzustellen, müssen Kartografen die Lücken zwischen den Segmenten ausfüllen. Ein Netzwerk aus Breitengraden (horizontalen Linien) und Längengraden (vertikalen Linien) erleichtert ihnen das maßstabgetreue Eintragen bestimmter Orte.

Ein Netz von Koordinaten

Kartografen benutzen zur Ortsbestimmung auf der Weltkugel ein Netz aus Linien. Längengrade (Meridiane) sind Linien zwischen dem Nord- und Südpol, die vom Greenwich-Nullmeridian aus bis 180° Ost und 180° West gemessen werden. Breitengrade (Parallelkreise) verlaufen in West-Ost-Richtung parallel zum Äquator; dabei liegt der Äquator auf dem Breitenkreis 0. Der Äquator teilt die Welt in eine Nord- und eine Südhemisphäre, während der Greenwich-Meridian und der 180°-Längenkreis die Grenze zwischen der Ost- und Westhemisphäre bilden.

Wie man eine Karte liest

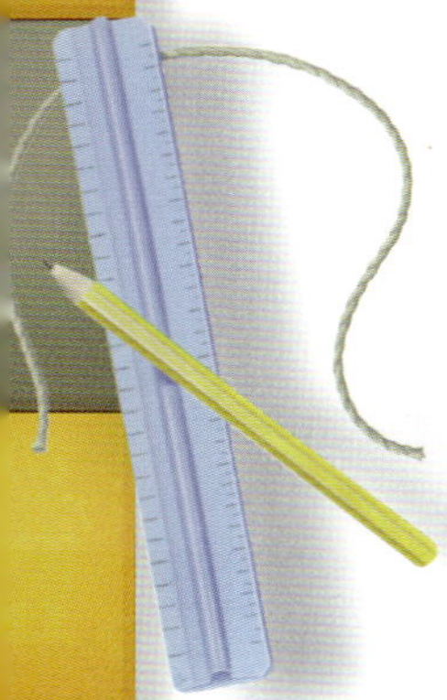

Karten enthalten eine Fülle von Informationen. Sie verraten euch, wo sich bestimmte Orte oder Gebiete befinden, welche Größe und Form sie haben oder wie weit und in welcher Richtung sie voneinander entfernt sind. Darüber hinaus geben sie Auskunft über Klima, Landschaft, Vegetation, Besiedlung und Verkehrswege einer Region. Wenn ihr erst einmal herausgefunden habt, wie man eine Karte richtig liest, könnt ihr aus dem Atlas eine ganze Menge über die Länder rund um die Welt erfahren.

Orte auffinden

Die meisten Karten und Atlanten besitzen ein Ortsverzeichnis und ein Suchgitter, die euch das Auffinden bestimmter Begriffe erleichtern. Wenn ihr im Ortsverzeichnis – einem alphabetischen Register, das im Allgemeinen ganz am Ende eines Werks steht – nachschlagt, werdet ihr zu jedem Namen ein paar Zahlenangaben finden, die auf eine Seite und das zugehörige Suchfeld im Atlas verweisen. Im Normalfall besteht ein Suchgitter aus Buchstaben, die am oberen und unteren Kartenrand von links nach rechts verlaufen, und Zahlen, die an beiden Seiten von oben nach unten verlaufen. Seht euch einmal die Australien-Karte rechts genauer an. Im Ortsverzeichnis wird die Lage für die Stadt Melbourne mit den Koordinaten H8 angegeben. Wenn ihr also Melbourne finden wollt, müsst ihr an der oberen oder unteren Kante den Buchstaben H und an einer der Seitenkanten die Zahl 8 suchen. Denkt euch nun zwei Streifen, die von H aus senkrecht und von 8 aus waagrecht über die Karte laufen. Irgendwo in dem Feld, das von beiden Streifen gemeinsam ausgefüllt wird, muss sich Melbourne befinden.

Das Suchgitter
Im Register dieses Bandes stehen hinter jedem Ortsnamen eine Seitenzahl und zwei Gitter-Koordinaten, z. B. 43 und L4 für die Stadt Nashville in Tennessee. Wenn ihr wissen wollt, wo Nashville liegt, müsst ihr zunächst Seite 43 aufschlagen und dann am Rand des Suchgitters L und 4 aufspüren. Der senkrechte Streifen von L und der waagerechte Streifen von 4 überschneiden sich in einem kleinen Quadrat, und genau in diesem Feld liegt Nashville.

Die Richtung ermitteln

Für gewöhnlich befindet sich auf jeder Karte ein Kompass-Symbol – auch Windrose genannt –, das die Richtung Nord (N) anzeigt. Manchmal, wie auf der Karte oben, zeigt sie auch die Richtungen Süd (S), Ost (O) und West (W) an. Mithilfe der Kompass-Spitzen lässt sich die Lage verschiedener Orte zueinander bestimmen. So könnt ihr sagen, dass Sydney im Osten (O) von Adelaide und Brisbane im Norden (N) von Sydney liegt. Da sich Brisbane aber nördlich und östlich von Adelaide befindet, können wir die entsprechenden Kompass-Spitzen kombinieren und sagen, dass Brisbane im Nordosten (NO) von Adelaide liegt. Und es geht noch genauer: Da sich Brisbane weiter im Osten als im Norden von Adelaide befindet, beschreiben wir seine Richtung im Vergleich zu Adelaide als Ost-Nordost (ONO). Der Kompass oben links zeigt sämtliche Kombinationsmöglichkeiten, die euch zur Verfügung stehen, um eine Richtung zu bestimmen.

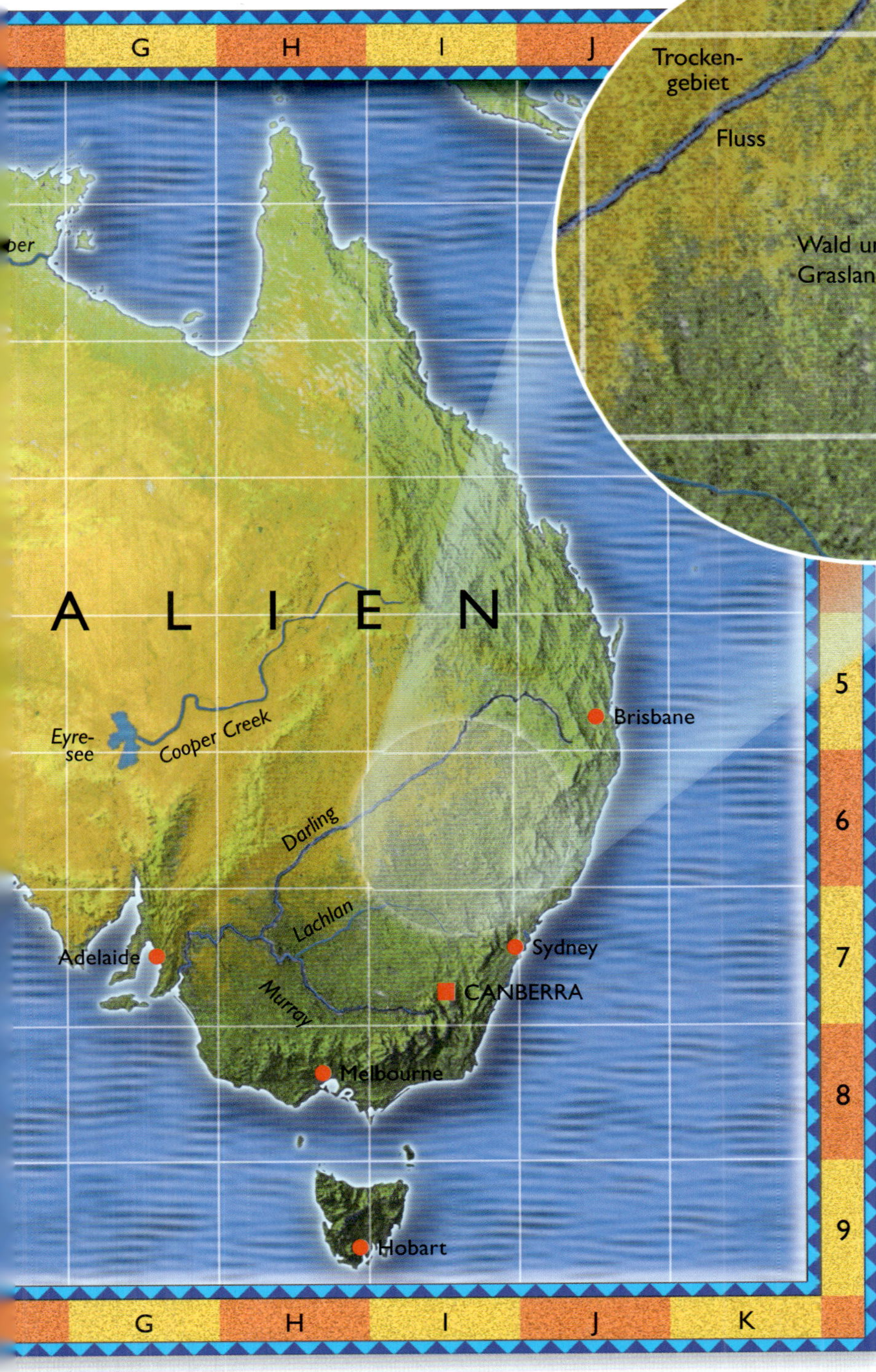

FARBKODE
Auf dieser Australien-Karte sind Gebirge dunkel, Wälder und Grasland grün, Wüsten und sonstige Trockengebiete orange und alle Gewässer – Meere, Seen und Flüsse – blau eingefärbt.

DIE LANDSCHAFTSFORMEN

Die Farben einer Karte können Auskunft über Landschaft, Vegetation und Klima einer Region geben. Gebirge werden häufig durch dunkle Brauntöne dargestellt, Wälder und Grasland durch Grün, Trockenzonen und Wüsten durch Gelb und Orange. Viele Kartografen verwenden auch besondere Symbole, etwa ein rotes Viereck oder einen Stern für die Hauptstadt eines Landes. Die Bedeutung der Farben und Symbole wird meist am Rand der Karte oder im Vorwort zu einem Atlas erklärt. Solche Erläuterungen nennt man auch Kode oder Legende. In unserem Atlas stehen sie auf Seite 9.

ENTFERNUNGEN BESTIMMEN

Bei den meisten Karten ist ein Maßstab angegeben. Er zeigt an, in welchem Verhältnis die Abbildung die wahren Entfernungen verkleinert. Im Allgemeinen wird der Maßstab durch einen Balken dargestellt, der in mehrere Abschnitte unterteilt ist. So entsprechen auf dem Maßstab der Australien-Karte die oberen Abschnitte jeweils einer Länge von 250 Meilen und die unteren Abschnitte jeweils einer Länge von 400 Kilometern. Wie ihr mithilfe eines solchen Maßstabs Entfernungen auf einer Karte bestimmen könnt, verrät euch der Mach-Mit-Vorschlag auf dieser Seite. Ein Maßstab lässt sich aber auch in Zahlen ausdrücken. Die Angabe

1 : 1 000 000

bedeutet, dass die Karte 1 Million mal kleiner ist als das Gebiet, das sie abbildet. Oder anders ausgedrückt: Die echten Entfernungen sind 1 Million mal größer als auf der Karte. Das bedeutet, dass 1 cm auf der Karte einer wahren Länge von 1 000 000 cm oder 10 km entspricht.

◆ MACH MIT: *Entfernungen messen* ◆

Es gibt eine einfache Methode, um den Abstand zwischen zwei Punkten – z. B. zwischen Perth und Sydney – zu messen:

❶ Legt die gerade Kante eines Blattes Papier so auf die Karte, dass sie die Punkte der beiden Städte verbindet und markiert sie auf dem Papier.

❷ Verschiebt die Papierkante nun so entlang dem Maßstab, dass einer der Punkte genau mit der Null zusammenfällt. Der Maßstab-Balken ist kürzer als der Abstand. Markiert sein Ende auf dem Papier und tragt die Entfernung ein, die er darstellt. Nun verschiebt ihr die Papierkante, bis die neue Markierung mit der Null zusammenfällt. Wiederholt diese Schritte so oft wie nötig. Wenn ihr am Ende die Zahlen addiert, erhaltet ihr die Entfernung zwischen den beiden Städten.

Ihr könnt den Maßstab aber auch verwenden, um Entfernungen entlang gekrümmter Linien zu ermitteln:

❶ Legt ein Stück Faden neben den Darling River und passt es dem Flusslauf an.

❷ Nehmt den Faden am Anfangs- und Endpunkt des Flusses fest zwischen Daumen und Zeigefinger, spannt ihn gerade und haltet ihn gegen den Maßstabbalken, um seine Länge – und damit die Länge des Flusses – zu ermitteln.

Planet Erde

Wir leben auf einem kleinen Planeten in einem Sonnensystem, das nur ein winziger Teil des weiten Universums ist. Unser Sonnensystem besteht aus der Sonne – die ein Stern ist – und insgesamt neun Planeten, die sie umkreisen. Es gehört zu einer großen Gruppe von Sternen, der Milchstraße. Sie besteht aus mindestens 100 Milliarden Sternen! Im Universum gibt es jedoch viele Millionen Galaxien, und jede einzelne ist von einem weiten, leeren Raum umgeben. Das Sonnensystem selbst entstand vor fünf Milliarden Jahren, als sich eine große, wirbelnde Wolke aus Gas und Staub zusammenballte. Aus dem heißen, dichten Kern dieser Wolke wurde die Sonne gebildet, aus der Materie und den Gasen weiter außen entwickelten sich die Planeten und ihre Monde sowie eine Reihe von Kleinplaneten, die so genannten Asteroiden.

Immer im Kreis
Während die Planeten die Sonne umkreisen – auf einer Bahn, die wir auch Orbit nennen – drehen sie sich zugleich um die eigene Achse. Die Erde etwa dreht sich einmal in 24 Stunden um sich selbst und einmal im Jahr um die Sonne. Je weiter ein Planet von der Sonne entfernt ist, desto länger benötigt er für seinen Orbit. Auch Asteroiden ziehen ihre Bahnen um die Sonne. Die meisten befinden sich zwischen Mars und Jupiter, in einem Gebiet, das als Asteroidengürtel bezeichnet wird. Die Bahnen der Planeten und Asteroiden sind durch die Gravitation festgelegt, eine starke Kraft, die sie in Richtung Sonne zieht. Gäbe es diese Kraft nicht, würden sie ins All hinausfliegen.

◆ Wissenswertes ◆

- So sieht unsere Milchstraße aus. Die schwach schimmernden Ausläufer dieser Galaxie bestehen aus Sternwolken. Jeder dieser Sterne hat Ähnlichkeit mit unserer Sonne und könnte von einem eigenen Planetensystem umgeben sein.
- Jupiter ist größer als alle anderen Planeten, Monde, Kometen und Asteroiden zusammen. Trotzdem ist er nur etwa hundert Mal so groß wie der kleinste Stern.

Planeten im Vergleich
Die Abbildung unten ermöglicht einen Vergleich der Planetenabstände sowie der Zeitspanne, in der sie einmal die Sonne umrunden (ein Jahr auf dem betreffenden Planeten) und sich einmal um die eigene Achse drehen (ein Tag auf dem betreffenden Planeten).

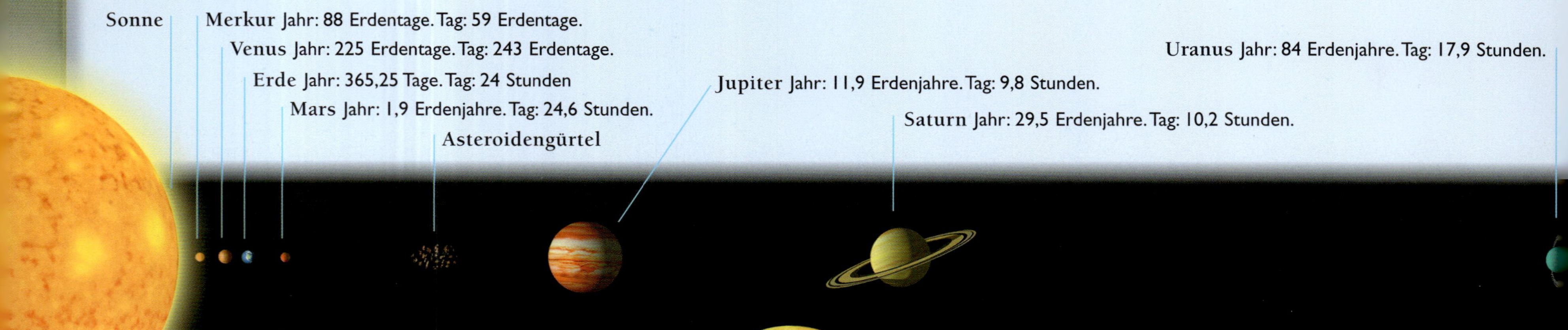

◆ Mach mit: *Planeten-Mobile* ◆

Ihr könntet ein Mobile unseres Sonnensystems basteln und es dann in eurem Zimmer oder Klassenraum aufhängen.

❶ Richtet zunächst einmal Papier, Farbstifte, Nylonsaite oder Zwirn, eine Papierschere und einen Kleiderbügel her.

❷ Skizziert die Sonne und alle Planeten und malt sie an. Achtet darauf, dass die Farben und Größen der Planeten mit den Abbildungen auf diesen Seiten übereinstimmen.

❸ Schneidet die Himmelskörper nun mit der Papierschere aus.

❹ Bohrt mit einem Stift ein kleines Loch in den oberen Rand jedes Planeten und fädelt gleich lange Stücke Zwirn oder Nylonsaite durch.

❺ Bindet die Himmelskörper an der unteren Querstange des Kleiderbügels fest. Schiebt die Sonne in die Mitte und verteilt die Planeten links und rechts davon, passt aber auf, dass die Reihenfolge und die Abstände stimmen.

❻ Wenn alle Planeten an der richtigen Stelle angebracht sind, könnt ihr das Mobile aufhängen.

Tag und Nacht

Während sich die Erde um ihre Achse dreht, ist ständig ein anderer Teil ihrer Oberfläche dem Sonnenlicht zugewandt. Unser Tag beginnt, wenn wir uns der Sonne nähern, und geht in Nacht über, wenn wir uns wieder von ihr entfernen. Da die Erdachse außerdem schräg zur Sonne steht, erhalten die verschiedenen Regionen der Erde abwechselnd mehr und weniger Licht. Neigt sich die Achse der Sonne zu, haben wir Sommer, neigt sie sich von der Sonne weg, herrscht Winter.

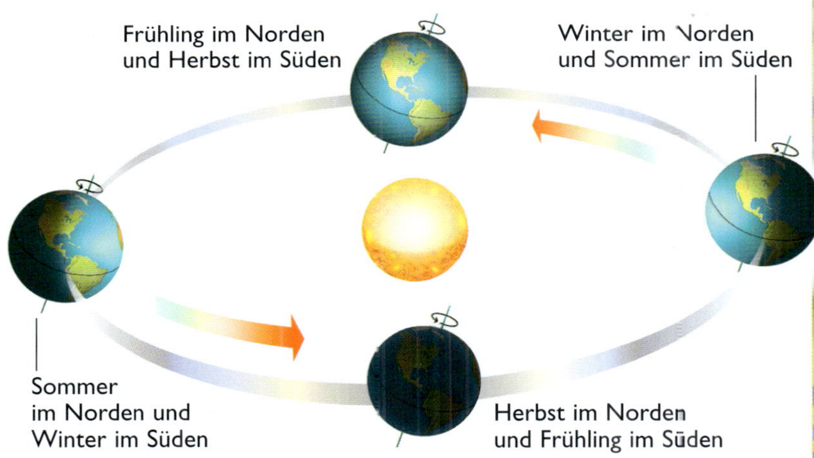

Lebensfreundlich

Manche Planeten besitzen eine Gashülle, die wir als Atmosphäre bezeichnen. Alles deutet darauf hin, dass die Erde als einziger Planet unseres Sonnensystems von einer Atmosphäre umgeben ist, die genügend Wasser und Sauerstoff für das Gedeihen von Leben enthält. Dabei ist unsere Atmosphäre extrem dünn: Wäre die Erde ein Apfel, so entspräche ihre Lufthülle in etwa der Schale.

Neptun Jahr: 165 Erdenjahre. Tag: 19,2 Stunden.

Pluto Jahr: 248 Erdenjahre. Tag: 6,4 Erdentage.

Ein rastloser Planet

DIE ERDE HAT DIE FORM einer großen Kugel, die aus mehreren Schalen von sehr unterschiedlicher Zusammensetzung aufgebaut ist. In der Entwicklungsphase des Planeten sanken schwere Elemente wie Eisen und Nickel zum Zentrum ab, während leichtere Stoffe in die mittleren und oberen Schichten aufstiegen. Zunächst bestand der Erdmantel ausschließlich aus heißem, flüssigem Gestein. Als sich die Erde dann allmählich abkühlte, erstarrte das Äußere zu einer dünnen, harten Kruste, die in mehrere Stücke zerbrach. Diese als tektonische Platten bezeichneten Schollen treiben auf dem geschmolzenen Gestein – oder Magma – des Erdmantels und sind in ständiger Bewegung, die wir allerdings nicht wahrnehmen. Energie aus dem Erdkern schafft so genannte Konvektionsströmungen, welche die Platten auseinander treiben oder zusammenpressen. Obwohl sich diese Prozesse in einem Zeitraum von Jahrmillionen vollziehen, verändern und verformen sie doch stetig die Oberfläche unseres Planeten. Davon zeugen nicht nur Erdbeben und Vulkanausbrüche, sondern auch die Entstehung neuer Gebirge und Inselketten.

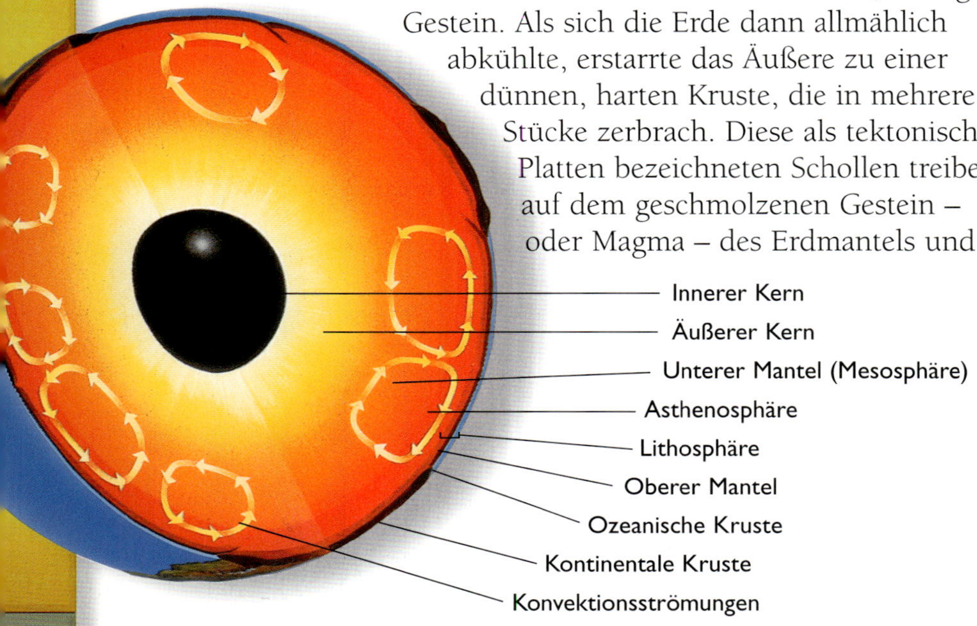

DAS ERDINNERE
Der feste innere Kern unseres Planeten, der überwiegend aus Eisen besteht, ist von einem flüssigen äußeren Kern aus Eisen und Nickel umgeben. Darüber liegt der Erdmantel, der aus drei Schichten aufgebaut ist. Zuunterst befindet sich die Mesosphäre, über die noch wenig bekannt ist, in der Mitte die aus flüssigem Gestein bestehende Asthenosphäre und ganz außen die Lithosphäre, die eine ziemlich feste Gesteinsschale bildet. Die in die äußere Lithosphäre eingebettete Erdkruste ist in der Regel unter den Kontinenten wesentlich mächtiger als unter den Ozeanen. Durch die Hitze im Erdinnern – im Kern herrschen Temperaturen bis zu 3000 °C – entstehen starke Konvektionsströmungen, die von verschiedenen Richtungen auf die Erdkruste einwirken.

MACH MIT: *Gebirge falten*

❶ Schneidet einen Pappteller in der Mitte durch. Die beiden Hälften sollen zwei Platten der Lithosphäre darstellen.
❷ Befestigt nun mithilfe eines Klebestreifens ein Blatt Papier quer zur Schnittstelle über den Tellerhälften. Das Papier soll die Erdkruste darstellen.
❸ Wenn ihr eine Hälfte des Tellers unter die andere schiebt, wölbt sich das Papier auf. Auf ganz ähnliche Weise faltet sich die Erdkruste zu Gebirgen, wenn zwei Erdplatten zusammenstoßen.

❶ Nehmt ein Blatt Papier und faltet es mehrmals in die Hälfte.
❷ Nach etwa sechs Faltungen werdet ihr merken, dass es immer schwieriger wird, das Papier zu knicken. Das gleiche gilt für die Erde: Je dicker die Kruste, desto mehr Energie ist nötig, sie aufzufalten.

KÜSTEN-KOLLISIONEN
Wenn eine dünne ozeanische Platte auf eine dicke kontinentale Platte trifft, setzt die so genannte Subduktion ein. Die dünnere Platte taucht unter der dickeren Platte ab und wird in der Tiefe aufgeschmolzen. Dabei steigt Magma an die Oberfläche, sodass sich eine Reihe von Vulkanen entlang des Subduktionsgrabens bildet. Ein Beispiel für diesen Entstehungsprozess ist der Mount St. Helens in den USA.

HOT-SPOT-VULKANE
So genannte Hot Spots (heiße Flecken) in der Asthenosphäre brennen sich einen Weg durch die darüberliegende Platte. Durch diese Schlote steigt Magma auf und türmt sich zu Vulkankegeln. Wenn eine Platte langsam über einen solchen Hot Spot hinweggleitet, kann sich eine ganze Kette von Vulkanen bilden. Die Hawaii-Inseln verdanken ihre Existenz einem Hot Spot unter der pazifischen Platte.

PLATTENDEHNUNG
Das zirkulierende Magma drückt gegen die Platten und dehnt sie, bis die Kruste reißt. Durch die Spalten steigt Magma auf, kühlt ab und bildet einen Gebirgsrücken entlang der Bruchzone. Während sich dieser Prozess normalerweise auf dem Meeresboden abspielt, kann man ihn auf Island, einem Teil des Mittelatlantischen Rückens, auch an der Erdoberfläche beobachten.

DIE ERDE IN BEWEGUNG
Als Folge der Konvektionsströmungen stoßen die Platten der Erdkruste zusammen, entfernen sich voneinander und gleiten seitlich aneinander vorbei. Das Schaubild oben und die Fotos rechts verdeutlichen, wie sich diese Bewegungen auf die Erdoberfläche auswirken.

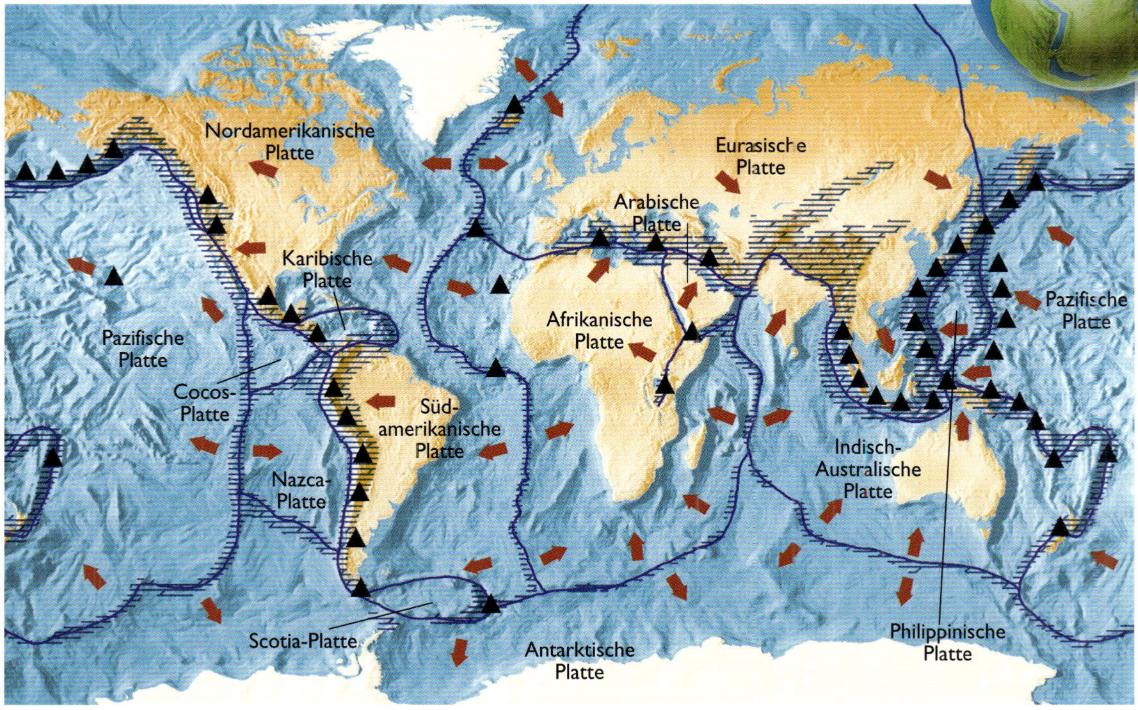

Ständig in Bewegung
Im Lauf von Jahrmillionen wurden die Landmassen der Erde durch Plattenbewegungen zusammengefügt und auseinander gerieben. Vor zweihundert Millionen Jahren gab es einen einzigen „Superkontinent“. Er teilte sich in zwei Landmassen, und diese wiederum zerbrachen in die Kontinente, die wir heute kennen. Auch in Zukunft werden die driftenden Platten das Antlitz der Erde weiter verändern

Plattenbewegungen
Die Platten der Erdkruste passen zusammen wie die Teile eines Puzzles – mit dem einen Unterschied, dass sie sich ständig gegeneinander verschieben. Die Karte zeigt, in welche Richtung sich die einzelnen Bruchstücke bewegen. Vulkane und Erdbeben treten meist da auf, wo Platten aufeinander treffen. Das bedeutet, dass Länder wie Australien, die sich im Zentrum einer Platte befinden, kaum von Erdstößen oder Vulkanausbrüchen heimgesucht werden – im Gegensatz zu einem Land wie Japan, das ganz am Rand einer Platte liegt.

Wissenswertes

- Als am 27. August 1883 der Vulkan Krakatau auf der gleichnamigen Sunda-Insel ausbrach, konnte man die Explosion 4800 km weit hören.
- Jedes Jahr kommt es zu mehr als 500 000 Erdbeben. Zum Glück sind die meisten davon so schwach, dass sie keinen Schaden anrichten.

Plattenverwerfung
Eine Verwerfungszone – auch Transform-Störung genannt – entsteht, wenn zwei Platten seitlich aneinander vorbeigleiten. Die Reibung oder gar ein Verhaken der beiden Bruchstücke löst meist heftige Erdbeben aus – zum Beispiel entlang des San-Andreas-Grabens in Kalifornien, der zu einer ausgedehnten Verwerfung zwischen der pazifischen und nordamerikanischen Platte gehört.

Auffaltung der Erdkruste
Wenn sich zwei kontinentale Plattenteile von vergleichbarer Krustenstärke rammen, gleitet der Rand einer Platte unter die andere Platte.
Die Ränder werden gestaucht und zu Gebirgszügen aufgefaltet. Das mächtige Himalaya-Massiv in Asien ist zum Beispiel die Folge einer solchen Kollision.

Ozeanische Kollisionen
Wenn zwei ozeanische Platten zusammenstoßen, taucht meist eine nach unten ab und reißt den Rand der anderen ein Stück weit mit. Auf diese Weise entsteht ein Tiefseegraben. An manchen Stellen dringt das Magma des abgesunkenen und geschmolzenen Materials durch die Erdkruste und bildet Vulkaninseln. Typisch für diese Entstehungsart sind die Inseln Japans.

Schau nach

- Woraus besteht der innere Erdkern?
- Welche Art von Vulkanen führte zum Entstehen der Hawaii-Inseln?
- Wo kommt es am häufigsten zu Erdbeben?

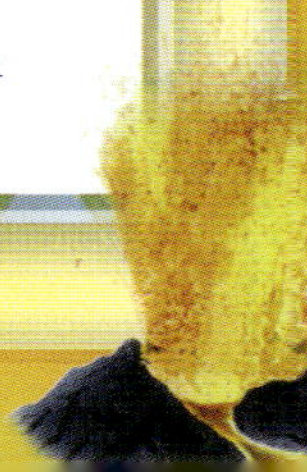

Wetter und Klima

Unser Wetter mag sich von Tag zu Tag ändern, aber von Jahr zu Jahr betrachtet folgt es doch mehr oder weniger dem gleichen Schema. Den über einen längeren Zeitraum und für ein bestimmtes Gebiet typischen Wetterablauf bezeichnen wir als Klima. Das Klima einer Region hängt hauptsächlich von drei Faktoren ab: ihrer geografischen Breite, ihrer Höhe und ihrer Nähe zum Meer. Aufgrund ihrer Umlaufbahn um die Sonne und ihrer Kugelgestalt wird die Erde in Äquatornähe stärker erwärmt als an den Polen. Im Tropengürtel ist es daher das ganze Jahr über heiß, in den Polargebieten dagegen immer kalt. Die Zonen zwischen den Tropen und den Polen haben ein gemäßigtes Klima mit warmen Sommern und kalten Wintern. Im Gebirge ist es kälter als im Tiefland, weil die Atmosphäre mit zunehmender Höhe dünner wird und dadurch weniger Wärme speichert. In Küstengebieten sorgen Meeresbrisen und -strömungen für einen ständigen Ausgleich zwischen Wärme und Kälte, sodass in diesen Gegenden ein milderes Klima (Seeklima) herrscht als mitten auf dem Festland (Kontinentalklima). Wenn Winde vom Meer zum Land hin wehen und dabei weite Strecken über den Ozean zurücklegen, bringen sie meist Feuchtigkeit und starke Niederschläge mit.

Windsysteme

Weil erwärmte Luft leicht ist und in die Höhe steigt, fließt in Bodennähe dichtere, schwere Kaltluft nach, um sie zu ersetzen. So entsteht eine ständige Luftzirkulation, die einen Ausgleich zwischen den heißen Tropen und den eisigen Polargebieten schafft. Diese Luftströmungen werden durch die Erdrotation abgelenkt und bilden die großräumigen Windsysteme, die auf dem Globus unten rechts zu sehen sind. Die Winde transportieren warme oder kalte, feuchte oder trockene Luft und üben auf diese Weise einen starken Einfluss auf die Klimata der Erde aus.

Luftzirkulation

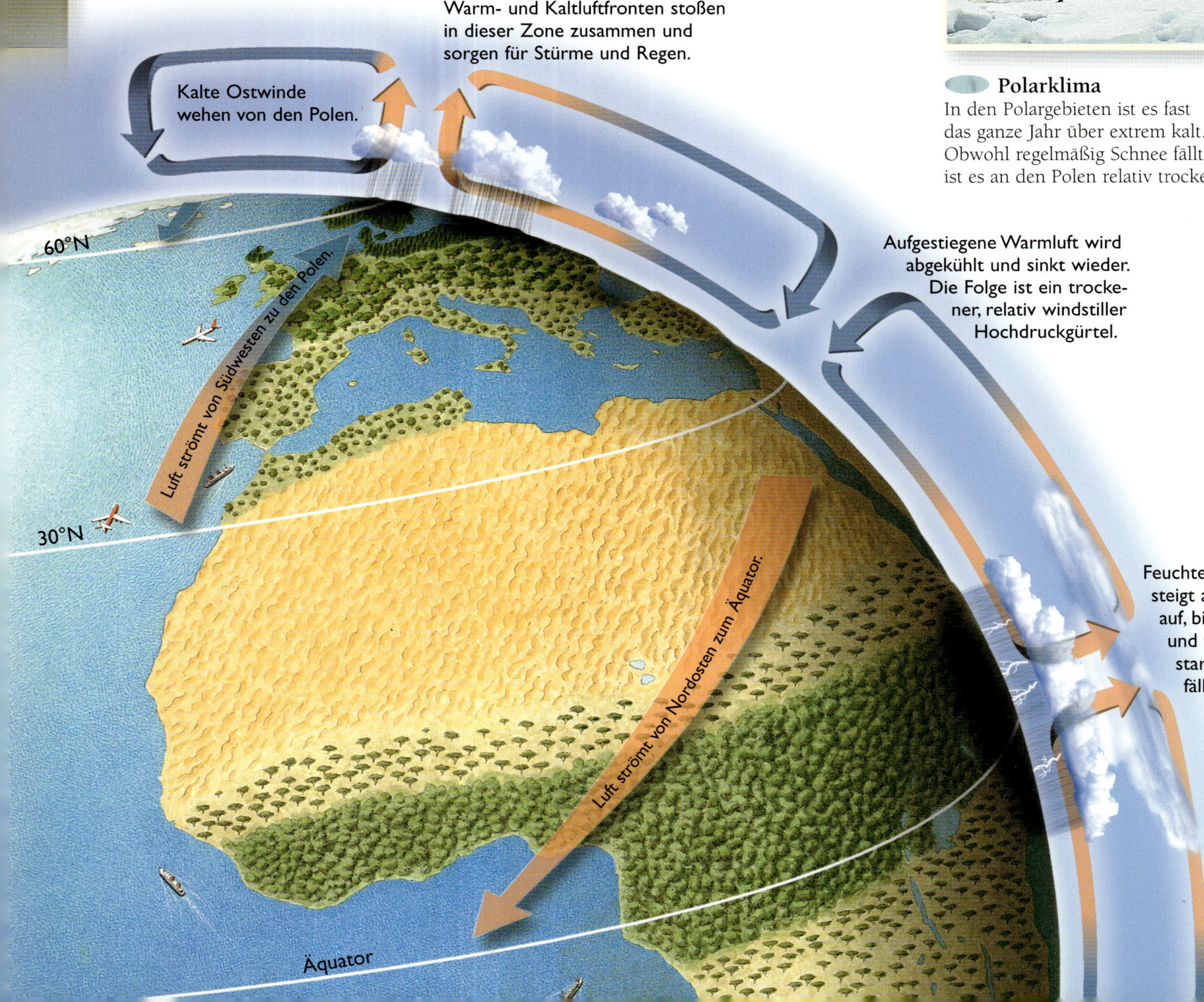

Klimazonen der Erde

Wie die Karte rechts zeigt, lässt sich die Welt in acht große Klimazonen unterteilen. Viele dieser Klimata werden durch Meeresströmungen beeinflusst. So bewirkt der warme Golfstrom, dass in Nordwesteuropa ein milderes Klima herrscht, als man es aufgrund seiner geografischen Lage erwarten würde.

warme Strömungen kalte Strömungen

Gebirgsklima
In großen Höhen ist es meist kälter, feuchter und windiger als in tiefer gelegenen Regionen der gleichen Klimazone.

Polarklima
In den Polargebieten ist es fast das ganze Jahr über extrem kalt. Obwohl regelmäßig Schnee fällt, ist es an den Polen relativ trocken.

Kalt-gemäßigtes Klima
In dieser Zone gibt es lange, bitterkalte und schneereiche Winter, während die Sommer meist mild und feucht sind.

Windsysteme

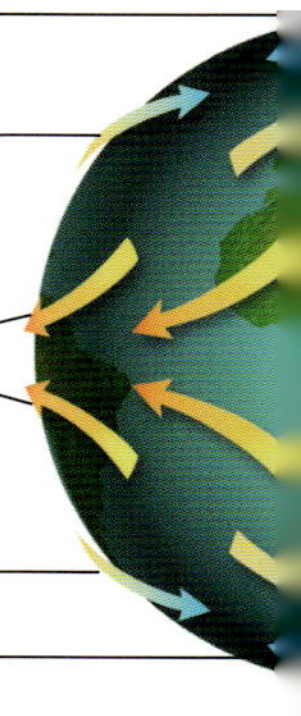

Feucht-gemäßigt
In dieser Zone gibt es vier Jahreszeiten mit kalten, niederschlagsreichen Wintern und warmen, niederschlagsreichen Sommern.

Trocken-gemäßigt
Diese Gebiete erhalten relativ wenig Regen. Meist sind die Winter mild und feucht und die Sommer heiß und trocken.

Wüste und Halbwüste
In diesen trockenen, öden Regionen sind Niederschläge äußerst selten. Tagsüber herrscht extreme Hitze, nachts extreme Kälte.

Subtropisch
Im Sommer ist es hier heiß und feucht wie in den Tropen, im Winter trocken und mild wie in den Wüstenregionen

Tropisch
Die Tropen sind heiß und feucht. In manchen Gebieten regnet es das ganz Jahr. In anderen regnet es nur im Sommer.

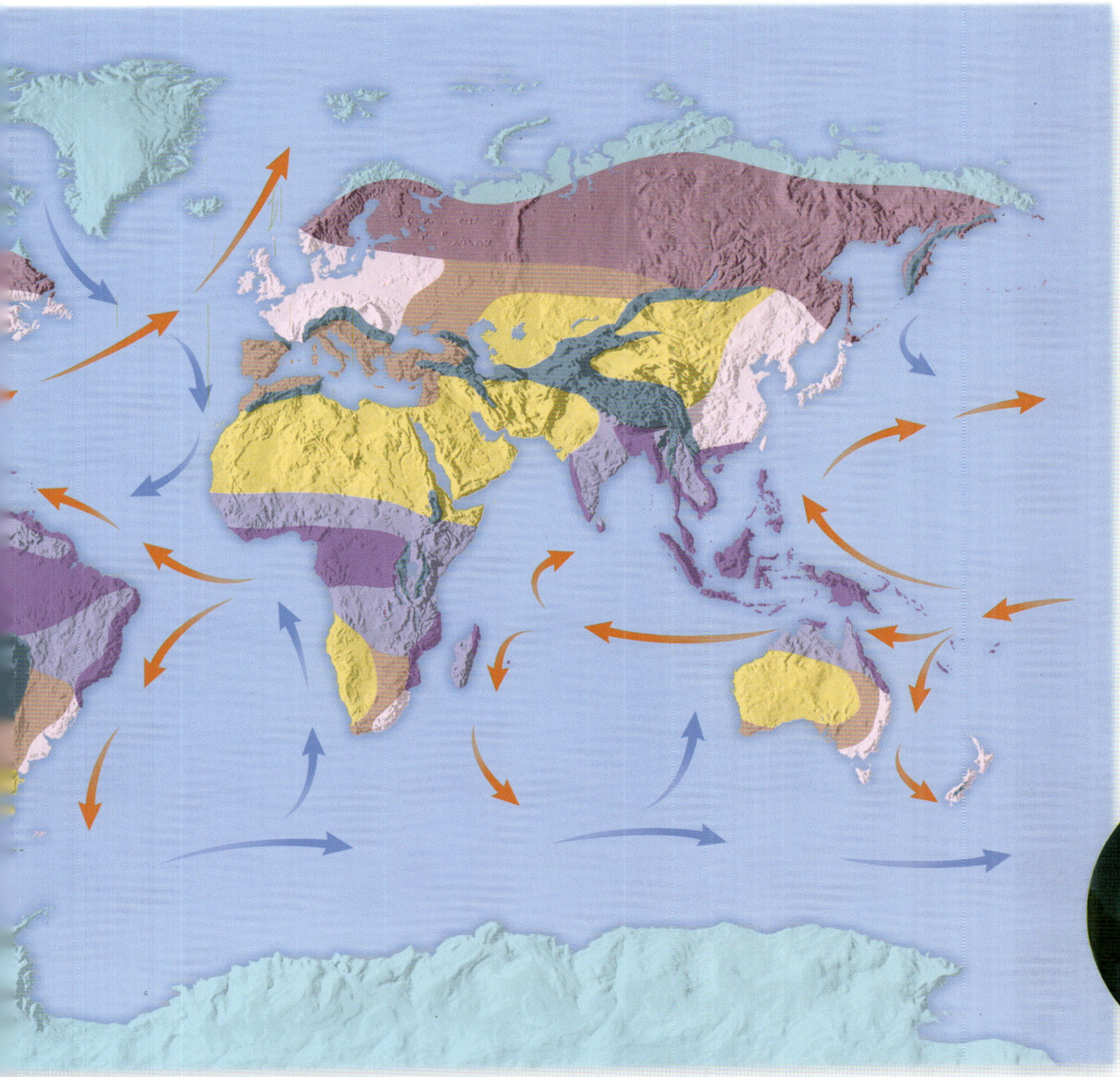

◆ WISSENSWERTES ◆

Gewitter gibt es überall auf der Welt, am häufigsten aber in den Tropen. Mindestens 20 000 Gewitter ereignen sich täglich, davon etwa 2000 zur gleichen Zeit. Dabei schlagen bis zu 100 Blitze pro Sekunde in die Erde ein.

SONNENENERGIE
Da die Erde die Gestalt einer Kugel besitzt, legen die Sonnenstrahlen in Polnähe einen längeren Weg durch die Atmosphäre zurück und zerstreuen sich über ein weiteres Gebiet als am Äquator. Deshalb ist es an den Polen kalt und in den Tropen heiß.

◆ MACH MIT: *Warum die Pole kälter sind als der Äquator* ◆

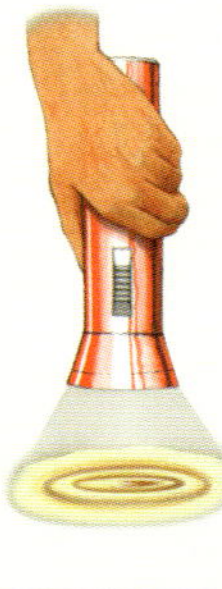

❶ Richtet in einem dunklen Zimmer den Strahl einer Taschenlampe aus kurzer Entfernung möglichst senkrecht auf eine Tischplatte. Merkt euch die Form und die Helligkeit des Lichtflecks.

❷ Haltet die Taschenlampe nun schräg und beobachtet, wie sich das Licht verändert. Wenn der Strahl direkt von oben kommt, ist der Fleck klein und sehr intensiv. Sobald der Strahl in einem Winkel einfällt, wird der Fleck größer und schwächer.

Das Gleiche gilt für die Sonnenstrahlung: Am stärksten ist sie am Äquator, wo sie senkrecht auf die Erdoberfläche trifft. Am schwächsten ist sie an den Polen, wo sie sich in einem flachen Winkel über ein großes Gebiet verteilt.

Das Leben auf der Erde

FAST ÜBERALL AUF DER ERDE gibt es eine überwältigende Vielfalt von Leben. Bislang kennt die Wissenschaft an die zwei Millionen verschiedene Pflanzen und Tiere, aber es könnte insgesamt zwischen 10 und 100 Millionen Arten geben. Sie alle bewohnen die so genannte Biosphäre, die sich aus Land, Wasser und Atmosphäre zusammensetzt. Innerhalb der Biosphäre gibt es die unterschiedlichsten Lebensräume. Im Lauf von Jahrmillionen haben Pflanzen und Tiere nicht nur ihr Äußeres, sondern auch ihr Verhalten den Besonderheiten ihres jeweiligen Lebensraums angepasst. Die Lebewesen eines bestimmten Lebensraums bilden ein Ökosystem, in dem jeder vom anderen abhängig ist. So liefern die Pflanzen die Nahrung für die Pflanzenfresser (Herbivoren), die ihrerseits von den Fleischfressern (Karnivoren) gefressen werden. Eine Folge dieser engen Wechselbeziehungen ist, dass alle Partner eines Ökosystems darunter leiden können, wenn ein Glied in der Kette geschwächt wird.

GLOBALE ÖKOSYSTEME
Jeder Lebensraum auf der Erde hat seine eigene Pflanzen- und Tiergemeinschaft. Die Abbildung unten zeigt die Abstufung der Ökosysteme zwischen tropischen Regenwäldern (ganz links) und polaren Eiskappen (ganz rechts).

MEERE
Die Meere enthalten eine Fülle von Arten, die sich dem Leben unter Wasser angepasst haben. Zu den Meerespflanzen gehören Seetange, zu den Tieren Meeressäuger wie Seehunde oder Wale, Korallen sowie tausende von Fischarten.

TROPISCHE REGENWÄLDER
Die feuchtheiße Witterung der Tropen lässt dichte Wälder entstehen, die mehr Arten als jeder andere Lebensraum beherbergen. Affen und Vögel bewohnen die Baumwipfel, während Jaguare und andere Säugetiere die tiefer gelegenen Regionen des Urwalds durchstreifen.

SUBTROPISCHE SAVANNEN
Da es in den Subtropen nur im Sommer regnet, gibt es hier nur spärlichen Baumbewuchs. Die afrikanischen Savannen sind der Lebensraum von Herbivoren-Herden wie Zebras, die von Löwen und anderen Karnivoren gejagt werden. Geier und sonstige Aasfresser verzehren die Reste der Beute.

WÜSTEN UND HALBWÜSTEN
Das Leben in der Wüste hat sich an die Trockenheit angepasst. Manche Pflanzen wie Kakteen speichern Wasser in ihren Stämmen. Andere haben lange Wurzeln, die Wasser in großen Tiefen erreichen. In heißen Wüsten sind viele Tiere nur in der Kühle der Nacht aktiv.

Lebensräume der Erde
Da das Wetter großen Einfluss auf die Vegetation eines bestimmten Gebietes hat, hängen die Lebensräume und Klimazonen der Erde eng miteinander zusammen.

- Tropische Regenwälder
- Subtropische Savannen
- Wüsten und Halbwüsten
- Gemäßigtes Gras- und Buschland
- Gemäßigte Wälder
- Nadelwälder
- Gebirge
- Pol-Eiskappen und Tundra

Wissenswertes

Die Rafflesie oder Riesenblume gedeiht in den Regenwäldern Südostasiens und kann Blüten von Wagenradgröße bekommen. Sie verströmt einen fauligen Geruch, der Insekten anlockt.

Gebirge
Je höher das Gelände, desto karger wird die Vegetation und desto kälter und stürmischer das Wetter. Die meisten Tiere der Berge besitzen ein dichtes Fell, das sie warm hält. Manche Arten wie die Bergziegen sind mit Kletterhufen ausgerüstet, die ihnen im Steilgelände mehr Trittsicherheit geben.

Pol-Eiskappen und Tundra
An den Eiskappen herrscht fast das ganze Jahr über strenger Frost. Manche Tiere schützen sich mit Fell und einer dicken Fettschicht gegen die Kälte. Die Tundra ist ein baumloser Vegetationsgürtel in der Arktis. Hasen, Lemminge und andere Pflanzenfresser leben hier von Zwergstrauchheide, Moosen und Flechten.

Gemäßigtes Gras- und Buschland
Bei mittleren Niederschlagsmengen finden wir vor allem Kurzgras-Ebenen und Buschland. Sie sind die Heimat von Pflanzenfressern wie Bisons und ein idealer Jagdgrund für Raubvögel. Manche Tiere suchen in Erdbauten Schutz vor Feinden.

Gemässigte Wälder
Wälder gedeihen in feuchten, gemäßigten Zonen besonders gut. In Gegenden mit kalten Wintern überwiegen Laubbäume, die jeden Herbst ihre Blätter abwerfen. Manche Tiere dieses Lebensraums ziehen im Winter in wärmere Gebiete; andere legen Wintervorräte an.

Nadelwälder
Kalte, gemäßigte Zonen sind meist von immergrünen Nadelbäumen oder Koniferen bedeckt. Von ihrem dachförmigen Astwerk rutscht der schwere Schnee ab, sodass sie auch rauen Wintern gut standhalten. Viele Tiere dieser Waldgebiete besitzen ein dichtes Fell oder halten Winterschlaf.

Schau nach

- Nenne ein Pflanzen fressendes Tier, das in der afrikanischen Savanne lebt.
- Welche Pflanzen speichern Wasser in ihren Stämmen?
- Wie passen sich Gebirgstiere an ihren Lebensraum an?

Rohstoffe und Energie

Die Erde gibt uns alles, was wir zum Leben brauchen. Atmosphäre, Flüsse und Seen enthalten das Süßwasser, das in Verbindung mit Sonnenschein und Humus Pflanzen gedeihen lässt. Die Pflanzen wiederum erzeugen den lebenswichtigen Sauerstoff und dienen zugleich Mensch und Tier als Nahrung. Während uns die Tiere mit Fleisch, Wolle und Milchprodukten versorgen, gewinnen wir aus Pflanzen Nutzholz, Brennmaterial und Textilien wie z. B. Baumwolle. All diese Ressourcen – Wasser, Pflanzen und Tiere – sind erneuerbar. Das bedeutet, dass sie uns immer erhalten bleiben, wenn wir sorgsam mit ihnen umgehen. Andere Rohstoffe dagegen sind nicht erneuerbar. Da sie weder nachwachsen noch sich von selbst ergänzen, werden sie eines Tages völlig aufgebraucht sein. Dazu gehören Mineralien, Edelsteine und fossile Brennstoffe (Kohle, Erdöl und Erdgas). Mineralien – z. B. Ton, Kalk und eine Reihe von Metallen – und Edelsteine – z. B. Diamanten oder Smaragde – finden in vielen Bereichen Verwendung, insbesondere in der Industrie. Kohle, Erdöl und Erdgas liefern einen Großteil der Energie, mit der wir unsere Häuser beleuchten und heizen sowie unsere Autos betreiben. Sie werden als fossile Brennstoffe bezeichnet, weil sie die Überreste von Tieren und Pflanzen sind, die sich in Schichten tief unter der Erde abgelagert haben. Einige dieser nicht erneuerbaren Rohstoffe könnten bereits im Lauf der nächsten 50 Jahre erschöpft sein. Deshalb – und weil das Verbrennen fossiler Stoffe zu einer hohen Luftverschmutzung führt – suchen Wissenschaftler derzeit verstärkt nach Möglichkeiten, den Energiebedarf der Menschheit durch erneuerbare Rohstoffe zu decken.

Ressourcen der Erde
Die Karte oben zeigt die wirtschaftliche Nutzung der verschiedenen Regionen auf der Erde sowie der Verteilung der wichtigsten fossilen Brennstoff-Reserven.

Erdgas
Kohle
Erdöl
Ballungsgebiete: Städte und Industrie
Agrargebiete mit Ackerbau und Viehzucht als Haupterwerbsquelle

Energievorräte
Die Abbildung unten zeigt die wichtigsten Energiequellen der Erde. Wie das Diagramm rechts verdeutlicht, sind Kohle, Erdöl und Erdgas zwar immer noch unsere Hauptlieferanten für Energie, aber in vielen Teilen der Welt werden bereits alternative Konzepte wie Wind- oder Sonnenkraft entwickelt. Ihre Bedeutung für die Energieversorgung wird im gleichen Maße zunehmen, in dem die Reserven an fossilen Brennstoffen zur Neige gehen.

Energienutzung

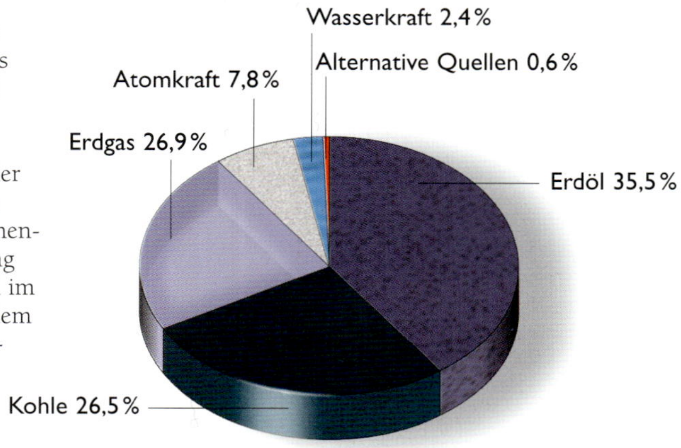

Erdöl
Erdöl und Erdgas haben gemeinsame Lagerstätten in Gesteinsschichten der Erdkruste. Die Gewinnung erfolgt durch Bohranlagen auf dem Festland oder Bohrplattformen im Meer.

Kohle
Kohle ist reichlicher vorhanden als andere fossile Brennstoffe. Sie wird entweder im Tagebau oder im Untertagebau gefördert.

Uran
Radioaktive Elemente wie Uran strahlen energiereiche Teilchen ab, die in Kernkraftwerken in Elektrizität umgewandelt werden.

Geothermalkraft
In manchen Gebieten der Erde wird das Grundwasser durch heißes vulkanisches Gestein in Dampf verwandelt. Dieser Wasserdampf treibt Turbinen an und produziert auf diese Weise Energie.

Agrargebiete mit Anbau und Tierhaltung für den Eigenbedarf

Wüsten-, Steppen- und Tundragebiete mit Teilnutzung als Weideland

Gebiete mit Teilnutzung für Jagd und Bergbau, aber ohne Landwirtschaft (zu kalt oder zu trocken)

Grasgebiete mit intensiver Weidenutzung

Waldgebiete mit Teilnutzung für Landwirtschaft, Jagd und Bergbau

Fischereigebiete

DER WASSERKREISLAUF

Der so genannte Wasserkreislauf versorgt unseren Planeten laufend mit dem lebenswichtigen Süßwasser. Wasser an der Oberfläche von Ozeanen, Seen und Flüssen verdunstet und steigt als Dampf in die Atmosphäre auf. Je wärmer die Luft ist, desto mehr Wasserdampf kann sie aufnehmen. Sobald die Luft abkühlt, wird ein Teil des Wasserdampfes in winzige Wassertröpfchen oder Eiskristalle umgewandelt – ein Vorgang, den wir als Kondensation bezeichnen. Diese Tröpfchen oder Kristalle bilden nach und nach Wolken. Durch Zusammenballen innerhalb der Wolken werden die Tröpfchen oder Kristalle mit der Zeit so schwer, dass sie als Regen oder Schnee zu Boden fallen. Dabei gelangt das Wasser erneut in Flüsse, Seen und unterirdische Kanäle und von dort in die Meere: Der Kreislauf ist vollendet und kann von vorne beginnen.

MACH MIT: *Der Kreislauf des Wassers*

Dieses einfache Experiment veranschaulicht den Wasserkreislauf auf der Erde.

❶ Legt einen langen Löffel oder Schöpflöffel aus Metall ein paar Minuten in das Tiefkühlfach, bis er richtig kalt ist. (Ein Löffel mit Holzgriff lässt sich leichter anfasssen.)

❷ Bittet einen Erwachsenen, in einem Teekessel oder einer Pfanne etwas Wasser zum Kochen zu bringen.

❸ Sobald das Wasser kocht, steigt warme Luft auf, beginnt abzukühlen und bildet Dampfwolken.

❹ Haltet nun den Löffel – aber keinesfalls die Finger! – über den Dampf. Die Kühlwirkung des kalten Metalls beschleunigt die Kondensation des Wasserdampfs, sodass sich auf der Unterseite des Löffels kleine Tropfen bilden.

❺ Die Tröpfchen werden größer und schließlich so schwer, dass sie vom Löffel fallen wie Regen – teilweise zurück in den Kessel oder die Pfanne, wo sie den Wasservorrat ergänzen.

WASSERKRAFT
Hydroelektrische Energie entsteht, wenn Wasser über ein starkes Gefälle – z. B. einen Staudamm – in Turbinen geleitet wird, die Elektrizität erzeugen.

WINDKRAFT
Windmühlen wandeln die Energie des Windes in Elektrizität um. Der Wind dreht die Flügel der Windräder, die ihrerseits elektrische Generatoren antreiben.

SOLARKRAFT
Ganze Gruppen von spiegelähnlichen Solarkollektoren reflektieren die Sonnenstrahlen auf einen Solarofen, wo die Wärme in Elektrizität konvertiert wird.

WELLENKRAFT
An einem Gezeitendamm oder einer Talsperre werden starke Wellen durch enge Tunnel gepresst. Der Wassserdruck versetzt Turbinen in eine Drehbewegung, die auf Generatoren übertragen wird.

Der Mensch und die Erde

Die Erde beherbergt etwa 6 Milliarden Menschen, die sich jedoch nicht gleichmäßig auf den Landmassen unseres Planeten verteilen, sondern vor allem in den Regionen konzentrieren, wo Rohstoffvorräte reichlich vorhanden sind oder leicht erschließbar sind. Deshalb leben in fruchtbaren Gegenden, in der Nähe von Energiequellen sowie entlang der Flüsse und Meeresküsten weit mehr Menschen als etwa in den Wüsten- oder Polargebieten. Die Weltbevölkerung wächst derzeit schneller als je zuvor. Allein während ihr diesen Satz lest, werden etwa 20 Babys geboren. Seit 1950 hat sich die Zahl der Erdenbewohner mehr als verdoppelt. Dieses Wachstum beruht einerseits auf einer längeren Lebenserwartung dank der Fortschritte in der Medizin, andererseits auf einer extrem hohen Geburtenrate in manchen Teilen der Welt. Die stärkste Bevölkerungsexplosion verzeichnen wir in Entwicklungsländern – ärmeren Staaten, in denen es kaum Industrie oder moderne Technologien gibt. Da es in diesen Ländern schwer fällt, die wachsende Bevölkerung zu ernähren und mit dem Nötigsten zu versorgen, befürworten viele der betroffenen Regierungen Maßnahmen zur Geburtenkontrolle.

Volkszugehörigkeit
Dieses Diagramm zeigt die zehn Nationen mit den höchsten Einwohnerzahlen. China hat die bei weitem größte Bevölkerung: Jeder fünfte Mensch auf der Welt lebt heute in China.

Bevölkerungsgeografie
Die Punkte auf dieser Karte bezeichnen die am dichtesten besiedelten Gebiete.

Industrieländer
Entwicklungsländer

Bevölkerungsdichte
In manchen Ländern leben viele Menschen auf engstem Raum zusammen, in anderen sind riesige Flächen nur spärlich besiedelt.

Niederlande:
400 Menschen pro km²

Australien:
2 Menschen pro km²

Städtewachstum
Mit zunehmender Industrialisierung setzt eine Landflucht ein: Viele Menschen verlassen ihre Dörfer, um in den Fabriken und Betrieben der Großstädte zu arbeiten. Wie dieser Vergleich zwischen Paris und der indonesischen Hauptstadt Jakarta verdeutlicht, wachsen die Städte in Entwicklungsländern heute schneller als die in Industrieländern.

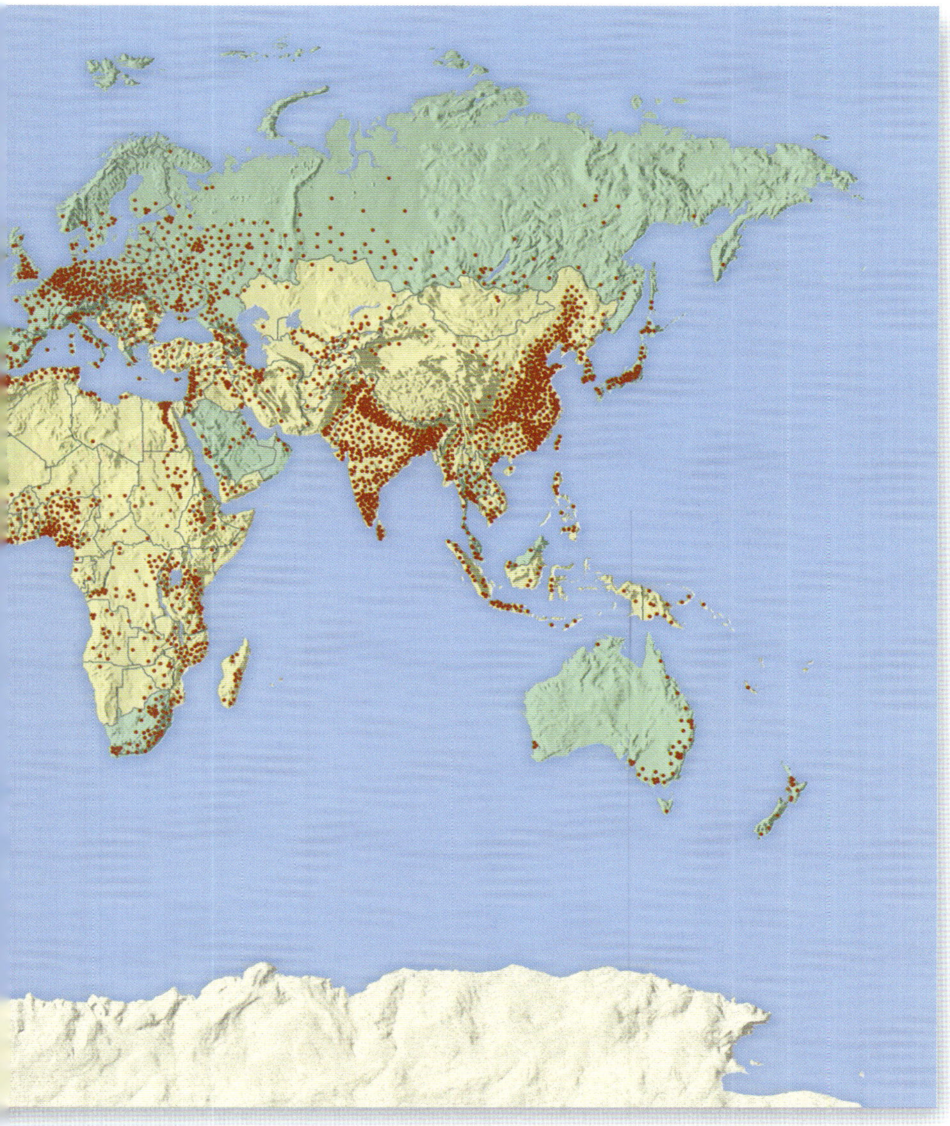

• WISSENSWERTES •

- Jede Sekunde werden drei Babys geboren.
- Wenn die Weltbevölkerung gleichmäßig über die Landmassen der Erde verteilt wäre, hätte jeder Mensch eine Fläche von mehr als vier Fußballfeldern zur Verfügung.
- Würde man alle Bewohner der Erde dicht nebeneinander aufstellen, fänden sie auf der Insel Jamaika Platz.

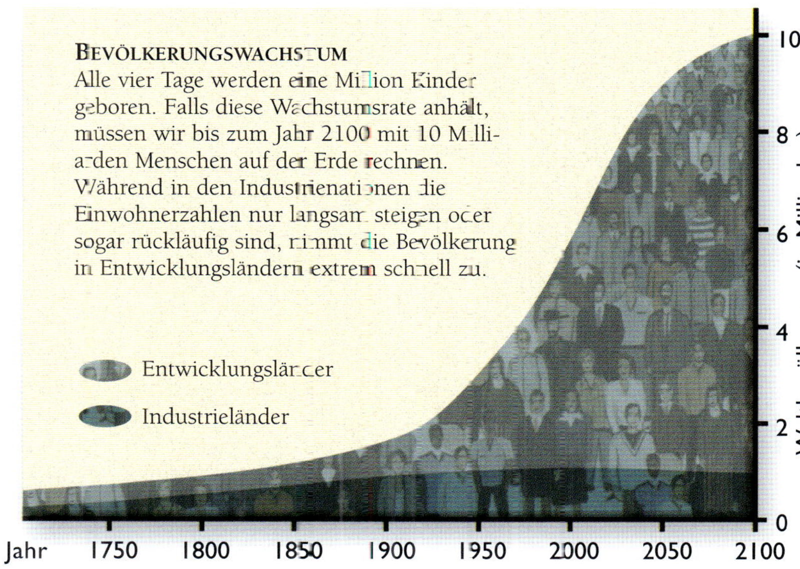

BEVÖLKERUNGSWACHSTUM
Alle vier Tage werden eine Million Kinder geboren. Falls diese Wachstumsrate anhält, müssen wir bis zum Jahr 2100 mit 10 Milliarden Menschen auf der Erde rechnen. Während in den Industrienationen die Einwohnerzahlen nur langsam steigen oder sogar rückläufig sind, nimmt die Bevölkerung in Entwicklungsländern extrem schnell zu.

REICH UND ARM
Menschen in Industrienationen – das sind Länder mit viel Industrie und einem hohen Technikstand – sind in der Regel wohlhabend und sammeln Besitz an. Menschen in Entwicklungsgebieten – das sind Länder, die noch keinen Anschluss an die moderne Industrie gefunden haben – sind dagegen meist arm und besitzen wenig. Obwohl die Industrienationen längst nicht so dicht bevölkert sind wie die Entwicklungsländer, verbrauchen sie aufgrund ihres Reichtums einen weit größeren Anteil der Rohstoffreserven unseres Planeten.

Industrieländer:
stellen 20 % der Weltbevölkerung
besitzen 80 % des Weltkapitals
verbrauchen 70 % der Weltenergie

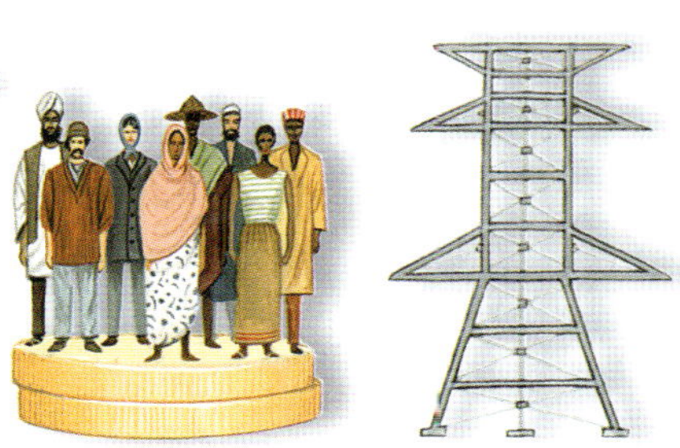

Entwicklungsländer:
stellen 80 % der Weltbevölkerung
besitzen 20 % des Weltkapitals
verbrauchen 30 % der Weltenergie

• MACH MIT: *Sprachen* •

Es gibt auf der Erde über 3000 Sprachen und Dialekte, aber mehr als ein Drittel der Weltbevölkerung verständigt sich mithilfe einer der folgenden sechs Sprachen. Wenn ihr also die sechs Begriffe für „Hallo" lernt, könnt ihr mehr als zwei Milliarden Menschen begrüßen!

hello
Englisch
(350 Millionen Menschen)

你好
ni ***hao***
Chinesisch
(1 Milliarde Menschen)

مرحبا
*mar-ha-**ban***
Arabisch
(150 Millionen Menschen)

¡holà!
*o-**la***
Spanisch
(250 Millionen Menschen)

नमस्ते
*na-ma-**stay***
Hindi
(200 Millionen Menschen)

привет!
*pree-**vyet***
Russisch
(150 Millionen Menschen)

Die Erde in Gefahr

Die Zukunft unseres Planeten steht auf dem Spiel – heute mehr denn je zuvor. Der rasche Anstieg der Weltbevölkerung sowie die Ausbreitung von Industrie und Technik in den letzten 200 Jahren haben zu wachsenden Belastungen und Schäden unserer Umwelt geführt. Die Vorräte an fossilen Brennstoffen und anderen nicht erneuerbaren Rohstoffen gehen allmählich zur Neige. Aber selbst die erneuerbaren Rohstoffe haben kaum eine Chance, sich zu regenerieren, da wir die Böden, Wälder und Fischgewässer unseres Planeten seit Langem überbeanspruchen. Der Müll von Privathaushalten und Industrie verseucht das Grundwasser, und die Abgase von Autos und Fabriken vergiften unsere Atemluft. Die zunehmende Luftverschmutzung könnte sogar unser Klima verändern. Wissenschaftler aus aller Welt suchen nach Wegen zur Schonung der Rohstoffreserven und Eindämmung der Schäden, die wir der Erde zufügen. Durch einfache Maßnahmen wie Recycling, sparsame Benutzung von Autos und den Kauf umweltfreundlicher Produkte können wir alle unseren Beitrag zum Schutz der Erde und zur Erhaltung ihrer Ressourcen für künftige Generationen leisten.

Eine globale Krise

Wie die Karte verdeutlicht, ist kaum ein Fleck auf der Erde frei von Umweltbelastungen. Auf diesen Seiten sind die größten Probleme zusammengestellt, die wir bewältigen müssen, wenn wir unsere Welt vor einer Katastrophe bewahren wollen.

- Wüstengebiete
- Gebiete mit vorrückenden Wüsten
- Regenwald
- Gerodete Regenwald-Flächen
- Städte mit starker Luftverschmutzung
- Durch sauren Regen geschädigte Gebiete
- Verschmutzte Wasserstraßen
- Schweröl-Teppiche (verursacht durch die Schifffahrt)
- Leichtöl-Teppiche (verursacht durch die Schifffahrt)
- Schwerwiegende Reaktor-Unfälle
- Schwerwiegende Öltanker-Unfälle
- Schwerwiegende Ölplattform-Explosionen

◆ Wissenswertes ◆

- Alle zehn Sekunden wird in Brasilien etwa ein halber Hektar Regenwald vernichtet.
- Täglich sterben mehr als 50 Arten aus, in erster Linie durch Eingriffe der Menschen in die Natur (z. B. Forstwirtschaft oder Jagd).

Vormarsch der Wüsten

In den Trockenzonen der Erde können fruchtbare Gebiete durch Überweiden und Zerstörung der natürlichen Vegetation in Wüsten verwandelt werden. Um die Desertifikation – das Vorrücken der Wüsten – aufzuhalten, sollten wir jeden Raubbau vermeiden und brachliegendes Land neu mit Bäumen und Sträuchern bepflanzen.

Zerstörung der Wälder

Immer mehr Naturwald wird gefällt, um den steigenden Bedarf an Nutzholz und Papier zu decken oder um Platz für Felder und Siedlungen zu schaffen. Ihr tragt zum Schutz der Wälder bei, wenn ihr Recycling-Papier verwendet und so den Holzverbrauch möglichst gering haltet. Auch das Neuanpflanzen von Bäumen kann helfen.

Luftverschmutzung

Autos und Fabrikanlagen verpesten die Luft mit Ruß und Giftgasen. In jüngster Zeit bemühen sich Industrie und Autohersteller, die Abgase zu verringern. Ihr selbst könnt etwas gegen die Luftverschmutzung tun, wenn ihr zu Fuß geht, mit dem Rad fahrt oder öffentliche Verkehrsmittel statt des Autos benutzt.

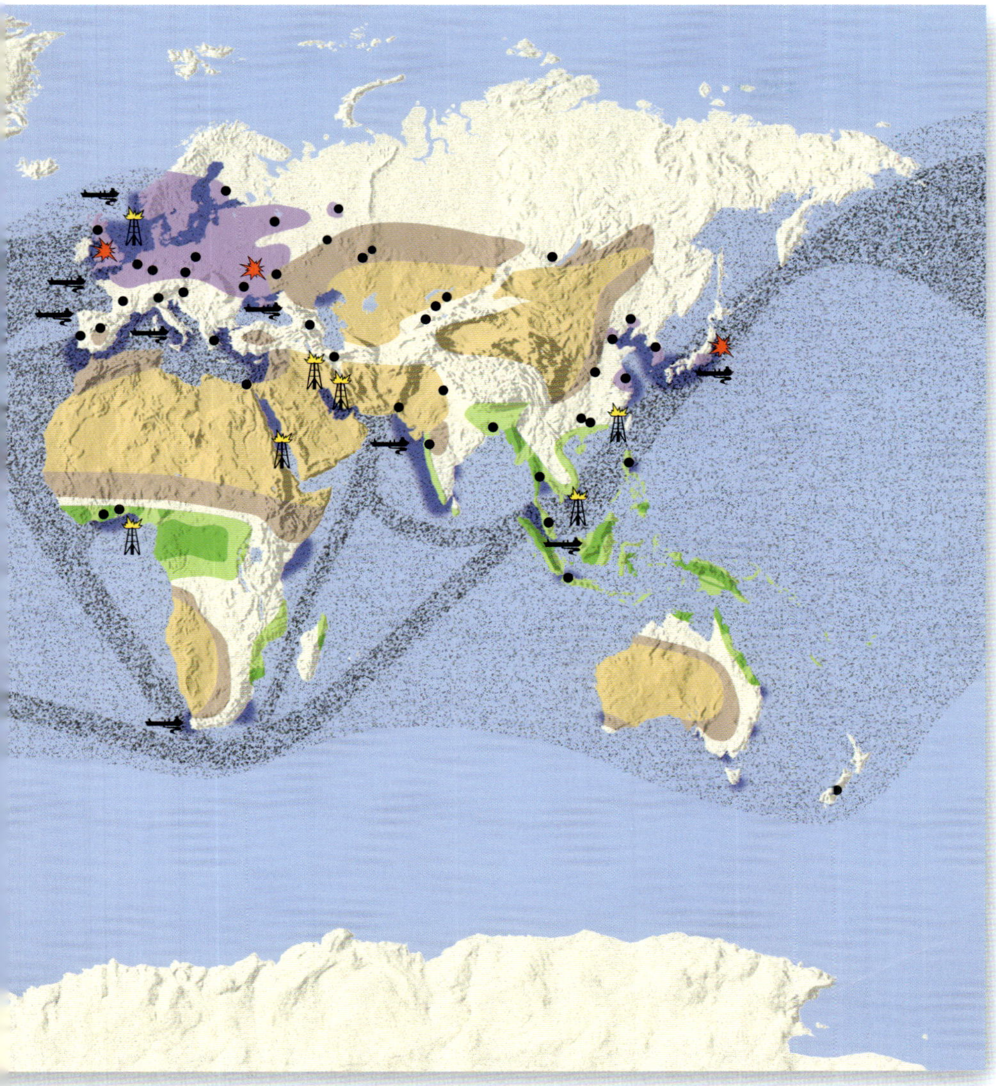

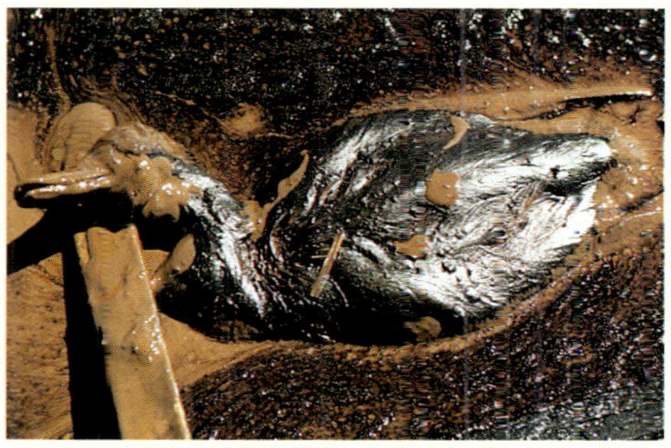

Tanker-Unfälle
Auslaufendes Öl und andere Verunreinigungen durch Schiffsunglücke stellen eine ernsthafte Bedrohung für die Tierwelt dar. Das Öl, das der Tanker Exxon Valdez 1989 vor der Küste von Alaska verlor, brachte 350 000 Seevögeln und vielen anderen Meerestieren den Tod.

Kernkraft-Unfälle
Kernkraft-Unfälle sind selten, aber sie haben meist verheerende Folgen. 1986 wurde bei der Reaktor-Katastrophe von Tschernobyl eine Wolke radioaktiver Gase freigesetzt, die weite Landstriche auf Jahrhunderte hinaus verseucht und vielen Menschen Krankheit und Tod brachte.

Ölquellen-Unfälle
Explosionen und Brände bei der Förderung von Erdöl und Erdgas können die Umwelt extrem belasten. Als im Jahr 1992 während des Golfkriegs hunderte von Ölquellen in Kuwait brannten, litt die gesamte Region unter der enormen Luft- und Wasserverseuchung.

Saurer Regen
Die verschmutzte Luft kann Regen in eine starke Säure verwandeln. Saurer Regen lässt Wälder und das Leben in Flüssen und Seen sterben und verursacht sogar Gebäudeschäden. Der Kampf gegen die Luftverschmutzung ist zugleich die einzige Möglichkeit, dem sauren Regen Einhalt zu gebieten.

Abbau der Ozonschicht
Eine Ozonschicht in der oberen Atmosphäre schützt uns vor der schädlichen Ultraviolettstrahlung der Sonne. Diese Schicht wird zunehmend durch Fluorchlorkohlenwasserstoffe (FCKWs) zerstört – chemische Substanzen, die sich in manchen Treibgasen und Kühlschränken befinden. Achtet deshalb immer darauf, dass ihr FCKW-freie Produkte kauft!

Wasserverschmutzung
Die Gewässer der Erde werden verseucht, weil Schiffe ihren Schmutz einfach über Bord kippen und viele Fabriken, Privathaushalte und Strandhotels ihre Abwässer ungeklärt in Flüsse und Meere einleiten. Wenn ihr einen Beitrag zum Schutz des Wassers leisten wollt, beteiligt euch an lokalen Säuberungsaktionen, hinterlasst keinen Müll in Ufernähe und werft eure Abfälle nie ins Wasser.

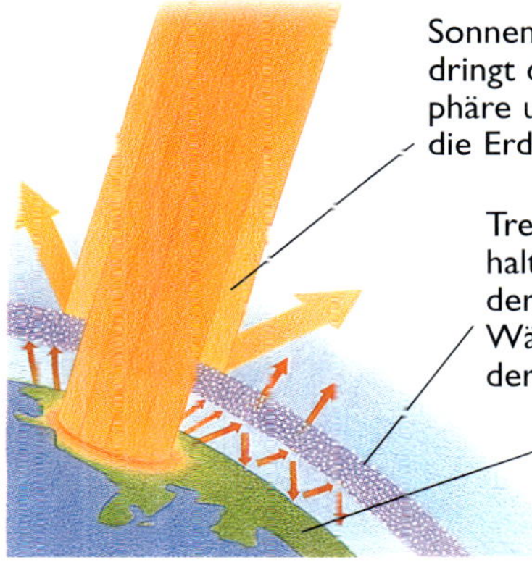

Eine weltweite Erwärmung
Es gibt in der Atmosphäre Gase wie Kohlendioxid und Methan, die einen Teil der Sonnenenergie zurückhalten, sodass sich die Erde erwärmt. Allerdings hat die Verbrennung fossiler Stoffe zu einem Anwachsen dieser „Treibhausgase" in der Atmosphäre und damit zu einer stärkeren Erwärmung der Erde geführt. Falls dieser Trend anhält, könnte einerseits immer mehr fruchtbares Land in Wüsten verwandelt werden, andererseits das Eis an den Polen schmelzen und tiefer gelegene Küstenregionen überflutet werden. Die meisten Länder bemühen sich deshalb, den Ausstoß von Treibhausgasen zu vermindern.

Schau nach

- Was können wir gegen sauren Regen tun?
- Welche Gase erwärmen die Erde?
- Welchen Beitrag können wir zum Schutz der Ozonschicht leisten?

Die Oberfläche der Erde

Wir nennen unseren Planeten Erde, obwohl seine Oberfläche zu gut zwei Dritteln von Salzwasser bedeckt ist. Zu den drei Hauptmeeren – dem Pazifischen, Atlantischen und Indischen Ozean – kommen das Nord- und Südpolarmeer sowie zahlreiche kleinere Binnen- und Randmeere. Der Pazifische Ozean allein ist größer als alle Kontinente zusammen. Die Landmassen machen lediglich 29 Prozent der Erdoberfläche aus, und sie weisen enorme Unterschiede hinsichtlich Gestalt, Bodenbeschaffenheit und Vegetation auf. Gebirge und Hügellandschaften wechseln mit weiten Ebenen, Becken und Tälern ab. In den meisten Gebieten finden wir Wälder, Gras und andere Pflanzen, aber es gibt auch Regionen mit mehr als karger Vegetation. Wüsten – extrem niederschlagsarme Zonen, in denen kaum etwas gedeiht – überziehen etwa ein Fünftel der Landflächen. Dazu kommen die Polargebiete und viele Berggipfel, die ganzjährig mit Eis und Schnee bedeckt sind. Der Meeresgrund ist ebenfalls vielfältig gegliedert. Tiefe Gräben durchziehen die meisten Ozeane, und die Erhebungen vieler Inseln sind nichts anderes als die Gipfel untermeerischer Gebirgsrücken. So misst der Mauna Kea, der sich auf der Insel Hawaii im Pazifik befindet, vom Meeresboden bis zu seiner Spitze 10 205 Meter und überragt damit bei Weitem den höchsten Berg an Land – den Mount Everest im Himalaya.

Daten zur Erde

Erdumfang am Äquator: 40 067 km
Meeresfläche: 361 132 000 km^2
Landfläche über dem Meeresspiegel: 148 940 000 km^2
Größtes Meer: Pazifischer Ozean: 155 557 000 km^2
Größte Landmasse: Eurasien (Europa und Asien): 53 698 000 km^2
Größte Meerestiefe: Marianengraben im Pazifischen Ozean: 10 924 km^2
Größte Insel: Grönland: 2 175 000 km^2

• Wissenswertes •

Fast das gesamte Wasser auf der Erde – 97,3 Prozent – ist Salzwasser. Von den knapp 3 Prozent Süßwasser sind zudem zwei Drittel in Eiskappen und Gletschern gebunden. Das bedeutet, dass unsere Flüsse, Seen und Kanäle nicht einmal 1 Prozent der gesamten Wassermenge enthalten.

NORDPOLARMEER
Spitzbergen
SVALBARD
FRANZ-JOSEF-LAND
SEVERNAJA SEMLJA
NOVAJA SEMLJA
Grönlandsee
Barentsee
Karasee
Laptewsee
NEUSIBIRISCHE INSELN
Ostsibirisches Meer
Tschuktschensee
Jan-Mayen-Insel
Island
Europäisches Nordmeer
FARÖER-INSELN
SKANDINAVIEN
Nordsee
BRITISCHE INSELN
Irland
KANALINSELN
EUROPA
EUROPÄISCHES TIEFLAND
KARPATEN
ALPEN
Dwina
Wolga
Dnjepr
Donau
Schwarzes Meer
Kaspisches Meer
URALGEBIRGE
Ob
Jenessej
Irtysch
Angara
Lena
Amur
WEST-SIBIRISCHES TIEFLAND
MITTEL-SIBIRISCHES BERGLAND
SIBIRIEN
ASIEN
Baikalsee
Ochotskisches Meer
Beringstraße
Beringmeer
ALEUTEN
ALEUTENGRABEN
KURILEN
KURILENGRABEN
KIRGISISCHE STEPPE
Aralsee
Balchaschsee
TIAN SHAN
KUNLUN SHAN
HOCHLAND VON TIBET
HIMALAYA
HINDUKUSCH
WÜSTE GOBI
Huang He
Jangtsekiang
Japanisches Meer
Hokkaido
Honshu
NORDWEST-PAZIFISCHES BECKEN
PAZIFISCHER OZEAN
AZOREN
MADEIRA
KANARISCHE INSELN
MITTELMEER
ATLASGEBIRGE
Tigris
Euphrat
ZAGROSGEBIRGE
SAHARA
SAHEL
NUBISCHE WÜSTE
Nil
Rotes Meer
ARABISCHE HALBINSEL
Arabisches Meer
Indus
Ganges
DEKKAN
Golf von Bengalen
Mekong
LAKKADIVEN
MALEDIVEN
Sri Lanka
ANDAMANEN
NIKOBAREN
Ostchinesisches Meer
Taiwan
PHILIPPINISCHES BECKEN
Luzon
Südchinesisches Meer
PHILIPPINEN
PHILIPPINENGRABEN
MARIANEN
MARIANENGRABEN
Philippinisches Meer
Guam
Palau
MIDWAY-INSELN
Wake-Insel
ZENTRALPAZIFISCHER RÜCKEN
Johnston-Atoll
MIKRONESIEN
MARSHALLINSELN
ZENTRALPAZIFISCHES BECKEN
KAROLINEN
Nauru
MELANESIEN
OZEANIEN
GILBERT-INSELN
Niger
AFRIKA
Golf von Guinea
Uelle
Kongo
Ubangi
KONGOBECKEN
Kasai
ZENTRALAFRIKANISCHER GRABENBRUCH
Victoriasee
SEYCHELLEN
KOMOREN
Mayotte
Madagaskar
Mauritius
Réunion
Sambesi
NAMIBIA
KALAHARI-WÜSTE
Oranje
KAP DER GUTEN HOFFNUNG
ZENTRALINDISCHER RÜCKEN
ZENTRALINDISCHES BECKEN
INDISCHER OZEAN
Sumatra
Borneo
Java
JAVAGRABEN
SUNDAINSELN
Christmas-Insel
KOKOS- (KEELING)-INSELN
BENGALISCHER RÜCKEN
NORDAUSTRALISCHES BECKEN
Neuguinea
SALOMONEN
Tuvalu
Tokelau
SAMOA
Korallensee
Vanuatu
Niue
Tonga
FIDSCHI-INSELN
TONGA-GRABEN
Neukaledonien
GROSSE SANDWÜSTE
SIMPSON-WÜSTE
AUSTRALIEN
Eyresee
GROSSE VICTORIAWÜSTE
GREAT DIVIDING RANGE
Darling
Murray
Große Australische Bucht
Tasmanien
Tasmansee
Norfolk-Insel
KERMADEC-INSELN
KERMADEC-GRABEN
NEUSEELAND
Nord Insel
Süd Insel
CHATHAM-INSELN
AUCKLAND-INSELN
Macquarie-Insel
MITTELATLANTISCHER RÜCKEN
Asunción
St. Helena
MARTIN-VAZ-INSELN
WALFISCHRÜCKEN
Tristan de Cunha
Gough-Insel
ATLANTISCH-INDISCHER RÜCKEN
PRINZ-EDUARD-INSELN
CROZET-INSELN
Amsterdam-Insel
St.-Paul-Insel
KERGUELEN-INSELN
HEARD-UND-McDONALD-INSELN
INDISCH-ANTARKTISCHER RÜCKEN
SÜD-SANDWICH-INSELN
Bouvet-Insel
ATLANTISCHES POLARBECKEN
INDISCH-ANTARKTISCHES BECKEN
Rossmeer
ANTARKTIS

Die Staaten der Erde

Mit Ausnahme der Antarktis, die bislang keine permanente Besiedlung zulässt, ist die gesamte Landfläche der Erde politisch aufgeteilt. Es gibt auf unserem Planeten fast 200 Staaten, die alle ihre eigenen Regierungen und Gesetze haben. Das kleinste Land der Welt ist der Vatikan, dessen Einflussgebiet nicht mehr als 0,44 km² umfasst. (Das entspricht ungefähr der Fläche von 100 Fußballfeldern). Im Vergleich dazu hat Russland, die Nation mit der größten Ausdehnung, 39 Millionen Mal mehr Land zur Verfügung! Die Trennlinien zwischen den einzelnen Staaten bezeichnet man als Grenzen. Auf der politischen Weltkarte rechts sind die Länder verschieden eingefärbt, damit ihr die Grenzen deutlich erkennen könnt. Manche Grenzen werden von Gebirgen oder Flüssen gebildet; andere durchschneiden Seen oder Meere. Größe und Grenzverlauf eines Landes können sich von Zeit zu Zeit verändern. Manchmal zerfällt eine große politische Einheit in kleinere Staaten, weil sich bestimmte Volksgruppen unabhängig machen. Zwischen Nachbarstaaten kommt es häufig zu Unstimmigkeiten über die Grenzgebiete. Solche Auseinandersetzungen haben im Lauf der Geschichte immer wieder zu Kriegen geführt. In diesem Atlas sind umstrittene Grenzen durch punktierte Linien gekennzeichnet. Viele Staaten verwalten oder beherrschen außerdem Besitzungen in anderen Teilen der Welt. Auf der Karte erscheint der Name des regierenden Landes jeweils in Klammern hinter dem abhängigen Territorium.

Politische Fakten

Anzahl der unabhängigen Staaten: 193
Anzahl der abhängigen Gebiete: 65
Größte Staaten:
Russland: 17 075 400 km²
Kanada: 9 984 670 km²
China: 9 572 419 km²
Kleinster Staat: Vatikanstadt: 0,44 km²
Längste Grenze: USA – Kanada: 6 416 km²

Schlüssel für nummerierte Länder

1 NIEDERLANDE
2 BELGIEN
■3 LUXEMBURG
4 TSCHECHISCHE REPUBLIK
5 SLOWAKEI
6 SCHWEIZ
■7 LIECHTENSTEIN
8 SLOWENIEN
9 KROATIEN
■10 ANDORRA
■11 MONACO
■12 SAN MARINO
■13 VATIKANSTADT
14 BOSNIEN-HERZEGOWINA
15 MOLDAWIEN
16 SERBIEN UND MONTENEGRO
17 ALBANIEN
18 MAZEDONIEN
■19 GIBRALTAR (G.B.)
20 ARMENIEN
21 ASERBAIDSCHAN
22 VEREINIGTE ARABISCHE EMIRATE

◆ Schau nach ◆

Die folgenden Gebilde stellen Länder dar, die in der politischen Weltkarte rechts eingetragen sind. Könnt ihr sie finden und benennen?

NORDPOLARMEER
SVALBARD (NORWEGEN)
JAN-MAYEN-INSEL (NORWEGEN)
ISLAND
FARÖER (DÄNEMARK)
SCHWEDEN
FINNLAND
NORWEGEN
ESTLAND
LETTLAND
LITAUEN
RUSSLAND
DÄNEMARK
GROSS-BRITANNIEN
IRLAND
POLEN
WEISS-RUSSLAND
DEUTSCHLAND
UKRAINE
FRANKREICH
ÖSTERREICH
UNGARN
RUMÄNIEN
ITALIEN
BULGARIEN
SPANIEN
PORTUGAL
GRIECHENLAND
TÜRKEI
MALTA
ZYPERN
SYRIEN
LIBANON
ISRAEL
JORDANIEN
IRAK
IRAN
KUWAIT
BAHRAIN
KATAR
SAUDI-ARABIEN
OMAN
JEMEN
GEORGIEN
RUSSLAND
KASACHSTAN
MONGOLEI
USBEKISTAN
KIRGISTAN
TURKMENISTAN
TADSCHIKISTAN
AFGHANISTAN
PAKISTAN
NEPAL
BHUTAN
BANGLADESCH
INDIEN
CHINA
NORD-KOREA
SÜDKOREA
JAPAN
TAIWAN
MYANMAR (BIRMA)
LAOS
THAILAND
KAMBODSCHA
VIETNAM
PHILIPPINEN
MALAYSIA
BRUNEI
SINGAPUR
INDONESIEN
SRI LANKA
MALEDIVEN
LAKKADIVEN (INDIEN)
ANDAMANEN (INDIEN)
NIKOBAREN (INDIEN)
BRITISH INDIAN OCEAN TERRITORY (G.B.)
CHRISTMAS-INSEL (AUSTRALIEN)
KOKOS-(KEELING)-INSELN (AUSTRALIEN)
OSTTIMOR
PAPUA-NEUGUINEA
AUSTRALIEN
NEUSEELAND
PAZIFISCHER OZEAN
NORD-MARIANEN (USA)
GUAM (USA)
PALAU (BELAU)
FÖDERIERTE STAATEN VON MIKRONESIEN
WAKE-INSELN (USA)
MARSHALL-INSELN
MIDWAY-INSELN (USA)
JOHNSTON-ATOLL (USA)
NAURU
KIRIBATI
SOLOMON-INSELN
TUVALU
TOKELAU (NEUSEELAND)
SAMOA
AMERIKANISCH-SAMOA (USA)
WALLIS UND FUTUNA (FRANKREICH)
NEUE HEBRIDEN
NEUKALEDONIEN (FRANKREICH)
NIUE (NEUSEELAND)
TONGA
NORFOLK-INSEL (AUSTRALIEN)
KERMADEC-INSELN (NEUSEELAND)
CHATHAM-INSELN (NEUSEELAND)
AUCKLAND-INSELN (NEUSEELAND)
MACQUARIE-INSELN (AUSTRALIEN)
CAMPBELL-INSEL (NEUSEELAND)
AZOREN (PORTUGAL)
MADEIRA (PORTUGAL)
KANARISCHE INSELN (SPANIEN)
MAROKKO
WESTSAHARA (MAROKKO)
ALGERIEN
TUNESIEN
LIBYEN
ÄGYPTEN
MAURETANIEN
MALI
NIGER
TSCHAD
SUDAN
ERITREA
DSCHIBUTI
KAPVERDEN
SENEGAL
GAMBIA
GUINEA-BISSAU
GUINEA
BURKINA FASO
SIERRA LEONE
LIBERIA
GHANA
TOGO
BENIN
NIGERIA
CÔTE D'IVOIRE (ELFENBEINKÜSTE)
KAMERUN
ÄQUATORIAL-GUINEA
SÃO TOMÉ UND PRINCIPE
GABUN
KONGO
ZENTRAL-AFRIKANISCHE REPUBLIK
ÄTHIOPIEN
SOMALIA
KONGO/ZAIRE
UGANDA
KENIA
RUANDA
BURUNDI
TANSANIA
ANGOLA
SAMBIA
MALAWI
MOSAMBIQUE
KOMOREN
MAYOTTE (FRANKREICH)
SEYCHELLEN
MADAGASKAR
MAURITIUS
RÉUNION (FRANKREICH)
NAMIBIA
BOTSWANA
SIMBABWE
SWAZILAND
LESOTHO
SÜD-AFRIKA
ASUNCIÓN (G.B.)
ST. HELENA UND ASCENSION (G.B.)
MARTIN-VAZ-INSELN (BRASILIEN)
ATLANTISCHER OZEAN
INDISCHER OZEAN
TRISTAN DE CUNHA (G.B.)
GOUGH-INSEL (G.B.)
PRINZ-EDUARD-INSELN (SÜDAFRIKA)
CROZET-INSELN (FRANKREICH)
AMSTERDAM-INSEL (FRANKREICH)
ST.-PAUL-INSEL (FRANKREICH)
KERGUELEN-INSELN (FRANKREICH)
HERARD- UND McDONALD-INSELN (AUSTRALIEN)
SÜDSANDWICH-INSELN (G.B.)
BOUVET-INSEL (NORWEGEN)
PAZIFISCHER OZEAN
ANTARKTIS

Die Macht der Politik

FRÜHER LEBTEN die Menschen in kleinen familiären Gruppen zusammen. Ihr Leben oder ihre Kultur waren geprägt von den Anforderungen, die ihre Umgebung an sie stellte. Als die Familien größer wurden, haben vielleicht die Beziehungen zwischen ihnen dazu beigetragen, dass sich ihre Lebensräume in Staaten wandelten – eine Tatsache, die viele der heutigen Konflikte hervorgerufen hat. Afrika beispielsweise wurde von außen her durch die Kolonialmächte in Staaten aufgeteilt. So wurden einige Völkergruppen getrennt und andere gemischt. Heute bestehen zwischen verschiedenen Staaten mehr als 60 Konflikte um Grenzen oder Hoheitsgebiete. Und Streitfälle, die klein anfangen, weiten sich schnell zu etwas Größerem aus. Als beispielsweise der Serbenführer Slobodan Milosevic die ethnischen Albaner aus dem Kosovo vertreiben wollte, schritten die USA, Großbritannien und andere NATO-Staaten ein. Sie starteten Luftangriffe, um ihn zu stoppen. Inmitten solcher Auseinandersetzungen gibt es aber auch immer wieder Leute, die auf eine friedliche Lösung hinarbeiten. Die Vereinten Nationen (UN) wurden 1945 gegründet, um durch internationale Zusammenarbeit den Frieden zu schützen. Beinahe jedes Land auf der Erde ist mittlerweile Mitglied. Die UN ermutigen gegnerische Seiten zu verhandeln und können Friedenstruppen entsenden, um Recht und Ordnung wiederherzustellen.

KASCHMIR
Als das britische Indien 1947 in das überwiegend hinduistische Indien und das muslimische Pakistan geteilt wurde, meldeten beide Staaten Besitzansprüche auf Kaschmir an. Die UN legten die so genannte Kontrolllinie fest, der Großteil Kaschmirs wurde Indien zugesprochen. Viele Muslime haben sich dort seitdem gegen die indische Staatsgewalt aufgelehnt. Und seit Indien und Pakistan Massenvernichtungswaffen besitzen, ist ein Atomkrieg nicht mehr unmöglich.

KRISENHERDE WELTWEIT
Kriege können interne Auseinandersetzungen wie Bürgerkrieg oder Unabhängigkeitskampf sein, oder es sind Kämpfe zwischen zwei oder mehr Staaten, oft um Grenzen oder Hoheitsgebiete. Seit dem 11. September wird eine neue Art von Krieg geführt – ein internationaler Krieg gegen den Terrorismus.

◆ WISSENSWERTES ◆

Um ihre Unabhängigkeit zu gewinnen ändern viele Länder ihre Namen: Belize hieß vorher British Honduras, Sri Lanka hieß früher Ceylon und Botsuana hieß Bechuanaland.

Der 11. September 2001

Als Terroristen Passagierflugzeuge entführten und damit in das World Trade Center und das Pentagon flogen, erklärten die USA den Krieg gegen den Terrorismus. Die Entführer wurden mit Osama bin Ladens Al Qaida Organisation in Verbindung gebracht, einem internationalen Terrornetzwerk, das größtenteils von Afghanistan aus gesteuert werde. Die USA führten eine militärische Operation an, die dazu beitrug das afghanische Taliban-Regime zu Fall zu bringen und noch immer terroristische Netzwerke auf der ganzen Welt verfolgt.

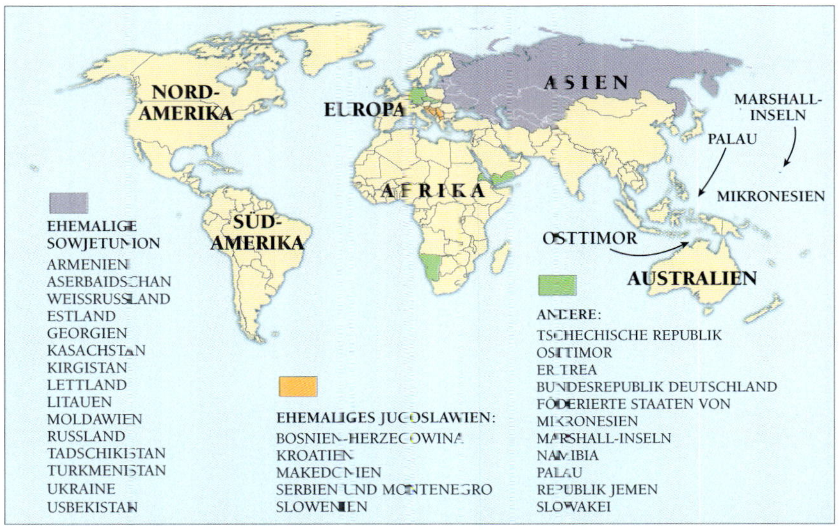

Israel und Palästina

Das Volk der Palästinenser wurde durch die Gründung des Staates Israel heimatlos. Lange hatten sie gehofft, ihren eigenen Staat im Westjordanland und auf dem Gazastreifen gründen zu können – Land, das seit dem Krieg 1967 zu Israel gehört. Nach einer Reihe gescheiterter Verhandlungen starteten die Palästinenser im Jahr 2000 einen Aufstand, die so genannte Intifada, und verübten Selbstmordattentate auf israelische Bürger. Israel antwortete mit militärischer Gewalt.

Neue Staaten

Seit Ende des Zweiten Weltkrieges hat sich die Zahl aller Staaten auf der Welt fast verdreifacht. 1946 gab es nur 74 Länder, heute dagegen sind es 193. Die Weltkarte zeigt die Staaten, die seit 1990 gegründet wurden. Die meisten ergaben sich aus dem Zerfall des Kommunismus in der Sowjetunion. Einige Länder, wie Osttimor und Palau, erreichten ihre Unabhängigkeit von anderen Staaten. Andere, wie Deutschland oder Jemen, bilden einen Zusammenschluss zweier Staaten.

Nordamerika

DER KONTINENT NORDAMERIKA reicht von unterhalb des Nordpols bis fast zum Äquator und umfasst daher eine große Vielfalt von Lebensräumen – Eislandschaften und Wälder, Gebirge, Wüsten und Dschungel. Im Westen erstrecken sich Gebirgsketten nahezu durchgehend von Alaska bis Costa Rica, darunter die weltberühmten Rocky Mountains. Von den insgesamt 23 Ländern des nordamerikanischen Kontinents nehmen die Vereinigten Staaten von Amerika (auch USA oder Amerika genannt) und Kanada die größte Fläche ein. Die USA setzen sich aus 50 Staaten zusammen, während Kanada in zehn Provinzen und drei Territorien unterteilt ist. In Nordamerika gibt es einige der größten Städte der Erde, aber auch weite Gebiete unberührter Wildnis. Die meisten Nordamerikaner sind die Nachkommen europäischer Einwanderer; daneben gibt es viele Menschen afrikanischer Herkunft sowie Angehörige der einheimischen Indianervölker.

Höchste Berge – längste Flüsse

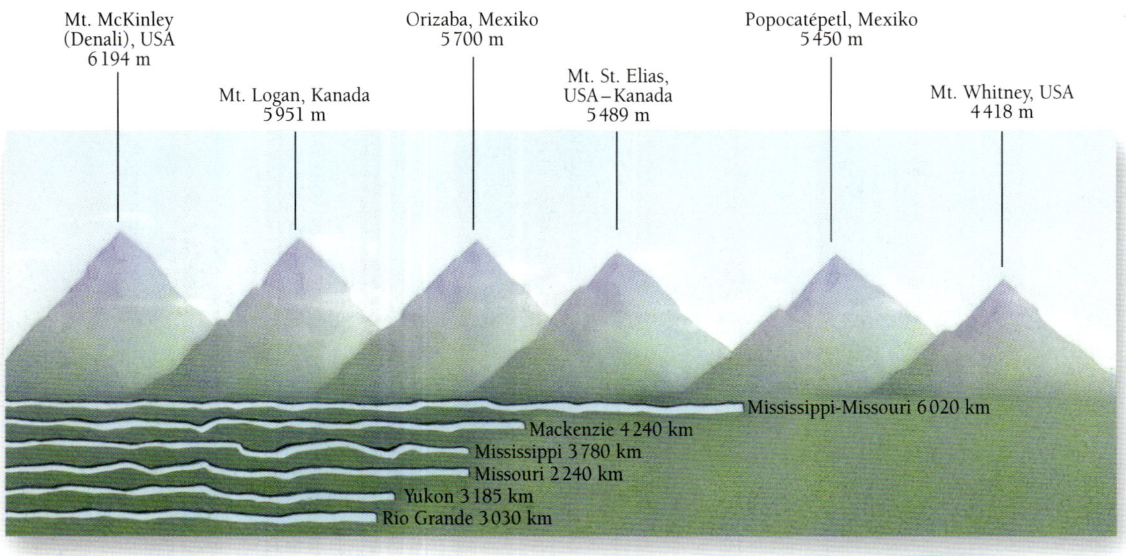

Politische Karte

Kontinent-Fakten

Gesamte Landfläche: 22 078 049 km²
Gesamtbevölkerung: 486 070 000 Einwohner
Unabhängige Länder: Antigua und Barbuda, Bahamas, Barbados, Belize, Costa Rica, Dominica, Dominikanische Republik, El Salvador, Grenada, Guatemala, Haiti, Honduras, Jamaika, Kanada, Kuba, Mexiko, Nicaragua, Panama, St. Kitts und Nevis, St. Lucia, St. Vincent und die Grenadinen, Trinidad und Tobago, USA

Welt-Rekorde

GRÖSSTE SCHLUCHT DER WELT
Grand Canyon, USA, 446 km lang, 16 km breit, 1,6 km tief

GRÖSSTER SÜSSWASSERSEE DER WELT
Oberer See, USA-Kanada, 82 350 km²

LÄNGSTES HÖHLENSYSTEM DER WELT
Mammoth Caves, USA, 565 km

GRÖSSTER AKTIVER VULKAN DER WELT
Mauna Loa, Hawaii, USA, 4170 m hoch, 120 km lang, 50 km breit

LÄNGSTE GRENZE DER WELT
Grenze zwischen USA und Kanada, 6416 km

HÖCHSTER AKTIVER GEYSIR DER WELT
Steamboat Geyser, Yellowstone-Nationalpark, USA, 115 m

GRÖSSTER THEMENPARK DER WELT
Walt Disney World, USA, 122 km²

Kontinent-Rekorde

HÖCHSTER BERG
Mount McKinley (Denali), USA, 6194 m

TIEFSTER PUNKT
Death Valley, USA, 86 m unter dem Meeresspiegel

LÄNGSTER FLUSS
Mississippi-Missouri, USA, 6020 km

LAND MIT DER GRÖSSTEN FLÄCHE
Kanada, 9 976 185 km²

LAND MIT DER HÖCHSTEN EINWOHNERZAHL
USA, 288 369 000 Einwohner

STADT MIT DER HÖCHSTEN EINWOHNERZAHL
Mexiko-Stadt, 18 330 000 Einwohner

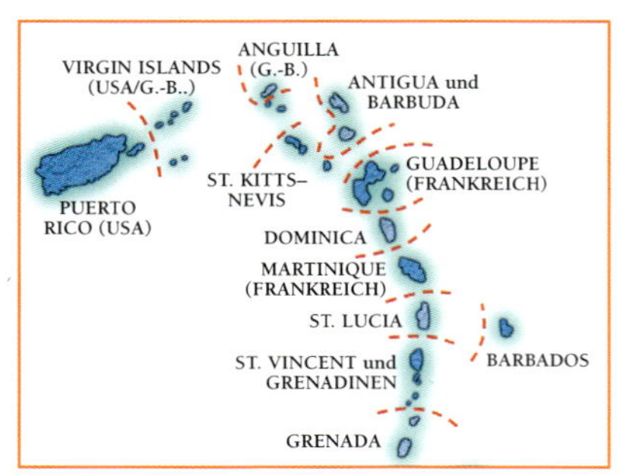

PHYSIKALISCHE KARTE

Westkanada und Alaska

Kanada, das zweitgrösste Land der Welt, nimmt mehr als die Hälfte von Nordamerika ein. Der Norden Kanadas bildet eine ausgedehnte, raue Wildnis. Hier waten die Bären zum Lachsfischen ins eiskalte Wasser der Flüsse, und Wölfe verfolgen Karibu-Herden über die weiten, schneebedeckten Ebenen. Das neue arktische Territorium Nunavut, das sich über das östliche Festland der Northwest Territories und einen Großteil der arktischen Inseln erstreckt, wurde 1999 gegründet. In der Sprache seiner Bewohner, der Inuit, bedeutet Nunavut „unser Land“. Es gibt nur wenige Menschen in dieser unwirtlichen Gegend. 80 Prozent der kanadischen Bevölkerung leben in einem 300 Kilometer breiten Streifen im Süden, wo das Klima milder und das Land fruchtbarer ist. Der Präriegürtel, der Teile von Alberta, Manitoba und Saskatchewan durchzieht, gehört zu den ertragreichsten Ackerbaugebieten der Welt. In diesen Provinzen finden sich auch die größten Erdöl- und Erdgasvorkommen des Landes. Westlich der hoch aufragenden Rocky Mountains erstreckt sich der zerklüftete Küstenstrich des Pazifiks, ein Labyrinth aus Inseln und schmalen Wasserstraßen. Am Golf von Alaska fließen Gletscher die Berghänge hinab zum Meer. Seehunde und Wale bevölkern die zahlreichen Buchten dieser Region. Alaska ist der größte Staat der USA, wird jedoch durch Kanada von den Vereinigten Staaten getrennt. Mehr als die Hälfte seiner Landschaften sind als Naturschutzgebiete ausgewiesen, aber auch einige der größten Ölfelder Nordamerikas befinden sich hier.

ALASKA (USA)
Einwohnerzahl: 634 900 * Hauptstadt: Juneau

ALBERTA
Einwohnerzahl: 3 064 200 * Hauptstadt: Edmonton

BRITISH COLUMBIA
Einwohnerzahl: 4 095 900 * Hauptstadt: Victoria

MANITOBA
Einwohnerzahl: 1 150 000 * Hauptstadt: Winnipeg

NORTHWEST TERRITORIES
Einwohnerzahl: 40 900 * Hauptstadt: Yellowknife

NUNAVUT
Einwohnerzahl: 28 200 * Hauptstadt: Iqualuit

SASKATCHEWAN
Einwohnerzahl: 1 015 800 * Hauptstadt: Regina

YUKON TERRITORY
Einwohnerzahl: 29 900 * Hauptstadt: Whitehorse

Wissenswertes

1867 kauften die USA den Russen Alaska für 7,2 Millionen Dollar ab. Zunächst hielten das viele Leute für eine Geldverschwendung, doch dann entdeckte man auf der Halbinsel reiche Gold- und Ölvorkommen, und der Handel erwies sich als wahres Schnäppchen.

Alaska- oder Kodiakbär
Diese bis zu 3 m langen Braunbären sind die größten Landraubtiere der Welt. Oft waten sie in Flüsse und Bäche, um Jagd auf Lachse zu machen.

 Siehe Länder-Lexikon Seite 106

Mach mit: Inuit-Fingermasken

Bei bestimmten Zeremonien und Ritualen stellen die Inuit (so nennen sich die Eskimos selbst) die Geister ihrer verstorbenen Ahnen durch Fingermasken dar. Die Masken sind oft aus Holz geschnitzt oder in Stein gemeißelt, aber ihr könnt sie ebenso gut aus einem Stück Pappe herstellen.

1. Schneidet zunächst einen Kreis von etwa 10 cm Durchmesser aus. Bringt am unteren Rand zwei Löcher an, die gerade so groß sind, dass eure Finger durchpassen.
2. Zeichnet in die Mitte der Scheibe ein Gesicht und malt es bunt an. Zur Verzierung könnt ihr Zacken in den oberen Kartonrand schneiden und rund um das Gesicht Federn oder Perlen aufkleben.
3. Nun steckt ihr die Maske auf zwei Finger und bewegt die Hand langsam zu den Klängen einer Trommel hin und her.

Mounties
So heißen die Angehörigen einer berittenen Polizeitruppe, die 1873 gegründet wurde, um Streitigkeiten zwischen einheimischen Stämmen und europäischen Händlern zu verhindern.

Ostkanada

ETWA 60 PROZENT DER KANADISCHEN BEVÖLKERUNG leben zu beiden Seiten des St.-Lorenz-Stroms und in der Nähe der Großen Seen, in einem Gebiet, das nicht mehr als zwei Prozent der gesamten Landfläche umfasst. Seit dem frühen 17. Jahrhundert haben sich europäische Einwanderer bevorzugt hier angesiedelt, weil das Land fruchtbar war und die Wasserwege als Verkehrsverbindungen genutzt werden konnten. Heute gibt es in dieser Region die meisten Großstädte Kanadas, allen voran Toronto und Montreal. Kanada hat zwei Amtssprachen – Englisch und Französisch. Die meisten Frankokanadier (französisch sprechenden Kanadier) leben in der Provinz Quebec, die früher französisches Territorium war. Die ausgedehnten Wälder sowie die Seen und Flüsse in Quebec und Ontario sind überaus reich an Rohstoffen. So produziert Quebecs Holzindustrie etwa 12 Prozent des gesamten Weltbedarfs an Zellstoff und Papier. Wasserkraftwerke erzeugen so viel Elektrizität, dass Quebec und Ontario Energie exportieren können. Das ostkanadische Klima ist nur im Süden gemäßigt; nach Norden zu herrschen arktische Bedingungen. In der Hudsonbai, die neun Monate im Jahr zugefroren bleibt, durchstreifen Eisbären das Packeis auf der Suche nach Nahrung. Vor der Insel Neufundland (Newfoundland) treiben Eisberge, die bis zu 45 m aus dem Wasser ragen. Weiter südlich branden in den Buchten die stärksten Gezeiten der Erde. In der Bay of Fundy etwa steigt das Meer bei Flut um 15 m – hoch genug, um ein vierstöckiges Haus unter sich zu begraben!

NEW BRUNSWICK
EINWOHNERZAHL: 757 100 ∗ HAUPTSTADT: FREDERICTON

NEWFOUNDLAND
EINWOHNERZAHL: 533 800 ∗ HAUPTSTADT: ST. JOHN'S

NOVA SCOTIA
EINWOHNERZAHL: 942 700 ∗ HAUPTSTADT: HALIFAX

ONTARIO
EINWOHNERZAHL: 11 874 400 ∗ HAUPTSTADT: TORONTO

PRINCE EDWARD ISLAND
EINWOHNERZAHL: 138 500 ∗ HAUPTSTADT: CHARLOTTETOWN

QUEBEC
EINWOHNERZAHL: 7 410 500 ∗ HAUPTSTADT: QUEBEC

◆ SCHAU NACH ◆

- Wie heißt die Hauptstadt von Kanada?
- Welche bedrohten Meerestiere leben vor der Ostküste von Neufundland?
- Welche Bodenschätze werden in Neufundland abgebaut?

DAS NICKEL-DENKMAL
Die Gegend um Sudbury in Ontario ist reich an Nickel. Als Symbol für die große Bedeutung des Metalls steht vor der Stadt ein riesiger Nickel – so nennen Kanadier ihre Fünf-Cent-Münze.

EISHOCKEY
In Ontario und Nova Scotia stationierte britische Soldaten trugen das schnelle Spiel auf Kufen erstmals im Jahr 1855 aus. Heute ist Eishockey Kanadas Nationalsport.

WISSENSWERTES

Der Canadian National (CN) Tower in Toronto ist das höchste frei stehende Bauwerk der Welt. Der 1976 fertiggestellte Fernsehturm misst 553 m – das entspricht einem Wolkenkratzer mit 150 Stockwerken!
An klaren Tagen kann man von seiner Aussichtsplattform 120 km weit sehen.

SATTELROBBEN
Alljährlich im März begeben sich gut eine Viertelmillion dieser Seehunde zu den Inseln im St.-Lorenz-Golf, um dort ihre Jungen zur Welt zu bringen.

Die Nordoststaaten der USA

Der Nordosten der USA bietet 70 Millionen Menschen eine Heimat – das ist mehr als ein Viertel der amerikanischen Gesamtbevölkerung. Von Boston im Norden bis nach Washington, D.C., im Süden säumt eine dichte Kette von Großstädten die 640 km lange Küstenlinie des Atlantiks. 19 Millionen Menschen leben allein in der Stadt New York und ihren Vororten. Die größte Stadt der USA und drittgrößte Metropole der Erde ist ein Weltzentrum des Handels und der Industrie und einer der bedeutendsten kulturellen Anziehungspunkte. Das Herz von New York bildet die Insel Manhattan mit ihren gigantischen Wolkenkratzern – darunter einige der höchsten auf der Welt – und ihren schnurgeraden Straßenschluchten, in denen ein dichtes Verkehrs- und Menschengedränge herrscht. Die Appalachen trennen die Küstenstädte von den Großen Seen und den Zentralen Ebenen (Interior Plains). Der mehr als 2 600 km lange Gebirgszug erstreckt sich vom nördlichen Maine bis nach Nord-Alabama im Süden der USA. Im Süden sind die Appalachen reich an Bodenschätzen: Kentucky baut mehr Kohle ab als jeder andere Bundesstaat. Zwar werden viele der Täler landwirtschaftlich genutzt, aber ein Großteil der Hänge ist von Laubwäldern bedeckt, in denen Schwarzbären auf der Suche nach Früchten umherstreifen und Otter ihre Baue an den Ufern der Gebirgsbäche errichten. Wenn sich im Herbst das Laub zu verfärben beginnt, bieten diese Wälder ein prächtiges Farbenspiel in Orange, Gold und Rot.

CONNECTICUT
Einwohnerzahl: 3 425 000 * Hauptstadt: Hartford

DELAWARE
Einwohnerzahl: 796 200 * Hauptstadt: Dover

DISTRICT OF COLUMBIA
Einwohnerzahl: 571 800 * Hauptstadt: Washington, D.C.

KENTUCKY
Einwohnerzahl: 4 065 600 * Hauptstadt: Frankfort

MAINE
Einwohnerzahl: 1 286 700 * Hauptstadt: Augusta

MARYLAND
Einwohnerzahl: 5 375 200 * Hauptstadt: Annapolis

MASSACHUSETTS
Einwohnerzahl: 6 379 300 * Hauptstadt: Boston

NEW HAMPSHIRE
Einwohnerzahl: 1 259 200 * Hauptstadt: Concord

NEW JERSEY
Einwohnerzahl: 8 484 400 * Hauptstadt: Trenton

NEW YORK
Einwohnerzahl: 19 011 400 * Hauptstadt: Albany

PENNSYLVANIA
Einwohnerzahl: 12 287 200 * Hauptstadt: Harrisburg

RHODE ISLAND
Einwohnerzahl: 1 058 900 * Hauptstadt: Providence

VERMONT
Einwohnerzahl: 613 100 * Hauptstadt: Montpelier

VIRGINIA
Einwohnerzahl: 7 187 700 * Hauptstadt: Richmond

WEST VIRGINIA
Einwohnerzahl: 1 801 900 * Hauptstadt: Charleston

Mach mit: *Irokesen-Perlen*

Bei den im östlichen Nordamerika beheimateten Irokesen war es üblich, eine Freundschaft, ein Versprechen oder einen Vertrag mit einem Geschenk zu besiegeln. Das so genannte Wampum bestand meist aus weißen und violetten Muschelperlen, die auf Schnüre gefädelt und als Ketten oder Gürtel getragen wurden. Ihr könnt so ein Wampum mit einfachen Mitteln selbst herstellen, wenn ihr ein paar bunte Holz- oder Glasperlen auf kurze Schnüre reiht und diese an einem Band aus Leder befestigt. Vergesst nicht, die Beschenkten auf die Bedeutung der Irokesen-Perlen hinzuweisen.

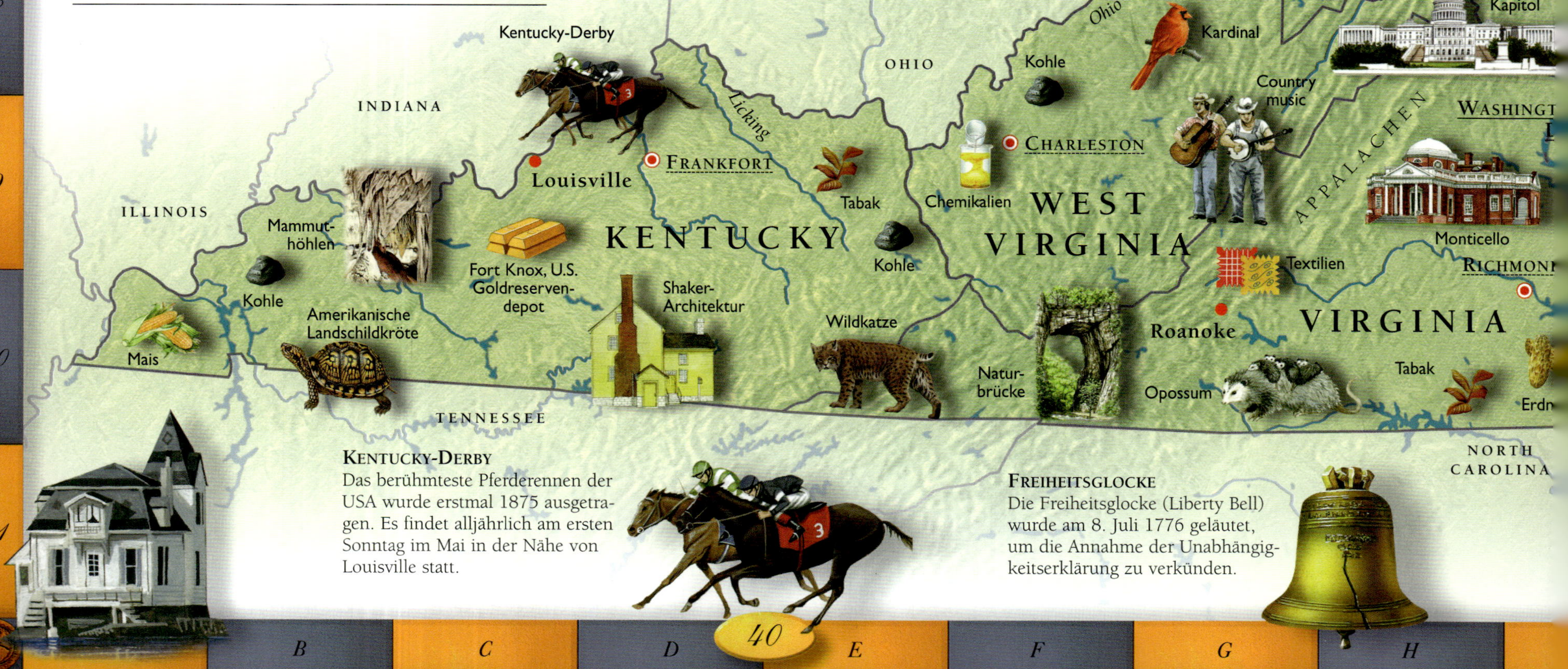

Kentucky-Derby
Das berühmteste Pferderennen der USA wurde erstmal 1875 ausgetragen. Es findet alljährlich am ersten Sonntag im Mai in der Nähe von Louisville statt.

Freiheitsglocke
Die Freiheitsglocke (Liberty Bell) wurde am 8. Juli 1776 geläutet, um die Annahme der Unabhängigkeitserklärung zu verkünden.

 Siehe Länder-Lexikon Seite 106

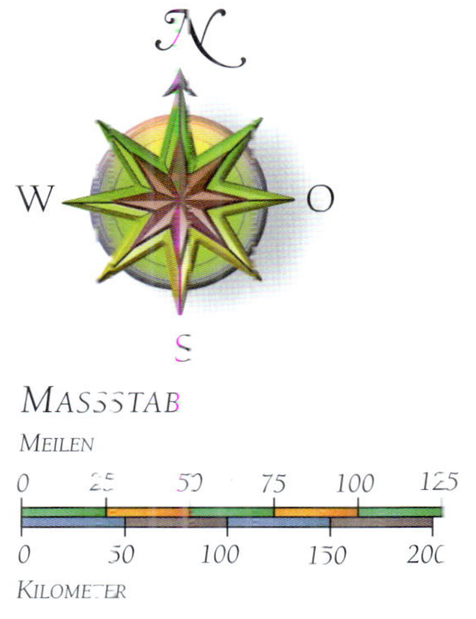

◆ WISSENSWERTES ◆

Die Freiheitsstatue war ein Geschenk der Franzosen an das amerikanische Volk. Sie wurde von Frédéric-Auguste Bartholdi entworfen und unter Leitung von Gustave Eiffel angefertigt, der auch den berühmten Eiffelturm in Paris errichtet hatte. Die Arbeiten an dem Denkmal, das 1886 feierlich enthüllt wurde, dauerten insgesamt neun Jahre. Für den Koloss, der selbst 46 m hoch ist und darüber hinaus auf einem 47 m hohen Sockel steht, benötigte man nicht weniger als 300 Kupferplatten.

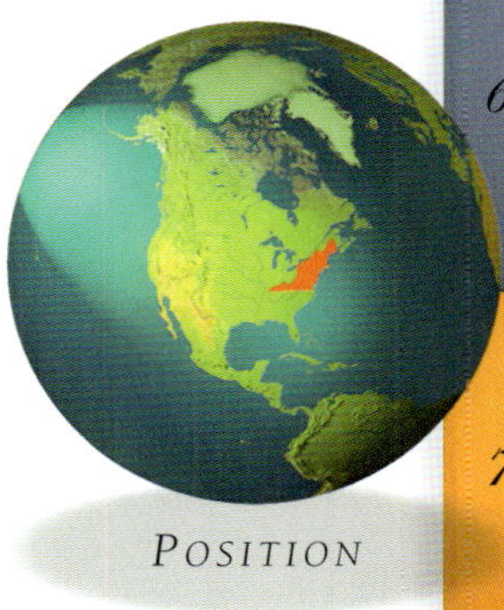

POSITION

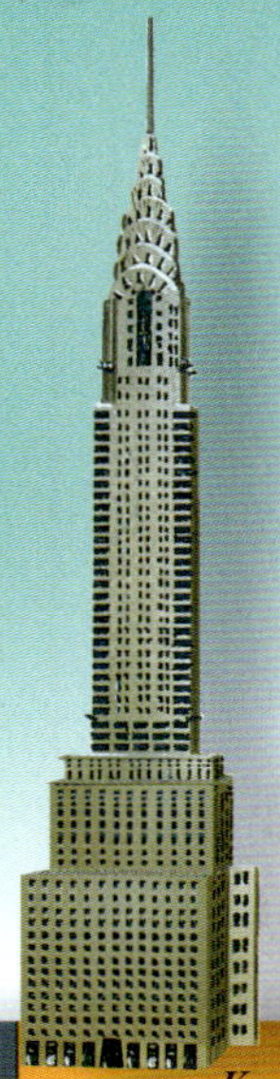

CHRYSLER-BUILDING
Dieser Wolkenkratzer wurde von Walter Chrysler, dem Begründer des Automobil-Imperiums Chrysler, in Auftrag gegeben. Die zur Spitze hin gestaffelten, stahlverkleideten Halbkreise sind Radnaben nachempfunden.

MAYFLOWER
1620 brachte die Mayflower die Pilgerväter von England nach Amerika, wo sie eine der ersten dauerhaften Kolonien errichteten.

Die Südstaaten der USA

Der Süden der USA mit seinem feuchtwarmen Klima ist eine Region der Ebenen, Flüsse, Sümpfe und Küstenlagunen. Vom südlichen Texas verläuft ein breiter Tiefland-Gürtel um den Golf von Mexiko, quer durch Florida und entlang der Atlantikküste. Im Norden und Westen steigen die Küstenebenen zu Plateaus und Gebirgsketten an, einschließlich der Appalachen, die vor etwa 400 Millionen Jahren entstanden und das älteste Rumpfgebirge Nordamerikas sind. Landwirtschaft mit Mischanbau und Viehhaltung prägen die fruchtbaren Ebenen im Osten und Süden. Auf den trockenen texanischen Grasländern (Prärien) weiden riesige Rinderherden. Texas ist der zweitgrößte Staat der USA nach Alaska und auf Grund seiner Rindfleisch-Produktion sowie riesiger Ölvorkommen einer der reichsten Landesteile. Zahlreiche Flüsse durchschneiden den Süden der USA, darunter der Mississippi, einer der längsten und verkehrsreichsten Inland-Wasserwege Nordamerikas. Entlang der Golfküste und im Norden Floridas bilden diese Flüsse eine Mündungslandschaft aus seichten Seen, schlammigen Deltas und dampfenden Sümpfen – der Lebensraum von Schlangen, Schildkröten und Alligatoren. Weite Sandstrände und ein sonniges Klima machen Florida zu einem beliebten Urlaubsziel. Der Vergnügungspark „Walt Disney World“ bei Orlando zieht alljährlich mehr als 25 Millionen Besucher an und ist damit die Nummer Eins unter den Touristen-Attraktionen der Welt.

Viele der ersten Europäer, die sich im 17. Jahrhundert in dieser Gegend niederließen, kamen aus Frankreich oder Spanien; ihre Nachfahren werden als Kreolen bezeichnet. Andere Siedler mit französischer Muttersprache, die so genannten Cajuns, wanderten bald danach aus Kanada ein. Zur großen Gruppe der spanisch sprechenden Bevölkerung in Florida gehören viele Immigranten von der Insel Kuba, die nur 217 km vor Key West liegt, dem südlichsten Punkt Floridas und der USA.

ALABAMA	Einwohnerzahl: 4 464 400	Hauptstadt: Montgomery
ARKANSAS	Einwohnerzahl: 2 692 100	Hauptstadt: Little Rock
FLORIDA	Einwohnerzahl: 16 396 500	Hauptstadt: Tallahassee
GEORGIA	Einwohnerzahl: 8 383 900	Hauptstadt: Atlanta
LOUISIANA	Einwohnerzahl: 4 465 400	Hauptstadt: Baton Rouge
MISSISSIPPI	Einwohnerzahl: 2 858 000	Hauptstadt: Jackson
NORTH CAROLINA	Einwohnerzahl: 8 186 300	Hauptstadt: Raleigh
OKLAHOMA	Einwohnerzahl: 3 460 100	Hauptstadt: Oklahoma City
SOUTH CAROLINA	Einwohnerzahl: 4 063 000	Hauptstadt: Columbia
TENNESSEE	Einwohnerzahl: 5 740 000	Hauptstadt: Nashville
TEXAS	Einwohnerzahl: 21 325 000	Hauptstadt: Austin

Rodeo
Beim Rodeo messen Männer und Frauen ihre Reitkünste sowie ihr Geschick im Umgang mit dem Lasso. Beim Bullenreiten müssen sich die Teilnehmer mindestens acht Sekunden auf dem Stier halten.

Raddampfer
Im 19. Jahrhundert gab es auf dem Mississippi mehr als 400 dieser eleganten Schaufelraddampfer für Passagier- und Warenverkehr.

Siehe Länder-Lexikon Seite 106

Wissenswertes

Die Everglades, das berühmte Sumpfgebiet an der Südspitze Floridas, bestehen eigentlich aus einem 80 km breiten, 160 km langen und im Durchschnitt nur 15 cm tiefen Fluss, der sich wegen des geringen Gefälles nur sehr träge bewegt. Das Wasser stammt vom Okeechobee-See, der während der Sommerregen über die Ufer tritt.

Schau nach

- Welche Getreidesorte wird in Arkansas angebaut?
- Von welchem Staat aus starten die Raumfähren ins All?
- Welcher Fluss liegt an der Grenze zwischen den Vereinigten Staaten und Mexiko?

COUNTRY MUSIC
Nashville in Tennessee ist die Heimat der Country Music. In der Stadt gibt es an die 180 Plattenfirmen, 25 Aufnahmestudios und 450 Musikverlage.

Der Mittelwesten der USA

DAS ZENTRALGEBIET DER USA besteht aus einem ausgedehnten Tiefland, das als Mittelwesten bekannt ist. Im Nordosten dieser Region liegen die Großen Seen, die flächenmäßig größte Gruppe von Süßwasser-Seen auf der ganzen Welt. Die Flüsse und Kanäle, die diese Seen mit dem Atlantik und dem Golf von Mexiko verbinden, bilden ein wichtiges Transportnetz. Die günstige Verkehrslage sowie die reichen Bodenschätze dieser Gegend (darunter Kohle und Eisen) haben entscheidend dazu beigetragen, dass sich heute im Gebiet der Großen Seen das Zentrum der nordamerikanischen Industrie befindet. Riesige Fabrikanlagen an den Südufern des Michigan- und Erie-Sees produzieren fast den gesamten US-Bedarf an Eisen, Stahl und Automobilen. Leider erzeugen sie auch eine Menge Schadstoffe, und die Luft- und Wasserverschmutzung der Großen Seen ist heute enorm hoch. Im Süden und Westen der Seen erstreckte sich einst flaches Grasland, das man als Plains oder Prärie bezeichnet und auf dem Millionen Bisons und andere Wildtiere umherstreiften und Indianerstämme wie die Sioux und Komantschen beheimatet waren. Heute ist die Prärie in Ackerland umgewandelt und gehört zu den bedeutendsten Anbaugebieten der Welt. So bezeichnet man das Gebiet um Iowa als Corn Belt oder Maisgürtel, weil hier etwa die Hälfte der Welternte an Mais produziert wird. Der größte Teil davon landet in den Futtersilos der ebenfalls in dieser Gegend ansässigen Schweine- und Rindermastbetriebe. Noch weiter im Westen, auf dem Tafelland der Great Plains, gibt es einen „Weizengürtel". Hier erstrecken sich wogende Getreidefelder, so weit das Auge reicht.

ILLINOIS
EINWOHNERZAHL: 12 482 300 * HAUPTSTADT: SPRINGFIELD

INDIANA
EINWOHNERZAHL: 6 114 700 * HAUPTSTADT: INDIANAPOLIS

IOWA
EINWOHNERZAHL: 2 923 200 * HAUPTSTADT: DES MOINES

KANSAS
EINWOHNERZAHL: 2 694 600 * HAUPTSTADT: TOPEKA

MICHIGAN
EINWOHNERZAHL: 9 990 800 * HAUPTSTADT: LANSING

MINNESOTA
EINWOHNERZAHL: 4 972 300 * HAUPTSTADT: ST. PAUL

MISSOURI
EINWOHNERZAHL: 5 629 700 * HAUPTSTADT: JEFFERSON CITY

NEBRASKA
EINWOHNERZAHL: 1 713 200 * HAUPTSTADT: LINCOLN

NORTH DAKOTA
EINWOHNERZAHL: 634 400 * HAUPTSTADT: BISMARCK

OHIO
EINWOHNERZAHL: 11 373 500 * HAUPTSTADT: COLUMBUS

SOUTH DAKOTA
EINWOHNERZAHL: 756 600 * HAUPTSTADT: PIERRE

WISCONSIN
EINWOHNERZAHL: 5 401 900 * HAUPTSTADT: MADISON

BISON
Vor der Ankunft der Europäer lebten auf den Prärien der Plains 25 Millionen amerikanische Büffel oder Bisons. Weiße Jäger rotteten die Tiere im Lauf der Zeit fast völlig aus. Heute gibt es in Schutzgebieten einen Restbestand von etwa 30 000 Tieren.

SIOUX-FEDERSCHMUCK
Im Norden der Great Plains befanden sich einst die Jagdgründe der Sioux-Indianer. Ihre Häuptlinge tragen noch heute solche Federhauben.

 Siehe Länder-Lexikon Seite 106

Wissenswertes

Am Mount Rushmore in South Dakota meißelte der Bildhauer Gutzon Borglum die Köpfe von vier bedeutenden Präsidenten – Washington, Jefferson, Theodore Roosevelt und Lincoln – in den Granitfelsen der Nordostflanke.

Position

Mark Twain
In dieser winzigen Hütte wurde 1835 der Verfasser von Tom Sawyer und Huckleberry Finn geboren. Das Haus gehört heute zum Mark Twain Museum in Hannibal, Missouri.

American Football
Nach der rasanten Ausbreitung dieses Ballsports im 19. Jahrhundert wurde 1920 in Canton, Ohio, die erste amerikanische Profi-Football-Liga gegründet.

Der Westen der USA

Die hoch aufragenden Rocky Mountains trennen den Westen der USA von den Ebenen des Mittelwestens. Bergziegen klettern in den Steilhängen der gewaltigen Felsmassive umher, und Elche äsen an reißenden Gebirgsbächen. Das Gebiet kann landwirtschaftlich kaum genutzt werden; nur auf den Bergwiesen weiden Rinderherden. Westlich der Rockies erstreckt sich eine Reihe von trockenen Hochländern, Becken und niedrigen Bergketten. Das Colorado-Plateau besitzt einige der eindrucksvollsten Landschaften des Kontinents, darunter den Grand Canyon, die größte Schlucht der Welt. Die Staaten Washington, Oregon und Idaho werden in den USA meist als Pazifischer Nordwesten bezeichnet. Der niederschlagsreiche, dicht bewaldete Westteil dieser Region ist ein Zentrum der Forstindustrie. 40 Prozent der Landesproduktion an Holz stammen aus diesem Gebiet. In Kalifornien, dem größten Staat des Westens, leben mehr Menschen als in allen anderen Bundesstaaten, die meisten davon im Umkreis der Küsten-Metropolen Los Angeles und San Francisco. Landeinwärts, zwischen den Bergen der Küstenkette (Coast Ranges) und der Sierra Nevada, breitet sich ein Flickenteppich aus Feldern über das künstlich bewässerte zentrale Tal. Der westlichste Staat ist Hawaii, der 4000 km vor der Küste mitten im Pazifik liegt. Hawaii besteht aus 132 Inseln, die von untermeerischen Vulkanen gebildet wurden. Mehrere der Hawaii-Vulkane sind heute noch tätig, darunter der Mauna Loa, der größte aktive Vulkan der Welt.

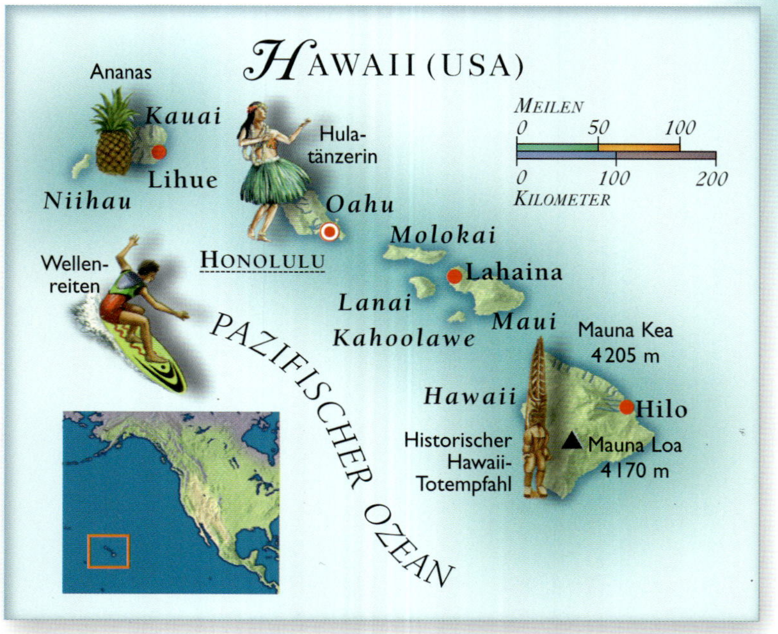

ARIZONA Einwohnerzahl: 5 307 300 * Hauptstadt: Phoenix	**NEVADA** Einwohnerzahl: 2 106 100 * Hauptstadt: Carson City
COLORADO Einwohnerzahl: 4 417 700 * Hauptstadt: Denver	**NEW MEXICO** Einwohnerzahl: 1 829 100 * Hauptstadt: Santa Fe
HAWAII Einwohnerzahl: 1 224 400 * Hauptstadt: Honolulu	**OREGON** Einwohnerzahl: 3 472 900 * Hauptstadt: Salem
IDAHO Einw.-Zahl: 1 321 000 * Hauptstadt: Boise	**UTAH** Einwohnerzahl: 2 269 800 * Hauptstadt: Salt Lake City
KALIFORNIEN Einw.-Zahl: 34 501 100 * H.-Stadt: Sacramento	**WASHINGTON** Einwohnerzahl: 5 988 000 * Hauptstadt: Olympia
MONTANA Einw.-Zahl: 904 400 * Hauptstadt: Helena	**WYOMING** Einwohnerzahl: 494 400 * Hauptstadt: Cheyenne

General Sherman Tree Dieser gigantische Mammutbaum ist die größte lebende Pflanze der Welt. Er ist mindestens 2 300 Jahre alt, über 80 m hoch und hat einen Stammdurchmesser von mehr als 9 m.

◆ MACH MIT: *Gläser mit Sandmalerei* ◆

Bei den Navajo- und Pueblo-Indianern im Südwesten der USA ist die Sandmalerei Teil einer rituellen Handlung, häufig einer Krankenheilung. Dazu werden bei Sonnenaufgang auf einer glatten Fläche farbige Pflanzen- und Mineralpulver in bestimmten symbolischen Mustern angeordnet. Nach der Zeremonie muss das Bild wieder zerstört werden. Ihr dagegen könnt in einem Glas ein dauerhaftes Kunstwerk aus Sand zur Schau stellen.

1. Besorgt euch zunächst sauberen feinen Sand – oder siebt ihn selbst – und teilt ihn in drei gleiche Häufchen, die ihr mit verschiedenen Lebensmittelfarben tränkt. Rührt den gefärbten Sand alle paar Stunden durch, damit er durchtrocknen kann.
2. Füllt den trockenen Sand in abwechselnden Farbschichten in ein trockenes Glas. Wiederholt diesen Vorgang, bis das Glas voll ist.
3. Schiebt nun einen Draht oder das Ende eines dünnen Malpinsels am inneren Glasrand auf und ab. Achtet jedoch gut darauf, dass sich die einzelnen Schichten nicht vermischen. Wenn die verschiedenfarbigen Sandkörnchen in die schmalen Furchen nachrutschen, die ihr mit dem Draht zieht, entstehen schöne Zickzack- oder Spiralmuster.
4. Presst noch eine Sandschicht in das Glas und schraubt den Deckel fest.

◆ WISSENSWERTES ◆

Die vom Colorado River in das Felsplateau geschnittene Schlucht ist 350 km lang, 6 bis 29 km breit und etwa 1600 m tief. Das Gestein auf dem Grund des Canyons ist über zwei Milliarden Jahre alt

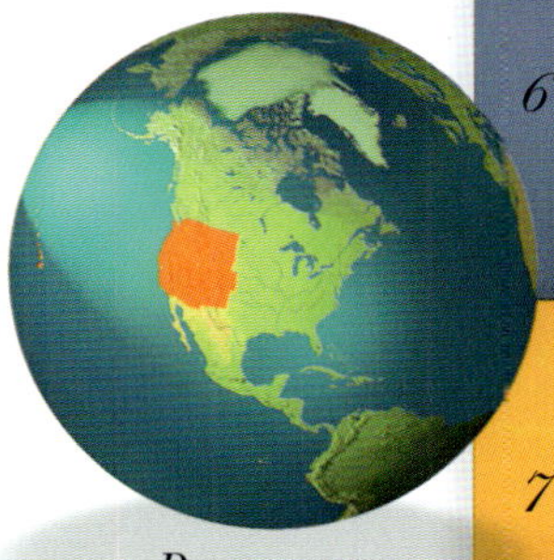

POSITION

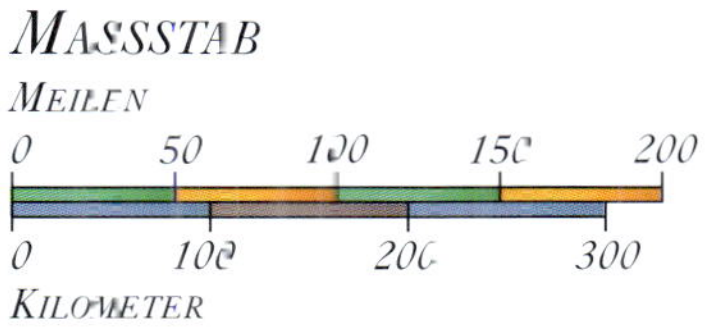

ROADRUNNER
Der als Roadrunner bekannte Erd- oder Rennkuckuck fliegt so gut wie nie, schafft aber im „Laufschritt" bis zu 32 km in der Stunde.

TANZENDER PLAINS-INDIANER
Als Büffel (Bisons) verkleidet bitten Tänzer der Plains-Indianer die als heilig verehrten Geister dieser Tiere um Glück und Gesundheit.

Mexiko, Mittelamerika und die Karibik

Mexiko und Mittelamerika bilden eine Landbrücke zwischen den USA und Südamerika. Diese wird an ihrer engsten Stelle vom Panamakanal durchschnitten, einer 80 km langen künstlichen Wasserstraße, die den Atlantik mit dem Pazifik verbindet. Mexiko allein ist mehr als doppelt so groß wie die sieben mittelamerikanischen Länder zusammen. Da es größtenteils aus einem extrem trockenen Hochland besteht, können nur 18 Prozent seiner Gesamtfläche landwirtschaftlich genutzt werden. Lediglich der schmale Küstenstreifen im Osten besitzt ein feuchtwarmes Klima. In dieser Region gibt es reiche Ölvorkommen. Drei Viertel aller Mexikaner leben in Städten. Eine besondere Anziehung übt Mexiko-Stadt aus, die zu den größten und am schnellsten wachsenden Metropolen auf der Welt gehört. Mittelamerika ist überwiegend gebirgig und von dichten Regenwäldern bedeckt. Im Laubdach des Dschungels kreischen bunte Papageien, und lärmende Affenhorden schwingen sich von Ast zu Ast. Obwohl sich nur ein kleiner Bruchteil des Bodens für den Ackerbau eignet, lebt etwa die Hälfte der Bevölkerung in ländlicher Umgebung. Es gibt viele Kleinbauern, die auf winzigen Parzellen Mais und Gemüse für den Eigenbedarf ziehen. Im Osten liegen die Inseln der Karibik mit ihren Tropenwäldern und weiten Sandstränden. Da Mexiko, Mittelamerika und die Karibik jahrhundertelang von Spanien regiert wurden, sprechen heute die meisten Menschen dieser Region Spanisch, auch wenn ihre Vorfahren vielleicht Einwanderer aus anderen Teilen Europas, indianische Ureinwohner oder als Sklaven ins Land gebrachte Afrikaner waren.

ANTIGUA UND BARBUDA
Einwohnerzahl: 69 000 * Hauptstadt: St. John's

BAHAMAS
Einwohnerzahl: 314 000 * Hauptstadt: Nassau

BARBADOS
Einwohnerzahl: 269 000 * Hauptstadt: Bridgetown

BELIZE
Einwohnerzahl: 253 000 * Hauptstadt: Belmopan

COSTA RICA
Einwohnerzahl: 3 942 000 * Hauptstadt: San José

DOMINICA
Einwohnerzahl: 72 000 * Hauptstadt: Roseau

DOMINIKANISCHE REPUBLIK
Einw.-Zahl: 8 613 000 * Hauptstadt: Santo Domingo

EL SALVADOR
Einwohnerzahl: 6 417 000 * Hauptstadt: San Salvador

GRENADA
Einwohnerzahl: 102 000 * Hauptstadt: St. George's

GUATEMALA
Einwohnerzahl: 11 992 000 * Hauptstadt: Guatemala

HAITI
Einw.-Zahl: 8 286 000 * Hauptstadt: Port-au-Prince

HONDURAS
Einwohnerzahl: 6 797 000 * Hauptstadt: Tegucigalpa

JAMAIKA
Einwohnerzahl: 2 617 000 * Hauptstadt: Kingston

KUBA
Einwohnerzahl: 11 263 000 * Hauptstadt: Havana

MEXIKO
Einw.-Zahl: 100 819 000 * Hauptstadt: Mexiko-Stadt

NICARAGUA
Einwohnerzahl: 5 342 000 * Hauptstadt: Managua

PANAMA
Einwohnerzahl: 2 940 000 * Hauptstadt: Panama

ST. KITTS–NEVIS
Einwohnerzahl: 46 000 * Hauptstadt: Basseterre

ST. LUCIA
Einwohnerzahl: 160 000 * Capital: Castries

ST. VINCENT UND DIE GRENADINEN
Einwohnerzahl: 117 000 * Hauptstadt: Kingstown

TRINIDAD UND TOBAGO
Einwohnerzahl: 1 304 000 * Hauptstadt: Port-of-Spain

Singende Grashüpfermaus
Diese Maus ist dafür bekannt, dass sie „singt" oder quiekt, um Rivalen abzuschrecken. Ihre bevorzugte Nahrung sind Grashüpfer.

 Siehe Länder-Lexikon Seite 106 – 107

• Wissenswertes •

Der Saguaro-Kaktus gedeiht nur in den Wüsten Nordwest-Mexikos und der südwestlichen USA. Er wächst so langsam, dass er 25 Jahre braucht, bis er eine Höhe von 30 cm erreicht hat. Aber er kann 200 Jahre alt und bis zu 15 m hoch werden. Wie alle Kakteen-Arten speichert der Saguaro das lebensnotwendige Wasser in den fleischigen Teilen seines Stammes. Ein ausgewachsener Saguaro kann genug Wasser enthalten, um damit 100 Badewannen zu füllen!

• Mach mit: *Mexikanische Piñata* •

Eine Piñata ist ein mit Süßigkeiten gefülltes Gefäß aus Papiermaché, das oft die Form eines Tierkopfs oder Sterns hat. Piñatas spielen bei vielen Festen in Mexiko und Mittelamerika eine wichtige Rolle: Man hängt sie an der Zimmerdecke oder an einem Baumast auf, und die Kinder versuchen der Reihe nach, sie mit Stockschlägen zu zerbrechen. Eine mexikanische Piñata wäre sicher eine Bereicherung für eure nächste Party.

❶ Umwickelt einen großen Luftballon mit Streifen aus Zeitungspapier, die ihr in Mehlkleister oder Weißleim getaucht habt. Wartet, bis die Schicht hart ist, und wiederholt die Prozedur noch mindestens zweimal.

❷ Sobald die Hülle aus Papiermaché gut durchgetrocknet ist, könnt ihr oben eine kleine Öffnung hineinschneiden und die Piñata mit verschiedenen Süßigkeiten füllen. Danach wird das Loch ebenfalls mit Papiermaché verschlossen.

❸ Als nächstes bastelt ihr – wie unten abgebildet – Sternspitzen aus Karton und klebt sie mit Klebestreifen auf die Kugel. Den fertigen Stern könnt ihr anmalen oder mit buntem Seidenpapier verzieren.

❹ Zuletzt bohrt ihr dicht nebeneinander zwei kleine Löcher in die Hülle und zieht ein Stück gebogenen Draht durch und verknotet es. Hängt die Piñata mitten im Zimmer auf und haltet einen Stock bereit, mit dem die Gäste der Reihe nach versuchen, sie in Stücke zu schlagen.

Tempel in Tikal
Tikal ist eine Ruinenstadt in Guatemala, die einst von den Maya erbaut wurde. Sie hatte ihre Blütezeit zwischen 300 und 900 n. Chr. und wurde dann aus unbekannten Gründen aufgegeben.

Südamerika

Von der Nordküste in den feuchtheissen Tropen erstreckt sich Südamerika 7 250 Kilometer südwärts bis Kap Hoorn, einer von Frost und Stürmen heimgesuchten Halbinsel. Die Anden oder südamerikanischen Kordilleren, die entlang der gesamten Westküste verlaufen, bilden die längste Gebirgskette der Welt. Im Norden schlängelt sich der Amazonas (der zweitlängste Strom der Welt) von den Anden ostwärts zum Atlantik, durch ausgedehnte Regenwälder, die einst mehr als ein Drittel des Kontinents bedeckten. Im Süden gehen die Wälder in die Grasebenen des Gran Chaco und der Pampas über. An der Südspitze des Kontinents liegt Patagonien, ein trockenes, windumtostes Tafelland. In Südamerika leben Menschen europäischer, indianischer und afrikanischer Herkunft. Während in den meisten Ländern Spanisch gesprochen wird, hat Brasilien Portugiesisch zur Amtssprache erhoben.

Höchste Berge – Längste Flüsse

Politische Karte

Kontinent-Fakten

Gesamtfläche: 17 818 505 km²
Gesamtbevölkerung: 354 885 240
Unabhängige Länder: Argentinien, Bolivien, Brasilien, Chile, Ecuador, Guyana, Kolumbien, Paraguay, Peru, Suriname, Uruguay, Venezuela

Welt-Rekorde

LÄNGSTE GEBIRGSKETTE DER WELT
Anden, westliches Südamerika 7 600 km

REGENÄRMSTE REGION DER WELT
Atacama-Wüste, Chile, durchschnittliche Jahresniederschläge weniger als 0,1 mm

HÖCHSTER WASSERFALL DER WELT
Angel Falls (Salto Angel), Venezuela, 979 m

HÖCHSTE HAUPTSTADT DER WELT
La Paz, Bolivien, 3 631 m

HÖCHSTER SCHIFFBARER SEE DER WELT
Titicacasee, Peru-Bolivien, 3 810 m

WASSERREICHSTER FLUSS DER WELT
Amazonas, Peru-Brasilien, ergiesst 200 000 m³ pro Sekunde in den Atlantik

GRÖSSTES FLUSSBECKEN DER WELT
Amazonasbecken, nördliches Südamerika, 7 045 000 km²

GRÖSSTE LAGUNE DER WELT
Lagoa dos Patos, Brasilien, 9 850 km²

Kontinent-Rekorde

HÖCHSTER BERG
Aconcagua, Argentinien, 6 960 m

TIEFSTER PUNKT
Halbinsel Valdés, Argentinien, 40 m unter dem Meeresspiegel

GRÖSSTER SEE
Titicacasee, Peru-Bolivien, 8 288 km²

LÄNGSTER FLUSS
Amazonas, Peru-Brasilien, 6 450 km

LAND MIT DER GRÖSSTEN FLÄCHE
Brasilien, 8 547 404 km²

LAND MIT DER HÖCHSTEN EINWOHNERZAHL
Brasilien, 174 485 000 Einwohner

STADT MIT DER HÖCHSTEN EINWOHNERZAHL
São Paulo, Brasilien, 18 119 000 Einwohner

◆ Wissenswertes ◆

Die Atacama im Norden von Chile ist das trockenste Gebiet der Erde. In manchen Teilen dieser Wüste hat es seit Menschengedenken nicht mehr geregnet, in anderen gehen höchstens ein- bis zweimal im Jahrhundert Schauer nieder.

Physikalische Karte

Der Norden Südamerikas

EIN GROSSTEIL DES NÖRDLICHEN SÜDAMERIKA wird vom zweitlängsten Strom der Erde, dem Amazonas, und seinen mehr als 200 Nebenarmen entwässert. Dieses Flussnetz durchzieht üppige tropische Regenwälder, in denen ein Drittel aller Pflanzen und Tiere unseres Planeten beheimatet sind. Leider werden immer mehr Regenwaldgebiete von der rasch wachsenden Bevölkerung gerodet und in Acker- oder Weideland umgewandelt. In den letzten zwanzig Jahren wurde mehr als ein Fünftel des Regenwaldes vernichtet – eine Fläche so groß wie ganz Frankreich. Mehr als ein Viertel der Regenwälder auf der Erde gehört zu Brasilien, dem größten Staat in Südamerika. Brasilien besitzt viele Mineral- und Erzvorkommen, darunter Eisen, Erdöl und Gold. Es ist das am stärksten industrialisierte Land des Kontinents und der führende Kaffee-, Bananen- und Zuckerrohrproduzent der Welt. Nordwestlich von Brasilien liegt Venezuela, ein dünn besiedeltes Land, das die Nummer Eins unter den Erdöllieferanten Südamerikas ist. Von Venezuela aus führen die Anden in einem weiten Bogen südwärts durch Kolumbien, Ecuador und Peru. Im regenreichen Norden dieser hohen Gebirgskette sind die Hänge mit riesigen Kaffee- und Bananenplantagen bedeckt. Weiter südlich lassen die Niederschläge nach, und Anbau ist nur da möglich, wo Gebirgsbäche die Felder bewässern. In den höheren Lagen der peruanischen Anden gedeihen Kartoffeln und Weizen. Auch Tiere, vor allem Lamas und Alpakas, werden hier oben gehalten. Rund 1 000 km vor der Küste von Ecuador befinden sich die Galápagos-Inseln. Diese Vulkaninseln sind berühmt wegen ihrer außergewöhnlichen Tierwelt, zu der unter anderem Meerleguane und Riesenschildkröten gehören.

BRASILIEN
EINWOHNERZAHL: 174 485 000 * HAUPTSTADT: BRASILIA

ECUADOR
EINWOHNERZAHL: 12 818 000 * HAUPTSTADT: QUITO

GUYANA
EINWOHNERZAHL: 766 000 * HAUPTSTADT: GEORGETOWN

KOLUMBIEN
EINWOHNERZAHL: 43 733 000 * HAUPTSTADT: BOGOTÁ

PERU
EINWOHNERZAHL: 26 749 000 * HAUPTSTADT: LIMA

SURINAME
EINWOHNERZAHL: 433 000 * HAUPTSTADT: PARAMARIBO

VENEZUELA
EINWOHNERZAHL: 25 090 000 * HAUPTSTADT: CARACAS

MACHU PICCHU
Diese alte, hoch auf einem Berg gelegene Stadt in Peru wurde von den Inka errichtet, einem Indianervolk, das zwischen 1400 und 1532 die gesamte Westregion Südamerikas beherrschte.

PFEILGIFTFROSCH
Die Haut des Pfeilgift- oder Erdbeerfrosches enthält eines der stärksten Gifte auf der Erde. Die Urwaldindianer präparieren damit die Spitzen ihrer Jagdpfeile.

Wissenswertes

Im Amazonas-Becken ist die Tierwelt artenreicher als in jedem anderen Gebiet der Erde. So beherbergen die Wälder mindestens 1000 Vogelarten, und in den Flüssen gibt es mehr als 3000 Fischarten. Ein einziger Baum kann bis zu 400 Tieren Unterschlupf bieten!

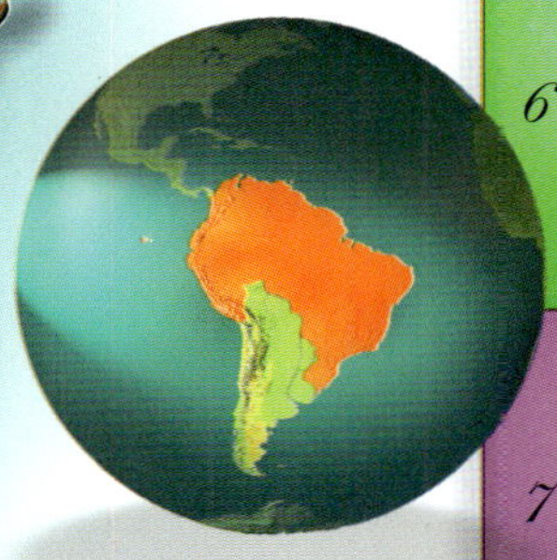

Position

Kayapó-Krieger
Die Kayapó-Indianer im Nordosten Brasiliens tragen einen auffallenden Kopfschutz, der aus den Schwanzfedern von Ara-Papageien gefertigt ist.

 Siehe Länder-Lexikon Seite 108

Der Süden Südamerikas

Nach Süden zu hat der südamerikanische Kontinent die Form eines langen, schmalen Dreiecks, dessen Spitze von der Insel Feuerland gebildet wird. An seiner Westseite trennt die Andenkette den Staat Chile von seinen Nachbarn. Chile besteht aus einem Landstreifen, der etwa zwanzigmal so lang wie breit ist und mehrere Klimazonen umfasst. Im kalten, regenreichen und dünn besiedelten Süden ragen entlang der Küste schroffe Gebirge auf, und Gletscher schlängeln sich durch Täler und Fjorde. Milder ist das Klima in Mittelchile, einer Gegend, in der neben Landwirtschaft auch Obst- und Weinanbau betrieben werden. Der Norden ist extrem trocken. Hier befindet sich unter anderem die Atacama-Wüste, die als niederschlagsärmstes Gebiet der Welt gilt. Östlich der Atacama fallen die Anden nach Bolivien ab, einem der ärmsten Länder in ganz Südamerika. Von Ost-Bolivien ziehen sich weite Ebenen südwärts durch Paraguay, Uruguay und Nord-Argentinien. Riesige Vieh- und Schafherden weiden im Osten und Süden dieser Ebenen, bewacht von Gauchos, den Cowboys Südamerikas. In Argentinien gibt es mehr als 50 Millionen Rinder und die wichtigsten Industrien des Landes. Das ergiebigste Grasland des Landes, die so genannte Pampa, umgibt die Hauptstadt Buenos Aires, in der ein Drittel der Gesamtbevölkerung Argentiniens lebt. Nahezu menschenleer ist dagegen der Süden Argentiniens. Hier erstreckt sich Patagonien, ein kaltes, ödes Tafelland, das jedoch über reiche Bodenschätze verfügt. Raue Stürme umpeitschen Feuerland an der Südspitze des Kontinents: Hunderte von Schiffen zerschellten bei dem Versuch, die Magellan-Straße zu durchqueren oder das berüchtigte Kap Hoorn zu umfahren.

ARGENTINIEN
Einwohnerzahl: 36 480 000 * Hauptstadt: Buenos Aires

BOLIVIEN
Einwohnerzahl: 8 809 000 * Hauptstadt: La Paz, Sucre

CHILE
Einwohnerzahl: 15 589 000 * Hauptstadt: Santiago

PARAGUAY
Einwohnerzahl: 5 510 000 * Hauptstadt: Asunción

URUGUAY
Einwohnerzahl: 3 361 000 * Hauptstadt: Montevideo

• Mach mit: *Osterinsel-Moai* •

Die Osterinsel ist übersät mit Kolossalstatuen aus Tuffstein, von denen manche über 9 Meter hoch aufragen. Man nimmt an, dass die Urbewohner der Insel die Skulpturen aufstellten, um ihre Ahnen zu verehren. Eure Osterinsel-Statuen können ruhig etwas kleiner ausfallen.

1. Vermischt zu gleichen Teilen Gips und Vermikulit (beides in Baumärkten erhältlich), rührt die Masse mit Wasser zu einem dicken Brei an und gießt es in einen alten Schuhkarton.
2. Reißt den Karton ab, sobald die Masse hart wird. Nun könnt ihr den Block mit einem Plastikmesser oder einem hölzernen Eisstiel bearbeiten und in die gewünschte Form bringen.
3. Ersatzweise könnt ihr auch Ton, gebrannten Gips oder sonst eine im Handel erhältliche Modelliermasse verwenden.

Lama
Ein in Südamerika weit verbreitetes Nutztier ist das zur Gattung der Kamele gehörende Lama. Es liefert nicht nur Wolle, sondern befördert auch schwere Lasten über die schmalen Gebirgspfade.

• WISSENSWERTES •

Nur an den Hängen der bolivianischen Anden findet sich die Riesen-Bromelie. Sie ist mit 11 m Stielhöhe das größte Staudengewächs der Erde und zugleich die einzige Pflanze auf der Welt, die im Schnitt 80 bis 150 Jahre braucht, ehe sie zum ersten Mal blüht. Dann aber kann ein einziger Stock bis zu 8000 weiße Blüten tragen.

TANGOTÄNZER
Der Tango ist zum einen ein Musikstil, zum anderen ein Tanz mit langen Wiegeschritten und abrupten Pausen. Er stammt ursprünglich aus Argentinien, ist aber heute auf der ganzen Welt verbreitet.

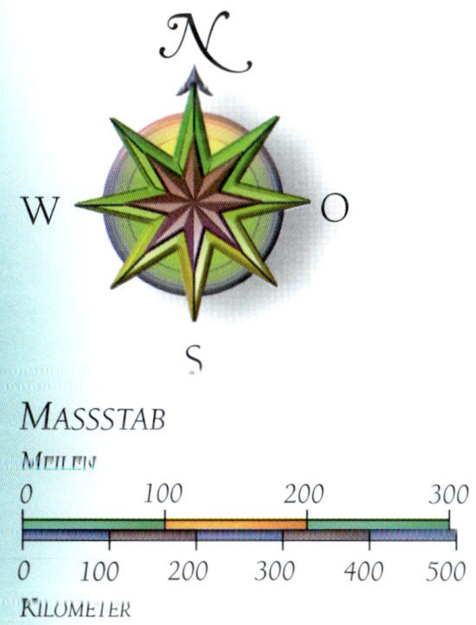

BOLIVIANISCHE TRACHT
Etwa die Hälfte der Bevölkerung Boliviens sind Hochland-Indianer. Viele von ihnen tragen noch nach alter Tradition ihre gestreiften Ponchos, Umhängetücher und Filzhüte.

Europa

DER KLEINE, DICHT BEVÖLKERTE KONTINENT EUROPA setzt sich aus vielen Ländern zusammen, die jeweils ihre eigene Kultur und meist auch ihre eigene Sprache haben. Im Norden und Westen wird er vom Atlantischen Ozean und dessen Nebenmeeren, im Süden vom Mittelmeer begrenzt. Im Osten trennen Gebirge und Fluss Ural Europa und Asien, die gemeinsam den Großkontinent Eurasien bilden. Eine Reihe von Bergketten wie die Pyrenäen, die Alpen und die Karpaten durchziehen Europa von Ost nach West. Südlich dieser Gebirge ist das Land stark zerklüftet. Charakteristisch für das Klima in Südeuropa sind heiße, trockene Sommer und milde, feuchte Winter. Im Norden erstreckt sich ein breites Tiefland von der Atlantikküste bis nach Westrussland. Während in West- und Mitteleuropa ein mildes, feuchtes Klima herrscht, wechseln in Nord- und Osteuropa kalte, schneereiche Winter mit warmen, trockenen Sommern ab. Früher einmal war der größte Teil Europas von Wäldern bedeckt, die jedoch im Lauf der Zeit gerodet wurden, um Platz für Landwirtschaft, Siedlungen und Industrie zu schaffen.

Höchste Berge – Längste Flüsse

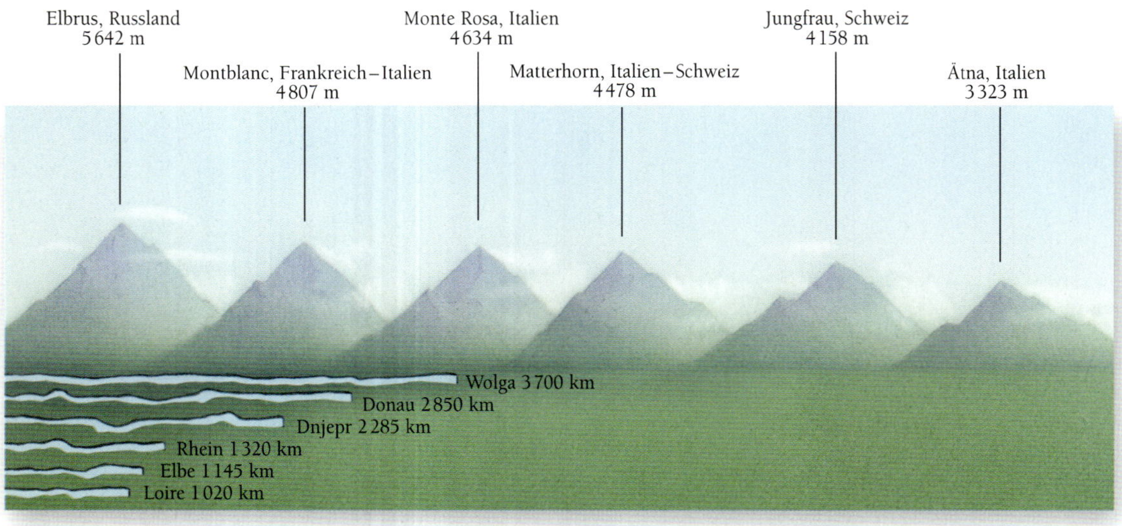

Politische Karte

Zahlenschlüssel

- 1 LIECHTENSTEIN
- 2 ANDORRA
- 3 MONACO
- 4 SAN MARINO
- 5 VATIKANSTADT

Kontinent-Fakten

Gesamte Landfläche: 10 354 636 km² (einschließlich des europäischen Teils von Russland)
Gesamtbevölkerung: 695 812 202 (einschließlich des europäischen Teils von Russland)
Unabhängige Länder: Albanien, Andorra, Belgien, Bosnien und Herzegowina, Bulgarien, Dänemark, Deutschland, Estland, Finnland, Frankreich, Griechenland, Großbritannien, Irland, Island, Italien, Kroatien, Lettland, Liechtenstein, Litauen, Luxemburg, Makedonien, Malta, Moldawien, Monaco, Niederlande, Norwegen, Österreich, Polen, Portugal, Rumänien, Russland, San Marino, Schweden, Schweiz, Serbien und Montenegro, Slowakei, Slowenien, Spanien, Tschechische Republik, Ukraine, Ungarn, Vatikanstadt, Weißrussland.

Welt-Rekorde

KLEINSTES LAND DER WELT
VATIKANSTADT, 0,44 KM²

GRÖSSTER STALAGMIT DER WELT
KRASNOHORSKA-HÖHLE, SLOWAKEI, 32 M

Kontinent-Rekorde

HÖCHSTER BERG
ELBRUS, RUSSLAND, 5 642 M

TIEFSTER PUNKT
WOLGA-DELTA, 28 M UNTER DEM MEERESSPIEGEL

GRÖSSTER SEE
LADOGASEE, RUSSLAND, 17 703 KM²

LÄNGSTER FLUSS
WOLGA, RUSSLAND, 3 700 KM

LAND MIT DER GRÖSSTEN FLÄCHE
RUSSLAND (EUROPÄISCHER TEIL), 603 701 KM²

LAND MIT DER HÖCHSTEN EINWOHNERZAHL
RUSSLAND (EUROPÄISCHER TEIL), 113 083 287 EINWOHNER

STADT MIT DER HÖCHSTEN EINWOHNERZAHL
PARIS, FRANKREICH, 11 174 743 EINWOHNER

PHYSIKALISCHE KARTE

Großbritannien und Irland

Auf den beiden grössten der so genannten Britischen Inseln finden wir das Vereinigte Königreich von Großbritannien und Nordirland sowie die Republik Irland. Zum Vereinigten Königreich von Großbritannien und Nordirland gehören England, Wales, Schottland und der Nordosten der Insel Irland. Diese Länder werden von London aus regiert, besitzen aber ihre kulturelle Eigenständigkeit. Schottland und Wales haben zusätzlich eigene Parlamente; in Schottland gibt es darüber hinaus ein eigenes Rechts- und Bildungssystem, eigene Banknoten und eine unabhängige Landeskirche. England ist ein dicht bevölkertes Land mit vielen Großstädten. Allein in der Hauptstadt London leben fast acht Millionen Menschen. Das wegen seiner historischen Bauten berühmte London zählt zu den wichtigsten Handels- und Finanzzentren der Welt. Der Südosten Englands besteht aus fruchtbarem Ackerland. Fast die gesamte landwirtschaftliche Produktion des Vereinigten Königreichs kommt aus dieser Gegend. Die wichtigsten Industriegebiete finden sich in Mittelengland – den so genannten Midlands – und in der Umgebung der Kohlefelder im Bergland der Pennines. Die gebirgigen, niederschlagsreichen Regionen im Westen und Norden werden vor allem als Weideland genutzt. Auf den Hängen des rauen, dünn besiedelten Schottischen Hochlands grasen Schafe. In höheren Lagen gibt es Rotwild, und um die Gipfel ziehen Adler ihre Kreise. Die Republik Irland umfasst etwa 85 Prozent der „grünen“ Insel Irland, deren Landschaft von saftigen Wiesen und Küstengebirgen geprägt ist. Die Industrie konzentriert sich auf die Hauptstadt Dublin und das im Süden gelegene Cork.

ENGLAND
Einwohnerzahl: 49 181 300 * Hauptstadt: London

IRLAND (REPUBLIK)
Einwohnerzahl: 3 883 200 * Hauptstadt: Dublin

NORDIRLAND
Einwohnerzahl: 1 689 300 * Hauptstadt: Belfast

SCHOTTLAND
Einw.-Zahl: 5 064 200 * Hauptstadt: Edinburgh

VEREINIGTES KÖNIGREICH
Einwohnerzahl: 58 836 700 * Hauptstadt: London

WALES
Einwohnerzahl: 2 903 200 * Hauptstadt: Cardiff

♦ Wissenswertes ♦

Im 19. Jahrhundert wurde der Name des wallisischen Ortes Llanfairpwllgwyngyll zum Spaß auf den Zungenbrecher Llanfairpwllgwyngyllgogerychwyrndrobwllllantysiliogógogoch verlängert. Er bedeutet wörtlich „St. Mary's Kirche am Teich der weißen Haselsträucher nach dem reißenden Strudel an der roten Höhle der Kirche St. Tysilio“. 1988 kehrte das Dorf offiziell zu der kürzeren Schreibweise zurück. Nur an der Bahnstation steht immer noch die 58-Buchstaben-Bezeichnung.

♦ Schau nach ♦

- Welche berühmte Eisenbrücke befindet sich in der Nähe der schottischen Hauptstadt?
- Nenne eine typische irische Sportart!
- Wie heißt die Inselgruppe bei Land's End?

Blarney Castle
Wer den Stein von Blarney küsst, der sich im Turm dieser Burg befindet, wird der Sage nach ein kluger, überzeugender Redner.

Stonehenge
Die prähistorischen Kreise aus riesigen Steinblöcken dienten jahrtausendelang als Kult- und Zeremonialzentrum.

Spanien und Portugal

Die Iberische Halbinsel mit den Staaten Spanien, Portugal und Andorra liegt im äußersten Südwesten von Europa. Die Pyrenäen, ein mächtiges Gebirge, in das sich der Zwergstaat Andorra schmiegt, trennen die große, beinahe fünfeckige Landfläche vom übrigen Kontinent. Das Innere der Iberischen Halbinsel wird durch die Meseta gebildet, ein ausgedehntes Tafelland mit Grassteppen, Olivenhainen und bewaldeten Hügeln. Im Zentrum dieser Hochfläche liegt Madrid – die größte Stadt Spaniens und mit 642 m über dem Meeresspiegel die am höchsten gelegene Hauptstadt Europas. Spaniens zweitgrößte Metropole Barcelona befindet sich in der schmalen Künstenebene des Ostens. Diese Region ist ebenso wie die nahe Inselgruppe der Balearen die meiste Zeit des Jahres warm und sonnig, und im Sommer bevölkern Scharen von Touristen aus ganz Europa die zahlreichen Sandstrände. Die Südspitze Spaniens liegt nur 15 km von Afrika entfernt. Zwischen 711 n. Chr. und dem 12. Jahrhundert stand ein Großteil Spaniens unter der Herrschaft der Mauren, einem Arabervolk aus Nordafrika, und Städte wie Granada oder Sevilla besitzen viele Bauwerke im reich verzierten maurischen Stil. Portugal, einst das Herz eines weltweiten Imperiums, ist heute einer der ärmsten Staaten in Westeuropa. Olivenhaine und Korkeichen-Wälder bedecken die trockenen Ebenen des Südens. In den vielen Flusstälern, die das Land durchziehen, wird vor allem Wein angebaut. Zu den bekanntesten portugiesischen Weinen zählt der Portwein, benannt nach Porto, der zweitgrößten Stadt des Landes.

ANDORRA
Einwohnerzahl: 68 000 * Hauptstadt: Andorra la Vella

PORTUGAL
Einwohnerzahl: 10 177 000 * Hauptstadt: Lissabon

SPANIEN
Einwohnerzahl: 40 917 000 * Hauptstadt: Madrid

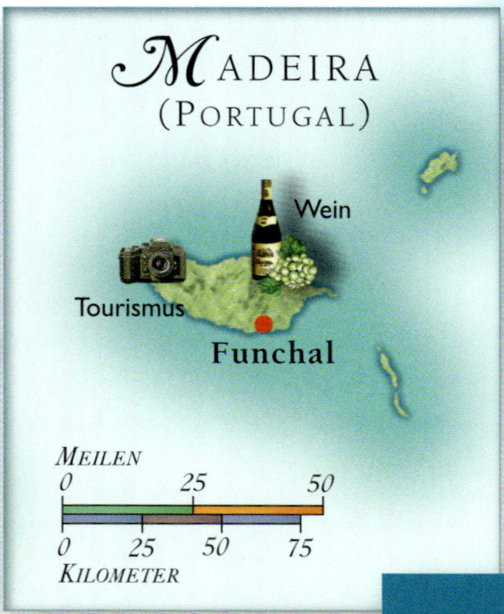

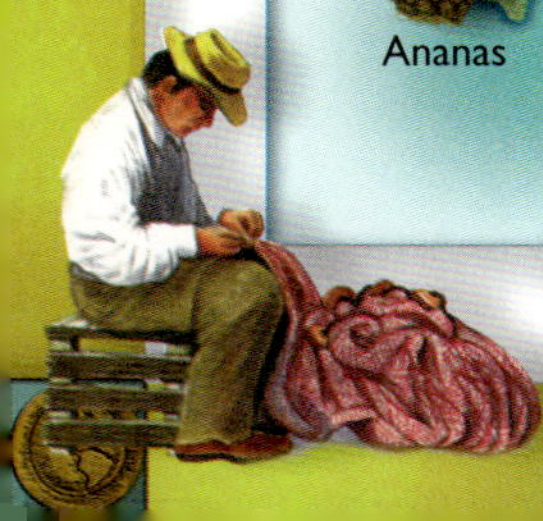

Flamenco
Als Flamenco bezeichnet man Musik und Tänze der andalusischen Zigeuner. Die Tänzer in ihren farbenprächtigen Kostümen können von Gesang, Kastagnetten- und Gitarrenspiel begleitet werden.

Wissenswertes

Spanien und Portugal liefern zwei Drittel des Weltbedarfs an Kork. Das Material wird aus der dicken Rinde der Korkeichen gewonnen und für Schuhsohlen, Bodenbeläge und Pinnwände verwendet.

Sagrada Familia
110 m hoch ragen die mit Muscheln und bunt glasierter Keramik besetzten Türme der Kirche Sagrada Familia in Barcelona auf. Der 1884 begonnene Kolossalbau ist immer noch unvollendet.

Frankreich

FRANKREICH, DAS GRÖSSTE LAND Westeuropas, gliedert sich in unterschiedliche Landschaften und Klimata. Während das Wetter im überwiegend flachen Norden mild und niederschlagsreich ist, wird es zum gebirgigen Süden hin wärmer und trockener. Drei Viertel der Bevölkerung wohnen in Städten, obwohl die Landwirtschaft eine herausragende Rolle spielt und Frankreich an der Spitze der europäischen Agrarländer steht. Während auf den Ebenen im Norden Weizen und Zuckerrüben gedeihen, wird im Hügelland von Zentral- und Südfrankreich vor allem Wein angebaut. Lediglich Italien produziert noch mehr Wein als Frankreich. Am dichtesten besiedelt ist das Gebiet um die Hauptstadt Paris. Ein Fünftel der Gesamtbevölkerung und die meisten Industriezweige konzentrieren sich auf diesen Raum. Mehrere große Flüsse, darunter die Seine und die Loire, durchziehen die Ebenen im Westen und Norden Frankreichs. Da diese Wasserwege einst die wichtigsten Verkehrsverbindungen des Landes waren, sind ihre Ufer heute noch von zahlreichen historischen Orten und prunkvollen Schlössern gesäumt. Im Süden grenzen die Pyrenäen und die Alpen Frankreich gegen Spanien und Italien ab. Die schneebedeckten Gipfel bilden die Kulisse einer Reihe bekannter Skistationen. Daneben gibt es Nationalparks, in denen Adler, Murmeltiere und Gämsen heimisch sind. Entlang der Mittelmeerküste finden wir gut besuchte Strände und Badeorte. Nahe der italienischen Grenze liegt Monaco, der zweitkleinste Staat der Welt. Monaco ist berühmt wegen seiner Spielkasinos und des alljährlich stattfindenden Grand-Prix-Autorennens.

FRANKREICH
EINWOHNERZAHL: 59 485 000 * HAUPTSTADT: PARIS

MONACO
EINWOHNERZAHL: 32 000 * HAUPTSTADT: MONACO

◆ WISSENSWERTES ◆

Seit Kurzem verläuft unter dem Meer der so genannte Kanaltunnel, eine zweigleisige Eisenbahnlinie, die Frankreich mit Großbritannien verbindet. Die Züge unterqueren den Ärmelkanal in 35 Minuten. Eine Fahrt von London nach Paris dauert nun nicht länger als etwa drei Stunden.

BOULE
Dieser Freizeitsport ist in Frankreich sehr populär. Boule wird mit Metallkugeln auf einer harten, aber unbefestigten Fläche im Freien gespielt.

DER EIFFELTURM
Für die Pariser Weltausstellung von 1889 konstruierte der Ingenieur Alexandre Gustave Eiffel diesen Turm, der einst das höchste Bauwerk der Welt war.

 Siehe Länder-Lexikon Seite 109

Mach mit: Höhlenmalerei

Die Höhlenmalereien von Lascaux entstanden vor etwa 15 000 Jahren. Wenn ihr Lust habt, könnt ihr selbst ein Gemälde anfertigen, das aussieht, als sei es Jahrtausende alt.

1. Stopft eine kräftige Papiertüte mit zerknülltem Zeitungspapier aus und verschließt sie mit Heftklammern.
2. Vermengt etwas Leim mit Sand und bestreicht damit die ganze Tüte. Sobald sie trocken ist, wird sie wie eine Felswand aussehen.
3. Sammelt in eurer Umgebung drei oder vier unterschiedlich gefärbte Erden. Siebt die Klumpen aus und mischt dann jede der Erden mit Leim. (Fügt etwas Wasser hinzu, wenn die Farben zu dick sind.) Jetzt ist alles vorbereitet. Ähnlich wie die Höhlenmaler von Lascaux könnt ihr die Tiere eurer näheren Umgebung auf die „Felswand" malen.

Schau nach

- Welche Kathedrale liegt südwestlich von Paris?
- Welches gehörnte Tier lebt in den Pyrenäen?
- Welche berühmte Speisewürze wird in Dijon hergestellt?
- Welcher Zwergstaat befindet sich östlich von Nizza?

Tour de France
Diese Rad-Rundfahrt, bei der die Teilnehmer einen Kurs von etwa 4000 km quer durch Frankreich zu bewältigen haben, ist das größte Sportereignis des Landes.

 Siehe Länder-Lexikon Seite 109

Die Benelux-Länder

DER NAME BENELUX-LÄNDER hat sich für Belgien, Luxemburg und die Niederlande eingebürgert, drei dicht bevölkerte Staaten vor der Nordseeküste. Ein Großteil der Landfläche, darunter ein Drittel der früher als Holland bezeichneten Niederlande, liegt unter dem Meeresspiegel. Im Lauf der Jahrhunderte errichteten die Küstenbewohner Dämme und Deiche zum Schutz gegen das Meer, pumpten das Wasser aus dem als Polder bezeichneten Marschland hinter den Deichen und legten tausende Kilometer von Kanälen an. In der gesamten Region fahren Lastkähne durch dieses Netz von Wasserstraßen, vorbei an Windmühlen, Bauernhöfen, Wiesen mit Milchkühen und bunten Tulpenfeldern, denn Belgien sowie die Niederlande beliefern die ganze Welt mit Blumen und Blumenzwiebeln. Amsterdam, die Hauptstadt der Niederlande, wird von mehr als 150 Kanälen durchzogen, den so genannten Grachten, die zum Teil von hohen, schmalen Häusern aus dem 17. Jahrhundert gesäumt sind. In Belgien verbinden Kanäle die Seehäfen mit den historischen Städten Brügge und Gent sowie mit der Hauptstadt Brüssel. Brüssel wird oft als Hauptstadt Europas bezeichnet, da sich hier der Sitz der Europäischen Gemeinschaft (EG) befindet. Südöstlich von Brüssel erstrecken sich die Ardennen, der einzige Gebirgszug dieser Gegend. Ihre bewaldeten Kuppen prägen den nördlichen Teil von Luxemburg, ein winziges Land, das jedoch zu den wichtigsten europäischen Finanzzentren zählt.

◆ WISSENSWERTES ◆

In den Benelux-Ländern gibt es insgesamt mehr als 8000 km Kanäle, die zum Entwässern des Sumpflands und als Verkehrswege dienen. Da ein Großteil der Küstenregion unter dem Meeresspiegel liegt, muss das Wasser mit Pumpen in die höher gelegenen Kanäle befördert werden. So kann es durchaus vorkommen, dass man auf einem Feld steht und ein Schiff über sich vorbeiziehen sieht.

BELGIEN
EINWOHNERZAHL: 10 333 000 * HAUPTSTADT: BRÜSSEL

LUXEMBURG
EINWOHNERZAHL: 444 000 * HAUPTSTADT: LUXEMBURG

NIEDERLANDE
EINWOHNERZAHL: 16 144 000 * HAUPTSTADT: AMSTERDAM, DEN HAAG

DAS ATOMIUM
Das Atomium stellt ein Eisenmolekül dar und ist eines der wenigen Bauten, die noch heute an die Brüsseler Weltausstellung von 1958 erinnern.

HOLZSCHUHE
Die früher in Holland häufig getragenen Pantinen aus Holz halten die Füße auch auf feuchten Böden warm und trocken.

◆ MACH MIT: *Papier-Windrad* ◆

Früher lag ein großer Teil der Landflächen im Westen der Niederlande unter Wasser. Deshalb baute man überall Windmühlen, mit denen sowohl das Wasser abgepumpt als auch Getreide gemahlen werden konnte. Windmühlen wandeln die Kraft des Windes in mechanische Arbeit um: Der Wind dreht die Flügel eines großen Rades, das an einem Turm oder Haus befestigt ist. Mittels eines Getriebes wird die Drehbewegung auf eine senkrechte Welle umgelenkt, die das Pump- oder Mahlwerk antreibt. Ihr könnt ein Windrad aus Papier basteln und durch kräftiges Pusten antreiben.

1. Schneidet aus Papier ein Quadrat mit ca. 20 cm Seitenlänge zurecht und zeichnet die Diagonalen ein. Stecht am Schnittpunkt einen Zirkel ein und zieht in der Mitte des Quadrats einen kleinen Kreis. (Wenn ihr keinen Zirkel zur Hand habt, könnt ihr euch mit einer Münze behelfen).
2. Schneidet die Diagonallinien bis zur Kreisgrenze ein und biegt jede zweite Spitze zum Kreismittelpunkt, ohne das Papier zu falten oder zu knicken.
3. Spießt nun eine Stecknadel mit dickem Kopf durch den Kreismittelpunkt und sämtliche nach innen gebogenen Papierspitzen und presst die Spitze seitlich in das Radiergummi-Ende eines langen Bleistifts. Nehmt den Bleistift in die Hand und pustet gegen die Flügel des Windrads.

ALKMAARER KÄSEMARKT
Im Sommer werden in dem holländischen Städtchen Alkmaar jeden Freitag die Käselaibe auf traditionellen Holz-„Schlitten“ zum Markt gebracht.

 Siehe Länder-Lexikon Seite 109 – 110

Westliches Mitteleuropa

Nach dem Zweiten Weltkrieg wurde Deutschland geteilt. Seit der Wiedervereinigung der Bundesrepublik (im Westen) und der Deutschen Demokratischen Republik (im Osten) im Jahr 1990 hat das Land mit über 80 Millionen Menschen die höchste Einwohnerzahl in ganz Europa (mit Ausnahme Russlands). Die meisten deutschen Großstädte liegen an bedeutenden Flüssen. So verbindet der Rhein das wichtigste Industriezentrum des Landes – das oft als Kohlenpott bezeichnete Ruhrgebiet – mit den großen Häfen der Niederlande im Norden und mit der Schweizer Metropole Basel im Süden. Auf seinem Weg zum Meer zieht der Strom an dunklen Tannenwäldern, sanften Weinbergen und schroffen, von mittelalterlichen Burgen gekrönten Felsenklippen vorbei. Von Süddeutschland aus erstrecken sich die Alpen in die Schweiz und nach Österreich hinein, wo die Berge etwa zwei Drittel des Landes einnehmen. Straßen und Eisenbahnlinien winden sich durch schmale Flusstäler und über steile Pässe in Richtung Süden. Im Sommer weiden Kühe auf hoch gelegenen Almwiesen; im Winter tummeln sich Skifahrer auf den Hängen. Die Schweiz ist ein friedliebendes Land, das seit 1814 in keinen Krieg mehr verwickelt war. Das veranlasste Menschen aus aller Welt, ihr Geld auf Schweizer Banken einzuzahlen, und so gilt die Alpenrepublik heute als eines der bedeutendsten Finanzzentren. In Österreich wird vor allem der flache Nordosten für Landwirtschaft und Industrie genutzt. Hier befindet sich das Einzugsgebiet der Donau, des zweitlängsten Stroms in Europa. Die Donau durchfließt auch Wien, die Hauptstadt Österreichs, in der ein Fünftel der Gesamtbevölkerung lebt und die als eine der glanzvollsten Metropolen der Welt gilt.

DEUTSCHLAND
Einwohnerzahl: 82 495 000 * Hauptstadt: Berlin

LIECHTENSTEIN
Einwohnerzahl: 32 800 * Hauptstadt: Vaduz

ÖSTERREICH
Einwohnerzahl: 8 048 000 * Hauptstadt: Wien

SCHWEIZ
Einwohnerzahl: 7 290 000 * Hauptstadt: Bern

◆ Mach mit: *Schweizer Schokolade-Fondue* ◆

Ein typisches Schweizer Gericht ist das Käse-Fondue, ein Gemisch aus geschmolzenem Käse und Weißwein, in das man Brotwürfel taucht. Euer Fondue wird jedoch nicht mit Käse, sondern mit Schokolade zubereitet!

❶ Teilt 250 g Halbbitter-Schokolade in Stücke und gebt sie zusammen mit einer Tasse (250 ml) Sahne in einen Topf oder eine Pfanne mit hohem Rand.

❷ Bittet einen Erwachsenen, die Zutaten unter Rühren zu erwärmen, bis die Schokolade geschmolzen ist. Schlagt das Gemisch mit dem Schneebesen, bis es zu glänzen beginnt.

❸ Sobald das Schokolade-Fondue ein wenig abgekühlt ist, könnt ihr Obststückchen (Erdbeeren, Trauben und Ananas eignen sich besonders gut) auf ein langes Stäbchen oder eine Gabel spießen, in die Schokolade tauchen und vernaschen. Guten Appetit!

◆ Wissenswertes ◆

Liechtenstein hat nur 32 800 Einwohner. Da das Land nirgends breiter als 6 km ist, könnte man es zu Fuß in knapp zwei Stunden durchwandern. Der Fürst von Liechtenstein residiert auf seinem Schloss in der Hauptstadt Vaduz.

Alphorn
Jahrhundertelang benutzten die Almbauern und Sennen des Alpenraums diese bis zu 4 m langen, aus einem einzigen krummen Stamm gefertigten Hörner, um sich über weite Entfernungen hinweg zu verständigen.

Schloss Neuschwanstein
Das gegen Ende des 19. Jahrhunderts von König Ludwig II. erbaute „Märchenschloss" diente als Vorlage für die Schlösser der Walt-Disney-Themenparks.

Lipizzaner
Die Hohe Schule der Dressur führen die eleganten Lipizzaner staunenden Besuchern der Spanischen Reitschule in Wien vor. Ihr Name bezieht sich auf die Stadt Lipizza im heutigen Slowenien, wo die Pferde gezüchtet wurden.

ITALIEN *Siehe Länder-Lexikon Seite 110*

Italien

ITALIEN BESTEHT AUS EINER LANG GESTRECKTEN, stiefelförmigen Halbinsel, den beiden großen Inseln Sizilien und Sardinien sowie etwa 70 kleineren Inseln. Daneben befinden sich auf italienischem Boden zwei unabhängige Zwergstaaten: San Marino im Osten und Vatikanstadt in Rom selbst. Vatikanstadt ist der Sitz des Papstes und zugleich der kleinste Staat der Welt. Das italienische Festland ist vorwiegend von Gebirgen geprägt. Während der Alpenbogen einen Querriegel entlang der Nordgrenze bildet, ziehen sich die Apenninen vom Norden bis fast hinunter zur Südspitze des Stiefels. Zwischen diesen beiden Bergketten liegt das fruchtbare Flachland der Po-Ebene. Hier und in der anschließenden venetianischen Ebene finden wir neben Ackerbau die bedeutendsten Industrien des Landes, so die Automobilfabriken von Turin und die großen Textil- und Modezentren von Mailand. Alljährlich strömen mehr als 50 Millionen Touristen nach Italien, um die antiken Ruinen, historischen Städte und Museen zu besichtigen oder die zahlreichen Sonnenstrände zu genießen. Das milde Klima ermöglicht den Anbau von großen Mengen Weizen, Zitrusfrüchten, Oliven und Trauben: Italien ist weltweit der größte Produzent von Olivenöl und Wein. Manche Gebiete Italiens werden regelmäßig von Erdbeben heimgesucht. Außerdem finden sich hier die einzigen aktiven Vulkane des europäischen Festlands. So schleuderte der Ätna auf Sizilien seit dem ersten geschichtlich verzeichneten Ausbruch im Jahr 70 v. Chr. mindestens 260-mal Asche und Lava aus. Etwa 95 km südlich von Sizilien liegen die Inseln von Malta, die im Lauf der Jahrhunderte abwechselnd unter römischer, arabischer, türkischer, französischer und englischer Herrschaft standen. Heute ist Malta eine selbstständige Republik.

ITALIEN
EINWOHNERZAHL: 57 690 000 • HAUPTSTADT: ROM

MALTA
EINWOHNERZAHL: 397 000 • HAUPTSTADT: VALLETTA

SAN MARINO
EINWOHNERZAHL: 27 700 • HAUPTSTADT: SAN MARINO

VATIKANSTADT
EINWOHNERZAHL: 264 • HAUPTSTADT: VATIKANSTADT

◆ WISSENSWERTES ◆

Der „Schiefe Turm von Pisa" wurde zwischen 1173 und 1370 als Campanile oder Glockenturm erbaut. Bereits nach Fertigstellung der ersten drei Säulengalerien geriet das Gebäude aus sechs übereinander liegenden Säulenreihen in Schräglage, weil sich der Untergrund senkte. Obwohl der Turm etwa 4,5 m von der Senkrechten abweicht, wurde er erst kürzlich so stabilisiert, dass er nicht umstürzen kann.

KOLOSSEUM
Das römische Amphitheater wurde im 1. Jahrhundert n. Chr. für Großereignisse wie Gladiatorenkämpfe und Tierhetzen errichtet. Gelegentlich überflutete man sogar die Arena, um Seeschlachten darzustellen.

VESUV UND POMPEJI
Bei einem Ausbruch des Vulkans Vesuv im Jahr 79 n. Chr. wurde die Stadt Pompeji unter Schutt und Asche begraben. Sie geriet in Vergessenheit, bis man im 18. Jahrhundert auf ihre Ruinen stieß.

• *Mach mit: Mosaikbild* •

Bei einem Mosaik werden farbige Teilchen aus einem harten Material (Steine, Glas, gebrannter Ton) so in eine nasse Putzschicht gedrückt, dass ein Muster oder Bild entsteht. Im alten Rom benutzte man diese Technik oft, um die Fußböden oder Wände in öffentlichen Gebäuden und Privathäusern großflächig auszuschmücken. Berühmt sind die farbenprächtigen Mosaiken von San Vitale in Ravenna, die etwa von 526–547 n. Chr. geschaffen wurden. Wenn ihr ein Mosaik machen wollt, könnt ihr anstelle von Stein oder Glas auch bunte Papierschnipsel verwenden.

1. Schneidet mehrere Tonpapier-Bögen in Quadrate mit etwa ½ cm Seitenlänge.
2. Skizziert auf einem stärkeren Papier (weiß oder farbig) die Umrisse eines einfachen Mosaiks, z. B. eine Landschaft, eine Blume, ein Tier oder auch das Porträt eines Freundes.
3. Streicht jeweils eine kleine Fläche innerhalb der Umrisse mit Papierkleber ein und setzt die vorbereiteten Quadrate sorfältig nebeneinander.

San Marino
San Marino ist die kleinste Republik Europas und die älteste Republik der Welt. Der Sage nach wurde der Zwergstaat im 4. Jahrhundert n. Chr. vom Heiligen Marinus und einer Gruppe verfolgter Christen gegründet.

Südosteuropa

DIE OFT ALS BALKAN BEZEICHNETE REGION liegt an der Grenze Europas zu Asien und beherbergt ein buntes Völkergemisch aus beiden Kontinenten. Diese Tatsache hat im Lauf der Geschichte immer wieder zu Konflikten zwischen den verschiedenen Ländern und ethnischen Gruppen geführt. 1991 erklärten die Republiken Slowenien, Kroatien, Bosnien-Herzegowina und Makedonien ihre Unabhängigkeit von Jugoslawien, dem heutigen Serbien und Montenegro. Die Folge war ein erbitterter Krieg, der Städte und Dörfer zerstörte, ganze Industrien vernichtete und tausende von Menschen heimatlos machte. Der größte Teil Südosteuropas besteht aus wild zerklüfteten Gebirgslandschaften. Entlang der kroatischen Küste steigen schroffe Felsklippen aus dem Meer auf. Landeinwärts umgeben Wälder und Ackerland die Bergketten, die sich ostwärts durch Serbien und Montenegro bis nach Rumänien und Bulgarien erstrecken. Im bulgarischen Teil des Balkangebirges liegt das Tal der Rosen. Hier werden mehr als zwei Drittel des Weltbedarfs des kostbaren Rosenöls produziert, das ein wesentlicher Bestandteil der meisten Parfüms ist. Die besten Anbaugebiete Südosteuropas befinden sich im Tal der Donau, die eine wichtige Verbindung zu den Häfen des Schwarzen Meers darstellt. In Griechenland hat die starke Überweidung durch Schafe und Ziegen in manchen Gebieten zu einer baum- und strauchlosen Grassteppe geführt, aber vielerorts erlaubt das Klima den Anbau von Oliven, Trauben, Zitrusfrüchten und Weizen. Das schöne Wetter und die eindrucksvolle Landschaft locken Touristen aus allen Teilen der Welt nach Griechenland. In der Hauptstadt Athen, das allein ein Drittel der griechischen Bevölkerung aufnimmt, brandet dichter Verkehr an 2000 Jahre alten Tempeln vorbei. Ruhe und Beschaulichkeit herrschen dagegen auf den griechischen Inseln: Weiß gekalkte Häuser drängen sich auf Klippen, und Fischerboote treiben in türkisblauen Buchten.

ALBANIEN
EINWOHNERZAHL: 3 150 000 * HAUPTSTADT: TIRANA

BOSNIEN UND HERZEGOWINA
EINWOHNERZAHL: 4 112 000 * HAUPTSTADT: SARAJEVO

BULGARIEN
EINWOHNERZAHL: 7 965 000 * HAUPTSTADT: SOFIA

GRIECHENLAND
EINWOHNERZAHL: 10 631 000 * HAUPTSTADT: ATHEN

KROATIEN
EINWOHNERZAHL: 4 465 000 * HAUPTSTADT: ZAGREB

MAKEDONIEN
EINWOHNERZAHL: 2 038 000 * HAUPTSTADT: SKOPJE

RUMÄNIEN
EINWOHNERZAHL: 22 300 000 * HAUPTSTADT: BUKAREST

SERBIEN UND MONTENEGRO
EINWOHNERZAHL: 8 160 000 * HAUPTSTADT: BELGRAD

SLOWENIEN
EINWOHNERZAHL: 1 964 000 * HAUPTSTADT: LJUBLJANA

Mach mit: *Tropfsteinhöhle*

Die Adelsberger Grotten in der slowenischen Stadt Postojna (früher Adelsberg) sind wegen ihrer Stalaktiten und Stalagmiten weltberühmt. Die von der Decke hängenden oder vom Boden aufragenden Kalkgebilde entstanden im Lauf vieler Jahrtausende durch Tropfwasser in den ausgedehnten Höhlen des Karstgebiets. Wenn ihr dagegen eine Tropfsteinhöhle anlegen wollt, braucht ihr dafür höchstens ein paar Tage.

❶ Malt auf den Innenboden einer Schuhschachtel eine Höhlenszene und verkleidet die Seitenflächen des Kartons außen und innen mit Alufolie. Stellt die Schachtel nun so auf, dass euer Gemälde die Rückwand der Höhle bildet. Bittet einen Erwachsenen, an den seitlichen Rändern der Höhlendecke je zwei Löcher in den Karton zu bohren, und stellt links und rechts der Schachtel ein Glas auf.

❷ Fädelt nun eine Schnur so durch zwei gegenüberliegende Löcher, dass sie innen ein wenig durchhängt und außen mit je einem Ende bis zum Boden des Glases reicht. Wiederholt das Ganze mit einer zweiten Schnur und den beiden anderen Löchern.

❸ Füllt die Gläser mit heißem Wasser und rührt so lange Sodapulver ein, bis es sich nicht mehr auflöst. Wascht euch danach gut die Hände! Im Lauf der nächsten Tage, wenn die Flüssigkeit von den Schnüren aufgesogen wird und allmählich zu verdunsten beginnt, zeigen sich an den Stellen, wo die Schnüre am stärksten durchhängen, kleine Salzgebilde. Gleichzeitig entstehen da, wo das Wasser auf den Höhlenboden tropft, kleine Salzhäufchen. Nach und nach entwickeln sich aus diesen Formationen Stalaktiten und Stalagmiten.

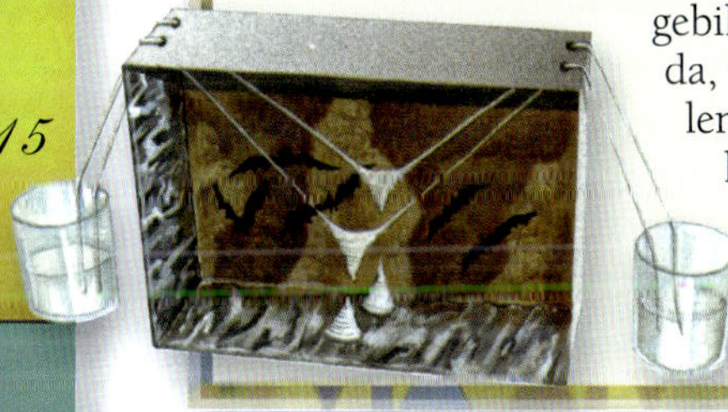

Evzones
So heißen die griechischen Gardisten in ihren traditionellen Röcken und quastenverzierten Mützen, die am Grab des Unbekannten Soldaten vor dem Parlament in Athen Wache halten.

Schloss des Vlad Tepes
Der rumänische Fürst Vlad Tepes, der im 15. Jahrhundert lebte und als „Vlad, der Pfähler“ in die Geschichte einging, soll für die Vampir-Legende des Grafen Drakula Pate gestanden haben.

Schwarzmilane
Diese in ganz Südosteuropa verbreiteten Raubvögel sammeln sich bei Dunkelheit in Baumkronen und übernachten in riesigen Kolonien.

Osteuropa

In jüngster Zeit kam es in dieser Region zu tiefgreifenden politischen Veränderungen. Zwischen 1990 und 1991 zerbrach der riesige Staatenverband der früheren Sowjetunion, und die Republiken Lettland, Estland, Litauen, Weißrussland, Moldawien und Ukraine erlangten die Unabhängigkeit. Dazu kam 1993 die Teilung der Tschechoslowakei in zwei Länder – die Tschechische Republik und die Slowakei. Gebirge begrenzen die Tschechische Republik und bedecken einen Großteil der Slowakei, aber das restliche Osteuropa ist überwiegend flach. Grassteppen durchziehen Zentralungarn und weite Gebiete der Ukraine. Polen besteht hauptsächlich aus Tiefebenen mit fruchtbarem Ackerland, durchströmt von breiten Flüssen, die im südlichen Bergland entspringen und in den Sümpfen und Dünenstränden der Ostseeküste münden. Die Landschaft der baltischen Staaten Litauen, Lettland und Estland ist von Wiesen, Marschland und zahllosen Seen geprägt. Entlang der Ostsee können die Winter bitterkalt sein, und häufig müssen Eisbrecher die Fahrrinnen zwischen den Häfen der Region frei halten. Etwa zwei Drittel der Bewohner Osteuropas leben in Städten; viele von ihnen arbeiten in der Schwerindustrie, vor allem im Kohlebergbau, in der Eisen- und Stahlerzeugung sowie auf Schiffswerften. Die hohe Industriedichte hat in manchen Gebieten zu einer erheblichen Umweltbelastung geführt. So wurden die Wälder in Polen und der Tschechischen Republik durch sauren Regen vernichtet, und manche Seen in Ungarn sind heute so verschmutzt, dass man Schwimmverbote erlassen musste. In der Ukraine und in Weißrussland liegen weite Gebiete brach, da die Böden seit dem Reaktorunfall von Tschernobyl (bei Kiew) im Jahr 1986 radioaktiv verseucht sind. Dennoch bleibt die Ukraine einer der größten Weizenlieferanten der Welt.

Schau nach

- Welche Art von Glaswaren werden in der Tschechischen Republik gefertigt?
- Nenne ein Mineral, das in Ungarn abgebaut wird.
- Ein typisches Gericht der Ukraine ist eine Suppe namens Borschtsch, die eine bestimmte Rübensorte enthält. Welche?

ESTLAND	Einwohnerzahl: 1 358 000	Hauptstadt: Tallinn
LETTLAND	Einwohnerzahl: 2 338 000	Hauptstadt: Riga
LITAUEN	Einwohnerzahl: 3 469 000	Hauptstadt: Wilna
MOLDAWIEN	Einwohnerzahl: 4 255 000	Hauptstadt: Kischinau
POLEN	Einwohnerzahl: 38 626 000	Hauptstadt: Warschau
SLOWAKEI	Einwohnerzahl: 5 379 000	Hauptstadt: Bratislava
TSCHECHISCHE REPUBLIK	Einwohnerzahl: 10 210 000	Hauptstadt: Prag
UKRAINE	Einwohnerzahl: 48 717 000	Hauptstadt: Kiew
UNGARN	Einwohnerzahl: 10 159 000	Hauptstadt: Budapest
WEISSRUSSLAND	Einwohnerzahl: 9 925 000	Hauptstadt: Minsk

Teyn-Kirche in Prag
Die Türme dieser gotischen Marienkirche aus dem 14. Jahrhundert werden Adam und Eva genannt, weil einer (der rechte) breiter als der andere ist.

Pusstareiter
Die Region Hortobágy in der ungarischen Pussta ist berühmt für ihre Pferdezucht, und die Einheimischen gelten als tollkühne Reiter.

 Siehe Länder-Lexikon Seite 110 – 111

Mach mit: Bunte Eier

In vielen osteuropäischen Ländern gelten bunt verzierte Eier zum Osterfest als Symbole der Wiedergeburt und des Neubeginns. Das Färben oder Dekorieren von Eiern ist nicht so schwer – die Vorbereitungen erfordern jedoch einiges Geschick. Ein Tip: Lagert die rohen Eier ein paar Stunden bei Zimmertemperatur, ehe ihr mit der Arbeit beginnt. Eier, die direkt aus dem Kühlschrank kommen, lassen sich nämlich nur schwer ausblasen.

1. Nehmt ein Ei und stecht das stumpfe Ende mit einer Stopfnadel an. Erweitert das Loch vorsichtig auf etwa ½ cm Durchmesser.
2. Bohrt ein winziges Loch in die Spitze. Verschließt die beiden Öffnungen mit zwei Fingern und schüttelt das Ei leicht, damit die Dotterhaut reißt. Nehmt nun eine Schüssel oder Tasse, haltet das Ei darüber und pustet kräftig in das kleinere Loch, bis der Inhalt durch das größere Loch ausfließt. Spült das ausgeblasene Ei mit Wasser durch und lasst es trocknen.
3. Jetzt kann die Schale verziert werden. Schiebt ein Stück Draht oder eine Stricknadel durch die beiden Löcher und haltet die Enden mit einer Hand fest. Bemalt das Ei mit einem hübschen Muster.
4. Legt den Draht oder die Stricknadel quer über den Rand einer Schüssel, damit das Dekor trocknen kann, ohne dass ihr das Ei berührt.

Position

Wisent
Einst zogen Wisentherden durch die Wälder Europas. Noch heute leben sie in ihrem ursprünglichen Lebensraum in Teilen Polens.

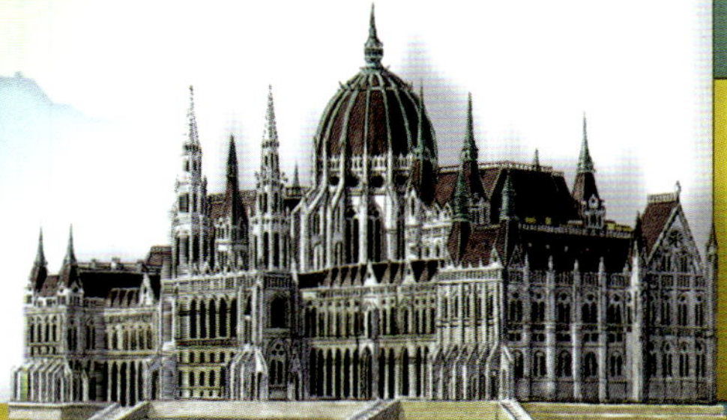

 Siehe *Länder-Lexikon Seite 111*

Nordeuropa

ALS SKANDINAVIEN IM ENGEREN SINN bezeichnet man die Halbinsel im Norden Europas mit den Ländern Norwegen und Schweden. Meist werden aber auch noch Dänemark und Finnland zu den skandinavischen Ländern gezählt. Im Westen dieser Halbinsel bilden Fjorde – schmale, von Gletschern ausgeschürfte Buchten zwischen steilen Felswänden – und mehr als 150 000 kleine Inseln ein Labyrinth von Wasserwegen. Landeinwärts überziehen Berge und baumlose Hochflächen den größten Teil Norwegens. Nach Osten zu fällt das Land in Stufen ab. Die sumpfigen Ebenen Schwedens und Finnlands sind mit tausenden von Seen durchsetzt. In den dichten Nadelwäldern streifen Elche, Braunbären und Wölfe umher. Im nördlichen Teil dieser Region herrscht arktisches Klima mit langen, dunklen und schneereichen Wintern. Ganz im Süden ist das Klima gemäßigt und das Land etwas fruchtbarer. Während in Norwegen nur ein Zwanzigstel der Flächen landwirtschaftlich genutzt werden kann, sind mehr als drei Viertel von Dänemark Agrarland. Auf Island, einer Vulkaninsel 1000 km westlich von Norwegen, gibt es kaum Äcker und Weiden. Das öde Landesinnere besteht hauptsächlich aus Vulkanen, heißen Quellen und Lavafeldern. Manche Gegenden Islands haben so starke Ähnlichkeit mit der Mondoberfläche, dass Astronauten hier ihr Training für die Mondlandungen absolvierten. Auf einigen Hochebenen finden sich als Überbleibsel der letzten Eiszeit riesige Eiskappen. Dazu gehört der Vatnajökull im Südosten der Insel, dessen Eisdecke über einem aktiven Vulkan liegt. Er ist mit einer Fläche von mehr als 8000 km^2 größer als alle europäischen Gletscher zusammen.

DÄNEMARK
EINWOHNERZAHL: 5 374 000 * HAUPTSTADT: KOPENHAGEN

FINNLAND
EINWOHNERZAHL: 5 199 000 * HAUPTSTADT: HELSINKI

ISLAND
EINWOHNERZAHL: 284 000 * HAUPTSTADT: REYKJAVÍK

NORWEGEN
EINWOHNERZAHL: 4 538 000 * HAUPTSTADT: OSLO

SCHWEDEN
EINWOHNERZAHL: 8 924 000 * HAUPTSTADT: STOCKHOLM

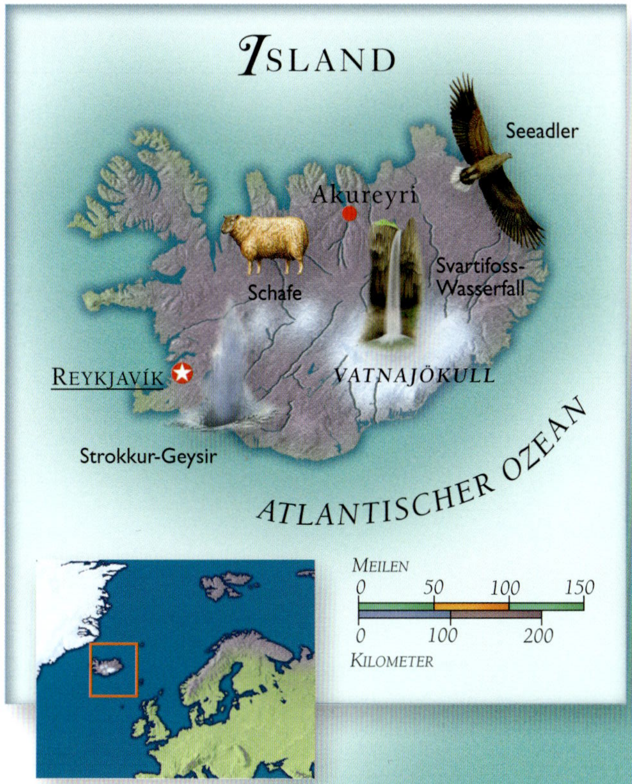

◆ *Mach mit: Lappen-Zelt* ◆

Manche der Lappland-Nomaden – die sich selbst Samen nennen – leben heute noch in Zelten aus Rentierfellen, die über Stangen gespannt werden. Diese Zelte lassen sich schnell aufstellen und wieder abbrechen, wenn die Samen ihren Rentierherden über die Weidegebiete folgen. Ihr könnt das Modell eines Lappen-Zeltes mit ganz einfachen Mitteln herstellen.

❶ Ein paar Strohhalme sind eure Zeltstangen. Umwickelt sie an einem Ende locker mit einem Stück Faden und spreizt die freien Enden so aus, dass sie die Basis des Zelts bilden.

❷ Anstatt der Rentierfelle verwendet ihr festes Pergamentpapier. Rollt das Papier zu einem Kegel und verklebt die Enden. Lasst an der Spitze des Kegels ein Loch frei. (Echte Lappen-Zelte haben einen großen Rauchabzug im Dach.) Stülpt den Kegel über die Strohhalme und schneidet eine Öffnung für den Eingang.

❸ Ihr könnt aber auch ein großes Lappen-Zelt für den Garten bauen. Dazu braucht ihr 1,2 – 1,5 m lange Bambusstangen, einen kräftigen Strick und ein großes Stück Leinwand.

St.-Andreas-Kirche
Die um 1150 n. Chr. erbaute norwegische Holzkirche ist vier Stockwerke hoch. Ihre geschnitzten Giebel haben die Form von Drachen, die in der Mythologie der Wikinger eine große Rolle spielten.

Die Kleine Meerjungfrau
Die Statue der kleinen Meerjungfrau, von der Hans Christian Andersen in seinem bekannten Märchen erzählt, ist das Wahrzeichen des Hafens von Kopenhagen.

Asien

Der grösste Kontinent der Erde reicht beinahe um den halben Globus und umfasst ein Drittel der gesamten Landmasse. Hier befinden sich die höchsten Berge, der größte See und der tiefste Festland-Punkt der Welt. Asien war einst die Wiege vieler bedeutender Hochkulturen und Religionen und ist heute die Heimat von 60 Prozent der Weltbevölkerung. Die meisten Asiaten leben im Osten und Süden. Im feuchtheißen Klima dieser Gebiete gibt es riesige Wälder, fruchtbare Ebenen und hunderte von tropischen Inseln. Der Südwesten und das Innere des Kontinents werden von Wüsten und unwirtlichen Gebirgen beherrscht. Die Steppenlandschaft Zentralasiens geht nach Norden zu in die endlosen Nadelwälder Russlands über. Noch weiter nördlich erstreckt sich ein Tundragürtel bis an die Meeresküste. Russland besitzt die größte Landfläche der Welt, China dagegen die bei weitem größte Bevölkerung.

Kontinent-Fakten

Gesamte Landfläche: 44 391 162 km² (ohne den europäischen Teil Russlands)
Gesamtbevölkerung 3 806 418 195 (ohne den europäischen Teil Russlands)
Unabhängige Länder: Afghanistan, Armenien, Aserbaidschan, Bahrain, Bangladesch, Bhutan, Brunei, China, Georgien, Indien, Indonesien, Irak, Iran, Israel, Japan, Jemen, Jordanien, Kambodscha, Malaysia, Kasachstan, Katar, Kirgistan, Kuwait, Laos, Libanon, Malediven, Mongolei, Myanmar (Birma), Nepal, Nordkorea, Oman, Osttimor, Pakistan, Philippinen, Russland, Saudi-Arabien, Singapur, Sri Lanka, Südkorea, Syrien, Tadschikistan, Taiwan, Thailand, Türkei, Turkmenistan, Usbekistan, Vereinigte Arabische Emirate, Vietnam, Zypern

Höchste Berge – Längste Flüsse

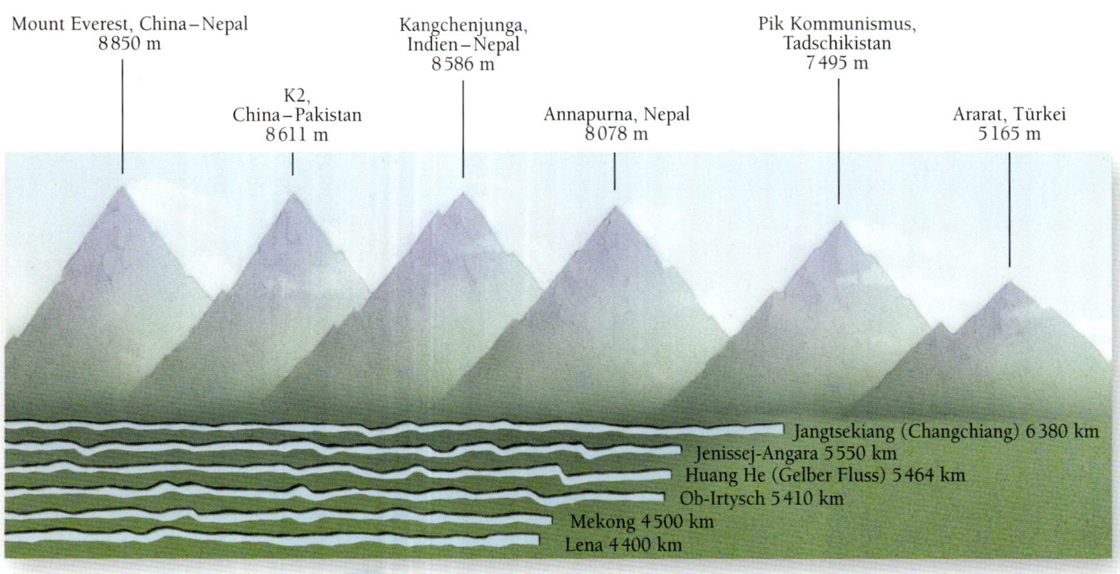

Welt-Rekorde

HÖCHSTER BERG DER WELT
Mount Everest, China-Nepal, 8850 m

TIEFSTER PUNKT DER WELT
Totes Meer, Israel-Jordanien, 411 m unter dem Meeresspiegel

SEE MIT DER GRÖSSTEN FLÄCHE DER WELT
Kaspisches Meer, Westasien, 371 800 km²

ÄLTESTER, TIEFSTER UND GRÖSSTER (RAUMINHALT) SEE DER WELT
Baikalsee, Russland, 25 Millionen Jahre alt; 1637 m tief; 23 000 km³ Wasser

LAND MIT DER GRÖSSTEN FLÄCHE
Russland, 17 075 383 km²

LAND MIT DER HÖCHSTEN EINWOHNERZAHL DER WELT
China, 1 287 626 000 Einwohner

STADT MIT DER HÖCHSTEN EINWOHNERZAHL DER WELT
Tokio, Japan, 33 418 366 Einwohner

LÄNGSTES BAUWERK DER WELT
Chinesische Mauer, 3460 km

LÄNGSTE EISENBAHN DER WELT
Transsibirische Eisenbahn, Russland, 9297 km

Politische Karte

Kontinent-Rekorde

LÄNGSTER FLUSS
Jangtsekiang, 6380 km

Zahlenschlüssel

1 Armenien
2 Aserbaidschan
3 Libanon
4 Israel
5 Kuwait
■ 6 Bahrain
7 Katar
8 Vereinigte Arabische Emirate
9 Bhutan
10 Bangladesch
■ 11 Singapur
12 Brunei

Physikalische Karte

Russland

Russland ist das grösste Land der Erde. Es umfasst zwei Drittel von Asien und ein Drittel von Europa und erstreckt sich über insgesamt elf Zeitzonen. Wenn die Bewohner von St. Petersburg schlafen gehen, fangen die Bergleute und Rentierhirten, die im äußersten Osten leben, gerade ihr Tagwerk an. Das russische Klima ist überwiegend kalt, mit milden bis kühlen Sommern und kalten bis eisigen Wintern. Im hohen Norden, der größtenteils der Tundrazone angehört, können die Temperaturen auf bis zu –70 °C absinken. Südlich der Tundra zieht sich ein breiter Nadelwald-Gürtel fast ohne Unterbrechung quer durch das Land. Das Uralgebirge trennt Russland in zwei Regionen. Westlich des Urals liegt der europäische Teil Russlands: Auf nur einem Viertel der Landfläche finden wir vier Fünftel der Gesamtbevölkerung, die wichtigsten Industriezentren und das fruchtbarste Ackerland. Östlich des Urals, in Asien, erstreckt sich Sibirien, eine endlose Wildnis, die größer ist als die USA und Westeuropa zusammen. Im Süden dieses Gebiets, nahe der Mongolei, liegt der Baikalsee, der tiefste See der Welt, der ein Fünftel des gesamten Süßwassers auf der Erde enthält. Sibirien besitzt neben einer Fülle anderer Bodenschätze reiche Kohle- und Erdöllager. Die Tschuktschen-Halbinsel in Ostsibirien ist der östlichste Punkt Asiens und nur 82 km von Nordamerika entfernt. Vor 1991 war Russland Teil eines noch größeren Staatenbunds – der Sowjetunion – dem 14 weitere, heute unabhängige Länder in Osteuropa und Zentraleurasien angehörten.

RUSSLAND
Einwohnerzahl: 144 071 000 * Hauptstadt: Moskau

Basilius-Kathedrale
Die farbenprächtige, mit neun Kuppeln geschmückte Moskauer Kathedrale ließ Zar Iwan der Schreckliche im 16. Jahrhundert zur Erinnerung an den Sieg über die Tataren errichten.

◆ WISSENSWERTES ◆

Die Transsibirische Eisenbahn, deren Schienen knapp ein Viertel des Erdballs umspannen, ist die längste Eisenbahnverbindung der Welt. Die Reise von Moskau nach Wladiwostok dauert acht Tage und umfasst eine Strecke von 9 297 km.

◆ SCHAU NACH ◆

- Welche Art von Fossilien wurden im Westsibirischen Flachland entdeckt?
- Auf welcher Halbinsel erhebt sich der Vulkan Kljutschewskaja?
- Nenne eine Tanzform, die in Moskau in höchster Perfektion dargeboten wird.

HOLZPUPPEN
Typisch für die russische Volkskunst sind solche ineinander geschachtelten Matreschkas aus Holz. Manche dieser Sets enthalten mehr als ein Dutzend Püppchen.

SIBIRISCHER TIGER
Die Sibirischen Tiger sind die größten Tiger der Welt. Ihre Heimat ist der Südosten Sibiriens, wo sie Jagd auf Bären, Rotwild und gelegentlich auch Menschen machen.

Zentraleurasien

Eurasien ist die grosse Landmasse, die sich aus Europa und Asien zusammensetzt. Zentraleurasien erstreckt sich von der südöstlichen Ecke Europas bis in die trockenen Regionen Innerasiens. Die Türkei bildet eine Brücke zwischen den beiden Kontinenten, die durch die Bosporus-Meerenge voneinander getrennt sind. Das bergige Hinterland der Türkei ist karg und öde, aber die fruchtbaren Küstengebiete liefern Tee und Tabak und die weltweit größten Erträge an Haselnüssen und Rosinen. Im Süden der Türkei liegt die Insel Zypern, deren Bewohner teils türkischer, teils griechischer Herkunft sind. Georgien, Armenien und Aserbaidschan, die östlich an die Türkei grenzen, sind von den hohen Bergen des Kaukasus umgeben. Diese Länder besitzen reiche Erz- und Rohstofflager: Eine Zeit lang produzierte Baku, die Hauptstadt von Aserbaidschan, etwa die Hälfte des Weltbedarfs an Erdöl. Jenseits des Kaspischen Meers finden wir Wüsten, die einen Großteil von Turkmenistan, Usbekistan und Kasachstan bedecken. Die einstigen Handelsstraßen zwischen China und Europa durchquerten diese Länder und verbanden Städte wie Samarkand und Taschkent. Im Norden geht die Wüste in das weite Grasland der Kasachen-Steppe über; im Südosten beherrschen die hohen Berge des Tian Shan die Länder Kirgistan und Tadschikistan. In Zentralasien hat die künstliche Bewässerung der Felder durch Umleiten und Stauen von Flüssen zu einer dramatischen Absenkung mancher Seen geführt. So ist der Aralsee, einst der viertgrößte See der Welt, auf ein Viertel seiner ursprünglichen Größe geschrumpft, und die Fischerdörfer, die ihn früher säumten, liegen heute bis zu 30 km von seinen Ufern entfernt.

ARMENIEN
Einwohnerzahl: 3 068 000 * Hauptstadt: Jerewan

ASERBAIDSCHAN
Einwohnerzahl: 8 172 000 * Hauptstadt: Baku

GEORGIEN
Einwohnerzahl: 5 177 000 * Hauptstadt: Tiflis

KASACHSTAN
Einwohnerzahl: 14 875 000 * Hauptstadt: Astana

KIRGISTAN
Einwohnerzahl: 5 004 000 * Hauptstadt: Bischkek

TADSCHIKISTAN
Einwohnerzahl: 6 265 000 * Hauptstadt: Duschanbe

TÜRKEI
Einwohnerzahl: 69 626 000 * Hauptstadt: Ankara

TURKMENISTAN
Einw.-Zahl: 4 793 000 * Hauptstadt: Aschchabad

USBEKISTAN
Einw.-Zahl: 25 271 000 * Hauptstadt: Taschkent

ZYPERN
Einwohnerzahl: 765 000 * Hauptstadt: Nikosia

Blaue Moschee
Diese Moschee wurde im 17. Jahrhundert unter Sultan Ahmet I. im türkischen Istanbul errichtet. Ihr Name bezieht sich auf die mehr als 21 000 blauen Fayence-Fliesen, mit denen der Innenraum verkleidet ist.

◆ WISSENSWERTES ◆

In Kappadokien in der mittleren Türkei ist durch Wind- und Wasser-Erosion eine bizarre Felsenlandschaft entstanden. Die frühen Christen erweiterten die Nischen und Höhlen im Gestein und errichteten hier ihre Kolonien und Kirchen. Manche der Felshöhlen sind heute noch bewohnt.

◆ MACH MIT: *Gewebter Kelim* ◆

Kelims sind dünne Webteppiche, die in der Türkei und im Kaukasus eine lange Tradition haben. Wenn ihr selbst einen einfachen Kelim herstellen wollt, müsst ihr zuerst einen Webrahmen vorbereiten.

❶ Nehmt einen steifen viereckigen Karton und kerbt ihn an den vier Ecken ein. Verknotet einen kräftigen Zwirn an der linken Kerbe und wickelt ihn dann straff und gleichmäßig in Abständen von etwa 1 cm von links nach rechts um den Karton. Schneidet den Zwirn hinter der rechten Kerbe ab und macht ebenfalls einen Knoten.

❷ Nun beginnt das Weben: Zieht wie beim Stopfen einen dicken Wollfaden abwechselnd unter und über den längs gespannten Zwirnfäden durch. Beginnt die erste Reihe unter dem Zwirn, so muss die zweite über dem Zwirn beginnen. Wenn ihr ein neues Stück Wolle nehmt, verknotet es einfach mit dem Ende des alten Fadens. Schiebt die Reihen mit einem Lineal oder Kamm dicht zusammen.

❸ Wenn der Webrahmen voll ist, dreht ihn um und schneidet die beiden mittleren Fäden auf der Rückseite ab. Verknotet sie an der Ober- und Unterkante der Webarbeit miteinander. Das Gleiche macht ihr mit den übrigen Fäden.

❹ Sobald alle Längsfäden abgeschnitten und verknotet sind, könnt ihr den Kelim vom Webrahmen nehmen. Stutzt die Reste der verknoteten Fäden so zurecht, dass sie wie Zierfransen aussehen.

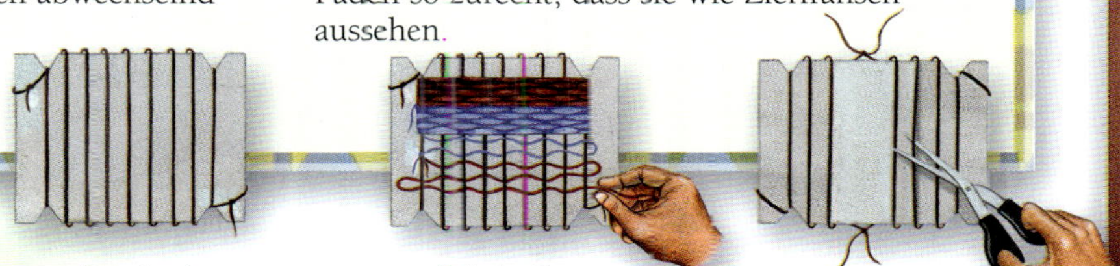

Schritt 1 Schritt 2 Schritt 3

SCHNEELEOPARD
Der im Hochgebirge lebende Schneeleopard hat kräftige Pfoten, die ihm das Klettern im Fels erleichtern, und ein langes, dichtes Fell, das ihn warm hält.

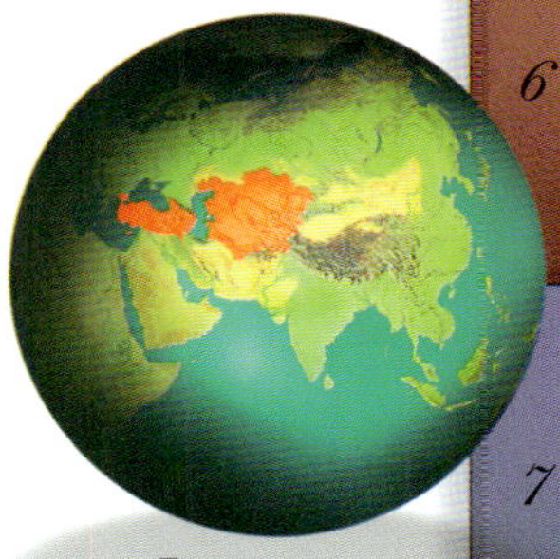

KOSMODROM VON BAIKONUR
Das frühere Raumfahrtzentrum der Sowjetunion nahe Baikonur gehört heute zu Kasachstan, wird jedoch für Raketen- und Shuttle-Starts ins All an Russland vermietet.

Der Nahe Osten

Der Nahe Osten ist die Wiege mehrerer uralter Hochkulturen. Hier entstanden auch drei Weltreligionen: Islam, Christentum und Judentum. Zwar gibt es schmale Streifen fruchtbaren Landes an der dicht bevölkerten Mittelmeerküste, im irakischen Zweistromland, das von Euphrat und Tigris durchflossen wird, sowie in den Hochländern von Nordiran und Jemen, aber die meisten übrigen Gebiete sind heiß, trocken und unfruchtbar. Wüsten erstrecken sich südwärts von Syrien, Jordanien und Israel über einen Großteil der Arabischen Halbinsel. Manche Regionen dieser Halbinsel erhalten zehn Jahre lang keinen Regen! Auch der Iran ist zu zwei Dritteln von Wüsten bedeckt. Die Große Salzwüste (Dascht e Kavir) im Osten des Landes ist nahezu vegetationslos. Zu den wenigen Geschöpfen, die hier überleben können, gehören Gazellen, die in Notzeiten mit winzigen Mengen Salzwasser auskommen. Im Lauf der Zeit haben die Bewohner des Nahen Ostens gelernt, ihre begrenzten Wasserreserven optimal zu nutzen. So werden seit Jahrtausenden die Anbauflächen zwischen Euphrat und Tigris durch Kanäle künstlich bewässert. Und seit Kurzem gibt es an den Küsten des Persischen Golfs Anlagen, die das Meerwasser entsalzen und in Süßwasser verwandeln. In der Golfregion befindet sich die Hälfte aller Erdöl- und Erdgasvorkommen der Welt, was einigen Ländern zu beträchtlichem Reichtum verholfen hat. So ist das Pro-Kopf-Einkommen in den Vereinigten Arabischen Emiraten doppelt so hoch wie in den USA. Im Gegensatz dazu zählt der Jemen, in dem es praktisch kein Erdöl gibt, zu den ärmsten Ländern der Erde.

BAHRAIN
Einwohnerzahl: 698 000 * Hauptstadt: Manama

IRAK
Einwohnerzahl: 24 174 000 * Hauptstadt: Bagdad

IRAN
Einwohnerzahl: 65 540 000 * Hauptstadt: Teheran

ISRAEL
Einwohnerzahl: 6 566 000 * Hauptstadt: Jerusalem

JEMEN
Einwohnerzahl: 18 601 000 * Hauptstadt: Sana

JORDANIEN
Einwohnerzahl: 5 171 000 * Hauptstadt: Amman

KATAR
Einwohnerzahl: 610 000 * Hauptstadt: Doha

KUWAIT
Einwohnerzahl: 2 328 000 * Hauptstadt: Kuwait

LIBANON
Einwohnerzahl: 4 441 000 * Hauptstadt: Beirut

OMAN
Einwohnerzahl: 2 538 000 * Hauptstadt: Maskat

SAUDI-ARABIEN
Einwohnerzahl: 21 886 000 * Hauptstadt: Riad

SYRIEN
Einwohnerzahl: 16 986 000 * Hauptstadt: Damaskus

VEREINIGTE ARABISCHE EMIRATE
Einwohnerzahl: 3 218 000 * Hauptstadt: Abu Dhabi

Wissenswertes

Die auch als Rub al Khali – arabisch „das leere Viertel" – bezeichnete Große Arabische Wüste im südlichen Saudi-Arabien ist die größte zusammenhängende Sandfläche der Erde. Auf einem Gebiet von der Größe Frankreichs gibt es weder Städte noch Dörfer. Die einzigen Bewohner dieser Region sind die Nomadenstämme der Beduinen.

Felsendom
Der Kuppelbau in Jerusalem ist eine der wichtigsten Pilgerstätten des Islam. Seine Rückseite grenzt an die heilige Klagemauer der Juden. Der Dom ist über einem Felsen erbaut, auf dem Abraham nach der Überlieferung seinen Sohn Isaak opfern wollte.

Verschleierte Frau
Nach islamischer Tradition müssen Frauen ihr Haar und Gesicht vor Fremden verhüllen. Viele tragen daher einen Schleier oder eine Gesichtsmaske und einen langen schwarzen Umhang.

 Siehe Länder-Lexikon Seite 112 – 113

◆ SCHAU NACH ◆

- Welche Tiere werden in Saudi-Arabien für Rennen gezüchtet?
- Nenne einen Schmuckstein, der im nordöstlichen Iran gefunden wird.
- In welchem Land des Nahen Ostens steht der Felsendom?

SPIESSBOCK
Diese auch als Oryx bezeichnete arabische Gazellenart könnte zur Entstehung des Einhorn-Mythos geführt haben. Von der Seite betrachtet sieht der Spießbock nämlich so aus, als habe er nur ein einziges Horn.

Südasien

Das auch als Vorderindien oder indischer Subkontinent bezeichnete Südasien ist durch eine Reihe von mächtigen Gebirgswällen vom übrigen Asien abgeschnitten. Im Nordosten ragt der Himalaya mit den höchsten Bergen der Erde über Nordindien und die beiden kleinen Königreiche Nepal und Bhutan auf. Im Nordwesten erstreckt sich der regenarme, wild zerklüftete Hindukusch – die zweithöchste Gebirgskette der Welt – quer durch Afghanistan. Im Süden dieser Massive fällt das Land steil in eine breite, fruchtbare Ebene ab, die von Pakistan bis nach Bangladesch reicht und einen Großteil von Nordindien umfasst. Südindien besteht aus einem dreieckigen, nach Osten geneigten Hochland, dem so genannten Dekkan-Plateau, das von schmalen Küstenebenen gesäumt wird. Nicht weit von der Südostküste entfernt befindet sich die Insel Sri Lanka.

Obwohl es in Südasien ausgedehnte Regionen mit fruchtbarem Ackerland, dazu reiche Bodenschätze und eine Fülle expandierender Industriezweige gibt, kann die einheimische Wirtschaft kaum Schritt mit dem rasenden Bevölkerungswachstum halten. Ein Fünftel der gesamten Menschheit lebt in Südasien, und allein in Indien werden alljährlich 20 Millionen Kinder geboren. So kommt es, dass in vielen Gebieten bittere Armut herrscht. Vier Fünftel der Bewohner Südasiens leben in kleinen Dörfern, und die meisten ernähren sich von dem, was sie selbst anbauen. Die Landwirtschaft in Indien, Sri Lanka und Bangladesch ist von den Sommerniederschlägen abhängig, die der Monsunwind bringt. Fällt zu wenig Regen, dann verdorrt die Ernte. Fällt dagegen zu viel Regen, kommt es zu verheerenden Überschwemmungen, die die Ernte vernichten und viele Opfer fordern.

AFGHANISTAN
Einwohnerzahl: 27 997 000 * Hauptstadt: Kabul

BANGLADESCH
Einwohnerzahl: 135 684 000 * Hauptstadt: Dhaka

BHUTAN
Einwohnerzahl: 851 000 * Hauptstadt: Thimbu

INDIEN
Einw.-Zahl: 1 048 641 000 * Hauptstadt: Neu Delhi

MALEDIVEN
Einwohnerzahl: 287 000 * Hauptstadt: Male

NEPAL
Einwohnerzahl: 24 125 000 * Hauptstadt: Katmandu

PAKISTAN
Einwohnerzahl: 144 902 000 * Hauptstadt: Islamabad

SRI LANKA
Einwohnerzahl: 18 968 000 * Hauptstadt: Colombo

Mach mit: *Taj-Mahal-Fliese*

Der Mogulkaiser Shah Jahan ließ das Taj Mahal zum Gedenken an seine Lieblingsfrau Mumtaz errichten. 20 000 Arbeiter waren etwa 20 Jahre damit beschäftigt, das 1621 begonnene Bauwerk zu vollenden. So verkleideten sie das Grabmal mit Fliesen aus blendend weißem Marmor und verzierten diese einzeln mit Blumenmuster-Reliefs und Einlegearbeiten aus Halbedelsteinen. Vielleicht macht es euch Spaß, selbst eine Taj-Mahal-Fliese zu entwerfen.

1. Entwerft ein Blumenmuster auf einem weißen Papierquadrat.
2. Malt das Muster farbig aus und beklebt das Papier mit „Edelsteinen“ aus Flitter, Pailletten, Knöpfen oder bunten Plastikresten.

◆ Wissenswertes ◆

Es klingt unglaublich, aber der Himalaya befand sich in grauer Vorzeit unter dem Meer. Als vor etwa 40 Millionen Jahren die indische Landmasse mit Eurasien zusammenstieß, schob sie vom Meeresboden Gesteine auf, die nach und nach ein gewaltiges Gebirgsmassiv bildeten. So lässt sich erklären, warum man in den Felsschichten vieler Himalaya-Gipfel versteinerte Meeresmuscheln findet.

Malediven

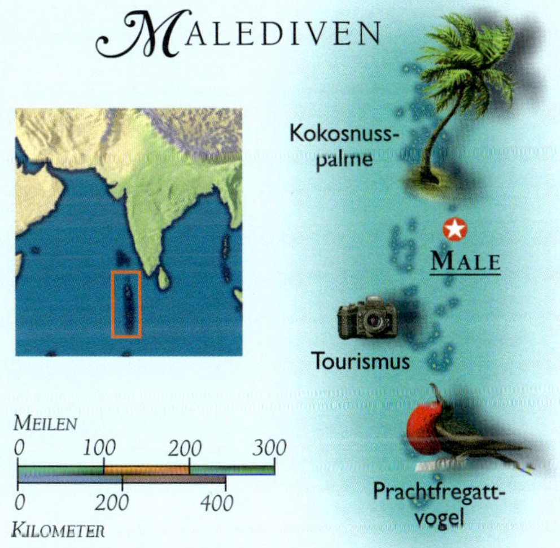

Geschmückter Elefant
In Indien werden Elefanten für Prozessionen bemalt, in farbenprächtige Seidendecken gehüllt und mit funkelnden Edelsteinen geschmückt.

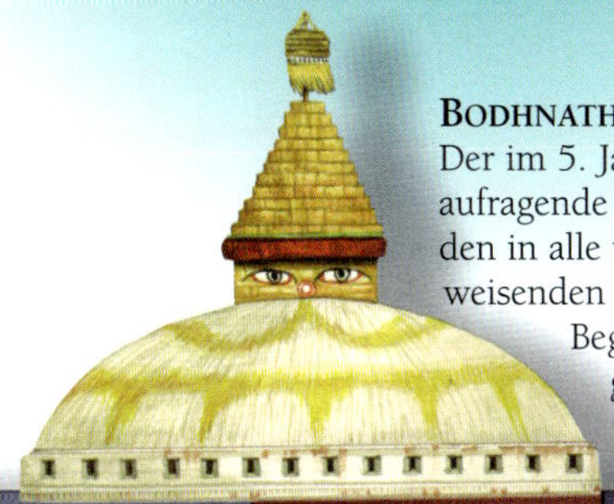

Bodhnath-Stupa
Der im 5. Jahrhundert begonnene, hoch aufragende Kuppelbau in Nepal ist mit den in alle vier Himmelsrichtungen weisenden Augen von Buddha, dem Begründer des Buddhismus, geschmückt.

Tempeltänze
In Bhutan tragen Tänzer bei religiösen Zeremonien reich geschmückte Seidengewänder und Masken, die Götter und Dämonen darstellen.

Südostasien

SÜDOSTASIEN BESTEHT AUS DER GROSSEN HALBINSEL Hinterindien und mehr als 20 000 Inseln, dem indonesischen Archipel. Überall in dieser feuchtheißen Region wechseln zerklüftete Berge mit breiten Strombecken und Küstenebenen ab, die einst von dichten Regenwäldern bedeckt waren. Die meisten Menschen leben in den Flusstälern oder in Küstennähe, wo sie Fischfang und Ackerbau betreiben. Die wichtigste Feldfrucht ist der Reis. Während in den Ebenen der Sumpf- oder Nassreis auf bewässerten Flächen angebaut wird, pflanzt man an Hängen und Hochflächen den Berg- oder Trockenreis auf schmalen, stufenförmig ansteigenden Terrassen. In jüngster Zeit hat in Südostasien eine starke Landflucht eingesetzt. Auf der Suche nach Arbeit strömen tausende von armen Bauern in die Großstädte. Bangkok, Ho-Tschi-Minh-Stadt (das frühere Saigon), Manila und Jakarta haben heute mit die höchsten Einwohnerzahlen und die rasantesten Wachstumsraten der Welt. Südostasien besitzt eine Fülle von Rohstoffen und Bodenschätzen. Malaysia ist der größte Zinnproduzent der Welt, Myanmar (Birma) exportiert die meisten Rubine, und der kleine Staat Brunei zählt dank seiner ergiebigen Erdölquellen zu den reichsten Ländern der Erde. Holz ist der am weitesten verbreitete Rohstoff: Mehr als drei Viertel aller Tropen-Edelhölzer stammen aus den Regenwäldern Südostasiens. Leider hat das maßlose Abholzen dazu geführt, dass die Waldbestände in manchen Gegenden knapp werden und viele Tier- und Pflanzenarten vom Aussterben bedroht sind. Einige Länder versuchen heute den Raubbau dadurch einzuschränken, dass sie große Waldgebiete in herrliche Nationalparks verwandeln.

BRUNEI
EINW.-ZAHL: 351 000 * HAUPTSTADT: BANDAR SERI BEGAWAN

INDONESIEN
EINWOHNERZAHL: 211 716 000 * HAUPTSTADT: JAKARTA

KAMBODSCHA
EINWOHNERZAHL: 12 487 000 * HAUPTSTADT: PHNOM PENH

LAOS
EINWOHNERZAHL: 5 530 000 * HAUPTSTADT: VIENTIANE

MALAYSIA
EINWOHNERZAHL: 24 305 000 * HAUPTSTADT: KUALA LUMPUR

MYANMAR (BIRMA)
EINWOHNERZAHL: 48 786 000 * HAUPTSTADT: YANGON

OSTTIMOR
EINWOHNERZAHL: 780 000 * HAUPTSTADT: DILI

PHILIPPINEN
EINWOHNERZAHL: 79 944 000 * HAUPTSTADT: MANILA

SINGAPUR
EINWOHNERZAHL: 4 164 000 * HAUPTSTADT: SINGAPUR

THAILAND
EINWOHNERZAHL: 61 613 000 * HAUPTSTADT: BANGKOK

VIETNAM
EINWOHNERZAHL: 80 424 000 * HAUPTSTADT: HANOI

PADAUNG-FRAUEN
Die hohen Krägen aus Messingdrahtspiralen, mit denen sich die Frauen des Padaung-Stammes in Myanmar schmücken, verlängern den Hals beträchtlich und haben ihnen den Namen „Giraffenfrauen“ eingetragen.

PETRONAS TOWERS
Die 452 m hohen Petronas-Zwillingstürme in Malaysia überragen den Sears Tower in Chicago noch um 9 m und sind damit derzeit das zweithöchste Bürogebäude der Welt.

◆ Mach mit: *Vulkanausbruch* ◆

Südostasien hat die meisten aktiven Vulkane der Erde. Allein auf der Insel Java gibt es 50 Vulkane, die jederzeit ausbrechen könnten. Das Vulkan-Modell unten spuckt nur dann Rauch und Feuer, wenn ihr es aktiviert.

1. Modelliert auf einem Tablett einen Berg aus Erde oder feuchtem Sand.
2. Hebt im Gipfelbereich vorsichtig einen Krater aus und setzt einen Behälter in das Loch, z. B. den Deckel einer Sprühdose.
3. Schüttet etwa ¼ Tasse warmes Wasser in den Behälter. Rührt einen Esslöffel Backpulver, ein paar Tropfen rote Lebensmittelfarbe und ein paar Tropfen Geschirrspülmittel ein. Wenn ihr nun noch ¼ Tasse Essig zugebt, könnt ihr beobachten, wie der Vulkan ausbricht.

Wenn man Essig mit Backpulver verschmischt, entsteht Kohlendioxid. Dieses Gas sammelt sich, bis der Druck so groß wird, dass es zischend und brodelnd entweicht. Auf ähnliche Weise entsteht der Druck unter der Erdkruste, der einen echten Vulkan dazu bringt, Felsbrocken und flüssige Lava auszustoßen.

◆ Schau nach ◆

- In welchem Land könntest du auf einem schwimmenden Markt einkaufen?
- Welche Waffe benutzen die Jäger in Malaysia?
- Welche „Drachen" leben auf einer Insel in Indonesien?

Ostasien

Ostasien umfasst neben mehreren kleinen Inseln etwa ein Viertel des asiatischen Festlands. Es wird von China dominiert, dem drittgrößten (und volkreichsten) Staat der Erde. Obwohl China nur geringfügig mehr Landfläche besitzt als die USA, hat es gut viermal so viele Einwohner. Achtzig Prozent davon leben im östlichen Drittel des Landes, einer Region mit mildem, niederschlagsreichem Klima und überwiegend fruchtbarem Boden. Es gibt viele Großstädte im Osten Chinas, aber die meisten Menschen leben in ländlicher Umgebung, wo sie Schweine und Hühner halten und Reis, Weizen und Gemüse anbauen. Das westliche China ist regenarm, zerklüftet und dünn besiedelt. Tibet im Südwesten wird gern als „Dach der Welt" bezeichnet, weil es auf dem höchsten Plateau der Erde liegt und von den mächtigsten Gipfeln des Himalaya gesäumt wird. Im Norden erstreckt sich die Wüste Gobi bis weit in die Mongolei, wo heute noch viele Hirtenvölker als Nomaden leben. In der Küstengegend gibt es eine Reihe von Ländern und Territorialgebieten, die gegenwärtig eine rasende Wirtschaftsentwicklung mitmachen. Südkorea und Taiwan etwa besitzen eine blühende Textil,- Fahrzeug- und Elektronikindustrie. Macao – eine winzige Überseeprovinz Portugals an der Südküste Chinas, die am 20. 12. 1999 endgültig in chinesischen Besitz überging – ist mit 22 150 Einwohnern pro Quadratkilometer der dichtest besiedelte Fleck auf der ganzen Erde. Das benachbarte Hongkong, eine frühere britische Kronkolonie, die 1997 an China zurückfiel, ist das drittgrößte Finanzzentrum der Welt. Seine modernen Hochhäuser ragen über einen der belebtesten Häfen in ganz Asien auf.

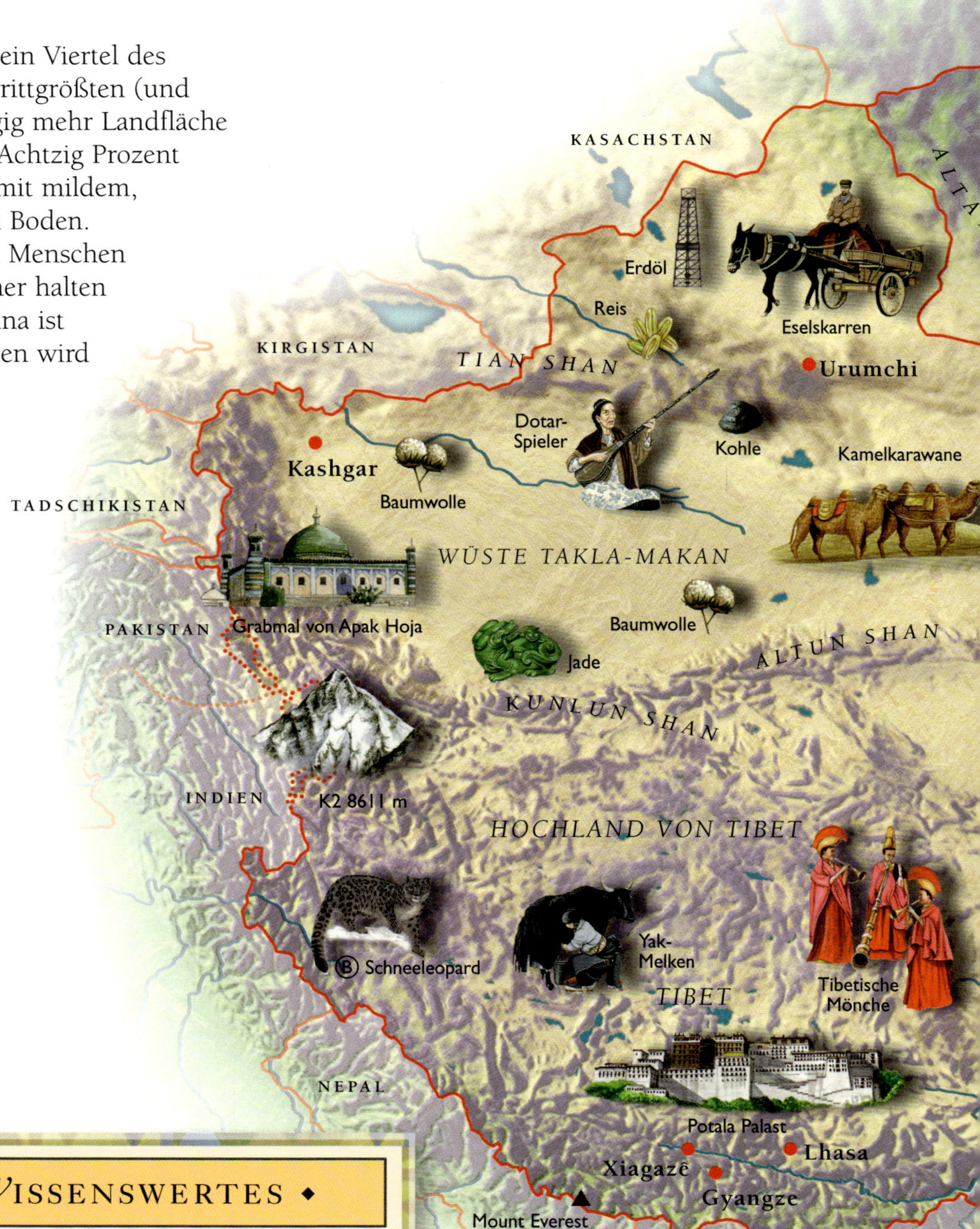

CHINA
Einw.-Zahl: 1 287 626 000 ∗ Hauptstadt: Beijing

MONGOLEI
Einw.-Zahl: 2 449 000 ∗ Hauptstadt: Ulan Bator

NORDKOREA
Einw.-Zahl: 22 489 ∗ Hauptstadt: Pjöngjang

SÜDKOREA
Einw.-Zahl: 47 640 000 ∗ Hauptstadt: Seoul

TAIWAN
Einw.-Zahl: 22 521 000 ∗ Hauptstadt: Taipeh

◆ Wissenswertes ◆

Die Chinesische Mauer oder Große Mauer im Norden Chinas ist rund 3460 km lang. Astronauten können sie aus dem All erkennen. Das Bollwerk wurde im 3. Jahrhundert v. Chr. zum Schutz gegen Eindringlinge aus dem Norden errichtet und im 14. Jahrhundert n. Chr. verstärkt und verlängert.

Terrakotta-Armee
Der chinesische Kaiser Qin Shi Huangdi ließ mehr als 6000 Krieger aus Ton nachbilden, die sein Grabmal bis in alle Ewigkeit bewachen sollten.

Riesenpanda
Es gibt auf der ganzen Welt nur noch etwa 1000 frei lebende Riesenpandas. Ihre Heimat sind die Bambuswälder Zentralchinas in der Nähe von Chengdu.

TRADITIONELLE TRACHT
Die meisten koreanischen Männer trugen früher eine lose weiße Jacke, eine dreiviertellange Pumphose und einen schwarzen Rosshaar-Hut. Heute wird diese Kleidung nur noch zu besonderen Anlässen angelegt.

Japan

Japan besteht aus vier Hauptinseln und mehr als 4000 kleineren Inseln, die sich in einer langen Kette vor der Ostküste Asiens aneinanderreihen. Während die Nordhälfte Japans ein kühl-gemäßigtes Klima mit schneereichen Wintern und milden Sommern hat, herrschen im Süden subtropische bis tropische Bedingungen: Die Winter sind mild, die Sommer heiß mit starken Regenfällen. Das Land ist überwiegend gebirgig und zu zwei Dritteln von Wäldern bedeckt. Japan gehört zu den erdbebenreichsten Ländern der Erde und besitzt eine Vielzahl aktiver Vulkane. Es ist kleiner als der amerikanische Bundesstaat Montana, hat jedoch 150-mal so viele Einwohner. Drei Viertel aller Japaner wohnen in großen Städten, vor allem in den Ballungsgebieten der Insel Honshu. Japans Hauptstadt Tokio hat sich mittlerweile über 80 Vororte einverleibt; sie bildet damit die größte urbane Zone der Welt, in der knapp 27 Millionen Menschen leben. Der Andrang der Pendler, die Tag für Tag zur Arbeit ins Zentrum fahren, ist so groß, dass die Bahn eigene „Schieber“ beschäftigt – Sicherheitskräfte, die an den Haltestellen die Passagiere in die Waggons pressen. Obwohl Japan wenig Ackerland besitzt, ist es in der Lage, den größten Teil seines Nahrungsbedarfs – insbesondere an Reis – selbst zu decken. Fisch zählt zu den bedeutendsten Reichtümern des Landes, und die japanische Fischfang-Flotte ist die größte auf der ganzen Welt. Obwohl Japan selbst kaum über Bodenschätze verfügt, gehört es zu den großen Industrienationen: Es importiert Rohstoffe und stellt daraus hochwertige Erzeugnisse her. So ist Japan führend im Fahrzeug- und Schiffbau und einer der Hauptexporteure von Elektrogeräten und Unterhaltungselektronik.

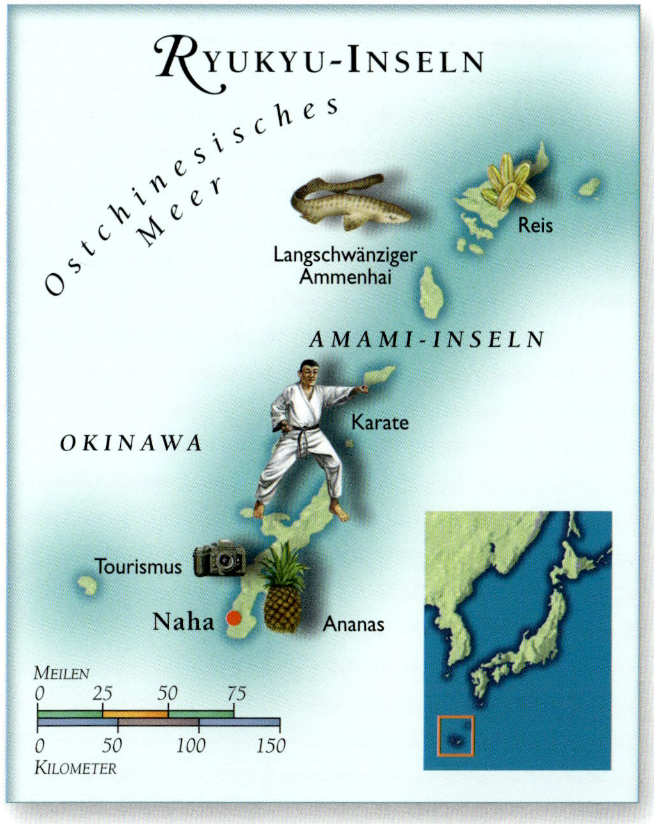

Japan
Einw.-Zahl: 127 150 000 * Hauptstadt: Tokio

♦ Schau nach ♦

- Welche Art von Fest findet in Sapporo statt?
- Nenne zwei Hai-Arten, die es vor der Westküste von Honshu gibt.
- Welcher berühmte Berg liegt im Südwesten der japanischen Hauptstadt?

Japan Siehe Länder-Lexikon Seite 115

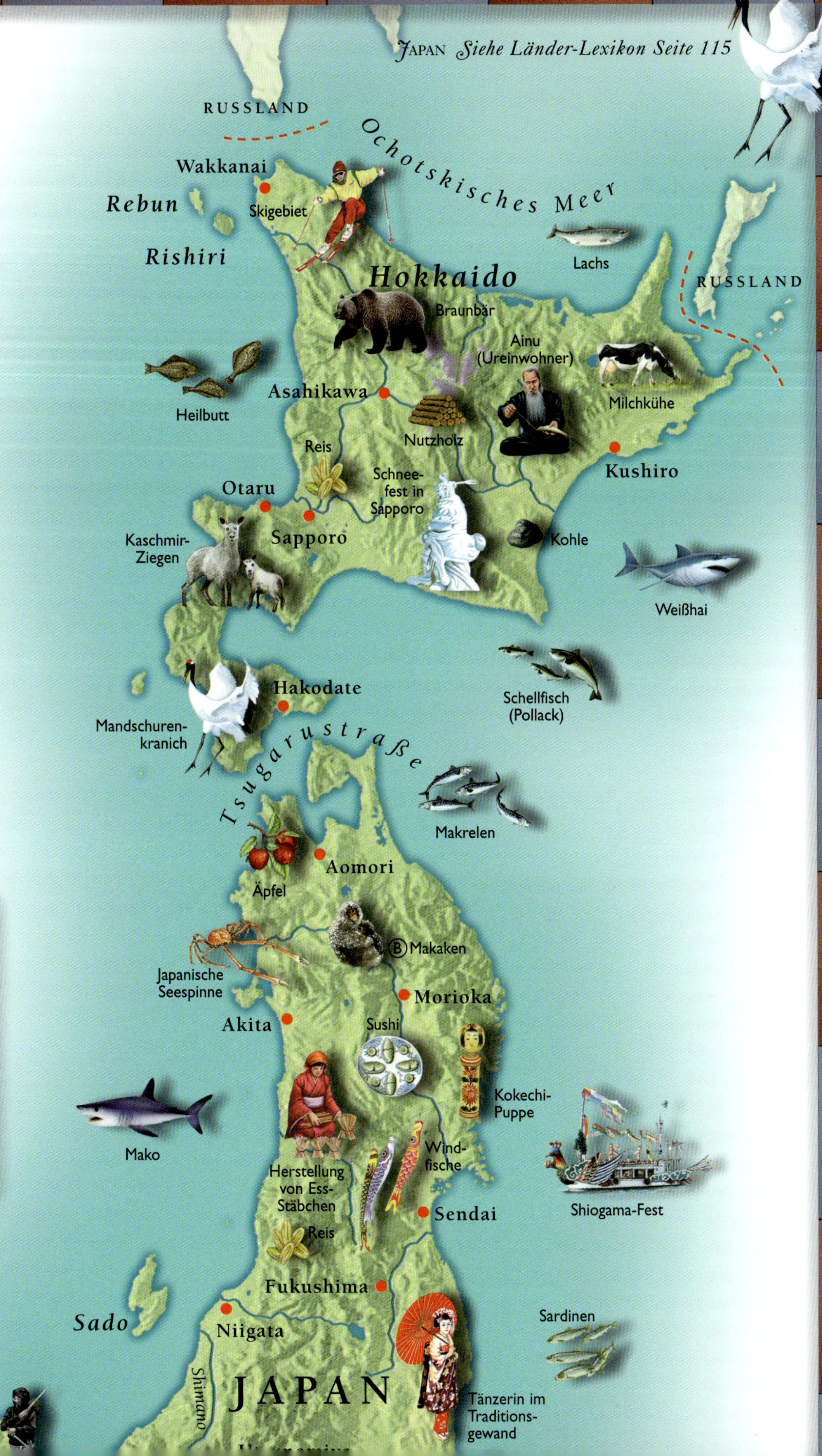

POSITION

◆ MACH MIT: *Origami-Pinguin* ◆

Origami ist die japanische Tradition, dekorative Gegenstände – meist Tiere oder Menschen – aus Papier zu falten. Im alten Japan war Origami eine hoch geschätzte Kunst, und die Modelle bestanden oft aus hunderten von Faltvorgängen. Ihr braucht nur sieben Arbeitsschritte, um einen Pinguin aus Papier zu zaubern.

❶ Klappt ein Papierquadrat von Ecke zu Ecke um, sodass ein Mittelknick entsteht. Klappt das Papier wieder auf.

❷ Faltet die untere Ecke (siehe Abbildung) ein Stück nach oben.

❸ Faltet das Papier wieder um den Mittelknick.

❹ Faltet die Seitenteile (siehe Abbildung) zu Flügeln.

❺ Klappt die Spitze nach unten, damit ein Knick entsteht.

❻ Öffnet das Papier und zieht die Spitze nach vorn.

❼ Klappt das Papier wieder zu und drückt den „Kopf" flach.

Und schon ist euer Origami-Pinguin fertig.

KABUKI-THEATER
Diese im 17. Jahrhundert entstandene Form des bürgerlichen Theaters verbindet Musik, Drama, Akrobatik und farbenfrohe Kostüme. Alle Rollen – auch die weiblichen – werden von Männern gespielt.

BURG VON OSAKA
Das 1584 vollendete sechsstöckige Turmgebäude des Feldherrn Toyotomi Hideyoshi war einst die größte Burg in ganz Asien. Sie wurde 1615 zerstört und 1931 rekonstruiert.

Afrika

Afrika ist der zweitgrösste Kontinent der Erde. Er besteht aus einem ausgedehnten Hochland, das von schmalen Küstenebenen gesäumt wird. Ein breiter Gürtel tropischen Regenwalds beherrscht die Zentralregion Afrikas. Nördlich und südlich davon erstrecken sich Grasländer, die so genannten Savannen, und Wüstengebiete. Die Sahara zieht sich vom Atlantischen Ozean quer durch Nordafrika bis zum Roten Meer. Sie bedeckt eine Fläche, die etwa der Größe der USA entspricht, und ist damit die größte Wüste der Welt. Der Südwesten wird ebenfalls von Wüsten wie der Kalahari und der Namib geprägt. Im Osten reicht das Great Rift Valley – ein durch einen Riss in der Erdkruste entstandenes Grabensystem – von Syrien in Asien bis hinunter nach Mosambik. Afrika gliedert sich in 53 Länder, vom ausgedehnten, größtenteils wüstenhaften Sudan bis zu den winzigen Tropeninseln der Seychellen. Im Norden leben vor allem Menschen arabischer Herkunft, während sich die überwiegend schwarze Bevölkerung des Südens aus hunderten von Eingeborenenstämmen zusammensetzt.

Kontinent-Fakten

Gesamtfläche: 30 354 852 km²
Gesamtbevölkerung: 840 449 396 Einwohner
Unabhängige Länder: Ägypten, Algerien, Angola, Äquatorial-Guinea, Äthiopien, Benin, Botsuana, Burkina Faso, Burundi, Côte d'Ivoire (Elfenbeinküste), Demokratische Republik des Kongo (Zaire), Dschibuti, Eritrea, Gabun, Gambia, Ghana, Guinea, Guinea-Bissau, Kamerun, Kapverdische Inseln, Kenia, Komoren, Kongo, Lesotho, Liberia, Libyen, Madagaskar, Malawi, Mali, Marokko, Mauretanien, Mauritius, Mosambik, Namibia, Niger, Nigeria, Ruanda, Sambia, Sao Tomé und Príncipe, Senegal, Seychellen, Sierra Leone, Simbabwe, Somalia, Südafrika, Sudan, Swasiland, Tansania, Togo, Tschad, Tunesien, Uganda, Zentralafrikanische Republik

Höchste Berge – Längste Flüsse

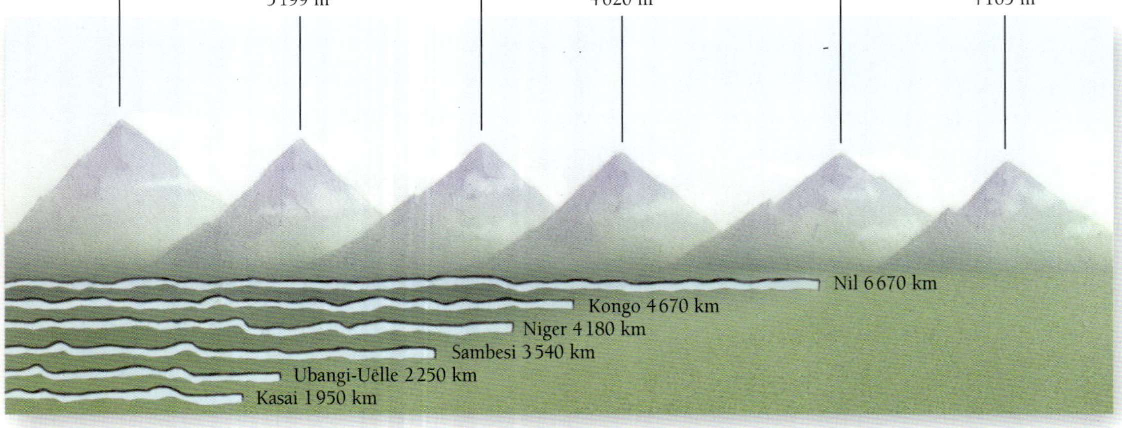

Welt-Rekorde

Grösste Wüste der Erde
Sahara, Nordafrika, 9 269 000 km²

Längster Fluss der Welt
Nil, Nordafrika, 6 670 km²

Grösster künstlicher See der Welt
Voltastausee, Ghana, 8 482 km²

Höchste Temperatur der Welt
Al-Aziziya, Libyen, 58 °C im Schatten, gemessen am 13. September 1922

Kontinent-Rekorde

Höchster Berg
Kilimandscharo, Tansania, 5 895 m

Tiefster Punkt
Assalsee, Dschibuti, 152 m unter dem Meeresspiegel

Grösster See
Victoriasee, Ostafrika, 69 485 km²

Land mit der grössten Fläche
Sudan, 2 505 825 km²

Land mit der höchsten Einwohnerzahl
Nigeria, 132 785 000 Einwohner

Stadt mit der höchsten Einwohnerzahl
Kairo, Ägypten, 12 399 000 Einwohner

Politische Karte

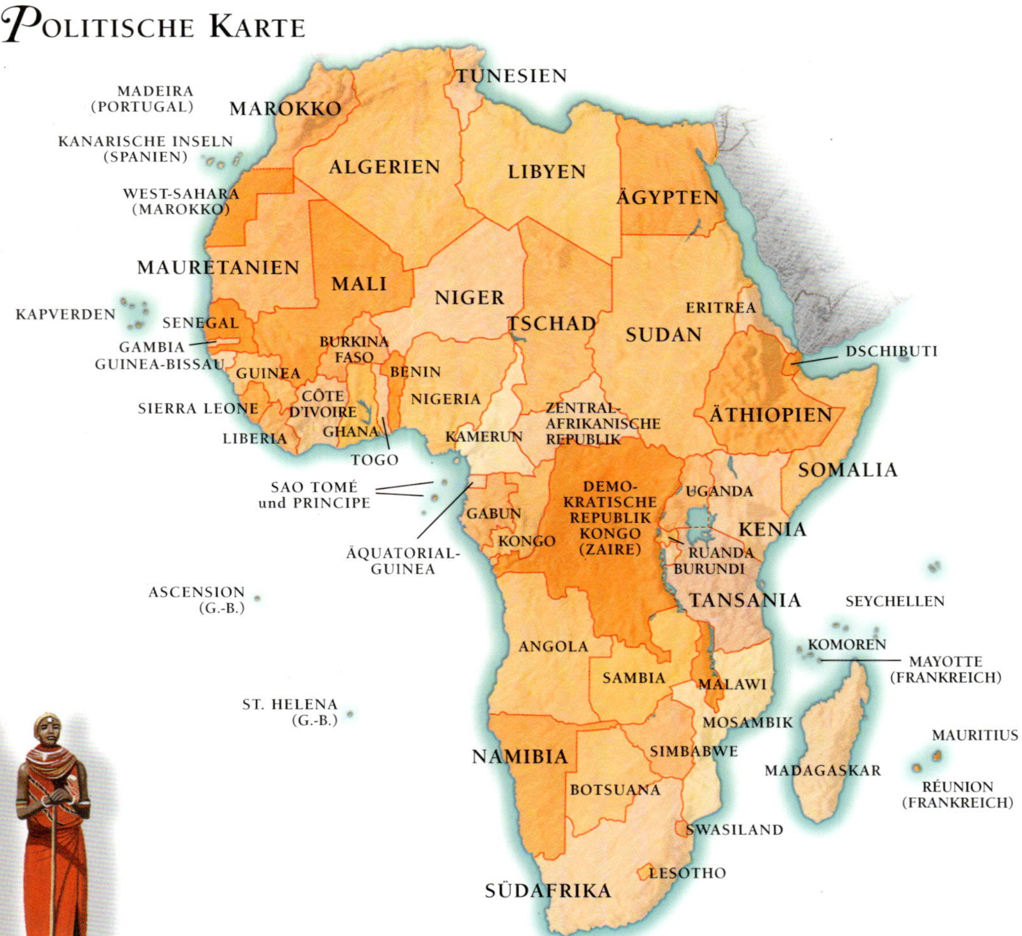

Wissenswertes

Die gewaltigen Wassermengen, die über die Victoria-Fälle (an der Grenze zwischen Sambia und Simbabwe) in die Tiefe stürzen, verursachen einen ohrenbetäubenden Lärm und einen Sprühnebel, der noch aus über 30 km Entfernung zu erkennen ist. Aus diesem Grund bezeichnen Einheimische die Wasserfälle als „donnernden Rauch".

Physikalische Karte

Nördliches Afrika

Die Sahara, die mehr als die Hälfte von Nordafrika bedeckt, ist die größte Wüste der Welt. Öde Schutt- und Felsebenen wechseln sich mit einem endlosen Meer von Sanddünen ab. Die Hitze kann unerträglich sein, es gibt kaum Wasser und wenig Ackerland. Die meisten Bewohner der Sahara sind Nomaden, die mit ihren Kamelen, Schafen und Ziegen auf der Suche nach Wasser und Weiden durch die Wüste ziehen. Für den Anbau geeignet sind nur die Täler des Atlasgebirges am Nordrand der Sahara sowie die fruchtbare Schwemmebene des Nils, der die Wüste im Osten begrenzt. Das Niltal in Ägypten wird seit Jahrtausenden intensiv für die Landwirtschaft genutzt und ist heute eine der dichtest besiedelten Regionen auf der Erde. In Algerien und in Libyen gibt es zwar kaum Ackerland, aber beide Länder besitzen reiche Erdöl- und Erdgasvorkommen, mit deren Hilfe sie ihre frühere Armut überwinden konnten. Im Süden der Sahara erstreckt sich der Sahel, ein breiter Gürtel trockenen Graslands, der sich durch Überweidung und häufige Dürrekatastrophen zunehmend in Wüste verwandelt.

Weiter südlich weicht die Sahel-Zone den tropischen Regenwäldern Zentralafrikas. Rund um den Golf von Guinea wurde ein Großteil dieser Wälder gerodet, um Platz für ausgedehnte Plantagen zu schaffen, auf denen Kakao, Kaffee und Baumwolle gedeihen. In vielen Ländern der Region gibt es außerdem Erdöl und andere Bodenschätze, die neue Industrien entstehen ließen und zu einem gewissen Wohlstand geführt haben. Allerdings profitiert nur ein geringer Teil der riesigen Bevölkerung von diesem Wirtschaftsaufschwung; die Mehrzahl der Menschen ist weiterhin sehr arm.

ÄGYPTEN
Einwohnerzahl: 66 372 000 * Hauptstadt: Kairo

ALGERIEN
Einwohnerzahl: 31 320 000 * Hauptstadt: Algier

ÄQUATORIAL-GUINEA
Einwohnerzahl: 482 000 * Hauptstadt: Malabo

ÄTHIOPIEN
Einwohnerzahl: 67 218 000 * Hauptstadt: Addis Abeba

BENIN
Einwohnerzahl: 6 552 000 * Hauptstadt: Cotonou

BURKINA FASO
Einw.-Zahl: 11 831 000 * Hauptstadt: Ouagadougou

CÔTE D'IVOIRE (ELFENBEINKÜSTE)
Einwohnerzahl: 16 513 000 * Hauptstadt: Abidjan

DSCHIBUTI
Einwohnerzahl: 693 000 * Hauptstadt: Dschibuti

ERITREA
Einwohnerzahl: 4 297 000 * Hauptstadt: Asmara

GAMBIA
Einwohnerzahl: 1 389 000 * Hauptstadt: Banjul

GHANA
Einwohnerzahl: 20 271 000 * Hauptstadt: Accra

GUINEA
Einwohnerzahl: 7 744 000 * Hauptstadt: Conakry

GUINEA-BISSAU
Einwohnerzahl: 1 774 000 * Hauptstadt: Bissau

KAMERUN
Einwohnerzahl: 15 769 000 * Hauptstadt: Jaunde

KAPVERDISCHE INSELN
Einwohnerzahl: 458 000 * Hauptstadt: Praia

LIBERIA
Einwohnerzahl: 3 295 000 * Hauptstadt: Monrovia

LIBYEN
Einwohnerzahl: 5 448 000 * Hauptstadt: Tripolis

MALI
Einwohnerzahl: 11 374 000 * Hauptstadt: Bamako

MAROKKO
Einwohnerzahl: 29 641 000 * Hauptstadt: Rabat

MAURETANIEN
Einwohnerzahl: 2 785 000 * Hauptstadt: Nouakchott

NIGER
Einwohnerzahl: 11 425 000 * Hauptstadt: Niamey

NIGERIA
Einw.-Zahl: 132 785 000 * Hauptstadt: Abuja

SENEGAL
Einw.-Zahl: 10 007 000 * Hauptstadt: Dakar

SIERRA LEONE
Einw.-Zahl: 5 235 000 * Hauptstadt: Freetown

SOMALIA
Einw.-Zahl: 9 319 000 * Hauptstadt: Mogadischu

SUDAN
Einwohnerzahl: 32 791 000 * Hauptstadt: Khartum

TOGO
Einwohnerzahl: 4 760 000 * Hauptstadt: Lome

TSCHAD
Einwohnerzahl: 8 341 000 * Hauptstadt: N'Djamena

TUNESIEN
Einwohnerzahl: 9 781 000 * Hauptstadt: Tunis

ZENTRALAFRIKANISCHE REPUBLIK
Einwohnerzahl: 3 820 000 * Hauptstadt: Bangui

Strauss
Der Strauß ist der größte lebende Vogel der Welt. Er kann zwar nicht fliegen, legt im Laufen jedoch bis zu 65 km in der Stunde zurück.

 Siehe Länder-Lexikon Seite 116–118

Mach mit: Khamsa-Hand

Ein *Khamsa* ist ein marokkanisches Amulett in Form einer Hand. Während ein *Khamsa* mit gespreizten Fingern von seinem Besitzer Unheil abhalten soll, gilt ein *Khamsa* mit geschlossenen Fingern als Glücksbringer. Manche dieser Amulette werden als Anhänger getragen, aber dieses *Khamsa* könnt ihr auch an eurer Haus- oder Zimmertür befestigen.

1. Zieht die Umrisse eurer Hand auf einem Stück Karton oder Zeichenpapier nach und schneidet die Form anschließend aus.
2. Klebt Pailletten, Knöpfe und Ornamente aus Buntpapier oder Folie auf den Karton.
3. Wenn ihr mit eurem Werk zufrieden seid, lasst es gut trocknen und hängt es dann an eure Tür. Falls ihr euren Glücksbringer lieber mit euch herumtragt, könnt ihr ein kleineres *Khamsa* basteln und an einer Schnur um den Hals befestigen.

Bororro-Wettbewerb

Der Bororro-Stamm in Niger hält Schönheitswettbewerbe ab – für Männer! Die geschminkten und fein herausgeputzten Kandidaten paradieren vor einer Jury, die nur aus Frauen besteht.

Die Pyramiden von Giseh

Die Pyramiden von Giseh wurden vor etwa 4 500 Jahren als Grabmäler für die ägyptischen Herrscher errichtet. Die größte Pyramide setzt sich aus zwei Millionen Steinblöcken zusammen.

Südliches Afrika

Im Nordwesten dieser Region durchzieht der Kongo mit seinen zahlreichen Nebenflüssen riesige tropische Regenwälder. Krokodile bevölkern die Wasserwege, während das dichte Laubdach des Dschungels Schimpansen, Gorillas und den farbenprächtigen Vögeln der Tropen Schutz bietet. Die Menschen dieser Gegend leben meist in Dörfern entlang der Flüsse und bauen auf kleinen gerodeten Parzellen alles an, was sie zum Leben brauchen. Die Regenwälder erstrecken sich quer über den Kontinent, bis sie an das Great Rift Valley stoßen, eine Spalte in der Erdkruste, die einen gewaltigen Längsriss durch Ostafrika bildet. In den jäh abfallenden Tälern dieses Grabenbruchsystems befinden sich viele tiefe Seen und eine Reihe von Vulkanen, darunter Afrikas höchster Berg, der Kilimandscharo. Auf den Talböden und den weiten Savannen-Plateaus weiden riesige Herden von Zebras, Gnus und Antilopen, belauert und gejagt von Löwen, Geparden und anderen Raubtieren. Um den großartigen Tierreichtum dieser Region zu erhalten, haben viele Länder Wildparks und Reservate ins Leben gerufen, die Touristen aus aller Welt anlocken. Vom Südrand des Rift Valley in Mosambik breitet sich eine Höhengrassteppe – das so genannte Veld – westwärts bis zur Kalahari- und Namib-Wüste aus. In Südafrika ist das Veld nicht nur als Weideland von Bedeutung; es enthält eine Fülle von Mineralien, einschließlich Kupfer, Gold und Diamanten. Vor der Küste von Mosambik liegt Madagaskar, die viertgrößte Insel der Erde. Madagaskar ist bekannt wegen seiner einmaligen Tierwelt, insbesondere wegen seiner vielen Halbaffen-Arten, den Lemuren.

ANGOLA
Einwohnerzahl: 13 121 000 * Hauptstadt: Luanda

BOTSUANA
Einwohnerzahl: 1 712 000 * Hauptstadt: Gaborone

BURUNDI
Einwohnerzahl: 7 071 000 * Hauptstadt: Bujumbura

GABUN
Einwohnerzahl: 1 315 000 * Hauptstadt: Libreville

KENIA
Einwohnerzahl: 31 345 000 * Hauptstadt: Nairobi

KOMOREN
Einwohnerzahl: 586 000 * Hauptstadt: Moroni

KONGO
Einwohnerzahl: 3 657 000 * Hauptstadt: Brazzaville

LESOTHO
Einwohnerzahl: 1 777 000 * Hauptstadt: Maseru

MADAGASKAR
Einw.-zahl: 16 437 000 * Hauptstadt: Antananarivo

MALAWI
Einwohnerzahl: 10 743 000 * Hauptstadt: Lilongwe

MAURITIUS
Einwohnerzahl: 1 212 000 * Hauptstadt: Port Louis

MOSAMBIK
Einwohnerzahl: 18 438 000 * Hauptstadt: Maputo

NAMIBIA
Einwohnerzahl: 1 985 000 * Hauptstadt: Windhuk

RUANDA
Einwohnerzahl: 8 163 000 * Hauptstadt: Kigali

SAMBIA
Einwohnerzahl: 10 244 000 * Hauptstadt: Lusaka

SÃO TOMÉ UND PRÍNCIPE
Einwohnerzahl: 154 000 * Hauptstadt: São Tomé

SEYCHELLEN
Einwohnerzahl: 84 000 * Hauptstadt: Victoria

SIMBABWE
Einwohnerzahl: 13 001 000 * Hauptstadt: Harare

SÜDAFRIKA
Einwohnerzahl: 45 345 000 * Hauptstadt: Bloemfontein, Kapstadt, Pretoria

SWASILAND
Einwohnerzahl: 1 088 000 * Hauptstadt: Mbabane

TANSANIA
Einwohnerzahl: 35 181 000 * Hauptstadt: Daressalam

UGANDA
Einwohnerzahl: 24 600 000 * Hauptstadt: Kampala

DEMOKRATISCHE REPUBLIK KONGO (ZAIRE)
Einwohnerzahl: 51 580 000 * Hauptstadt: Kinshasa

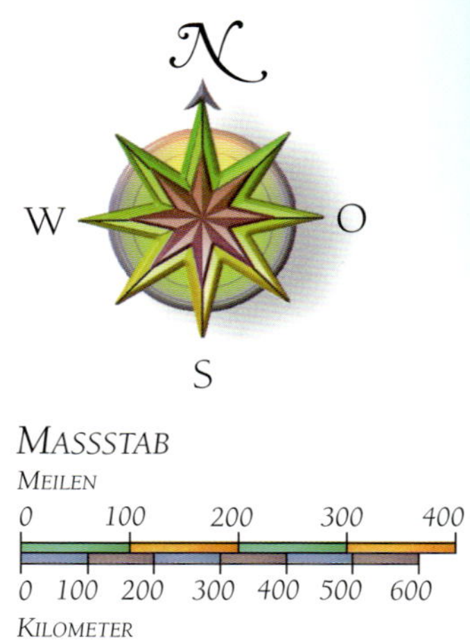

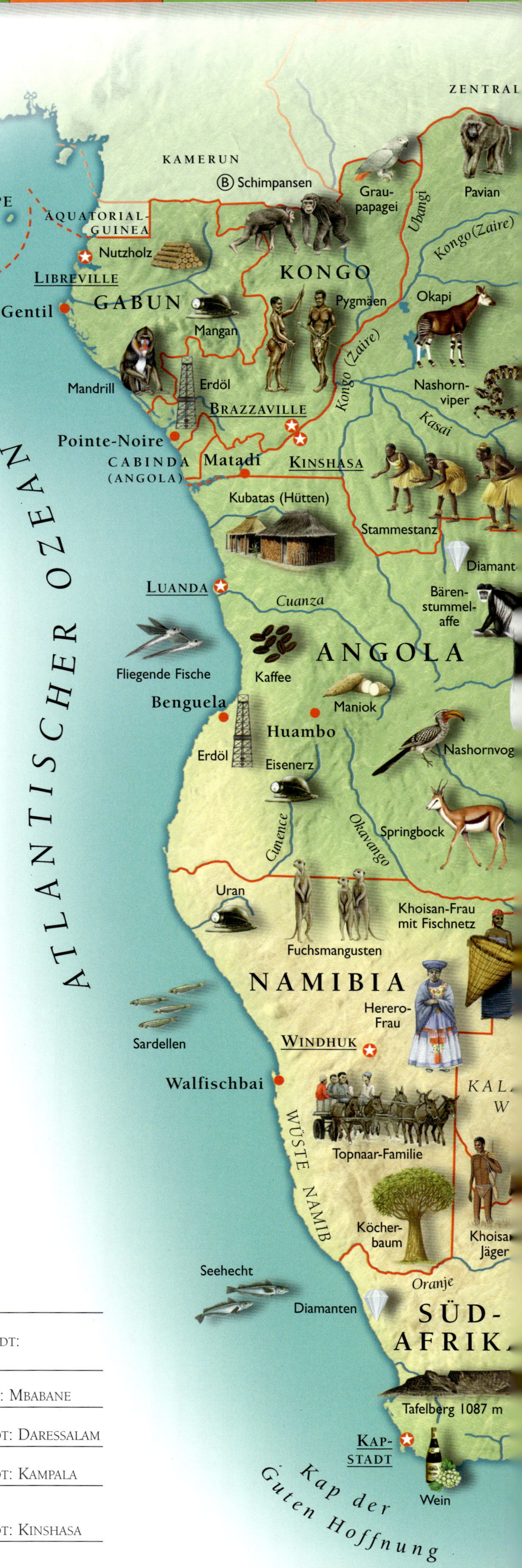

 Siehe Länder-Lexikon Seite 118 – 119

✦ Wissenswertes ✦

Über kurze Strecken ist der Gepard das schnellste Geschöpf der Welt. Wenn er flüchtende Gnus, Antilopen oder sonstige Beutetiere über die Savanne hetzt, kann er Geschwindigkeiten von mehr als 100 km in der Stunde erreichen.

Giraffen
Da Giraffen bis zu 6 m groß werden, können sie bequem die Blätter hoher Bäume fressen, an die andere Tiere nicht herankommen.

Zulu-Paar
Das Bantu-Volk der Zulu hat mehr Angehörige als jede andere afrikanische Gruppe. Im 19. Jahrhundert umfasste das Zulu-Königreich einen großen Teil des heutigen Südafrika.

Australien und Ozeanien

Australien und Ozeanien umfassen eine riesige Fläche, die sich vom Indischen Ozean bis ins Zentrum des Pazifiks erstreckt. Da jedoch ein beträchtlicher Teil dieses großen Gebiets aus Wasser besteht, weist es relativ niedrige Bevölkerungszahlen auf. Australien besitzt die bei weitem größte zusammenhängende Landmasse. Tatsächlich ist die Insel so groß, dass sie als eigener Kontinent betrachtet wird. Ozeanien besteht aus tausenden sehr viel kleinerer Inseln, die östlich von Australien über den Pazifik verstreut liegen. Sie werden in drei Gruppen unterteilt: Mikronesien und Melanesien sowie Polynesien, zu dem die beiden großen Inseln von Neuseeland gehören. Es gibt zwei Typen von Pazifik-Inseln – hohe, zerklüftete Inseln, die die Gipfel versunkener Bergketten oder untermeerischer Vulkane sind, und die flachen, sandigen Atolle, die entstehen, wenn sich Korallen auf den Gipfeln untermeerischer Berge ansiedeln und dort mit der Zeit immer höhere Riffe auftürmen. Viele der Pazifik-Inseln sind so klein, dass man sie auf normalen Karten überhaupt nicht eintragen kann.

Höchste Berge – Längste Flüsse

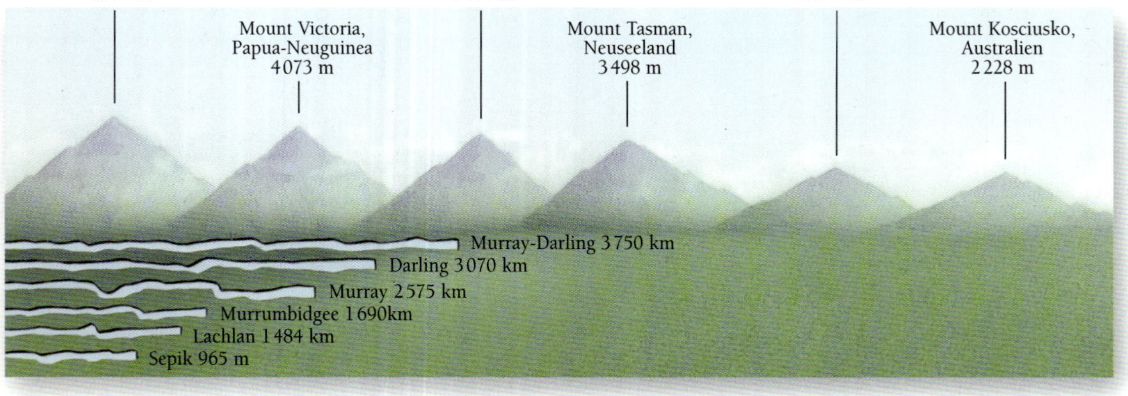

Politische Karte

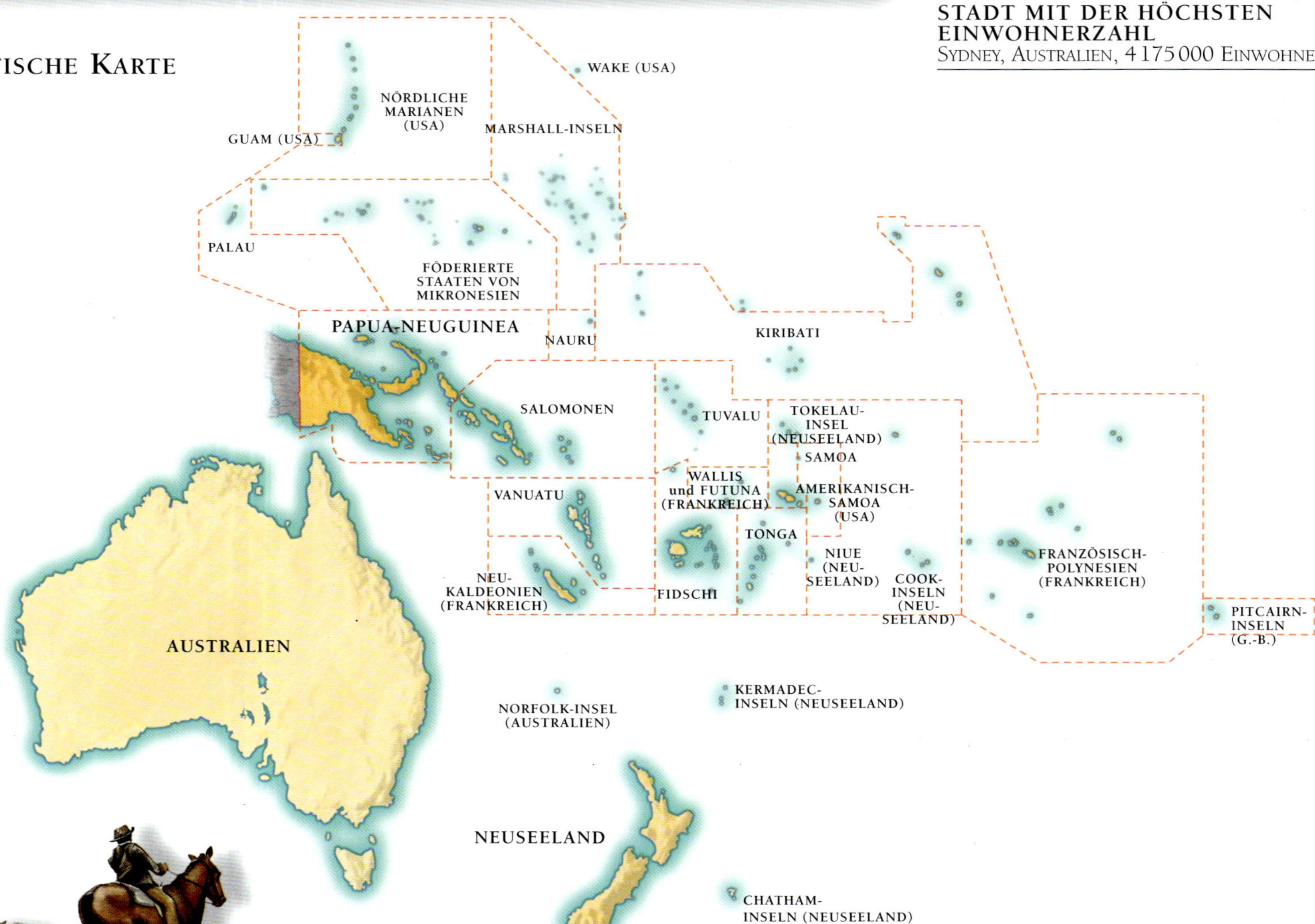

Kontinent-Fakten

Gesamte Landfläche: 8 507 753 km²
Gesamtbevölkerung: 30 885 204 Einwohner
Unabhängige Länder: Australien, Fidschi, Kiribati, Marshall-Inseln, Mikronesien, Nauru, Neuseeland, Palau, Papua-Neuguinea, Salomonen, Samoa, Tonga, Tuvalu, Vanuatu

Welt-Rekorde

LÄNGSTES KORALLENRIFF DER WELT
Grosses Barrier-Riff, Australien, 2 025 km

GRÖSSTER FELSBLOCK DER WELT
Uluru (Ayers Rock), Australien, 348 m hoch; 2,5 km lang; 1,6 km breit

GRÖSSTE SANDINSEL DER WELT
Fraser-Insel, Australien, 120 km lang

Kontinent-Rekorde

HÖCHSTER BERG
Mount Wilhelm, Papua-Neuguinea, 4 500 m

TIEFSTER PUNKT
Eyresee, Australien, 16 m unter dem Meeresspiegel

GRÖSSTER SEE
Eyresee, Australien, 9 324 km²

LÄNGSTER FLUSS
Murray-Darling, Australien, 3 750 km

LAND MIT DER GRÖSSTEN FLÄCHE
Australien, 7 686 884 km²

LAND MIT DER HÖCHSTEN EINWOHNERZAHL
Australien, 19 663 000 Einwohner

STADT MIT DER HÖCHSTEN EINWOHNERZAHL
Sydney, Australien, 4 175 000 Einwohner

Physikalische Karte

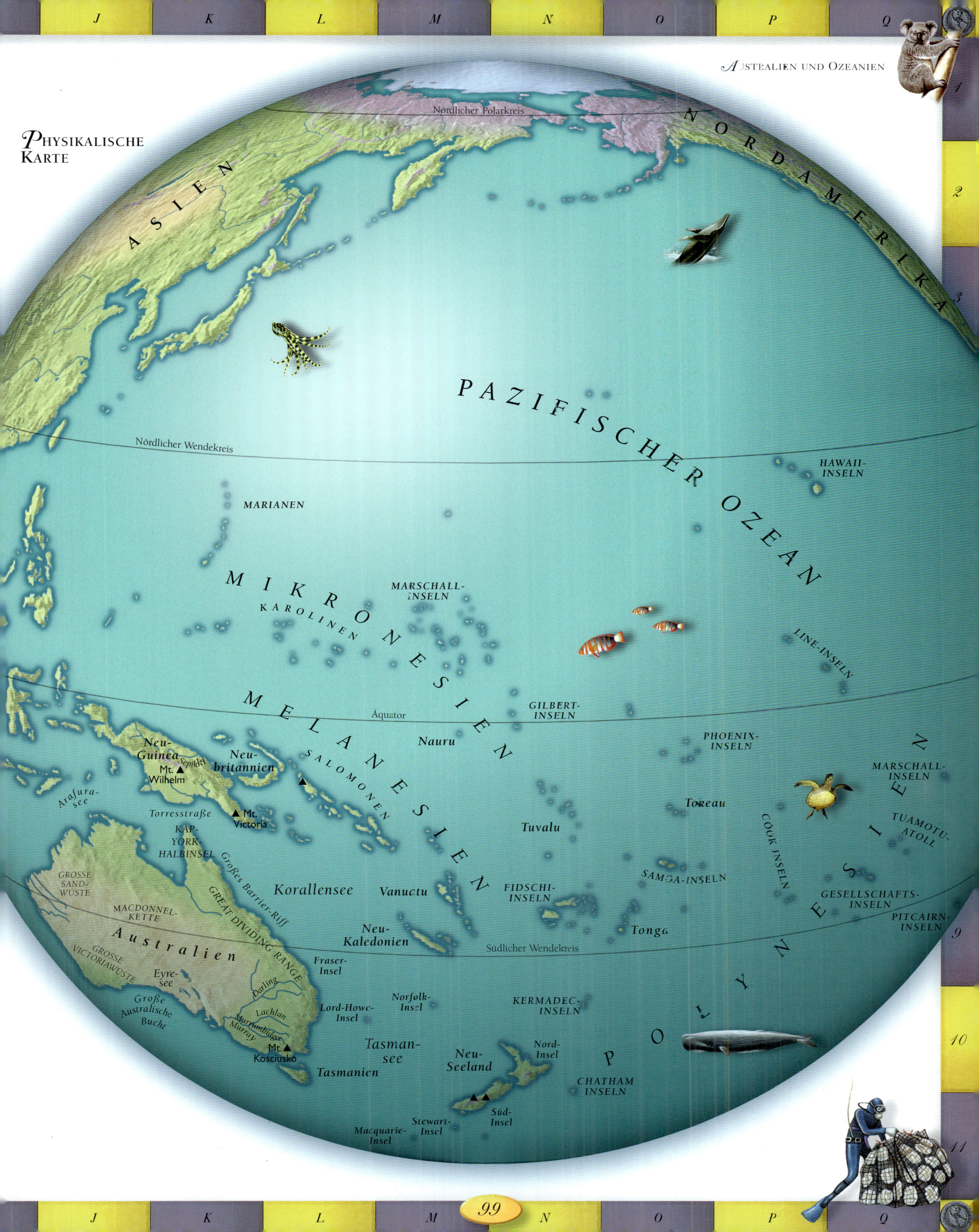

Australien und Papua-Neuguinea

Australien ist so gross wie das Festland der USA, hat jedoch weniger Einwohner als Texas. Das weite, extrem trockene Landesinnere, das als „Outback“ bezeichnet wird, besteht hauptsächlich aus Wüsten oder Busch- und Grasland. In diesem an Bodenschätzen reichen Gebiet weiden riesige Schaf- und Rinderherden, aber die Besiedlung ist äußerst dünn. Die meisten Menschen bevorzugen die Nähe der großen Städte entlang der Ost-, Südost- und Südwest-Küsten, wo das Klima gemäßigt und das Land fruchtbar ist. Im äußersten Nordosten, der zum Tropengürtel gehört, gibt es einige Gebiete mit dichten Regenwäldern. Der Südosten ist kühler; hier kommt es in den Bergen regelmäßig zu Schneefällen. Heute haben sich auch die meisten Ureinwohner Australiens, die so genannten Aborigines, in der Umgebung der Städte niedergelassen, aber einige leben immer noch nach der Tradition ihrer Vorfahren im Outback. Die Aborigines kamen vor rund 40 000 Jahren von Neuguinea nach Australien, als die Insel noch mit dem Festland verbunden war. Papua-Neuguinea, das bis 1975 Territorium des Australischen Bundes war, besteht aus mehreren Inselketten und der Osthälfte von Neuguinea. Die Hauptinsel ist mit Dschungel bedeckt und von sumpfigen Schwemmlandebenen umgeben. Die meisten Menschen leben in kleinen Dörfern mit Tierhaltung und Anbau für den Eigenbedarf. Viele dieser Gruppen haben bis heute ihre alten Traditionen und Dialekte bewahrt, da sie kaum mit der Außenwelt in Berührung kommen. Auf Papua-Neuguinea gibt es über 700 Sprachen – mehr als in jedem anderen Land der Welt.

AUSTRALIEN
Einwohnerzahl: 19 663 000 * Hauptstadt: Canberra

PAPUA-NEUGUINEA
Einwohnerzahl: 5 378 000 * Hauptstadt: Port Moresby

Papua-Tänzer
Auf Papua-Neuguinea gibt es häufig Stammesfeste mit Tänzen, Gesang und einem gemeinsamen Essen. Zu diesem Anlass bemalen die Stammesangehörigen Körper und Gesicht in leuchtenden Farben und schmücken sich mit einer Federkrone.

Siehe Länder-Lexikon Seite 120

Mach mit: Bumerang

Bumerangs sind Wurfhölzer, die traditionell von den Aborigines benutzt werden. Die meisten dienten als Jagd- oder Kriegswaffen. Sehr viel seltener waren die Spiel- oder Trainingsgeräte, die wieder zum Werfer zurückkehrten. Zwar besteht der traditionelle Bumerang aus Holz, aber ihr könnt auch ein an den Seiten hochgewölbtes Essenstablett aus Styropor oder Pappkarton verwenden.

1. Schneidet zwei 4 cm breite Streifen von dem Tablett ab.
2. Legt die beiden Streifen so über Kreuz, dass die Enden einmal nach oben und einmal nach unten gekrümmt sind, und verbindet sie mit Heftklammern oder einem Tacker.
3. Nun müsst ihr nur noch eure Bumerang-Wurftechnik üben.

Wissenswertes

Das Große Barrier-Riff, das sich 2025 km entlang der australischen Nordostküste erstreckt, ist das größte lebende Korallenriff der Welt. Es ist so gewaltig, dass Astronauten es sogar vom Mond aus erkennen konnten.

Rotes Riesenkänguru

Kängurus sind so stark auf das zweibeinige Springen spezialisiert, dass sie nicht mehr normal laufen können. Das größte dieser Beuteltiere, das Rote Riesenkänguru, legt mit einem Satz bis zu 12 m zurück.

Neuseeland und der Südwest-Pazifik

2 Die weit verstreuten und durch grosse Entfernungen voneinander getrennten Inseln im Südwest-Pazifik gehören zu den abgeschiedensten Flecken der Erde. Die größte und südlichste Gruppe dieser Inselwelt ist Neuseeland, das aus zwei großen – der Nord- und der Südinsel – und einer Reihe von kleineren Inseln besteht. Neuseeland ist ein moderner Industriestaat. Etwa 70 Prozent der Gesamtbevölkerung leben auf der Nordinsel, die zahlreiche, zum Teil aktive Vulkane besitzt. Ihr größtes Binnengewässer, der Taupo-See, liegt in einem Krater, der bei einer Vulkanexplosion entstand. Ganz in der Nähe befinden sich die in jüngster Zeit mehrfach ausgebrochenen Vulkane Ruapehu und Ngauruhoe. Das „Rückgrat" der Südinsel bilden die Neuseeländischen Alpen. An ihrer Westseite, die steil zur Küste abfällt, gibt es eine Reihe von Gletschern, eingerahmt von Regenwäldern, die in dem gemäßigten, niederschlagsreichen Klima üppig gedeihen. Mehr als die Hälfte der Landfläche wird für Ackerbau und Viehzucht genutzt. Auf jeden Neuseeländer kommen etwa 20 Schafe! Die eingeborenen Maori, die ein Sechstel der Bevölkerung ausmachen, sind voll in das Wirtschafts- und Kulturleben eingegliedert. Die übrigen Neuseeländer sind überwiegend Nachkommen britischer Einwanderer. Im Norden und Osten von Neuseeland liegen tausende kleiner Tropeninseln. Inselstaaten wie Fidschi und Vanuatu haben den Fremdenverkehr als bedeutenden Wirtschaftsfaktor entdeckt. Auf einigen Inseln gibt es mittlerweile Zentren mit neuen Erwerbszweigen, aber die meisten Insulaner leben in kleinen Dorfgemeinschaften. Sie fangen Krabben, Hummer, Schildkröten und Tunfisch und bauen Süßkartoffeln und Bananen an. Eines der wichtigsten Exportgüter ist Kopra (getrocknete Kokosnusskerne), das zur Herstellung von Seife und Kerzen benötigt wird.

FIDSCHI
Einwohnerzahl: 823 000 * Hauptstadt: Suva

NEUSEELAND
Einw.-Zahl: 3 939 000 * Hauptstadt: Wellington

SALOMONEN
Einwohnerzahl: 443 000 * Hauptstadt: Honiara

SAMOA
Einwohnerzahl: 176 000 * Hauptstadt: Apia

TONGA
Einw.-Zahl: 101 000 * Hauptstadt: Nuku'alofa

VANUATU
Einwohnerzahl: 206 000 * Hauptstadt: Port Vila

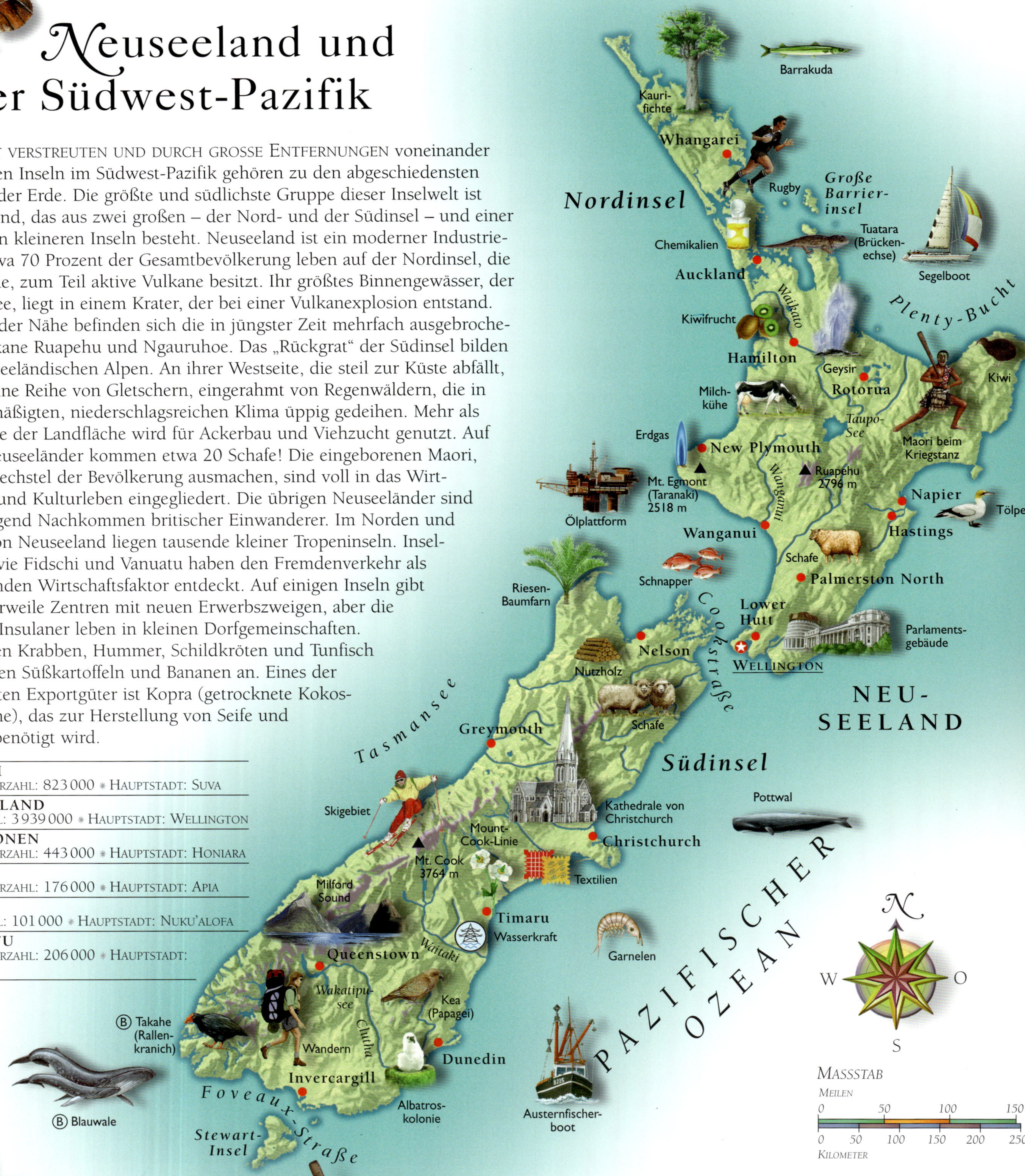

Maori-Kriegstanz
Ehe die Maori in den Kampf zogen, führten sie den so genannten *haka* auf, einen Kriegstanz, bei dem sie die Zungen herausstreckten und Furcht erregende Grimassen schnitten.

Walhai
Der Walhai ist der größte Fisch, den es heute noch gibt. Er schwimmt mit weit offenem Maul durchs Wasser und schluckt alles, was ihm an Plankton und Kleintieren in den Weg kommt. Für den Menschen ist der Walhai völlig ungefährlich.

 Siehe Länder-Lexikon Seite 120 – 121

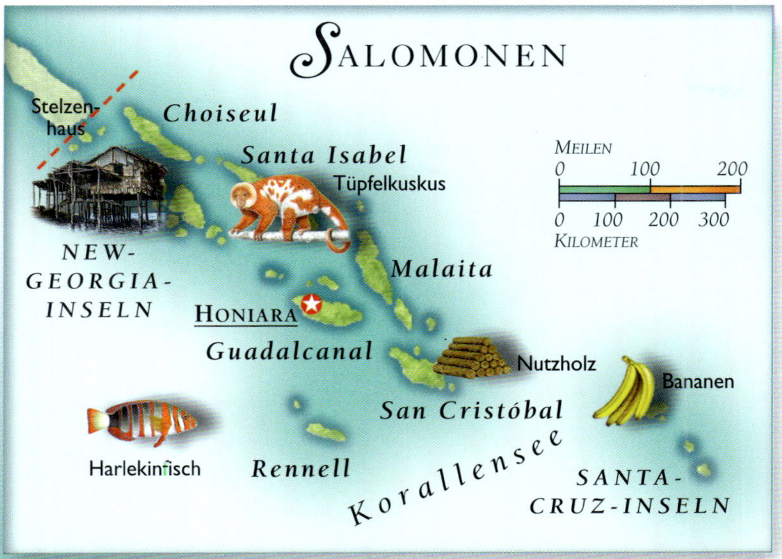

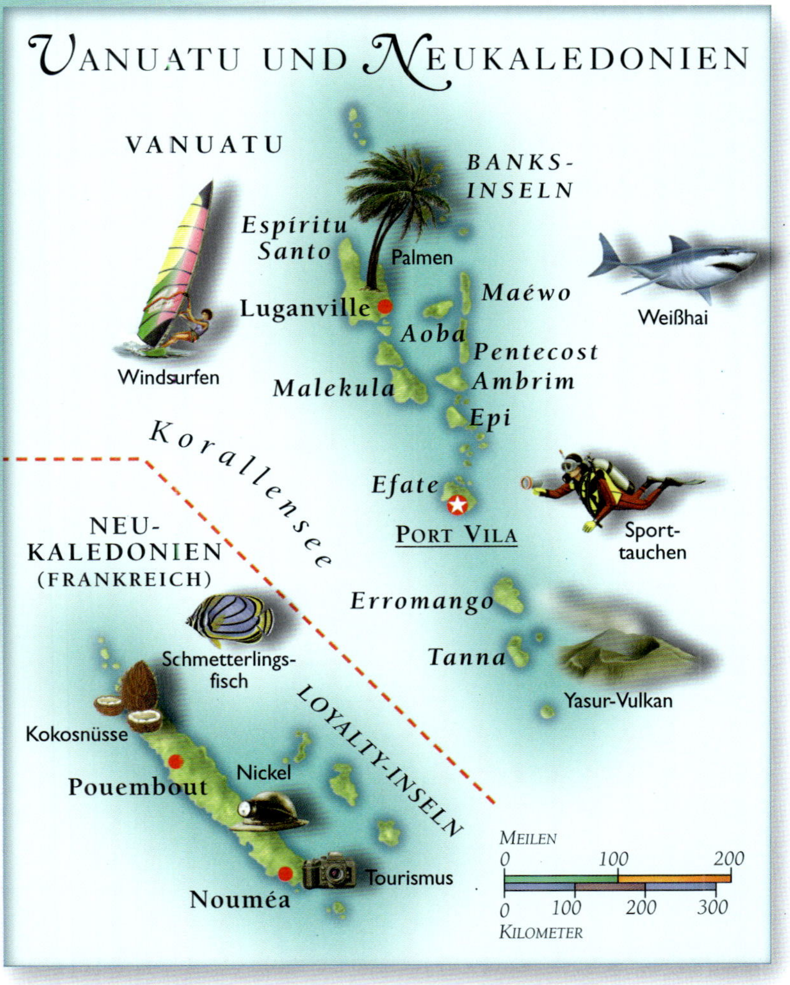

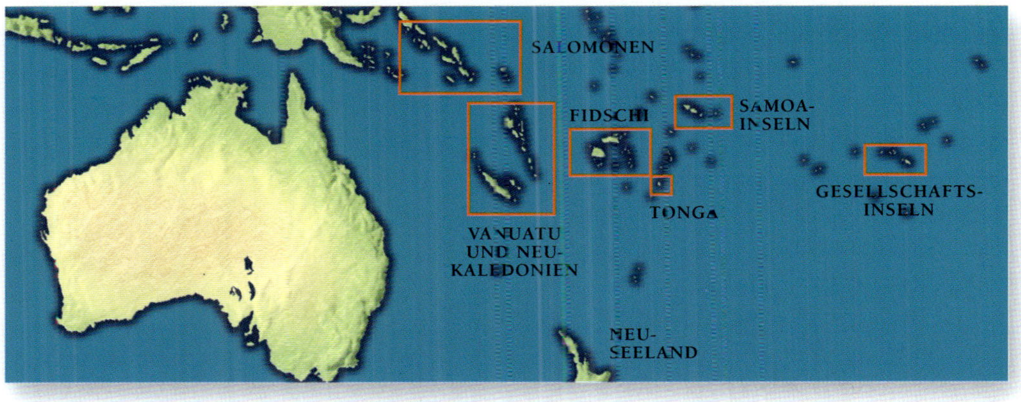

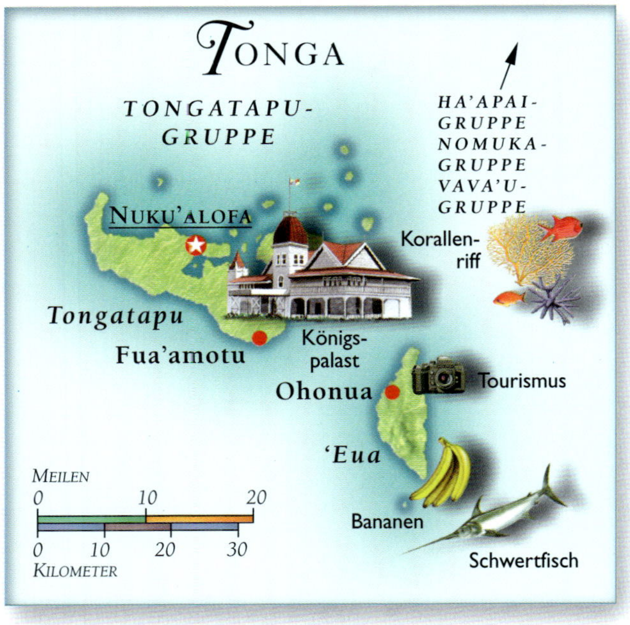

Die Polargebiete

Die Gebiete am Nord- und Südpol sind die kältesten und stürmischsten Zonen unseres Planeten. Beide sind ganzjährig mit Schnee und Eis bedeckt, und in den Wintermonaten herrscht auch tagsüber fast immer Dunkelheit. Die Antarktis im Süden ist ein vom Meer umgebener zugefrorener Kontinent, die Arktis im Norden ein von Kontinenten umgebenes zugefrorenes Meer. Im Winter schiebt sich das arktische Eis südwärts bis nach Nordamerika, Europa und Asien vor. Im äußersten Norden dieser Kontinente leben Volksstämme, die sich dem rauen Klima der Arktis angepasst haben. Zu ihnen gehören die Samen (Lappen) in Skandinavien und die Inuit (Eskimos) in Kanada, Alaska, Grönland und Russland. Grönland, die größte Insel der Erde, gehört zu Dänemark. Die Antarktis ist der einzige Kontinent, der keine permanente Besiedlung aufweist. Zwar gibt es eine Reihe von Forschungsstationen, auf denen Wissenschaftler einen Teil des Jahres verbringen, aber viele verlassen die Antarktis, ehe der eisige, dunkle Winter einsetzt. Der Kontinent ist von einem riesigen Eisschild überzogen, der an manchen Stellen eine Dicke von 3000 m erreicht. Entlang der Küste bildet das Eis riesige Schelfe über dem Ozean, von denen immer wieder mächtige Stücke abbrechen und als Eisberge durch die Meere treiben. Manche dieser Eisberge sind so groß wie ein ganzes Land und brauchen Jahre zum Schmelzen. Im Innern des Kontinents gibt es kaum Leben, aber vor der Küste wimmelt es von Walen, Seehunden und Fischen, und während des Sommers nisten große Scharen von Seevögeln auf dem küstennahen Festland und den nahe gelegenen Inseln.

Kaiserpinguine
Die größte Pinguin-Art der Erde kann wochenlang Temperaturen von bis zu –60 °C ertragen. Eine dicke Fettschicht sowie ein dichtes Federkleid schützen die Tiere vor dem Erfrieren.

Die Arktis

Schau nach

- Nenne vier Pinguin-Arten, die in der Antarktis leben.
- Welche Mineralien werden auf der Banks-Insel Kanada, abgebaut?
- Welche Wal-Art findet man in der Barentssee?

Position

Tschuktschen-Jäger
Früher benutzten die im äußersten Nordosten Sibiriens beheimateten Tschuktschen Kajaks und Harpunen mit Knochenspitzen, um Seehunde, Walrosse und Wale zu jagen. Heute sind die meisten Jäger mit Gewehren und Motorschlitten ausgerüstet.

Rentiere
Rentiere ziehen auf der Suche nach Futter in riesigen Herden über die Tundra. Ihre breiten Hufe erleichtern ihnen das Scharren nach Pflanzen und Flechten und verhindern, dass sie im Schnee einsinken.

Länder-Lexikon/Fakten und Zahlen

Nord- und Mittel-Amerika

Kanada

Fläche: 9 976 185 km²
Einwohnerzahl: 31 362 000
Hauptstadt: Ottawa
Währung: 100 Cents = 1 kanadischer Dollar (kan. $)
Amtssprachen: Englisch, Französisch
Hauptreligion: Christentum 82 %
Exporte: Druckerzeugnisse, Zellstoff, Nutzholz, Rohöl, Maschinen, Erdgas, Aluminium, Fahrzeuge und -zubehör, Kommunikationselektronik, Elektrizität

Vereinigte Staaten von Amerika (USA)

Fläche: 9 629 091 km²
Einwohnerzahl: 288 369 000
Hauptstadt: Washington, D.C.
Währung: 100 Cents = 1 amerikanischer Dollar (US $)
Amtssprache: Englisch
Sonstige Sprachen: Spanisch
Hauptreligionen: Christentum 84 %, Judentum 2 %
Exporte: Fahrzeuge, Rohstoffe, Konsumgüter, Agrarprodukte

Mexiko

Fläche: 1 972 544 km²
Einwohnerzahl: 100 819 000
Hauptstadt: Mexiko-Stadt
Währung: 100 Centavos = 1 mexikanischer Peso (Mex $)
Amtssprache: Spanisch
Sonstige Sprachen: indianische Dialekte
Hauptreligion: Christentum 95 %
Exporte: Rohöl, Ölprodukte, Kaffee, Silber, Motoren, Fahrzeuge, Baumwolle, Elektronik

Guatemala

Fläche: 108 889 km²
Einwohnerzahl: 11 992 000
Hauptstadt: Guatemala
Währung: 100 Centavos = 1 guatemaltekischer Quetzal (Q)
Amtssprache: Spanisch
Sonstige Sprachen: Quiché, Cakchiquel, Kekchi und sonstige indianische Dialekte
Hauptreligionen: Christentum 99 %, traditionelle Maya-Kulte
Exporte: Kaffee, Bananen, Baumwolle, Zucker, Mineralien,Textilien, Erdöl

Belize

Fläche: 22 966 km²
Einwohnerzahl: 253 000
Hauptstadt: Belompan
Währung: 100 Cents = 1 Belize-Dollar (Bz $)
Amtssprache: Englisch
Sonstige Sprachen: Spanisch, Maya-Dialekte, Garifuna, Kreolisch
Hauptreligion: Christentum 92 %
Exporte: Zucker, Chiclegummi, Zitrusfrüchte, Bananen, Bekleidung, Fischprodukte, Nutzholz

Honduras

Fläche: 112 087 km²
Einwohnerzahl: 6 797 000
Hauptstadt: Tegucigalpa
Währung: 100 Centavos = 1 Lempira (L)
Amtssprache: Spanisch
Sonstige Sprachen: Eingeborenen-Dialekte
Hauptreligion: Christentum 97 %
Exporte: Zucker, Kaffee, Textilien, Bekleidung, Nutzholz und Holzprodukte

El Salvador

Fläche: 21 393 km²
Einwohnerzahl: 6 417 000
Hauptstadt: San Salvador
Währung: 100 Centavos = 1 Salvador-Colón (C)
Amtssprache: Spanisch
Sonstige Sprachen: Eingeborenen-Dialekte
Hauptreligion: Christentum 92 %
Exporte: Kaffee, Zuckerrohr, Garnelen, Rohstoffe

Nicaragua

Fläche: 129 494 km²
Einwohnerzahl: 5 342 000
Hauptstadt: Managua
Währung: 100 Centavos = 1 Gold-Cordoba (C $)
Amtssprache: Spanisch
Sonstige Sprachen: Englisch, indianische Dialekte
Hauptreligion: Christentum 100 %
Exporte: Fleisch, Kaffee, Baumwolle, Zucker, Bananen, Meeresfrüchte, Gold, Tabak

Costa Rica

Fläche: 50 899 km²
Einwohnerzahl: 3 942 000
Hauptstadt: San José
Währung: 100 Centimos = 1 Costa-Rica-Colón (C)
Amtssprache: Spanisch
Sonstige Sprache: Englisch
Hauptreligion: Christentum 92 %
Exporte: Kaffee, Bananen, Zucker, Textilien

Panama

Fläche: 87 177 km²
Einwohnerzahl: 2 940 000
Hauptstadt: Panama
Währung: 100 Centimos = 1 Balboa (B)
Amtssprache: Spanisch
Sonstige Sprachen: Englisch, Eingeborenen-Dialekte

Ihr wollt ganz schnell wissen, wie groß Kuba ist, wie viele Einwohner China hat oder in welcher Sprache sich die Luxemburger verständigen? Euch fällt die Hauptstadt von Litauen nicht mehr ein? Ihr würdet gern erfahren, was es in Swasiland für Religionen gibt und welche Waren Neuseeland exportiert? Alles kein Problem, wenn ihr das Länder-Lexikon auf S. 106–121 zu Rate zieht! Nach Kontinenten gegliedert, listet es sämtliche Länder der Erde auf und fasst ihre wichtigsten Daten in Stichpunkten zusammen. Ihr könnt eure Freunde und Eltern ja mal fragen, ob sie die Währung von Bulgarien kennen. (Euch ist natürlich klar, dass es sich nur um Lew und Stotinki handeln kann!)

Hauptreligion: Christentum 100 %
Exporte: Bananen, Garnelen, Zucker, Kaffee, Bekleidung

Bahamas

Fläche: 13 950 km²
Einwohnerzahl: 314 000
Hauptstadt: Nassau
Währung: 100 Cents = 1 Bahama-Dollar (B $)
Amtssprache: Englisch
Sonstige Sprache: Bahama-Kreolisch
Hauptreligion: Christentum 95 %
Exporte: Pharmaprodukte, Zement, Rum, Krebse, Erdölraffinerie-Produkte

Kuba

Fläche: 110 862 km²
Einwohnerzahl: 11 263 000
Hauptstadt: Havanna
Währung: 100 Centavos = 1 Kuba-Peso (Cu $)
Amtssprache: Spanisch
Hauptreligion: Christentum 85 %
Exporte: Zucker, Schalentiere, Zitrusfrüchte, Kaffee, Tabak, Nickel, medizinische Produkte

Jamaika

Fläche: 10 990 km²
Einwohnerzahl: 2 617 000
Hauptstadt: Kingston
Währung: 100 Cents = 1 Jamaika-Dollar (J $)
Amtssprache: Englisch
Sonstige Sprache: Jamaika-Kreolisch
Hauptreligion: Christentum 65 %
Exporte: Bauxit, Zucker, Bananen, Rum, Aluminium

Haiti

Fläche: 27 749 km²
Einwohnerzahl: 8 286 000
Hauptstadt: Port-au-Prince
Währung: 100 Centimes = 1 Gourde (G)
Amtssprache: Französisch
Sonstige Sprache: Haiti-Kreolisch
Hauptreligion: Christentum 96 %
Exporte: Bekleidung, Kaffee, Zucker

Dominikanische Republik

Fläche: 48 322 km²
Einwohnerzahl: 8 613 000
Hauptstadt: Santo Domingo
Währung: 100 Centavos = 1 dominikanischer Peso (RD $)
Amtssprache: Spanisch
Hauptreligion: Christentum 95 %
Exporte: Mineralien, Tabak, Kaffee, Kakao, Gold

Antigua und Barbuda

Fläche: 443 km²
Einwohnerzahl: 69 000
Hauptstadt: St. John's
Währung: 100 Cents = 1 ostkaribischer Dollar (EC $)
Amtssprache: Englisch
Sonstige Sprachen: Eingeborenen-Dialekte
Hauptreligion: Christentum 97 %, Eingeborenen-Religionen 3 %
Exporte: Erdölprodukte, Fertigerzeugnisse, Maschinen- und Transportsysteme, Nahrungs- und Genussmittel

St. Kitts und Nevis

Fläche: 269 km²
Einwohnerzahl: 46 000
Hauptstadt: Basseterre
Währung: 100 Cents = 1 ostkaribischer Dollar (EC $)
Amtssprache: Englisch
Hauptreligion: Christentum 86 %
Exporte: Maschinen, Nahrungsmittel, Getränke, Elektronik, Tabak

Dominica

Fläche: 749 km²
Einwohnerzahl: 72 000
Hauptstadt: Roseau
Währung: 100 Cents = 1 ostkaribischer Dollar (EC $)
Amtssprache: Englisch
Sonstige Sprache: Patois (französischer Dialekt)
Hauptreligion: Christentum 92 %
Exporte: Bananen, Grapefruit, Orangen, Gemüse, Seife, Pimentöl

St. Lucia

Fläche: 616 km²
Einwohnerzahl: 160 000
Hauptstadt: Castries
Währung: 100 Cents = 1 ostkaribischer Dollar (EC $)
Amtssprache: Englisch
Sonstige Sprache: Patois (französischer Dialekt)
Hauptreligion: Christentum 100 %
Exporte: Bananen, Stoffe, Kakao, Obst und Gemüse, Kokosöl

Barbados

Fläche: 430 km²
Einwohnerzahl: 269 000
Hauptstadt: Bridgetown
Währung: 100 Cents = 1 Barbados-Dollar (Bds $)
Amtssprache: Englisch
Sonstige Sprache: Barbados-Kreolisch
Hauptreligion: Christentum 100 %
Exporte: Zucker, Sirup, Rum, sonstige Nahrungsmittel und Getränke, Chemikalien, Elektroartikel, Bekleidung

St. Vincent und die Grenadinen

Fläche: 389 km²
Einwohnerzahl: 117 000
Hauptstadt: Kingstown
Währung: 100 Cents = 1 ostkaribischer Dollar (EC $)
Amtssprache: Englisch
Sonstige Sprache: Patois (französischer Dialekt)
Hauptreligion: Christentum 75 %
Exporte: Bananen, Taro (tropische Gemüsepflanze), Tennisschläger, Pfeilwurz

Grenada

Fläche: 344 km²
Einwohnerzahl: 102 000
Hauptstadt: St. George's
Währung: 100 Cents = 1 ostkaribischer Dollar (EC $)
Amtssprache: Englisch
Sonstige Sprache: Patois (französischer Dialekt)
Hauptreligion: Christentum 100 %
Exporte: Bananen, Kakao, Muskat und Muskatblüten, Obst und Gemüse, Bekleidung

Trinidad und Tobago

Fläche: 5 128 km²
Einwohnerzahl: 1 304 000
Hauptstadt: Port-of-Spain
Währung: 100 Cents = 1 Trinidad-und-Tobago-Dollar (TT $)
Amtssprache: Englisch
Sonstige Sprachen: Hindi, Französisch, Spanisch, Chinesisch
Hauptreligion: Christentum 44 %, Hinduismus 24 %, Islam 6 %
Exporte: Erdöl und Erdölprodukte, Chemikalien, Stahlprodukte, Dünger, Zucker, Kakao, Kaffee, Zitrusfrüchte, Blumen

SÜD-AMERIKA

KOLUMBIEN

FLÄCHE: 1 138 914 km²
EINWOHNERZAHL: 43 733 000
HAUPTSTADT: Bogotá
WÄHRUNG: 100 Centavos = 1 kolumbischer Peso (Col $)
AMTSSPRACHE: Spanisch
HAUPTRELIGION: Christentum 90 %
EXPORTE: Erdöl, Kaffee, Kohle, Bananen, Blumen

VENEZUELA

FLÄCHE: 912 050 km²
EINWOHNERZAHL: 25 090 000
HAUPTSTADT: Caracas
WÄHRUNG: 100 Centimos = 1 Bolivar (B)
AMTSSPRACHE: Spanisch
SONSTIGE SPRACHEN: Eingeborenen-Dialekte
HAUPTRELIGION: Christentum 98 %
EXPORTE: Erdöl, Bauxit und Aluminium, Stahl, Chemikalien, Agrarprodukte, Fertigerzeugnisse

GUYANA

FLÄCHE: 214 970 km²
EINWOHNERZAHL: 766 000
HAUPTSTADT: Georgetown
WÄHRUNG: 100 Cents = 1 Guyana-Dollar (G $)
AMTSSPRACHE: Englisch
SONSTIGE SPRACHEN: Eingeborenen-Dialekte, Hindi, Urdu
HAUPTRELIGION: Christentum 50 %, Hinduismus 33 %, Islam 9 %
EXPORTE: Zucker, Sirup, Bauxit, Reis, Garnelen

SURINAME

FLÄCHE: 163 270 km²
EINWOHNERZAHL: 433 000
HAUPTSTADT: Paramaribo
WÄHRUNG: 100 Cents = 1 Suriname-Dollar (SRD)
AMTSSPRACHE: Holländisch
SONSTIGE SPRACHEN: Englisch, Sranang Tongo (Taki Taki), Hindustani, Javanisch
HAUPTRELIGIONEN: Christentum 48 %, Hinduismus 27 %, Islam 20 %, Eingeborenen-Religionen 5 %
EXPORTE: Aluminium, Garnelen, Fisch, Reis, Bananen, Nutzholz, Rohöl

ECUADOR

FLÄCHE: 283 561 km²
EINWOHNERZAHL: 12 818 000
HAUPTSTADT: Quito
WÄHRUNG: 100 Cents = 1 US-Dollar (US-$)
AMTSSPRACHE: Spanisch
SONSTIGE SPRACHEN: Quechua (Ketschua), Eingeborenen-Dialekte
HAUPTRELIGION: Christentum 95 %
EXPORTE: Erdöl, Bananen, Garnelen, Kakao, Kaffee, Blumen, Fisch

PERU

FLÄCHE: 1 285 215 km²
EINWOHNERZAHL: 26 749 000
HAUPTSTADT: Lima
WÄHRUNG: 100 Céntimos = 1 Neuer Sol (S/.)
AMTSSPRACHEN: Spanisch, Quechua (Ketschua)
SONSTIGE SPRACHE: Aymará
HAUPTRELIGION: Christentum 90 %
EXPORTE: Kupfer, Zink, Erdölprodukte, Blei, Fisch und Fischprodukte, Zucker, Kaffee, Baumwolle

BRASILIEN

FLÄCHE: 8 511 965 km²
EINWOHNERZAHL: 174 485 000
HAUPTSTADT: Brasília
WÄHRUNG: 100 Centavos = 1 Real (R $)
AMTSSPRACHE: Portugiesisch
SONSTIGE SPRACHEN: Spanisch, Englisch, Französisch
HAUPTRELIGION: Christentum 80 %
EXPORTE: Eisenerz, Sojabohnenkleie, Kaffee, Zucker, Fertigerzeugnisse, Schuhe

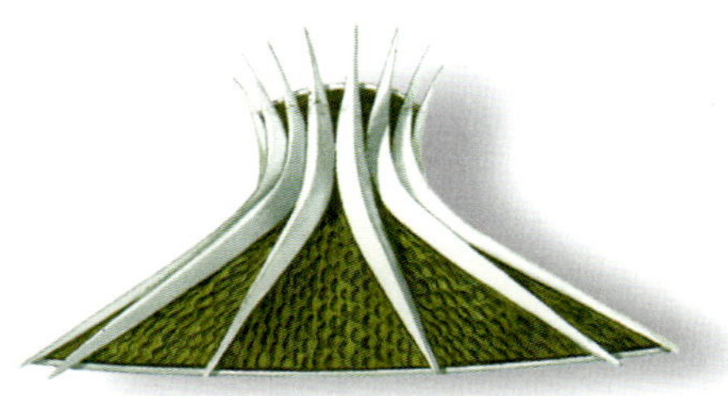

BOLIVIEN

FLÄCHE: 1 098 579 km²
EINWOHNERZAHL: 8 809 000
HAUPTSTADT: La Paz (Regierungssitz)
Sucre (Gerichtsbarkeit)
WÄHRUNG: 100 Centavos = 1 Boliviano (Bs)
AMTSSPRACHEN: Spanisch, Quechua, Aymará
SONSTIGE SPRACHE: Patois (französischer Dialekt)
HAUPTRELIGION: Christentum 100 %
EXPORTE: Zink, Gold, Erdgas, Sojabohnen, Schmuck, Nutzholz

CHILE

FLÄCHE: 756 946 km²
EINWOHNERZAHL: 15 589 000
HAUPTSTADT: Santiago
WÄHRUNG: 100 Centavos = 1 chilenischer Peso (Ch $)
AMTSSPRACHE: Spanisch
SONSTIGE SPRACHEN: Eingeborenen-Dialekte
HAUPTRELIGION: Christentum 99 %
EXPORTE: Kupfer, sonstige Metalle und Mineralien, Holzprodukte, Fisch, Obst, Chemikalien

PARAGUAY

FLÄCHE: 406 741 km²
EINWOHNERZAHL: 5 510 000
HAUPTSTADT: Castries
WÄHRUNG: 100 Céntimos = 1 Guaraní (G)
AMTSSPRACHE: Spanisch
SONSTIGE SPRACHEN: Spanisch, Guarani
HAUPTRELIGION: Christentum 97 %
EXPORTE: Baumwolle, Sojabohnen, Nutzholz, Pflanzenöle, Fleischprodukte, Kaffee, Elektrizität, Viehfutter

ARGENTINIEN

FLÄCHE: 2 766 884 km²
EINWOHNERZAHL: 36 480 000
HAUPTSTADT: Buenos Aires
WÄHRUNG: 100 Centavos = 1 argentinischer Peso
AMTSSPRACHE: Spanisch
SONSTIGE SPRACHEN: Englisch, Italienisch, Deutsch, Französisch
HAUPTRELIGIONEN: Christentum 92 %, Judentum 2 %
EXPORTE: Fertigerzeugnisse, Fleisch, Weizen, Mais, Pflanzenöle, Benzin und Energie

URUGUAY

FLÄCHE: 176 221 km²
EINWOHNERZAHL: 3 361 000
HAUPTSTADT: Montevideo
WÄHRUNG: 100 Centesimos = 1 Uruguay-Peso ($Ur)
AMTSSPRACHE: Spanisch
SONSTIGE SPRACHE: Brazilero
HAUPTRELIGIONEN: Christentum 68 %, Judentum 1 %
EXPORTE: Wolle, Textilien, Rindfleisch und andere Tierprodukte, Leder, Reis

EUROPA

GROSSBRITANNIEN

FLÄCHE: 244 820 km²
EINWOHNERZAHL: 58 836 700
HAUPTSTADT: London
WÄHRUNG: 100 Pence = 1 britisches Pfund (£)
AMTSSPRACHE: Englisch
SONSTIGE SPRACHEN: Walisisch, schottisches Gälisch, irisches Gälisch
HAUPTRELIGIONEN: Christentum 90 %, Islam 3%, Hinduismus 1%, Judentum 1%
EXPORTE: Fertigerzeugnisse, Maschinen, Treibstoffe, Chemikalien, Transportsysteme, Nahrungsmittel und Getränke, Tabak

IRLAND

FLÄCHE: 68 894 km²
EINWOHNERZAHL: 3 920 000
HAUPTSTADT: Dublin
WÄHRUNG: 100 Cent = 1 Euro (€)
AMTSSPRACHEN: Englisch, Irisch (Gälisch)
HAUPTRELIGION: Christentum 94 %
EXPORTE: Chemikalien, Ausrüstung für Datenverarbeitung, Industriemaschinen, Tiere und Tierprodukte, Arzneimittel

PORTUGAL

FLÄCHE: 91 642 km²
EINWOHNERZAHL: 10 177 000
HAUPTSTADT: Lissabon
WÄHRUNG: 100 Cent = 1 Euro (€)
AMTSSPRACHE: Portugiesisch
HAUPTRELIGION: Christentum 98 %
EXPORTE: Bekleidung, Schuhe, Maschinen, Kork, Papierprodukte, Häute und Felle, Chemikalien

SPANIEN

FLÄCHE: 504 742 km²
EINWOHNERZAHL: 40 917 000
HAUPTSTADT: Madrid
WÄHRUNG: 100 Cent = 1 Euro (€)
AMTSSPRACHE: kastilisches Spanisch
SONSTIGE SPRACHEN: Katalanisch, Galizisch, Baskisch
HAUPTRELIGION: Christentum 99 %
EXPORTE: Fahrzeuge, Fertigerzeugnisse, Nahrungsmittel, Maschinen, Konsumgüter

ANDORRA

FLÄCHE: 482 km²
EINWOHNERZAHL: 68 000
HAUPTSTADT: Andorra la Vella
WÄHRUNG: 100 Cent = 1 Euro (€)
AMTSSPRACHE: Katalanisch
SONSTIGE SPRACHEN: Französisch, Spanisch
HAUPTRELIGION: Christentum 95 %
EXPORTE: Elektrizität, Tabakwaren, Möbel, Nutzholz

FRANKREICH

FLÄCHE: 547 030 km²
EINWOHNERZAHL: 59 485 000
HAUPTSTADT: Paris
WÄHRUNG: 100 Cent = 1 Euro (€)
AMTSSPRACHE: Französisch
SONSTIGE SPRACHEN: Okzitanisch, Bretonisch, Katalanisch, Arabisch, Baskisch, Korsisch, Flämisch, Elsässisch
HAUPTRELIGIONEN: Christentum 92 %, Islam 3 %, Judentum 1 %
EXPORTE: Maschinen- und Transportsysteme, Chemikalien, Nahrungsmittel, Agrarprodukte, Eisen- und Stahlprodukte, Textilien, Bekleidung, Arzneimittel

MONACO

FLÄCHE: 1,5 km²
EINWOHNERZAHL: 32 000
HAUPTSTADT: Monaco
WÄHRUNG: 100 Cent = 1 Euro (€)
AMTSSPRACHE: Französisch
SONSTIGE SPRACHEN: Englisch, Italienisch, Monegassisch
HAUPTRELIGION: Christentum 95 %
EXPORTE: Pharmaprodukte, Parfums, Bekleidung

NIEDERLANDE

FLÄCHE: 41 525 km²
EINWOHNERZAHL: 16 144 000
HAUPTSTADT: Amsterdam
REGIERUNGSSITZ: Den Haag
WÄHRUNG: 100 Cent = 1 Euro (€)
AMTSSPRACHE: Holländisch
HAUPTRELIGIONEN: Christentum 52 %, Islam 4 %
EXPORTE: Metallprodukte, Chemikalien, Konserven, Tabak, Agrarprodukte, Maschinen und Transportmittel

BELGIEN

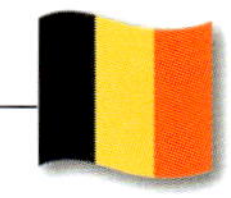

FLÄCHE: 32 513 km²
EINWOHNERZAHL: 10 333 000
HAUPTSTADT: Brüssel
WÄHRUNG: 100 Cent = 1 Euro (€)
AMTSSPRACHEN: Holländisch (Flämisch), Französisch
SONSTIGE SPRACHE: Deutsch
HAUPTRELIGION: Christentum 100 %
EXPORTE: Eisen und Stahl, Maschinen und Ausrüstungen, Diamanten, Erdölprodukte

LUXEMBURG

FLÄCHE: 2 587 km²
EINWOHNERZAHL: 444 000
HAUPTSTADT: Luxemburg
WÄHRUNG: 100 Cent = 1 Euro (€)
AMTSSPRACHEN: Luxemburgisch (Letzeburgisch), Deutsch, Französisch
SONSTIGE SPRACHE: Englisch
HAUPTRELIGIONEN: Christentum 99 %, Judentum 1 %
EXPORTE: Stahlerzeugnisse, Chemikalien, Gummierzeugnisse, Glas, Aluminium, Maschinen und Ausrüstungen

DEUTSCHLAND

FLÄCHE: 356 734 km²
EINWOHNERZAHL: 82 495 000
HAUPTSTADT: Berlin
WÄHRUNG: 100 Cent = 1 Euro (€)
AMTSSPRACHE: Deutsch
HAUPTRELIGIONEN: Christentum 72 %, Islam 2 %
EXPORTE: Maschinen und Werkzeugmaschinen, Chemikalien, Fahrzeuge, Eisen- und Stahlerzeugnisse, Agrarprodukte, Rohstoffe

SCHWEIZ

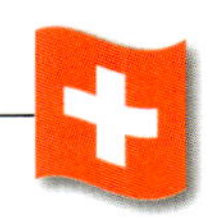

FLÄCHE: 41 287 km²
EINWOHNERZAHL: 7 290 000
HAUPTSTADT: Bern
WÄHRUNG: 100 Centimes = 1 Schweizer Franken (sfr)
AMTSSPRACHEN: Deutsch, Französisch, Italienisch, Rätoromanisch
HAUPTRELIGION: Christentum 92 %
EXPORTE: Maschinen, Präzisionsinstrumente, Metallprodukte, Nahrungsmittel, Textilien, Chemikalien

LIECHTENSTEIN

FLÄCHE: 161 km²
EINWOHNERZAHL: 32 800
HAUPTSTADT: Vaduz
WÄHRUNG: 100 Centimes = 1 Schweizer Franken (sfr)
AMTSSPRACHE: Deutsch
HAUPTRELIGION: Christentum 87 %
EXPORTE: Maschinen, zahntechnische Produkte, Briefmarken, Hardware, Töpferwaren

Österreich

Fläche: 83 851 km²
Einwohnerzahl: 8 048 000
Hauptstadt: Wien
Währung: 100 Cent = 1 Euro (€)
Amtssprache: Deutsch
Hauptreligion: Christentum 82 %
Exporte: Maschinen, Elektrogeräte, Eisen und Stahl, Bauholz, Textilien, Papier und Papiererzeugnisse, Chemikalien, Lebensmittel, Metallprodukte

Italien

Fläche: 301 251 km²
Einwohnerzahl: 57 690 000
Hauptstadt: Rom
Währung: 100 Cent = 1 Euro (€)
Amtssprache: Italienisch
Sonstige Sprachen: Deutsch, Französisch, Slowenisch
Hauptreligion: Christentum 98 %
Exporte: Textilien, Bekleidung, Maschinen, Fahrzeuge, Transportsysteme, Chemikalien, Lebensmittel, Mineralien

San Marino

Fläche: 62 km²
Einwohnerzahl: 27 700
Hauptstadt: San Marino
Währung: 100 Cent = 1 Euro (€)
Amtssprache: Italienisch
Hauptreligion: Christentum 95 %
Exporte: Baustoffe, Nutzholz, Kastanien, Weizen, Wein, Backwaren, Häute und Felle, Keramik

Vatikanstadt

Fläche: 0,44 km²
Einwohnerzahl: 264
Hauptstadt: Vatikanstadt
Währung: 100 Cent = 1 Euro (€)
Amtssprachen: Italienisch, Latein, Französisch
Hauptreligion: Christentum 100 %
Exporte: keine

Malta

Fläche: 316 km²
Einwohnerzahl: 397 000
Hauptstadt: Valletta
Währung: 100 Cent = 1 Maltesische Lira (Lm)
Amtssprachen: Maltesisch, Englisch
Hauptreligion: Christentum 98 %
Exporte: Maschinen- und Transportsysteme, Bekleidung, Schuhe, Druckerzeugnisse

Slowenien

Fläche: 20 251 km²
Einwohnerzahl: 1 964 000
Hauptstadt: Laibach (Ljubljana)
Währung: 100 Stotin = 1 Tolar (SIT)
Amtssprache: Slowenisch
Hauptreligionen: Christentum 72 %, Islam 1 %
Exporte: Fahrzeuge, Möbel, Maschinen, Fertigerzeugnisse, Chemikalien, Textilien, Nahrungsmittel, Rohstoffe

Kroatien

Fläche: 56 537 km²
Einwohnerzahl: 4 465 000
Hauptstadt: Zagreb
Währung: 100 Lipa = 1 Kuna (HK)
Amtssprache: Serbo-Kroatisch
Hauptreligionen: Christentum 88 %, Islam 1 %
Exporte: Maschinen- und Transportsysteme, sonstige Fertigerzeugnisse, Chemikalien, Nahrungsmittel, Tiere, Rohstoffe, Treibstoffe und Schmiermittel, Textilien

Bosnien-Herzegowina

Fläche: 51 129 km²
Einwohnerzahl: 4 112 000
Hauptstadt: Sarajevo
Währung: 1 Konvertible Mark (KM)
Amtssprachen: Serbo-Kroatisch, Bosnisch
Hauptreligionen: Christentum 50 %, Islam 40 %
Exporte: Nutzholz, Möbel

Serbien und Montenegro

Fläche: 102 173 km²
Einwohnerzahl: 8 160 000
Hauptstadt: Belgrad
Währung: 100 Para = 1 Neuer Dinar (N.Din) (Serbien); 100 Cent = 1 Euro (€) (Montenegro)
Amtssprache: Serbo-Kroatisch
Sonstige Sprache: Albanisch
Hauptreligionen: Christentum 70 %, Islam19 %
Exporte: Fertigerzeug., Rohstoffe, Nahrungsmittel

Rumänien

Fläche: 237 500 km²
Einwohnerzahl: 22 300 000
Hauptstadt: Bukarest
Währung: 100 Bani = 1 Leu (L)
Amtssprache: Rumänisch
Sonstige Sprachen: Ungarisch, Deutsch
Hauptreligionen: Christentum 82 %
Exporte: Metalle und Metallprodukte, Mineralien und Treibstoffe, Textilien und Schuhe, Elektronik, Maschinen und Ausrüstungen

Bulgarien

Fläche: 110 912 km²
Einwohnerzahl: 7 965 000
Hauptstadt: Sofia
Währung: 100 Stotinki = 1 Lew (Lw)
Amtssprache: Bulgarisch
Hauptreligionen: Christentum 86 %, Islam 13 %, Judentum 1 %
Exporte: Maschinen und Ausrüstungen, Treibstoffe, Mineralien und Rohstoffe, Metalle, Kleidung, Schuhe

Albanien

Fläche: 28 749 km²
Einwohnerzahl: 3 150 000
Hauptstadt: Tirana
Währung: 100 Quindarka = 1 Lek (L)
Amtssprache: Albanisch (Toskisch)
Sonstige Sprache: Griechisch
Hauptreligionen: Islam 70 %, Christentum 30 %,
Exporte: Asphalt, Metalle und Metallerze, Elektrizität, Rohöl, Obst und Gemüse, Tabak

Makedonien

Fläche: 25 714 km²
Einwohnerzahl: 2 038 000
Hauptstadt: Skopje
Währung: 100 Deni = 1 Denar (Den)
Amtssprache: Makedonisch
Hauptreligionen: Christentum 67 %, Islam 30 %
Exporte: Fertigerzeugnisse, Maschinen- und Transportsysteme, Nahrungsmittel, Getränke, Tabak, Eisen und Stahl

Griechenland

Fläche: 131 945 km²
Einwohnerzahl: 10 631 000
Hauptstadt: Athen
Währung: 100 Cent = 1 Euro (€)
Amtssprache: Griechisch
Sonstige Sprachen: Englisch, Französisch
Hauptreligionen: Christentum 98 %, Islam 1 %
Exporte: Fertigerzeugnisse, Nahrungsmittel, Erdöl

Estland

Fläche: 45 100 km²
Einwohnerzahl: 1 358 000
Hauptstadt: Reval (Tallinn)
Währung: 100 Cents = 1 Estonische Krone (EEK)
Amtssprache: Estnisch
Sonstige Sprachen: Russisch, Ukrainisch, Englisch
Hauptreligion: Christentum 100 %
Exporte: Textilien, Nahrungsmittel, Maschinen, Nutzholz

Lettland

Fläche: 64 589 km^2
Einwohnerzahl: 2 338 000
Hauptstadt: Riga
Währung: 100 Cents = 1 Lat (Ls)
Amtssprache: Lettisch
Sonstige Sprachen: Litauisch, Russisch
Hauptreligion: Christentum 100 %
Exporte: Ölprodukte, Nutzholz, Metalle, Molkereiprodukte, Möbel, Textilien, Maschinen und Ausrüstungen

Litauen

Fläche: 65 201 km^2
Einwohnerzahl: 3 469 000
Hauptstadt: Wilna
Währung: 100 Cents = 1 Litas (LTL)
Amtssprache: Litauisch
Sonstige Sprachen: Polnisch, Russisch
Hauptreligion: Christentum 98 %
Exporte: Maschinen, Mineralien, Chemikalien, Textilien und Kleidung, Nahrungsmittel

Weissrussland

Fläche: 207 599 km^2
Einwohnerzahl: 9 925 000
Hauptstadt: Minsk
Währung: 100 Kopeken = 1 Belarus-Rubel (BYR)
Amtssprache: Weißrussisch
Sonstige Sprache: Russisch
Hauptreligion: Christentum 80 %
Exporte: Maschinen- und Ausrüstungen, Chemikalien, Nahrungsmittel, Metalle, Textilien

Polen

Fläche: 312 758 km^2
Einwohnerzahl: 38 626 000
Hauptstadt: Warschau
Währung: 100 Groszy = 1 Zloty (Zl)
Amtssprache: Polnisch
Hauptreligion: Christentum 95 %
Exporte: Maschinen- und Transportsysteme, Fertigerzeugnisse, Nahrungsmittel, lebende Tiere, Treibstoffe

Tschechische Republik

Fläche: 78 866 km^2
Einwohnerzahl: 10 210 000
Hauptstadt: Prag
Währung: 100 Heller = 1 Tschechische Krone (Kč)
Amtssprache: Tschechisch
Hauptreligion: Christentum 47 %
Exporte: Fertigerzeugnisse, Maschinen- und Transportsysteme, Chemikalien, Treibstoffe, Rohstoffe, Agrarprodukte

Slowakei

Fläche: 49 011 km^2
Einwohnerzahl: 5 379 000
Hauptstadt: Preßburg (Bratislava)
Währung: 100 Heller = 1 Slowakische Krone (Sk)
Amtssprache: Slowakisch
Sonstige Sprache: Ungarisch
Hauptreligion: Christentum 73 %
Exporte: Maschinen- und Transportsysteme, Chemikalien, Treibstoffe, Mineralien und Metalle, Agrarprodukte, Fertigerzeugnisse

Ukraine

Fläche: 603 701 km^2
Einwohnerzahl: 48 717 000
Hauptstadt: Kiew
Währung: 100 Kopeken = 1 Griwna (UAH)
Amtssprache: Ukrainisch
Sonstige Sprachen: Russisch, Rumänisch, Polnisch, Ungarisch
Hauptreligionen: Christentum 90 %, Judentum 2 %
Exporte: Kohle, Elektrizität, Metalle, Chemikalien, Maschinen- und Transportsysteme, Getreide, Fleisch, Treibstoffe und Erdölprodukte

Ungarn

Fläche: 93 030 km^2
Einwohnerzahl: 10 159 000
Hauptstadt: Budapest
Währung: 100 Filler = 1 Forint (Ft)
Amtssprache: Ungarisch
Hauptreligion: Christentum 93 %
Exporte: Rohstoffe, Maschinen- und Transportsysteme, Fertigerzeugnisse, Nahrungsmittel, Agrarprodukte, Treibstoffe, Energie

Moldawien

Fläche: 33 701 km^2
Einwohnerzahl: 4 255 000
Hauptstadt: Kischinau
Währung: 100 Bani = 1 Moldau-Leu (MDL)
Amtssprache: Moldawisch
Sonstige Sprachen: Russisch, Ukrainisch
Hauptreligionen: Christentum 98 %, Judentum 2 %
Exporte: Nahrungsmittel, Wein, Tabak, Textilien, Schuhe, Maschinen, Chemikalien

Island

Fläche: 102 828 km^2
Einwohnerzahl: 3 920 000
Hauptstadt: Reykjavik
Währung: 100 Aurar = 1 Isländische Krone (IKr)
Amtssprache: Isländisch
Hauptreligionen: Christentum 99 %
Exporte: Fisch und Fischprodukte, Tierprodukte, Mineralien

Norwegen

Fläche: 400 906 km^2
Einwohnerzahl: 4 538 000
Hauptstadt: Oslo
Währung: 100 Öre = 1 Norwegische Krone (NKr)
Amtssprache: Norwegisch
Hauptreligion: Christentum 89 %
Exporte: Erdöl und Erdölprodukte, Metalle, Fisch und Fischprodukte, Chemikalien, Erdgas, Schiffe, Maschinen und Ausrüstungen

Schweden

Fläche: 449 792 km^2
Einwohnerzahl: 8 924 000
Hauptstadt: Stockholm
Währung: 100 Öre = 1 Schwedische Krone (SKr)
Amtssprache: Schwedisch
Sonstige Sprachen: Lappisch, Finnisch
Hauptreligion: Christentum 96 %
Exporte: Maschinen, Fahrzeuge, Papiererzeugnisse, Zellstoff und Holz, Eisen- und Stahlprodukte, Chemikalien, Erdölprodukte

Finnland

Fläche: 337 032 km^2
Einwohnerzahl: 5 199 000
Hauptstadt: Helsinki
Währung: 100 Cent = 1 Euro (€)
Amtssprachen: Finnisch, Schwedisch
Sonstige Sprachen: Lappisch, Russisch
Hauptreligion: Christentum 90 %
Exporte: Papier und Zellstoff, Maschinen und Ausrüstungen, Chemikalien, Metalle, Nutzholz

Dänemark

Fläche: 43 069 km^2
Einwohnerzahl: 5 374 000
Hauptstadt: Kopenhagen
Währung: 100 Öre = 1 Dänische Krone (DKr)
Amtssprache: Dänisch
Sonstige Sprachen: Grönländisch, Deutsch, Faröisch
Hauptreligion: Christentum 98 %
Exporte: Fleisch und Fleischprodukte, Molkereiprodukte, Schiffe, Fisch, Chemikalien, Maschinen und Ausrüstungen, Möbel, Windmühlen

ASIEN

RUSSLAND

FLÄCHE: 17 075 383 km²
EINWOHNERZAHL: 144 071 000
HAUPTSTADT: Moskau
WÄHRUNG: 100 Kopeken = 1 Rubel (Rbl)
AMTSSPRACHE: Russisch
HAUPTRELIGIONEN: Christentum 75 %, Islam, Buddhismus
EXPORTE: Erdöl und Erdölprodukte, Erdgas, Holz und Holzprodukte, Metalle, Chemikalien, Fertigerzeugnisse

TÜRKEI

FLÄCHE: 780 574 km²
EINWOHNERZAHL: 69 626 000
HAUPTSTADT: Ankara
WÄHRUNG: 100 Kurus = 1 Türkische Lira (TL)
AMTSSPRACHE: Türkisch
SONSTIGE SPRACHEN: Kurdisch, Arabisch, Armenisch
HAUPTRELIGION: Islam 99 %
EXPORTE: Fertigerzeugnisse, Nahrungsmittel, Textilien und Kleidung, Transportsysteme

ZYPERN

FLÄCHE: 9 251 km²
EINWOHNERZAHL: 765 000
HAUPTSTADT: Nikosia
WÄHRUNG: 100 Cents = 1 Zypern-Pfund (C£); 100 Kurus = 1 Türkische Lira (L)
AMTSSPRACHEN: Griechisch, Türkisch
SONSTIGE SPRACHE: Englisch
HAUPTRELIGIONEN: Christentum 78 %, Islam 18 %
EXPORTE: Zitrusfrüchte, Kartoffeln, Trauben, Wein, Zement, Textilien und Bekleidung, Schuhe

GEORGIEN

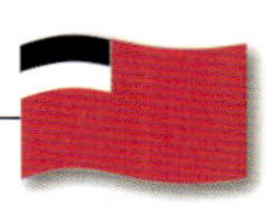

FLÄCHE: 69 699 km²
EINWOHNERZAHL: 5 177 000
HAUPTSTADT: Tbilisi (Tiflis)
WÄHRUNG: 100 Tetri = 1 Lari (GEL)
AMTSSPRACHE: Georgisch
SONSTIGE SPRACHEN: Russisch, Armenisch, Azeri
HAUPTRELIGIONEN: Christentum 83 %, Islam 11 %
EXPORTE: Zitrusfrüchte, Tee, Wein, Maschinen, Metalle, Textilien, Chemikalien, Treibstoff-Reexporte

ARMENIEN

FLÄCHE: 29 800 km²
EINWOHNERZAHL: 3 068 000
HAUPTSTADT: Jerewan
WÄHRUNG: 100 Luma = 1 Dram (ARD)
AMTSSPRACHE: Armenisch
SONSTIGE SPRACHE: Russisch
HAUPTRELIGION: Christentum 94 %
EXPORTE: Diamanten, Altmetall, Maschinen und Ausrüstungen, Weinbrand, Kupfererz

ASERBAIDSCHAN

FLÄCHE: 86 599 km²
EINWOHNERZAHL: 8 172 000
HAUPTSTADT: Baku
WÄHRUNG: 100 Gepik = 1 Aserbaidschan-Manat (A.M.)
AMTSSPRACHE: Aserbaidschanisch
SONSTIGE SPRACHEN: Russisch, Armenisch
HAUPTRELIGIONEN: Islam 94 %, Christentum 56 %
EXPORTE: Öl, Gas, Chemikalien, Ausrüstung für Ölfelder, Textilien, Baumwolle, Nahrungsmittel

KASACHSTAN

FLÄCHE: 2 717 300 km²
EINWOHNERZAHL: 14 875 000
HAUPTSTADT: Astana
WÄHRUNG: 100 Tiin = 1 Tenge (T)
AMTSSPRACHE: Kasachisch
SONSTIGE SPRACHE: Russisch
HAUPTRELIGIONEN: Islam 47 %, Christentum 46 %
EXPORTE: Öl, Metalle, Chemikalien, Getreide, Wolle, Baumwolle, Maschinen, eisenhaltige und nicht-eisenhaltige Metalle, Fleisch, lebende Tiere, Kohle

USBEKISTAN

FLÄCHE: 447 400 km²
EINWOHNERZAHL: 25 271 000
HAUPTSTADT: Taschkent
WÄHRUNG: 100 Tijin = 1 Usbekistan-Sum (U.S.)
AMTSSPRACHE: Usbekisch
SONSTIGE SPRACHEN: Russisch, Tadschikisch
HAUPTRELIGIONEN: Islam 88 %, Christentum 9 %
EXPORTE: Baumwolle, Gold, Erdgas, Mineraldünger, Metalle, Textilien, Nahrungsmittel, Fahrzeuge

TURKMENISTAN

FLÄCHE: 488 098 km²
EINWOHNERZAHL: 4 793 000
HAUPTSTADT: Aschchabad
WÄHRUNG: 100 Tenge = 1 Turkmenistan-Manat (TMM)
AMTSSPRACHE: Turkmenisch
SONSTIGE SPRACHEN: Russisch, Usbekisch
HAUPTRELIGIONEN: Islam 89 %, Christentum 9 %
EXPORTE: Erdgas, Baumwolle, Erdölprodukte, Elektrizität, Textilien, Teppiche

KIRGISTAN

FLÄCHE: 198 500 km²
EINWOHNERZAHL: 5 004 000
HAUPTSTADT: Bischkek (früher: Frunse)
WÄHRUNG: 100 Tyin = 1 Kirgistan-Som (K.S.)
AMTSSPRACHEN: Kirgisisch, Russisch
HAUPTRELIGIONEN: Islam 75 %, Christentum 20 %
EXPORTE: Wolle, Chemikalien, Baumwolle, Metalle, Schuhe, Maschinen, Tabak, Kartoffeln, Obst und Gemüse, Schafe, Ziegen, Rinder

TADSCHIKISTAN

FLÄCHE: 143 100 km²
EINWOHNERZAHL: 6 265 000
HAUPTSTADT: Duschanbe
WÄHRUNG: 100 Diram = 1 Somoni (TJS)
AMTSSPRACHE: Tadschikisch
SONSTIGE SPRACHE: Russisch
HAUPTRELIGION: Islam 85 %
EXPORTE: Baumwolle, Aluminium, Obst, Pflanzenöl, Textilien, Elektrizität

SYRIEN

FLÄCHE: 185 180 km²
EINWOHNERZAHL: 16 986 000
HAUPTSTADT: Damaskus
WÄHRUNG: 100 Piaster = 1 Syrisches Pfund (£S)
AMTSSPRACHE: Arabisch
SONSTIGE SPRACHEN: Kurdisch, Armenisch, Aramäisch, Kirkassisch, Französisch, Englisch
HAUPTRELIGIONEN: Islam 90 %, Christentum 10 %
EXPORTE: Erdöl, Textilien, Baumwolle, Obst und Gemüse, Schafe, Phosphate

Irak

Fläche: 437 521 km²
Einwohnerzahl: 24 174 000
Hauptstadt: Bagdad
Währung: 1 000 Fils = 1 Irakischer Dinar (ID)
Amtssprachen: Arabisch, Kurdisch (in kurdischen Gebieten)
Sonstige Sprachen: Assyrisch, Armenisch
Hauptreligionen: Islam 97 %, Christentum 3 %
Exporte: Rohöl und Raffinerieprodukte, Dünger, Schwefel

Iran

Fläche: 1 647 064 km²
Einwohnerzahl: 65 540 000
Hauptstadt: Teheran
Währung: 100 Dinars = 1 Rial (Rl.)
Amtssprache: Persisch
Sonstige Sprachen: Turkmenisch, Kurdisch, Luri
Hauptreligion: Islam 99 %
Exporte: Erdöl, Teppiche, Obst, Nüsse, Eisen und Stahl, Chemikalien

Libanon

Fläche: 10 228 km²
Einwohnerzahl: 4 441 000
Hauptstadt: Beirut
Währung: 100 Piaster = 1 Libanes. Pfund (£L)
Amtssprache: Arabisch
Sonstige Sprachen: Armenisch, Englisch, Französisch
Hauptreligionen: Islam 70 %, Christentum 30 %
Exporte: Agrarprodukte, Chemikalien, Papier, Textilien, Metalle, Schmuck, Elektrogeräte

Israel

Fläche: 20 699 km²
Einwohnerzahl: 6 566 000
Hauptstadt: Jerusalem
Währung: 100 Agorot = 1 Neuer Schekel (NIS)
Amtssprachen: Hebräisch, Arabisch
Sonstige Sprache: Englisch
Hauptreligionen: Judentum 82 %, Islam 14 %, Christentum 2 %,
Exporte: Maschinen, geschliffene Diamanten, Chemikalien, Textilien, Agrarprodukte, Metalle, Software

Jordanien

Fläche: 35 637 km²
Einwohnerzahl: 5 171 000
Hauptstadt: Amman
Währung: 1 000 Fils = 1 Jordanischer Dinar (JD)
Amtssprache: Arabisch
Sonstige Sprache: Englisch
Hauptreligionen: Islam 92 %, Christentum 6 %
Exporte: Phosphate, Dünger, Kali, Agrarprodukte, Fertigerzeugnisse

Saudi-Arabien

Fläche: 1 960 582 km²
Einwohnerzahl: 21 886 000
Hauptstadt: Riad
Währung: 100 Halalas = 1 Saudi-Rial (SR)
Amtssprache: Arabisch
Hauptreligion: Islam 100 %
Exporte: Erdöl und Erdölprodukte

Kuwait

Fläche: 17 819 km²
Einwohnerzahl: 2 328 000
Hauptstadt: Kuwait
Währung: 1 000 Fils = 1 Kuwait-Dinar (KD)
Amtssprache: Arabisch
Sonstige Sprache: Englisch
Hauptreligionen: Islam 85 %, Christentum 8 %, Hinduismus und Parsi 2 %
Exporte: Erdöl und Erdölprodukte, Düngemittel

Bahrain

Fläche: 661 km²
Einwohnerzahl: 698 000
Hauptstadt: Manama
Währung: 1 000 Fils = 1 Bahrain-Dinar (BD)
Amtssprache: Arabisch
Sonstige Sprachen: Englisch, Urdu
Hauptreligion: Islam 100 %
Exporte: Erdöl und Erdölprodukte, Aluminium

Katar

Fläche: 11 395 km²
Einwohnerzahl: 610 000
Hauptstadt: Doha
Währung: 100 Dirham = 1 Katar-Rial (QR)
Amtssprache: Arabisch
Sonstige Sprache: Englisch
Hauptreligion: Islam 95 %
Exporte: Erdölprodukte, Stahl, Dünger

Vereinigte Arabische Emirate

Fläche: 82 880 km²
Einwohnerzahl: 3 218 000
Hauptstadt: Abu Dhabi
Währung: 100 Fils = 1 Dirham (Dh.)
Amtssprache: Arabisch
Sonstige Sprachen: Persisch, Englisch, Hindi, Urdu
Hauptreligion: Islam 96 %
Exporte: Rohöl, Erdgas, Dörrfisch, Datteln

Oman

Fläche: 212 380 km²
Einwohnerzahl: 2 538 000
Hauptstadt: Maskat
Währung: 1000 Baizas = 1 Rial Omani (RO)
Amtssprache: Arabisch
Sonstige Sprachen: Englisch, Belutschi, Urdu, indische Dialekte
Hauptreligionen: Islam 86 %, Hinduismus 13 %
Exporte: Erdöl, Fisch, Kupfer, Textilien

Jemen

Fläche: 527 969 km²
Einwohnerzahl: 18 601 000
Hauptstadt: Sanaa
Währung: 100 Fils = 1 Rial
Amtssprache: Arabisch
Hauptreligion: Islam 99 %
Exporte: Rohöl, Baumwolle, Kaffee, Häute und Felle, Gemüse, Dörr- und Pökelfisch

Afghanistan

Fläche: 649 507 km^2
Einwohnerzahl: 27 997 000
Hauptstadt: Kabul
Währung: 100 Puls = 1 Afghani (AF)
Amtssprachen: Afghanisch, Persisch (Dari), Paschto
Sonstige Sprachen: Usbekisch, Turkmenisch, Belutschi
Hauptreligionen: Islam 99 %, Hinduismus und Judentum 1 %
Exporte: Opium, Obst, Nüsse, handgewebte Teppiche, Wolle, Baumwolle, Häute und Felle, Edel- und Halbedelsteine

Pakistan

Fläche: 803 944 km^2
Einwohnerzahl: 144 902 000
Hauptstadt: Islamabad
Währung: 100 Paisa = 1 Pakistanische Rupie (pR)
Amtssprachen: Urdu, Englisch
Sonstige Sprachen: Pandschabi, Sindhi, Paschto, Belutschi
Hauptreligionen: Islam 97 %
Exporte: Baumwolle, Textilien, Bekleidung, Reis, Garne, Leder, Teppiche, Agrarprodukte

Indien

Fläche: 3 287 590 km^2
Einwohnerzahl: 1 048 641 000
Hauptstadt: Neu Dehli
Währung: 100 Paise = 1 Indische Rupie (iR)
Amtssprachen: Hindi, Englisch, Bengali, Telugu, Marathi, Tamil, Urdu, Gujarati, Malayalam, Kannada, Oriya, Pandschabi, Assami, Kaschmiri, Sindhi, Sanskrit
Sonstige Sprachen: Hindustani, Rajastani
Hauptreligionen: Hinduismus 80 %, Islam 14 %, Christentum 3 %
Exporte: Bekleidung, Edelsteine und Schmuck, Maschinen- und Gerätebau, Chemikalien, Lederwaren, Baumwollgarn, Stoffe

Nepal

Fläche: 140 798 km^2
Einwohnerzahl: 24 125 000
Hauptstadt: Katmandu
Währung: 100 Paisa = 1 Nepalesische Rupie (NR)
Amtssprache: Nepalesisch
Hauptreligionen: Hinduismus 86 %, Buddhismus 8 %, Islam 4 %
Exporte: Teppiche, Bekleidung, Lederwaren, Juteprodukte, Getreide

Bhutan

Fläche: 41 440 km^2
Einwohnerzahl: 851 000
Hauptstadt: Thimbu
Währung: 100 Chetrum = 1 Ngultrum (Nu)
Die indische Währung ist ebenfalls gesetzliches Zahlungsmittel.
Amtssprache: Dzonka
Sonstige Sprachen: Tibetisch, Nepalesisch
Hauptreligionen: Buddhismus 75 %, Hinduismus 25 %
Exporte: Bauholz, Kunsthandwerk, Zement, Obst, Elektrizität, Edelsteine, Gewürze

Bangladesch

Fläche: 144 000 km^2
Einwohnerzahl: 135 684 000
Hauptstadt: Dhaka
Währung: 100 Paisa = 1 Taka (Tk)
Amtssprache: Bengali
Sonstige Sprache: Englisch
Hauptreligionen: Islam 83 %, Hinduismus 16 %
Exporte: Bekleidung und Textilien, Jute und Juteprodukte, Leder, Tiefkühlfisch und Meeresfrüchte, Agrarprodukte

Malediven

Fläche: 298 km^2
Einwohnerzahl: 287 000
Hauptstadt: Male
Währung: 100 Laari = 1 Rufiyaa (Rf)
Amtssprache: Divehi (Maledivisch)
Sonstige Sprache: Englisch
Hauptreligion: Islam 100 %
Exporte: Fisch, Bekleidung

Sri Lanka

Fläche: 65 610 km^2
Einwohnerzahl: 18 968 000
Hauptstadt: Colombo
Währung: 100 Cents = 1 Sri-Lanka-Rupie (SLRe)
Amtssprachen: Singhalesisch, Tamil
Sonstige Sprache: Englisch
Hauptreligionen: Buddhismus 70 %, Hinduismus 15 %, Christentum 8 %, Islam 7 %
Exporte: Textilien, Tee, Diamanten und sonstige Edelsteine, Erdölprodukte, Gummiprodukte, Agrarprodukte, Meereserzeugnisse

Myanmar (Birma)

Fläche: 678 034 km^2
Einwohnerzahl: 48 786 000
Hauptstadt: Rangun
Währung: 100 Pyas = 1 Kyat (K)
Amtssprache: Birmanisch
Hauptreligionen: Buddhismus 89 %, Islam 4 %, Christentum 4 %, Animismus 1 %
Exporte: Bekleidung, Nahrungsmittel, Edelsteine, Reis, Nutzholz

Laos

Fläche: 236 799 km^2
Einwohnerzahl: 5 530 000
Hauptstadt: Vientiane
Währung: 100 At = 1 Kip (K)
Amtssprache: Laotisch
Sonstige Sprachen: Französisch, Englisch, örtliche Dialekte
Hauptreligionen: Buddhismus 60 %, Animismus 34 %, Christentum 2 %
Exporte: Elektrizität, Holzprodukte, Kaffee, Zinn, Textilien und Bekleidung

Vietnam

Fläche: 329 560 km^2
Einwohnerzahl: 80 424 000
Hauptstadt: Hanoi
Währung: 100 Xu = 1 Dong (D)
Amtssprache: Vietnamesisch
Sonstige Sprachen: Französisch, Chinesisch, Englisch, Khmer, Stammessprachen
Hauptreligionen: Buddhismus 55 %, Christentum 7 %, Taoismus, Naturreligionen, Islam
Exporte: Rohöl, Reis, Bekleidung und Schuhe, Gummi, Tee, Kaffee, Fisch und Meeresfrüchte

Thailand

Fläche: 513 998 km^2
Einwohnerzahl: 61 613 000
Hauptstadt: Bangkok
Währung: 100 Satangs = 1 Baht (D)
Amtssprache: Thai
Sonstige Sprachen: Englisch, Chinesisch, Malaiisch, regionale Sprachen
Hauptreligionen: Buddhismus 95 %, Islam 4 %
Exporte: Computer und Computerzubehör, Textilien, Reis

Kambodscha

Fläche: 181 036 km²
Einwohnerzahl: 12 487 000
Hauptstadt: Phnom Penh
Währung: 100 Sen = 1 Riel (CR)
Amtssprache: Khmer
Sonstige Sprachen: Französisch, Englisch
Hauptreligionen: Buddhismus 95 %, Islam 2 %
Exporte: Nutzholz, Gummi, Sojabohnen, Sesam, Bekleidung, Reis, Fisch

Malaysia

Fläche: 329 750 km²
Einwohnerzahl: 24 305 000
Hauptstadt: Kuala Lumpur
Währung: 100 Sen = 1 Malaysischer Ringgit (RM)
Amtssprache: Malaiisch
Sonstige Sprachen: Englisch, chinesische Sprachen, Tamil, Telugu, regionale Sprachen
Hauptreligionen: Islam 53 %, Buddhismus 17 %, Konfuzianismus 12 %, Christentum 9 %, Hinduismus 7 %
Exporte: Elektronik, Erdöl, flüssiges Erdgas, Palmöl, Holz und Holzprodukte, Gummi, Textilien

Philippinen

Fläche: 299 536 km²
Einwohnerzahl: 79 944 000
Hauptstadt: Manila
Währung: 100 Centavos = 1 Philippinischer Peso (P)
Amtssprachen: Pilipino, Englisch
Sonstige Sprachen: Eingeborenen-Dialekte
Hauptreligionen: Christentum 92 %, Islam 5 %, Buddhismus 3 %
Exporte: Elektronik, Maschinen und Transportsysteme, Textilien, Kokosnuss-Produkte, Kupfer, Fisch

Singapur

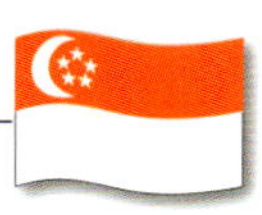

Fläche: 648 km²
Einwohnerzahl: 4 164 000
Hauptstadt: Singapur
Währung: 100 Cents = 1 Singapur-Dollar (S$)
Amtssprachen: Chinesisch, Malaiisch, Tamil, Englisch
Hauptreligionen: Buddhismus 28 %, Islam 15 %, Christentum 13 %, Taoismus 13 %, Hinduismus 5 %
Exporte: Computertechnik, Chemikalien, mineralische Brennstoffe, Telekommunikationstechnik

Brunei

Fläche: 5 765 km²
Einwohnerzahl: 351 000
Hauptstadt: Bandar Seri Begawan
Währung: 100 Cents = 1 Brunei-Dollar (B$)
Amtssprache: Malaiisch
Sonstige Sprachen: Englisch, Chinesisch
Hauptreligionen: Islam 67 %, Buddhismus 13 %, Christentum 10 %, Naturreligionen
Exporte: Rohöl, flüssiges Erdgas, Erdölprodukte

Indonesien

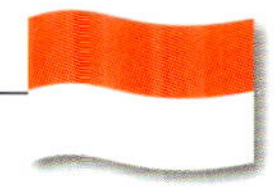

Fläche: 1 919 440 km²
Einwohnerzahl: 211 716 000
Hauptstadt: Jakarta
Währung: 100 Sen = 1 Indonesische Rupie (Rp)
Amtssprache: Bahasa Indonesia
Sonstige Sprachen: Englisch, Holländisch, Javanesisch, Eingeborenen-Dialekte
Hauptreligionen: Islam 87 %, Christentum 8 %, Hinduismus 2 %, Buddhismus 1 %
Exporte: Fertigerzeugnisse, Öl und Gas, Textilien, Gummi, Sperrholz

Osttimor

Fläche: 19 000 km²
Einwohnerzahl: 780 000
Hauptstadt: Dili
Währung: 100 Cents = 1 US-Dollar (US-$)
Amtssprachen: Tetum, Portugiesisch
Sonstige Sprachen: Bahasa Indonesia, Englisch
Hauptreligionen: Christentum 93 %, Islam 4 %
Exporte: Kaffee, Sandelholz, Marmor

China

Fläche: 9 596 960 km²
Einwohnerzahl: 1 287 626 000
Hauptstadt: Peking (Beijing)
Währung: 10 Jiao = 1 Yuan (Y)
Amtssprache: Mandarin-Chinesisch
Sonstige Sprachen: Kantonesisch, Schanghai-Chinesisch, Fuzhou, Hokkien-Taiwanesisch, regionale Sprachen
Hauptreligionen: Taoismus 20 %, Buddhismus 6 %, Islam 3 %, Christentum 1 %
Exporte: Textilien, Bekleidung, Schuhe, Spielzeug, Maschinen und Ausrüstungen, mineralische Brennstoffe

Mongolei

Fläche: 1 565 000 km²
Einwohnerzahl: 2 449 000
Hauptstadt: Ulan Bator
Währung: 100 Mongo = 1 Tugrik (Tug)
Amtssprache: Chalcha-Mongolisch
Sonstige Sprachen: Turkmenisch, Russisch, Chinesisch
Hauptreligionen: Buddhismus 95 %, Islam 4 %
Exporte: Kupfer, Tiere, Tierprodukte, Kaschmir, Wolle, Häute und Felle, nicht-eisenhaltige Metalle

Nordkorea

Fläche: 120 717 km²
Einwohnerzahl: 22 489 000
Hauptstadt: Pjöngjang
Währung: 100 Tschon = 1 Nordkoreanischer Won (NKW)
Amtssprache: Koreanisch
Hauptreligionen: Chundo Kyo 14 %, Buddhismus 2 %, Islam 1 %
Exporte: Mineralien, Metallerzeugnisse, Agrar- und Fischereiprodukte, Fertigerzeugnisse

Südkorea

Fläche: 98 477 km²
Einwohnerzahl: 47 540 000
Hauptstadt: Seoul
Währung: 100 Tschon = 1 Südkoreanischer Won (W)
Amtssprache: Koreanisch
Sonstige Sprache: Englisch
Hauptreligionen: Christentum 49 %, Buddhismus 47 %, Konfuzianismus 3 %
Exporte: Elektronik und Elektrogeräte, Maschinen, Stahl, Fahrzeuge, Schiffe, Textilien, Bekleidung, Schuhe, Fisch

Taiwan

Fläche: 35 967 km²
Einwohnerzahl: 22 521 000
Hauptstadt: Taipeh
Währung: 100 Cents = 1 neuer Taiwan-Dollar (NT$)
Amtssprache: Chinesisch
Sonstige Sprachen: Taiwanesisch, Hakka
Hauptreligionen: Buddhismus 43 %, Taoismus 21 %, Christentum 5 %, Konfuzianismus
Exporte: elektrische Anlagen, Elektronik, Textilien, Metalle, Kunststoffe, Chemikalien

Japan

Fläche: 377 835 km²
Einwohnerzahl: 127 150 000
Hauptstadt: Tokio
Währung: 100 Sen = 1 Yen (¥)
Amtssprache: Japanisch
Hauptreligionen: Schintoismus und Buddhismus 84 %, Christentum 1 %
Exporte: Maschinen, Fahrzeuge, Unterhaltungselektronik, Chemikalien, Halbleitertechnik

Afrika

Marokko
Fläche: 446 550 km²
Einwohnerzahl: 29 641 000
Hauptstadt: Rabat
Währung: 100 Centimes = 1 Marokkanischer Dirham (DH)
Amtssprache: Arabisch
Sonstige Sprachen: Berber-Sprachen, Französisch
Hauptreligionen: Islam 99 %, Christentum 1 %
Exporte: Nahrungsmittel, Getränke, Konsumgüter, Phosphate und Düngemittel, Mineralien

Algerien
Fläche: 2 381 740 km²
Einwohnerzahl: 31 320 000
Hauptstadt: Algier
Währung: 100 Centimes = 1 Algerischer Dinar (DA)
Amtssprache: Arabisch
Sonstige Sprachen: Französisch, Berber-Sprachen
Hauptreligionen: Islam 99 %, Christentum und Judentum 1 %
Exporte: Erdölprodukte, Erdgas

Tunesien
Fläche: 164 149 km²
Einwohnerzahl: 9 781 000
Hauptstadt: Tunis
Währung: 1 000 Millimes = 1 Tunesischer Dinar (TD)
Amtssprache: Arabisch
Sonstige Sprache: Französisch
Hauptreligionen: Islam 98 %, Christentum 1 %, Judentum 1 %
Exporte: Agrarprodukte, Chemikalien, Textilien, Mechanik, Phosphate

Libyen
Fläche: 1 759 540 km²
Einwohnerzahl: 5 448 000
Hauptstadt: Tripolis
Währung: 1 000 Dirham = 1 Libyscher Dinar (LD)
Amtssprache: Arabisch
Sonstige Sprachen: Italienisch, Englisch
Hauptreligion: Islam 97 %
Exporte: Rohöl, Raffinerieprodukte

Kapverden
Fläche: 4 033 km²
Einwohnerzahl: 458 000
Hauptstadt: Praia
Währung: 100 Centavos = 1 Kapverdischer Escudo (KEsc)
Amtssprache: Portugiesisch
Sonst. Sprache: Kapverdisch-Kreolisch (Crioulo)
Hauptreligion: Christentum 97 %
Exporte: Fisch, Bananen, Häute und Felle, Bekleidung, Brennstoff

Ägypten
Fläche: 1 001 450 km²
Einwohnerzahl: 66 372 000
Hauptstadt: Kairo
Währung: 100 Piaster = 1 Ägyptisches Pfund (£E)
Amtssprache: Arabisch
Sonstige Sprachen: Englisch, Französisch
Hauptreligionen: Islam 96 %, Christentum 6 %
Exporte: Rohöl und Erdölprodukte, Baumwolle, Textilien, Metallerzeugnisse, Chemikalien

Mauretanien
Fläche: 1 030 807 km²
Einwohnerzahl: 2 785 000
Hauptstadt: Nouakchott
Währung: 5 Khoums = 1 Ouguiya (UM)
Amtssprachen: Arabisch, Wolof
Sonstige Sprachen: Französisch, Pular, Soninke
Hauptreligion: Islam 100 %
Exporte: Eisenerz, Fisch, Fischprodukte, Gold

Mali
Fläche: 1 239 709 km²
Einwohnerzahl: 11 374 000
Hauptstadt: Bamako
Währung: 100 Centimes = 1 CFA-Franc (CFAF)
Amtssprache: Französisch
Sonstige Sprachen: Bambara, regionale Sprachen
Hauptreligionen: Islam 90 %, Naturreligionen 9 %, Christentum 1 %
Exporte: Baumwolle, Tiere, Gold

Burkina Faso
Fläche: 274 201 km²
Einwohnerzahl: 11 831 000
Hauptstadt: Ouagadougou
Währung: 100 Centimes = 1 CFA-Franc (CFAF)
Amtssprache: Französisch
Sonstige Sprachen: Stammessprachen
Hauptreligionen: Islam 50 %, Naturreligionen 40 %, Christentum 10 %
Exporte: Baumwolle, Gold, Tierprodukte

Niger
Fläche: 1 188 999 km²
Einwohnerzahl: 11 425 000
Hauptstadt: Niamey
Währung: 100 Centimes = 1 CFA-Franc (CFAF)
Amtssprache: Französisch
Sonstige Sprachen: Haussa, Djerba
Hauptreligionen: Islam 80 %, Naturreligionen 14 %, Christentum 1 %
Exporte: Uranerze, Tiere

Tschad
Fläche: 1 283 998 km²
Einwohnerzahl: 8 341 000
Hauptstadt: N'Djamena
Währung: 100 Centimes = 1 CFA-Franc (CFAF)
Amtssprachen: Französisch, Arabisch
Sonstige Sprachen: Sara, Sango, Stammessprachen
Hauptreligionen: Islam 50 %, Christentum 25 %, Naturreligionen und Animismus 25 %
Exporte: Baumwolle, Rinder, Textilien

Sudan
Fläche: 2 505 825 km²
Einwohnerzahl: 32 791 000
Hauptstadt: Khartum
Währung: 100 Piaster = 1 Sudanesischer Dinar (sD)
Amtssprache: Arabisch
Sonstige Sprachen: Nubisch, Ta Bedawie, Nilotisch, Nilo-Hamitisch, Eingeborenen-Dialekte, Englisch
Hauptreligionen: Islam 70 %, Naturreligionen 25 %, Christentum 5 %
Exporte: Öl, Tiere, Baumwolle, Sesam, Erdnüsse

Eritrea
Fläche: 121 320 km²
Einwohnerzahl: 4 297 000
Hauptstadt: Asmara
Währung: 100 Cents = 1 Nakfa (Nfa)
Amtssprachen: Arabisch, Tigrinya, Tigre
Sonstige Sprachen: regionale Sprachen
Hauptreligionen: Islam 50 %, Christentum 50 %
Exporte: Tiere, Textilien, Nahrungsmittel, Hirse

Äthiopien

Fläche: 1 127 127 km²
Einwohnerzahl: 67 218 000
Hauptstadt: Addis Abeba
Währung: 100 Cents = 1 Birr (Br)
Amtssprache: Amharisch
Sonstige Sprachen: afrikanische Sprachen, Arabisch, Englisch
Hauptreligionen: Islam 45 %, Christentum 35 %, Animismus 12 %
Exporte: Kaffee, Lederwaren, Gold, Ölsaaten, Kat

Dschibuti

Fläche: 22 999 km²
Einwohnerzahl: 693 000
Hauptstadt: Dschibuti
Währung: 100 Centimes = 1 Dschibuti-Franc (DF)
Amtssprachen: Französisch, Arabisch
Sonstige Sprachen: Somali, Afar
Hauptreligionen: Islam 94 %, Christentum 6 %
Exporte: Häute und Felle, Kaffee

Somalia

Fläche: 637 539 km²
Einwohnerzahl: 9 319 000
Hauptstadt: Mogadischu
Währung: 100 Centesimi = 1 Somali-Schilling (So.Sh.)
Amtssprache: Somali
Sonstige Sprachen: Arabisch, Italienisch, Englisch
Hauptreligionen: Islam 99 %
Exporte: Bananen, Tiere, Fisch, Häute und Felle

Senegal

Fläche: 196 190 km²
Einwohnerzahl: 10 007 000
Hauptstadt: Dakar
Währung: 100 Centimes = 1 CFA-Franc (CFAF)
Amtssprache: Französisch
Sonstige Sprachen: Wolof, Mande-Sprachen, westatlantische Sprachen
Hauptreligionen: Islam 92 %, Naturreligionen 6 %, Christentum 2 %
Exporte: Fisch, Erdnüsse, Erdölprodukte, Phosphate, Baumwolle

Gambia

Fläche: 11 300 km²
Einwohnerzahl: 1 389 000
Hauptstadt: Banjul
Währung: 100 Bututs = 1 Dalasi (D)
Amtssprache: Englisch
Sonstige Sprachen: Manding, Wolof, Ful
Hauptreligionen: Islam 90 %, Christentum 9 %, Naturreligionen 1 %
Exporte: Erdnüsse, Fisch, Palmkerne, Baumwollmull

Guinea-Bissau

Fläche: 36 125 km²
Einwohnerzahl: 1 447 000
Hauptstadt: Bissau
Währung: 100 Centimes = 1 CFA-Franc (CFAF)
Amtssprache: Portugiesisch
Sonstige Sprachen: Crioulo (kreolisches Portugiesisch), afrikanische Sprachen
Hauptreligionen: Naturreligionen 65 %, Islam 30 %, Christentum 5 %
Exporte: Cashewnüsse, Garnelen, Erdnüsse, Palmkerne

Guinea

Fläche: 245 856 km²
Einwohnerzahl: 7 744 000
Hauptstadt: Conakry
Währung: 100 Centimes = 1 Guinea-Franc (FG)
Amtssprache: Französisch
Sonstige Sprachen: Stammessprachen
Hauptreligionen: Islam 85 %, Christentum 8 %, Naturreligionen 7 %
Exporte: Bauxit, Aluminium, Diamanten, Gold, Kaffee, Fisch, Agrarprodukte

Sierra Leone

Fläche: 717 740 km²
Einwohnerzahl: 5 235 000
Hauptstadt: Freetown
Währung: 100 Cents = 1 Leone (Le)
Amtssprache: Englisch
Sonstige Sprachen: Mande, Temne, Krio
Hauptreligionen: Islam 60 %, Naturreligionen 30 %, Christentum 10 %
Exporte: Diamanten und sonstige Mineralien, Kaffee, Kakao, Fisch

Liberia

Fläche: 111 370 km²
Einwohnerzahl: 3 295 000
Hauptstadt: Monrovia
Währung: 100 Cents = 1 Liberia-Dollar (L$)
Amtssprache: Englisch
Sonstige Sprachen: Stammessprachen
Hauptreligionen: Naturreligionen 40 %, Christentum 40 %, Islam 20 %
Exporte: Eisenerz, Gummi, Nutzholz, Kaffee

Côte d'Ivoire (Elfenbeinküste)

Fläche: 322 463 km²
Einwohnerzahl: 16 513 000
Hauptstadt: Yamoussoukro (seit 1983), vorher: Abidjan
Währung: 100 Centimes = 1 CFA-Franc (CFAF)
Amtssprache: Französisch
Sonstige Sprachen: Eingeborenen-Dialekte
Hauptreligionen: Christentum 34 %, Islam 27 %, Animismus 15 %
Exporte: Kakao, Kaffee, Bauholz, Erdöl, Ananas, Baumwolle, Bananen, Palmöl

Ghana

Fläche: 238 539 km²
Einwohnerzahl: 20 271 000
Hauptstadt: Accra
Währung: 100 Pesewas = 1 Cedi (c)
Amtssprache: Englisch
Sonstige Sprachen: regionale Sprachen
Hauptreligionen: Naturreligionen 38 %, Islam 30 %, Christentum 24 %
Exporte: Kakao, Gold, Nutzholz, Tunfisch, Bauxit, Aluminium, Manganerz, Diamanten

Togo

Fläche: 56 599 km²
Einwohnerzahl: 4 760 000
Hauptstadt: Lomé
Währung: 100 Centimes = 1 CFA-Franc (CFAF)
Amtssprache: Französisch
Sonstige Sprachen: Eingeborenen-Dialekte
Hauptreligionen: Naturreligionen 59 %, Christentum 29 %, Islam 12 %
Exporte: Phosphate, Baumwolle, Kakao, Kaffee

Benin

Fläche: 112 621 km²
Einwohnerzahl: 6 552 000
Hauptstadt: Porto-Novo
Regierungssitz: Cotonou
Währung: 100 Centimes = 1 CFA-Franc (CFAF)
Amtssprache: Französisch
Sonstige Sprachen: Fon, Youba, Stammessprachen
Hauptreligionen: Naturreligionen 50 %, Islam 20 %, Christentum 30 %
Exporte: Baumwolle, Rohöl, Palmprodukte, Kakao

Nigeria

Fläche: 923 773 km²
Einwohnerzahl: 132 785 000
Hauptstadt: Abuja
Währung: 100 Kobo = 1 Naira (N)
Amtssprache: Englisch
Sonstige Sprachen: Eingeborenen-Dialekte
Hauptreligionen: Islam 50 %, Christentum 40 %, Naturreligionen 10 %
Exporte: Öl- und Erdölprodukte, Kakao, Gummi

Kamerun

Fläche: 475 501 km²
Einwohnerzahl: 15 769 000
Hauptstadt: Jaunde
Währung: 100 Centimes = 1 CFA Franc (CFAF)
Amtssprachen: Englisch, Französisch
Sonstige Sprachen: regionale Sprachen
Hauptreligionen: Naturreligionen 40 %, Christentum 40 %, Islam 20 %
Exporte: Rohöl, Erdölprodukte, Nutzholz, Kakaobohnen, Aluminium, Kaffee, Baumwolle

Äquatorial-Guinea

Fläche: 28 037 km²
Einwohnerzahl: 482 000
Hauptstadt: Malabo
Währung: 100 Centimes = 1 CFA-Franc (CFAF)
Amtssprachen: Spanisch, Französisch
Sonstige Sprachen: Pidgin-Englisch, Fang, Bubi, Ibo, andere regionale Sprachen
Hauptreligion: Christentum 85 %
Exporte: Nutzholz, Kakao, Erdöl

Zentralafrikanische Republik

Fläche: 622 984 km²
Einwohnerzahl: 3 820 000
Hauptstadt: Bangui
Währung: 100 Centimes = 1 CFA Franc (CFAF)
Amtssprache: Französisch
Sonstige Sprache: Sango, Arabisch, Hunsa, Suaheli
Hauptreligionen: Christentum 50 %, Naturreligionen 24 %, Islam 15 %
Exporte: Diamanten, Nutzholz, Baumwolle, Kaffee, Tabak

São Tomé und Principe

Fläche: 963 km²
Einwohnerzahl: 154 000
Hauptstadt: São Tomé
Währung: 100 Centimos = 1 Dobra (Db)
Amtssprache: Portugiesisch
Hauptreligion: Christentum 80 %
Exporte: Kakao, Kopra, Kaffee, Palmöl

Gabun

Fläche: 267 667 km²
Einwohnerzahl: 1 315 000
Hauptstadt: Libreville
Währung: 100 Centimes = 1 CFA Franc (CFAF)
Amtssprache: Französisch
Sonstige Sprachen: regionale Sprachen
Hauptreligionen: Christentum 60 %, Animismus 40 %, Islam 1 %
Exporte: Rohöl, Nutzholz, Mangan, Uran

Kongo

Fläche: 342 002 km²
Einwohnerzahl: 3 657 000
Hauptstadt: Brazzaville
Währung: 100 Centimes = 1 CFA-Franc (CFAF)
Amtssprache: Französisch
Sonstige Sprachen: Lingala, Monokutuba
Hauptreligionen: Christentum 50 %, Animismus 48 %, Islam 2 %
Exporte: Erdöl, Nutzholz, Zucker, Kakao, Kaffee, Diamanten

Demokratische Republik des Kongo (Zaire)

Fläche: 2 344 872 km²
Einwohnerzahl: 51 580 000
Hauptstadt: Kinshasa
Währung: Kongo-Franc (FC)
Amtssprache: Französisch
Sonstige Sprachen: Lingala, Kingwana, Kikongo, Tschiluba

Hauptreligionen: Christentum 70 %, Kingbanguismus (EJCSK) 10 %, Islam 10 %, Naturreligionen 10 %
Exporte: Kupfer, Kaffee, Diamanten, Rohöl

Uganda

Fläche: 236 037 km²
Einwohnerzahl: 24 600 000
Hauptstadt: Kampala
Währung: 100 Cents = 1 Uganda-Schilling (USh)
Amtssprache: Englisch
Sonstige Sprachen: Luganda, Suaheli, Bantu und andere regionale Sprachen
Hauptreligionen: Christentum 66 %, Naturreligionen 18 %, Islam 16 %
Exporte: Kaffee, Baumwolle, Tee, Fisch, Eisen und Stahl

Kenia

Fläche: 582 646 km²
Einwohnerzahl: 31 345 000
Hauptstadt: Nairobi
Währung: 100 Cents = 1 Kenia-Schilling (KSh)
Amtssprachen: Englisch, Suaheli
Sonstige Sprachen: regionale Sprachen
Hauptreligionen: Christentum 66%, Naturreligionen 26 %, Islam 7 %
Exporte: Tee, Kaffee, Erdölprodukte

Ruanda

Fläche: 26 338 km²
Einwohnerzahl: 8 163 000
Hauptstadt: Kigali
Währung: 100 Centimes = 1 Ruanda-Franc (RF)
Amtssprachen: Kinyaruanda, Französisch
Sonstige Sprache: Kiswaheli
Hauptreligionen: Christentum 87 %, Naturreligionen 7 %, Islam 2 %
Exporte: Kaffee, Tee, Mineralien

Burundi

Fläche: 27 866 km²
Einwohnerzahl: 7 071 000
Hauptstadt: Bujumbura
Währung: 100 Centimes = 1 Burundi-Franc (BF)
Amtssprachen: Kirundi, Französisch
Sonstige Sprache: Suaheli
Hauptreligionen: Christentum 67 %, Naturreligionen 23 %, Islam 10 %
Exporte: Kaffee, Tee, Baumwolle, Häute und Felle

Tansania

Fläche: 945 091 km²
Einwohnerzahl: 35 181 000
Hauptstadt: Dodoma
Regierungssitz: Daressalam
Währung: 100 Cents = 1 Tansania-Schilling (TSh)

AMTSSPRACHEN: Suaheli, Englisch
SONSTIGE SPRACHEN: Arabisch, regionale Sprachen
HAUPTRELIGIONEN: Christentum 45 %, Islam 35 %, Naturreligionen 20 %
EXPORTE: Kaffee, Baumwolle, Tabak, Cashewnüsse, Mineralien

ANGOLA

FLÄCHE: 1 246 699 km²
EINWOHNERZAHL: 13 121 000
HAUPTSTADT: Luanda
WÄHRUNG: 100 Lwei = 1 Kwanza (Kz)
AMTSSPRACHE: Portugiesisch
SONSTIGE SPRACHEN: Bantu und sonstige afrikanische Sprachen
HAUPTRELIGIONEN: Christentum 53 %, Naturreligionen 47 %
EXPORTE: Rohöl, Diamanten, Erdölprodukte, Gas, Kaffee, Sisal, Fisch und Fischprodukte, Nutzholz, Baumwolle

SAMBIA

FLÄCHE: 752 615 km²
EINWOHNERZAHL: 10 244 000
HAUPTSTADT: Lusaka
WÄHRUNG: 100 Ngwee = 1 Sambischer Kwacha (ZK)
AMTSSPRACHE: Englisch
SONSTIGE SPRACHEN: Eingeborenen-Dialekte
HAUPTRELIGIONEN: Christentum 62 %, Islam und Hinduismus 36 %, Naturreligionen 1 %
EXPORTE: Kupfer, Kobalt, Elektrizität, Tabak

SIMBABWE

FLÄCHE: 390 624 km²
EINWOHNERZAHL: 13 001 000
HAUPTSTADT: Harare
WÄHRUNG: 100 Cents = 1 Simbabwe-Dollar (Z$)
AMTSSPRACHE: Englisch
SONSTIGE SPRACHEN: Cishona, regionale Sprachen
HAUPTRELIGIONEN: Synkretismus (teils Christentum, teils Naturreligionen) 50 %, Christentum 25 %, Naturreligionen 24 %, Islam 1 %
EXPORTE: Tabak, Fertigerzeugnisse, Gold, Metalle, Baumwolle

MALAWI

FLÄCHE: 118 485 km²
EINWOHNERZAHL: 10 743 000
HAUPTSTADT: Lilongwe
WÄHRUNG: 100 Tambala = 1 Malawi-Kwacha (MK)
AMTSSPRACHEN: Englisch, Chichewa
SONSTIGE SPRACHEN: regionale Dialekte
HAUPTRELIGIONEN: Christentum 75 %, Islam 20 %, Naturreligionen 5 %
EXPORTE: Tabak, Tee, Zucker, Baumwolle, Kaffee, Erdnüsse, Holzprodukte

MOSAMBIK

FLÄCHE: 801 590 km²
EINWOHNERZAHL: 18 438 000
HAUPTSTADT: Maputo
WÄHRUNG: 100 Centavos = 1 Metical (MT)
AMTSSPRACHE: Portugiesisch
SONSTIGE SPRACHEN: Eingeborenen-Dialekte
HAUPTRELIGIONEN: Naturreligionen 60 %, Christentum 30 %, Islam 10 %
EXPORTE: Garnelen, Cashewnüsse, Baumwolle, Zucker, Zitrusfrüchte, Nutzholz, Elektrizität

NAMIBIA

FLÄCHE: 825 418 km²
EINWOHNERZAHL: 1 985 000
HAUPTSTADT: Windhuk
WÄHRUNG: 100 Cents = 1 Namibia-Dollar
AMTSSPRACHE: Englisch
SONSTIGE SPRACHEN: Afrikaans, Deutsch, Herero, Otjivambo, Nama
HAUPTRELIGIONEN: Christentum 85 %, Naturreligionen 15 %
EXPORTE: Diamanten, Metalle, Rinder, Fischkonserven

BOTSUANA

FLÄCHE: 600 370 km²
EINWOHNERZAHL: 1 712 000
HAUPTSTADT: Gaborone
WÄHRUNG: 100 Thebe = 1 Pula (P)
AMTSSPRACHE: Englisch
SONSTIGE SPRACHE: Setsuana
HAUPTRELIGIONEN: Naturreligionen 50 %, Christentum 50 %
EXPORTE: Diamanten, Kupfer und Nickel, Fleisch

SÜDAFRIKA

FLÄCHE: 1 219 912 km²
EINWOHNERZAHL: 45 345 000
HAUPTSTADT: Pretoria
PARLAMENTSSITZ: Cape Town (Kapstadt)
WÄHRUNG: 100 Cents = 1 Rand (R)
AMTSSPRACHEN: Afrikaans, Englisch, Xhosa, Zulu und sonstige Eingeborenen-Dialekte
HAUPTRELIGIONEN: Christentum 68 %, Hinduismus 1,3 %, Islam 1,1 %
EXPORTE: Gold, Diamanten und andere Mineralien, Metalle, Maschinen und Ausrüstungen

SWASILAND

FLÄCHE: 17 366 km²
EINWOHNERZAHL: 1 088 000
HAUPTSTADT: Mbabane
WÄHRUNG: 100 Cent = 1 Lilangeni (E)
AMTSSPRACHEN: Englisch, Swasi
HAUPTRELIGIONEN: Christentum 60 %, Naturreligionen 30 %, Islam 10 %
EXPORTE: Zucker, Zellstoff, Baumwolle, Kühlschränke

LESOTHO

FLÄCHE: 30 344 km²
EINWOHNERZAHL: 1 777 000
HAUPTSTADT: Maseru
WÄHRUNG: 100 Lisente = 1 Loti (L)
AMTSSPRACHEN: Englisch, Sesotho
SONSTIGE SPRACHEN: Zulu, Xhosa
HAUPTRELIGIONEN: Christentum 80 %, Naturreligionen 20 %
EXPORTE: Wolle, Mohair, Nahrungsmittel, Tiere, Bekleidung, Schuhe, Fahrzeuge

KOMOREN

FLÄCHE: 1 862 km²
EINWOHNERZAHL: 585 000
HAUPTSTADT: Moroni
WÄHRUNG: 100 Centimes = 1 Komoren-Franc (CF)
AMTSSPRACHEN: Arabisch, Französisch
SONSTIGE SPRACHE: Komorisch
HAUPTRELIGIONEN: Islam 98 %, Christentum 2 %
EXPORTE: Vanille, Gewürznelken, Duftöle, Kopra

MADAGASKAR

FLÄCHE: 587 042 km²
EINWOHNERZAHL: 16 437 000
HAUPTSTADT: Antananarivo
WÄHRUNG: 100 Centimes = 1 Madagaskar-Franc (FMG)
AMTSSPRACHEN: Französisch, Malagasy
HAUPTRELIGIONEN: Naturreligionen 52 %, Christentum 41 %, Islam 7 %
EXPORTE: Kaffee, Vanille, Schalentiere, Zucker, Erdölprodukte, Baumwollkleidung

SEYCHELLEN

FLÄCHE: 455 km²
EINWOHNERZAHL: 84 000
HAUPTSTADT: Victoria
WÄHRUNG: 100 Cents = 1 Seychellen-Rupie (SR)
AMTSSPRACHEN: Englisch, Französisch
SONSTIGE SPRACHE: Seychellen-Kreolisch
HAUPTRELIGION: Christentum 98 %
EXPORTE: Fisch, Zimt, Kopra, Erdölprodukte

MAURITIUS

FLÄCHE: 1 865 km²
EINWOHNERZAHL: 1 212 000
HAUPTSTADT: Port Louis
WÄHRUNG: 100 Cents = 1 Mauritius-Rupie (MauR)
AMTSSPRACHE: Englisch
SONSTIGE SPRACHEN: Mauretanisch-Kreolisch, Französisch, Hindi, Urdu, Hakka
HAUPTRELIGIONEN: Hinduismus 52 %, Christentum 28 %, Islam 17 %
EXPORTE: Textilien und Bekleidung, Zucker, Schnittblumen, Sirup

Australien und Ozeanien

Australien

Fläche: 7 686 884 km^2
Einwohnerzahl: 19 663 000
Hauptstadt: Canberra
Währung: 100 Cents = 1 Australischer Dollar ($A)
Amtssprache: Englisch
Sonstige Sprachen: Aborigine-Sprachen
Hauptreligion: Christentum 76 %
Exporte: Kohle, Gold, Fleisch, Wolle, Weizen, Maschinen- und Transportsysteme

Papua-Neuguinea

Fläche: 462 840 km^2
Einwohnerzahl: 5 378 000
Hauptstadt: Port Moresby
Währung: 100 Toea = 1 Kina (K)
Amtssprachen: Englisch, Pidgin-Englisch, Hiri Motu
Sonstige Sprachen: Eingeborenen-Dialekte
Hauptreligionen: Christentum 66 %, Naturreligionen 34 %
Exporte: Gold, Kupfererz, Öl, Bauholz, Palmöl, Kaffee, Kakao, Hummer, Krebse

Neuseeland

Fläche: 268 676 km^2
Einwohnerzahl: 3 939 000
Hauptstadt: Wellington
Währung: 100 Cents = 1 Neuseeländischer Dollar (NZ$)
Amtssprachen: Englisch, Maori
Hauptreligion: Christentum 67 %
Exporte: Wolle, Schafprodukte, Rindfleisch, Fisch, Käse, Chemikalien, forstwirtschaftliche Produkte, Obst und Gemüse, Fertigerzeugnisse

Salomonen

Fläche: 28 450 km^2
Einwohnerzahl: 443 000
Hauptstadt: Honiara
Währung: 100 Cents = 1 Salomonischer Dollar (SI$)
Amtssprache: Englisch
Sonstige Sprache: melanesisches Pidgin
Hauptreligionen: Christentum 96 %, Naturreligionen 4 %
Exporte: Fisch, Nutzholz, Palmöl, Kakao, Kopra

Samoa

Fläche: 2 850 km^2
Einwohnerzahl: 176 000
Hauptstadt: Apia
Währung: 100 Sene = 1 Tala (WS$)
Amtssprachen: Samoa-Polynesisch, Englisch
Hauptreligion: Christentum 99 %
Exporte: Kokosöl und -creme, Taro, Fisch, Bier, Kopra, Kakao

Vanuatu

Fläche: 12 200 km^2
Einwohnerzahl: 206 000
Hauptstadt: Port Vila
Währung: 100 Centimes = 1 Vatu (VT)
Amtssprachen: Englisch, Französisch
Sonstige Sprache: Bislama (Pidgin)
Hauptreligionen: Christentum 77 %, Naturreligionen 8 %
Exporte: Kopra, Kava, Rindfleisch, Kakao, Nutzholz, Kaffee

Fidschi

Fläche: 18 272 km^2
Einwohnerzahl: 823 000
Hauptstadt: Suva
Währung: 100 Cents = 1 Fidschi-Dollar (F$)
Amtssprache: Englisch
Sonstige Sprachen: Fidschi, Hindustani
Hauptreligionen: Christentum 52 %, Hinduismus 38 %, Islam 8 %
Exporte: Zucker, Bekleidung, Gold, Fischkonserven, Nutzholz

Tonga

Fläche: 699 km^2
Einwohnerzahl: 101 000
Hauptstadt: Nuku'alofa
Währung: 100 Seniti = 1 Pa'anga (T$)
Amtssprachen: Tonga, Englisch
Hauptreligion: Christentum 70 %
Exporte: Gemüsekürbis, Vanille, Fisch, Feldfrüchte, Kokosöl

Kiribati

Fläche: 717 km^2
Einwohnerzahl: 95 000
Hauptstadt: Bairiki (auf Tarawa)
Währung: 100 Cents = 1 Australischer Dollar ($A)
Amtssprachen: Englisch, Gilbertesisch
Hauptreligion: Christentum 94 %
Exporte: Kopra, Kokosnüsse, Seetang, Fisch

Marshall-Inseln

Fläche: 181 km^2
Einwohnerzahl: 53 000
Hauptstadt: Dalap-Uliga-Darrit (auf Majuro)
Währung: 100 Cents = 1 US-Dollar (US$)
Amtssprache: Englisch
Sonstige Sprachen: Sprache der Marshall-Inseln, Japanisch
Hauptreligion: Christentum 98 %
Exporte: Kokosöl, Fisch, Muscheln

Mikronesien

Fläche: 689 km^2
Einwohnerzahl: 122 000
Hauptstadt: Palikir
Währung: 100 Cents = 1 US-Dollar (US$)
Amtssprache: Englisch
Sonstige Sprachen: Eingeborenen-Dialekte
Hauptreligion: Christentum 97 %
Exporte: Fisch, Bekleidung, Bananen, schwarzer Pfeffer

Nauru

Fläche: 22 km^2
Einwohnerzahl: 13 000
Hauptstadt: Keine. Landesverwaltung im Yarendistrikt
Währung: 100 Cents = 1 australischer Dollar ($A)
Amtssprache: Nauruanisch
Sonstige Sprache: Englisch
Hauptreligionen: Christentum 100 %
Exporte: Phosphate

Palau (Belau)

Fläche: 495 km^2
Einwohnerzahl: 20 000
Hauptstadt: Koror
Währung: 100 Cents = 1 US-Dollar (US$)
Amtssprache: Englisch
Sonstige Sprachen: Inselsprachen, Japanisch
Hauptreligionen: Christentum 67 %, Modekngei-Religion 33 %
Exporte: Schalentiere, Tunfisch, Muscheln, Kopra

Tuvalu

Fläche: 23 km^2
Einwohnerzahl: 11 000
Hauptstadt: Vaiaku (auf Funafuti)
Währung: 100 Cents = 1 Tuvalu-Dollar ($T) oder 1 australischer Dollar ($A)
Amtssprachen: Tuvalu-Sprachen, Englisch
Hauptreligionen: Christentum 98 %, Bahai 1 %
Exporte: Kopra

Abhängige Territorien

Die unten aufgeführten Nationen verwalten Gebiete, die außerhalb ihrer Landesgrenzen liegen. Solche Territorien bezeichnet man als Kolonien, Protektorate oder Schutzzonen. Während manche dem Mutterland direkt unterstehen, haben andere ihre eigenen Gesetze und Regierungen und erhalten lediglich militärischen Schutz und Finanzhilfen.

Vereinigte Staaten von Amerika (USA)

Amerikanisch-Samoa: Südpazifik; 197 km^2; Einwohnerzahl: 68 688
Guam: Westpazifik; 541 km^2; Einwohnerzahl: 160 796
Midway-Inseln: Zentralpazifik; 5 km^2; keine permanente Besiedlung
Nördliche Marianen: Nordpazifik; 477 km^2; Einwohnerzahl: 77 311
Puerto Rico: Karibik; 9 104 km^2; Einwohnerzahl: 123 498
Jungfern-Inseln (USA-Territorium): Karibik; 345 km^2; Einwohnerzahl: 123 498
Wake Island: Nordpazifik; 7,7 km^2; Einwohnerzahl: 124

Grossbritannien (Vereinigtes Königreich)

Anguilla: Karibik; 91 km^2; Einwohnerzahl: 12 446
Bermuda: Nordatlantik; 52 km^2; Einwohnerzahl: 63 960
British Indian Ocean Territory: Indischer Ozean; 60 km^2; keine permanente Besiedlung
Britische Jungferninseln: Karibik; 153 km^2; Einwohnerzahl: 21 272
Cayman-Inseln: Karibik; 306 km^2; Einwohnerzahl: 36 273
Falklandinseln und Schutzgebiete (Südgeorgien und die Süd-Sandwich-Inseln): Südatlantik; 12 173 km^2; Einwohnerzahl: 2 350
Gibraltar: Südspanien; 6 km^2; Einwohnerzahl: 27 714
Guernsey: Ärmelkanal; 78 km^2; Einwohnerzahl: 64 587
Isle of Man: Irische See; 572 km^2; Einwohnerzahl: 73 873
Jersey: Ärmelkanal; 116 km^2; Einwohnerzahl: 89 775
Montserrat: Karibik; 104 km^2; Einwohnerzahl: 8 437
Pitcairn-Inseln: Südpazifik; 47 km^2; Einwohnerzahl: 47
St. Helena und Schutzgebiete (Ascension und Tristan da Cunha): Südatlantik; 410 km^2; Einwohnerzahl: 7 317
Turks- und Caicos-Inseln: Karibik; 430 km^2; Einwohnerzahl: 18 738

Frankreich

Französisch-Guayana: nördliches Südamerika; 90 976 km^2; Einwohnerzahl: 182 333
Französisch-Polynesien: Südpazifik; 4 167 km^2; Einwohnerzahl: 257 847
Guadeloupe: Karibik; 1 507 km^2; Einwohnerzahl: 435 739
Martinique: Karibik; 1 101 km^2; Einwohnerzahl: 422 277
Mayotte: Straße von Mosambik, Afrika; 373 km^2; Einwohnerzahl: 170 879
Neukaledonien: Südpazifik; 19 081 km^2; Einwohnerzahl: 207 858
Réunion: Indischer Ozean; 2 510 km^2; Einwohnerzahl: 743 981
St-Pierre und Miquelon: Nordatlantik; 241 km^2; Einwohnerzahl: 6 954
Wallis und Futuna-Inseln: Südpazifik; 275 km^2; Einwohnerzahl: 15 585

Niederlande

Aruba: Karibik; 179 km^2; Einwohnerzahl: 70 441
Niederländische Antillen: Karibik; 961 km^2; Einwohnerzahl: 214 258

Norwegen

Bouvetinsel: Südatlantik; 58,5 km^2; keine permanente Besiedlung
Jan-Mayen-Insel: Nordatlantik; 373 km^2; keine permanente Besiedlung
Svalbard: Arktisches Meer; 62 052 km^2; Einwohnerzahl: 2 868

Dänemark

Färöer-Inseln: Nordatlantik; 1 399 km^2; Einwohnerzahl: 46 011
Grönland: Nordatlantik; 2 166 086 km^2; Einwohnerzahl: 59 900

Australien

Christmas-Inseln: Indischer Ozean; 135 km^2; Einwohnerzahl: 474
Kokos-(Keeling) Inseln: Indischer Ozean; 23 km^2; Einwohnerzahl: 632
Heard- und McDonald-Inseln: Indischer Ozean; 412 km^2; keine permanente Besiedlung
Norfolk-Inseln: Südpazifik; 34 km^2; Einwohnerzahl: 1 866

Neuseeland

Cook-Inseln: Südpazifik; 238 km^2; Einwohnerzahl: 20 811
Niue: Südpazifik; 259 km^2; Einwohnerzahl: 2 134
Tokelau: Südpazifik 10 km^2; Einwohnerzahl: 1 431

Umstrittene Besitzverhältnisse

Gazastreifen (Palästina): Naher Osten; 378 km^2; von Israel und Palästina beansprucht, derzeit palästinensische Selbstverwaltung; Einwohnerzahl: 813 300
Kaschmir: Südasien; 222 236 km^2; von Indien und Pakistan beansprucht; Einwohnerzahl: 7 718 700
Türkische Republik Nordzypern: Mittelmeer; von Türkei und Griechenland beansprucht; 3 355 km^2; Einwohnerzahl: 177 120
West-Bank (Westjordanland): Naher Osten; von Israel und Palästina beansprucht, derzeit palästinensische Selbstverwaltung; 5 640 km^2; Einwohnerzahl: 1 320 000
Westsahara: Nordwestafrika; von Marokko und einer Separatistenbewegung beansprucht; 266 001 km^2; Einwohnerzahl: 256 177

Glossar

Abholzung ~ auch Abforstung oder Entwaldung genanntes Fällen von Nutzholz oder Roden von Waldgebieten zur Gewinnung von Ackerflächen oder Siedlungsraum.

Adaptation, Adaption ~ Anpassung von Organen oder Organismen an bestimmte Umweltbedingungen.

Agrarland ~ Gebiet, in dem die Landwirtschaft – d. h. Ackerbau und Viehhaltung – überwiegt.

Äquator ~ eine gedachte Linie, die den Erdball genau in der Mitte zwischen Nord- und Südpol umläuft und in eine Nord- und Südhalbkugel teilt. Siehe auch Hemisphäre.

Archipel ~ größere Inselgruppe.

arides Klima ~ Trockenklima, bei dem die Verdunstung größer ist als der Niederschlag.

Atoll ~ eine ringförmige Insel, die sich nur wenige Meter über den Meeresspiegel erhebt und eine seichte Lagune einschließt. Ein Atoll entsteht in der Regel durch Korallen, die sich auf dem Gipfel eines untermeerischen Bergs ansiedeln und zu einem Riff heranwachsen.

■

Bai ~ im Deutschen meist als Bucht bezeichnete flache Einbiegung der Meeresküste.

Becken ~ größere Vertiefung der Erdoberfläche; runde Becken nennt man auch Kessel, längliche heißen auch Wanne oder Graben.

bedrohte Arten ~ Tiere oder Pflanzen, die in nächster Zeit aussterben könnten.

Bewässerung ~ die künstliche Wasserzufuhr durch Gräben, Röhrensysteme, Pumpen oder Berieselungsanlagen. Auf diese Weise können ansonsten trockene Landstriche in Ackerland verwandelt werden.

Breitengrad ~ die in Grad gemessene Entfernung nördlich oder südlich des Äquators.

Busch ~ tropische und subtropische Dorn- und Trockensavanne mit dichtem Gewirr dorniger Sträucher und kleiner Bäume; auch Dorn- oder Trockenbusch genannt.

■

Canyon ~ tiefes, von einem Fluss in die Felswände eingegrabenes Engtal, besonders häufig in den Trockengebieten des westlichen Nordamerika.

■

Damm ~ hügel- oder wallähnliche Barriere zum Schutz gegen Überflutung oder zum Stauen eines Gewässers (wobei ein künstlicher Stausee als Wasserreservoir entsteht).

Delta ~ fächerförmige Strommündung aus abgelagertem Schlick und Sand, die sich immer weiter ins Meer hinausschiebt.

■

Ebene ~ Teil der Erdoberfläche mit geringen Höhenunterschieden. Je nach Lage oder Entstehung unterscheidet man Tief- und Hochebenen, Binnen- und Küstenebenen, Flussebenen, Abtragungs- und Aufschüttungsebenen.

Eingeborene ~ die Urbevölkerung einer Region oder eines Landes.

Einwanderer ~ Menschen, die ihre Heimat verlassen und sich auf Dauer in einem anderen Land ansiedeln; auch Immigranten genannt.

Eisberg ~ große, im Meer schwimmende Eismasse. Eisberge entstehen durch Abbrechen (Kalben) von Talgletschern oder Inlandeiskanten, die sich ins Meer vorschieben. Der unter Wasser liegende Teil des Eisbergs ist meist achtmal so groß wie der sichtbare Rest.

Eiskappe ~ eine Eis- und Schneedecke, die ein Gebiet ganzjährig bedeckt. Eiskappen gibt es in den Polargebieten und auf einigen hohen Berggipfeln.

Erdachse ~ eine gedachte Linie zwischen den beiden geografischen Polen der Erde, um die der Planet ständig rotiert.

Erdbeben ~ Erschütterungen des Untergrunds, ausgelöst durch plötzliche Bewegungen in der Erdkruste, häufig mit erheblichen Menschenverlusten und Sachschäden verbunden.

Erdkruste ~ die harte äußere Gesteinsschale der Erde, die unter den Kontinenten 60 bis 70 km, unter dem Meeresboden oft nur bis 6 km dick ist. Die Erdkruste besteht aus einzelnen Platten, die sich gegeneinander verschieben.

ethnische Gruppe ~ eine Gruppe von Menschen gleicher Herkunft, Kultur und Sprache, die nicht unbedingt politisch geeint, aber durch ein Gefühl der Zusammengehörigkeit verbunden ist; in der Regel eine kleinere Einheit als das Volk.

Evolution ~ ein Prozess der allmählichen Veränderung oder Weiterentwicklung, vor allem in Bezug auf Lebewesen.

Export ~ der Verkauf von Waren in andere Länder.

■

Feldfrüchte ~ auf dem Feld angebaute Kulturpflanzen. Es gibt Hackfrüchte, Getreide, Hülsenfrüchte, Futterpflanzen und Sonderkulturen wie Öl- und Faserpflanzen; Tabak, Baumwolle, Kakao und Kaffee werden ebenfalls zu den Feldfrüchten gezählt.

Fjord ~ durch Gletscher ausgeschürfte schmale und meist tiefe Bucht an felsigen Steilküsten, in die später das Meer eindrang.

Flussbecken ~ ein Gebiet, das von einem Fluss und seinen Nebenarmen entwässert wird.

Föderation ~ freiwilliger Zusammenschluss von Staaten oder Ländern.

Forstwirtschaft ~ die Nutzung und Bewirtschaftung der Wälder nach neuesten Erkenntnissen der Forstwissenschaft.

Fossil ~ Überrest von prähistorischen Tieren und Pflanzen, auch Petrefakt oder Versteinerung genannt. Fossilien findet man meist zwischen Gesteinsschichten.

fossile Brennstoffe ~ gasförmige, flüssige oder feste Brennstoffe tief unter der Erde, die sich aus den Überresten prähistorischer Pflanzen und Tiere gebildet haben. Die häufigsten fossilen Brennstoffe sind Kohle, Erdöl und Erdgas.

Fürstentum ~ ein Staat mit einem Fürsten oder einer Fürstin als Herrscher/in oder höchstem/r Repräsentanten/in.

■

gemäßigt ~ Bezeichnung für Klimazonen, in denen es keine extremen Hitze- oder Kälteperioden gibt. Auf der Erde liegen die meisten Gebiete mit gemäßigtem Klima zwischen den Tropen und den Polargebieten.

Geysir, Geiser ~ heiße Quelle, die Wasser- oder Dampffontänen ausstößt.

Gletscher ~ eine große Eismasse, die langsam an Hängen oder Tälern abwärts fließt und ständig durch Schneefälle in höheren Lagen ergänzt wird.

Golf ~ größere Meeresbucht.

Grasländer ~ weite, grasbewachsene Flächen, je nach Zusammensetzung und Lage als Savanne, Prärie oder Steppe bezeichnet.

Greenwich-Nullmeridian ~ eine gedachte Linie vom Nord- zum Südpol, die durch den englischen Ort Greenwich verläuft und den Längengrad Null (0°) markiert.

Grenze ~ Trennlinie zwischen zwei Staatsgebieten.

■

Halbinsel ~ ein ins Meer oder in einen See vorspringender Teil des Festlands, der größtenteils von Wasser umgeben ist.

Handel ~ der Kauf und Verkauf von Waren.

Hauptstadt ~ die Stadt, in der sich der Regierungssitz eines Landes befindet. Manchmal hat ein Staat mehr als eine Hauptstadt, weil sich die Landesverwaltung auf verschiedene Städte verteilt.

Hemisphäre ~ eine Erdhalbkugel. Die Erde wird durch den Äquator in eine Süd- und eine Nordhemisphäre, durch den Greenwich-Nullmeridian und den 180°-Längenkreis in eine Ost- und eine Westhemisphäre geteilt.

High-Tech-Industrie ~ Industriezweige, in denen hochmoderne Elektronikgeräte wie Computer gefertigt werden.

Hydroelektrizität ~ durch Wasserkraft erzeugte Elektrizität.

■

immergrüne Gewächse ~ Laubgehölze, die im Winter ihre Blätter nicht abwerfen.

Insel ~ ein von Wasser umgebenes Stück Land, das kleiner als ein Kontinent ist.

■

Kanal ~ künstlicher, meist durch Ausheben eines Grabens oder einer tiefen Fahrrinne entstandener Wasserweg, der zur Be- und Entwässerung oder zur Verbindung von zwei Schifffahrtsstraßen dient.

Kap ~ Landspitze, die in einen See oder ein Meer hinausragt.

Kartograf ~ Kartenhersteller.

Kartografie ~ die Wissenschaft von der Herstellung geografischer Karten.

Klima ~ das typische Wetter eines bestimmten Gebietes, das anhand von Durchschnittswerten über einen langen Zeitraum hinweg ermittelt wird. Die Erde lässt sich in eine Reihe von Klimazonen unterteilen.

Kompass ~ Instrument zum Ermitteln der Himmelsrichtungen, beim Magnetkompass mithilfe einer beweglichen Nadel, die sich auf das erdmagnetische Feld einstellt und deshalb stets nach Norden weist.

Koniferen ~ immergrüne Nadelhölzer, die ihre Samen in Zapfen bilden (Nacktsamer) und in der Regel dünne nadelförmige oder schuppige Blätter haben.

Königreich ~ ein Staat mit einem König oder einer Königin als Herrscher/in oder höchstem/r Repäsentanten/in.

Kontinent ~ eine der sieben großen Landmassen auf der Erde: Europa, Asien, Afrika, Nordamerika, Südamerika, Australien und Antarktis.

Korallen ~ die harten, kalkhaltigen Skelette von winzigen Korallenpolypen, die im Meer so genannte Korallenbänke oder Atolls bilden.

Kultur ~ die gemeinsame Tradition und Lebensweise einer größeren Volksgruppe.

■

Lagune ~ 1. durch einen Landstreifen (Nehrung) vom offenen Meer abgeschnittener, meist lang gestreckter Brackwasserbereich;
2. die von Korallenriffen umgebene Wasserfläche im Innern eines Atolls.

ländlich ~ das Gegenteil von städtisch oder urban.

Landmasse ~ eine große, nicht von Wasser bedeckte Landfläche. Siehe auch Kontinent.

Längengrad ~ die in Grad gemessene Entfernung östlich oder westlich des Greenwich-Nullmeridians; auch Meridian genannt.

Laubhölzer ~ Bäume und Sträucher, die im Gegensatz zu den Nadelhölzern jedes Jahr (meist im Herbst) ihr Laub abwerfen. Sie bleiben den Winter über kahl und bilden im Frühjahr neue Blätter.

■

Maßstab ~ auf Karten die Verhältnisangabe zwischen gezeichneter und tatsächlicher Entfernung.

Meerenge ~ schmale Wasserstraße zwischen zwei Landmassen; auch Meeresstraße, Enge oder Kanal genannt.

Meereshöhe ~ die Durchschnittshöhe des Meeresspiegels, die als Basis für die Höhenmessung verwendet wird.

Migration ~ Wanderbewegung von Menschen oder Tieren in einen neuen Lebensraum. Viele Tiere verlagern ihren Standort auf der Suche nach Futter oder auf der Flucht vor der Winterkälte.

Minerale, Mineralien ~ natürliche Bestandteile der Erdkruste, in der Regel feste, kristallisierte chemische Verbindungen nicht-organischer Herkunft. Zu den bekanntesten Mineralen gehören Kreide, Ton sowie viele Metalle.

■

Nomaden ~ Familiengruppen oder Stämme, die keinen festen Wohnort haben, sondern ständig umherziehen, häufig auf der Suche nach Nahrung und Wasser für sich und ihre Tiere.

Nördlicher Polarkreis ~ Breitenkreis bei 66°33' Nord, der die Grenze zur Nordpolarzone markiert. Nördlich dieser Linie herrscht im Mittsommer durchgehend Tag und im Mittwinter durchgehend Nacht.

Nordpol ~ siehe Pole.

■

Oase ~ eine Art Insel mit reichem Pflanzenwuchs in einer kargen Wüsten- oder Steppenlandschaft, meist an Stellen mit nahem Grundwasser, einer Quelle oder einem Flusslauf gelegen.

Ökosystem ~ eine Gemeinschaft von Pflanzen und Tieren, die in einer bestimmten Umgebung leben. Wird die Umgebung verändert, kann das Ökosystem gestört werden.

■

Plantage ~ Großbetrieb, der sich auf die Produkte bestimmter Bäume und Sträucher spezialisiert hat, z. B. Kautschuk, Pfirsiche, Orangen oder Kokosnüsse.

Plateau ~ jede Fläche auf Gebirgen oder Bergen, die nach allen Seiten hin abfällt; auch Hochebene oder Tafelland genannt.

Platten ~ riesige, starre Tafeln der Erdkruste, die auf dem flüssigen Erdmantel schwimmen.

Pole ~ die Endpunkte der Achse, um die sich ein Körper dreht. Bei der Erde unterscheiden wir Nordpol und Südpol. Die Region in unmittelbarer Nähe der beiden Pole bezeichnen wir als Polargebiete.

■

radioaktiv ~ Radioaktive Stoffe senden hochenergetische Teilchen in Form von unsichtbarer Strahlung aus. In der Natur kommen einige radioaktive Substanzen vor, z. B. Uran.

Regenwald ~ eine Form von dichter, meist niedriger Vegetation in Gebieten mit viel Niederschlag und besonders hoher Luftfeuchtigkeit.

Republik ~ ein Staat mit einem gewählten Vertreter, z. B. einem Präsidenten, an der Spitze.

Reservoir ~ künstlicher, meist durch einen Damm aufgestauter See.

Ressourcen ~ Rohstoffe und Energieträger, die sich in bestimmten Gebieten der Erde befinden und für die dortigen Bewohner einen Wirtschaftsfaktor darstellen. Es gibt Ressourcen, die nachwachsen oder sich erneuern, z. B. Bäume, Wasser, Wellen, und andere, die eines Tages verbraucht sein werden, z. B. Kohle und andere Mineralien.

Riff ~ eine Felsen-, Sand- oder Korallenerhebung, die nur selten (als Klippe) aus dem Wasser ragt.

Rohstoffe ~ Stoffe im Naturzustand pflanzlichen, tierischen oder mineralischen Ursprungs, die sich zu nützlichen Produkten verarbeiten lassen, z. B. Holz, Kohle oder Kaffeebohnen. Rohstoffe bezeichnet man auch als Ressourcen.

■

Saurer Regen ~ Regen, der sich mit den Schadstoffen in der Atmosphäre zu einer Säure verbindet. Er kann zu einem Pflanzensterben führen und Gebäudeschäden verursachen.

Savanne ~ von einzelnen Bäumen und Sträuchern durchsetztes Grasland. Die meisten Savannen gibt es in Tropengebieten mit starken Sommerregen.

Schlucht ~ ein enges, tiefes Felsental.

Spezies ~ Tiere oder Pflanzen der gleichen Art.

Steppe ~ Grasland mit Sommertrockenheit und Winterkälte, das weite Teile Osteuropas und Zentralasiens bedeckt.

Straße ~ schmaler Wasserstreifen, der zwei größere Gewässer miteinander verbindet. Siehe auch Meerenge.

Südlicher Polarkreis ~ Breitenkreis bei 66°33' Süd, der die Grenze zur Südpolarzone markiert. Südlich dieser Linie herrscht im Mittsommer durchgehend Tag und im Mittwinter durchgehend Nacht.

Südpol ~ siehe Pole.

Sumpfland, Marschland ~ Feuchtgebiet mit Vegetation, die der Nässe angepasst ist.

■

Tal ~ lang gestreckte, nach einer Seite geöffnete Vertiefung im Gelände, fast immer von Wasserläufen ausgewaschen.

Technologie ~ der Einsatz von Wissenschaft und Technik zur Durchführung bestimmter Aufgaben oder Lösung bestimmter Probleme. Der Begriff wird zunehmend in der gleichen Bedeutung wie Technik benutzt.

Territorium ~ 1. allgemein größeres Gebiet; 2. Staatsgebiet; 3. von einem Staat regierte Landfläche, der sich auf einem anderen Erdteil befindet.

Textilien ~ Sammelbegriff für gesponnene, gewirkte, gewebte oder gestrickte Faden- und Faserstoffe.

Tropen ~ die heißen, niederschlagsreichen Gebiete der Erde, die sich in Äquatornähe befinden. Sie liegen zwischen den Breitengraden 23°27' Nord und Süd, die man als Wendekreise (des Krebses bzw. des Steinbocks) bezeichnet, weil hier die Sonne ihre scheinbare Bewegungsrichtung umkehrt.

Tundra ~ baumlose Zone mit niedrigen Temperaturen, geringem Niederschlag und Dauerfrostböden, deren Vegetation aus Moosen, Flechten und Zwergstrauchheide besteht. Die meisten Tundragebiete finden wir in der Nähe des Polarkreises sowie in großen Höhen.

■

Umwelt ~ die natürliche Umgebung einer Pflanzen- und Tiergemeinschaft, insbesondere hinsichtlich geografischer Lage, Klima und Bodenbeschaffenheit.

urban ~ städtisch, auf Stadtbesiedlung bezogen.

■

Vegetation ~ die für eine bestimmte Region typische Pflanzengemeinschaft.

Viehhaltung ~ Zucht und/oder Haltung von Tieren wie Rindern oder Schafen zur Gewinnung von Milchprodukten, Fleisch, Wolle, Häuten usw.

Vulkan ~ eine Stelle der Erdkruste, an der Magma und Gase aus dem Erdinnern austreten; im engeren Sinn ein Berg, der sich bei diesem Prozess bildet.

■

Währung ~ das in einem Land benutzte Zahlungsmittel.

Wald ~ vorwiegend von Bäumen und Sträuchern bedeckte Fläche; man unterscheidet zwischen Naturwald und Wirtschaftswald; außerdem je nach Klima- und Vegetationszone zwischen tropischen und subtropischen Regenwäldern, Mangrovenwäldern, Hochwäldern, Trockenwäldern, Hartlaubwäldern, sommergrünen Laubwäldern, Nadelwäldern und Mischwäldern.

Wendekreise (Tropici) ~ siehe Tropen.

Wüste ~ trockene Region mit geringen Niederschlägen und spärlicher, langen Dürreperioden angepasster Vegetation.

■

Zeitzonen ~ Gebiete, die entlang von 24 Längengraden (ausgehend vom Nullmeridian) die gleiche Zonenzeit haben. Allgemein kann man sagen, dass die Zeitzonen von West nach Ost jeweils um eine Stunde nach vorn verschoben sind.

Register und Ortsverzeichnis

A

B

C

D

E

F

G

M

N

O

P

Q

R

U

V

W

X

Y

Z

Danksagungen

Weldon Owen möchte folgenden Personen für ihre Hilfe bei der Fertigstellung dieses Buches danken:
Helen Bateman, Anthony Burton, Alastair Campbell, Jo Collard, Melanie Corfield, Simon Corfield, Sharon Dalgleish, Libby Frederico, Kathy Gammon, Kathy Gerrard, Janine Googan, Greg Hassall, Lynn Humphries, Chris Jackson, Megan Johnston, Ralph Kelly, Jennifer Le Gras, Rosemary McDonald, Kylie Mulquin, Nicholas Rowland, Rachel Smith, Julie Stanton, Dawn Titmus, Greg Tobin, Wendy van Buuren, Michael Wyatt

Kartographisches Quellen: U.S. Central Intelligence Agency; International Boundaries Research Unit, Durham University, Großbritannien; U.S. Geographer General

Bildnachweis: 14 unten links, **David Weintraub**/The Photo Library – Sydney; 14 unten Mitte, **Stephen Wilkes**/The Image Bank; 14 unten rechts, **Mats Wibe Lund**/Icelandic Photo; 15 Mitte ganz rechts, **David Hardy**/SPL/The Photo Library – Sydney; 15 unten links, **Francois Gohier**/Ardea London; 15 unten Mitte, **B. McDairmant**/Ardea London; 15 unten rechts, **International Photo Library**; 16 oben ganz rechts, **Robert Harding** Picture Library; 16 unten, **David W. Hamilton**/The Image Bank; 17 oben links, **Jeffrey C. Drewitz**/The Photo Library – Sydney; 17 oben Mitte links, **Sobel/Klonsky**/The Image Bank; 17 oben Mitte, **Horizon International**; 17 oben Mitte rechts, **Staffan Widstrand**/Bruce Coleman Limited; 17 oben rechts, **Christer Fredriksson**/Bruce Coleman Limited; 19 oben Mitte, **Alain Compost**/Bruce Coleman Limited; 27 oben, **Horizon International**; 27 Mitte, **Shone/Gamma/Picturemedia**; 27 unten, **Witt/Sipa Press**/The Photo Library – Sydney; 30 Mitte links, AFP/AAP; 31 oben Mitte, AP/AAP Amy Sanchetta; 31 unten Mitte, AFP/AAP Vidon

Der große illustrierte Atlas

Weltraum

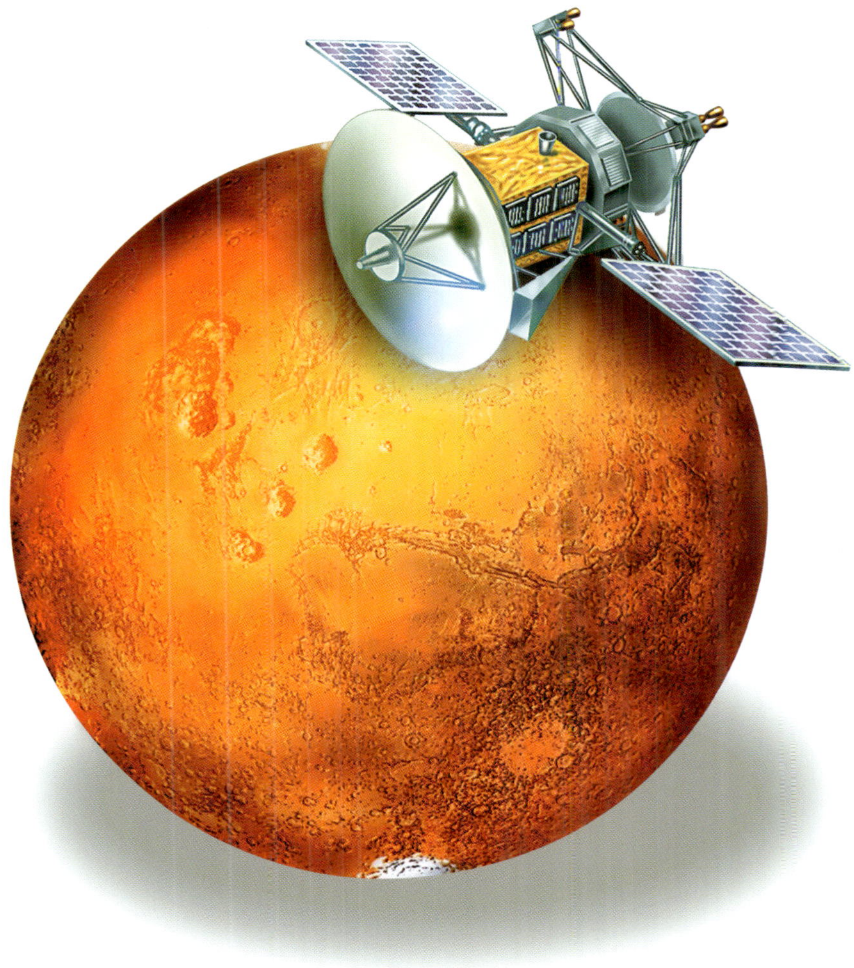

TESSLOFF

INHALT

UNSER SONNENSYSTEM

Die Tiefen des Alls

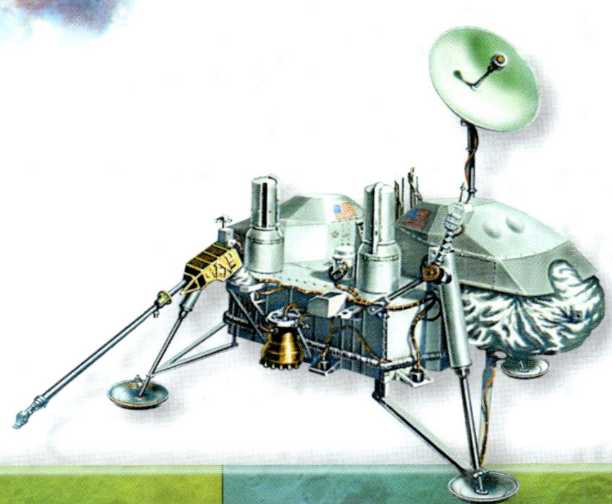

Himmelsbeobachtung

Hinweise zur Benutzung

Der grosse illustrierte Weltraum-Atlas lädt euch zu einer faszinierenden Reise durch den Weltraum ein. Ehe ihr jedoch startet, solltet ihr euch die Einführung (S. 136–155) ansehen. Darin erfahrt ihr zunächst, wie das Universum aufgebaut ist und welchen Platz die Erde darin einnimmt. Die übrigen Seiten behandeln die Geschichte der Astronomie von frühgeschichtlichen Zeiten bis in die jüngste Gegenwart mit ihren hochmodernen Satelliten-Teleskopen und Raumsonden.

Der Teil über unser Sonnensystem (S. 156–191) macht euch mit den Nachbarn der Erde bekannt. Anschauliche Karten und eine Fülle großartiger Aufnahmen zeigen euch die Sonne und die Himmelskörper, die sie umkreisen – neun Planeten, 153 Monde sowie zahllose Asteroiden und Kometen.

Danach begeben wir uns ins Reich der Sterne und Galaxien (S. 192–215). Dort, im interstellaren Raum, lernt ihr Sternhaufen, Supernova-Explosionen und Schwarze Löcher und die Entstehungsgeschichte des Universums kennen.

Das Kapitel zur Himmelskunde (S. 216–237) enthält 16 Sternkarten, mit deren Hilfe ihr die bekanntesten Sterne und Sternbilder mit bloßem Auge, durch ein Fernglas oder durch ein Teleskop ausfindig machen könnt.

Ein Lexikonteil mit Fakten und Zahlen (S. 238–250) enthält alles Wissenswerte über Planeten, Monde, Asteroiden, Kometen, Meteore, Sonnen- und Mondfinsternisse, Sterne und Galaxien. Ganz am Ende dieses Bandes findet ihr noch ein Glossar (S. 250–253), das die im Text verwendeten Fachbegriffe erklärt, und ein umfassendes Register (S. 254–256).

Unser Sonnensystem (S. 156–191)

Abschnittssymbol Jeder Atlasteil ist mit einem eigenen Symbol gekennzeichnet.

Fotografien Der Atlas verwendet neueste Fotos von Raumsonden.

Steckbriefe Hier steht alles Wesentliche über ein Himmelsobjekt, z. B. seine Größe, sein Abstand von der Sonne oder die Länge seines Tages.

Mach mit Diese Kästchen enthalten Versuche und Experimente. Sie helfen euch, das Thema besser zu verstehen.

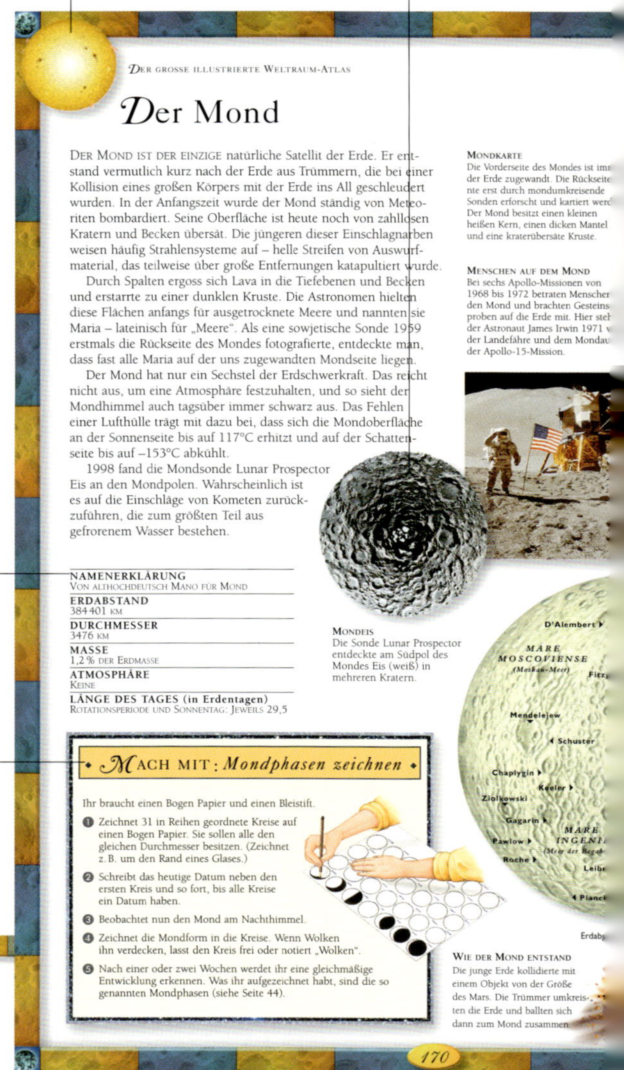

Himmelskunde (S. 216–237)

Sterne im Jahreslauf Die Überschrift zeigt, für welche Jahreszeit und für welchen Standort auf der Erde die Sternkarten gelten.

Wissenswertes Dieses illustrierte Kästchen bietet eine interessante Zusatzinformation zum jeweiligen Thema.

Sternkarten Jede Karte zeigt die Himmelshälfte, die ihr seht, wenn ihr nach Norden bzw. nach Süden blickt.

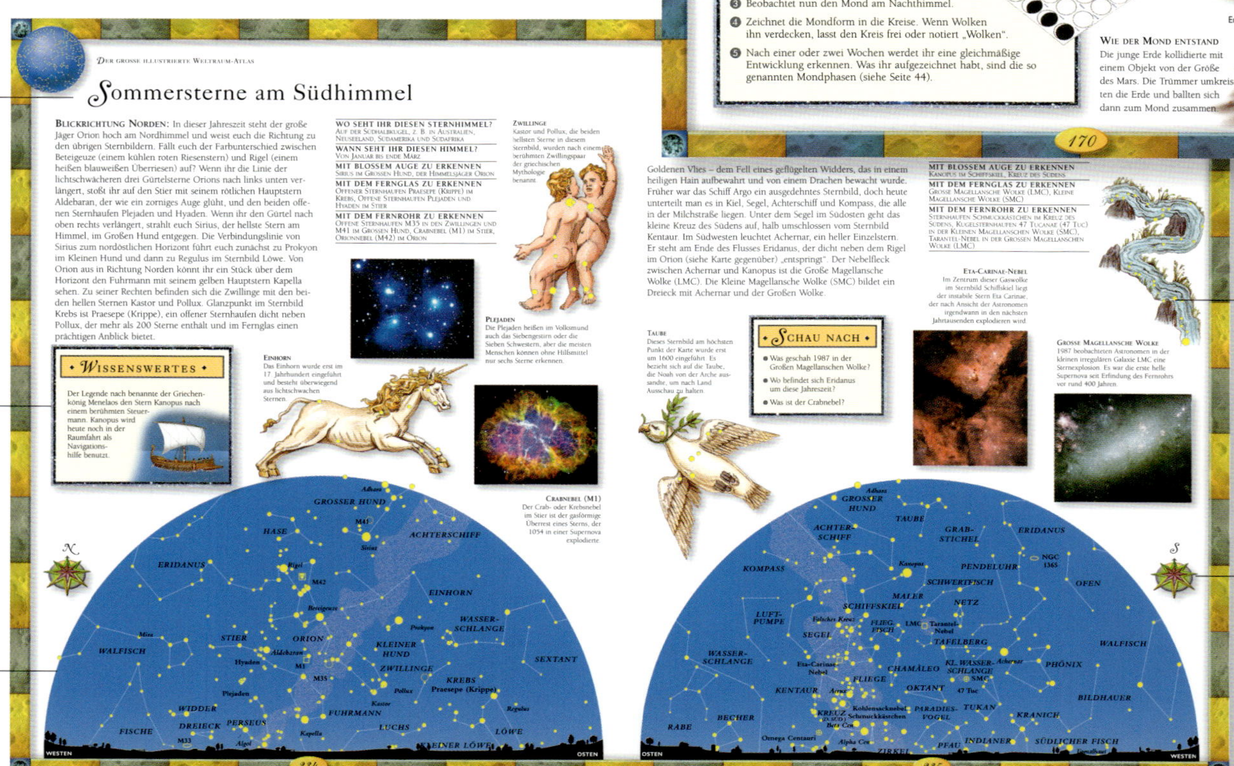

Die Tiefen des Alls (S. 192 – 215)

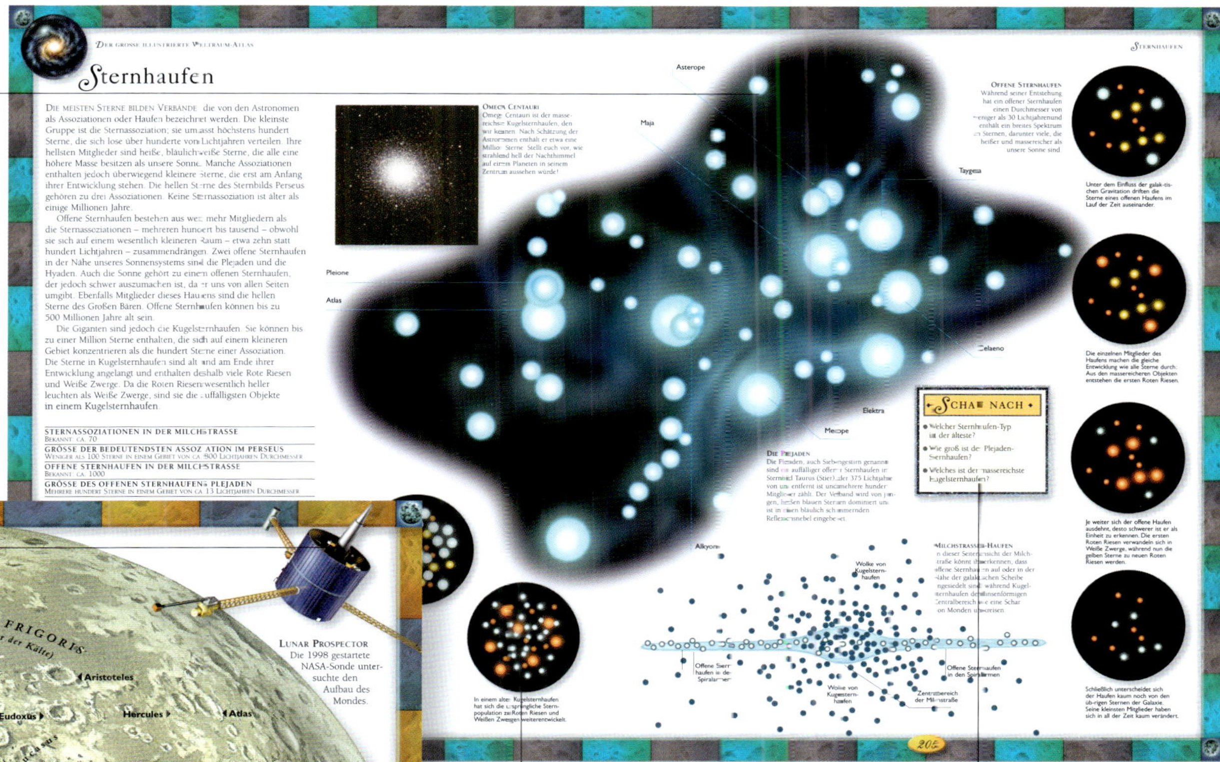

Hauptbild Ein beherrschendes Hauptbild hebt das Thema hervor. Auf der Doppelseite über Sternhaufen zeigt das Hauptbild die Sterne in einem offenen Sternhaufen.

Schnittkegel Solche Kegel zeigen den inneren Aufbau eines Himmelskörpers.

Raumsonde Raumsonden, die den Himmelskörper besucht haben, sind in der Ecke oben rechts abgebildet.

Grafiken Gut verständliche, farbige Grafiken helfen euch, die oft schwierigen Zusammenhänge kosmischer Phänomene zu verstehen.

Schau nach Damit ihr die hier gestellten Fragen beantworten könnt, müsst ihr euch Texte und Bilder auf den Seiten genau ansehen.

Karte Sie bezeichnet und benennt die Oberflächenmerkmale eines Himmelskörpers.

Position Die Stellung des Himmelskörpers im Sonnensystem ist farbig markiert.

Fakten und Zahlen/ Glossar (S. 238 – 253)

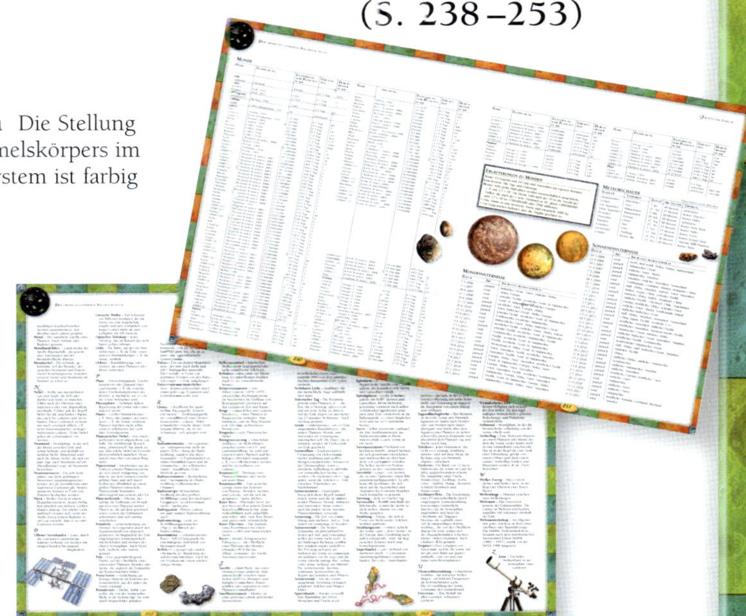

Figuren in Sternbildern Sie helfen euch, mythologische Gestalten in Sternbildern zu erkennen.

Rand-Illustrationen Sie liefern zusätzliche Informationen zum Hauptthema.

Farbiger Rand Jeder Atlasteil ist mit einer anderen Farbe umrandet.

Symbolkode

Kompass Der Kompass zeigt euch an, ob ihr zum Lesen dieser Karte nach Norden oder nach Süden blicken müsst.

Einführung

Unser Sonnensystem

Die Tiefen des Alls

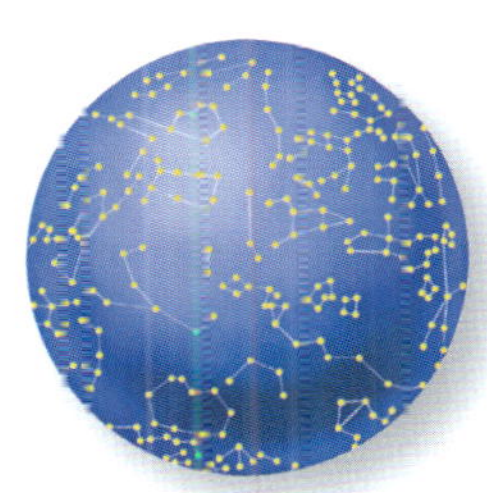
Himmelsbeobachtung

Fakten und Zahlen/ Glossar

Unsere Nachbarn im All

DEN MEISTEN MENSCHEN erscheint die Erde riesengroß: Viele verbringen ihr ganzes Leben in den engen Grenzen der näheren Heimat. Die Himmelskunde oder Astronomie führt weit über diese vertraute Welt hinaus. Sie legt neue Maßstäbe an und versucht herauszufinden, welchen Platz die Erde im Universum einnimmt.

Wie Späher, die das Land von einer Hügelkuppe aus überblicken, haben Astronomen ihre Teleskope auf die Welten jenseits der Erde gerichtet. Sie haben herausgefunden, dass die Sonne ein Stern ist, der in etwa die 330 000fache Masse der Erde besitzt. Sie wissen, dass die Erde und die übrigen Planeten in festen Bahnen um die Sonne kreisen und zu einer Familie – dem Sonnensystem – gehören. Die meisten Planeten haben ebenfalls ihre „Familien". Während die Erde nur einen Mond als Begleiter aufweist, ist Mars von zwei Monden und Saturn sogar von mindestens 46 Monden und von Ringen umgeben. Auch kleinere Himmelskörper wie Asteroiden und Kometen ziehen ihre Bahnen um die Sonne. Asteroiden sind felsige oder metallhaltige Kleinplaneten, die mitunter bis zu 500 km Durchmesser erreichen. Kometen haben oft nur einen Durchmesser von wenigen Kilometern, können jedoch spektakuläre Schweife entwickeln, die sich über Millionen von Kilometern erstrecken. Bis zur Mitte des 20. Jahrhunderts waren die Astronomen auf die Physik und Teleskop-Beobachtungen angewiesen, wenn sie die Größe der Sonne und ihrer Planeten oder ihre Abstände bestimmen wollten. So ermittelten sie, dass die Erde knapp 150 Millionen km von der Sonne entfernt ist, setzten diese Zahl als Astronomische Einheit (oder AE) fest und benutzten sie als Vergleichswert für die übrigen Planetenabstände im Sonnensystem. Heute liefern Radarmessungen und Raumsonden wesentlich genauere Zahlen – doch auch sie zeugen von der unermesslichen Weite des Sonnensystems.

SPÄHER INS ALL
Das vor 400 Jahren erfundene Fernrohr oder Teleskop liefert eine vergrößerte Ansicht der Himmelsnachbarn. Bereits mit einem kleinen Teleskop könnt ihr die Krater des Erdmondes und die Ringe des Saturn erkennen.

1 Großstadt
Die meisten Aktivitäten der Menschen brauchen relativ wenig Platz. Die Nord-Süd-Ausdehnung der Stadt Chicago beträgt zum Beispiel nicht einmal 100 km.

GRÖSSENVERGLEICH
Eine Großstadt mit ihrem Straßen- und Häusergewirr mag euch gigantisch erscheinen, aber verglichen mit den Entfernungen im Sonnensystem ist sie winzig klein. So könntet ihr Chicago bei einem Tempo von 100 km/h in etwa einer Stunde durchqueren, während eine Fahrt zum Mond bei der gleichen Geschwindigkeit $5^{1}/_{2}$ Monate und eine Reise zur Sonne nicht weniger als 175 Jahre dauern würde.

HELLE BESUCHER
Kometen verbringen die meiste Zeit fern von uns im Sonnensystem. Nur wenn sie bis in die Nähe des Zentralgestirns vordringen, entwickeln sie leuchtende Schweife – wie der Komet Hyakutake, der 1996 am Nachthimmel auftauchte.

◆ WISSENSWERTES ◆

Die Erde umrundet die Sonne einmal in $365\,^{1}/_{4}$ Tagen und legt dabei eine Strecke von 940 Millionen km im Jahr zurück. Das bedeutet, dass die Erde in diesem Moment mit einer Geschwindigkeit von mehr als 107 000 km/h durch das All rast.

UNSER KRATERBEDECKTER MOND
Der Mond ist der einzige Himmelskörper, den Menschen je betreten haben. Obwohl Astronomen seit langem ihre Fernrohre auf seine Oberfläche richten, konnten viele Fragen über den Mond erst beantwortet werden, nachdem Astronauten Proben des Mondgesteins mit auf die Erde brachten.

Landung auf dem Mars
Im März 1976 setzte die unbemannte Raumsonde Viking 2 eine Landefähre auf dem Planeten Mars ab. Die Bilder, die der Viking-Lander zur Erde funkte, zeigten eine rote Sand- und Geröllwüste.

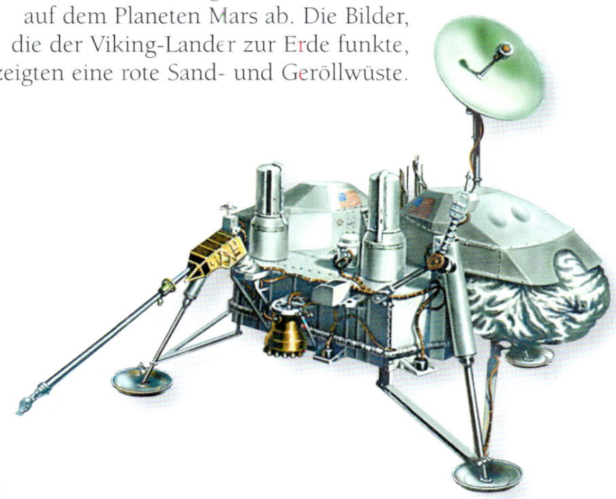

Nahaufnahme von Saturn
Saturn bietet in jedem Teleskop einen imposanten Anblick, aber erst die Voyager-Sonden, die 1980 und 1981 an dem Ringplaneten vorbeiflogen, lieferten neben einer Fülle von Daten solche atemberaubenden Bilder.

3 Sonnensystem
Die Erde ist der dritte von insgesamt neun Planeten, die um unsere Sonne kreisen. Ihr mittlerer Bahnabstand beträgt 150 Millionen km oder 1 AE. Im Vergleich dazu ist Merkur 0,4 AE, Mars 1,5 AE, Jupiter 5,2 AE und Neptun 30,1 AE von der Sonne entfernt.

2 Erde und Mond
Von allen Himmelskörpern kommt der Mond der Erde am nächsten. Dennoch ist er nach unserem Maßstab unendlich fern. Sein mittlerer Bahnabstand zur Erde beläuft sich auf 30 Erddurchmesser oder 384 401 km.

Die Milchstraße

Die Sonne ist nur einer von 200 Milliarden Sternen in einem System, das wir als Milchstraße oder Galaxis bezeichnen. Jenseits des Sonnensystems messen die Astronomen Entfernungen in Lichtjahren – ein Lichtjahr ist die Strecke, die das Licht in einem Jahr zurücklegt. Da sich das Licht mit 300 000 km in der Sekunde fortpflanzt, sind das pro Jahr knapp 10 Billionen km. Die Galaxis hat die Form einer flachen Scheibe mit Spiralarmen, die sich um ihr Zentrum dreht. Ihr Durchmesser beträgt ungefähr 100 000 Lichtjahre, ihre Dicke rund 1000 Lichtjahre.

So wie die Erde nicht das Zentrum des Sonnensystems bildet, ist die Sonne nicht der Mittelpunkt der Galaxis. Sie kreist 33 000 Lichtjahre vom Zentrum entfernt im äußeren Drittel der Milchstraße. Bis die Sonne das Zentrum der Galaxis einmal umrundet hat, vergehen etwa 226 Millionen Jahre.

Da das Licht für seine Reise Zeit benötigt, blicken wir praktisch in die Vergangenheit. Je tiefer wir in das All schauen, desto größer wird der Unterschied zwischen unserer Gegenwart und dem Zeitpunkt, zu dem das Licht von einem weit entfernten Himmelskörper ausgesandt wurde. Den Mond, der 1,3 Lichtsekunden von uns entfernt ist, sehen wir so, wie er vor 1,3 Sekunden aussah. Der nächste Stern, Alpha Centauri, ist 4,3 Lichtjahre entfernt – wir sehen ihn so, wie er vor 4,3 Jahren war. Wenn wir auf den fernen Rand der Galaxis blicken, sehen wir 80 000 Jahre in die Vergangenheit. Ein Beobachter, der vom Rand der Milchstraße auf die Erde schaute, würde sie so sehen, wie sie vor 80 000 Jahren war!

❶ **Sonnensystem**
Auch wenn uns das Sonnensystem mit seinen Planeten und Monden unermesslich erscheint, ist es doch nur ein winziger Punkt unter den Millionen Sternen der Milchstraße.

Jenseits des Sonnensystems
Wenn wir das Sonnensystem verlassen, ändert sich die Szenerie. Waren Planeten, Monde, Asteroiden und Kometen die häufigsten Himmelskörper im Sonnensystem, so bestehen die Milchstraße und andere Galaxien vorwiegend aus Sternen.

Entfernungsbestimmung
Astronomen können die Entfernung eines Sterns ermitteln, indem sie seine Parallaxe bestimmen – die scheinbare Verschiebung seiner Position, die sich ergibt, wenn man ihn von gegenüberliegenden Punkten der Erdbahn anvisiert. Je größer die Verschiebung, desto näher ist der Stern der Erde.

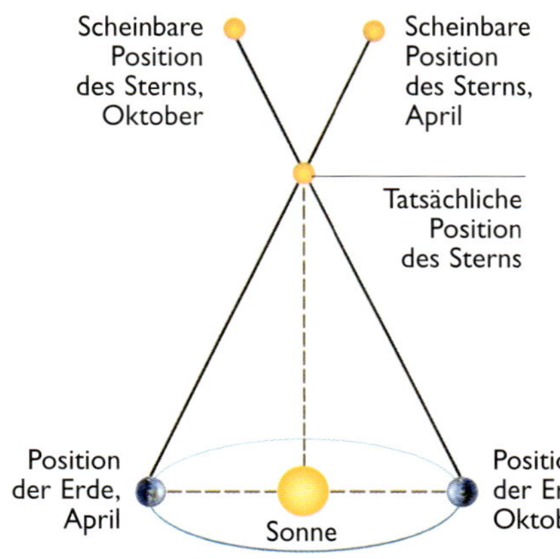

◆ Mach mit: *Parallaxe* ◆

❶ Haltet einen Bleistift senkrecht in Armlänge vor ein Bücherregal oder Fenster. Schließt das linke Auge (oder deckt es mit der Hand zu) und haltet fest, wo sich der Bleistift vor dem Hintergrund befindet.

❷ Schließt (oder bedeckt) das rechte Auge, ohne Bleistift oder Kopf zu bewegen, und öffnet das linke. Die scheinbare Verschiebung des Bleistifts gegen den Hintergrund ist seine Parallaxe.

Astronomen bestimmen die Entfernung naher Sterne, indem sie ihre Parallaxe im Abstand von 6 Monaten messen, wenn die Erde von einer Seite der Sonne auf die andere gewandert ist (siehe Diagramm oben).

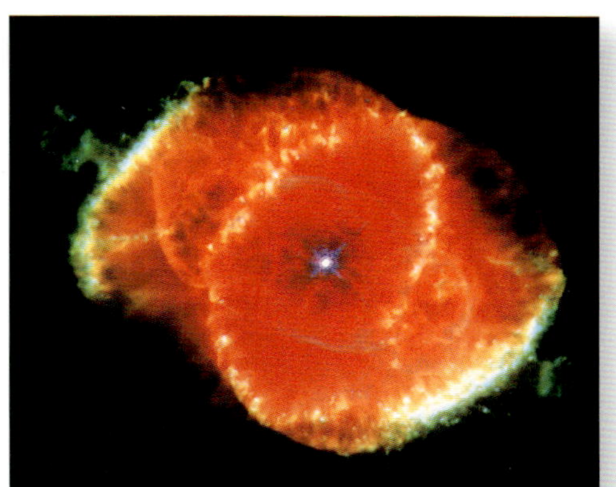

Geburt und Tod von Sternen
Unsere Galaxis enthält viele Gaswolken, die so genannten Nebel. Manche – wie der Rosettennebel (oben) – sind die Geburtsstätte junger Sterne. Andere Nebel – wie das Objekt NGC 6543 (rechts) – sind Überreste sterbender Sterne, die ihre äußeren Gashüllen durch eine Explosion ins All schleudern.

STERNHAUFEN
Der als M22 bekannte Sternhaufen ist einer von über 100 Kugelsternhaufen, die wie Monde um die Milchstraße kreisen. Jeder Haufen enthält zwischen 100 000 und einer Million Sterne.

SCHARFE AUGEN
Das VLA („Very Large Array") ist eine Radioteleskop-Anlage, die sich aus 27 Einzelantennen zusammensetzt. Sie dringt mithilfe von Radiowellen durch die Staub- und Gasansammlungen der Milchstraße bis ins Herz der Galaxis vor.

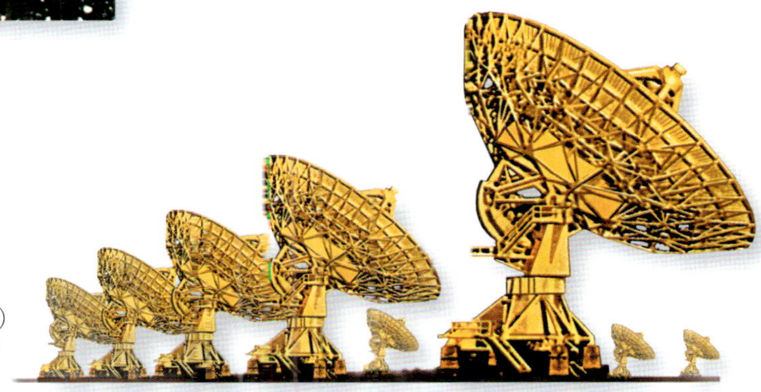

3 Milchstraße
Die nächsten Nachbarn der Milchstraße sind zwei kleine Galaxien, die Große und die Kleine Magellansche Wolke. Die Große Wolke (oben rechts) ist 179 000 Lichtjahre, die Kleine Wolke (unten rechts) 210 000 Lichtjahre entfernt. Astronomen gehen davon aus, dass sie eines Tages mit der Milchstraße verschmelzen werden.

2 Spiralarm der Milchstraße
Mithilfe von Radioteleskopen wurden die Gas- und Staubansammlungen in der Milchstraße kartiert. Diese Karten verraten den Astronomen, dass die Milchstraße eine Spiralgalaxie ist und dass sich unsere Sonne im Ausläufer eines ihrer Spiralarme befindet.

Der Kosmos

So wie unser Sonnensystem als winziger Punkt in der sternenübersäten Milchstraße erscheint, ist die Galaxis selbst nur ein unbedeutender Klecks in der unermesslichen Weite des Alls. Sie gehört zu einem Verband von etwa 35 meist kleineren Galaxien, der Lokalen Gruppe. Die Lokale Gruppe hat einen Durchmesser von rund 8 Millionen Lichtjahren, aber auch sie ist nur einer von vielen Galaxienhaufen, die das Universum bevölkern.

Der Begriff *cosmos* kommt aus dem Griechischen und bedeutet „Ordnung". Astronomen, die sich mit dem Aufbau des Universums befassen, nennt man Kosmologen. Sie benötigen besonders große und hoch auflösende Teleskope, um das kaum noch wahrnehmbare Licht zu erkennen, das von den fernsten Galaxien ausgesandt wird. Die Kosmologen haben herausgefunden, dass Galaxien die Grundbausteine des Universums sind. Die Galaxien bilden meist Verbände wie die Lokale Gruppe; diese wiederum gehören übergeordneten Verbänden an. (So ist die Lokale Gruppe ein Mitglied des Lokalen Superhaufens.) Aber auch die Superhaufen schließen sich zu immer größeren Verbänden zusammen.

Wo endet all dies? Niemand weiß es genau. Astronomen spürten mithilfe eines speziellen Raumteleskops das verklingende Echo des Urknalls oder „Big Bang" auf, einer gewaltigen Explosion, aus der das Universum entstand. Dieses Echo lässt darauf schließen, dass es in der Frühzeit des Universums keine Galaxien, Sterne oder sonstigen Strukturen gab. Wodurch dieser Zustand der gleichmäßigen Materieverteilung endete und wie sich die ersten Galaxien zusammenballten, ist bis heute ein Rätsel. Wenn der Urknall, wie die Astronomen schätzen, vor 12 bis 15 Milliarden Jahren erfolgte, wäre die äußere Grenze des Universums 12 bis 15 Milliarden Lichtjahre von uns entfernt.

1 Milchstraße
Galaxien sind die Bausteine des Kosmos. Die Milchstraße ist eine Spiralgalaxie. Andere Galaxien sind elliptisch oder irregulär geformt.

Jenseits der Milchstrasse
Trotz ihrer Größe ist die Milchstraße nur ein winziger Teil des Universums. Die kosmischen Dimensionen sind so gewaltig, dass selbst die Lichtgeschwindigkeit als Maßstab kaum noch ausreicht. So ist das Licht der benachbarten Andromeda-Galaxie (M31) mehr als zwei Millionen Lichtjahre unterwegs, ehe es zu uns gelangt.

Mach mit: *Leben im Kosmos*

Vielleicht gibt es irgendwo in der Milchstraße oder anderen Galaxien Welten, auf denen Leben gedeiht. Bis jetzt ist darüber nichts bekannt, aber die chemischen Prozesse, die Leben entstehen lassen, scheinen überall im Universum gleich zu sein. Überlegt euch einmal, welche Lebensformen die unten aufgeführten Planeten bevölkern könnten. Wie groß müssten diese Lebewesen sein? Wie würden sie atmen, wie sich fortbewegen, wie essen und wie trinken?

1. Ein Planet mit sehr geringer Schwerkraft.
2. Ein Planet mit sehr hoher Schwerkraft.
3. Ein kalter Planet, der von seinem Stern viel weiter weg ist als die Erde von der Sonne.
4. Ein heißer Planet, der an seinem Stern viel näher dran ist als die Erde an der Sonne.
5. Ein Gasplanet ohne feste Oberfläche.

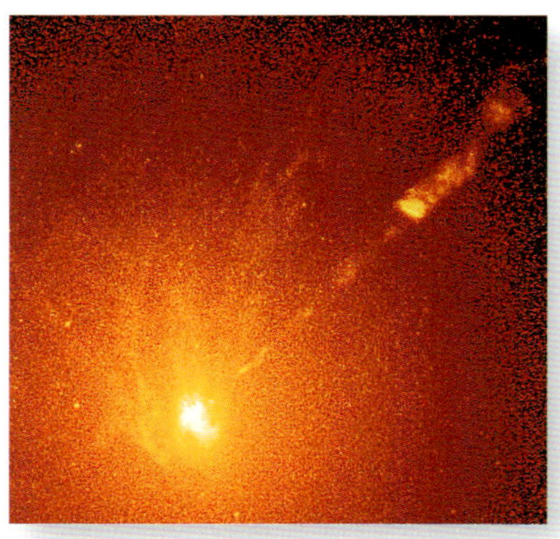

Galaxien und Schwarze Löcher
Die elliptische Riesengalaxie M87 sendet starke Radiosignale aus. In ihrem Innern befindet sich wahrscheinlich ein Schwarzes Loch – ein extrem dichtes Objekt, das man nicht sehen kann, das jedoch Gas aus seiner Umgebung einsaugt.

Galaktische Begegnung
Manchmal driften die Galaxien in einem Galaxienhaufen dicht aneinander vorbei oder stoßen sogar zusammen. Zwar kommt es dabei selten zu richtigen Sternkollisionen, aber beide Galaxien verändern ihre Form.

SOMBRERO-NEBEL
Die Spiralgalaxie im Sternbild Jungfrau (Virgo) verdankt ihrer markanten Hutform ihren Namen. Die breite Zentralebene dieser Galaxie, die wir von der Seitenkante aus sehen, wird durch einen auffallenden dunklen Staubstreifen markiert.

SATELLITEN-OBSERVATORIUM
Mithilfe des ISO (Infrared Space Observatory) untersuchten die Astronomen vom Weltraum aus Wasserwolken in fernen Galaxien und Staub im Coma-Galaxienhaufen.

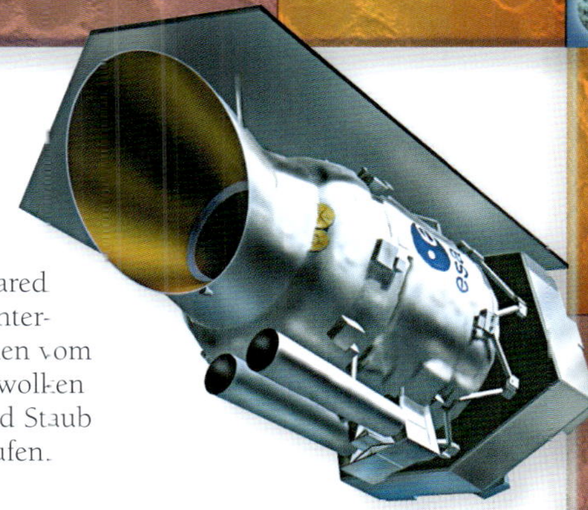

GROSS-TELESKOP
Je größer ein Fernrohr ist, desto mehr Licht fängt es ein. Gigantische Instrumente wie das VLT (Very Large Telescope) in Chile unterstützen die Astronomen bei der Erforschung ferner, schwach leuchtender Galaxien.

❸ Kosmische Strukturen
Galaxien scheinen sich zu Gruppen und diese zu größeren Haufen zusammenzuschließen. Kosmologen untersuchen, wie solche Strukturen entstehen und sich weiter entwickeln.

❷ Lokale Gruppe
Die Lokale Gruppe, der zirka 35 Galaxien angehören, wird von der Milchstraße sowie zwei weiteren großen Spiralgalaxien – dem Andromedanebel (M31) oben links und dem Dreiecksnebel (M33) rechts – beherrscht. Die übrigen Galaxien sind eher klein; einige davon ähneln den Magellanschen Wolken.

Die ersten Himmelsbeobachter

DIE HIMMELSKUNDE IST SO ALT wie die Menschheit selbst. Von Anfang an dienten die Gestirne unseren Vorfahren als Zeitmesser und Kalender. Sonnenaufgang und -untergang markierten Tag und Nacht, während die Mondphasen den Ablauf eines Monats bestimmten. Die Sonne erschien Tag für Tag an einem anderen Punkt des Horizonts und durchwanderte dabei einen Zyklus, der einem Jahr entsprach. Auf der Suche nach Erklärungen erfanden die Menschen der Frühzeit Geschichten von Göttern und Ungeheuern, deren Umrisse sie in bestimmten Sternbildern zu sehen glaubten. Viele der Sternbildnamen haben sich bis heute erhalten.

In den alten Hochkulturen von Sumer, Babylonien und Ägypten verzeichneten die Astronomen den Auf- und Untergang von Gestirnen, legten Listen mit besonderen Himmelsereignissen wie Finsternissen an und stellten Kalender zusammen, um die beste Zeit für die Aussaat und Ernte zu bestimmen. Ihrer scharfen Beobachtung entging nicht, dass die Sonne alljährlich ein Band von zwölf Sternbildern zu durchlaufen schien, das wir als Tierkreis bezeichnen. Auch fiel ihnen auf, dass sich einige Sterne innerhalb des Tierkreises bewegten – eine Erscheinung, die ihnen Rätsel aufgab. Heute wissen wir, dass es sich bei diesen Himmelskörpern um Planeten handelt.

Chinesische Astronomen berechneten schon früh, dass ein Jahr aus 365 1/4 Tagen besteht. Sie beobachteten außerdem Kometen, Sonnen- und Mondfinsternisse und explodierende Sterne, die Supernovae. In der Neuen Welt errichteten die Maya im Süden Mexikos Tempel, die sie für astronomische Zwecke nutzten, und entwickelten einen Kalender, der auf den Bewegungen des Planeten Venus beruhte. Auch für die Azteken Zentralmexikos spielte die Venus eine wichtige Rolle. Sie ordneten den Planeten einem Gott zu, der die Lebenskraft symbolisierte.

PLANETENGÖTTER
Die alten Griechen sahen in den Planeten ihre Götter. Die Römer übernahmen dieses System. Noch heute verwenden wir ihre lateinischen Namen. Als schnellster Planet heißt Merkur nach dem Götterboten.

BABYLONISCHE ASTRONOMIE
Die Astronomen in Babylonien (dem heutigen Irak) verzeichneten bereits vor mehr als 2500 Jahren die Bewegungen von Sternen und Planeten auf Tontafeln.

DIE ERDE IM ZENTRUM
Bei frühen Weltallmodellen wie diesem kreisen Sonne, Mond und Planeten um die Erde. Noch heute sprechen wir davon, dass die Sonne „aufgeht" und „untergeht", obwohl sich in Wahrheit die Erde bewegt. Die hier abgebildeten Tiere und Figuren sind die zwölf Tierkreissternbilder, welche die Sonne auf ihrer scheinbaren Himmelsbahn Jahr für Jahr durchläuft.

WISSENSWERTES

Bei diesem 32 000 Jahre alten Rentierknochen könnte es sich um das älteste astronomische Zeugnis der Welt handeln. Archäologen vermuten, dass die Zeichen aufeinander folgende Mondphasen darstellen.

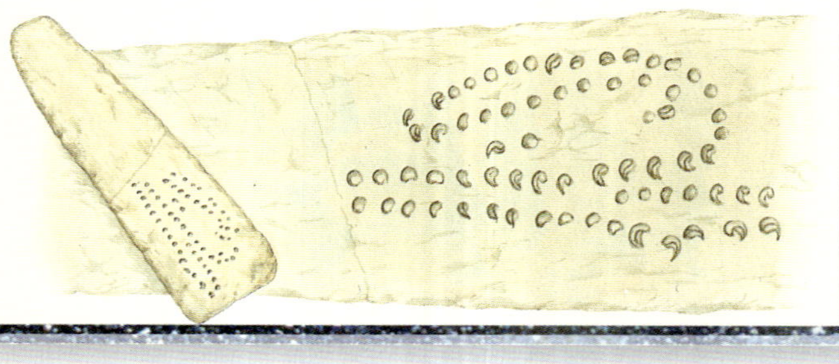

Ägyptische Sternbilder
Diese Sternbilder schmücken ein Pharaonengrab. Die ägyptischen Astronomen berechneten den Auf- und Untergang heller Sterne wie Sirius. Außerdem teilten sie den Tag und die Nacht bereits in jeweils zwölf Stunden ein.

Schau nach

- Woher kommen die Namen unserer Planeten?
- Wie viele Sternbilder enthält der Tierkreis?
- Wozu dienten die Steinkreise von Stonehenge?

Sonnengottheit
Dies ist eine Sonnengott-Maske der Ureinwohner Amerikas. Die Leben spendende Sonne wurde in vielen Frühkulturen als Hauptgottheit verehrt. Daneben gab es meist eine Mondgöttin, die über die Nacht regierte.

Stonehenge
Die vor mehr als 4000 Jahren errichteten Steinkreise von Stonehenge in England dienten der Himmelsbeobachtung. Zu Beginn des Sommers ging die Sonne zwischen den Steinsäulen auf.

Mach mit: *Der Weg der Sonne*

Für dieses Projekt müsst ihr einen Platz finden, wo ihr den Sonnenauf- oder -untergang über dem Horizont sehen könnt.

1. Wählt eine Stelle im Osten oder Westen, wo ein Baum oder Mast eine Linie z. B. mit einem fernen Kirchturm bildet.
2. Notiert an klaren Morgen oder Abenden, wo die Sonne am Horizont auftaucht oder versinkt. *Warnung: Die Sonne kann eure Augen dauerhaft schädigen, darum werft immer nur einen kurzen Blick bei Auf- oder Untergang zum Horizont. Schaut nie direkt in die Sonne, wenn sie höher steht.*
3. Nach etwa einer Woche hat sich etwas verändert: Die Sonne wandert von Ende Juni bis Ende Dezember in eine Richtung und im nächsten Halbjahr wieder zurück.

Unsere Vorfahren errichteten Bauten, mit denen sie den Weg der Sonne im Jahreslauf verfolgten

Weltsysteme

DIE ALTEN GRIECHEN SETZTEN sich mit den Gestirnen auseinander. Bereits um 300 v. Chr. wussten sie um die Kugelgestalt der Erde. Die meisten ihrer Astronomen gingen zwar davon aus, dass sich alle Himmelskörper um die Erde drehten, aber zumindest einer von ihnen – Aristarch – vermutete bereits, dass die Erde die Sonne umkreiste. Um 100 v. Chr. stellte Hipparch von Nicäa einen Sternkatalog zusammen und bestimmte die Entfernung zwischen Mond und Erde. Der einflussreichste Astronom war jedoch Claudius Ptolemäus, der etwa 300 Jahre später die Arbeiten des Hipparch als Grundlage für ein Modell verwendete, bei dem die Erde im Mittelpunkt des Universums stand. Dieses Weltbild blieb über ein Jahrtausend gültig.

Nikolaus Kopernikus (1473–1543) war der erste Astronom der Neuzeit, der ein Modell mit der Sonne im Zentrum entwarf. In den nächsten hundert Jahren machten andere Astronomen Beobachtungen, die diese Theorie bestätigten. Tycho Brahe (1546–1601) versuchte die Thesen von Ptolemäus und Kopernikus zu verbinden. Johannes Kepler (1571–1630), der eine Zeit lang mit Brahe arbeitete, entwickelte die erste korrekte Theorie zur Planetenbewegung. Bald darauf baute Galileo Galilei (1564–1642) ein astronomisches Fernrohr, mit dem er als Erster die Mondberge erblickte. Er entdeckte auch die Venusphasen und die vier größten Jupitermonde.

Isaac Newton (1642–1727) schließlich formulierte ein Gesetz, das die Himmelsmechanik physikalisch erklärte: Die Planeten einschließlich der Erde werden durch die Anziehungskraft der Sonne in ihren Umlaufbahnen gehalten. Ähnlich bestimmt die Anziehungskraft der Erde die Bahn des Mondes. Mithilfe von Newtons Theorie konnten die Astronomen die Größe des Sonnensystems bestimmen und die Bewegungen von Planeten, Monden und Kometen genau vorhersagen.

NIKOLAUS KOPERNIKUS
Kopernikus wusste, dass seine Theorie auf Widerstand bei der katholischen Kirche stoßen würde, und veröffentlichte die Schriften zu seinem Weltsystem erst, als er bereits auf dem Sterbebett lag.

CLAUDIUS PTOLEMÄUS
Ptolemäus' Weltmodell mit der Erde im Zentrum beherrschte über ein Jahrtausend die Astronomie, ehe es durch das Modell von Kopernikus mit der Sonne im Zentrum abgelöst wurde.

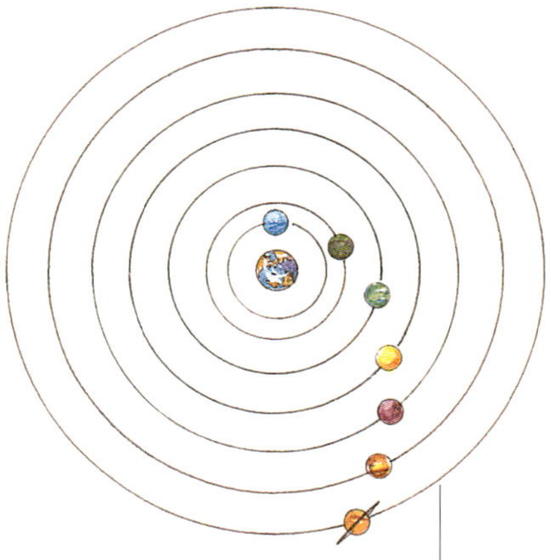

Ptolemäisches Weltbild

WISSENSWERTES

Als der berühmte Physiker Isaac Newton einmal einen Apfel von einem Baum fallen sah, kam ihm der Gedanke, dass die Schwerkraft, die das Obst zum Boden hin zog, auch bis zum Mond reichen und ihn in einer Bahn um die Erde festhalten könnte.

DIE SONNE IM ZENTRUM
Im Kopernikanischen System kreisen sämtliche Planeten, einschließlich der Erde, um die Sonne. Als Kopernikus dieses Weltmodell veröffentlichte, ließ es sich jedoch nicht durch Beobachtungen untermauern. Der astronomische Nachweis, dass Kopernikus Recht hatte, gelang erst viele Jahre nach seinem Tod.

Tycho Brahe
Tycho Brahe, der seine Nase bei einem Duell verloren hatte, trug eine Prothese aus Silber. Er war ein scharfäugiger Astronom, der tausende von Himmelsbeobachtungen durchführte. In seinem Weltmodell kreiste die Sonne um die Erde, während die übrigen Planeten um die Sonne kreisten.

Schau nach

- Welcher Grieche entwarf ein Weltmodell mit der Erde in der Mitte?
- Wie unterschied sich Tycho Brahes Modell vom Ptolemäischen und Kopernikanischen?
- Wer benutzte als Erster ein Fernrohr für astronomische Zwecke?

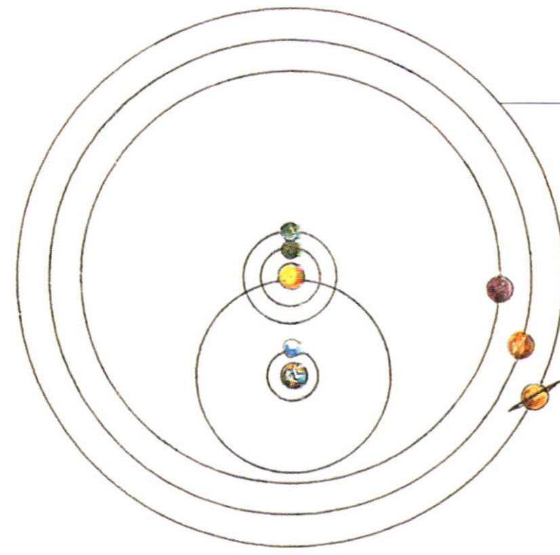

Weltbild des Tycho Brahe

Galileo Galilei
Da Galilei offen Partei für Kopernikus und seine Ideen ergriff, klagte ihn die Kirche wegen Ketzerei an. Er wurde für den Rest seines Lebens von der Inquisition unter Hausarrest gestellt.

Galileisches Fernrohr
Obwohl Galileos Fernrohre nur um das 20- bis 30fache vergrößerten, zeigten sie ihm Himmelsphänomene, die noch kein Mensch vor ihm gesehen hatte.

Isaac Newton
In seiner Kindheit bastelte Newton Wasserräder und Windmühlen. Als Erwachsener entwickelte er mathe-matische Theorien, die das Universum als ein riesiges Uhrwerk mit exaktem Gang erscheinen ließen.

Newtonsches Spiegelteleskop
Newton erfand ein Fernrohr, bei dem an Stelle von Linsen Hohlspiegel verwendet wurden. Dieses als Reflektor bezeichnete Instrument lieferte schärfere Bilder. Die meisten modernen Fernrohre sind Reflektoren.

Große Schritte voran

AB 1700 BRACHTEN NEUE THEORIEN und neue Techniken unser Wissen über das Universum mit großen Schritten voran. Dank Newtons Himmelsmechanik konnten die Astronomen nunmehr die Bahnen der Planeten, Monde und Kometen berechnen. So ermittelte Edmond Halley (1656–1742), wann ein bestimmter Komet wieder an der Erde vorbeiziehen werde. Als sich diese Vorhersage nach seinem Tod bestätigte, erhielt der Komet ihm zu Ehren den Namen Halleyscher Komet.

Stark verbesserte Fernrohre führten ebenfalls zu einer Reihe von Erkenntnissen. Wilhelm Herschel (1738–1822) entdeckte 1781 den Planeten Uranus. Später baute er riesige Spiegelteleskope, die selbst schwach leuchtende Sternhaufen und Nebel sichtbar machten. Sein Ziel war es, Aufbau und Ausmaß der Milchstraße sowie den Platz der Sonne in diesem System zu ergründen.

Um 1850 erfanden Robert Kirchhoff (1824–1887) und Robert Bunsen (1811–1899) das Spektroskop. Es lieferte den Beweis, dass Sterne heiße Gaskugeln sind, während Planeten lediglich das Sonnenlicht reflektieren. Manche Nebel erwiesen sich als dünne Gasschleier, andere dagegen als Sternansammlungen. Dank der Spektroskopie waren ab 1900 aus Astronomen, die in erster Linie die Sternpositionen untersuchten, Astrophysiker geworden, die sich mit dem Aufbau des Universums befassen.

Im 20. Jahrhundert gab es Riesenschritte voran. Albert Einstein (1879–1955) erlangte Weltruhm, nachdem seine Relativitätstheorie 1919 bei einer Sonnenfinsternis bestätigt wurde. Nach seiner Theorie dehnt sich das Universum aus, was etwa gleichzeitig auch Edwin Hubble (1889–1953) beobachtete. In jüngster Zeit liefern uns Raumsonden Messdaten über die Planeten, während enorm leistungsfähige Teleskope das Universum auch in jenen Wellenbereichen erkunden, die für uns Menschen unsichtbar sind.

HERSCHELS TELESKOP
Wilhelm Herschel war der erste Astronom, der den Himmel systematisch durchmusterte. Um auch lichtschwache Objekte zu erkennen, baute er ein Teleskop mit einem Metallspiegel von 1,2 m Durchmesser.

ALBERT EINSTEIN
Die Arbeiten von Albert Einstein bilden die Grundlage der modernen Astronomie. Nach seinen Theorien berechnen Computer Stern- und Galaxiemodelle, die dann mit den Beobachtungswerten der Teleskope verglichen werden.

◆ WISSENSWERTES ◆

Schwarze Löcher – deren Anziehungskraft so groß ist, dass selbst Licht nicht aus ihnen entweichen kann – wurden erstmals im 17. Jahrhundert vorausgesagt. Aber da sich niemand so etwas vorstellen konnte, verwarf man die Idee und griff sie erst im 20. Jahrhundert wieder auf.

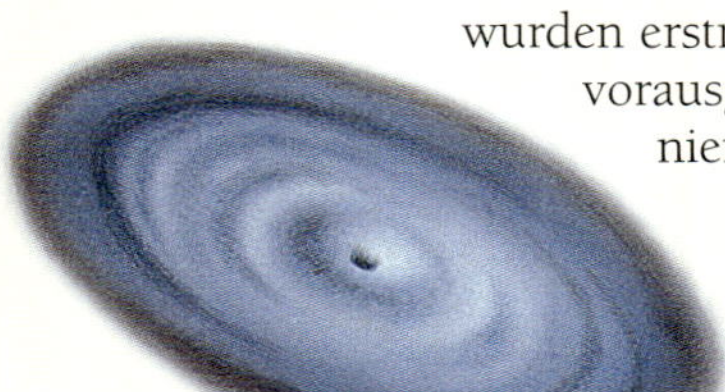

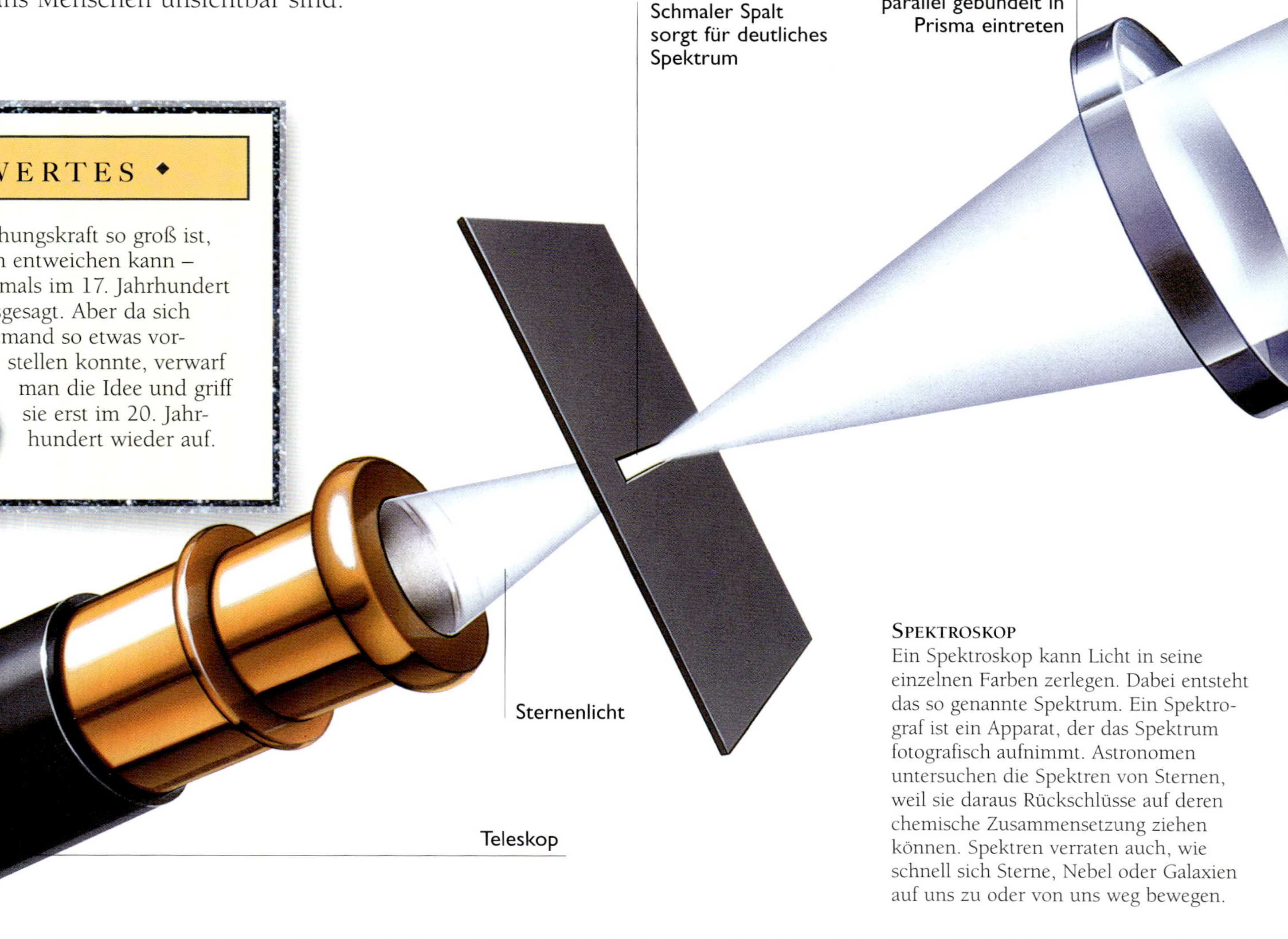

SPEKTROSKOP
Ein Spektroskop kann Licht in seine einzelnen Farben zerlegen. Dabei entsteht das so genannte Spektrum. Ein Spektrograf ist ein Apparat, der das Spektrum fotografisch aufnimmt. Astronomen untersuchen die Spektren von Sternen, weil sie daraus Rückschlüsse auf deren chemische Zusammensetzung ziehen können. Spektren verraten auch, wie schnell sich Sterne, Nebel oder Galaxien auf uns zu oder von uns weg bewegen.

Spiralgalaxie
Zu Beginn des 20. Jahrhunderts gab es hitzige Debatten um solche spiralförmigen Objekte. Manche Astronomen hielten sie für junge Sonnensysteme, andere für Galaxien mit Millionen von Sternen. Die Galaxien-Verfechter behielten Recht und das Objekt erhielt den Namen „Dreiecksnebel" M33.

Edwin Hubble
Hubble entdeckte, dass Spiralgalaxien riesige Ansammlungen von Einzelsternen sind. Er wies außerdem nach, dass sich das Weltall ausdehnt, und berechnete die Expansionsgeschwindigkeit.

◆ *Mach mit: Lichtzerlegung* ◆

Für dieses Experiment braucht ihr ein Stück Pappe, ein mit Wasser gefülltes Glas und ein weißes Blatt Papier.

1. Schneidet einen schmalen Schlitz in die Pappe.
2. Stellt das Wasserglas in der Nähe eines sonnigen Fensters auf das Blatt Papier und schiebt das Stück Pappe senkrecht zwischen das Licht und das Glas.

Wenn die Sonne durch den Schlitz auf das Wasser scheint, teilt sich das Licht in die Farben seines Spektrums – genau wie das Licht von Sternen und Planeten, das von einem Spektroskop in seine Spektralfarben zerlegt wird.

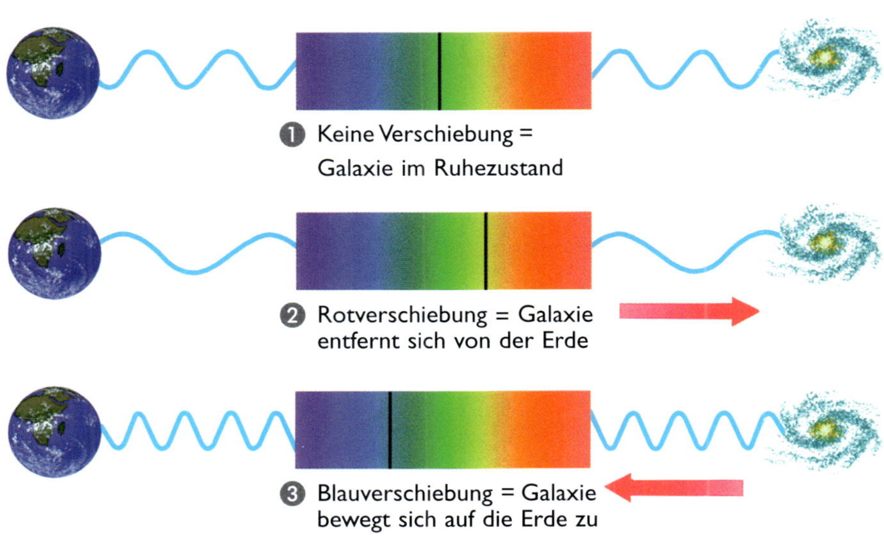

Doppler-Effekt
Wenn eine Lichtquelle einen bestimmten Abstand zur Erde einhält, zeigt ihr Spektrum charakteristische Linien (1). Entfernt sich die Quelle von der Erde, sind die Lichtwellen länger und die Spektrallinien verschieben sich zum roten Bereich (2). Bewegt sich das Objekt auf die Erde zu, sind die Wellen kürzer und die Linien verschieben sich zum blauen Bereich (3).

Astronomie von der Erde aus

DIE MEISTEN OBJEKTE AM NACHTHIMMEL sind nur schwach zu erkennen. Um möglichst viel von ihrer Strahlung aufzufangen, entwickelten die Astronomen immer lichtstärkere Teleskope. Die ersten waren Linsenfernrohre, doch die Verwendung von Spiegeln ermöglichte schon bald den Bau von größeren Instrumenten. Wilhelm Herschel baute um 1770 ein Teleskop mit einem Spiegeldurchmesser von 1,2 m (siehe S. 146), das für damalige Zeiten gigantisch war und selbst heute noch imposant wirkt. Das 1948 vollendete und mit einem 5-m-Spiegel ausgestattete Hale-Teleskop auf dem kalifornischen Mount Palomar, mit dem die Astronomen ferne Objekte wie die Quasare untersuchten, war lange Zeit das mächtigste Teleskop der Welt. Mittlerweile wird es jedoch von mehr als einem Dutzend noch größerer Instrumente übertroffen.

Teleskope sehen nur selten in einen klaren Nachthimmel. Die Lichter der Großstädte lassen die Gestirne verblassen, und die Lufthülle der Erde verzerrt das Sternenlicht. Darum stehen die meisten großen Teleskope auf hohen Berggipfeln, fernab von Städten und oberhalb der verzerrenden Schichten der Atmosphäre.

Herkömmliche, optische Teleskope fangen die Art von Licht ein, die auch das menschliche Auge wahrnimmt. Sterne, Planeten und Galaxien senden aber auch unsichtbare Strahlung aus (siehe S. 150). Dazu gehören Radiowellen, die nur eine geringe Störung durch die Erdatmosphäre erfahren und deshalb gut von der Erde aus untersucht werden können. Da der Radiobereich sehr viel längere Wellen aufweist als das sichtbare Licht, müssen Radioteleskope wesentlich größer als optische Fernrohre sein. Die Antenne des größten Einzel-Radioteleskops bei Arecibo auf Puerto Rico hat einen Durchmesser von 305 m. Astronomen können mehrere Radioteleskope verbinden und die Signale, die sie empfangen, gemeinsam auswerten. Diese als Interferometrie bezeichnete Technik führt dazu, dass Radioteleskope eine weit höhere Auflösung erreichen als optische Teleskope.

MAUNA KEA
Da der 4200 m hohe Berggipfel auf Hawaii unter Astronomen als bester Beobachtungspunkt der Welt gilt, drängen sich hier – neben den beiden Keck-Teleskopen – eine Reihe von international genutzten Sternwarten.

RIESENSPIEGEL
Besondere Konstruktionen verhindern, dass große Teleskopspiegel unter ihrem eigenen Gewicht durchhängen. Der hier gezeigte Hauptspiegel des Vatikan-Teleskops besitzt eine sehr dünne Oberfläche, in die von hinten zur Gewichtsersparnis wabenförmige Vertiefungen eingefräst wurden.

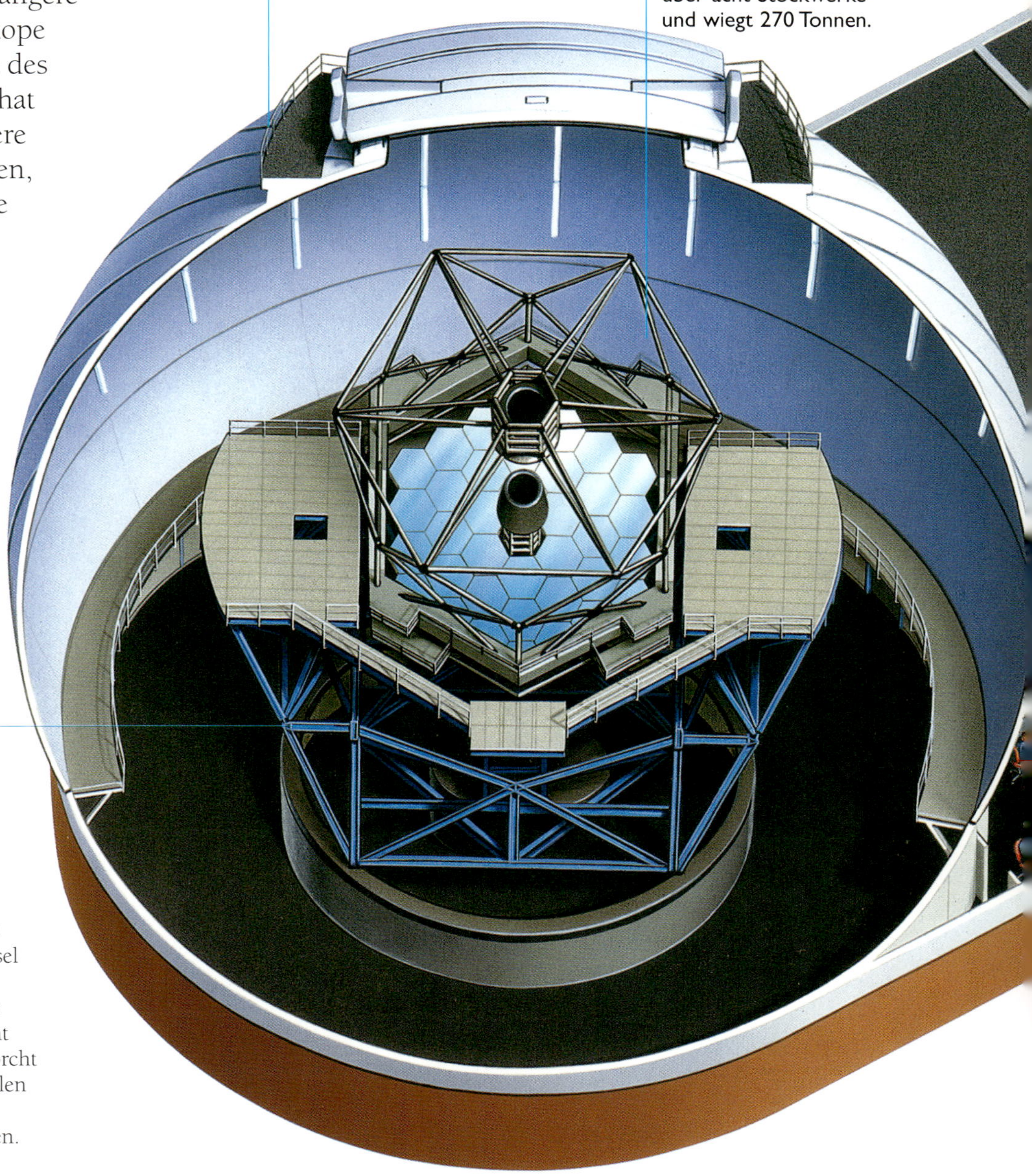

KECK-TELESKOPE
Zu den größten optischen Instrumenten der Welt gehören die beiden Keck-Teleskope auf dem Gipfel des Mauna Kea. Jede Kuppel enthält einen Reflektor mit einem Spiegel von knapp 10 m Durchmesser. Die beiden Riesenaugen können unabhängig arbeiten oder zusammenwirken, um eine noch schärfere Abbildung zu erzielen.

ARECIBO-TELESKOP
Dieses riesige Radioteleskop ist in einen natürlichen Kessel zwischen den Hügeln von Arecibo auf der Insel Puerto Rico eingebettet. Es erforscht Planeten und Sterne und horcht das Weltall nach Radiosignalen ab, die von außerirdischen Lebewesen stammen könnten.

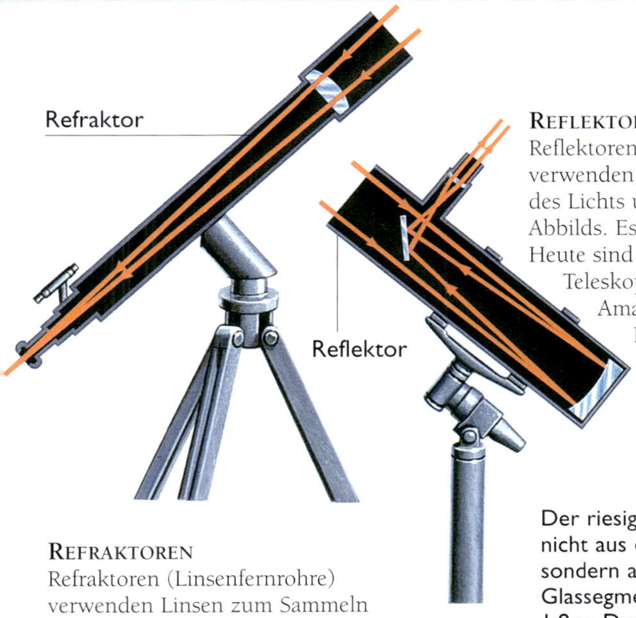

Reflektoren
Reflektoren (Spiegelteleskope) verwenden Spiegel zum Sammeln des Lichts und zum Erzeugen eines Abbilds. Es gibt riesige Spiegel. Heute sind fast alle professionellen Teleskope sowie die meisten Amateur-Teleskope Reflektoren.

Refraktoren
Refraktoren (Linsenfernrohre) verwenden Linsen zum Sammeln des Lichts und zum Erzeugen eines Abbilds. Das Herstellen von Linsen ist teuer und höchstens bis zu einem Durchmesser von 1 m möglich.

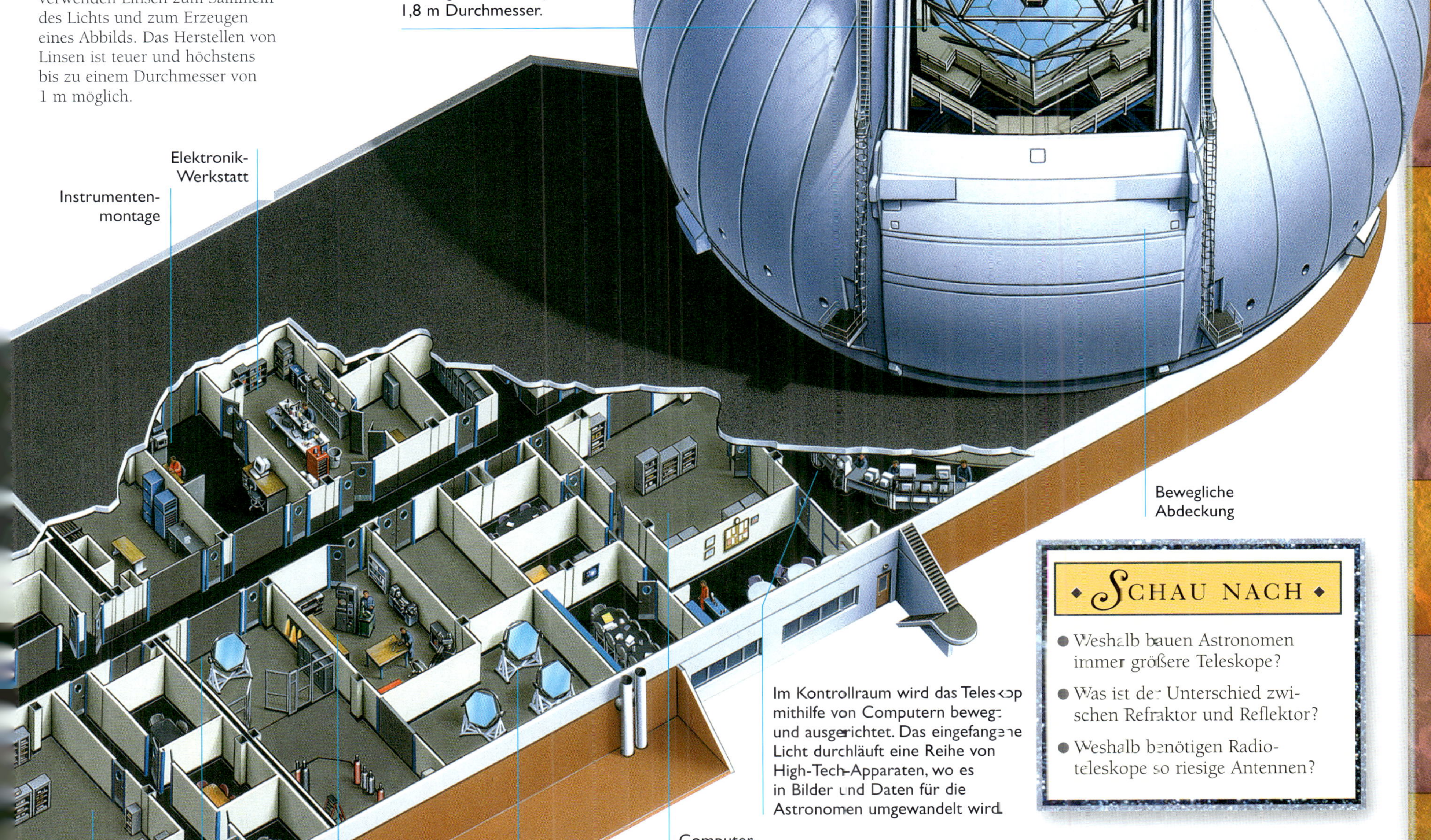

Schau nach

- Weshalb bauen Astronomen immer größere Teleskope?
- Was ist der Unterschied zwischen Refraktor und Reflektor?
- Weshalb benötigen Radioteleskope so riesige Antennen?

Very Large Array
Radiowellen werden mit riesigen Schüsselantennen aufgefangen. Das VLA – Very Large Array oder „sehr große Anordnung" – bei Socorro in New Mexico besteht aus 27 Teleskopen, die gemeinsam wie eine gigantische Einzelantenne wirken.

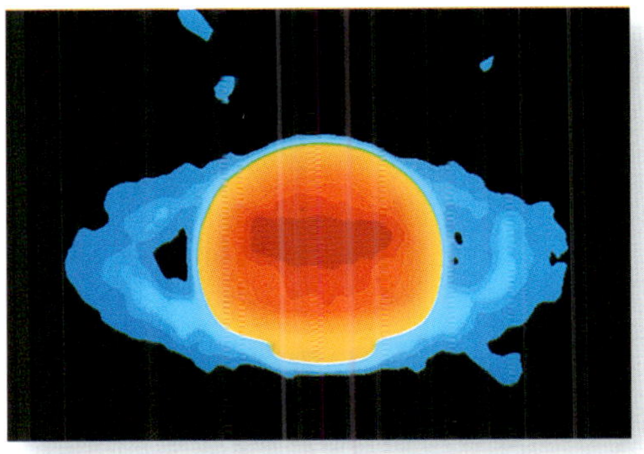

Radiobild
Dieses Radiobild des Saturn entstand mithilfe des VLA. Die entsprechend der Temperaturwerte eingefärbten Bereiche zeigen, dass der Planet selbst (orangerot) sehr viel wärmer ist als die Ringe (blau), die ihn umgeben.

Satelliten-Astronomie

NOCH BEVOR 1957 DIE ERSTEN künstlichen Satelliten die Erde umkreisten, suchten die Astronomen nach Möglichkeiten, Observatorien in den Weltraum zu schicken. Sie wussten, dass ihre Instrumente ohne die störende Atmosphäreschicht tiefer ins All spähen konnten, und hofften, auch solche Signale aufzufangen, die gar nicht oder nur schwach bis zur Erdoberfläche durchkamen.

Manche Weltraum-Teleskope arbeiten im optischen Bereich, aber die meisten erforschen die übrigen Strahlenarten, die von Planeten, Sternen und Galaxien ausgesandt werden. Sie reichen von der langwelligen Radio- und Infrarotstrahlung über das sichtbare Licht bis hin zur kurzwelligen Ultraviolett-, Röntgen- und Gammastrahlung und werden als elektromagnetisches Spektrum bezeichnet.

Das bekannteste „fliegende Observatorium“ ist das Hubble-Weltraumteleskop (HST). Das 1990 in eine Umlaufbahn gebrachte HST ist das erste von vier Satelliten-Observatorien, die nach den Plänen der amerikanischen Raumfahrtbehörde NASA jeweils einen Teil des elektromagnetischen Spektrums erforschen sollen. Das HST übernimmt den Bereich des sichtbaren Lichts, die Ultraviolett- und einen Teil der Infrarotstrahlung. Das Chandra X-Ray Observatory soll die kurzwellige Röntgen- und Gammastrahlung von heißen Sternen, Supernova-Explosionen und in sich zusammenstürzenden Schwarzen Löchern aufspüren. Den Abschnitt mit den längsten Wellen deckt das Infrarot-Weltraumteleskop SST (Spitzer Space Telescope) ab, dessen Start im Jahr 2003 erfolgte. Mit seiner Hilfe untersucht man Staub- und Gaswolken im All, die möglicherweise die Geburtsstätten neuer Sterne und Sonnensysteme sind.

CHANDRA X-RAY OBSERVATORY
Das Chandra-Observatorium durchmustert den gesamten Himmel nach Röntgenstrahlung von so fernen Quellen wie explodierenden Sternen oder verschmelzenden Galaxienhaufen.

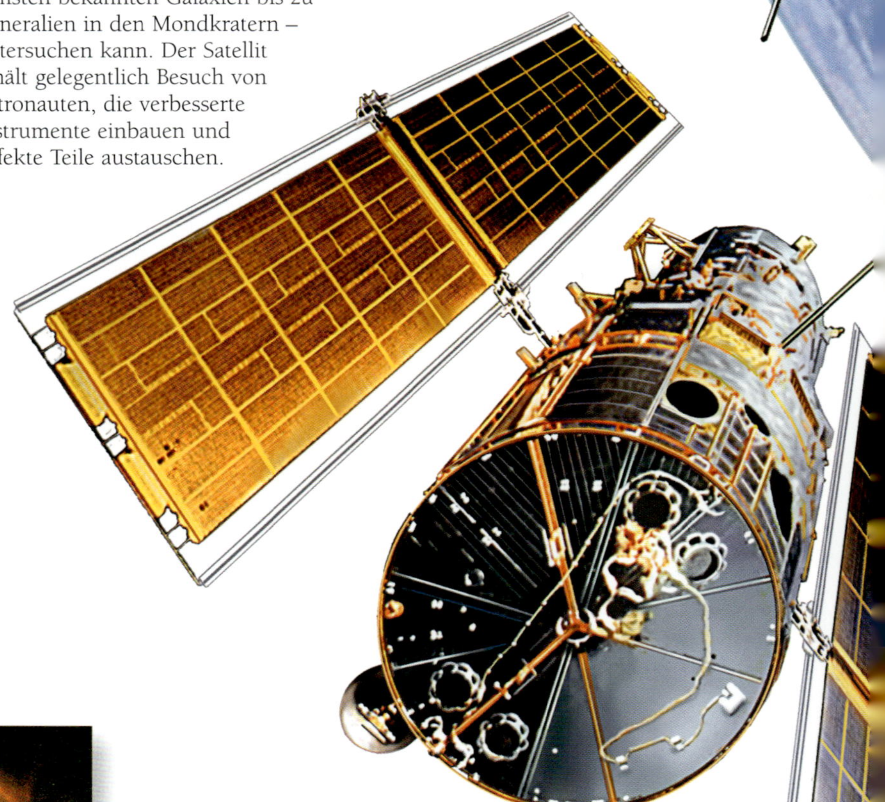

HUBBLE-WELTRAUMTELESKOP
Das HST ist so vielseitig einsetzbar, dass es praktisch alles – von den fernsten bekannten Galaxien bis zu Mineralien in den Mondkratern – untersuchen kann. Der Satellit erhält gelegentlich Besuch von Astronauten, die verbesserte Instrumente einbauen und defekte Teile austauschen.

RÖNTGENGALAXIEN
Der in Deutschland gebaute Röntgensatellit ROSAT bildete zwei Galaxien im Coma-Haufen ab, die von extrem heißen Gasen umgeben sind.

STUNDENGLAS-NEBEL
Diese grandiose Aufnahme des Stundenglas-Nebels, die wir dem Hubble-Weltraumteleskop verdanken, zeigt Ringe aus glühendem Gas um einen sterbenden Stern.

• WISSENSWERTES •

Der Röntgenapparat beim Arzt erzeugt Strahlen, die zwar die Haut und das Gewebe, nicht aber die Knochen durchdringen. Dadurch entstehen Schattenbilder, die man auf einer Fotoschicht festhalten kann. Ein Röntgenteleskop fängt natürliche Röntgenstrahlung aus den Tiefen des Weltalls auf und kann dadurch Aussagen über die Objekte machen, die diese Wellen aussenden.

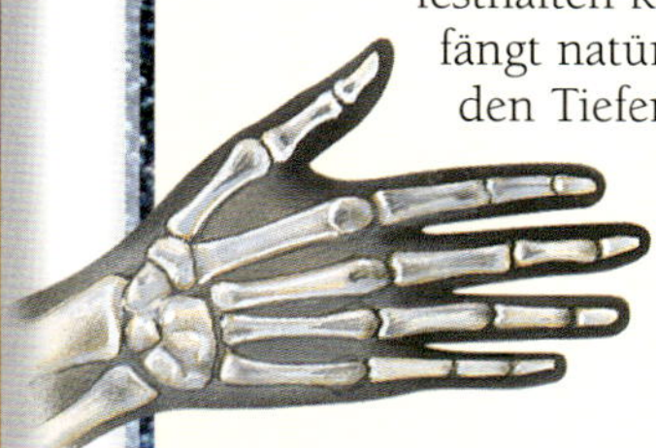

ELEKTROMAGNETISCHES SPEKTRUM
Die Sonne scheint am stärksten im sichtbaren Teil des Spektrums, aber im Kosmos wird auch länger- und kürzerwellige Strahlung erzeugt. Da die Erdatmosphäre einen Großteil dieser Signale abblockt, entsenden die Astronomen Teleskope ins All, um sie zu untersuchen.

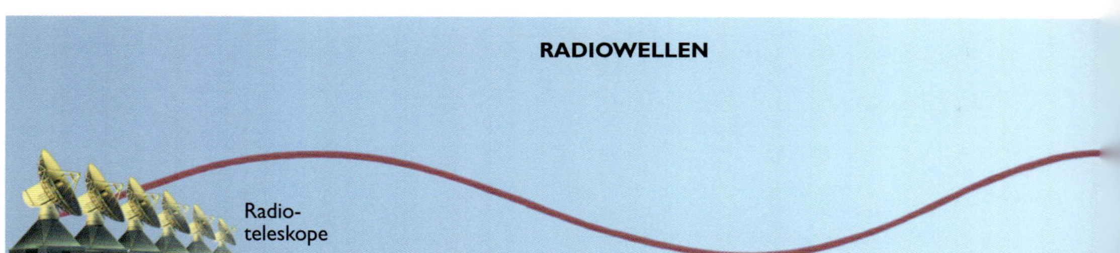

INFRAROT-TELESKOP
Das als SST abgekürzte Infrarot-Weltraumteleskop durchforscht das Weltall nach den Geburtsstätten von Sternen und Planeten. Solche Regionen senden meist Strahlung aus, die in den infraroten Bereich des Spektrums fällt.

GAMMASTRAHLEN-SATELLIT
Das Compton Gamma-Ray Observatory verfolgte bis ins Jahr 2000 die Spur der rätselhaften Gammastrahlen-Ausbrüche, die möglicherweise durch die Kollision von zwei Neutronensternen oder andere heftige Explosionen in den Tiefen des Weltalls entstehen.

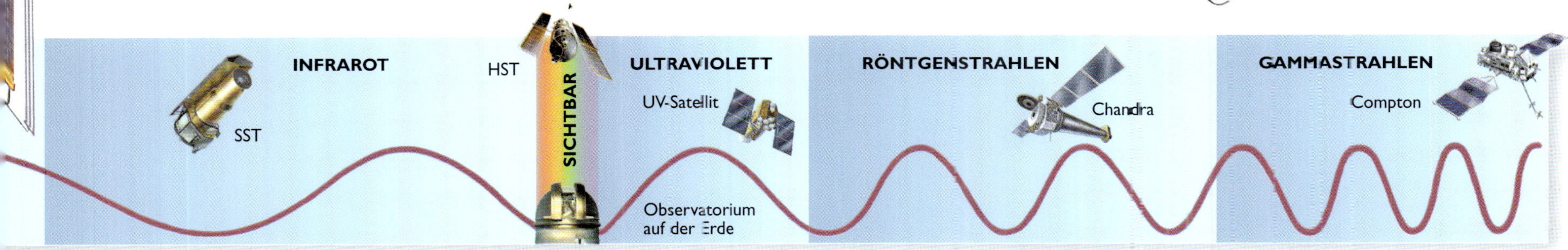

Die bemannte Raumfahrt

OBWOHL DIE MENSCHEN schon seit langem davon träumten, ins All zu fliegen, erfüllte sich diese Vision erst in der zweiten Hälfte des 20. Jahrhunderts. Mithilfe von Raketen, die sie im Zweiten Weltkrieg für militärische Zwecke entwickelt hatten, schickten sowjetische Forscher 1957 den ersten Satelliten in den Weltraum. 1961 umkreiste der russische Kosmonaut Juri Gagarin als erster Mensch die Erde. Bald darauf kündigten die USA ihr Apollo-Programm an, dessen Ziel es war, Menschen zum Mond zu bringen.

Die Voraussetzung für eine bemannte Reise zum Mond war eine riesige Trägerrakete und ein genau ausgeklügelter Missionsplan. Nach mehreren Apollo-Testflügen um die Erde brachte Apollo 8 im Dezember 1968 drei Astronauten in eine Mondumlaufbahn. Sie setzten aber nicht auf dem Mond auf, da sich die Landefähre noch in der Entwicklung befand. Weitere Testflüge folgten. Am 20. Juli 1969 landeten Neil Armstrong und Buzz Aldrin mit Apollo 11 in einem Mondkrater namens Meer der Ruhe. Fünf weitere Apollo-Mondlandungen folgten.

Nach Abschluss des Apollo-Programms im Jahr 1972 entwickelten die USA ein neues Raumschiff, das Space Shuttle. Wenngleich man die Raumfähren auch für das Aussetzen von Satelliten und Planetensonden verwendet, soll ihre künftige Hauptmission die Errichtung der Internationalen Raumstation sein.

Eine Raumstation kann über lange Zeiträume bemannt sein. Die ersten Raumstationen gab es bereits Anfang der 70er Jahre, aber am erfolgreichsten war die russische Mir-Station, die von 1986 bis 1999 besetzt war. Auf der Internationalen Raumstation sollen eines Tages Wissenschaftler aus vielen Ländern der Erde arbeiten. Eine ihrer Aufgaben wird es sein, einen bemannten Flug zum Mars vorzubereiten.

MACH MIT: *Mondbasis*

Baut euch eine Mondbasis – aus Pappe, Schuhkartons, Holzresten, Erde, Modelliermasse, Plastik- und Alufolie, Papier, Draht, Farben und Kleber. Lasst eurer Fantasie freien Lauf! Ihr müsst nur beachten, dass es auf einer Mondbasis folgende Dinge geben muss:

1. Unterkünfte, Treibhäuser, Labors und Werkstätten für die Bewohner.
2. Eine Funkantenne für den Kontakt mit der Erde.
3. Mondautos für Erkundungsfahrten der Astronauten.
4. Eine Rakete für die Rückkehr auf die Erde.

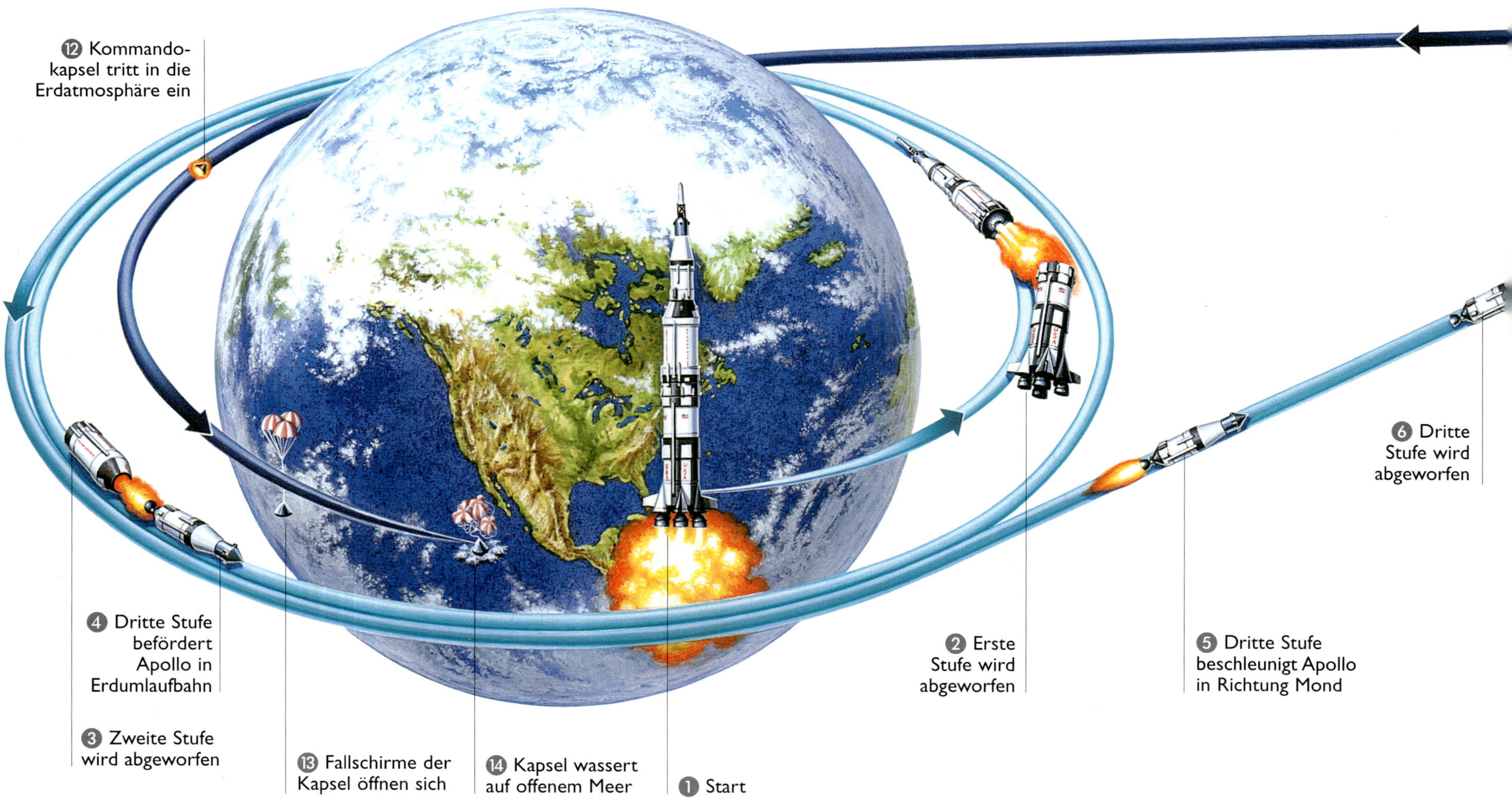

Mondauto
Mit diesem zusammenklappbaren Dünen-Buggy konnten sich die Astronauten rund 10 km vom Landeplatz entfernen und Gesteinsbrocken sammeln. Das Mondauto hatte Allradantrieb und -steuerung.

Internationale Raumstation
Die Station, an der sich 16 Länder beteiligen, wird im Weltraum aus über 100 Teilen zusammengebaut. Nach ihrer Fertigstellung wird sie etwa 100 m lang sein und 450 Tonnen wiegen.

Schwerelos an Bord der Mir
Trotz der Enge in der russischen Raumstation Mir lernten die Mannschaften – Russen ebenso wie ausländische Gäste – viel über das Leben und Arbeiten im Weltall.

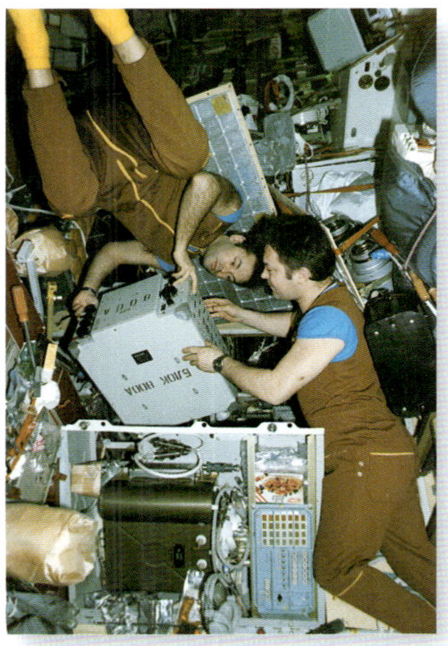

Weltraumspaziergang
Für Arbeiten außerhalb des Raumschiffs tragen die Astronauten Tornister mit kleinen Steuerdüsen, die ihnen gezielte Richtungsänderungen ermöglichen.

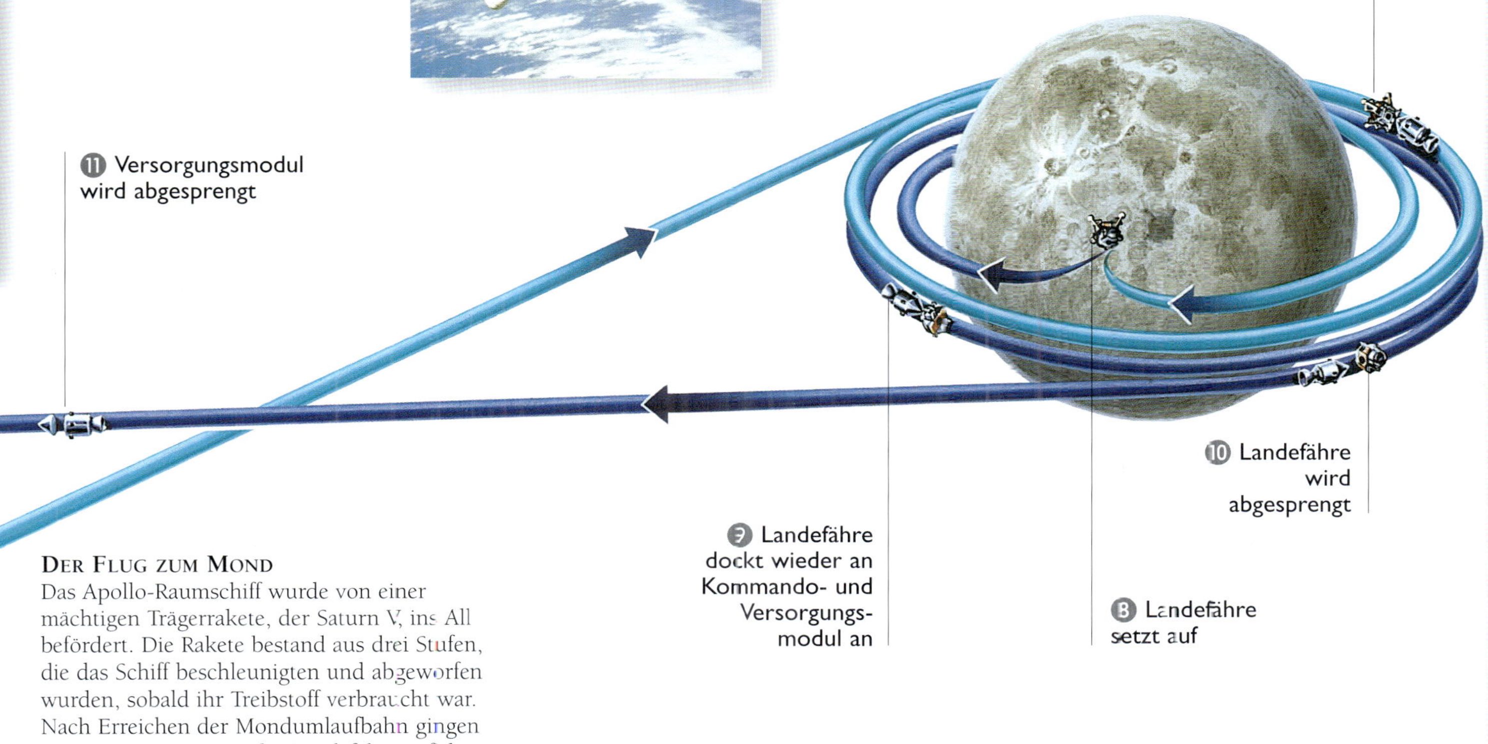

Der Flug zum Mond
Das Apollo-Raumschiff wurde von einer mächtigen Trägerrakete, der Saturn V, ins All befördert. Die Rakete bestand aus drei Stufen, die das Schiff beschleunigten und abgeworfen wurden, sobald ihr Treibstoff verbraucht war. Nach Erreichen der Mondumlaufbahn gingen zwei Astronauten mit der Landefähre auf dem Mond nieder, während ein dritter an Bord der Kommandokapsel in einer Parkbahn um den Mond blieb.

◆ Wissenswertes ◆

Die Apollo-Astronauten brauchten drei Tage für ihren Flug zum Mond (und drei Tage für die Rückkehr). Eine Reise zum Mars würde ein halbes Jahr dauern – und ihr müsstet anderthalb Jahre auf dem Mars bleiben, ehe Erde und Mars wieder so zueinander stünden, dass ein Rückstart möglich wäre.

Space-Shuttle-Start
Die als Raumtransporter entwickelten Space Shuttles übernehmen die Schwerarbeit beim Bau der Internationalen Raumstation. Die Fähren müssen dutzende von Flügen machen, bis alle Teile der Station montiert sind.

Robotersonden

Bei Untersuchungen von Himmelskörpern jenseits des Erdmondes verlassen sich die Wissenschaftler auf Robotersonden. Diese sind billiger und sicherer als bemannte Raumschiffe und können gefahrlos auch in lebensfeindliche Regionen vordringen. Die Entsendung von Raumsonden zu den Planeten spielt sich nach einem bewährten Muster ab. Die Vorhut bilden „Flyby"-Sonden, die im Vorbeiflug Aufnahmen machen und Daten sammeln. Ihnen folgen Orbiter, die einen Planeten oder Mond längere Zeit umkreisen. Und schließlich kommen die Lander, die auf dem Planeten selbst abgesetzt werden.

Einige Sonden wurden von Raumfähren aus gestartet, aber die meisten verlassen die Erde mithilfe von Raketen, weil das billiger ist. Oftmals ist der Kurs der Sonden so berechnet, dass sie erst an einer ganzen Reihe von Planeten vorbeifliegen, ehe sie ihr eigentliches Ziel erreichen. So kam die Cassini-Sonde vor ihrer Saturn-Ankunft zweimal an der Venus und je einmal an der Erde und an Jupiter vorüber, bevor sie mit der Erforschung von Saturn begann. Die Schwerkraft dieser Planeten beschleunigte die Sonde und katapultierte sie weiter – und die Wissenschaftler erhielten so eine Fülle von Flyby-Daten.

Alle Planeten außer Pluto hatten bereits Besuch von mindestens einer Robotersonde. Mars beispielsweise war das Ziel von Flybys, Orbitern, Landern und drei Geländeautos. Eine Reise zu Pluto wird gerade vorbereitet. Die Mission Pluto-Kuiper-Express sieht vor, eine Sonde an Pluto und seinem Mond Charon vorbei in die Randbereiche des Sonnensystems zu schicken und dort die Begegnung mit einem Kometen herbeizuführen.

Weitere Zukunftsprojekte der unbemannten Raumfahrt sind ein naher Vorbeiflug an der Sonne, der Transport von Mars-Gesteinsproben, Orbiter für Merkur und Neptun, ein Orbiter, der Jupiters Eismonde näher betrachten soll und eine Unterwassersonde, die unter dem Eis nach Leben suchen soll.

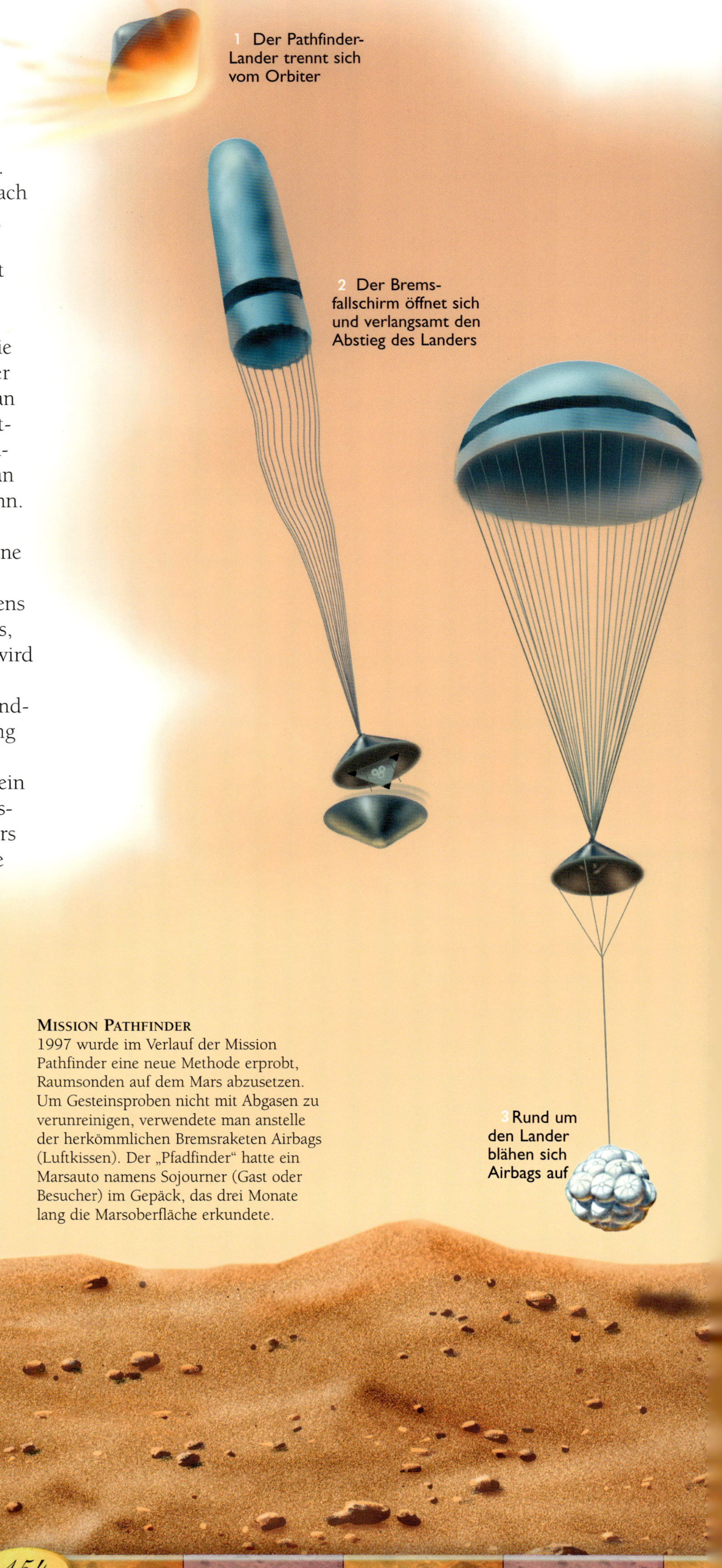

Mission Pathfinder
1997 wurde im Verlauf der Mission Pathfinder eine neue Methode erprobt, Raumsonden auf dem Mars abzusetzen. Um Gesteinsproben nicht mit Abgasen zu verunreinigen, verwendete man anstelle der herkömmlichen Bremsraketen Airbags (Luftkissen). Der „Pfadfinder" hatte ein Marsauto namens Sojourner (Gast oder Besucher) im Gepäck, das drei Monate lang die Marsoberfläche erkundete.

◆ Mach mit: *Zielgenauigkeit* ◆

Es ist sehr kompliziert, eine Raumsonde in ihre Bahn zu schießen, weil sich Erde und Zielplanet gleichzeitig bewegen. Das folgende Experiment vermittelt euch vielleicht eine Vorstellung von den Problemen eines solchen Unternehmens:

1. Schneidet aus steifer Pappe einen Ring mit einem Innendurchmesser von 25 cm.
2. Lasst diesen Ring an einem Band oder einem Stück Schnur von einem Ast baumeln.
3. Tretet ein paar Schritte zurück und versucht, Papierkugeln durch den Ring zu werfen. Wenn's tüchtig weht, ist es noch realistischer!

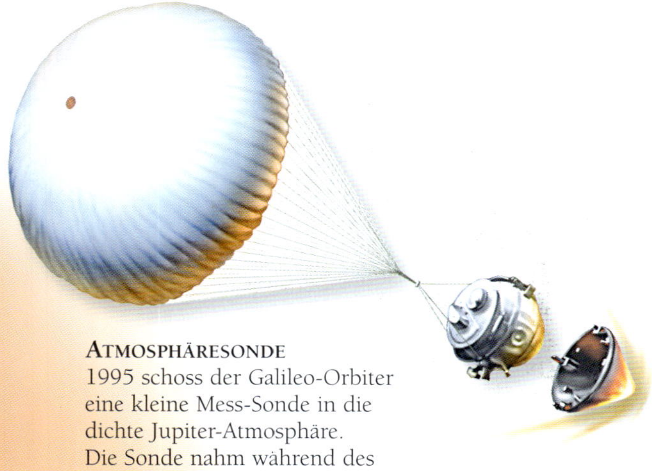

Atmosphäresonde
1995 schoss der Galileo-Orbiter eine kleine Mess-Sonde in die dichte Jupiter-Atmosphäre. Die Sonde nahm während des Absinkens Gasproben und funkte Daten an den Orbiter.

Lander
Zwischen 1970 und 1982 erreichten zehn sowjetische Venera-Lander die Venus-Oberfläche. Die immense Hitze und der starke Druck bewirkten, dass alle bereits nach wenigen Minuten versagten. Dennoch gelang es vier Sonden, ihre Umgebung zu fotografieren. Man entdeckte auf den Bildern körnigen Sand und Blöcke aus Vulkangestein.

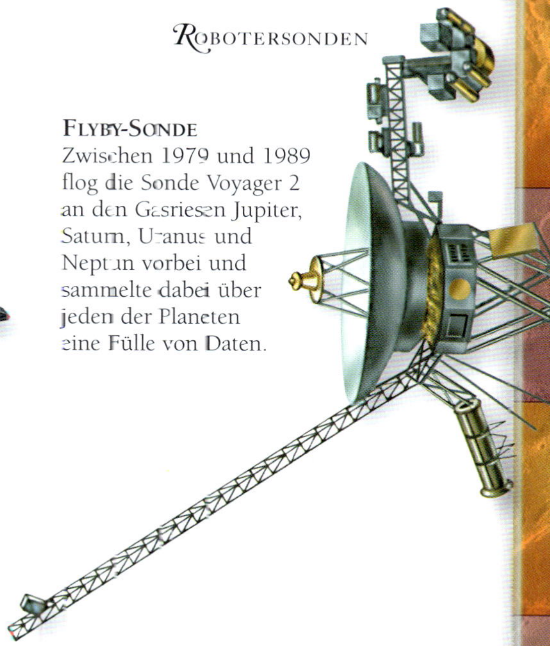

Flyby-Sonde
Zwischen 1979 und 1989 flog die Sonde Voyager 2 an den Gasriesen Jupiter, Saturn, Uranus und Neptun vorbei und sammelte dabei über jeden der Planeten eine Fülle von Daten.

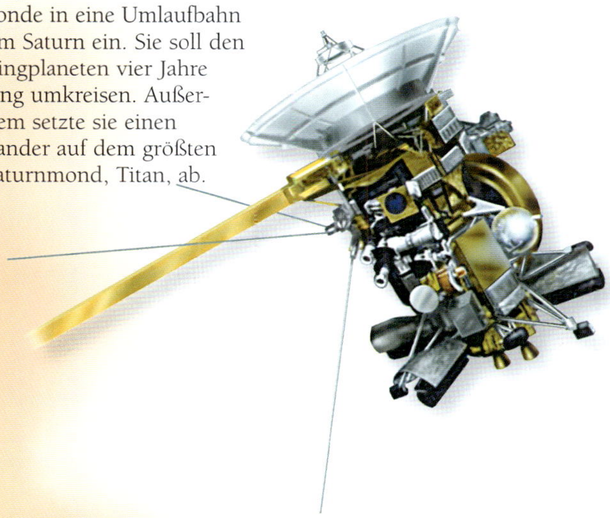

Orbiter
Im Juli 2004 trat die Cassini-Sonde in eine Umlaufbahn um Saturn ein. Sie soll den Ringplaneten vier Jahre lang umkreisen. Außerdem setzte sie einen Lander auf dem größten Saturnmond, Titan, ab.

Kometensonde
Während der Stardust-Mission flog eine Sonde im Jahr 2004 am Kometen Wild 2 vorbei, machte Fotos und fing Partikel aus seinem Schweif ein.

Marsauto
Mithilfe von ferngesteuerten Geländeautos können Wissenschaftler auf der Erde das Gebiet in der Umgebung eines Landers erkunden. Hier untersucht das Marsauto Sojourner während der Pathfinder-Mission den etwa 1 m großen Felsbrocken Yogi.

Wissenswertes

Voyager 1 hat sich mehr als 14 Milliarden km von der Erde entfernt – weiter als jede andere Sonde. Die 1977 gestartete Sonde passierte 1979 – 80 Jupiter und Saturn und hat nun den Rand des Sonnensystems erreicht. Wenn alles klappt, wird Voyager 1 mindestens bis zum Jahr 2020 Daten zur Erde funken.

Unser Sonnensystem

Den Mittelpunkt unseres Sonnensystems bildet die Sonne, ein ungeheuer massereicher, selbst leuchtender Stern. Um dieses Zentralgestirn kreisen die neun Planeten und kleinere Himmelskörper, die so genannten Asteroiden und Kometen. Die meisten Planeten werden ihrerseits von einem oder mehreren Monden umkreist. Außerdem sind die vier größten Planeten von Ringen umgeben, die besonders bei Saturn eindrucksvoll sind.

Alle neun Planeten bewegen sich in der gleichen Richtung und annähernd in der gleichen Ebene. Ihre Bahnen sind abgeflachte Kreise, so genannte Ellipsen. Auf einer exakten Kreisbahn hätte ein Planet immer die gleiche Entfernung zur Sonne. Bei einer Ellipse schwankt der Abstand beträchtlich. So liegt der sonnenfernste Punkt der Marsbahn bei 249 Millionen km, der sonnennächste Punkt dagegen bei 207 Millionen km. Noch extremer sind die Unterschiede bei Kometen. Manche ihrer Bahnen sind so elliptisch, dass sie die sengend heiße Umgebung der Sonne ebenso durchwandern wie das eisige Dunkel jenseits der äußeren Planeten.

Als vor rund 400 Jahren das Fernrohr erfunden wurde, begannen die Astronomen unsere Nachbarwelten näher zu studieren. Seit etwa 1960 entdecken Raumsonden immer wieder Neues, darunter die roten Geröllwüsten auf dem Mars, ein riesiges Sturmsystem auf Neptun und aktive Vulkane auf dem Jupitermond Io. Und wenn wir einst glaubten, unser Sonnensystem sei einmalig im Universum, so gelang es Wissenschaftlern in jüngerer Zeit, Planeten aufzuspüren, die um ferne Sonnen kreisen. Vielleicht gibt es sogar Planeten, die unserer Erde ähneln.

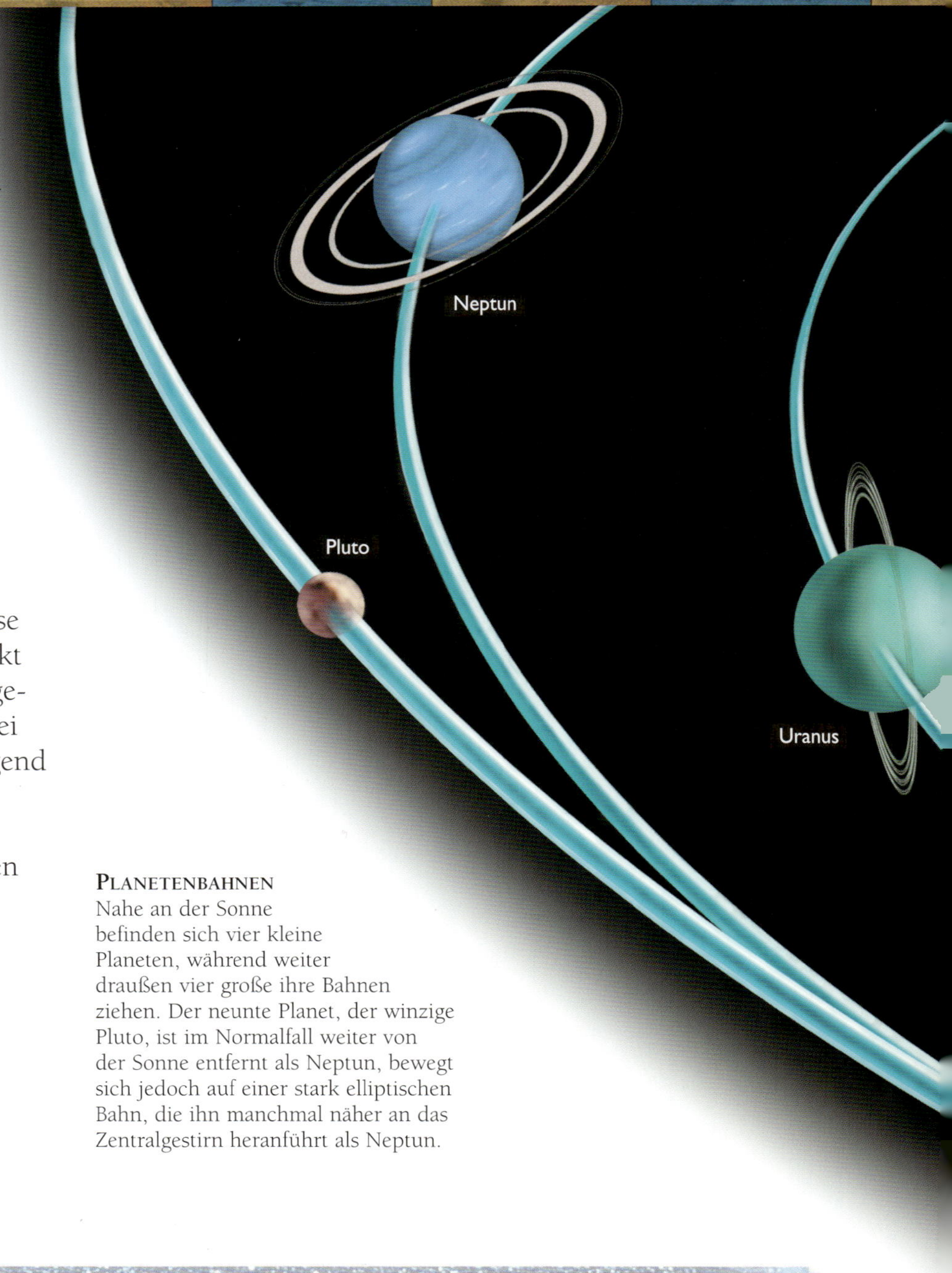

Planetenbahnen
Nahe an der Sonne befinden sich vier kleine Planeten, während weiter draußen vier große ihre Bahnen ziehen. Der neunte Planet, der winzige Pluto, ist im Normalfall weiter von der Sonne entfernt als Neptun, bewegt sich jedoch auf einer stark elliptischen Bahn, die ihn manchmal näher an das Zentralgestirn heranführt als Neptun.

STERNE DES SONNENSYSTEMS
Nur 1, den wir als Sonne bezeichnen

PLANETEN DES SONNENSYSTEMS
9: Merkur, Venus, Erde, Mars, Jupiter, Saturn, Uranus, Neptun, Pluto

MONDE DES SONNENSYSTEMS
155 bislang entdeckte Monde (2 mondähnliche Asteroiden)

ASTEROIDEN DES SONNENSYSTEMS
Millionen, aber nur etwa 10 000 mit gut kartierten Bahnen

KOMETEN DES SONNENSYSTEMS
Nach Einschätzung der Astronomen Billionen

Mach mit: *Planetenbahn zeichnen*

Für dieses Projekt benötigt ihr zwei Pinnwandnägel, einen Bleistift, einen Papierbogen DIN A4, ein ebenso großes Stück Pappe und einen reißfesten Faden von ca. 30 cm Länge.

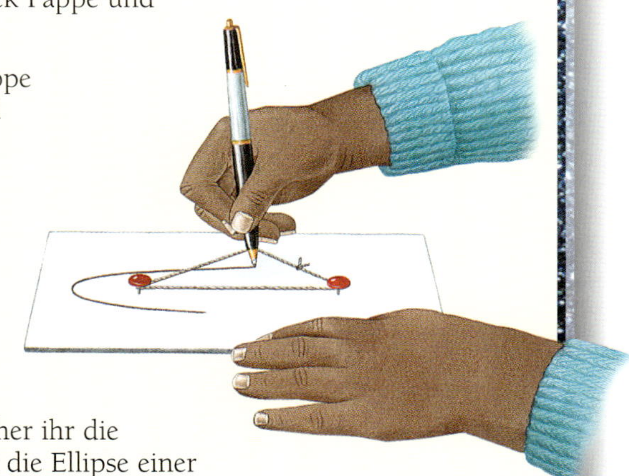

1. Befestigt das Papier mit Klebstreifen auf der Pappe und drückt anschließend die Nägel im Abstand von ca. 12 cm in die Mitte dieser Unterlage.
2. Verknotet die beiden Fadenenden und streift den Ring über die beiden Nägel.
3. Zieht nun den Faden mit dem Bleistift straff (siehe Skizze) und zeichnet ein Oval.
4. Verändert den Abstand zwischen den Nägeln und ändert so die Form des Ovals.

Man bezeichnet eine solche Figur als Ellipse. Je näher ihr die beiden Nägel zusammenrückt, desto stärker ähnelt die Ellipse einer Planetenbahn. Bei einem größeren Abstand der Nägel wird die Ellipse dagegen seitlich stark gedehnt und entspricht eher der Bahn eines Kometen.

Die Entfernung von der Sonne
Die Abbildung unten zeigt einen Größen- und Entfernungsvergleich zwischen der Sonne (links) und den einzelnen Planeten. So benötigt das Licht für seine Reise von der Sonne zur Erde nur acht Minuten; auf dem fernen Neptun trifft es dagegen erst nach vier Stunden ein.

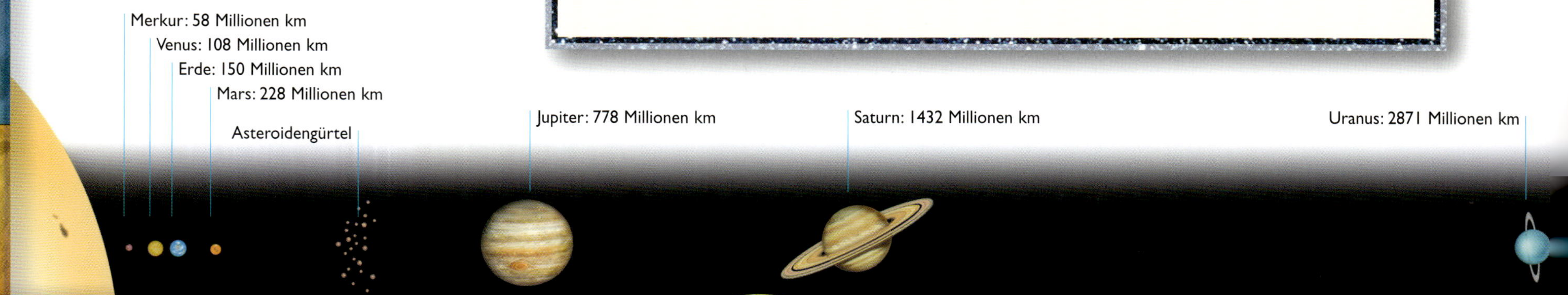

Tag und Jahr

Die Zeit, die ein Planet benötigt, um einmal um die Sonne zu wandern, wird als Planetenjahr bezeichnet. Ein Planet dreht sich aber auch um die eigene Achse – eine gedachte Linie, die von Pol zu Pol durch seine Mitte verläuft. Eine solche Umdrehung nennt man Rotationsperiode; sie entspricht dem siderischen Tag oder Sterntag. Der Sterntag der Erde beträgt 23 Stunden und 56 Minuten; ihr Sonnentag – die Zeitspanne von einem Mittag zum nächsten – ist dagegen 24 Stunden lang.

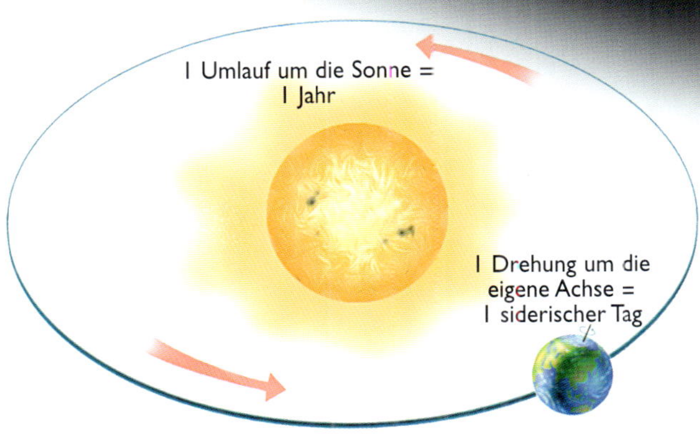

Wissenswertes

Die großen Entfernungen im Sonnensystem bedeuten für Raumsonden lange Reisen. So war der Lunar Prospector vier Tage zum Mond unterwegs. Der Pathfinder (rechts) brauchte 7 Monate, um zum Mars zu gelangen. Und Voyager 2, die nach zwei Jahren Jupiter erreicht hatte, benötigte weitere zehn Jahre bis zum fernen Neptun.

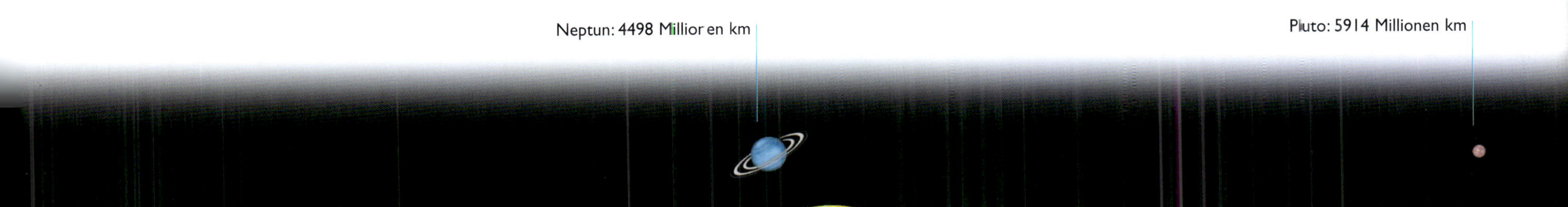

Die Planeten

Die Planeten werden in zwei Gruppen unterteilt – kleine Gesteinswelten und mächtige Gasriesen. Vor etwa 4,6 Milliarden Jahren wurden die Sonne und ihre Planeten aus einer Gas- und Staubwolke geboren: Der dichteste Teil dieser Wolke zog immer mehr Materie an, bis er unter seinem eigenen Gewicht schrumpfte. Diese Ur- oder Protosonne wurde immer heißer. In ihrem Innern kam es zu nuklearen Kettenreaktionen, und schließlich entstand ein neuer Stern – unsere Sonne.

Der Rest der Wolke sammelte sich in einer flachen Scheibe, dem Sonnennebel, der langsam um die Protosonne kreiste, glühend heiß im Zentrum und frostig kalt zum Rand hin. In diesem Nebel stießen Materieteilchen zusammen, blieben aneinander haften und vereinigten sich zu immer massiveren Klumpen, die schließlich Kugelgestalt annahmen. Die sonnennahen Objekte waren zu heiß, um größere Mengen Wasser oder Eis festzuhalten. Aus ihnen entwickelten sich kleine Gesteinsplaneten – Merkur, Venus, Erde und Mars. Weiter entfernt von der Sonnenglut entstanden Jupiter, Saturn, Uranus und Neptun, die man wegen ihrer enormen Größe und ihres hohen Anteils an Wasserstoff, Helium und anderen flüchtigen Substanzen meist als Gasriesen bezeichnet.

Zwischen Mars und Jupiter erstreckt sich ein Gürtel von Asteroiden – gesteins- oder metallreiche Himmelskörper, die nie die Größe von Planeten erreichten. Ganz weit draußen, wo die Sonnenwärme kaum noch Einfluss hatte, nahmen Brocken aus Gas, Eis und Staub Gestalt an. Einige davon ballten sich zu Objekten wie Pluto zusammen. Andere wurden zu Kometen.

Gestein und Gas
Diese Abbildung zeigt die Planeten unseres Sonnensystems in ihrem richtigen Größenverhältnis. Sie zerfallen in zwei Gruppen – kleine Gesteinswelten wie die Erde und gewaltige Gasriesen wie Jupiter. (Der winzige Pluto ist ein Sonderfall, der zu keinem der beiden Typen gehört.) Jeder Planet dreht sich in einem bestimmten Winkel um seine Achse (hier durch kleine graue Striche markiert).

SEIT DEM ALTERTUM BEKANNTE PLANETEN
Merkur, Venus, Mars, Jupiter, Saturn

IN NEUERER ZEIT ENTDECKTE PLANETEN
Uranus: 1781 von William Herschel
Neptun: 1846 von Urbain Leverrier und J. C. Adams
Pluto: 1930 von Clyde Tombaugh

VON SONDEN ANGESTEUERTE PLANETEN
Zu allen Planeten ausser Pluto wurde mindestens eine Raumsonde ausgesandt.

PLANETEN MIT MONDEN
7 Planeten werden von Monden umkreist: Erde, Mars, Jupiter, Saturn, Uranus, Neptun, Pluto

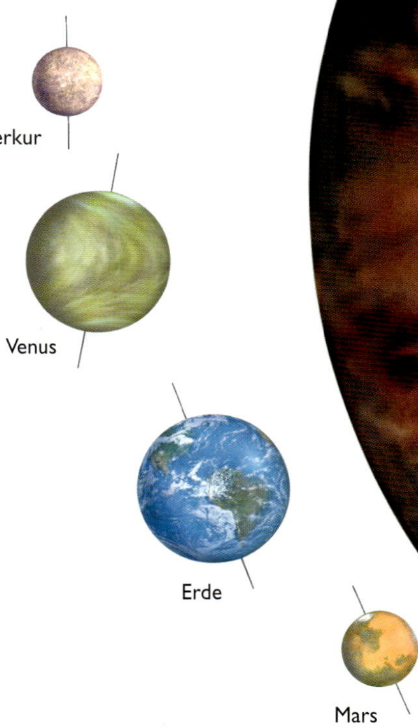

◆ Wissenswertes ◆

Jupiter ist massereicher als sämtliche anderen Planeten, Monde, Kometen und Asteroiden zusammen. Dennoch besitzt er nur etwa ein Hundertstel der Masse, die der kleinste Stern aufweist.

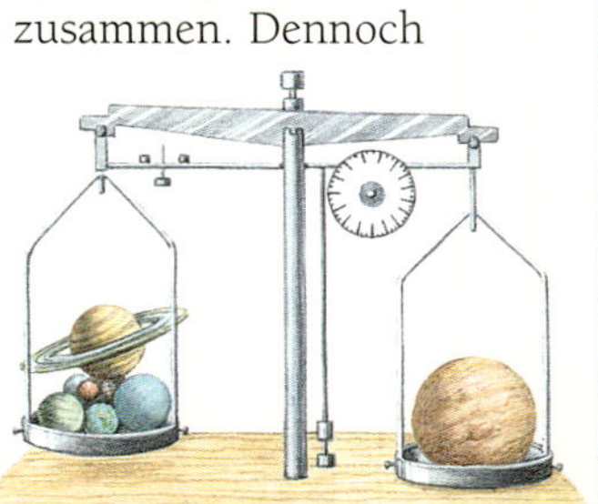

Gesteinsplaneten
Die vier inneren Planeten sind überwiegend gesteinshaltig und viel kleiner als die Gasriesen. Während Merkur keine Lufthülle mehr hat, besitzen Venus, Erde und Mars eine relativ dünne Atmosphäreschicht, deren Entstehen vor allem auf Vulkanausbrüche zurückgeht.

❶ Geburt des Sonnensystems
Eine Wolke aus Gas und Staub schrumpft und bildet einen dichten Kern, umgeben von der flachen Scheibe des Sonnennebels.

❷ Protosonne entsteht
Der dichte Kern des Nebels zieht immer mehr Gas und Staub an, wird größer und heißer und entwickelt sich zur Protosonne.

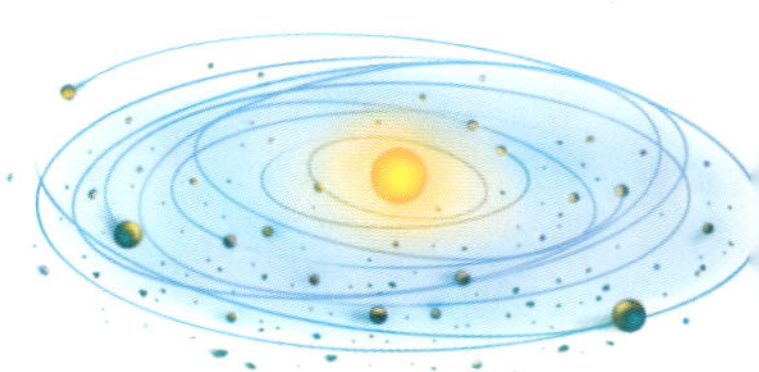

Die Gasriesen
Die vier gigantischen Gasplaneten bildeten sich aus Gaspartikeln und Eiskristallen – dem gleichen Material, aus dem auch die Sonne entstand. Sie alle besitzen dicke Atmosphärehüllen aus Wasserstoff und Helium.

Pluto
Der Winzling Pluto gehört weder zu den Gesteinsplaneten noch zu den Gasriesen. Er ballte sich vermutlich aus Eisbrocken jenseits der Neptunbahn zusammen. Durch die Anziehungskraft der Gasriesen gelangte er in seine heutige Bahn um die Sonne.

Schau nach

- Welche beiden Gruppen von Planeten gibt es?
- Wie viele Planeten wurden in jüngerer Zeit entdeckt?
- Welches ist der kleinste und welches der größte Planet?

③ Kleinkörper entstehen
Materieteilchen ballen sich zu Eis- und Gesteinsbrocken zusammen – Planetesimale, die das Baumaterial von Planeten sind.

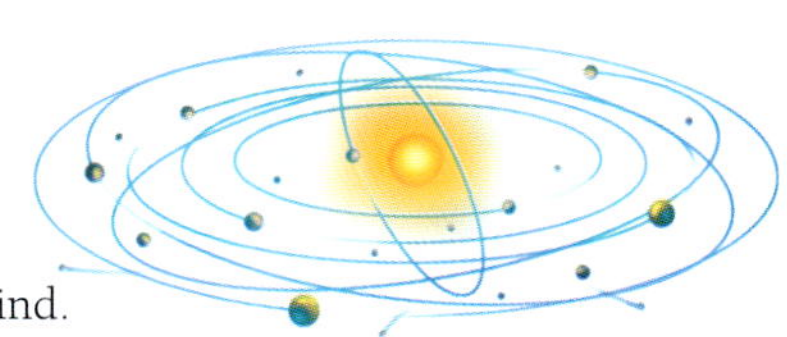

④ Protoplaneten entstehen
Die Planetesimale verbinden sich – oft durch heftige Zusammenstöße – zu größeren Objekten, den Protoplaneten.

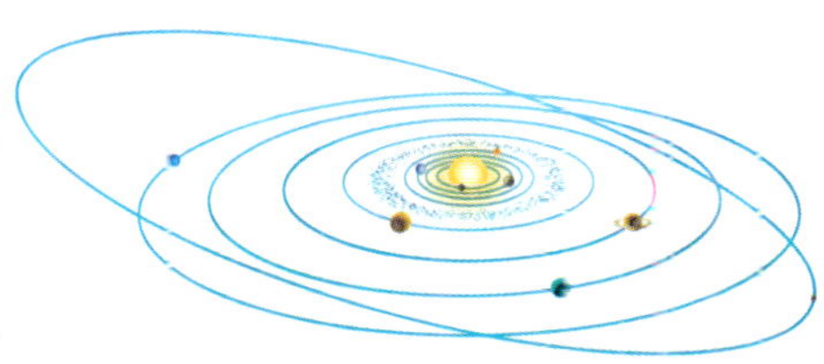

⑤ Neun Planeten bleiben
Die Sonne wird zum Stern. Ihre Strahlung vertreibt die letzten Überreste von Gas und Staub. Zurück bleiben neun Planeten.

Die Sonne

Für uns ist die Sonne der wichtigste Himmelskörper. Ihrer Energie verdanken wir das Klima und das Leben auf der Erde. Und doch ist sie nur einer von Milliarden ähnlicher Sterne in der Milchstraße.

Wie andere Sterne ist die Sonne ein riesiger Ball aus heißen Gasen, vorwiegend Wasserstoff (92,1 %) und Helium (7,8 %). Kernreaktionen in ihrem Inneren bauen Helium aus Wasserstoff auf. Dabei werden enorme Energiemengen freigesetzt, die langsam an die Oberfläche steigen und die Sonne zum Leuchten bringen.

Da es gefährlich ist, mit bloßem Auge in die Sonne zu schauen, verwenden Astronomen Teleskope mit Spezialfiltern, um ihre Oberfläche – die Photosphäre – zu untersuchen. Die Photosphäre ist durchsetzt von Granulen, „Blasen" heißer Gasströme, die aus dem Innern aufsteigen. Dunkle Sonnenflecken tauchen auf und verschwinden wieder. Protuberanzen – mächtige Bögen aus Gas – schießen in die Höhe. Und manchmal lodern Teile der Photosphäre hell auf, wenn heftige Eruptionen oder „Flares" große Energiemengen freisetzen. Die Sonne steht etwa in der Mitte ihres Lebens. Erst in rund sieben Milliarden Jahren wird ihr Brennstoff für die Energieproduktion aufgebraucht sein. Danach wird sie sich zu einem Roten Riesen aufblähen und schließlich ihre äußeren Schichten abstoßen, bis nur noch ein winziger heißer Stern zurückbleibt, ein Weißer Zwerg (siehe Seite 196).

NAMENERKLÄRUNG
Von althochdeutsch Sunna für Sonne

DURCHMESSER
1 392 000 km

MASSE
332 946-mal die Erdmasse

OBERFLÄCHENTEMPERATUR
5500°C

KERNTEMPERATUR
15 500 000°C

ROTATIONSPERIODE
25 Erdtage am Äquator, 34 Erdtage in Polnähe

Schau nach

- Wie lange wird unsere Sonne noch existieren?
- Wie lange benötigt die Energie im Sonneninnern, um an die Oberfläche zu gelangen?
- Warum sind Sonnenflecken dunkel?

Sonnenkarte
Vom Innern der Sonne sickert die Energie zunächst gleichmäßig durch die Strahlungszone, ehe sie die Konvektionszone erreicht und in heftigen Strömen nach oben gerissen wird – wie Wasser, das in einem Topf brodelt. Die Energie benötigt 200 000 Jahre, um vom Kern bis in die Photosphäre zu gelangen.

Korona
Die als Korona bezeichnete Außenhülle der Sonne besteht aus einem flammenden Kranz superheißer Gase. Da sie vergleichsweise schwach leuchtet, kann man sie nur während einer totalen Sonnenfinsternis deutlich erkennen.

Protuberanzen
Die starken Magnetfelder der Sonne dehnen und verwirbeln aufsteigende Gase zu bogenförmigen Protuberanzen. Wenn die Feldlinien nach außen durchbrechen, wird Gas ins All hinausgeschleudert.

Sonnenflares
Zu Flares oder Eruptionen kommt es meist, wenn sich viele Sonnenflecken in der Photosphäre zeigen. Die dabei freigesetzten Energien können zu Funkstörungen und Stromausfällen auf der Erde führen.

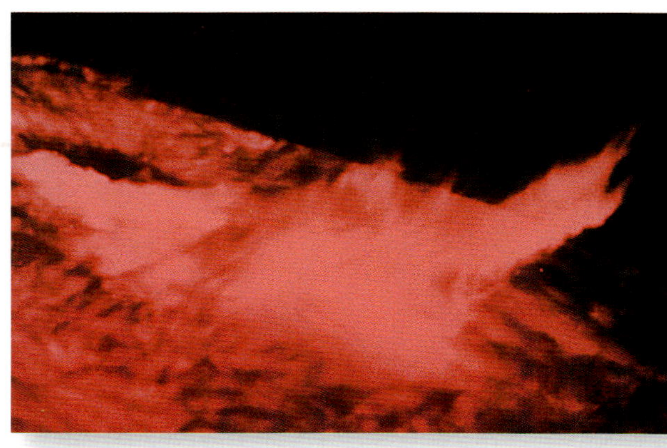

Wissenswertes

Die Sonne läutet wie eine Glocke! Schallwellen reflektieren alle paar Minuten in ihrem Innern. Ihre Frequenz ist zwar so niedrig, dass wir sie nicht hören, aber Wissenschaftler können sie mithilfe besonderer Instrumente aufspüren. Das „Läuten" hilft ihnen, den Aufbau der Sonne zu erforschen.

Sonnenfleckenzyklus
Sonnenflecken treten rund alle elf Jahre besonders zahlreich auf. Meist scharen sie sich dann um den Äquator. Während die letzten Flecken eines Zyklus verschwinden, tauchen bereits die ersten Flecken des nächsten Zyklus auf.

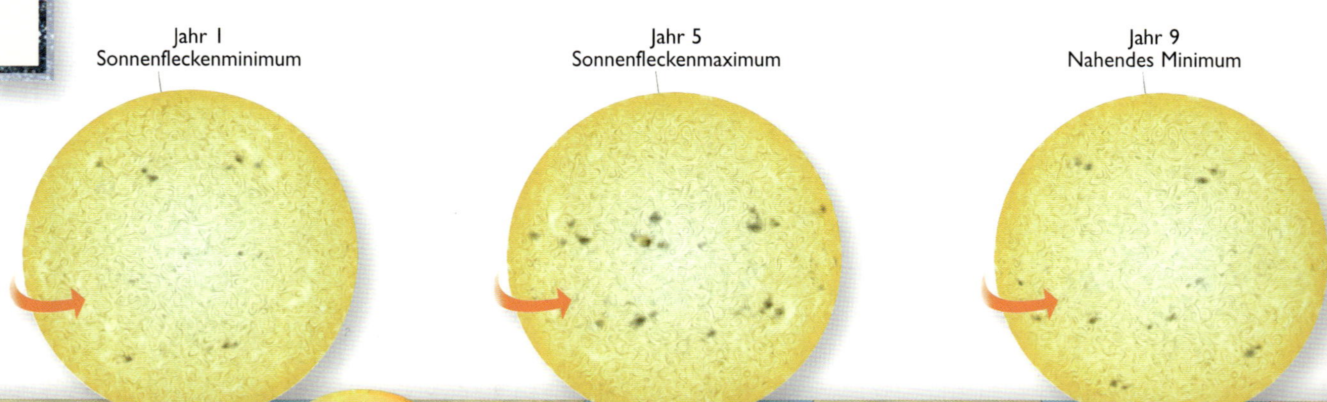

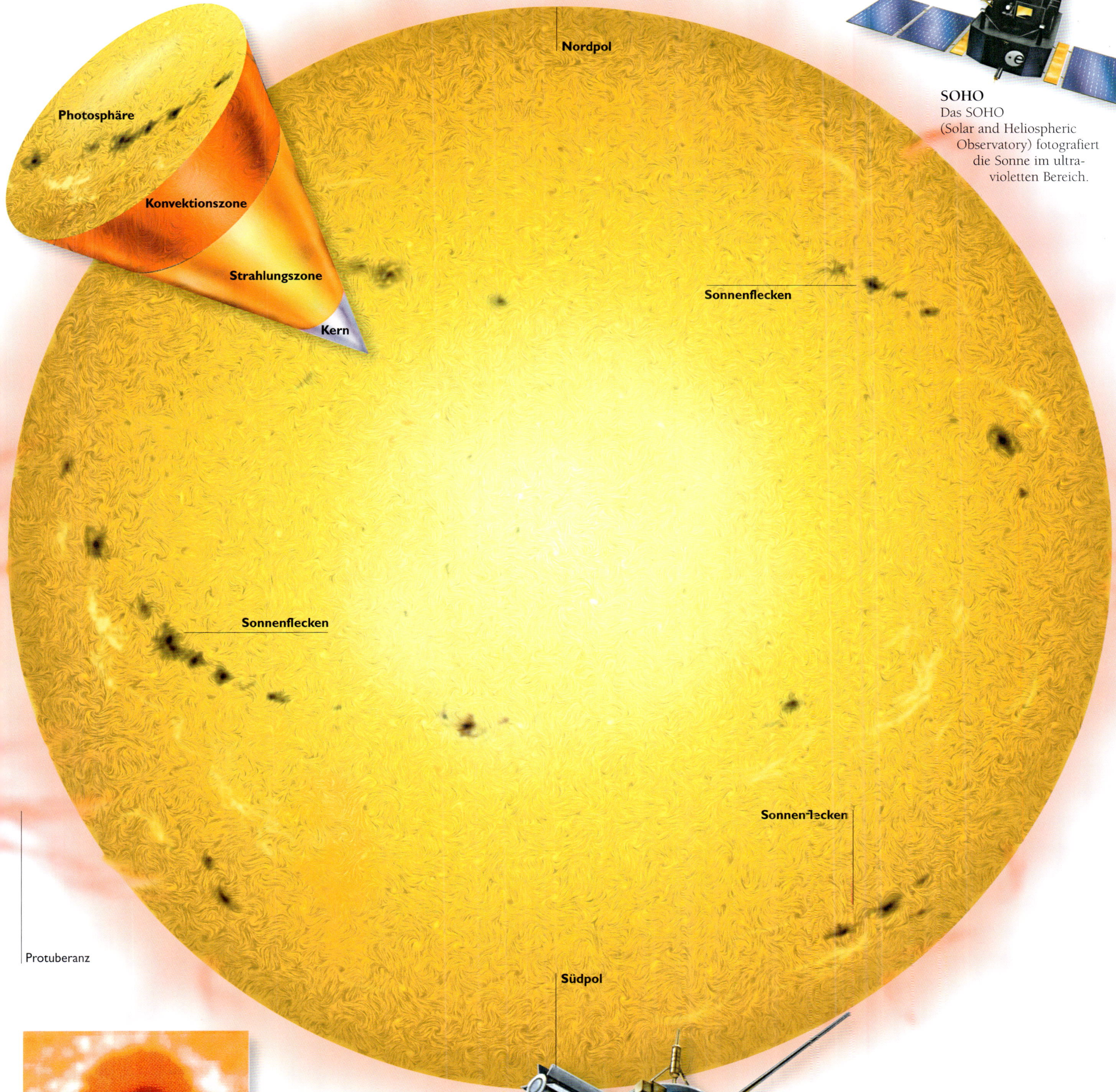

SOHO
Das SOHO (Solar and Heliospheric Observatory) fotografiert die Sonne im ultravioletten Bereich.

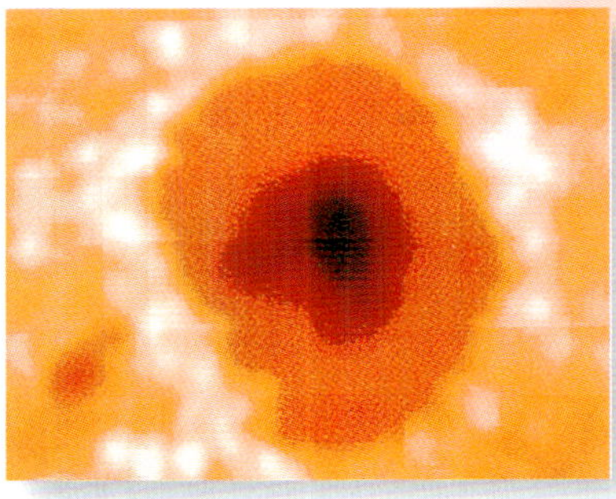

SONNENFLECK
Sonnenflecken erscheinen dunkel, weil sie um tausende von Graden kälter sind als die übrige Sonnenoberfläche. Sie bilden sich dort, wo starke Magnetkräfte ein Aufsteigen der heißen Gase verhindern.

ULYSSES
Da die Bahn von Ulysses über die Sonnenpole hinweg führt, kann die Raumsonde auch Bereiche erforschen, die von der Erde aus nicht sichtbar sind.

POSITION

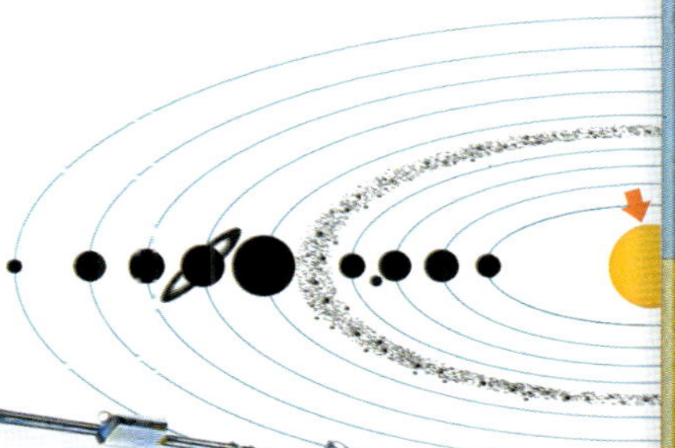

Merkur

MERKUR IST DER INNERSTE Planet unseres Sonnensystems. Da er ständig von der Sonne überstrahlt wird, kann er von der Erde aus nur selten beobachtet werden. Die der Sonne zugewandte Seite des Planeten ist sehr heiß – bis 430°C –, aber Merkur kann diese Wärme nicht festhalten, da er keine nennenswerte Atmosphäre besitzt. Deshalb misst man auf seiner Nachtseite –180°C.

Die Nahaufnahmen, die Mariner 10 zwischen 1974 und 1975 von Merkur machte, zeigen eine Oberfläche, die sich kaum von der des Erdmondes unterscheidet (siehe Seite 171). Sie ist von Kratern und Becken übersät – den Narben früherer Meteoriteneinschläge. Ein Zusammenstoß von gigantischem Ausmaß ließ das Caloris-Becken entstehen, das einen Durchmesser von 1300 km hat. Aber die Ähnlichkeit mit unserem Mond beschränkt sich auf das Äußere. So besitzt Merkur einen mächtigen Eisenkern, der vermutlich die Ursache für sein Magnetfeld ist. Merkwürdigerweise wirkt dieses Feld hundertmal schwächer als das der Erde.

Das Merkurjahr – ein Umlauf um die Sonne – ist nur 88 Erdentage lang, aber sein Tag – eine Drehung um die eigene Achse – dauert 59 Erdentage. Ein Beobachter auf dem Merkur würde nur einmal alle 176 Erdentage einen Sonnenaufgang erleben.

MERKURKARTE
Die kraterbedeckte Merkuroberfläche wurde von Mariner 10 vermessen, die aufgrund seiner Flugbahn jedoch nur eine Hälfte kartieren konnte. Mehr werden wir erst erfahren, wenn die Sonde Messenger im Jahr 2008 Merkur erreicht hat.

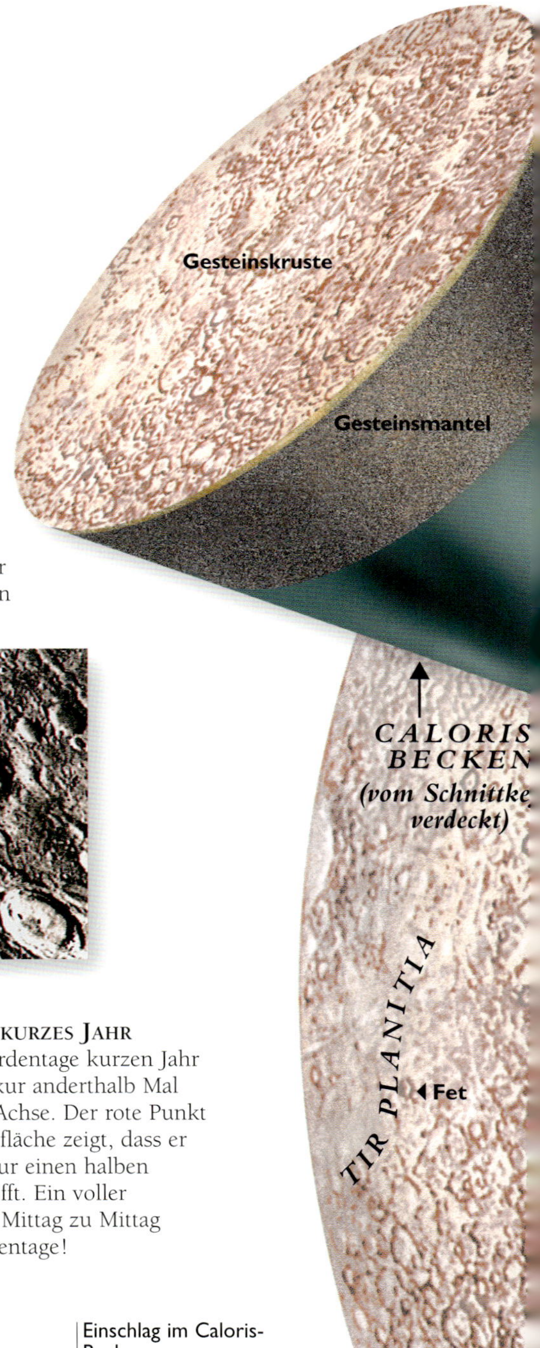

KRATER UND LAVAFELDER
Zwischen tausenden von Einschlagkratern, von denen Merkur übersät ist, erstrecken sich Ebenen aus erstarrter Lava. Auf diesem Foto könnt ihr Risse in der Oberfläche erkennen.

NAMENERKLÄRUNG	MERCURIUS, DER RÖMISCHE GÖTTERBOTE
SONNENABSTAND	58 MILLIONEN KM
DURCHMESSER	4875 KM
MASSE	5,5% DER ERDMASSE
ATMOSPHÄRE	KEINE
MONDE	KEINE
LÄNGE DES TAGES (in Erdentagen)	ROTATIONSPERIODE: 59 / SONNENTAG: 176
LÄNGE DES JAHRES	88 ERDENTAGE

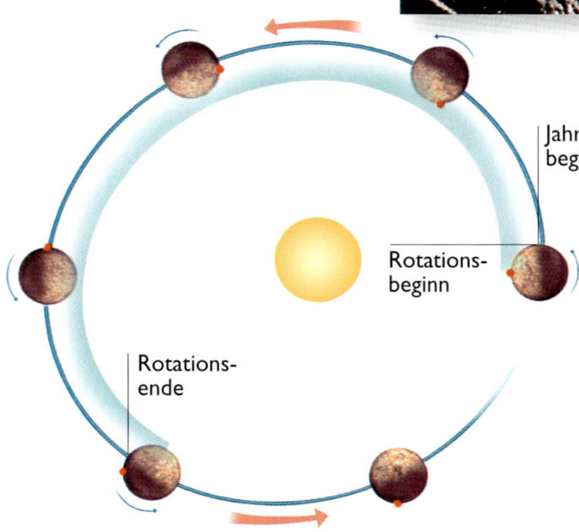

LANGER TAG, KURZES JAHR
In seinem 88 Erdentage kurzen Jahr dreht sich Merkur anderthalb Mal um die eigene Achse. Der rote Punkt auf seiner Oberfläche zeigt, dass er in dieser Zeit nur einen halben Sonnentag schafft. Ein voller Sonnentag von Mittag zu Mittag dauert 176 Erdentage!

RIESENKRATER
Das Caloris-Becken bildete sich durch den Einschlag eines kosmischen Objekts von ungeheurem Ausmaß. Die Druckwellen, die bei diesem Aufprall durch den Eisenkern jagten, waren so stark, dass sie 5000 km entfernt auf der anderen Seite des Planeten Hügel aufwarfen.

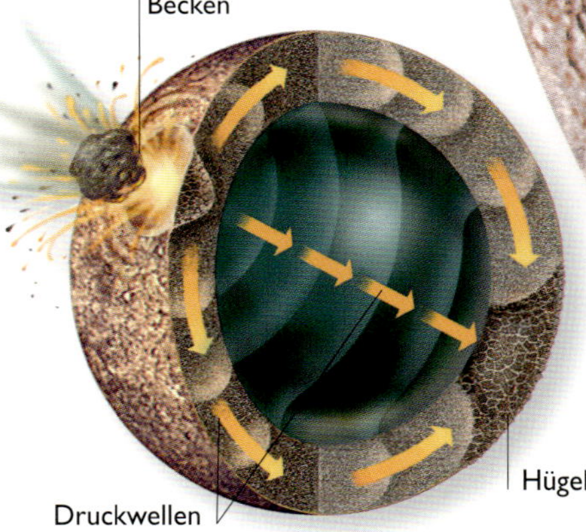

◆ MACH MIT: *Krater erzeugen* ◆

Ihr benötigt eine Backform, Mehl und Wasser sowie ein paar runde Gegenstände verschiedener Größe, z. B. eine Murmel oder einen Tischtennisball. Führt den Versuch am besten im Freien durch.

1. Verrührt das Mehl mit Wasser zu einem nicht zu flüssigen Brei.
2. Füllt die Masse bis knapp unter den Rand in eine Backform.
3. Stellt die Backform auf den Boden.
4. Tretet dicht an die Form heran und lasst die Kugeln aus verschiedenen Höhen in die Masse fallen. Holt sie vorsichtig wieder heraus.
5. Lasst einen größeren Gegenstand aus geringer Höhe fallen und dann einen kleineren aus gleicher Höhe. Welcher erzeugt einen größeren Krater?

◆ WISSENSWERTES ◆

Merkur hat Falten! Als der Planet abkühlte und sein Kern schrumpfte, wölbte sich die Kruste auf. Die Folge waren gigantische Verwerfungen (Rupes).

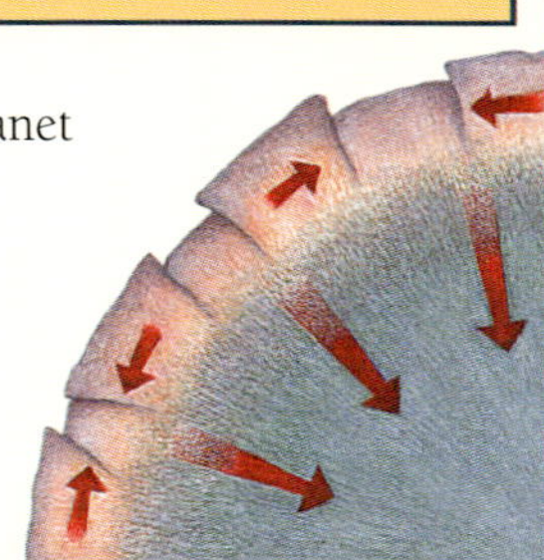

Mariner 10
Diese Sonde flog 1974 und 1975 dreimal an Merkur vorbei.

Position

◆ Schau nach ◆

- Welchem Mitglied unseres Sonnensystems ähnelt Merkur?
- Wie entsteht sein Magnetfeld?
- Sucht auf der Karte zwei nach Dichtern benannte Krater.

Schlüssel für die auf dieser Seite verwendeten Bezeichnungen siehe Seite 239.

Venus

Der zweite Planet von der Sonne aus ist die Venus, die etwa so groß ist wie die Erde. Wir sehen die Venus oft als hellen Stern am Morgen- oder Abendhimmel. Ihre Leuchtkraft verdankt sie dem Sonnenlicht, das von einer Schicht weißgelber Schwefelsäure-Wolken reflektiert wird. Die dichte Atmosphäre der Venus besteht vorwiegend aus Kohlendioxid. Sie lässt zwar das Sonnenlicht durch, verhindert aber, dass die Wärme wieder in den Weltraum abgestrahlt wird. Dieser Treibhauseffekt bewirkt, dass die Venus mit 470° C die heißeste Oberfläche im ganzen Sonnensystem hat.

Zwischen 1978 und 1994 gelang es den Pioneer- und Venera-Sonden sowie der Sonde Magellan, die Venusoberfläche durch Radarmessungen zu kartieren. Die hervorstechenden Geländeformen sind Vulkane und Lavaströme, aber es gibt weit weniger Einschlagkrater als auf Merkur – vermutlich weil die Lava, die aus Vulkanen und Rissen in der Gesteinskruste quoll, die frühen Meteoritenspuren überdeckte. Nach Ansicht von Experten könnte es auf der Venus sogar heute noch zu Vulkanausbrüchen kommen. Überraschend sind zwei Dinge: Die Drehung der Venus um ihre Achse dauert länger als ein Umlauf um die Sonne, und sie hat – verglichen mit der Erde – eine rückläufige Rotationsrichtung.

Namenerklärung
Venus, die römische Göttin der Schönheit

Sonnenabstand
108 Millionen km

Durchmesser
12 104 km

Masse
82 % der Erdmasse

Atmosphäre
Kohlendioxid, 96fache Dichte der Erdatmosphäre

Monde
Keine

Länge des Tages (in Erdentagen)
Rotationsperiode: 243 / Sonnentag: 117

Länge des Jahres
225 Erdentage

Helle Wolken
Dieses im ultravioletten Bereich aufgenommene Venus-Foto zeigt das typische Muster der Schwefelsäurewolken.

Venuskarte
Die von Raumsonden vermessene Venusoberfläche weist Gebirgsketten, Vulkane und Lavaströme auf. Die meisten dieser Geländeformen wurden nach Frauen benannt. Venus besitzt keine beweglichen Krustenplatten, welche die Landmassen der Erde treiben lassen.

Vulkane auf Venus
Vulkane sind zahlreich auf Venus, und viele Einschlagkrater scheinen unter Lava verschwunden zu sein. Dieses aus Magellan-Daten entstandene Bild zeigt Maat Mons, einen 8 km hohen Vulkan.

Hemisphäre Alpha Regio

◆ Mach mit: *Mini-Treibhaus* ◆

Für dieses Experiment braucht ihr ein Außenthermometer, ein Glas mit Schraubdeckel – und Sonnenschein.

1. Stellt das Glas ohne Deckel an einem sonnigen Platz im Freien auf. Führt das Thermometer mit dem dicken Ende nach unten ein.
2. Wartet ein paar Minuten, bis die Temperatur nicht mehr steigt, und schreibt den Wert auf.
3. Dreht nun das Thermometer um, schraubt den Deckel zu und stellt das Glas mit dem Verschluss nach unten wieder in die Sonne.
4. Wartet wieder, bis das Thermometer nicht mehr steigt. Hat sich die Temperatur verändert?

Ihr habt einen Mini-Treibhauseffekt erzeugt. Bei verschlossenem Glas kann die sonnenerwärmte Luft nicht entweichen und im Glas wird es heißer.

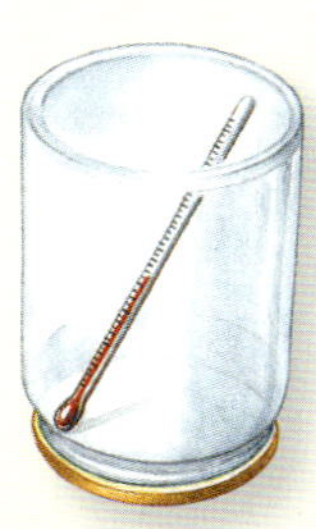

Treibhauseffekt
Die Venus leidet unter einem starken Treibhauseffekt. Ein Teil des Sonnenlichts sickert ungehindert durch die Wolkenschicht und heizt die Oberfläche auf, aber die Wolken und das Kohlendioxid in der Atmosphäre verhindern, dass die Wärme zurück in den Weltraum entweicht. Darum kann Venus nicht mehr abkühlen.

Hemisphäre Aphrodite Terra

MAGELLAN
Von 1990 bis 1994 kartierte die NASA-Sonde Magellan die Venus mit Radar.

VENERA
Die sowjetischen Venera-Sonden setzten mehrfach Lander auf der Venusoberfläche ab. Sie fanden grobkörnigen Sand und Basaltplatten vor.

POSITION

Schlüssel für die auf dieser Seite verwendeten Bezeichnungen siehe Seite 239.

Die Erde

DIE ERDE IST DER DRITTE PLANET von der Sonne aus und die größte der vier Gesteinswelten. Aus dem All betrachtet, ist sie der Blaue Planet, zum einen wegen ihrer tiefblauen Ozeane, die sie zu 71 Prozent bedecken, zum anderen wegen ihrer bläulichen Lufthülle. Die Erde ist der einzige Planet, der Wasser in allen drei Zustandsformen besitzt – fest, flüssig und als Dampf – und sie scheint auch der einzige zu sein, auf dem Leben existiert. Die Ozeane sorgen für den Ausgleich zwischen extrem heißen und kalten Gebieten: Sie verfrachten Sonnenenergie aus den Äquatorregionen zu den Polen. Die Temperaturunterschiede sind auch der Motor für unser Wetter und Klima.

Anfangs bestand die Erde aus heißem, flüssigem Gestein. Eisen und Nickel bildeten den Kern, während sich die leichteren Stoffe zu einer Mittelschicht – dem Erdmantel – und einer Außenschale – der Erdkruste – gruppierten. Der äußere Kern blieb flüssig, aber die Kruste kühlte ab und erstarrte. Dabei zerbrach die Kruste in mehrere Platten, die wie die Teile eines Puzzles zusammenpassen. Diese Platten, die unter den Kontinenten wesentlich mächtiger sind als unter den Ozeanen, werden durch Konvektionsströmungen aus dem heißen Erdkern langsam zusammengeschoben oder auseinander getrieben – ein Prozess, den man als Plattentektonik bezeichnet und der die Kontinente über den gesamten Erdball wandern lässt.

VULKANISMUS
Geschmolzenes Gestein oder Magma steigt aus dem Erdmantel auf, bricht an Schwachstellen hervor und türmt durch wiederholte Eruptionen Vulkankegel auf. So entstanden die Hawaii-Inseln durch Vulkane, die heute noch aktiv sind.

GESTALTUNG DER LANDSCHAFT
Die Erosion – die Abtragung von bloßliegenden Gesteinen durch Wind, Wellen und Regen – verändert die Landschaft. Diese Klippen beispielsweise weichen unter dem Ansturm der Brandung immer weiter zurück.

NAMENGEBUNG	VON ALTHOCHDEUTSCH ERDA FÜR ERDE, GRUND
SONNENABSTAND	150 MILLIONEN KM
DURCHMESSER	12 756 KM
MASSE	1 ERDMASSE = 5,5 X 10^{24} TONNEN
ATMOSPHÄRE	STICKSTOFF 78 %, SAUERSTOFF 21 %
MONDE	1: MOND
LÄNGE DES TAGES (in Stunden/Minuten)	ROTATIONPERIODE: 23 H 56 M/SONNENTAG: 24 H
LÄNGE DES JAHRES	365,25 TAGE

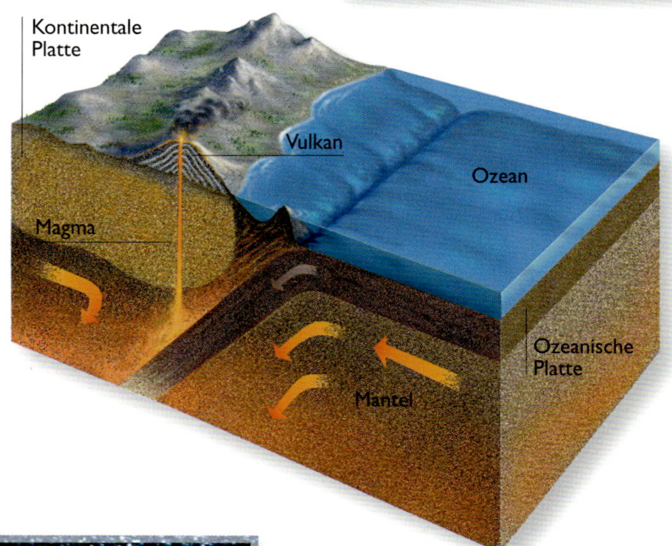

PLATTENKOLLISIONEN
Wenn eine dünne ozeanische Platte und eine dicke kontinentale Platte zusammenstoßen, taucht die dünnere unter der dickeren ab und schmilzt in der Tiefe. Das geschmolzene Gestein steigt an die Oberfläche und lässt Vulkane entstehen. Die Platten bewegen sich etwa so schnell wie ein Fingernagel wächst.

◆ MACH MIT: *Erosion im Tablett* ◆

Für diesen Versuch im Freien benötigt ihr ein großes, flaches Tablett, feinen Sand, einen Gartenschlauch und einen Wasseranschluss.

1. Schüttet den Sand in das Tablett und feuchtet ihn mit Wasser an.
2. Hebt eine Seite des Tabletts 2 bis 3 cm mit einer Holzlatte an.
3. Haltet den Schlauch über die höhere Seite des Tabletts und lasst einen dünnen Wasserstrahl in den Sand laufen.
4. Beobachtet, wie das Wasser Kanäle in den Sand gräbt.
5. Experimentiert ein wenig: Stellt das Tablett steiler oder flacher. Verändert die Stärke des Wasserstrahls. Legt kleine Steine in den Weg, den sich das Wasser bahnt, und seht, wie es die Hindernisse umfließt. Glättet den Sand und zieht eine gerade Furche – wie lange fließt das Wasser in diesem „Bett“?

Pflanzen

LEBEN AUF DER ERDE
Überall auf der Erde gibt es Leben in grenzenloser Formenvielfalt. Aufgrund ihres Sonnenabstands ist die Erde weder zu heiß noch zu kalt und besitzt reichlich flüssiges Wasser. Niemand weiß, woher das Leben kam, aber Wasser scheint bei seiner Entstehung eine entscheidende Rolle gespielt zu haben.

Vögel

ERDKARTE
Durch ihre Ozeane unterscheidet sich die Erde von allen anderen Planeten. Die Platten der Kruste werden durch die Konvektionsströme im Mantel ständig verschoben. Solche Ströme entstehen durch das Aufsteigen von Wärme aus dem 5000°C heißen Erdkern.

SPOT
Das ist einer von mehreren Erdbeobachtungssatelliten.

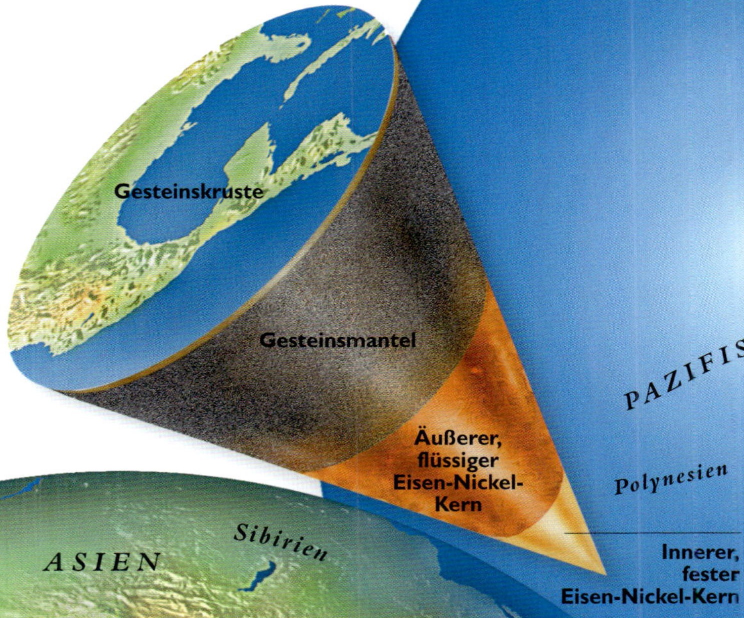

Westliche Hemisphäre

Östliche Hemisphäre

ATMOSPHÄRE
Dieser Wolkenwirbel ist Teil der Erdatmosphäre, die sich überwiegend aus Stickstoff und Sauerstoff sowie Spuren von Wasserdampf zusammensetzt. Die Wassererwärmung durch die Sonne bestimmt weitgehend den Ablauf unseres Wetters.

DIE ERDE BEI NACHT
Diese Nachtaufnahme von der Erde zeigt die Spuren menschlichen Wirkens, z. B. Städte (weiß) und Brände (rot).

POSITION

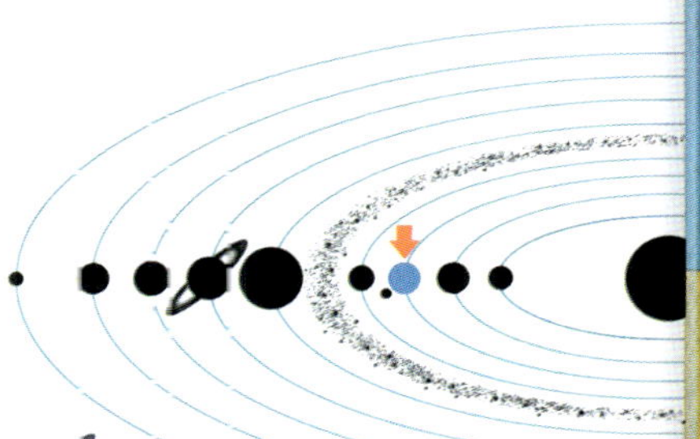

Säugetiere

Fische

Erde und Sonne

Durch die Drehung der Erde um ihre Achse entstehen Tag und Nacht, durch ihren Umlauf um die Sonne die wechselnden Jahreszeiten. Die Erdachse ist in einem Winkel von 23,5° geneigt, sodass die meisten Regionen der Erde im Verlauf eines Jahres unterschiedlich viel Sonnenlicht und Sonnenenergie erhalten.

Alljährlich um den 21. Juni neigt sich der Nordpol der Sonne am stärksten zu. Wir nennen diesen Tag Sonnenwende. Auf der nördlichen Halbkugel markiert er die höchste Bahn der Sonne über den Himmel und den Beginn des Sommers (auf der Südhalbkugel den Beginn des Winters). Um den 21. Dezember ist der Nordpol am stärksten von der Sonne abgekehrt. Dann zieht die Sonne ihre niedrigste Bahn über den Himmel und auf der Nordhalbkugel beginnt der Winter (auf der Südhalbkugel der Sommer). Im März und September überkreuzt die Sonne den Himmelsäquator und überall auf der Erde sind Tag und Nacht gleich lang. Dann ist Tagundnachtgleiche und fast überall auf der Welt beginnt der Frühling oder Herbst.

Aber nicht alle Gebiete der Erde erleben vier Jahreszeiten. So ist es am Äquator, wo die Sonne meist senkrecht einstrahlt, das ganze Jahr über warm. Die Polargebiete erhalten am wenigsten Sonnenlicht: Im Winter herrscht mehrere Monate lang sogar völliges Dunkel.

Die Sonne beeinflusst die Erde noch in anderer Hinsicht. So fließt der Sonnenwind, ein Strom elektrisch geladener Teilchen, ständig an unserem Planeten vorbei. Obwohl das Magnetfeld der Erde die meisten dieser Partikel ablenkt, dringen einige nahe dem Nord- und Südpol in die obere Atmosphäre ein und bringen deren Gase zum Leuchten. Wir bezeichnen die Lichtkaskaden als Polarlichter.

Jahreszeiten
Die Jahreszeiten ändern sich mit der Menge des Sonnenlichts, die auf eine bestimmte Region der Erde fällt. Um den 21. Juni, wenn der Nordpol der Sonne am stärksten zugeneigt ist, herrscht auf der Nordhalbkugel Sommer und auf der Südhalbkugel Winter. Ein halbes Jahr später ist die Situation genau umgekehrt.

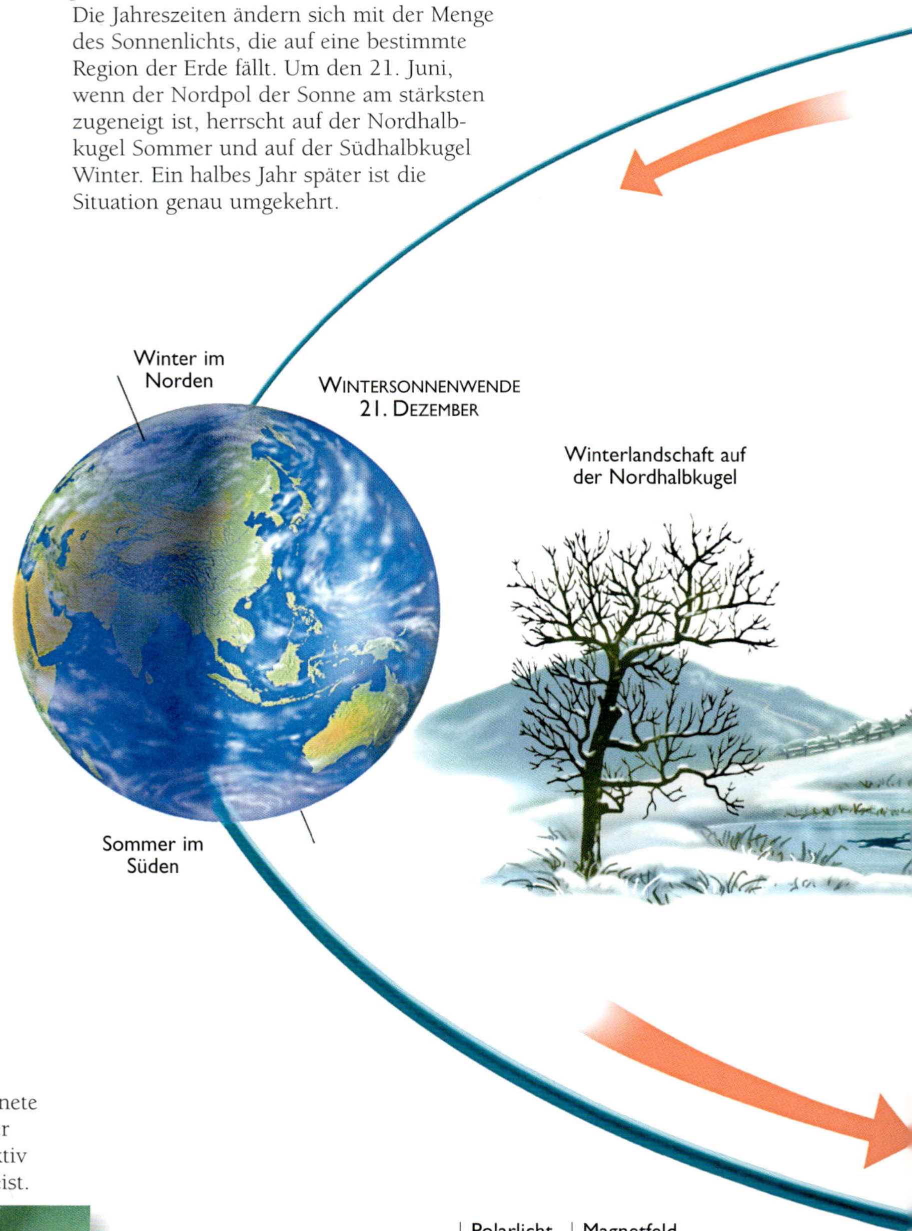

GRÖSSTE SONNENNÄHE DER ERDE
Anfang Januar – 147 Millionen km

GRÖSSTE SONNENFERNE DER ERDE
Anfang Juli – 152 Millionen km

LÄNGE DER ERDUMLAUFBAHN
940 Millionen km

DURCHSCHNITTSGESCHWINDIGKEIT DER ERDE 107 000 km/h

HÖCHSTE TEMPERATUR
Höchste je auf der Erde gemessene Temperatur: 58°C in Azizia, Libyen, 13. September 1922

TIEFSTE TEMPERATUR
Tiefste je auf der Erde gemessene Temperatur: –89°C in der Forschungsstation Wostok, Antarktis, 21. Juli 1983

Polarlicht
Das auch als Aurora oder Nord- beziehungsweise Südlicht bezeichnete Polarlicht tritt häufiger und stärker auf, wenn die Sonne besonders aktiv ist und viele Sonnenflecken aufweist.

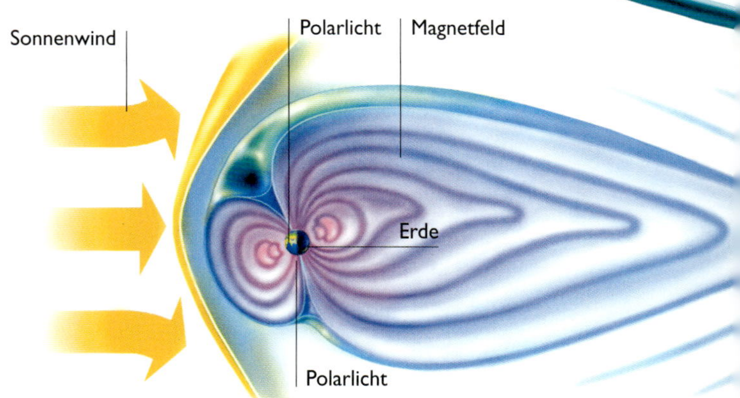

Magnetfeld
Ein vom Eisenkern der Erde erzeugtes Magnetfeld umgibt unseren Planeten wie ein unsichtbares Netz und schützt es vor den geladenen Teilchen des Sonnenwinds. Nur in Polnähe durchdringen einige Partikel diese Barriere. Dabei kommt es in der Atmosphäre zu den Polarlichtern.

• Wissenswertes •

Die Sonnenstrahlen, die euch gerade wärmen, verließen die Sonne vor mehr als 8 Minuten. (Und der Mondschein ist Sonnenlicht, das vor 1,3 Sekunden vom Mond reflektiert wurde.)

Polarlicht aus dem All
Vom Weltraum aus fotografierten Astronauten an Bord der Raumfähre Discovery dieses Südlicht.

Schau nach

- Warum ist es im Sommer warm und im Winter kalt?
- Was verursacht Polarlichter?
- Wo auf der Welt herrscht Mitternacht, wenn es für dich gerade Mittag ist?

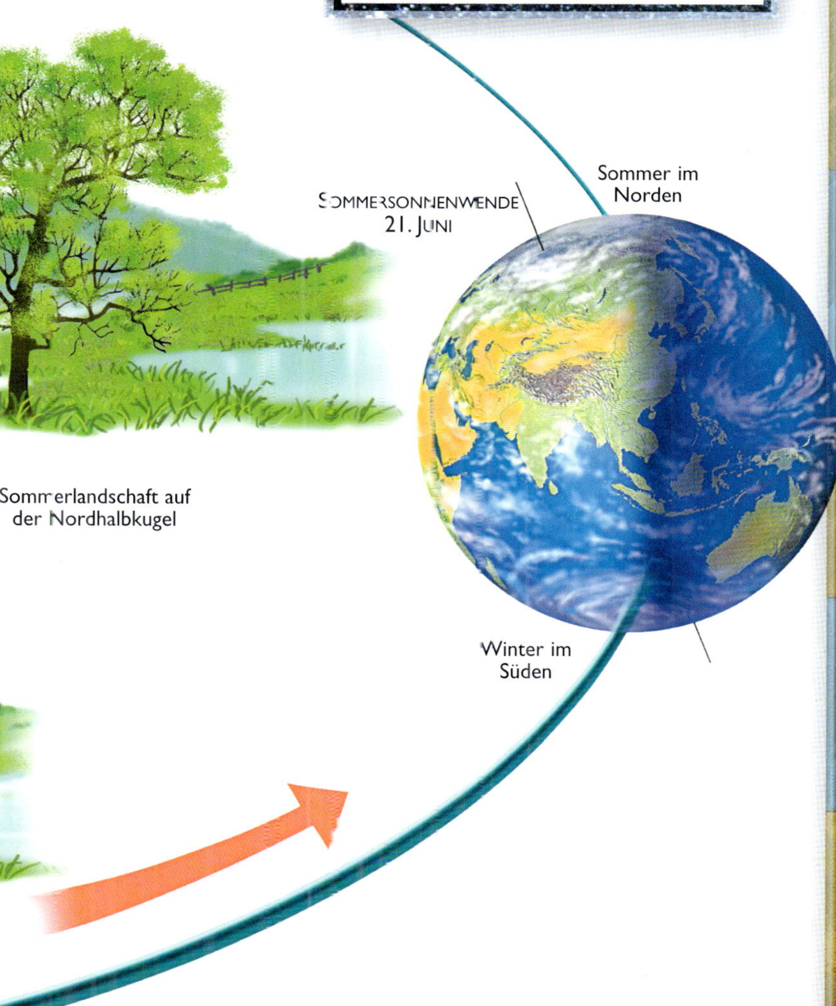

Sonne und Klima

Da am Äquator die Sonnenstrahlen das ganze Jahr über fast senkrecht auftreffen, haben wir hier die heißeste Zone der Erde. Je weiter wir uns vom Äquator entfernen, desto schräger fallen die Strahlen ein und desto kühler wird das Klima.

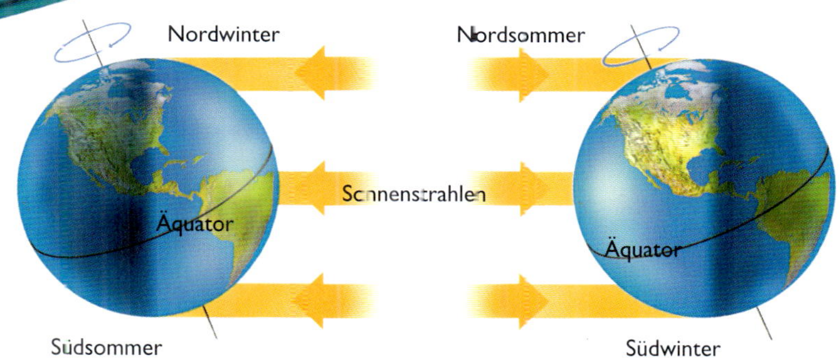

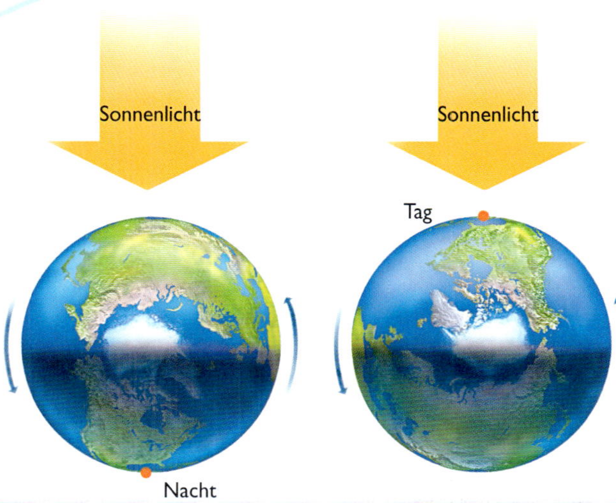

Tag und Nacht

Unser Tag beginnt, wenn sich das Gebiet, in dem wir leben, der Sonne zuwendet und die Nacht bricht an, wenn es sich wieder von der Sonne abkehrt. Zu jeder Zeit kann man irgendwo auf der Welt Sonnenaufgang und -untergang, Mittag und Mitternacht erleben.

Mach mit: *Schräges Licht*

1. Richtet in einem dunklen Raum den Strahl einer Taschenlampe senkrecht auf ein weißes Blatt Papier. Merkt euch die Form und die Helligkeit des Lichtflecks.
2. Haltet die Taschenlampe nun schräg. Seht ihr, wie der Fleck größer und schwächer wird?

Treffen die Sonnenstrahlen senkrecht wie am Äquator auf, ist ihre Energie stärker.

Der Mond

Der Mond ist der einzige natürliche Satellit der Erde. Er entstand vermutlich kurz nach der Erde aus Trümmern, die bei einer Kollision eines großen Körpers mit der Erde ins All geschleudert wurden. In der Anfangszeit wurde der Mond ständig von Meteoriten bombardiert. Seine Oberfläche ist heute noch von zahllosen Kratern und Becken übersät. Die jüngeren dieser Einschlagnarben weisen häufig Strahlensysteme auf – helle Streifen von Auswurfmaterial, das teilweise über große Entfernungen katapultiert wurde.

Durch Spalten ergoss sich Lava in die Tiefebenen und Becken und erstarrte zu einer dunklen Kruste. Die Astronomen hielten diese Flächen anfangs für ausgetrocknete Meere und nannten sie Maria – lateinisch für „Meere“. Als eine sowjetische Sonde 1959 erstmals die Rückseite des Mondes fotografierte, entdeckte man, dass fast alle Maria auf der uns zugewandten Mondseite liegen.

Der Mond hat nur ein Sechstel der Erdschwerkraft. Das reicht nicht aus, um eine Atmosphäre festzuhalten, und so sieht der Mondhimmel auch tagsüber immer schwarz aus. Das Fehlen einer Lufthülle trägt mit dazu bei, dass sich die Mondoberfläche an der Sonnenseite bis auf 117°C erhitzt und auf der Schattenseite bis auf –153°C abkühlt.

1998 fand die Mondsonde Lunar Prospector Eis an den Mondpolen. Wahrscheinlich ist es auf die Einschläge von Kometen zurückzuführen, die zum größten Teil aus gefrorenem Wasser bestehen.

Mondeis
Die Sonde Lunar Prospector entdeckte am Südpol des Mondes Eis (weiß) in mehreren Kratern.

NAMENERKLÄRUNG
Von althochdeutsch Mano für Mond

ERDABSTAND
384 401 km

DURCHMESSER
3476 km

MASSE
1,2 % der Erdmasse

ATMOSPHÄRE
Keine

LÄNGE DES TAGES (in Erdentagen)
Rotationsperiode und Sonnentag: jeweils 29,5

Mach mit: *Mondphasen zeichnen*

Ihr braucht einen Bogen Papier und einen Bleistift.

1. Zeichnet 31 in Reihen geordnete Kreise auf einen Bogen Papier. Sie sollen alle den gleichen Durchmesser besitzen. (Zeichnet z. B. um den Rand eines Glases.)
2. Schreibt das heutige Datum neben den ersten Kreis und so fort, bis alle Kreise ein Datum haben.
3. Beobachtet nun den Mond am Nachthimmel.
4. Zeichnet die Mondform in die Kreise. Wenn Wolken ihn verdecken, lasst den Kreis frei oder notiert „Wolken“.
5. Nach einer oder zwei Wochen werdet ihr eine gleichmäßige Entwicklung erkennen. Was ihr aufgezeichnet habt, sind die so genannten Mondphasen (siehe Seite 172).

Mondkarte
Die Vorderseite des Mondes ist immer der Erde zugewandt. Die Rückseite konnte erst durch mondumkreisende Sonden erforscht und kartiert werden. Der Mond besitzt einen kleinen heißen Kern, einen dicken Mantel und eine kraterübersäte Kruste.

Menschen auf dem Mond
Bei sechs Apollo-Missionen von 1968 bis 1972 betraten Menschen den Mond und brachten Gesteinsproben auf die Erde mit. Hier steht der Astronaut James Irwin 1971 vor der Landefähre und dem Mondauto der Apollo-15-Mission.

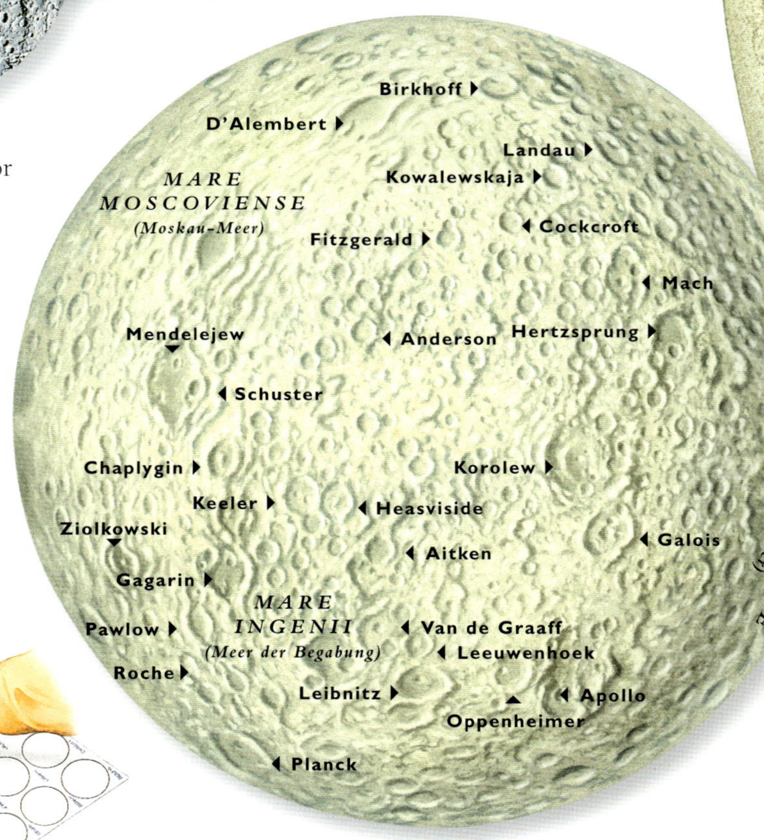

Erdabgewandte Halbkugel

Wie der Mond entstand
Die junge Erde kollidierte mit einem Objekt von der Größe des Mars. Die Trümmer umkreisten die Erde und ballten sich dann zum Mond zusammen.

Erdzugewandte Halbkugel

Lunar Prospector Die 1998 gestartete NASA-Sonde untersuchte den Aufbau des Mondes.

Luna 16 Die sowjetische Mondsonde Luna 16 sammelte als erste automatisch Mondgestein ein.

Position

Erde und Mond

Etwa einmal im Monat umrundet der Mond die Erde. Er wendet uns dabei immer die gleiche Seite zu, sodass es scheint, als würde er sich nicht um seine Achse drehen. Könnten wir den Mond vom Mars aus betrachten, würden wir erkennen, dass er in der gleichen Zeitspanne, in der er einmal die Erde umläuft, sich auch einmal um seine Achse dreht. Für einen Astronauten auf dem Mond würden ein Tag und eine Nacht zwei Wochen dauern.

Der Mond scheint nur, weil er das Sonnenlicht reflektiert. Während er die Erde umkreist, werden unterschiedlich große Teile der Mondscheibe beleuchtet. Diese Veränderungen nennen wir Phasen. Bei Neumond befindet sich die Sonne auf der Rückseite des Mondes, sodass die uns zugewandte Vorderseite dunkel bleibt und wir den Mond nicht sehen können. Bei Vollmond fällt dagegen das Sonnenlicht von vorn auf den Mond. Zu anderen Phasen sehen wir den Mond halb oder nur als schmale Sichel.

Gelegentlich bilden Mond, Erde und Sonne eine Gerade und es kommt zu einer Finsternis. Bei einer Sonnenfinsternis schiebt sich der Mond zwischen Erde und Sonne, und sein Schatten wandert über einen Teil der Erde. Für alle, die in diesem Schattenkorridor leben, erscheint die Sonne teilweise oder ganz schwarz.

Mondfinsternisse sind leichter zu beobachten. Wenn der Mond sich direkt hinter die Erde schiebt, blockiert diese das auf ihn fallende Sonnenlicht. Der Mond verdunkelt sich, verschwindet aber nicht ganz, sondern erscheint in einem kupferroten Licht. Ursache für die Verfärbung sind Sonnenstrahlen, die auf ihrem Weg durch die Erdatmosphäre gefiltert werden. Eine Mondfinsternis dauert über eine Stunde und kann von der gesamten Nachtseite der Erde aus beobachtet werden.

UMLAUFZEIT DES MONDES
Von der Erde aus gesehen (von Neumond zu Neumond): 29,5 Erdentage
Relativ zu den Sternen – 27,3 Erdentage

MAXIMALE DAUER EINER TOTALEN SONNENFINSTERNIS
7 Minuten 40 Sekunden

HÄUFIGKEIT VON TOTALEN SONNENFINSTERNISSEN
Etwa einmal pro Jahr, aber nur in einem eng begrenzten Korridor

ÜBLICHE DAUER EINER TOTALEN MONDFINSTERNIS
Etwa 1 Stunde 40 Minuten

HÄUFIGKEIT VON TOTALEN MONDFINSTERNISSEN
1 bis 3 Mal pro Jahr, in einem weiten Bereich sichtbar

◆ Wissenswertes ◆

Früher, als die Menschen noch keine Erklärung für eine Sonnenfinsternis hatten, löste das Naturschauspiel oft Angst und Schrecken aus. So glaubten die alten Chinesen, dass ein Drache die Sonne verschlingen wolle. Um das Untier zu verscheuchen, veranstalteten sie mit Trommeln, Hörnern und Rasseln einen Höllenlärm. Und damit hatten sie immer Erfolg!

Springtiden
Sonne und Mond in einer Geraden = starke Gezeiten

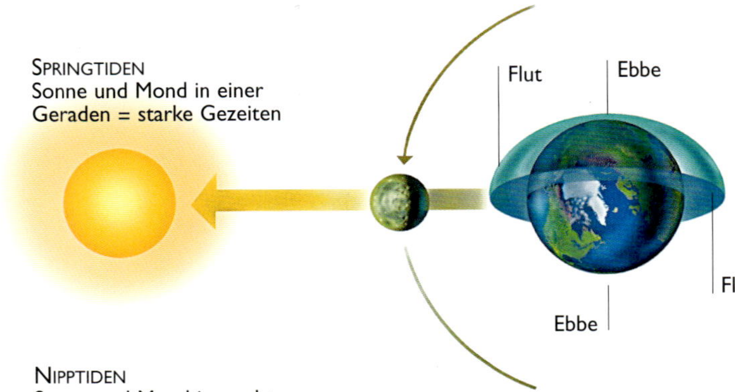

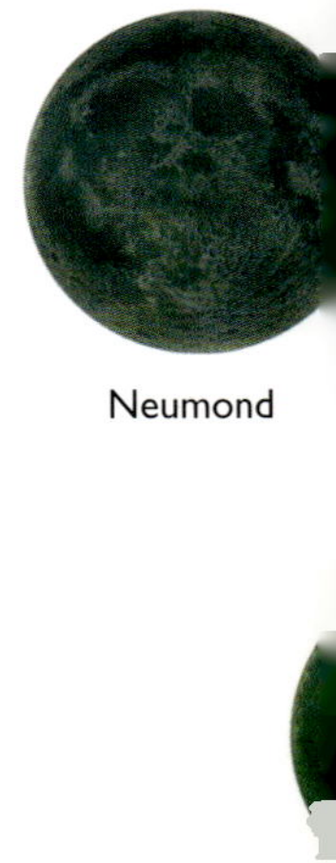

Nipptiden
Sonne und Mond im rechten Winkel = schwache Gezeiten

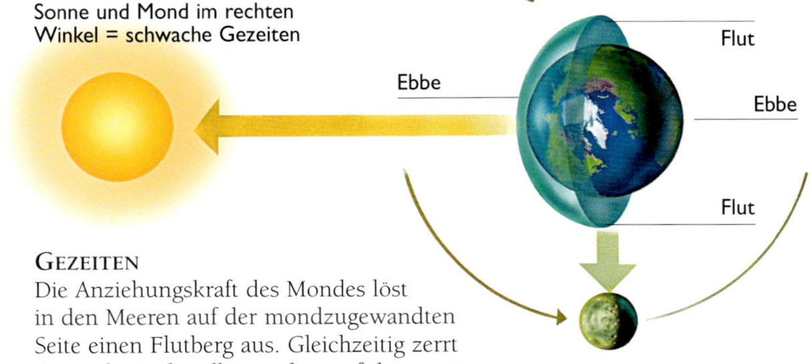

Gezeiten
Die Anziehungskraft des Mondes löst in den Meeren auf der mondzugewandten Seite einen Flutberg aus. Gleichzeitig zerrt sie an der Erde selbst, sodass auf der gegenüberliegenden Seite ebenfalls ein Flutberg entsteht. Die Gezeiten sind dann am stärksten, wenn Sonne und Mond in einer Linie liegen.

Aschgraues Mondlicht
Manchmal zeigt sich innerhalb der hellen Mondsichel ein fahles, geisterhaftes Licht. Das so genannte aschgraue Mondlicht ist Sonnenlicht, das von den Wolken, Landflächen und Meeren der Erde reflektiert wird.

Mondfinsternis
Wenn der Mond durch den Erdschatten wandert, entsteht eine Mondfinsternis. Der Mond verdüstert sich und nimmt oft einen kupferroten Farbton an. Ursache dafür sind Sonnenstrahlen, die durch die Erdatmosphäre gestreut werden.

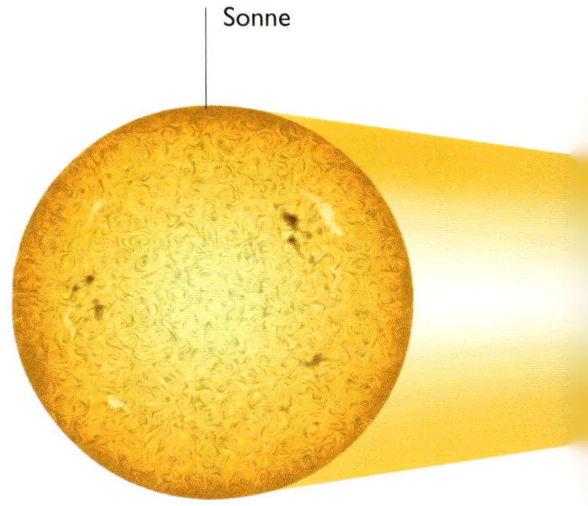

Sonnenfinsternis
Kurz bevor der Mond die Sonne bei einer totalen Sonnenfinsternis vollständig bedeckt, strömt Sonnenlicht durch Täler auf dem Mond und sorgt für einen Diamantring-Effekt. Dabei bildet die Korona den Ring und der letzte Rest der Sonne den gleißenden Diamanten.

◆ Mach mit: *Finsternisse* ◆

Ihr braucht einen Tennisball (Erde), einen Pingpongball (Mond), eine Taschenlampe (Sonne), einen Tisch mit Decke und ein dunkles Zimmer.

1. Legt den Tennisball etwa 60 cm von der Taschenlampe entfernt auf den Tisch und platziert den Pingpongball in einem Abstand von je 30 cm dazwischen.
2. Richtet nun die Taschenlampe auf den Tennisball und rollt den Pingpongball im Kreis um den Tennisball.
3. Wenn sich der Pingpongball-Mond hinter der Tennisball-Erde befindet, seht ihr eine Mondfinsternis. Schiebt sich dagegen der Pingpongball-Mond zwischen Tennisball-Erde und Taschenlampe-Sonne, seht ihr eine Sonnenfinsternis.

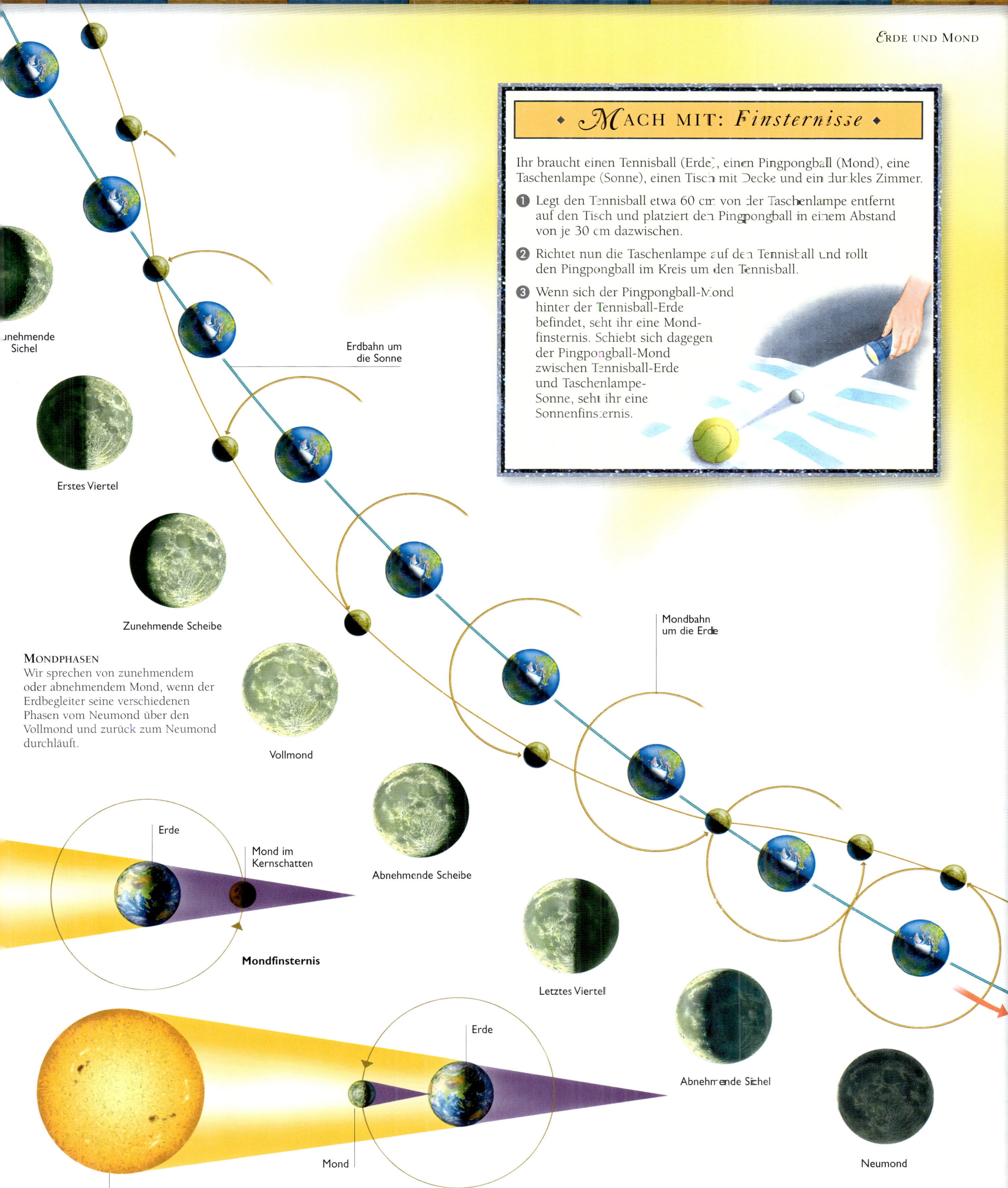

Mondphasen
Wir sprechen von zunehmendem oder abnehmendem Mond, wenn der Erdbegleiter seine verschiedenen Phasen vom Neumond über den Vollmond und zurück zum Neumond durchläuft.

Mondfinsternis

Sonnenfinsternis

Meteore und Meteoriten

MEHR ALS 180 TONNEN MATERIETRÜMMER dringen täglich aus dem Weltraum in die Erdatmosphäre ein – von winzigen Staubflocken über erbsengroße Partikel bis hin zu großen Stein- oder Eisenbrocken. Da diese Objekte Geschwindigkeiten von mehr als 13 km/s erreichen, ist ihre Reibung mit Luftmolekülen so stark, dass sie meist in der Atmosphäre verglühen. Dabei entsteht eine helle Leuchtspur, die wir als Meteor oder Sternschnuppe bezeichnen. Vor dem Eintauchen in die Atmosphäre heißen solche Körper Meteoroiden. Wenn sie nicht verglühen und bis zur Erdoberfläche gelangen, nennt man sie Meteoriten.

Die meisten Meteoroiden stammen von Asteroiden, die vorwiegend zwischen Mars und Jupiter kreisen, oder von Kometen, die in riesigen Ellipsen das Sonnensystem durchstreifen. Wenn Asteroiden zusammenstoßen, treiben die Bruchstücke als Meteoroiden durch das All. Kometen dagegen verlieren Materie, wenn ihr Eis in Sonnennähe schmilzt. Aus diesem Kometenstaub entstehen ganze Meteoroidenschwärme, die irgendwann in die Erdatmosphäre eindringen können. Manche Meteoroiden stammen vom Mond oder Mars ab. Bei Kollisionen mit einem größeren Asteroiden wurden sie aus der Oberfläche herausgeschleudert.

Während die meisten Meteoriten bequem in die Hand passen, fand man vereinzelt auch Bruchstücke, die größer als Häuser sind. In der Vergangenheit schlugen einige Riesenmeteoriten gewaltige Krater in die Erdoberfläche. Und selbst kleine Meteoriten können Schaden anrichten. 1992 zerstörte einer bei New York ein Auto. Ein anderer tötete 1911 in Ägypten einen Hund.

METEORITENKRATER
Wenn ein Meteorit auf der Erde einschlägt, hinterlässt er einen Krater im Boden. Der Meteoritenkrater in Arizona ist 1220 m breit und 200 m tief. Er entstand vor 50 000 Jahren, als sich ein hausgroßer Eisen-Nickel-Meteorit mit 11 km/s in die Erde bohrte.

METEOR
Die Leuchtspur am dunklen Himmel ist ein Meteor. In einer klaren Nacht kann man in der Stunde drei bis vier dieser als Sternschnuppen bezeichneten Meteore sehen.

NAMENERKLÄRUNG
METEOR KOMMT VOM GRIECHISCHEN BEGRIFF METEOROS FÜR „IN DER LUFT SCHWEBEND".

HÖHE DER VERGLÜHENDEN METEORE
110–80 KM

GRÖSSE VON METEOROIDEN
METEOROIDEN REICHEN VON STAUBKORN- BIS HAUSGRÖSSE

GRÖSSE VON METEORITEN
METEORITEN SIND MEIST ETWA FAUSTGROSS, KÖNNEN ABER AUCH RIESIG SEIN. DEN REKORD HÄLT DERZEIT DER 60 TONNEN SCHWERE, IN NAMIBIA GEFUNDENE HOBA-METEORIT.

GRÖSSTER BEKANNTER KRATER
VREEDEFORT, SÜDAFRIKA: DURCHMESSER 300 KM

STEINMETEORIT
Steinmeteoriten machen 92 Prozent aller Meteoriten aus. Sie entstanden bereits sehr früh und geben den Wissenschaftlern wertvolle Hinweise zur Entwicklungsgeschichte des Sonnensystems.

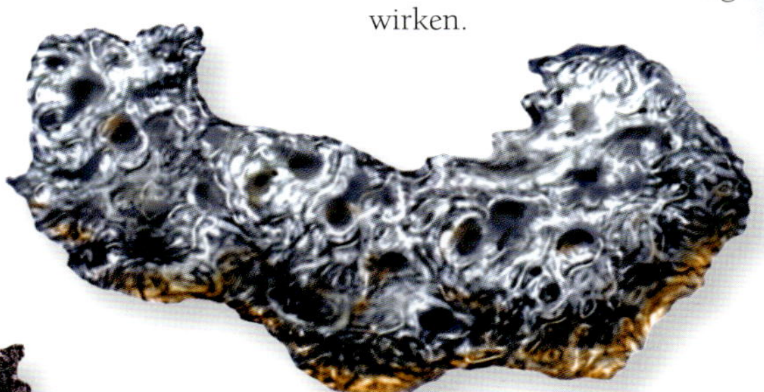

EISENMETEORIT
Eisenmeteorite machen nur 7 Prozent der Meteoriten aus, werden jedoch am häufigsten entdeckt, da sie kaum verwittern und sehr fremdartig wirken.

WISSENSWERTES

Am 17. November 1833 wurden die Bewohner der nordamerikanischen Ostküste Zeugen eines spektakulären Meteorschauers, bei dem bis zu 200 000 Meteore pro Stunde niedergingen – in jeder Minute tausende von Sternschnuppen.

STEINEISENMETEORIT
Lediglich 1 Prozent der Meteoriten bestehen aus einem Stein-Eisen-Gemisch. Experten vermuten, dass sie von vollständig geschmolzenen Asteroiden abstammen.

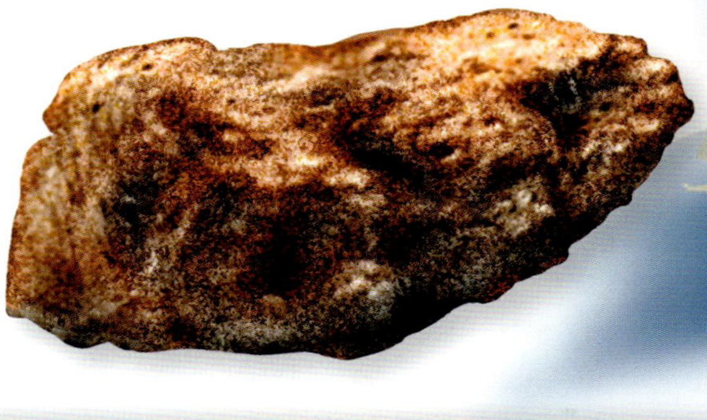

MARSMETEORIT ALH 84001
1996 berichteten NASA-Forscher, man habe im Marsmeteoriten ALH 84001 Spuren von einstigem Leben entdeckt. Die meisten Wissenschaftler halten dies heute für falsch.

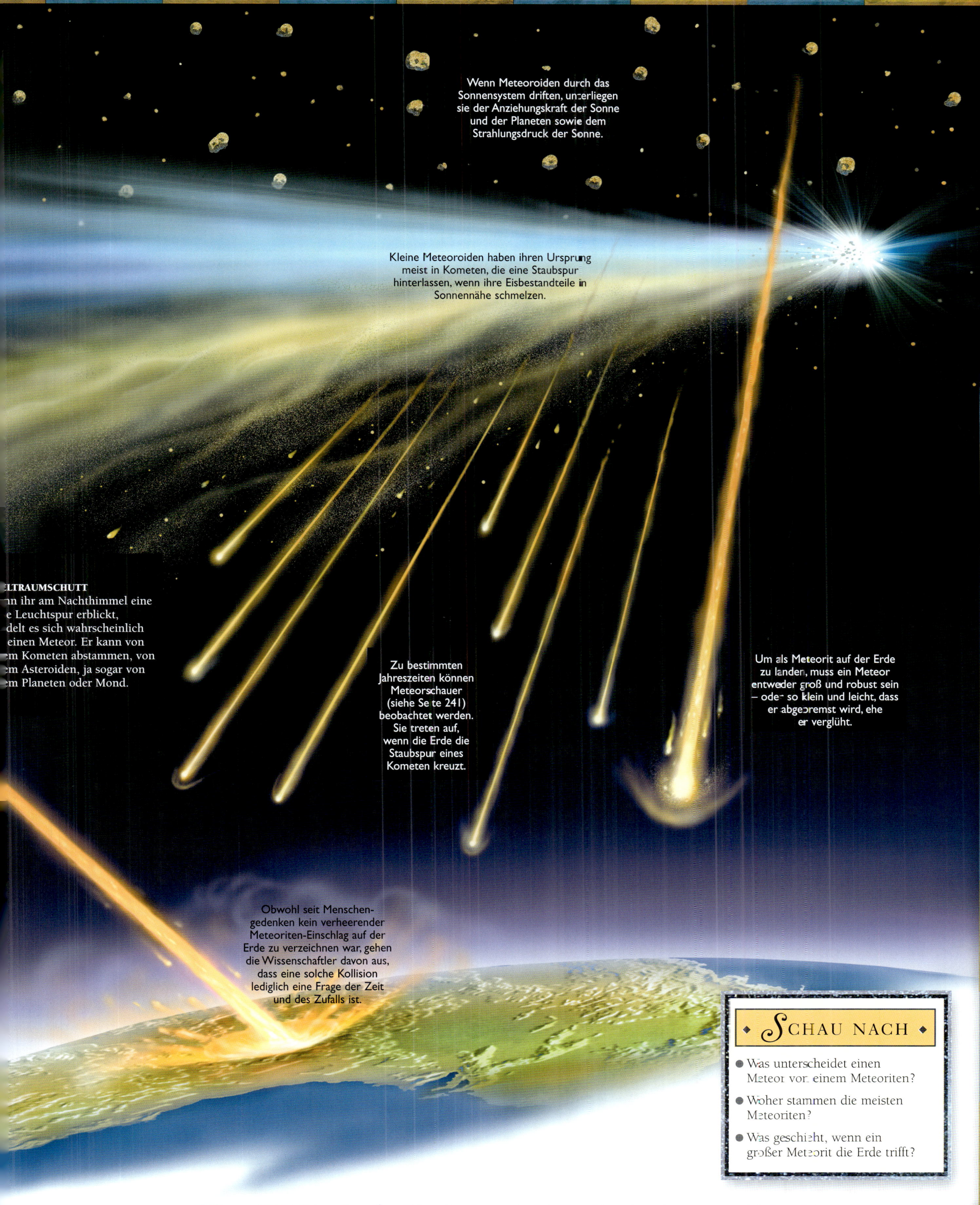

ELTRAUMSCHUTT
an ihr am Nachthimmel eine e Leuchtspur erblickt, delt es sich wahrscheinlich einen Meteor. Er kann von m Kometen abstammen, von m Asteroiden, ja sogar von m Planeten oder Mond.

Schau nach

- Was unterscheidet einen Meteor von einem Meteoriten?
- Woher stammen die meisten Meteoriten?
- Was geschieht, wenn ein großer Meteorit die Erde trifft?

Mars

Der Mars ist der Erdähnlichste aller Planeten. Er hat vier Jahreszeiten, Eiskappen an den Polen, Schluchten und Täler. Ein Marstag ist nur 41 Minuten länger als ein Erdentag. Da die Bedingungen auf dem jungen Mars vermutlich die gleichen waren wie auf der Erde, könnte es dort ebenfalls Lebensanfänge gegeben haben. Allerdings fanden Marssonden keinerlei Spuren von Leben.

Seine typische rötliche Färbung, die ihm den Beinamen Roter Planet eintrug, verdankt er den rostbraunen Felsen und dem feinen roten Sand. Da die Kohlendioxid-Atmosphäre des Planeten zu dünn ist, um die Sonnenwärme am Entweichen zu hindern, ist der Mars eine kalte Wüste. Die Temperaturen liegen tagsüber bei 27° C, können nachts jedoch auf eisige –123° C absinken.

Der Süden ist von Kratern übersät. Die nördlichen Ebenen sind flacher und glatter und könnten einst große Seen oder gar Ozeane gewesen sein. Außerdem gibt es erloschene Riesenvulkane, darunter den 24 km hohen Olympus Mons. Die gewaltige Schlucht Valles Marineris hat mit rund 4000 km Länge fast die Breite Nordamerikas.

Der Mars ist neben der Erde der am besten erforschte Planet des Sonnensystems. Er wurde bislang von mehr als 13 unbemannten Sonden erkundet, und weitere Missionen sind geplant.

NAMENERKLÄRUNG	Mars, der römische Kriegsgott
SONNENABSTAND	228 Millionen km
DURCHMESSER	6780 km
MASSE	10 % der Erdmasse
ATMOSPHÄRE	Kohlendioxid – 0,01 % der Erdatmosphäredichte
MONDE	2: Phobos und Deimos
LÄNGE DES TAGES (Erdstunden/-minuten)	Rotationsperiode 24 h 37 min/Sonnentag: 24 h 40 min
LÄNGE DES JAHRES	687 Erdentage

Marskarte
Die Marsoberfläche wurde durch unbemannte Sonden genau kartiert. Spuren von Magnetismus deuten darauf hin, dass der Gesteinsmantel und die Kruste in der Frühzeit wie die Erde aus beweglichen Platten bestanden.

Marsoberfläche
Die Pathfinder-Sonde landete in einem Gebiet, wo einst Flüsse in die Ebenen geströmt waren. Sie fand viele Gesteinsarten in einer seit mehr als einer Milliarde Jahren unveränderten Landschaft.

Der Nordpol
Die Eiskappe am Nordpol besteht aus gefrorenem Wasser, das im Winter von einem dünnen Gemisch aus Kohlendioxid-Schnee und Staub überdeckt wird.

Deimos

Phobos

Die beiden Marsmonde
Die beiden unregelmäßig geformten Marsmonde Phobos und Deimos sind kraterzernarbt. Möglicherweise handelt es sich um Asteroiden, die vom Schwerefeld des Mars eingefangen wurden.

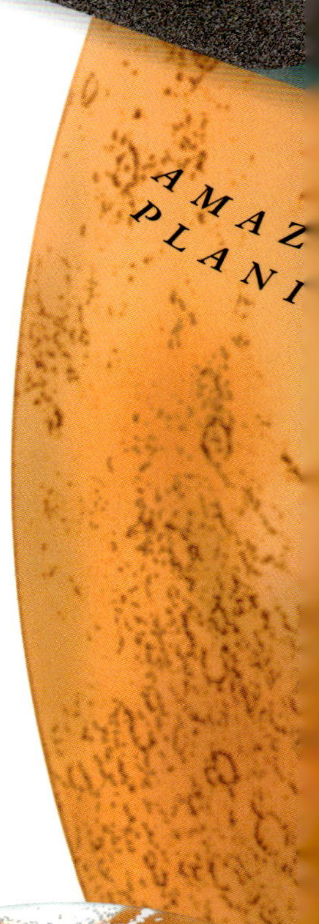

Östliche Hemisphäre

Geländegängig
Kleine Marsautos wie der Sojourner, der sich im Gepäck der Pathfinder-Sonde befand (siehe Seiten 154–155), können sich ein Stück von der Landeeinheit entfernen und so Gelände besser erkunden.

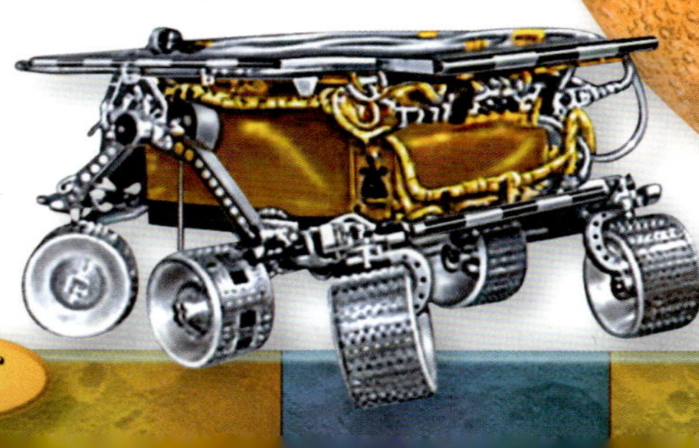

Mach mit: *Mars basteln*

Ihr benötigt einen Ballen Stahlwolle, Wasser, eine Schüssel und Gummihandschuhe.

1. Zupft die Stahlwolle auseinander, ehe ihr sie in die Schüssel legt und mit Wasser anfeuchtet. Lasst sie ein paar Tage liegen.
2. Nehmt die Stahlwolle mit Gummihandschuhen aus der Schüssel. Ihr werdet sehen, dass sie rostig geworden ist und zu einem orangeroten Pulver zerfällt.

Wenn sich das Eisen in der Stahlwolle mit Wasser und dem Sauerstoff der Luft verbindet, beginnt es zu rosten. Viele Marsgesteine enthalten eisenhaltige Mineralien, die im Lauf der Zeit verrosten. Der rötliche Staub verfärbt die Marsoberfläche und die Atmosphäre.

Westliche Hemisphäre

Mars Polar Lander
Die Sonde ging 1999 beim Landevorgang verloren.

Position

Schlüssel für die auf dieser Seite verwendeten Bezeichnungen siehe Seite 239

Asteroiden

Zwischen Mars und Jupiter kreisen Millionen von Asteroiden, unregelmäßig geformte Kleinkörper aus Gestein oder Metall, die bei der Entstehung des Sonnensystems übrig blieben. Die starke Anziehungskraft des Jupiter verhinderte, dass sie sich zu einem Planeten von der Art der Erde oder des Mars zusammenballten. Asteroiden werden auch als Kleinplaneten oder Planetoiden bezeichnet.

Der größte Asteroid Ceres, der bereits 1801 entdeckt wurde, hat einen Durchmesser von knapp 1000 Kilometern. Er ist rund wie die Gesteinsplaneten, während kleinere Planetoiden unregelmäßig geformt sind, da ihre Schwerkraft nicht ausreichte, um das Material zu einer Kugel zu formen. Durch Vorbeiflüge von Raumsonden wissen wir, dass die Oberflächen von Asteroiden wie Gaspra und Ida viele Krater aufweisen und von feinem Felsenstaub bedeckt sind.

Nicht alle Kleinplaneten kreisen im Hauptgürtel. Zwei als Griechen und Trojaner bezeichnete Gruppen bewegen sich auf der Jupiterbahn. Da diese Asteroiden so schnell sind wie der Riesenplanet, stoßen sie nicht mit ihm zusammen. Die Bahnen anderer Asteroiden sind so stark elliptisch, dass sie die Bahnen einiger Planeten wie der Erde schneiden. Astronomen beobachten diese erdnahen Asteroiden sehr genau. Käme es zu einem Zusammenstoß, könnten durch den Aufprall Flutwellen und Waldbrände entstehen und Staub- und Aschewolken würden monatelang die Sonne verdunkeln.

Da unser Planet durch unzählige Kollisionen asteroidenähnlicher Brocken entstand, erhoffen sich Wissenschaftler von Raumsonden, die die Asteroiden erforschen sollen, neue Erkenntnisse über die Entstehung unseres Sonnensystems.

NAMENERKLÄRUNG
Asteroid bedeutet „sternähnlich“. Im Fernrohr sehen Asteroiden wie Sterne aus.

SONNENABSTAND DES HAUPTGÜRTELS
Von 329 Millionen km bis 539 Millionen km

GRÖSSE
Die Asteroiden-Durchmesser reichen von knapp einem Meter bis zu knapp 1000 km

ANZAHL DER ASTEROIDEN IM HAUPTGÜRTEL
Unbekannt – vermutlich hunderte von Millionen

ANZAHL DER ERDNAHEN ASTEROIDEN
Vermutlich mehrere tausend – etwa 1000 bekannt

Ida
Der von der Jupitersonde Galileo aufgenommene Kleinplanet Ida ist etwa 60 km lang. Der Fleck rechts auf dem Foto ist Idas winziger Mond Dactyl, der nur 1,5 km Durchmesser hat.

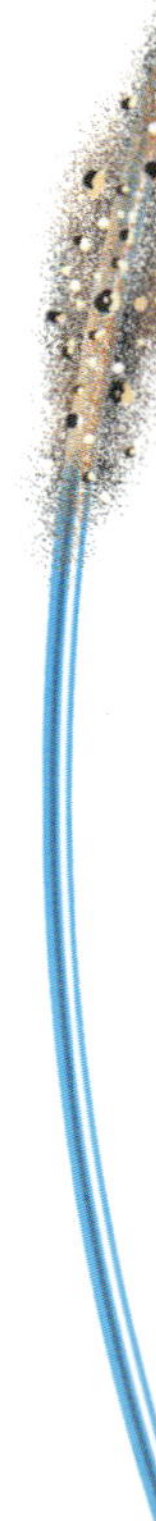

Gaspra
Der ebenfalls von Galileo fotografierte Gaspra ist etwa 18 km lang. Seine Oberfläche scheint jünger zu sein als die von Ida, da sie nicht so viele Krater aufweist.

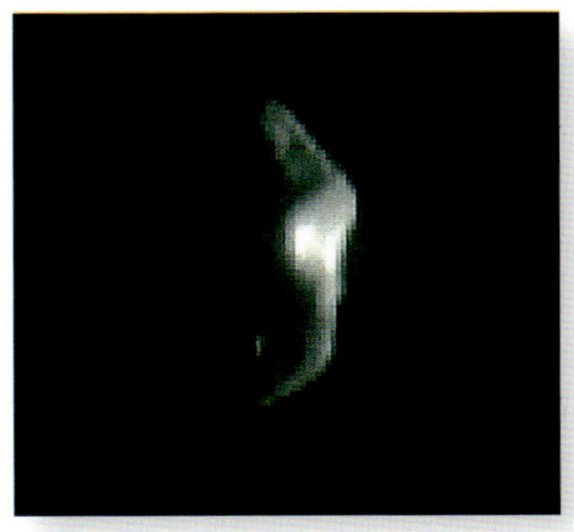

Eros
1998 gelang der NEAR-Sonde im Vorbeiflug dieser Schnappschuss von Eros. Der etwa 33 km lange, unregelmäßige Felsbrocken ist von Kratern übersät und rotiert einmal in 5 1/4 Stunden um seine Achse.

Mathilde
Noch vor ihrer Begegnung mit Eros stattete NEAR Mathilde einen Besuch ab. Mathilde hat einen Durchmesser von etwa 66 km, wirkt kohlschwarz und ist von großen Kratern übersät.

Asteroideneinschlag
In der Frühzeit wurde die Erde häufig von Asteroiden getroffen. Die „jüngste“ große Kollision ereignete sich vor 65 Millionen Jahren. Man nimmt an, dass der Einschlag gewaltige Klimaveränderungen zur Folge hatte, die zum Aussterben der Dinosaurier führten.

◆ Mach mit: *Asteroiden anstrahlen* ◆

Ihr braucht eine starke Taschenlampe, ein abgedunkeltes Zimmer sowie ein paar Steine, Bälle und andere Gegenstände, die teils glatt und teils rau sein sollten. Einer soll mit Alufolie umhüllt sein.

1. Strahlt die Gegenstände mit der Taschenlampe an.
2. Beobachtet, wie unterschiedlich die Gegenstände das Licht reflektieren.
3. Seht, wie sich das Aussehen eines Gegenstands verändert, je nachdem, ob ihr ihn senkrecht oder schräg von der Seite beleuchtet.

Wissenschaftler erforschen das sich bei der Rotation ständig ändernde Aussehen von Asteroiden.

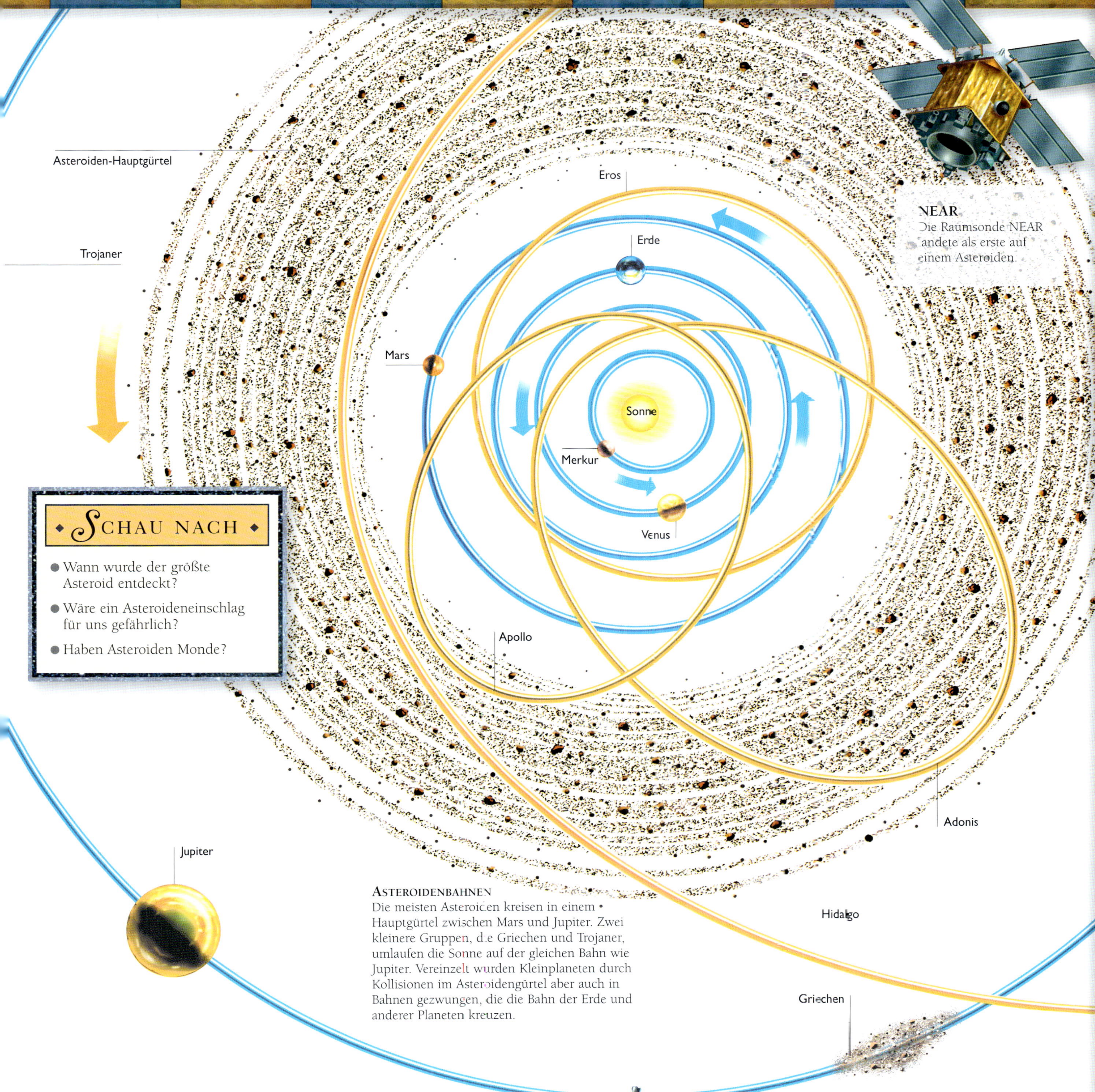

NEAR
Die Raumsonde NEAR landete als erste auf einem Asteroiden.

◆ Schau nach ◆

- Wann wurde der größte Asteroid entdeckt?
- Wäre ein Asteroideneinschlag für uns gefährlich?
- Haben Asteroiden Monde?

Asteroidenbahnen
Die meisten Asteroiden kreisen in einem Hauptgürtel zwischen Mars und Jupiter. Zwei kleinere Gruppen, die Griechen und Trojaner, umlaufen die Sonne auf der gleichen Bahn wie Jupiter. Vereinzelt wurden Kleinplaneten durch Kollisionen im Asteroidengürtel aber auch in Bahnen gezwungen, die die Bahn der Erde und anderer Planeten kreuzen.

◆ Wissenswertes ◆

Auf manchen Asteroiden ist die Schwerkraft so gering, dass ihr einen Ball in eine Bahn um den Kleinplaneten werfen könntet.

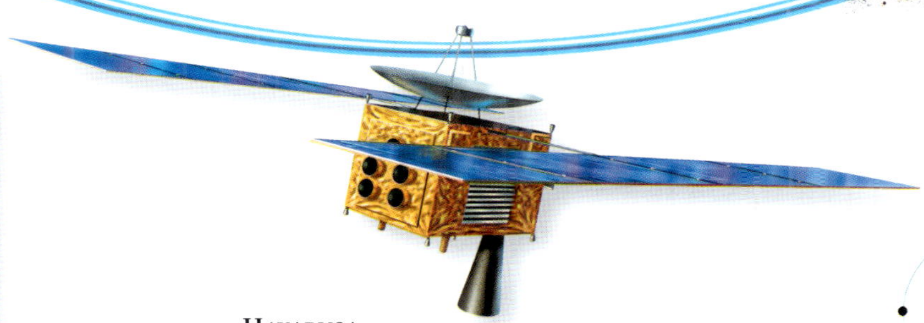

Hayabusa
Hayabusa soll Bodenproben vom Asteroiden Itokawa einsammeln. Der Trichter an der Unterseite dient als eine Art Staubsauger.

Position

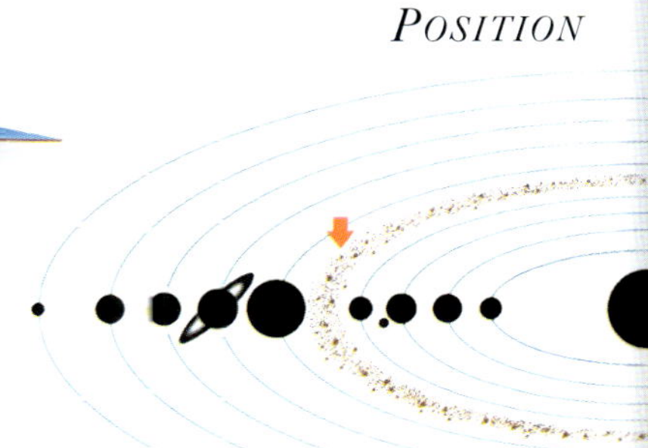

Jupiter

Jupiter, der grösste und massereichste Planet des Sonnensystems, ist ein gigantischer Gasball, der wie die Sonne überwiegend aus Wasserstoff und Helium sowie aus kleineren Mengen Wasser, Methan und Ammoniak besteht. Die äußeren Schichten sind gasförmig, doch nach innen nehmen Druck und Temperatur so stark zu, dass sich die Gase allmählich verflüssigen. Schließlich erreicht der Wasserstoff einen Zustand, in dem er sich wie flüssiges Metall verhält. Im Zentrum befindet sich vermutlich ein kleiner Gesteinskern, der dreimal heißer ist als die Sonnenoberfläche.

Ein Tag auf dem Jupiter dauert weniger als zehn Stunden. Diese rasche Rotation erzeugt Winde, die mit Geschwindigkeiten von bis zu 500 Stundenkilometern über den Planeten fegen und seine farbenprächtigen Wolken in langen Bändern mitreißen. Die helleren dieser Bänder bezeichnet man als Zonen, die dunkleren als Gürtel. Zwischen den Zonen und Gürteln zeigen sich ovale Flecken. Es sind gewaltige Sturmwirbel. Viele von ihnen bleiben Jahre oder gar Jahrhunderte lang bestehen. So ist das ausgedehnteste dieser Sturmsysteme, der Große Rote Fleck, seit mindestens 300 Jahren sichtbar. 1610 entdeckte Galileo Galilei die vier größten Jupitermonde – Io, Europa, Ganymed und Kallisto. Heute sind insgesamt 62 Monde des Riesenplaneten bekannt, und immer wieder werden weitere entdeckt. Außerdem fand 1979 die Raumsonde Voyager 1 heraus, dass Jupiter ein dünnes Ringsystem besitzt, das sich hauptsächlich aus winzigen Staubteilchen zusammensetzt.

Kometeneinschläge
Im Juli 1994 stießen mehr als 20 Bruchstücke des Kometen Shoemaker-Levy 9 mit dem Jupiter zusammen. Die Einschläge hinterließen dunkle Flecken, die monatelang zu sehen waren.

Jupiterkarte
Jupiters oberste Schicht zeigt helle Zonen und dunkle Gürtel aus schnell dahinjagenden Wolken sowie Sturmwirbel wie den Großen Roten Fleck. Die dichte, kalte Atmosphäre verbirgt ein extrem heißes Inneres. Die Wärme, die der Riesenplanet ständig abgibt, stammt noch aus seiner Entstehungszeit vor knapp fünf Milliarden Jahren.

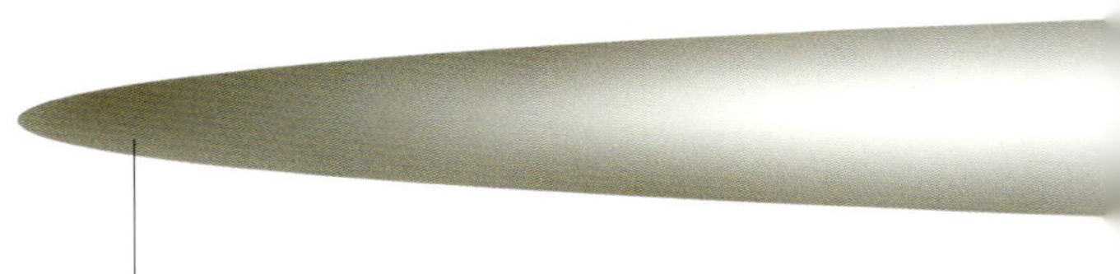

NAMENERKLÄRUNG
Jupiter, der Hauptgott der Römer

SONNENABSTAND
778 Millionen km

DURCHMESSER
142 984 km

MASSE
317,8fache der Erdmasse

MONDE
Mindestens 62 – die grössten sind Io, Europa, Ganymed und Kallisto

LÄNGE DES TAGES (in Erdenstunden/-minuten)
Rotationsperiode und Sonnentag: je 9 h 55 min

LÄNGE DES JAHRES
11,9 Erdenjahre

Eruption auf Io
Diese Aufnahme des Jupitermondes Io zeigt eine Fontäne aus Schwefel, die aus einem seiner zahlreichen Vulkane schießt. Die Schwerkraft von Jupiter und benachbarten Monden, die ständig an Io zerrt, heizt das Innere des Satelliten auf und erzeugt so einen heftigen Vulkanismus.

Mond: Io
Der innerste Galileische Mond hat einen Eisenkern, Mantel und Kruste bestehen aus Gestein. Auf Io gibt es im Gegensatz zu den übrigen großen Jupitermonden weder Wasser noch Eis, da der Satellit in der Nähe des Planeten entstand und dort sehr hohen Temperaturen ausgesetzt war.

• Mach mit: *Jupiter in der Backform* •

Ihr benötigt eine runde Backform aus Glas oder Alu, eine Münze, Leitungswasser und flüssige Lebensmittelfarbe.

1. Legt die Münze auf einer ebenen Arbeitsfläche so unter die Form, dass sie sich leicht drehen lässt.
2. Gießt Wasser in die Form (1 – 2 cm hoch).
3. Tropft nun am Rand vorsichtig etwas Lebensmittelfarbe in das Wasser und fangt an, die Form langsam zu drehen. Sie bildet Schlieren und Streifen, die ganz ähnlich aussehen wie Jupiters Wolkenbänder.

Eis auf Europa
Die roten Linien auf diesem Foto könnten erstarrte Schlamm- und Wassermassen sein, die einst aus Rissen in der hellen Eisrinde nach oben quollen. Wir wissen nicht, ob das Wasser unter der Kruste heute noch flüssig oder gefroren ist.

GALILEO
Die Galileo-Sonde erreichte 1995 Jupiter und setzte eine Kapsel in Jupiters Wolken ab.

MOND: KALLISTO
Kallisto ist der am stärksten mit Einschlagkratern übersäte Mond im Sonnensystem. Es könnte sein, dass sich unter seiner Kruste eine Salzwasserschicht befindet.

MOND: EUROPA
Unter der Eiskruste dieses Mondes könnte sich ein Ozean verbergen. Es lässt sich nicht völlig ausschließen, dass ein solcher Ozean von Gezeitenkräften oder Unterwasser-Vulkanen erwärmt wird und einfache Lebensformen enthält, wie es sie in den Tiefseen der Erde gibt.

MOND: GANYMED
Ganymed besitzt einen Metallkern, der von einem Gesteinsmantel, einem Eismantel sowie einer Eiskruste umgeben ist. An seiner Oberfläche wechseln sich alte, dunkle, kraterübersäte Regionen und junge, helle, von Rillen durchzogene Gebiete ab.

POSITION

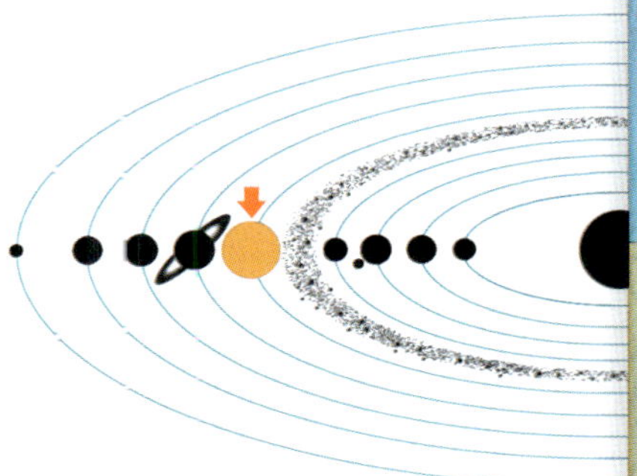

Saturn

Saturn kennen wir als Planet mit den Ringen. Zwar besitzen auch Jupiter, Uranus und Neptun Ringe, aber die sind längst nicht so auffallend. Von der Erde aus erkennen wir drei flache, glatte Bänder. Ganz außen befindet sich Ring A, gefolgt von der so genannten Cassini-Teilung, einer dunklen, 4670 km breiten Lücke. Dann kommt Ring B, der hellste und mit 25 750 km zugleich der breiteste. Der schmale innere Ring C erscheint blass und halb durchsichtig.

Vier Raumsonden – Pioneer 11, Voyager 1 und 2 und Cassini – haben Saturn seit 1979 erkundet. Sie entdeckten, dass sich die Ringe aus tausenden von Einzelringen aus Eisbrocken zusammensetzen. Selbst die Cassini-Teilung ist nicht „leer". Wissenschaftler vermuten, dass die Ringe die Überreste mehrerer zerbrochener Monde sind. Nach und nach werden viele Ringteilchen durch Kollisionen aus ihren Bahnen gedrängt und sinken in langsamen Spiralen auf den Planeten zu. In einigen Millionen Jahren werden die Ringe verschwunden sein.

Saturn selbst ist eine Kopie des Riesenplaneten Jupiter. Er hat keine feste Oberfläche und besteht wie Jupiter fast nur aus Wasserstoff und Helium, mit Spuren von Methan, Ammoniak und anderen Gasen. Obwohl Saturn fast so groß wie Jupiter ist, besitzt er nur ein knappes Drittel seiner Masse. Das heißt, dass der Planet schwimmen würde – falls es ein Meer gäbe, das groß genug für ihn wäre.

Die Winde auf Saturn erreichen in Äquatornähe bis zu 1600 Stundenkilometer – und übertreffen damit die Jupiterwinde bei weitem. Saturn hat weniger Sturmwirbel als Jupiter, da seine innere Wärme geringer ist, aber etwa alle 30 Jahre kondensieren in seinem Äquatorbereich große weiße Wolken aus Ammoniak-Eiskristallen.

Jenseits der Hauptringe kreisen mindestens 46 Monde. Der größte, Titan,war das Ziel des Huygens-Landers, der sich an Bord der Cassini-Sonde befand und Saturn im Jahr 2004 erreichte.

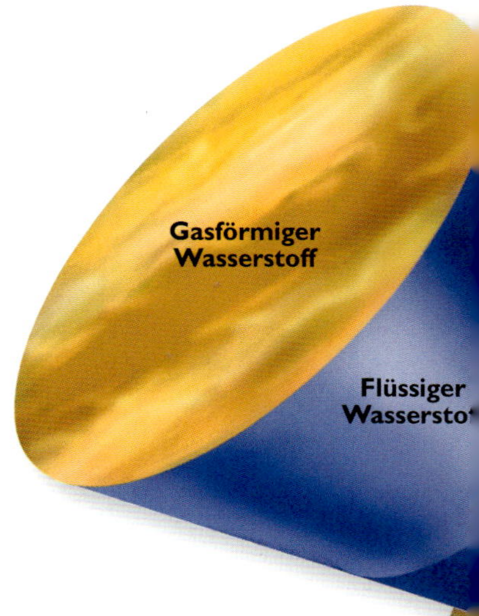

Saturnkarte
Der Saturn besitzt zahlreiche Ringe, aber nur die Ringe A, B und C können von der Erde aus beobachtet werden. Wasserstoff und Helium, die Hauptbestandteile des Saturn, sind nahe der Oberfläche gasförmig, mit zunehmender Tiefe jedoch flüssig und metallisch. Der Gesteinskern ist ungefähr doppelt so heiß wie die Sonnenoberfläche.

Die Ringe
Die Ringe des Saturn bestehen aus Eis- und Gesteinsbrocken. Sie sind tausende von Kilometern breit, aber nur 12 bis 120 Meter dick.

NAMENERKLÄRUNG
Saturn, der römische Gott, der als Vater Jupiters gilt

SONNENABSTAND
1432 Millionen km

DURCHMESSER
120 533 Millionen km

MASSE
95,2fache der Erdmasse

MONDE
Mindestens 46 – der grösste davon Titan

LÄNGE DES TAGES (in Erdstunden/-minuten)
Rotationsperiode und Sonnentag: Je 10 h 39 min

LÄNGE DES JAHRES
29,4 Erdentage

• Wissenswertes •

Als Galileo Galilei im Jahr 1610 die Ringe des Saturn entdeckte, wusste er nicht, was sie darstellten, denn sein Fernrohr war noch ziemlich schwach. Er dachte, der Planet habe „Ohren" oder „Henkel".

Huygens-Lander
Huygens landete 2005 auf der Oberfläche des Saturnmondes Titan und übermittelte zum ersten Mal Windgeräusche von einem außerirdischen Himmelskörper zur Erde.

Cassini
Die Sonde Cassini entdeckte zwei bislang unbekannte Monde des Saturn.

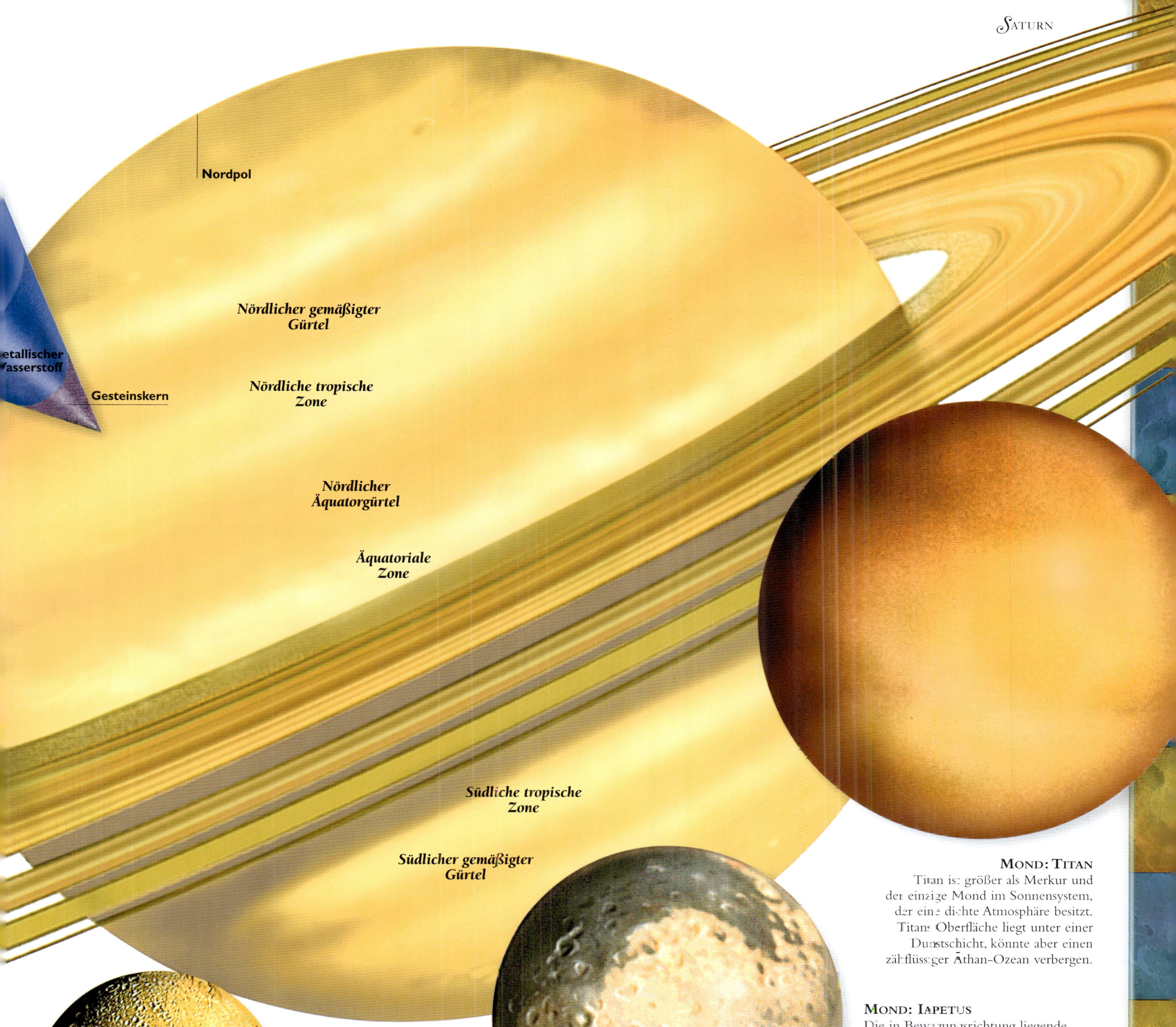

Mond: Titan
Titan ist größer als Merkur und der einzige Mond im Sonnensystem, der eine dichte Atmosphäre besitzt. Titans Oberfläche liegt unter einer Dunstschicht, könnte aber einen zähflüssigen Äthan-Ozean verbergen.

Mond: Iapetus
Die in Bewegungsrichtung liegende Seite von Iapetus ist pechschwarz, die Rückseite dagegen schneeweiß. Bei dem „Pech" könnte es sich um Meteoritenstaub handeln, den Einschläge auf einem anderen Mond verursacht haben.

Mond: Enceladus
Enceladus besitzt eine sehr helle Oberfläche und fast kraterfreie Regionen. Das kann ein Hinweis darauf sein, dass Vulkanausbrüche das Äußere umgeformt haben. Vielleicht kommt es noch heute zu Ausbrüchen.

Mond: Mimas
Der Aufprall, der den gigantischen Herschel-Krater schuf, hätte Mimas fast in Stücke gerissen. Heute trägt die Anziehungskraft von Mimas dazu bei, die Cassini-Teilung frei von Ringpartikeln zu halten.

Position

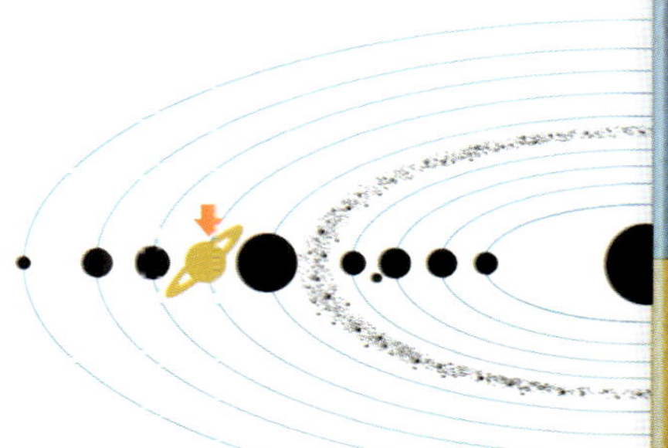

Uranus

WILHELM HERSCHEL STIESS 1781 mit seinem Fernrohr zufällig auf Uranus, den ersten in der Neuzeit entdeckten Planeten. Zwar besitzt Uranus ungefähr den vierfachen Erddurchmesser, aber er umläuft die Sonne in so großer Entfernung, dass Herschel und andere Beobachter nur wenig über den Planeten in Erfahrung bringen konnten. Genauere Daten lieferte erst 1986 ein Vorbeiflug der Raumsonde Voyager 2.

Uranus wird oft als „gekippter" Planet bezeichnet, da seine Achse um 98° gegen die Bahnebene geneigt ist. (Bei der Erde beträgt dieser Winkel nur 23,5°.) Als Voyager 2 an Uranus vorbeiflog, war der Südpol des Planeten der Sonne zugewandt, während die nördliche Hemisphäre im Dunkeln lag. Voyager fotografierte einen kühlen, blaugrünen Planeten, dessen Äußeres keinerlei Auffälligkeiten zeigte. Heute können Astronomen mithilfe des Hubble-Weltraumteleskops Anzeichen von Stürmen auf der Nordhalbkugel erkennen.

Seine blaugrüne Farbe verdankt Uranus Spuren von Methan in der oberen Atmosphäre. Methan reflektiert blaues Licht ins All und absorbiert alles rote. Im Wesentlichen besteht der Planet jedoch wie die Sonne aus Wasserstoff und Helium.

1977 beobachteten Astronomen eine Helligkeitsschwankung bei einem Stern, der kurz darauf hinter Uranus verschwand. Dies führte zur Entdeckung eines Ringsystems, das den Planeten umgibt. Bis heute sind elf schmale Ringe bekannt.

Uranus hat fünf große Monde, darunter Miranda, der eine rätselhaft zerstückelte Oberfläche besitzt. In den letzten Jahren wurden noch weitere Zwergmonde aufgespürt. Derzeit sind mindestens 22 dieser dunklen, asteroidenähnlichen Satelliten bekannt.

SCHAU NACH

- Wie wurden die Uranusringe entdeckt?
- Warum kann man heute Stürme auf Uranus entdecken?
- Warum liegt Uranus fast auf der Seite?

URANUSKARTE
Bis jetzt erscheint die Oberfläche des Uranus strukturlos, aber das könnte sich ändern. Unter der gasförmigen Außenhülle des Planeten befinden sich eine dichte flüssige Schicht und ein heißer Gesteinskern. Uranus ist von11 schmalen Ringen umgeben.

JAHRESZEITEN
Da die Umlaufzeit des Uranus 84 Erdenjahre beträgt, sind die Polregionen abwechselnd einer langen Periode konstanter Sonnenbestrahlung und einer langen Periode der Dunkelheit ausgesetzt.

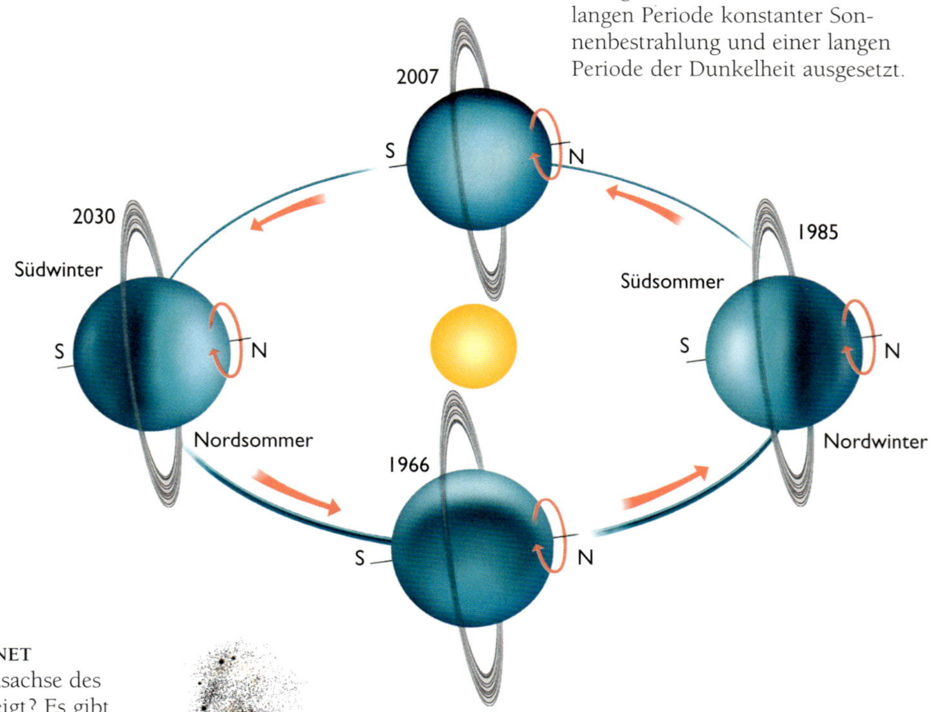

NAMENERKLÄRUNG
URANUS, STAMMVATER DER RÖMISCHEN GÖTTER

SONNENABSTAND
2871 MILLIONEN KM

DURCHMESSER
51 118 KM

MASSE
14,5FACHE DER ERDMASSE

MONDE
MINDESTENS 27 – DER GRÖSSTE DAVON TITANIA

LÄNGE DES TAGES (in Erdstunden/-minuten)
ROTATIONSPERIODE UND SONNENTAG: JE 17 H 14 MIN

LÄNGE DES JAHRES
84,1 ERDENJAHRE

DER GEKIPPTE PLANET
Was hat die Rotationsachse des Uranus so stark geneigt? Es gibt Spekulationen, dass der Planet während seiner Entstehungszeit von einem großen Objekt gerammt wurde, das ihn zur Seite kippte. Der Aufprall könnte auch für die Monde und Ringe verantwortlich sein, die in der Äquatorebene des Uranus kreisen.

OBERFLÄCHE VON MIRANDA
Wissenschaftler vermuten, dass die parallelen Rillen, die auf diesem Miranda-Foto oben links und unten rechts zu erkennen sind, durch Vulkanausbrüche entstanden, die das Äußere des Mondes teilweise umformten. Als Mirandas innere Wärme verbraucht war, erstarrte die Landschaft.

WISSENSWERTES

Das Teleskop, mit dem Wilhelm Herschel 1781 den Planeten Uranus entdeckte, war ein 15-cm-Reflektor – nicht größer als viele Fernrohre, die heute Hobby-Astronomen benutzen.

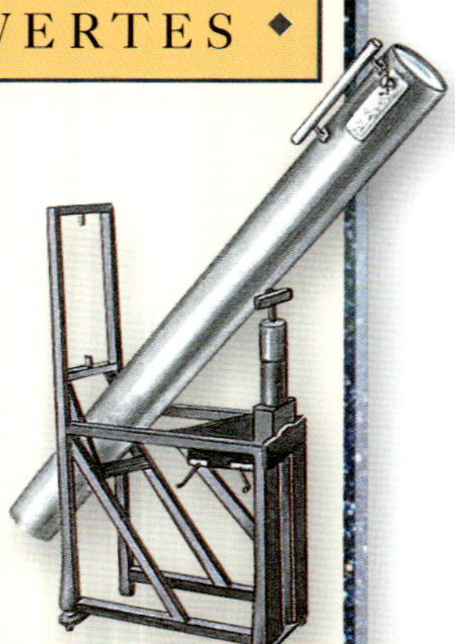

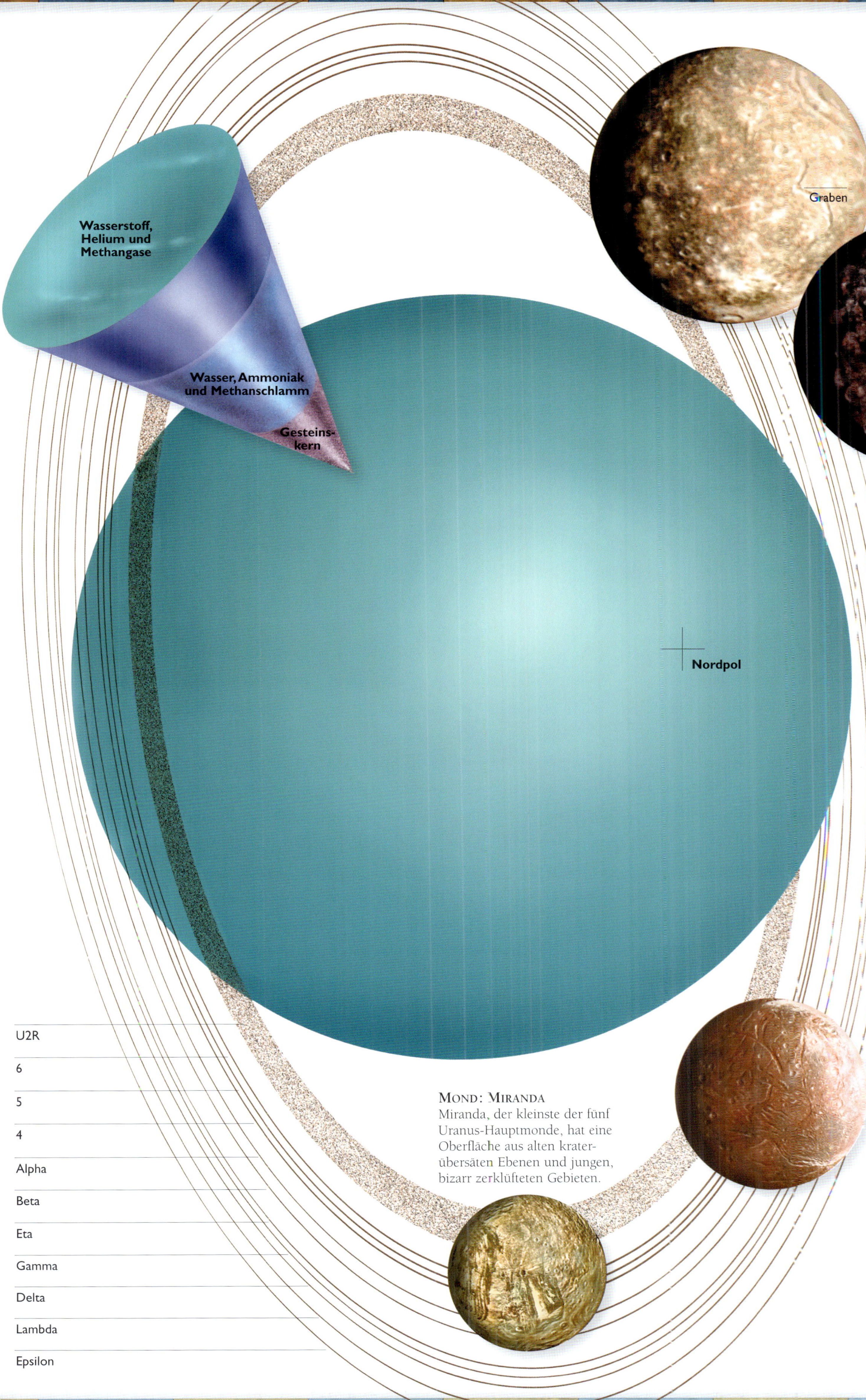

VOYAGER 2
Voyager 2 kam 1986 an Uranus vorbei.

MONDE: TITANIA UND OBERON
Titania und Oberon sind stark von Kratern zernarbt. Bei manchen der Oberon-Krater sind helle Strahlen zu erkennen. Titania weist lange Verwerfungsgräben auf.

MOND: UMBRIEL
Umbriel hat einen Durchmesser von 1150 km. Seine von Kratern übersäte Oberfläche ist seit Milliarden von Jahren unverändert geblieben.

MOND: ARIEL
Neben Kratern besitzt Ariel lang gestreckte Täler und Regionen, die ebenfalls das Ergebnis von Vulkanausbrüchen zu sein scheinen.

MOND: MIRANDA
Miranda, der kleinste der fünf Uranus-Hauptmonde, hat eine Oberfläche aus alten kraterübersäten Ebenen und jungen, bizarr zerklüfteten Gebieten.

POSITION

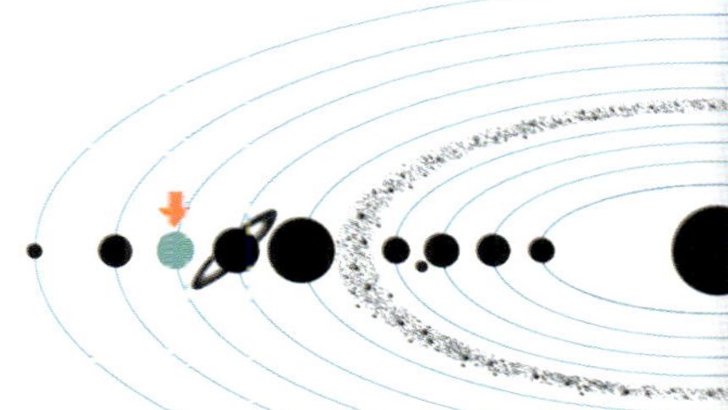

Neptun

Neptun, der letzte Gasriese des Sonnensystems, wurde 1846 entdeckt. Astronomen war aufgefallen, dass die Uranus-Bahn leichte Unregelmäßigkeiten aufwies, und sie vermuteten, dass ein noch weiter entfernter Planet diese Bahnstörung verursachte. Unabhängig voneinander berechneten der Engländer John Couch Adams und der Franzose Urbain Leverrier, wo sich der unbekannte Himmelskörper befinden könnte. Als dann Johann Galle und sein Assistent Heinrich d'Arrest ihr Teleskop auf diese Himmelsgegend richteten, fanden sie den neuen Planeten an der vorausgesagten Position.

Über Neptun war wenig bekannt, bis die Raumsonde Voyager 2 im Jahr 1989 an ihm vorbeiflog. Dabei zeigte sich, dass der Planet viele Parallelen, aber auch Unterschiede zu Uranus aufweist. Wie Uranus besteht Neptun aus Wasserstoff, Helium und Methan. Seine Achsneigung (29,6°) und somit seine Jahreszeiten sind längst nicht so extrem wie die von Uranus. Auf Neptun gibt es heftige Stürme und Wolken. Voyager 2 fotografierte einen riesigen Sturmwirbel, den Großen Dunklen Fleck, und eine schnell dahinziehende weiße Wolke aus Methaneiskristallen, die den Beinamen Scooter erhielt. Die Stürme kommen und gehen im Laufe der Jahre und werden vermutlich von der Restwärme im Innern des Planeten angetrieben.

Zwei Neptunmonde waren bereits vor Voyager bekannt, sechs weitere wurden durch die Raumsonde entdeckt. Vor wenigen Jahren erst fanden amerikanische Forscher fünf weitere Monde um Neptun. Triton stößt hohe Geysir-Fontänen aus, die übrigen Monde sind inaktiv.

1984 spürten Astronomen das Ringsystem des Neptun auf. Einer der sechs Ringe besitzt Materieverdichtungen, bei denen es sich um bislang unbekannte Monde handeln könnte.

Schau nach

- Wodurch kamen die Astronomen Neptun auf die Spur?
- Ist Triton vulkanisch aktiv?
- Sind Neptuns Sturmsysteme von längerer Dauer?

Neptunkarte
Neptun ist von sechs dünnen Ringen umgeben. Seine blaue Farbe verdankt der Planet Spuren von Methan in der gasförmigen Außenschicht. Neptun besitzt vermutlich einen „Ozean“ aus Wasser, Ammoniak und Methan sowie einen heißen Gesteinskern.

Der grosse Dunkle Fleck
Diese Aufnahme der Raumsonde Voyager 2 von 1989 zeigt den Großen Dunklen Fleck (oben links), den weißen Wolkenkomplex Scooter (Mitte) und den Dunklen Fleck 2 (unten rechts). All diese Strukturen sind mittlerweile nicht mehr auszumachen.

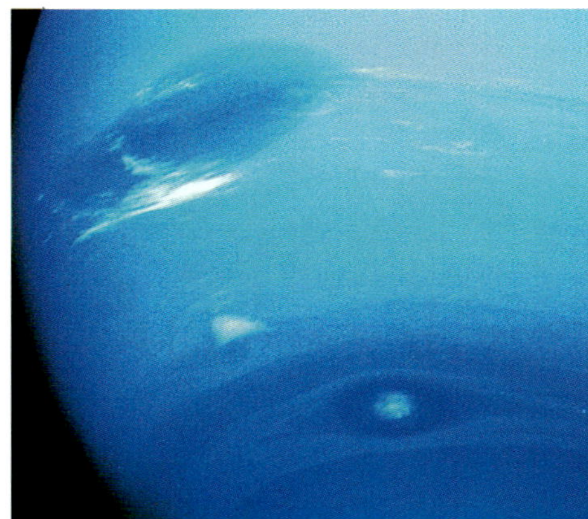

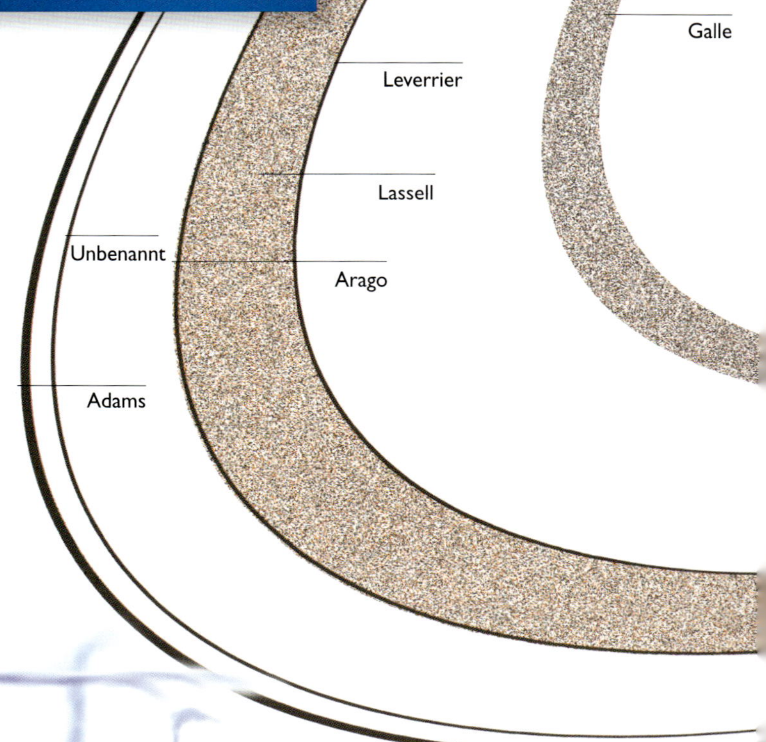

Die Neptunringe
Die Materie der Neptunringe reicht von mikroskopisch kleinen Teilchen bis zu hausgroßen Brocken und setzt sich überwiegend aus Eis und dunklem Staub zusammen. Die Wissenschaftler vermuten, dass es sich um Überreste von Kleinmonden handelt, die bei Zusammenstößen zerbarsten. Die Anziehungskraft der noch vorhandenen Neptunmonde hält die Ringpartikel auf ihren Bahnen.

NAMENERKLÄRUNG	Neptun, der römische Gott der Meere
SONNENABSTAND	4498 Millionen km
DURCHMESSER	49 528 km
MASSE	17,2fache der Erdmasse
MONDE	Mindestens 13 – der grösste davon Triton
LÄNGE DES TAGES (in Erdenstunden/-minuten)	Rotationsperiode und Sonnentag: je 16 h 7 min
LÄNGE DES JAHRES	165 Erdenjahre

Wissenswertes

Seit Neptun 1846 von der Erde aus erblickt wurde, hat er die Sonne noch nicht einmal umrundet. Da ein Neptunjahr 165 Erdenjahre dauert, wird er seinen Umlauf erst im Jahr 2011 vollenden.

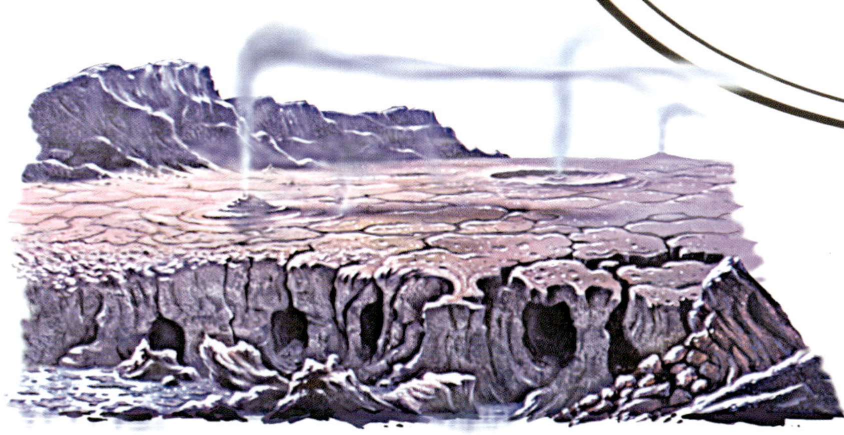

Tritons Oberfläche
Auf dem vulkanisch aktiven Triton schleudern Geysire dunkle Materiefontänen bis zu 8 km in die Höhe. Die Oberfläche weist nur vereinzelt Krater auf und ist mit einer dünnen Eisschicht aus Stickstoff und Methan bedeckt.

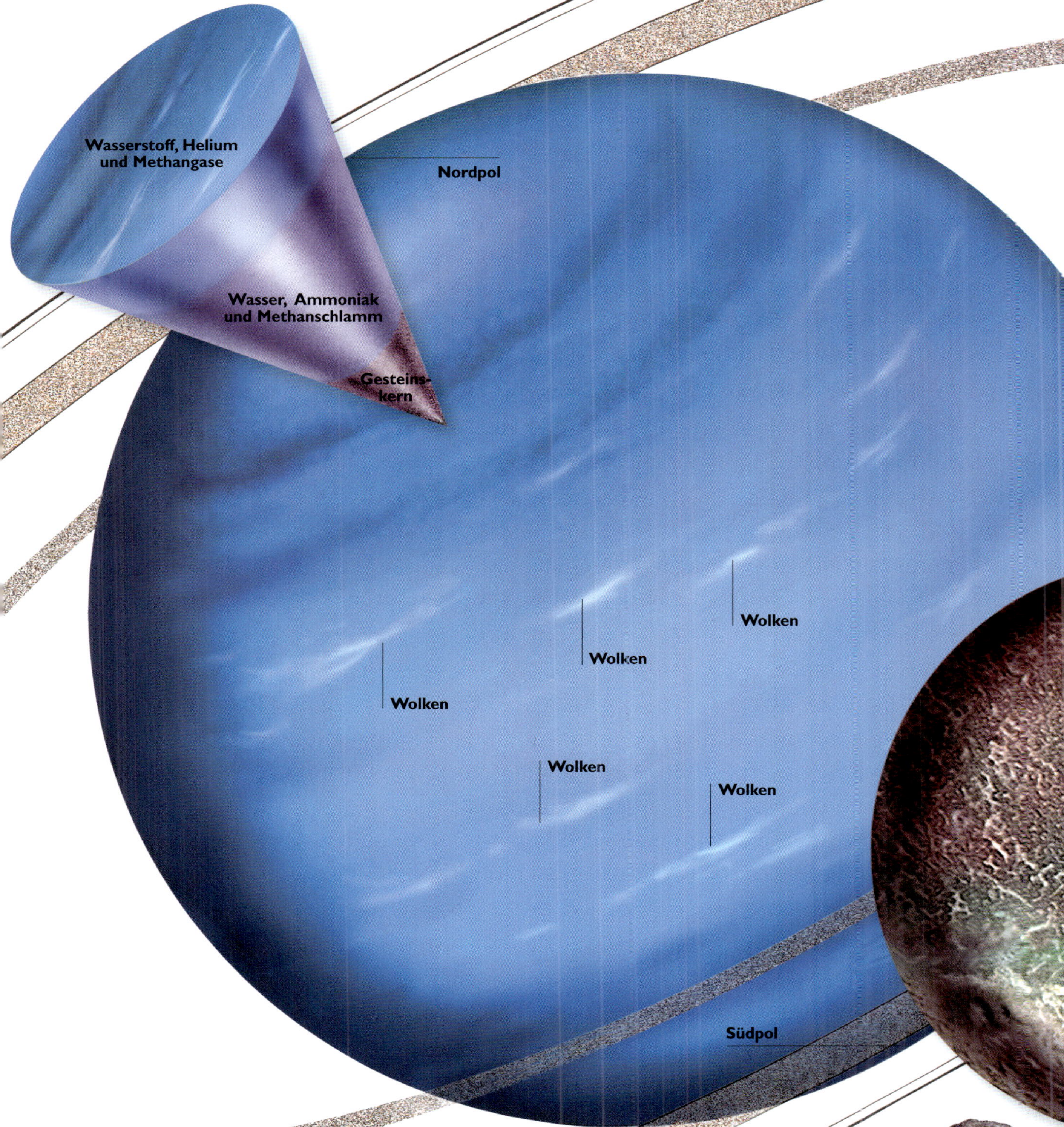

Voyager 2
Nach einem Besuch beim strukturlosen Uranus fotografierte die Sonde Neptuns Wolken und Sturmwirbel.

Monde: Triton und Nereid
Man nimmt heute vielfach an, dass Triton ursprünglich ein Planetoid des äußeren Sonnensystems war, der irgendwie vom Neptun eingefangen wurde. Nereid dagegen könnte von Anfang an zu den Monden des Neptun gehört haben.

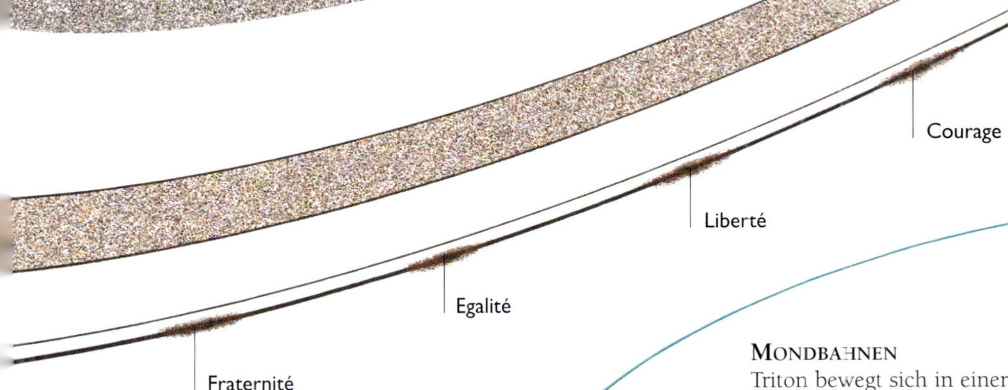

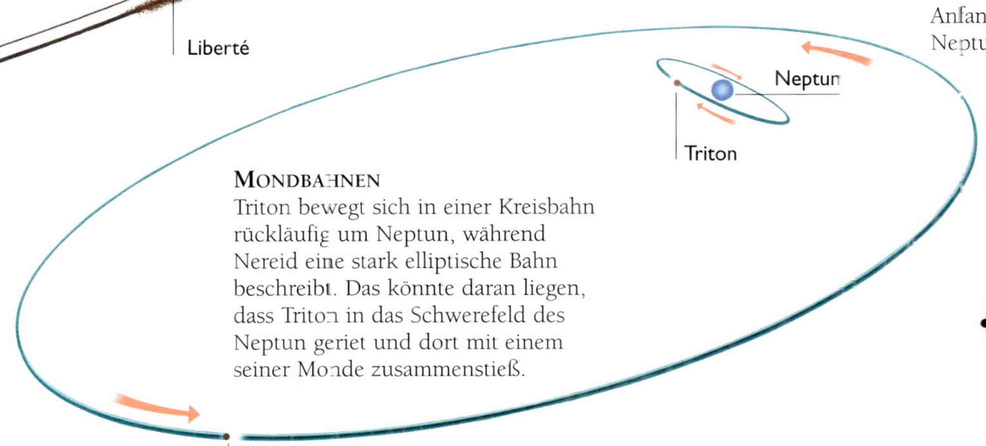

Mondbahnen
Triton bewegt sich in einer Kreisbahn rückläufig um Neptun, während Nereid eine stark elliptische Bahn beschreibt. Das könnte daran liegen, dass Triton in das Schwerefeld des Neptun geriet und dort mit einem seiner Monde zusammenstieß.

Position

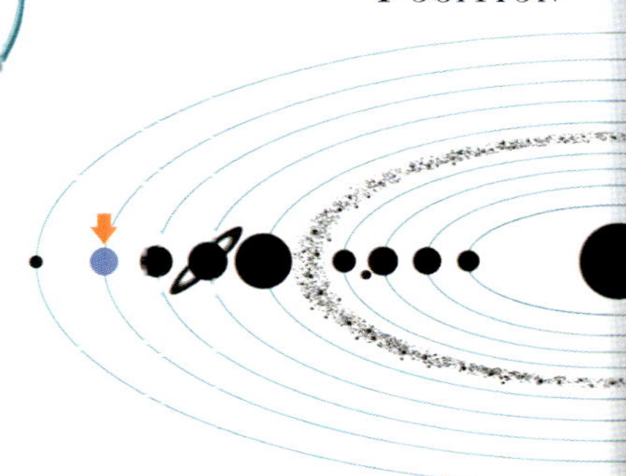

Ringsegmente
Der Adams-Ring enthält vier Segmente, die durch Materieanhäufungen verursacht werden. Sie erhielten Namen, die den Geist der Französischen Revolution von 1789 widerspiegeln: Courage (Mut), Liberté (Freiheit), Egalité (Gleichheit) und Fraternité (Brüderlichkeit).

Pluto

Der neunte und äusserste Planet ist Pluto. Er wurde im Jahr 1930 nach langem Suchen von Clyde Tombaugh entdeckt. James Christy entdeckte 1978 den Mond Charon. Pluto ist eine sehr kleine Eiswelt, ganz anders als die Gesteinsplaneten und die Gasriesen. Viele Wissenschaftler halten Pluto daher nicht für einen echten Planeten, sondern für ein Eis-Planetesimal.

Eis-Planetesimale entwickelten sich wahrscheinlich im Kuiper-Gürtel jenseits der Neptun-Bahn. Von dort gerieten die meisten in die Schwerefelder der Gasriesen und begannen quer durch das Planetensystem zu torkeln. Einige zerschellten durch Kollisionen, andere wurden als Monde eingefangen. (Der Neptunmond Triton könnte ursprünglich ein Eis-Planetesimal gewesen sein.) Manche Planetesimale wurden aber auch nach außen geschleudert. Sie bildeten vor allem die Kometen der fernen Oortschen Wolke (siehe Seite 190). Und aus einem entstand vielleicht der Planet Pluto.

Während seines langen Jahres beträgt Plutos Sonnenabstand das 30- bis 50fache des Sonnenabstands der Erde. In Sonnennähe ist eine Atmosphäre vorhanden. In der übrigen Zeit halten sich die Temperaturen auf Pluto bei –238 °C. Das ist so kalt, dass die Atmosphäre als gefrorene Schneeschicht liegen bleibt.

Pluto wurde noch von keiner Raumsonde besucht, doch der Pluto-Kuiper-Express befindet sich bereits in der Startvorbereitungsphase. Bei dem Vorbeiflug an Pluto und seinem Mond Charon sollen Fotos und Karten erstellt und die Atmosphäre des Pluto untersucht werden.

NAME
Pluto, der römische Gott der Unterwelt

SONNENABSTAND
5914 Millionen km

DURCHMESSER
2304 km

MASSE
0,2 % der Erdmasse

MONDE
1: Charon

TAGESLÄNGE (in Erdtagen/-stunden/-minuten)
Rotationsperiode und Sonnentag: Je 6 Tage 9 h 17 min

LÄNGE DES JAHRES
248 Erdenjahre

◆ Wissenswertes ◆

Die Raumsonde Pluto-Kuiper-Express wird 8 Jahre unterwegs sein, ehe sie Pluto erreicht. Und ihre Funksignale werden fast 5 Stunden zur Erde unterwegs sein.

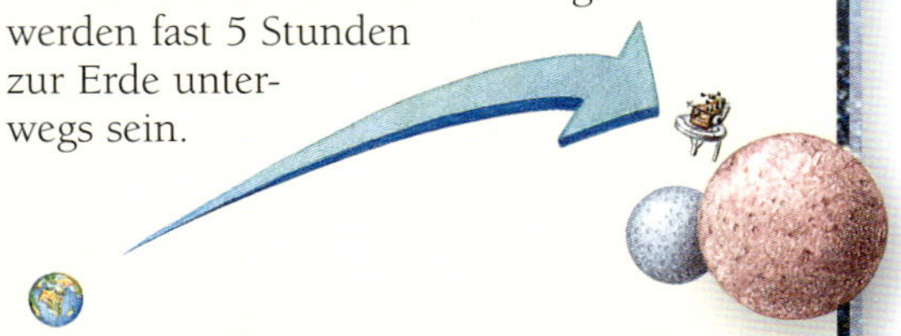

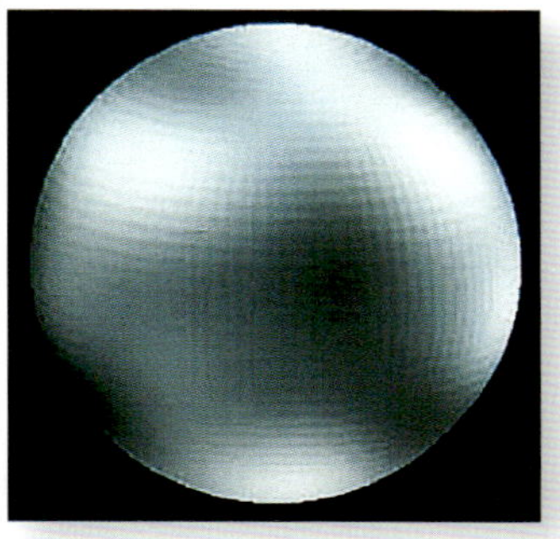

Plutokarte
Über die Oberflächenstruktur von Pluto ist nichts bekannt. Allerdings weiß man durch Beobachtungen, dass der Planet eine dünne Kruste aus Stickstoff- und Methaneis besitzt. Was darunter liegt, wird bis zum Eintreffen einer Sonde ein Rätsel bleiben; es könnte ein Mantel aus Wassereis und ein Gesteinskern sein.

Pluto-Schnappschuss
Vom Hubble-Weltraumteleskop übermittelte Aufnahmen deuten darauf hin, dass Pluto große Ähnlichkeit mit dem Neptunmond Triton hat. Sie haben fast die gleiche Größe und Temperatur und scheinen beide von einer Eisschicht bedeckt zu sein.

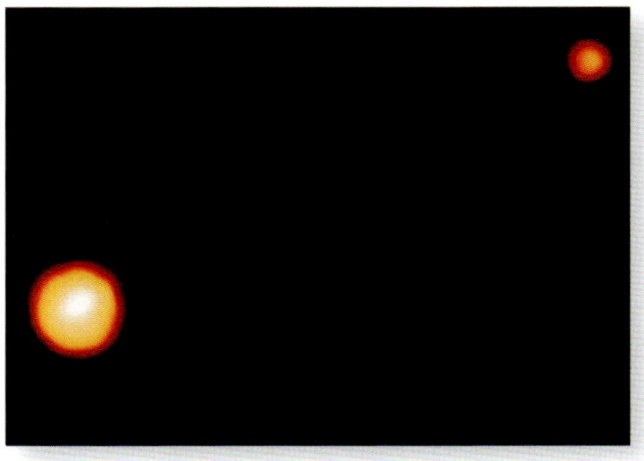

Pluto und seine Monde
Charons Durchmesser ist etwa halb so groß wie der von Pluto, sodass die beiden fast einen Doppelplaneten bilden. Im Jahr 2005 entdeckte dass Hubble-Weltraumteleskop zwei weitere Pluto-Monde.

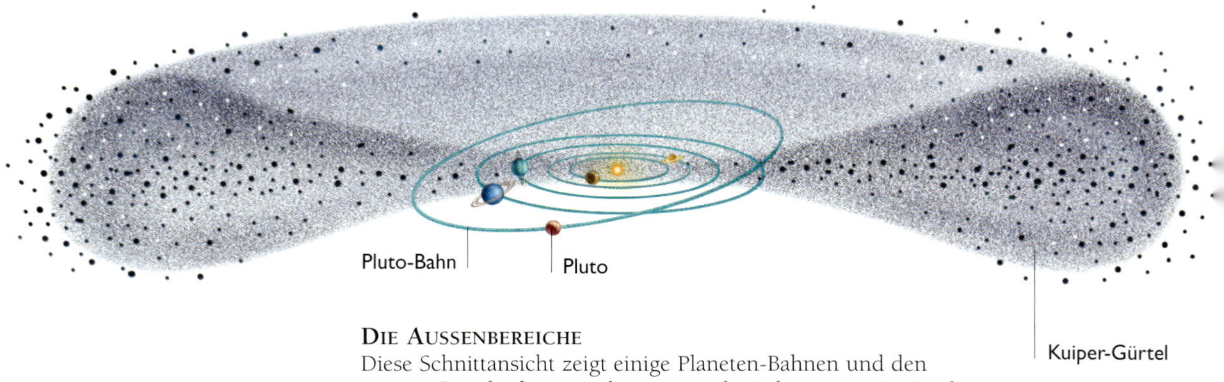

Die Aussenbereiche
Diese Schnittansicht zeigt einige Planeten-Bahnen und den Kuiper-Gürtel. Plutos stark exzentrische Bahn ist um 17 Grad gegen die Bahnen der übrigen Planeten geneigt. Deshalb wird vermutet, dass Pluto aus dem Kuiper-Gürtel kam, einer Region jenseits von Neptun, die von kleinen Eisobjekten bevölkert wird.

◆ Mach mit: *Wiegen* ◆

1. Stellt euch auf eine Personenwaage und notiert euer Gewicht auf einem Blatt Papier.
2. Schreibt die Namen der Planeten auf, die ihr besuchen wollt. (Daneben könnt ihr Bilder der Planeten zeichnen!)
3. Schlagt Fakten und Zahlen, Seiten 238–239, auf und sucht die Oberflächen-Schwerkraft jedes Planeten heraus. Schreibt sie neben den Planeten.
4. Wenn ihr nun euer Gewicht auf der Erde mit der Oberflächen-Schwerkraft jedes Planeten multipliziert, wisst ihr, wie viel ihr dort wiegen würdet.

Grössenvergleich
Pluto ist nicht nur kleiner als alle anderen Planeten, sondern wird sogar von einigen Monden wie dem Erdmond oder dem Jupitermond Ganymed übertroffen.

Der Express
Der Pluto-Kuiper-Express wird nur etwa ein Viertel so groß wie die Raumsonde Voyager 2 sein.

Plutos Tag und Monat
Pluto und Charon wenden einander stets die gleiche Seite zu. Charon umrundet Pluto in exakt der gleichen Zeit, in der Pluto einmal um die eigene Achse rotiert. Deshalb haben Plutos Tag und Monat die gleiche Länge – etwa 6,4 Erdentage.

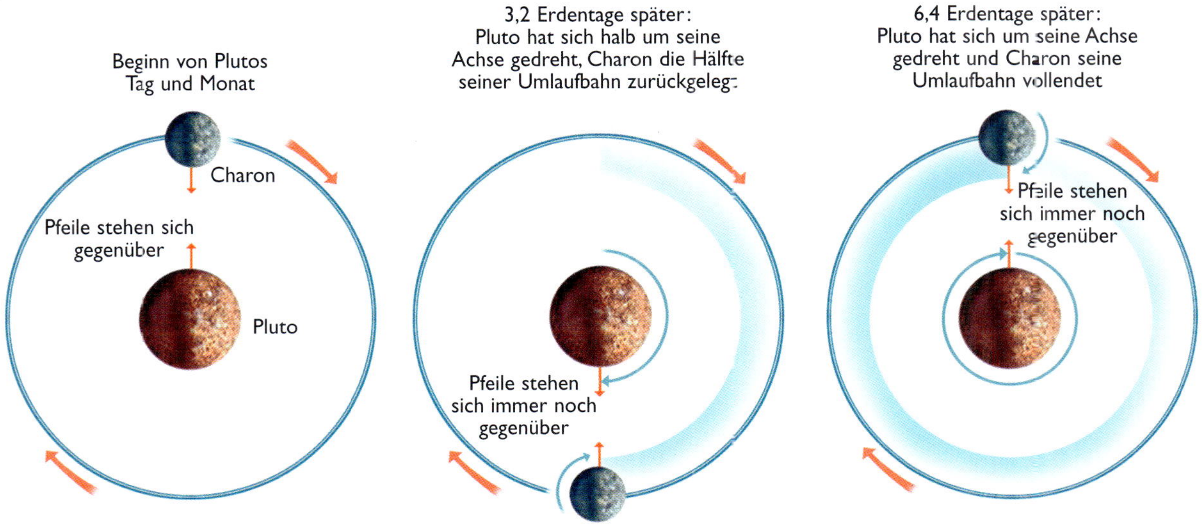

Mond: Charon
Charon, hier im Größenvergleich mit Pluto abgebildet, gibt noch viele Rätsel auf. Seine Oberfläche scheint vollständig von Wassereis bedeckt zu sein und im Gegensatz zu Pluto keine Spur von Methan oder Stickstoff zu enthalten. Vermutlich besitzt er einen Gesteinskern.

Position

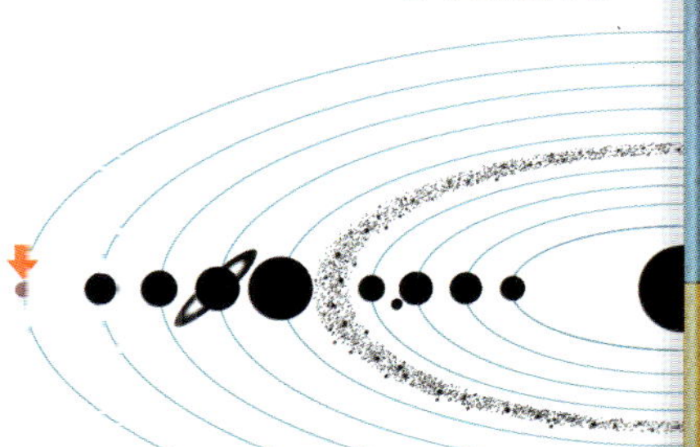

Kometen

DIE MEISTEN KOMETEN sind in den eisigen Regionen jenseits der Neptun-Bahn anzutreffen. Hier existieren sie als lose zusammengeballte Klumpen aus Eis und Staub, manche nur hausgroß, andere dagegen mit Durchmessern von 20 km und mehr. Manchmal gerät so ein Brocken jedoch in das innere Sonnensystem, sei es durch Gravitationskräfte oder eine heftige Kollision. Wenn sich der Komet der Sonne nähert, verdampft sein Eis zu einer Gas- und Staubwolke, der so genannten Koma, die nach und nach auf tausende von Kilometern anwachsen kann und den sehr viel kleineren Kern verhüllt. Durch den Strahlungsdruck und den Sonnenwind, die gegen den Kometenkopf pressen, werden die Koma-Partikel teilweise nach hinten gerissen und bilden zwei getrennte Schweife aus Gas und Staub, die eine Länge von vielen Millionen Kilometern erreichen können. Während der geradlinige Gasschweif bläulich leuchtet und stets von der Sonne weg weist, ist der schwächer ausgeprägte Staubschweif gelblichweiß und oft gekrümmt.

Kometen erleiden mitunter ein dramatisches Ende. Satellitenaufnahmen zeigen, dass in jüngerer Zeit mehr als 60 kleinere Kometen in Sonnennähe verdampft sind. 1994 zerbarst der Komet Shoemaker-Levy 9 im starken Schwerefeld von Jupiter in 21 Teile, die mit gewaltigen Explosionen in die dichte Atmosphäre des Planeten stürzten. Dabei entstanden dunkle Staubflecken, die noch monatelang in der Wolkenschicht Jupiters zu sehen waren.

Heute geht man davon aus, dass Kometen aus übrig gebliebenem Planetenmaterial entstanden und deshalb einige Aufschlüsse über die Frühzeit des Sonnensystems geben könnten. Raumsonden wie Giotto, die 1986 am Halleyschen Kometen vorbeiflog, lieferten erstmals Nahaufnahmen der rätselhaften Himmelswanderer. Und die Sonde Stardust flog 2004 am Kometen Wild 2 vorbei, machte Fotos und sammelte Staub aus dem Schweif des Kometen ein.

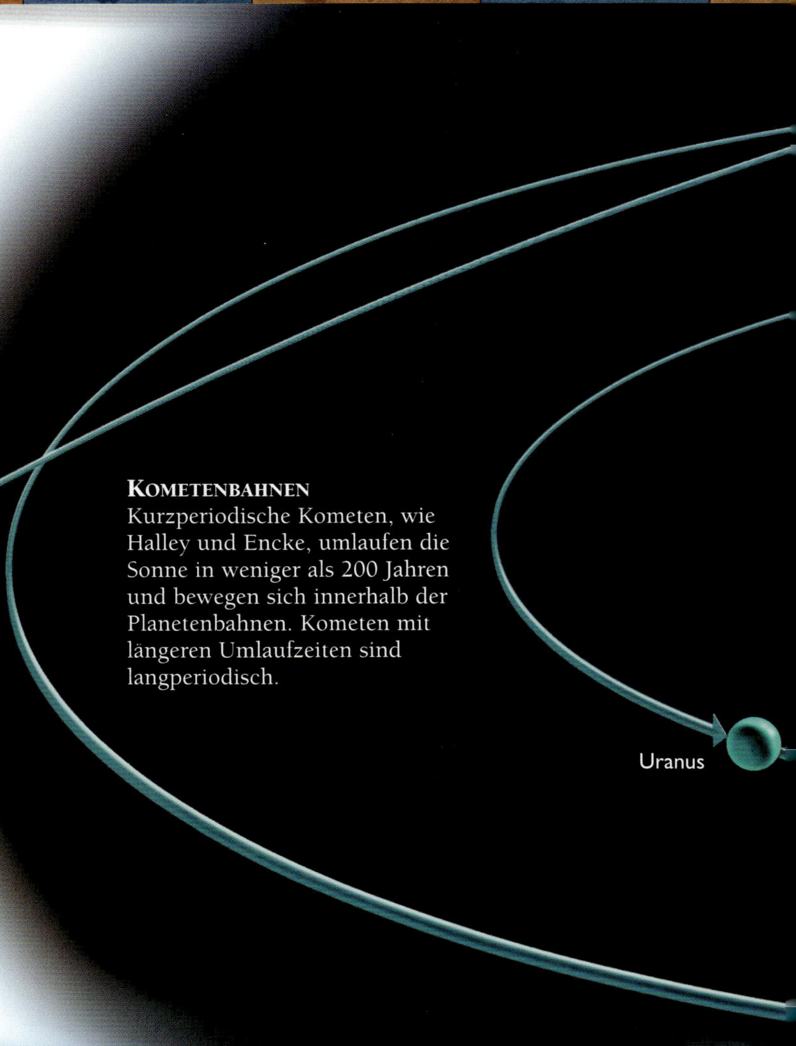

KOMETENBAHNEN
Kurzperiodische Kometen, wie Halley und Encke, umlaufen die Sonne in weniger als 200 Jahren und bewegen sich innerhalb der Planetenbahnen. Kometen mit längeren Umlaufzeiten sind langperiodisch.

NAMENERKLÄRUNG
ABGELEITET VON GRIECHISCH FÜR „HAARSTERN“

KERNGRÖSSE
DIE DURCHMESSER VON KOMETENKERNEN LIEGEN ZWISCHEN 100 M UND 40 KM.

SCHWEIFLÄNGE
BIS ZU 160 MILLIONEN KM LANG

ZUSAMMENSETZUNG
WASSEREIS UND ANDERE GEFRORENE GASE, VERMISCHT MIT KOHLENSTOFF- UND SILIKATHALTIGEM STAUB

ANZAHL DER KOMETEN IM SONNENSYSTEM
UNBEKANNT – VERMUTLICH BILLIONEN

KOMET HALE-BOPP
Als der Komet Hale-Bopp Anfang 1977 am Himmel erschien, bot er einen atemberaubenden Anblick. Auf diesem Foto sind der breite weiße Staubschweif und der bläuliche Gasschweif deutlich zu erkennen. Hale-Bopp kehrt erst in 2400 Jahren wieder.

SCHAU NACH

- Welcher Kometenschweif weist immer von der Sonne weg?
- Welche Stoffe enthält ein Komet?
- Woher kommen die meisten Kometen?

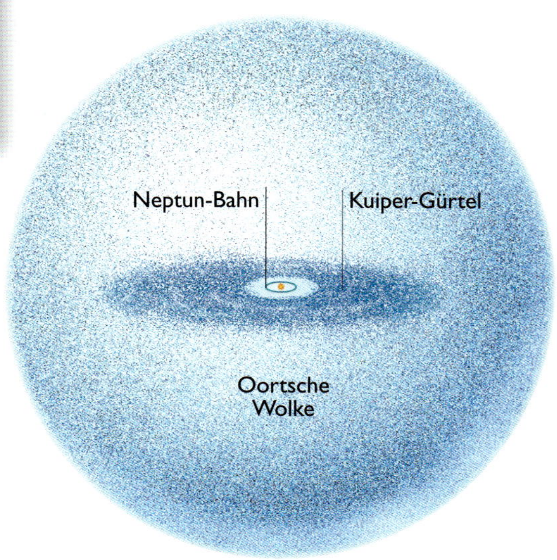

HERKUNFT DER KOMETEN
Die Oortsche Wolke, die das äußere Sonnensystem umgibt, enthält Billionen von Eis-Objekten. Sie ist die Ursprungsregion der langperiodischen Kometen (mit Sonnen-Umlaufzeiten von mehr als 200 Jahren). Kurzperiodische Kometen stammen überwiegend aus dem Kuiper-Gürtel, einer inneren Materiewolke, die in der Nähe der Neptun-Bahn beginnt.

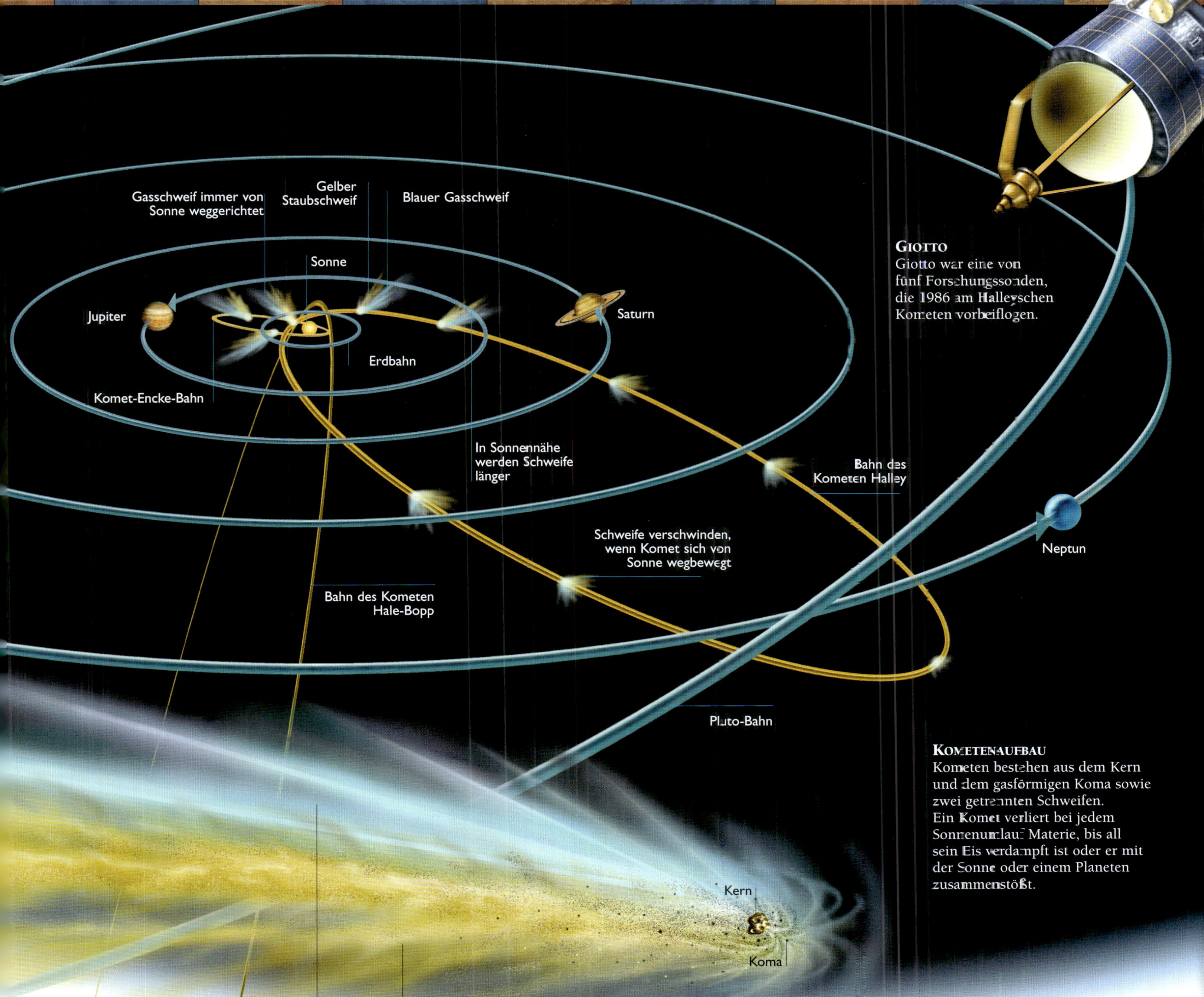

Giotto
Giotto war eine von fünf Forschungssonden, die 1986 am Halleyschen Kometen vorbeiflogen.

Kometenaufbau
Kometen bestehen aus dem Kern und dem gasförmigen Koma sowie zwei getrennten Schweifen. Ein Komet verliert bei jedem Sonnenumlauf Materie, bis all sein Eis verdampft ist oder er mit der Sonne oder einem Planeten zusammenstößt.

Halleys Kern
Aufnahmen der Giotto-Sonde aus dem Jahr 1986 zeigen, dass der Kern des Halleyschen Kometen rußschwarz und etwa 15 km lang ist. Von dem Brocken, der etwa die Größe einer Kleinstadt hat, gehen mehrere Staub-Fontänen aus.

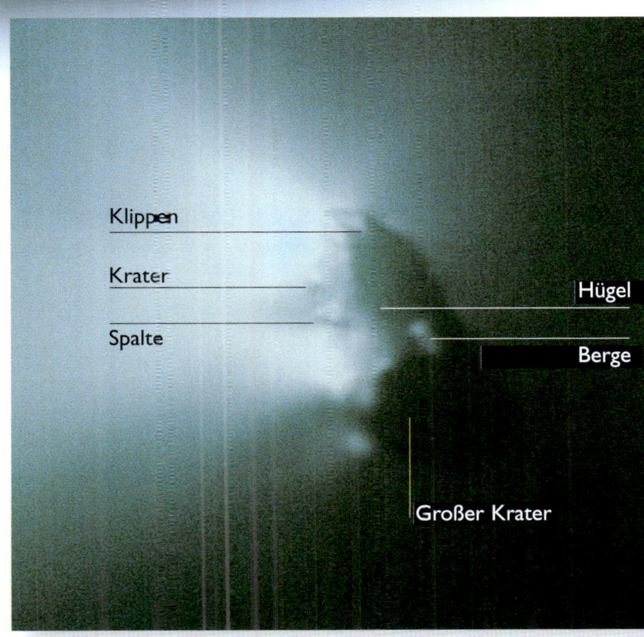

Der Halleysche Komet
1706 entdeckte Edmond Halley, dass ein bestimmter Komet etwa alle 76 Jahre wiederkehrte. Als er tatsächlich zum vorherberechneten Zeitpunkt auftauchte, benannte man ihn nach dem mittlerweile verstorbenen Wissenschaftler. Der letzte Besuch des Halleyschen Kometen fand 1986 statt, sein nächster wird im Jahr 2061 erfolgen.

Die Tiefen des Alls

Auch wenn uns das Sonnensystem riesengroß erscheint, ist es nicht mehr als der „Hinterhof" der Erde. Dahinter beginnen die Tiefen des Alls mit Sternen und anderen Sonnensystemen, aber das ist längst nicht alles. Astronomen haben entdeckt, dass in den dunklen Räumen zwischen den Gestirnen Gas und Staub treiben. Diese interstellare Materie ist im Normalfall unsichtbar, kann aber wahrgenommen werden, wenn ein hell leuchtender Stern dahinter liegt.

Ein Teil der interstellaren Materie sammelt sich in dichten, als Nebel bezeichneten Wolken, die als Geburtsstätten von Sternen (und Planeten) gelten. Meist bilden sich in einem großen Nebel offene Haufen von mehreren hundert Sternen. Es gibt aber auch die so genannten Kugelhaufen, die bis zu einer Million Sterne enthalten. Von noch gewaltigerem Ausmaß sind die Galaxien, die in der Regel Milliarden von Sternen enthalten und sehr unterschiedlich geformt sein können. So gibt es Spiralgalaxien, elliptische und irreguläre Galaxien. Auch Galaxien schließen sich zu Verbänden zusammen, die als Haufen und Superhaufen bezeichnet werden.

Da die Entfernungen im Weltall viel größer als im Sonnensystem sind, verwenden die Astronomen als Maßeinheit das Lichtjahr. Das ist die Strecke, die das Licht in einem Jahr zurücklegt – knapp 10 Billionen km. Der Stern Alpha Centauri, der unserer Sonne am nächsten liegt, hat einen Abstand von 4,3 Lichtjahren, während die fernste Galaxie, die man bis jetzt entdeckt hat, 12 bis 15 Milliarden Lichtjahre weit weg ist.

MASSEÄRMSTER BEKANNTER STERN
Gliese 623b, nur 10 % der Sonnenmasse

MASSEREICHSTER BEKANNTER STERN
Eta Carinae, etwa die 150fache Sonnenmasse

MASSEÄRMSTE BEKANNTE GALAXIE
Pegasus II, elliptische Zwerggalaxie mit etwa 10 Millionen Sternen

MASSEREICHSTE BEKANNTE GALAXIE
M87, elliptische Riesengalaxie mit etwa 800 Milliarden Sternen

Eine Reise durchs All
Jenseits unseres Sonnensystems gibt es Nebel, in denen neue Sterne entstehen (unten links) – Sterne aller Größen, Sternhaufen, unterschiedlich geformte Galaxien und Galaxienhaufen. Die Astronomen benutzen heute nicht nur die Riesenfernrohre der ortsfesten Sternwarten, sondern auch Weltraumteleskope, um die Tiefen des Alls zu durchforschen.

Sternhaufen
Sternhaufen wie das Schmuckkästchen sind im Weltall häufig anzutreffen. Wenn sich Gas- und Staubwolken zusammenballen, bilden sie Sternhaufen mit unterschiedlich großen Sternen, die nicht gleich schnell altern. Die kürzeste Lebensdauer haben massereiche Sterne.

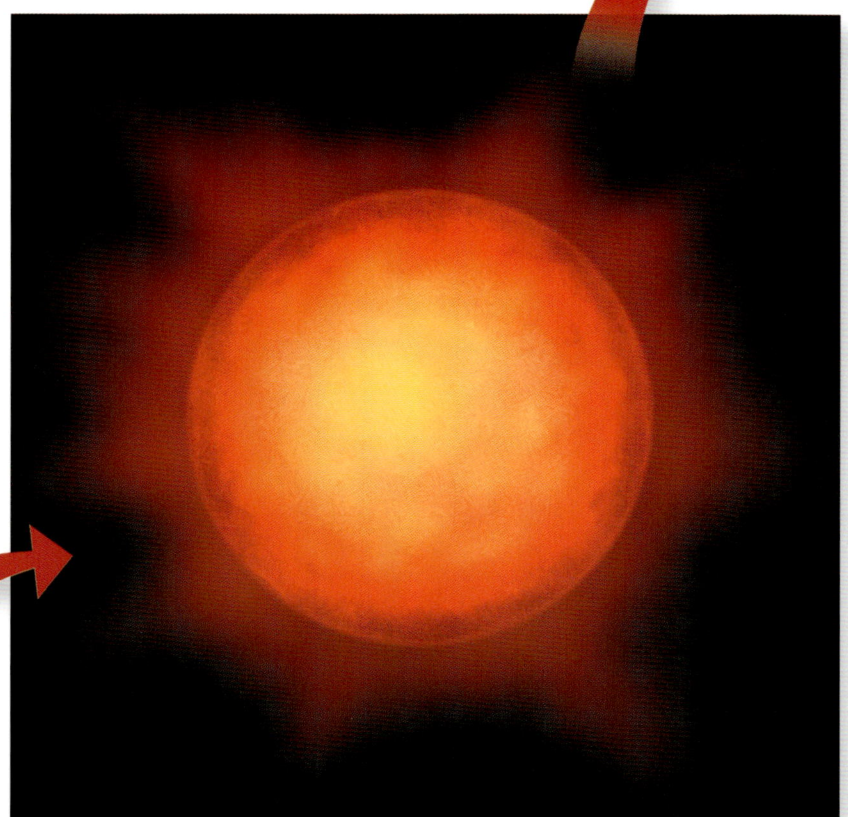

Stern
Sonnenähnliche Sterne leuchten Milliarden Jahre, ehe ihr Wasserstoff-„Brennmaterial" versiegt. Danach blähen sie sich zu einem Roten Riesen oder Überriesen auf, wie die oben abgebildete Beteigeuze.

Nebel
Riesige Wolken aus Staub und Wasserstoffgas sind die Wiege junger Sterne. Der hier gezeigte Lagunen-Nebel kann tausende von Sternen hervorbringen.

ROSAT
Der Satellit ROSAT spürte die Röntgenstrahlung von Sternen, Nebeln und Galaxien auf.

Spiralgalaxie
Spiralgalaxien besitzen einen Kern aus älteren, gelb und rötlich leuchtenden Sternen und eine Scheibe mit Spiralarmen aus Staub- und Gaswolken, in denen neue Sterne geboren werden.

Schau nach

- Wo entstehen neue Sterne?
- Welche Sterne altern am schnellsten?
- Wie weit entfernt ist die fernste Galaxie, die wir kennen?

Wissenswertes

Wenn wir mit einer Raumfähre zu unserem Nachbarstern Alpha Centauri reisen könnten, wären wir bei einer Geschwindigkeit von 8 km pro Sekunde rund 162 000 Jahre unterwegs.

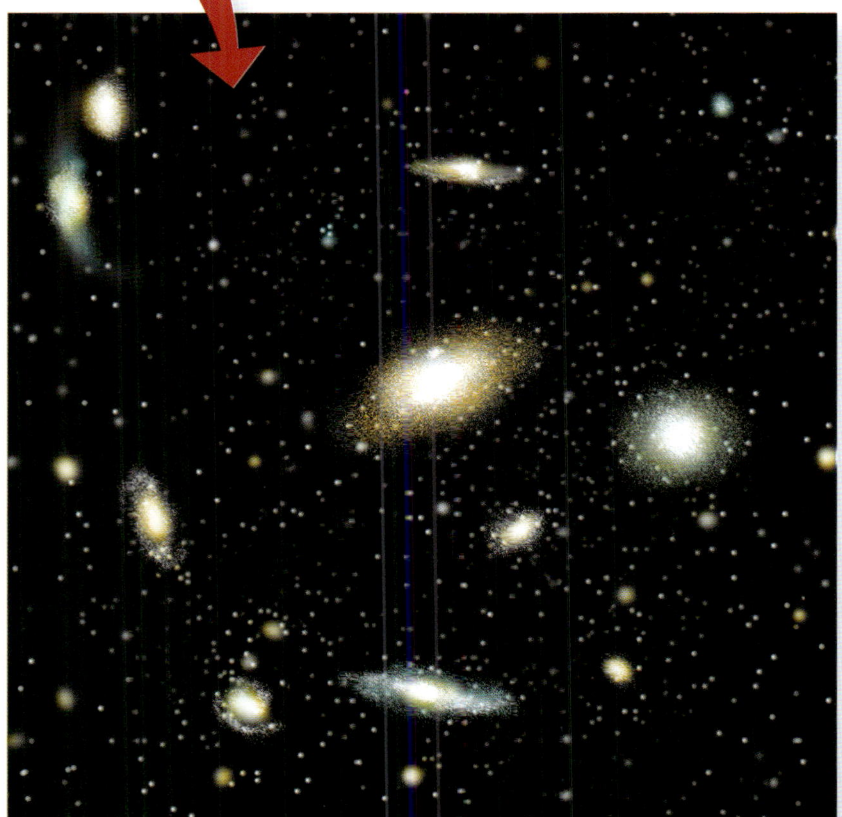

Galaxienhaufen
Galaxien schließen sich wie Sterne zu Haufen zusammen. Die Astronomen erforschen zur Zeit, ob Galaxien von Anfang an Gruppen bilden oder ob sie getrennt entstehen und erst im Lauf der Zeit zusammenwachsen.

Pferdekopfnebel
Der Dunkelnebel, der sich gegen eine rötliche Wasserstoff-Wolke abhebt, verdankt seinen Namen der charakteristischen Form.

Sternenreicher Himmel
Die Sterne, die ihr mit bloßem Auge sehen könnt, sind der Erde relativ nahe. Mit einem Feldstecher oder Fernrohr werdet ihr mehr erkennen, beispielsweise das dichte Sternenfeld auf dem Bild links.

Nebel

Staub- und Gaswolken im All bezeichnet man als Nebel. In manchen Nebeln wird die Materie durch die Schwerkraft so verdichtet, dass sich Teile davon zu Sternen zusammenballen. Astronomen, die diese „Sternfabriken" näher untersuchen, haben in den Nebeln Gasbälle entdeckt, die sich gerade zu jungen Sternen entwickeln.

Da Nebel meist kühl sind und nicht selbst leuchten, kann man sie nur schwer erkennen. Das gilt nicht für die Emissionsnebel, deren Gase durch das Licht benachbarter heißer Sterne zu einem rötlichen Leuchten angeregt werden und deshalb weithin sichtbar sind. So haben die Astronomen in der 2,5 Millionen Lichtjahre entfernten Andromeda-Galaxie mehrere Emissionsnebel entdeckt.

Ebenfalls gut zu beobachten sind die Reflexionsnebel. Sie bestehen aus winzigen Staubkörnern, die gerade groß genug sind, um das Licht naher Sterne zu streuen. Reflexionsnebel erscheinen oft bläulich, weil der Staub vor allem blaues Sternenlicht zurückwirft. Andere als Dunkelwolken bezeichnete Nebel kann man nur deshalb erkennen, weil sie sich gegen einen hellen Hintergrund abzeichnen. Beim Pferdekopf-Nebel beispielsweise ist die Staubkonzentration so dicht, dass er das Licht des dahinter liegenden Emissionsnebels abblockt (siehe Seite 193).

Während viele Nebel die Geburtsstätten junger Gestirne sind, stellen andere das Endstadium eines Sterns dar. Wenn Himmelskörper wie die Sonne altern, stoßen sie ihre äußeren Schichten ab. Diese Gashülle bildet einen leuchtenden Ringnebel, der vom heißen Kern des Sterns erhellt wird und sich allmählich ausdehnt. Obwohl solche Gebilde nichts mit Planeten zu tun haben, bezeichnet man sie auch als planetarische Nebel. Der Begriff geht auf die Astronomen des 19. Jahrhunderts zurück, die in den Ringnebeln Ähnlichkeit mit Planetenscheiben sahen.

Emissionsnebel
Der Große Orionnebel ist ein besonders schönes Beispiel für einen Emissionsnebel. Man kann ihn schwach mit bloßem Auge erkennen, aber eindrucksvoller wirkt er im Teleskop. Die Astronomen haben in seinem Bereich dutzende von neuen Sternen entdeckt.

Reflexionsnebel
Sternenlicht, das von winzigen Staubkörnchen gestreut wird, erzeugt diesen Reflexionsnebel im Sternbild der Südlichen Krone (Corona Australis). Die bläuliche Farbe kommt zum einen von den heißen Sternen im Innern des Nebels, zum anderen von dem Staub, der blaues Licht besonders gut reflektiert.

ADLERNEBEL (große Abbildung)
Typ: Emissionsnebel; Entfernung: 7000 Lichtjahre; Durchmesser: 315 Lichtjahre

GROSSER ORIONNEBEL (Seite 194, oben)
Typ: Emissionsnebel; Entfernung: 1500 Lichtjahre; Durchmesser: 40 Lichtjahre

REFLEXIONSNEBEL IN DER SÜDLICHEN KRONE (Seite 194, Mitte)
Typ: Reflexionsnebel; Entfernung: 445 Lichtjahre; Durchmesser: 0,13 Lichtjahre

KONUSNEBEL(Seite 195, unten Mitte)
Typ: Dunkelwolke; Entfernung: 3000 Lichtjahre; Länge: 50 Lichtjahre

HELIXNEBEL (Seite 195, unten rechts)
Typ: Planetarischer Nebel; Entfernung: 600 Lichtjahre; Durchmesser: 2 Lichtjahre

◆ Wissenswertes ◆

Aus etwa 0,1 Prozent eines Nebels entstehen neue Sterne (und ihre Planeten, falls sie welche haben). Der Rest der Materie wird zurück in den Weltraum geweht, wo sich irgendwann wieder eine Gas- und Staubwolke bildet.

EIN STERNENADLER
Der 7000 Lichtjahre entfernte Adlernebel ist ein Emissionsnebel, der im Sternbild Schlange (Serpens) erscheint und einen Sternhaufen umgibt. Das mithilfe eines Teleskops auf der Erde entstandene Foto (rechts) zeigt Staub- und Gaswolken, die vom Licht heißer junger Sterne erhellt werden. Aus einem ähnlichen Nebel entstand vor etwa 4,6 Milliarden Jahren unser Sonnensystem.

PLANETARISCHER NEBEL
Der Helixnebel im Sternbild Wassermann (Aquarius) ist der unserer Sonne am nächsten gelegene planetarische Nebel. Die Gaswolke, die vor nicht mehr als 10 000 Jahren entstand, wird sich im Lauf der Zeit ausdehnen und schließlich ganz auflösen. Zurück bleibt dann ein Weißer Zwergstern.

SÄULEN AUS GAS UND STAUB
Das Hubble-Weltraumteleskop spähte ins Innere des Adlernebels und entdeckte diese Säulen aus Staub und Gas. Die linke Säule (oben) ist etwa ein Lichtjahr hoch. Das Licht neugeborener Sterne verwirbelt das Gas in den Nebeln, ähnlich wie der Wind auf der Erde Staub aufwirbelt. Die kleinen Spitzen, die von den Säulen aufragen (links), sind dichtere Ansammlungen aus Staub und Gas. Jede davon hat etwa die Größe unseres Sonnensystems.

DUNKELWOLKE
Der Konusnebel im Sternbild Einhorn (Monoceros) ist eine dichte Staubwolke, die sich gegen einen hellen Emissionsnebel abhebt.

Sterne

Sterne sind grosse, extrem heisse Gaskugeln, die sich überwiegend aus Wasserstoff (etwa 90 Prozent) und Helium (etwa 10 Prozent) sowie Spuren anderer Elemente zusammensetzen. Ein echter Stern muss in seinem Innern so hohe Temperaturen entwickeln (mindestens 6 Millionen Grad Celsius), dass es zu Kernreaktionen kommt. Bei diesen Reaktionen wird Wasserstoff zu Helium verschmolzen und Energie in Form von Strahlung freigesetzt. Der nach außen wirkende Energiedruck verhindert, dass der Stern unter seinem eigenen Gewicht immer weiter schrumpft. Die Strahlung wird an die Oberfläche transportiert, und der Stern beginnt zu leuchten.

Die kleinsten Sterne besitzen etwa ein Zehntel der Sonnenmasse. Noch kleiner sind die Braunen Zwerge, sternähnliche Objekte, die im Innern nie heiß genug werden, um Wasserstoff zu Helium zu verschmelzen. Sie geben zwar etwas Wärme nach außen ab, leuchten aber nicht wie echte Sterne. Die massereichsten Sterne, die wir kennen, weisen ungefähr die 150fache Sonnenmasse auf. Die Astronomen vermuten, dass bei der Entwicklung von größeren Sternen die Entstehungswolke auseinander brechen und zwei oder mehr Sterne hervorbringen würde.

Tatsächlich gibt es häufig zwei normal große Sterne, die einen gemeinsamen Schwerpunkt umkreisen. Alpha Centauri, der unserer Sonne am nächsten gelegene Stern, ist sogar ein Dreifachsystem mit zwei sonnenähnlichen Partnern (Alpha Centauri A und B) und einem sehr viel kleineren Begleiter (Proxima Centauri). Auch Sirius, das hellste Sternsystem am Himmel, besteht aus zwei Sternen: Sirius A, der auch als „Hundsstern" bezeichnet wird, und dem sehr viel kleineren Sirius B. Die Astronomen können die Masse von Mehrfachsystemen abschätzen, indem sie genau beobachten, wie die Partner einander umkreisen.

Stationen eines Sternenlebens
Von Staub zu Staub: Ein Stern wird aus einer Gas- und Staubwolke geboren und schleudert Millionen Jahre später, wenn sein Dasein endet, einen Teil der Materie, aus der er entstand, wieder zurück ins All. Je massereicher ein Stern ist, desto heißer wird er und desto schneller durchläuft er seine Lebensstationen. Diese Bildfolge zeigt den Zyklus eines mittelgroßen Sterns wie der Sonne.

Roter Riese
Nach weiteren 10 Milliarden Jahren hat der Stern sein „Brennmaterial" Wasserstoff fast verbraucht. Er bläht sich zu einem Roten Riesen auf, der zu pulsieren beginnt. Falls der Stern ein Planetensystem besitzt, sind die inneren Welten jetzt verloren.

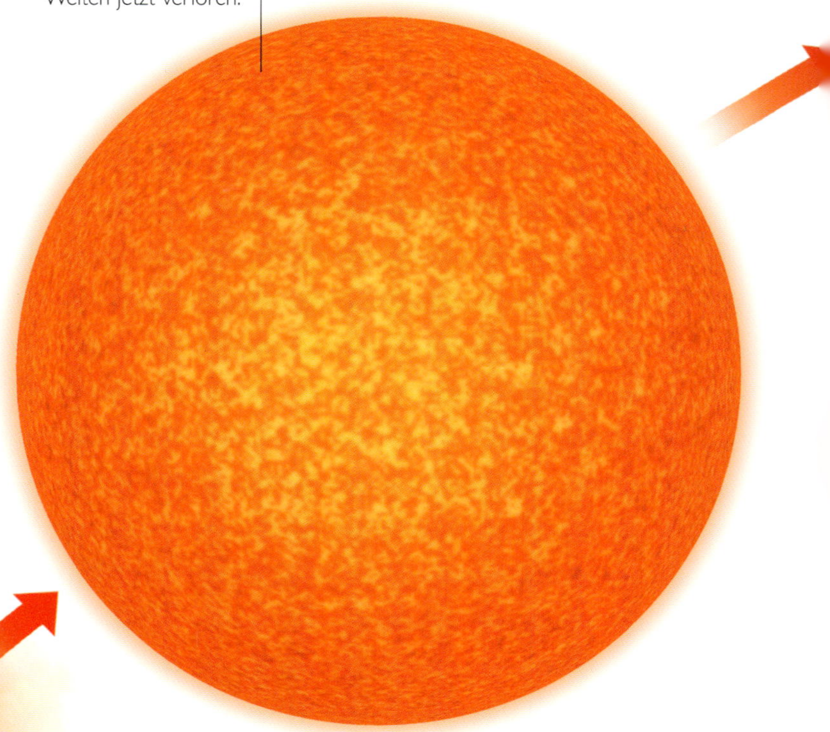

SONNE
Typ: Gelb, Hauptreihe; Entfernung: 8 Lichtminuten; Durchmesser 1 392 000 km

ALPHA CENTAURI
Typ: Gelb, Hauptreihe; Entfernung: 4,3 Lichtjahre; Durchmesser: 1 Sonnendurchmesser

SIRIUS
Typ: Weiss, Hauptreihe; Entfernung: 8,6 Lichtjahre; Durchmesser: 2,4facher Sonnendurchmesser

BETEIGEUZE
Typ: Rot, Überriese; Entfernung: 427 Lichtjahre; Durchmesser: 800facher Sonnendurchmesser

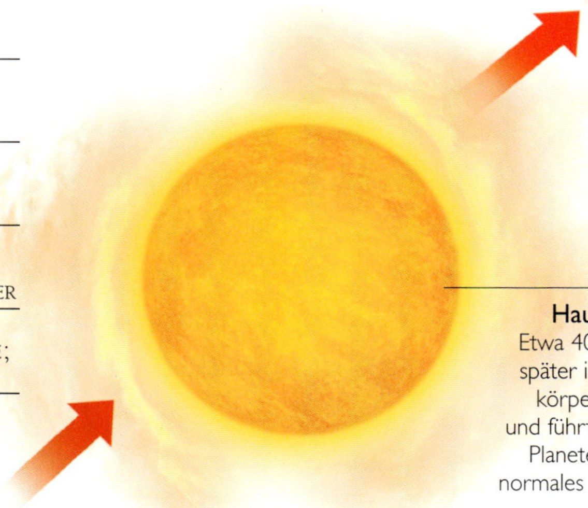

Hauptreihenstern
Etwa 40 Millionen Jahre später ist der Himmelskörper voll entwickelt und führt, manchmal von Planeten umgeben, ein normales Sternen-Dasein.

Geburtsstätte
Ein Stern wie unsere Sonne entsteht im Innern eines Nebels, wenn sich eine Gas- und Staubwolke verdichtet, zu einer Kugel zusammenzieht und immer heißer wird.

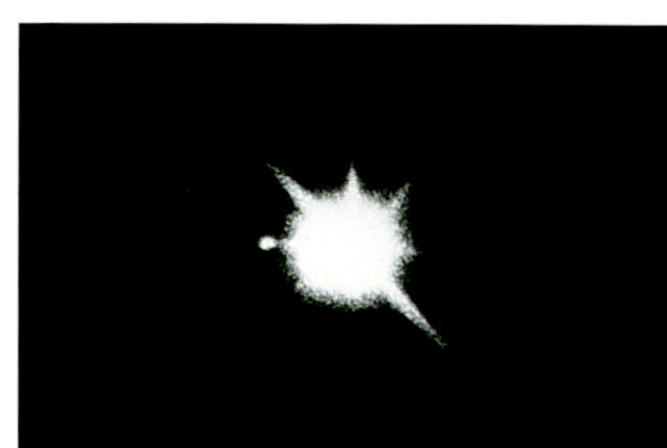

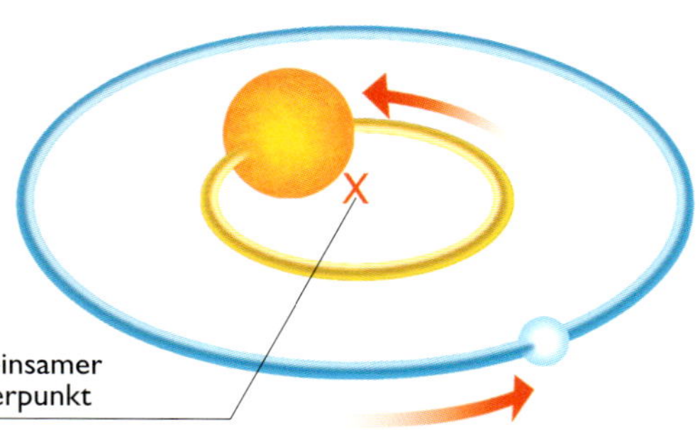

Doppelsterne
Die beiden Sterne des Sirius-Systems umkreisen einander alle 50 Jahre. Als die Astronomen Sirius B näher untersuchten, stellten sie fest, dass er im Verhältnis zu seiner Winzigkeit ungewöhnlich massereich ist. Es handelt sich um den ersten Weißen Zwerg, den man je entdeckt hat.

Weißer Zwerg
In weniger als 50 000 Jahren löst sich der Ringnebel auf Zurück bleibt ein Weißer Zwerg der dichte, weißglühende Kern des einstigen Sterns

Ringnebel
Drei Milliarden Jahre später pulsiert der aufgeblähte Stern heftiger und stößt seine äußere Gashülle ab. Diese bildet einen Ringnebel im All.

Hertzsprung-Russell-Diagramm
In diesem Diagramm sind sämtliche Sterne entsprechend ihrer Helligkeit (senkrechte Achse) und ihrer Temperatur (waagrechte Achse) aufgeführt. Die meisten Sterne liegen auf der Hauptreihe, einem breiten Streifen, der von oben links nach unten rechts verläuft. Es überrascht nicht weiter, dass die heißen großen Sterne leuchtkräftiger sind als die kühleren kleinen Sterne. Oben rechts finden wir Rote Überriesen, die zwar kühl, wegen ihrer enormen Größe jedoch sehr leuchtkräftig sind. Die Weißen Zwerge am unteren Rand sind sehr heiß, aber nur schwach zu erkennen.

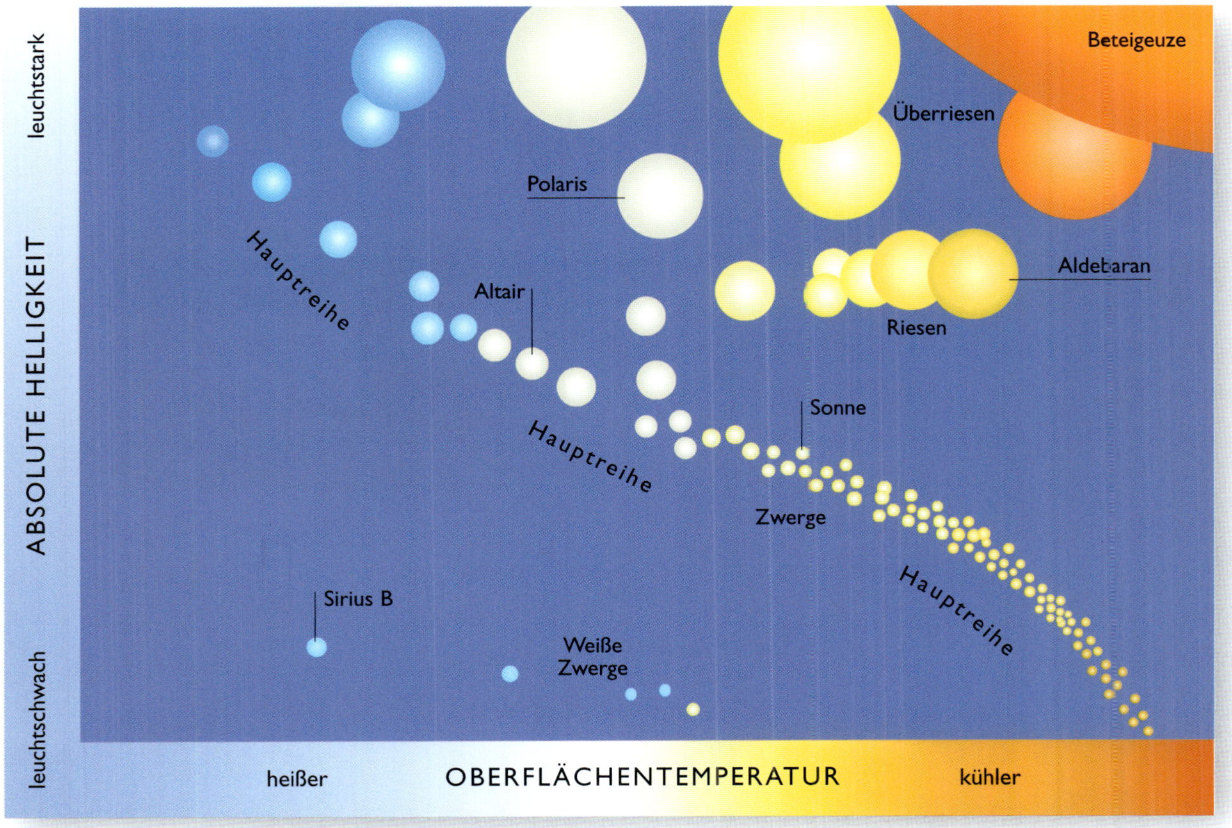

Grössenvergleich
Verglichen mit einem Weißen Zwerg ist unsere Sonne gigantisch. Ein Roter Riese aber ist 20- bis 40-mal und ein Roter Überriese sogar 800-mal größer als die Sonne.

Veränderliche Sterne

Während viele Sterne Jahr für Jahr gleichmäßig leuchten, scheint bei anderen die Helligkeit periodisch zu wechseln. Zu diesen Veränderlichen gehören Doppelsternsysteme, die einander umkreisen. Sie wirken am hellsten, wenn beide Partner Seite an Seite stehen, und am dunkelsten, wenn sich einer vor den anderen schiebt. Da sie ihre Helligkeit nicht wirklich verändern, bezeichnet man sie als optische Veränderliche oder auch als Bedeckungsveränderliche.

Bei manchen Sternen dagegen schwankt die Leuchtkraft tatsächlich. So können sich Riesen und Überriesen regelmäßig aufblähen und wieder zusammenziehen und dabei ihre Farbe und Helligkeit wechseln. Man nennt solche Sterne Pulsationsveränderliche und teilt sie je nach ihrer Leuchtkraft und Periode – das ist die Dauer des Lichtwechsels von hell zu dunkel und wieder zu hell – in Klassen ein.

Die Cepheiden sind eine Gruppe von Pulsationsveränderlichen mit Lichtwechsel-Perioden zwischen 1 Tag und 70 Tagen. Dabei besitzen Cepheiden mit der gleichen Periode auch die gleiche absolute Helligkeit. Außerdem nimmt die Leuchtkraft eines Cepheiden mit der Länge seiner Periode zu. Um 1920 entdeckte der amerikanische Astronom Edwin Hubble in der Andromeda-Galaxie einige Cepheiden. Nachdem er ihre Periode und damit ihre absolute Helligkeit ermittelt hatte, verglich er die absolute und die scheinbare Helligkeit und konnte so die Entfernung der Sterne abschätzen. Damit gelang ihm der Nachweis, dass die Cepheiden und Andromeda zu weit weg waren, um zur Milchstraße zu gehören – und das Universum eine größere Ausdehnung besaß als bis dahin angenommen.

In einem Doppelsternsystem kann der Partner mit der größeren Schwerkraft seinem Begleiter so viel Gas entziehen, dass es zu einer Nova genannten Explosion kommt und das System hell aufleuchtet.

Nova-Explosion
In manchen Doppelsternsystemen laufen äußerst komplexe Prozesse ab. Wenn der eine Partner ein alternder Roter Riese und der andere ein Weißer Zwerg ist, zieht der kleine, dichte Stern aufgrund seiner höheren Schwerkraft Gas von dem Roten Riesen zu sich herüber. Dabei kann sich die Materie, die auf ihn stürzt, so stark erhitzen, dass sie zu einer Nuklearexplosion an der Oberfläche führt. Die Folge ist ein heftiger Energieblitz, der als Nova bezeichnet wird. Gibt der aufgeblähte Rote Riese weiterhin Gas an den Weißen Zwerg ab, kommt es wiederholt zu solchen Nova-Ausbrüchen.

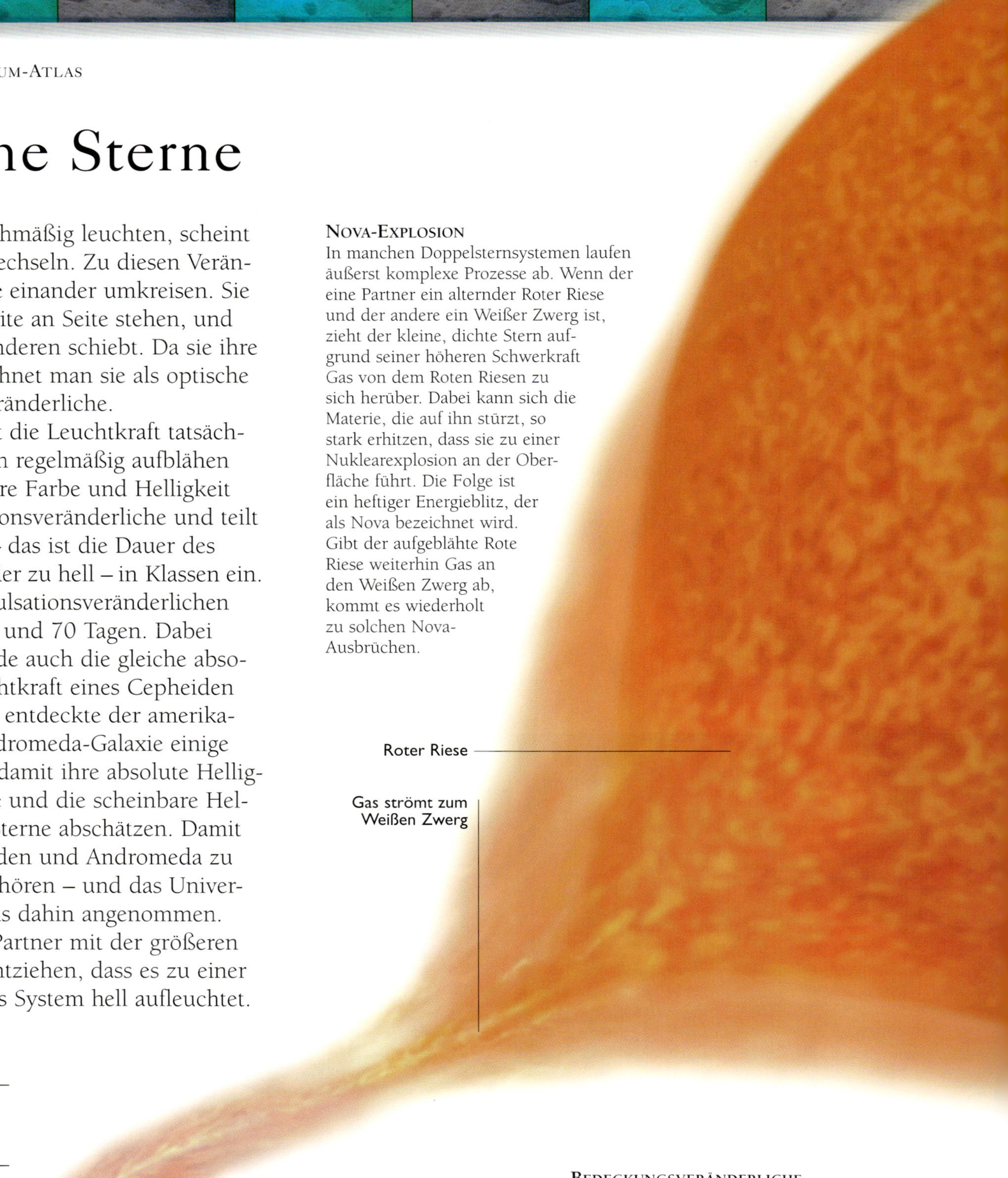

ALGOL
Typ: Bedeckungsveränderlicher; Helligkeitsschwankung: Grössenklasse 2,1 bis 3,4; Periode: 2 Tage 20 Stunden 49 Min.

MIRA
Typ: pulsierender Veränderlicher; Helligkeitsschwankung: Grössenklasse 3,4 bis 9,3; Periode: 332 Tage

ETA CARINAE
Typ: unregelmässiger Veränderlicher; Helligkeitsschwankung: um 1840 Grössenklasse 2, danach extreme Abschwächung, derzeit wieder Aufhellung

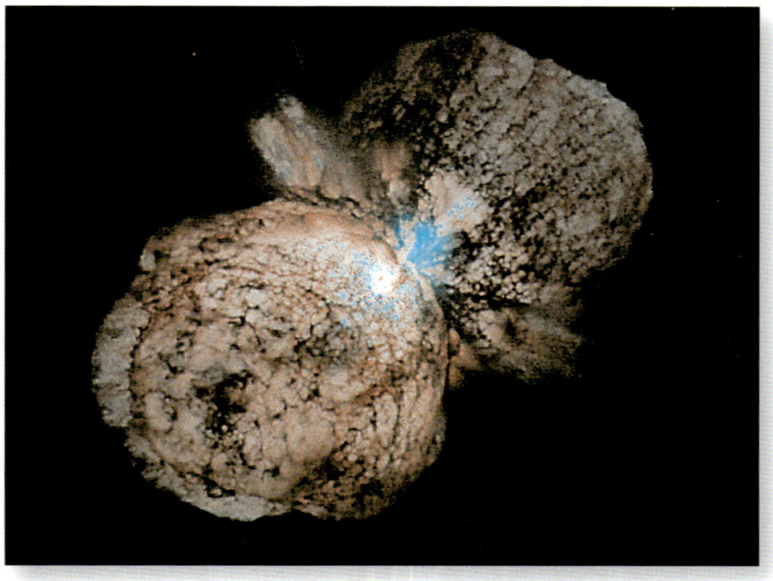

Bedeckungsveränderliche
Bei Doppelsternen wie Algol umkreist ein Partner den anderen. Wenn sich bei einer bestimmten Bahnneigung ein Stern vor den anderen schiebt, nimmt die Gesamthelligkeit des Systems ab.

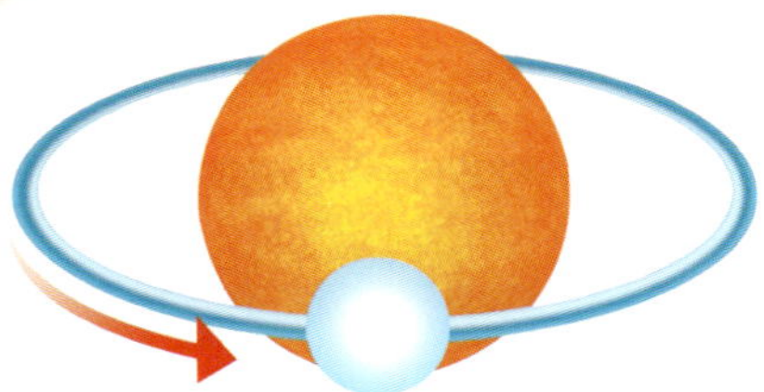

Kleiner weißer Stern vor größerem orangegelben Stern – mittlere Helligkeit

Weißer Stern neben orangegelbem Stern – maximale Leuchtkraft

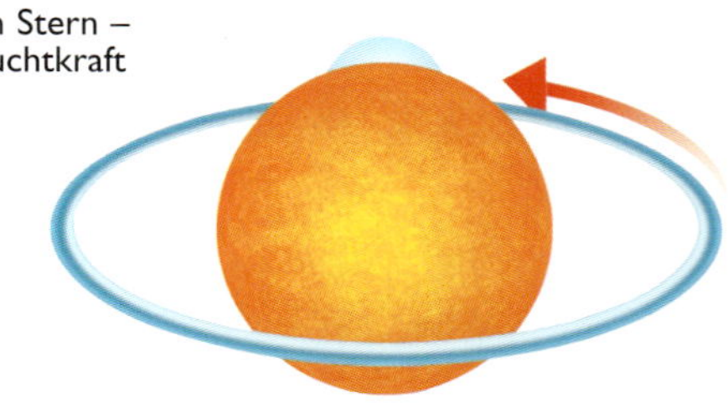

Großer orangegelber Stern vor kleinerem weißem Stern – minimale Helligkeit

Unregelmässige Veränderliche
1841 schleuderte der Stern Eta Carinae zwei riesige Gaswolken aus, die sich seither stetig im Weltraum ausdehnten. Vor kurzem jedoch verdoppelte sich plötzlich die Helligkeit des Sterns, und man nimmt an, dass er irgendwann in den nächsten Jahrtausenden als Supernova (siehe Seite 200) explodieren wird. Sterne mit solchen unvorhersehbaren Helligkeitsschwankungen nennt man auch unregelmäßige Veränderliche.

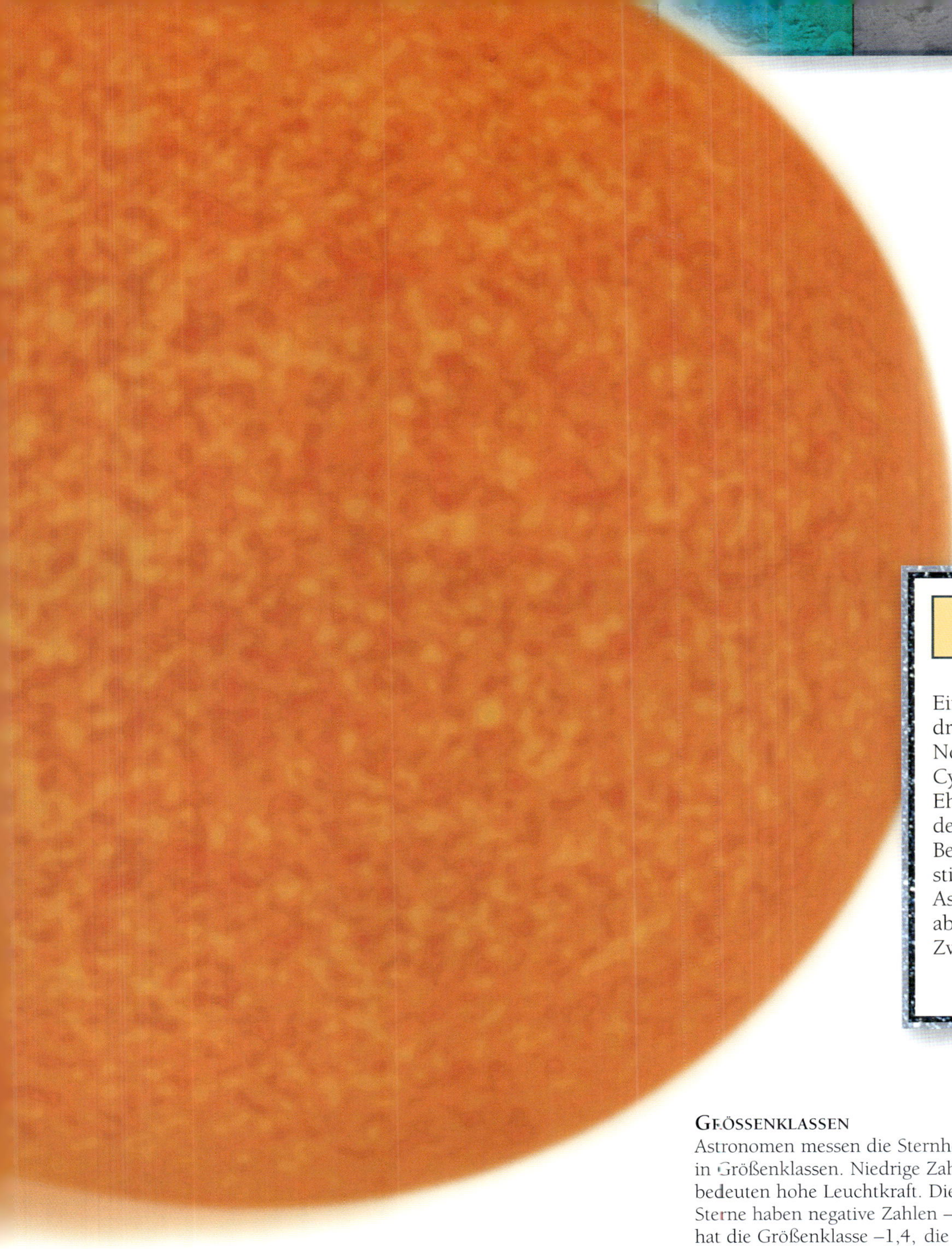

Pulsationsveränderliche
Sterne, die zu den Pulsationsveränderlichen zählen, blähen sich auf und schrumpfen wieder. Wenn ein solcher Stern anschwillt, wird seine Oberfläche kühler, rötlicher und lichtschwächer. Das Gegenteil ist der Fall, wenn er sich zusammenzieht. Die Zeit eines vollständigen Lichtwechsels bezeichnet man als Periode. Sie kann Stunden, aber auch Monate dauern.

Wissenswertes

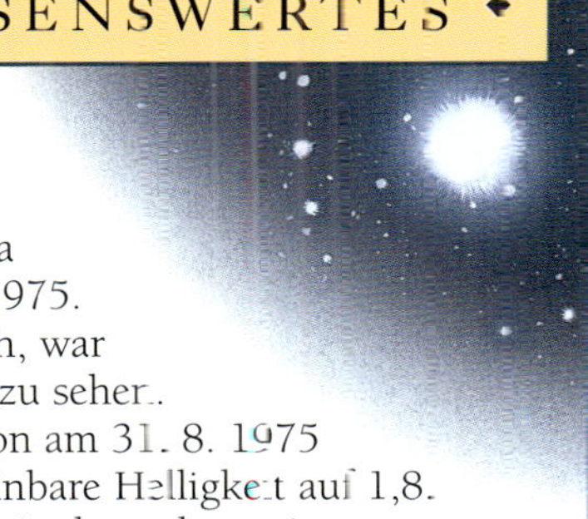

Eine der eindrucksvollsten Novae war Nova Cygni im Jahr 1975. Ehe sie ausbrach, war der Stern nicht zu sehen. Bei der Explosion am 31. 8. 1975 stieg seine scheinbare Helligkeit auf 1,8. Astronomen ermittelten, dass seine absolute Helligkeit mindestens um das Zwanzigmillionenfache angestiegen war.

Grössenklassen
Astronomen messen die Sternhelligkeit in Größenklassen. Niedrige Zahlen bedeuten hohe Leuchtkraft. Die hellsten Sterne haben negative Zahlen – Sirius hat die Größenklasse –1,4, die mit bloßem Auge erkennenbaren Sterne die Größenklasse 6.

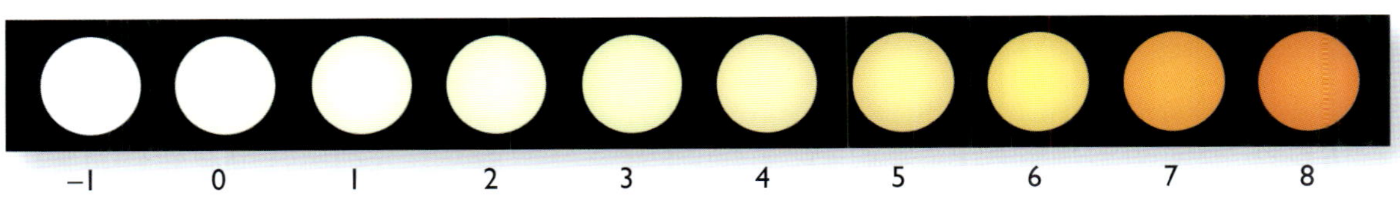

Scheinbare Helligkeit
Die rote Beteigeuze (oben links) und der blaue Rigel (unten rechts) im Sternbild Orion scheinen fast gleich hell zu strahlen. Da aber Rigel fast doppelt so weit entfernt ist, leuchtet er in Wahrheit viel intensiver. Die Astronomen vergleichen die wahre oder absolute Helligkeit der Sterne, indem sie berechnen, welche Leuchtkraft sie in einer Entfernung von 32,6 Lichtjahren hätten.

Mach mit: *Veränderliche beobachten*

Beobachtet den Lichtwechsel eines Veränderlichen. Auf der Nordhalbkugel eignet sich Algol im Sternbild Perseus gut dafür – verfolgt ihn eine Woche lang jede Nacht. Auf der Südhalbkugel wäre Mira im Sternbild Walfisch (Cetus) gut zu beobachten.

1. Macht den Stern auf einer der Sternkarten in diesem Buch (Seiten 222–237) ausfindig und sucht ihn dann am Nachthimmel. Notiert seine Helligkeit im Vergleich zu den Sternen in der Umgebung. Zeichnet ein Bild von den Sternen, aus dem hervorgeht, ob der Veränderliche heller oder dunkler als seine Nachbarn ist.

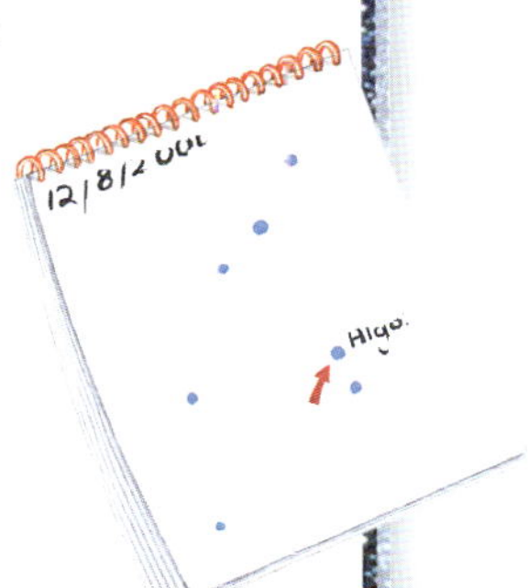

2. Wenn ihr den Stern das nächste Mal beobachtet, vergleicht ihn erneut mit seinen Nachbarn und schreibt auf, ob sich seine Helligkeit verändert hat.

Supernovae

Eine Supernova ist die Explosion eines massereichen Sterns. Während einer Supernova kann ein einzelner Stern für kurze Zeit seine gesamte Galaxie überstrahlen. Es gibt zwei Sterntypen, die sich zu einer Supernova entwickeln können. Der erste ist ein Weißer Zwerg in einem Doppelsternsystem (siehe Illustration unten). Wenn sich der Begleiter des Weißen Zwergs zu einem Roten Riesen aufbläht, kann ein Teil seines Gases auf den Weißen Zwerg überfließen und zu einem steten Massezuwachs führen. Hat der Weiße Zwerg schließlich die kritische Grenze von 1,4 Sonnenmassen überschritten, wird er instabil. Die nuklearen Reaktionen geraten außer Kontrolle und erzeugen eine Supernova, die beide Sterne zerstört.

Der zweite Sterntyp, der zu einer Supernova werden kann, hat mindestens die achtfache Sonnenmasse (siehe Illustration rechts). Solche Sterne sind sehr heiß und relativ kurzlebig. Das Ende kommt, wenn sie ihren Wasserstoffvorrat verbraucht haben und die Kernprozesse aufhören. In Sekundenschnelle fällt dann der Kern in sich zusammen und eine Stoßwelle jagt durch die äußeren Schichten. Sobald sie die Oberfläche erreicht, explodiert der Stern in einer Supernova. Bei dieser Art von Supernova bleibt der Kernbereich entweder als Neutronenstern erhalten – eine sehr dichte, etwa stadtgroße Kugel – oder er zieht sich noch stärker zusammen und wird zu einem Schwarzen Loch – einem unendlich dichten Objekt, dessen Gravitationskraft so groß ist, dass aus seinem Innern nicht einmal mehr Licht entweichen kann.

Bei jeder Supernova-Explosion bleibt die Sternhülle als schalenförmige Wolke aus Gas und Staub zurück, die sich nach allen Richtungen ausdehnt und aus der irgendwann neue Sterne, Planeten und Monde entstehen können.

Supernova 1987A
Ausbruch: 23. Februar 1987; heute: junger Supernova-Überrest; Entfernung: 179 000 Lichtjahre; Durchmesser: 0,2 Lichtjahre

Crab-Nebel
Ausbruch: 1054; heute: Supernova-Überrest; Entfernung: 6520 Lichtjahre; Ausdehnung: 8,8 bis 13,7 Lichtjahre

SAX J1808.4-3658
Ausbruch: in prähistorischer Zeit; heute: ein Pulsar; Entfernung: 13 000 Lichtjahre

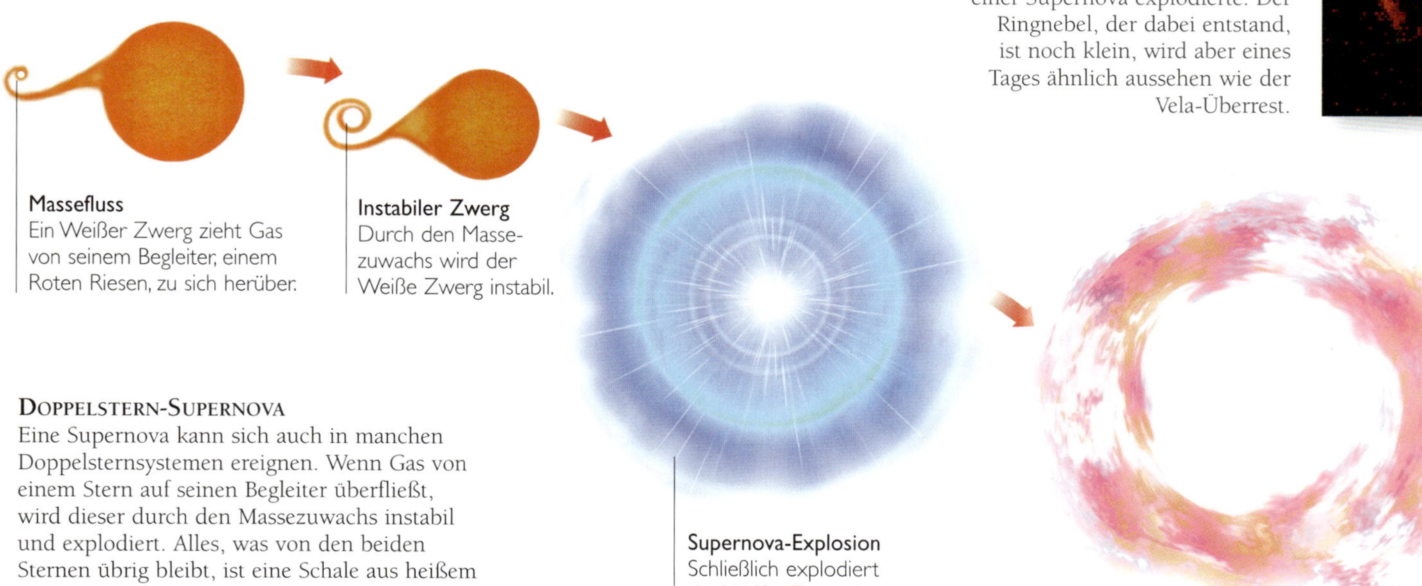

Massefluss
Ein Weißer Zwerg zieht Gas von seinem Begleiter, einem Roten Riesen, zu sich herüber.

Instabiler Zwerg
Durch den Massezuwachs wird der Weiße Zwerg instabil.

Supernova-Explosion
Schließlich explodiert der Weiße Zwerg in einer Supernova.

Supernova-Überrest
Die Explosion zerstört beide Sterne und hinterlässt eine glühende Gasschale, die sich ausdehnt.

Doppelstern-Supernova
Eine Supernova kann sich auch in manchen Doppelsternsystemen ereignen. Wenn Gas von einem Stern auf seinen Begleiter überfließt, wird dieser durch den Massezuwachs instabil und explodiert. Alles, was von den beiden Sternen übrig bleibt, ist eine Schale aus heißem Gas, die sich rasch ausdehnt.

Riesenstern-Supernova
Sterne mit mindestens der achtfachen Sonnenmasse beenden ihren kurzen Lebensweg meist in einer Supernova. Durch die Hitze, die sich in ihrem Innern entwickelt, brauchen sie ihren Wasserstoffvorrat rasend schnell auf und explodieren dann. Zurück bleibt entweder ein Neutronenstern oder, wenn der Stern extrem massereich war, ein Schwarzes Loch.

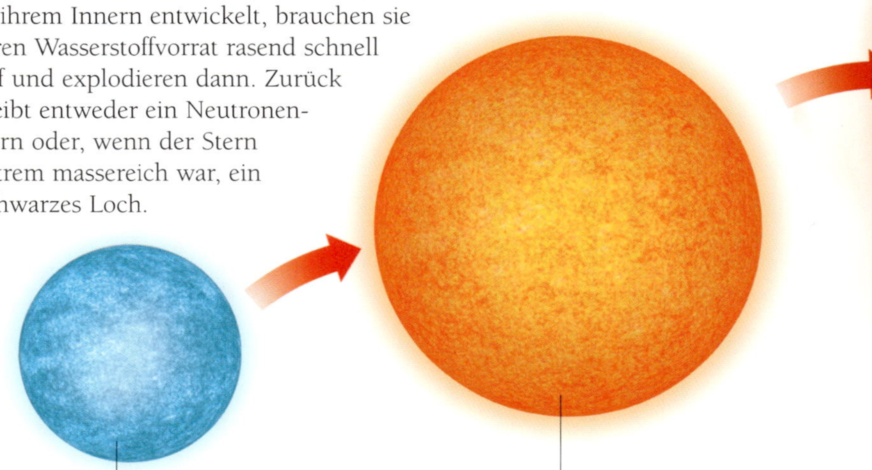

Hauptreihen-Stern
Ein Stern mit der achtfachen Sonnenmasse oder mehr durchläuft eine rasche Entwicklung. Er bleibt nur etwa 30 Millionen Jahre ein „normaler" Hauptreihen-Stern.

Überriese
Der massereiche Stern bläht sich zu einem Überriesen auf und beginnt zu pulsieren. Diese Pulsationsphase kann 70 Millionen Jahre dauern.

Supernova-Überrest
Vor etwa 12 000 Jahren explodierte im Sternbild Vela (Segel) ein massereicher Stern. Inzwischen hat sich die damals ausgestoßene Materiewolke so weit verteilt, dass sie an ein feines Netz aus Nebelfäden erinnert. Gas und Staub, die bei einer Supernova ins All geschleudert werden, liefern das Baumaterial für neue Sterne.

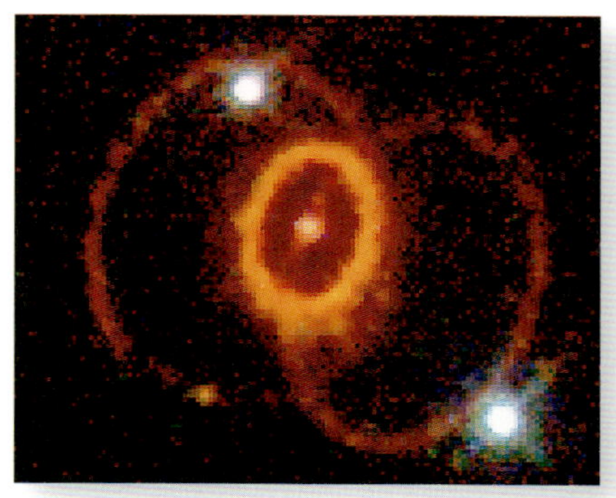

Eine neuere Supernova
1987 konnte man beobachten, wie in der Großen Magellanschen Wolke ein massereicher Stern in einer Supernova explodierte. Der Ringnebel, der dabei entstand, ist noch klein, wird aber eines Tages ähnlich aussehen wie der Vela-Überrest.

Supernova-Explosion
Der Stern hat seinen „Brennstoff“ verbraucht. Die nuklearen Reaktionen kommen zum Stillstand. Die Außenschichten blähen sich auf: Es kommt zu einer Supernova-Explosion.

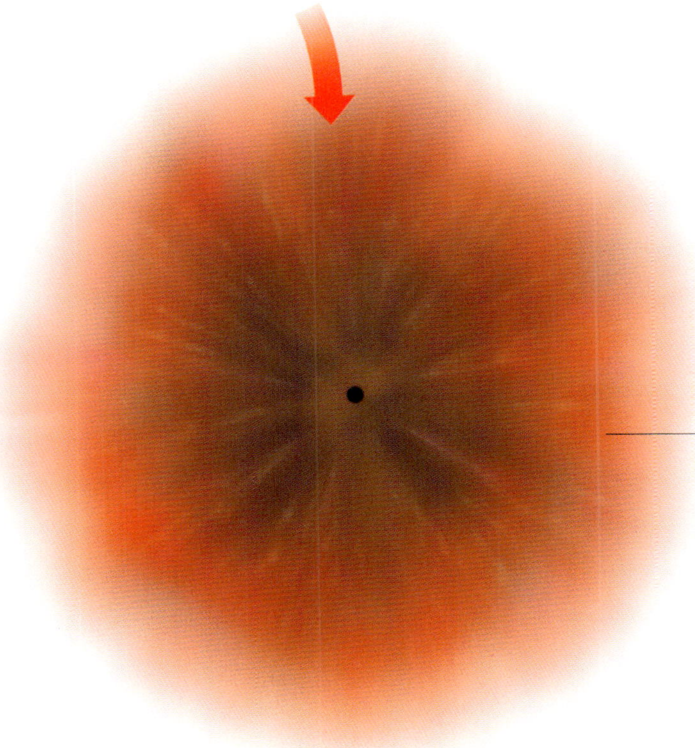

Schwarzes Loch
Wenn der ursprüngliche Stern mehr als die zehnfache Sonnenmasse hatte, schrumpft die Kernregion zu einem Schwarzen Loch. Es ist so kompakt, dass aus seinem Innern nicht einmal Licht entweichen kann. Das Schwarze Loch wird von einem Supernova-Überrest aus Gas und Staub umgeben.

Neutronenstern
Ein Stern, der anfangs die acht- bis zehnfache Sonnenmasse hatte, wird zu einem Neutronenstern, umhüllt vom Supernova-Überrest, einer Wolke aus heißem Gas, die sich allmählich im All ausbreitet.

PULSARE

Ein Neutronenstern hat einen Durchmesser von nur wenigen Kilometern, rotiert aber sehr schnell und setzt dabei einen Teil seines Drehmoments in Strahlungsenergie um. Immer wenn die Erde von den Strahlenkegeln überstrichen wird, sehen wir ein Blinken wie von einem Leuchtturm. Wegen dieser Energiepulse werden Neutronensterne auch als Pulsare bezeichnet.

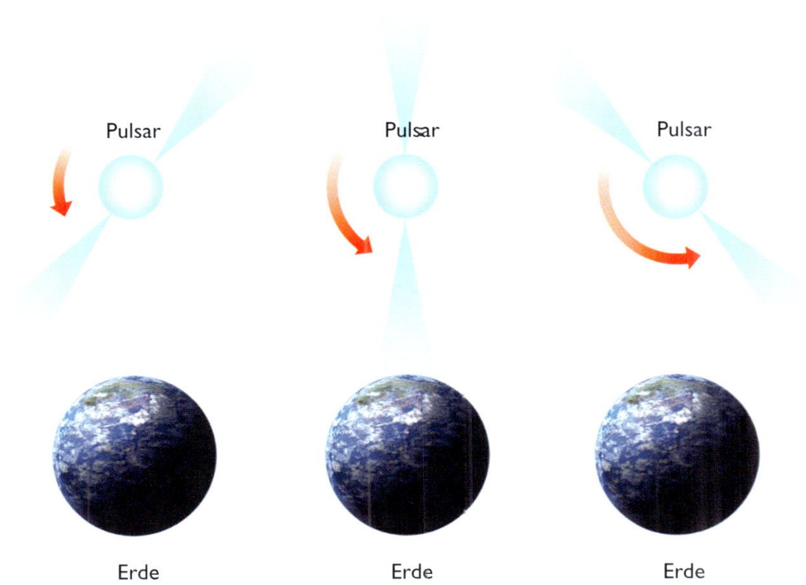

◆ WISSENSWERTES ◆

Im Jahr 1054 n. Chr. wurde in vielen Teilen der Welt eine gewaltige Supernova beobachtet. Bald danach entstand im amerikanischen Südwesten diese Felszeichnung. Man nimmt an, dass sie die Sternexplosion (unten links) am Nachthimmel darstellt.

Andere Sonnensysteme

Unsere Sonne ist nicht der einzige Stern mit Planeten. Im Oktober 1995 entdeckten Astronomen, dass ein Stern namens 51 Pegasi von einer Welt umkreist wird, die etwa die halbe Jupitermasse besitzt. Seither konnten über 130 Planetensysteme ausfindig gemacht werden. Und die Astronomen sind zuversichtlich, dass sie im Lauf der Zeit noch mehr Sterne mit Planetenfamilien aufspüren werden.

Die Suche ist allerdings schwierig, da man diese Planeten nicht direkt sehen kann. Von der Erde aus betrachtet stehen sie so nahe an ihren Sonnen, dass sie von deren Licht völlig überstrahlt werden. Deshalb suchen die Astronomen nach winzigen Bahnänderungen des Sterns, die sich durch eine minimale Farbverschiebung des Sternenlichts aufgrund des Doppler-Effekts (siehe Seite 147) verraten. Solche Abweichungen treten auf, weil Planeten eine Anziehungskraft auf ihren Zentralstern ausüben und ihn damit zwingen, sich ein wenig vor- und zurückzubewegen. Allerdings sind heutigen Instrumenten Grenzen bei der Entdeckung von Bahnänderungen gesetzt. Bislang konnten nur jupiterähnliche Welten aufgespürt werden – massereiche Planeten mit einer starken Gravitation, die ihre Sonne relativ nahe umlaufen. Da die Teleskope jedoch laufend verbessert werden, wird man in Zukunft wohl auch Planeten von Erdgröße ausfindig machen.

Ein Blick auf andere Systeme zeigt, dass sie sich deutlich von unserer Planetenfamilie unterscheiden. Die inneren Welten unserer Sonne sind klein und massearm wie die Erde, die äußeren riesig und massereich wie Jupiter. Bei anderen Systemen gibt es dagegen große Planeten, die auf sonnennahen Bahnen kreisen. Offenbar nahm die Entwicklung dieser Sonnensysteme einen etwas anderen Verlauf, der die großen Planeten nach innen wandern ließ.

◆ Wissenswertes ◆

Auf einem Planeten, der einen Doppelstern umläuft, würdet ihr zumindest zeitweise zwei Sonnen am Himmel sehen. Jeder Gegenstand hätte zwei Schatten, und wenn die Sonnen sehr verschieden wären, könnten die Schatten sogar farblich voneinander abweichen.

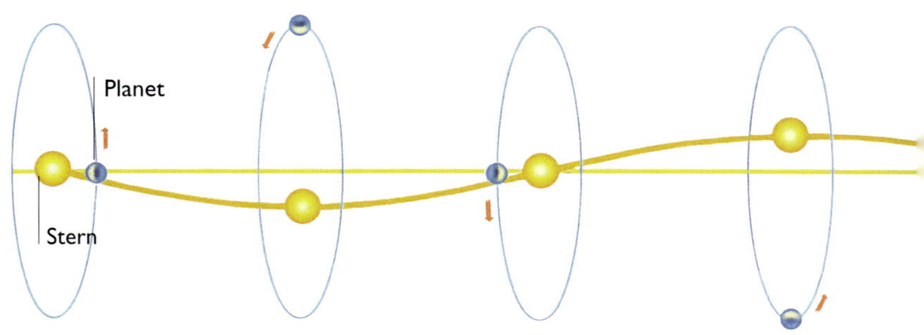

Anzahl der bisher entdeckten Sonnensysteme
Über 130 mit nachweisbaren Planeten

Geschätzte Anzahl von Sonnensystemen
Die meisten Einzelsterne sind vermutlich von Planeten umgeben

Kleinster ausserhalb des Sonnensystems entdeckter Planet
Ein Planet mit der 7,5fachen Erdmasse der den Stern Gliese 876 umläuft

Grösster ausserhalb des Sonnensystems entdeckter Planet
Ein Planet mit der 11fachen Jupitermasse, der den Stern HD 114762 umläuft

COROT
Das französische Weltraumteleskop COROT soll in erster Linie kleine Stern-Pulsationen erforschen. Daneben wird es aber auch nach Planeten suchen.

◆ Mach mit: *Ein Sonnensystem malen* ◆

Ihr braucht Zeichenpapier, Wachsmalkreiden oder Buntstifte und die Planetendaten aus der Vergleichstabelle auf der nächsten Seite.

1. Wählt eines der fremden Sonnensysteme in der Tabelle aus.
2. Malt seine Planeten, wie sie eurer Meinung nach aussähen, wenn ihr sie mit einem Raumschiff ansteuern würdet. Denkt daran, dass große Planeten wahrscheinlich ähnlich dichte Atmosphären haben wie Jupiter! Und jedes System könnte unentdeckte Planeten von der Größe der Erde besitzen.
3. Malt zum Vergleich ein paar Welten unseres Sonnensystems wie Merkur, die Erde und Jupiter.

Kepler
Das geplante Kepler-Weltraumteleskop soll erdähnliche Planeten aufspüren, indem es nach der schwachen Trübung von Sternen Ausschau hält, die beim Vorbeiziehen eines Planeten entstehen.

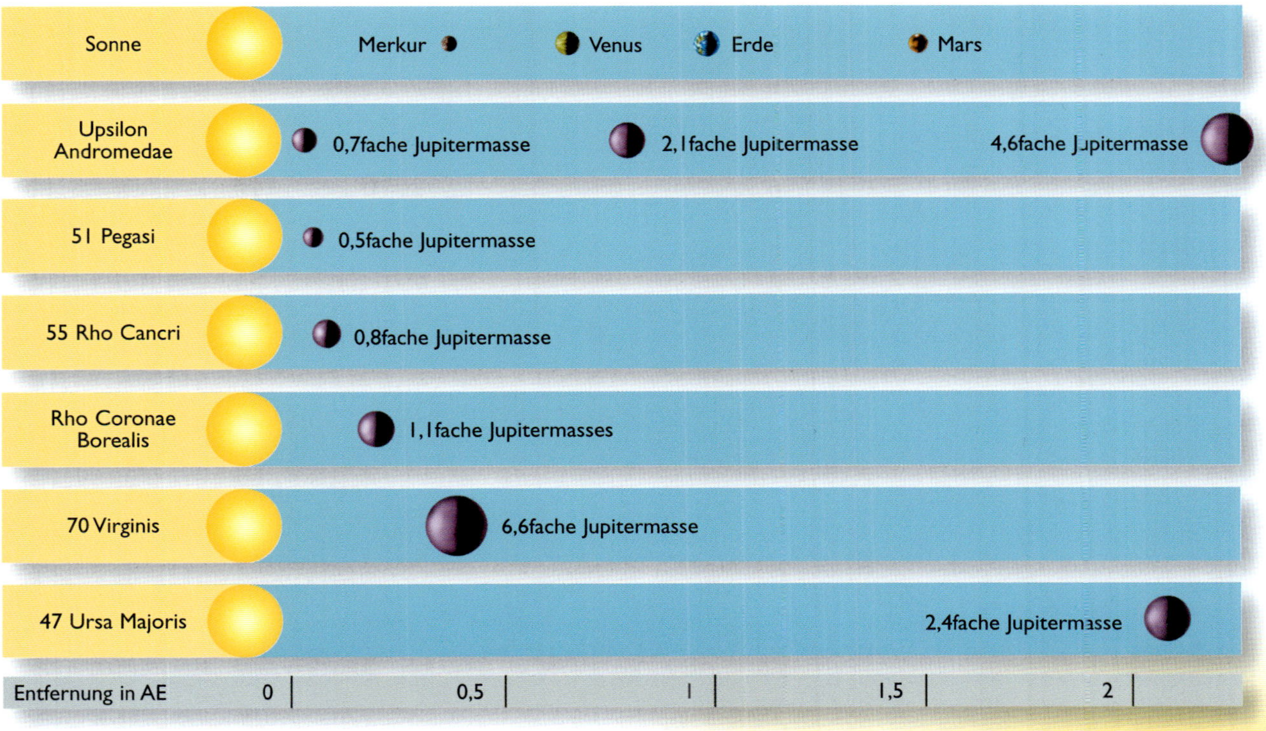

SCHAU NACH

- Warum haben Astronomen bisher nur massereiche Sterne entdeckt?
- Wie spüren Astronomen Planeten auf, die sie nicht sehen?
- Wie unterscheiden sich andere Sonnensysteme von unserem?

PLANETENVERGLEICH
Die Tabelle (links) zeigt einige der bekannten Planetensysteme im Vergleich zu unserem inneren Sonnensystem. Die Unterschiede sind verblüffend. So umläuft ein Planet mit der sechsfachen Jupitermasse den Stern 70 Virginis etwa im gleichen Abstand wie Merkur unsere Sonne. Vielleicht haben diese Systeme eine andere Entstehungsgeschichte als die Planeten unserer Sonne.

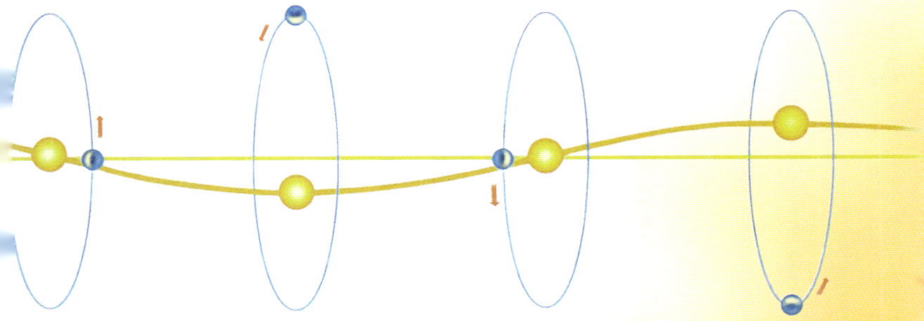

TAUMELBEWEGUNG
Weist ein Stern eine schwache Taumelbewegung auf, dann lässt das darauf schließen, dass ihn ein Planet umkreist – selbst wenn der „Störenfried" so klein ist, dass er im Teleskop unsichtbar bleibt. Wenn der Planet massereich ist oder den Stern in einem geringen Abstand umläuft, verstärkt sich der Effekt.

ANDERE SONNENSYSTEME
Wie könnte ein fremdes Sonnensystem aussehen? Praktisch alle Planeten, die man bis jetzt als Begleiter ferner Gestirne ausfindig gemacht hat, besitzen in etwa die Größe und Masse des Jupiter. Die Astronomen vermuten deshalb, dass diese Welten dem Gasriesen mit seinen Wolkengürteln und Sturmwirbeln ähnlich sind.

Sternhaufen

Die meisten Sterne bilden Verbände, die von den Astronomen als Assoziationen oder Haufen bezeichnet werden. Die kleinste Gruppe ist die Sternassoziation; sie umfasst höchstens hundert Sterne, die sich lose über hunderte von Lichtjahren verteilen. Ihre hellsten Mitglieder sind heiße, bläulichweiße Sterne, die alle eine höhere Masse besitzen als unsere Sonne. Manche Assoziationen enthalten jedoch überwiegend kleinere Sterne, die erst am Anfang ihrer Entwicklung stehen. Die hellen Sterne des Sternbilds Perseus gehören zu drei Assoziationen. Keine Sternassoziation ist älter als einige Millionen Jahre.

Offene Sternhaufen bestehen aus weit mehr Mitgliedern als die Sternassoziationen – mehreren hundert bis tausend – obwohl sie sich auf einem wesentlich kleineren Raum – etwa zehn statt hundert Lichtjahren – zusammendrängen. Zwei offene Sternhaufen in der Nähe unseres Sonnensystems sind die Plejaden und die Hyaden. Auch die Sonne gehört zu einem offenen Sternhaufen, der jedoch schwer auszumachen ist, da er uns von allen Seiten umgibt. Ebenfalls Mitglieder dieses Haufens sind die hellen Sterne des Großen Bären. Offene Sternhaufen können bis zu 500 Millionen Jahre alt sein.

Die Giganten sind jedoch die Kugelsternhaufen. Sie können bis zu einer Million Sterne enthalten, die sich auf einem kleineren Gebiet konzentrieren als die hundert Sterne einer Assoziation. Die Sterne in Kugelsternhaufen sind alt und am Ende ihrer Entwicklung angelangt und enthalten deshalb viele Rote Riesen und Weiße Zwerge. Da die Roten Riesen wesentlich heller leuchten als Weiße Zwerge, sind sie die auffälligsten Objekte in einem Kugelsternhaufen.

STERNASSOZIATIONEN IN DER MILCHSTRASSE
Bekannt: ca. 70

GRÖSSE DER BEDEUTENDSTEN ASSOZIATION IM PERSEUS
Weniger als 100 Sterne in einem Gebiet von ca. 800 Lichtjahren Durchmesser

OFFENE STERNHAUFEN IN DER MILCHSTRASSE
Bekannt: ca. 1000

GRÖSSE DES OFFENEN STERNHAUFENS PLEJADEN
Mehrere hundert Sterne in einem Gebiet von ca. 13 Lichtjahren Durchmesser

KUGELSTERNHAUFEN IN DER MILCHSTRASSE
Bekannt: ca. 125

GRÖSSE DES KUGELSTERNHAUFENS OMEGA CENTAURI
Ca. 1 Million Sterne in einem Gebiet von ca. 180 Lichtjahren Durchmesser

◆ Mach mit: *Haufen sammeln* ◆

Ihr könnt Sternhaufen suchen. Alles, was ihr dazu braucht, sind die Sternkarten auf den Seiten 222–237 und ein Fernglas.

1. Wählt die für die Jahreszeit passenden Sternkarten und die richtige Hemisphäre aus.
2. Sucht die Symbole der offenen Haufen und der Kugelsternhaufen und schreibt die Haufen auf, die nachts gut zu sehen sein müssten.
3. Geht mit der Sternkarte ins Freie und haltet nach den Sternhaufen auf eurer Liste Ausschau. (Fangt mit den hellen Gruppen an!) Hakt sie ab, wenn ihr sie entdeckt habt.
4. Skizziert, was ihr seht, und verseht die Skizze mit Datum und Uhrzeit.

Omega Centauri
Omega Centauri ist der massereichste Kugelsternhaufen, den wir kennen. Nach Schätzung der Astronomen enthält er etwa eine Million Sterne. Stellt euch vor, wie strahlend hell der Nachthimmel auf einem Planeten in seinem Zentrum aussehen würde!

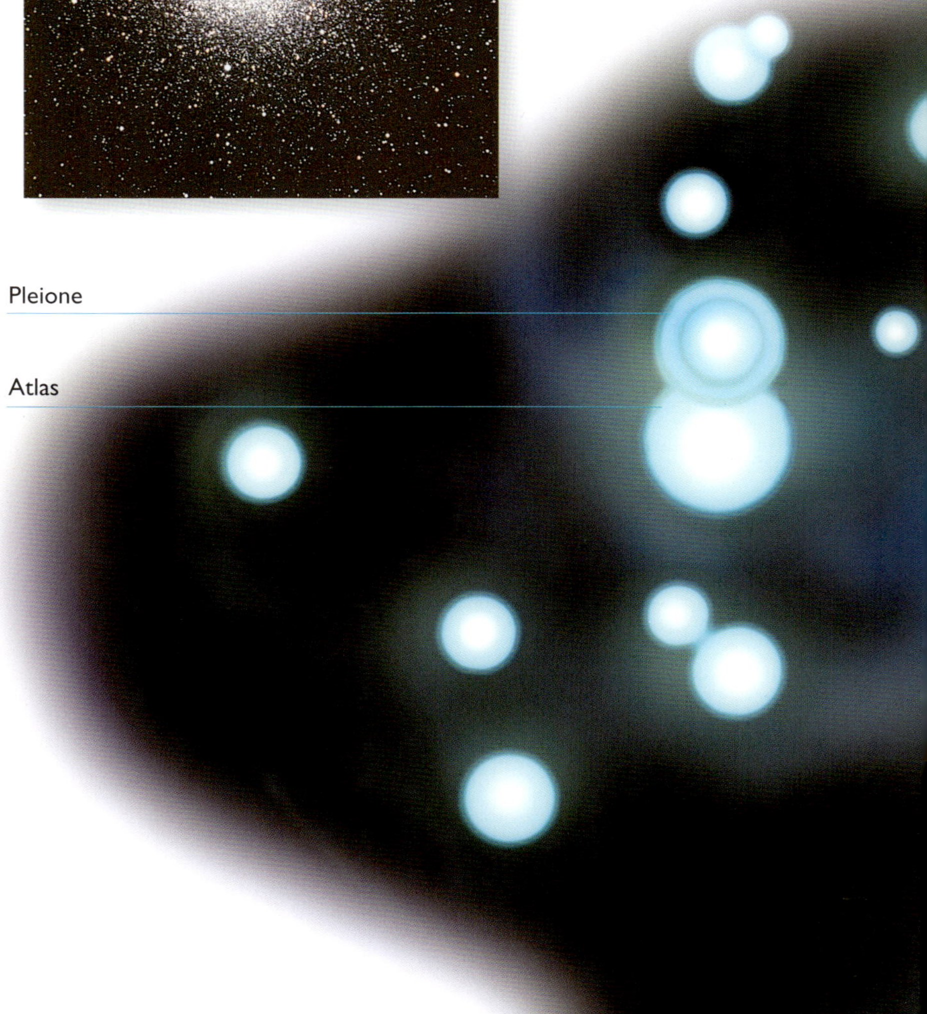

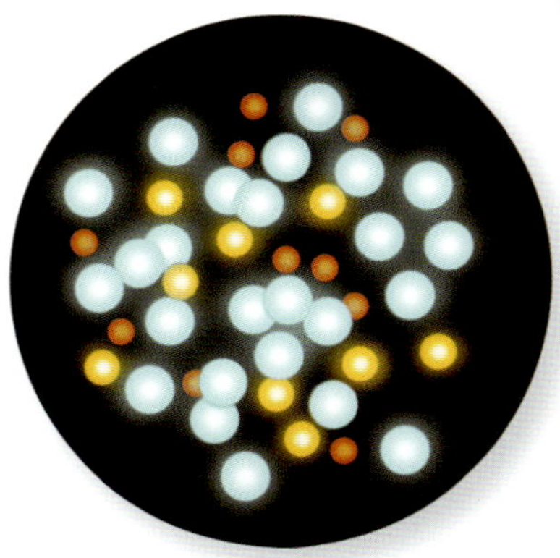

Ein junger Kugelsternhaufen enthält viele heiße, weiß leuchtende Sterne, dazu gelbe Sterne wie unsere Sonne und lichtschwache Rote Zwerge.

Kugelsternhaufen
Wegen ihrer gewaltigen Masse und Gravitation halten Kugelsternhaufen ihre Mitglieder lange zusammen. Gelegentlich kommt es jedoch zu Fast-Zusammenstößen, bei denen einzelne Sterne verdrängt werden.

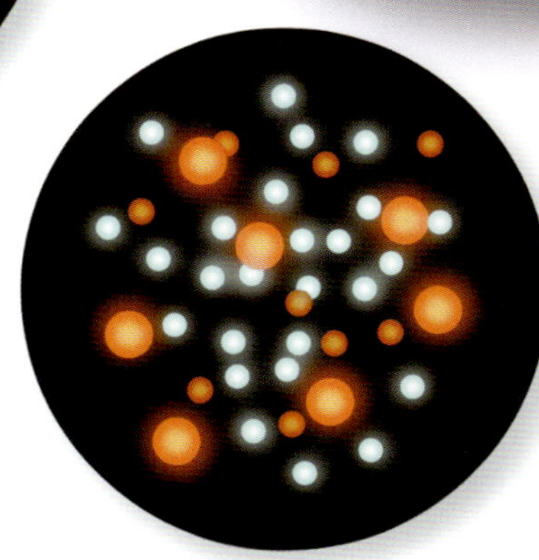

In einem alten Kugelsternhaufen hat sich die ursprüngliche Sternpopulation zu Roten Riesen und Weißen Zwergen weiterentwickelt.

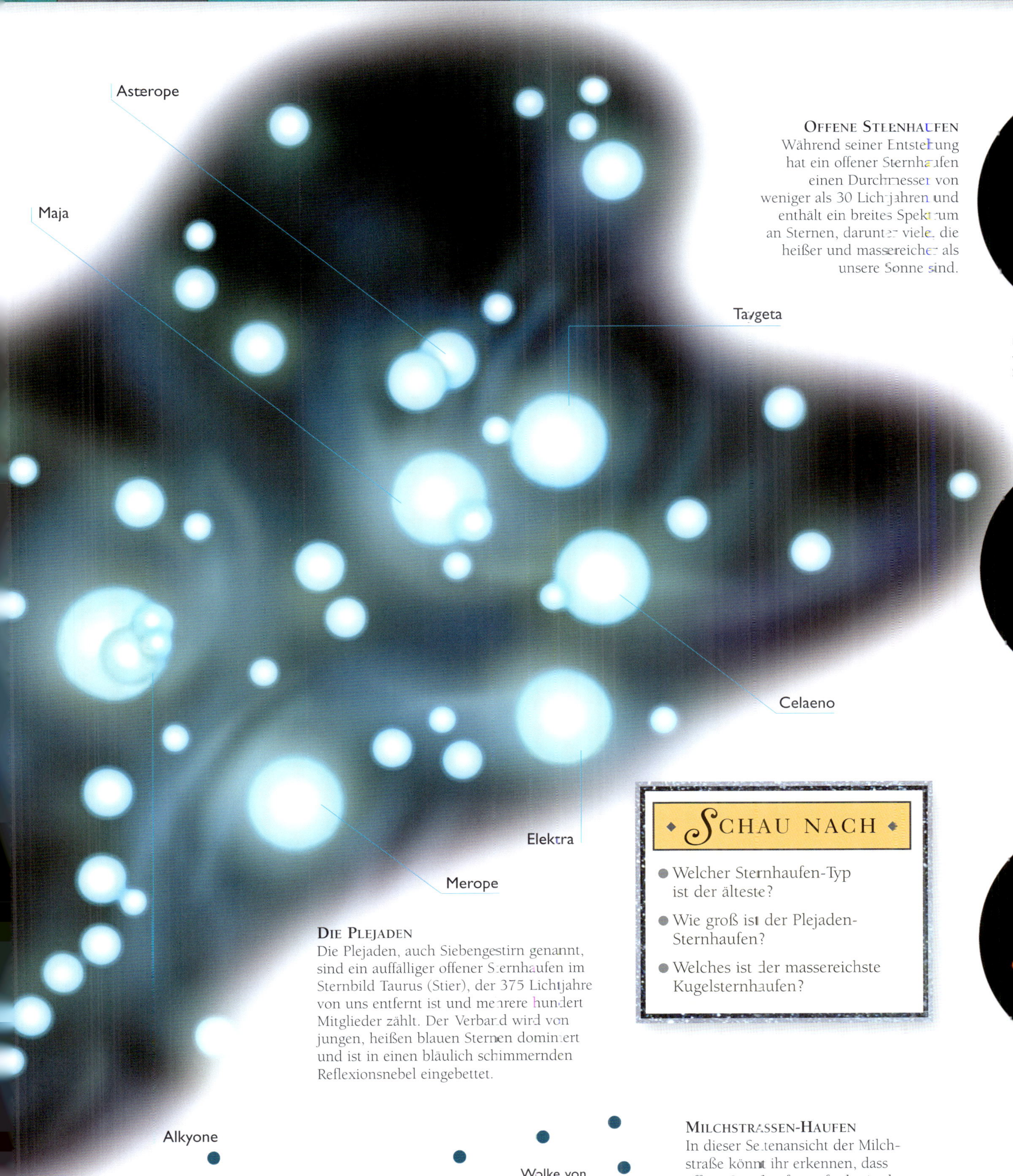

DIE PLEJADEN
Die Plejaden, auch Siebengestirn genannt, sind ein auffälliger offener Sternhaufen im Sternbild Taurus (Stier), der 375 Lichtjahre von uns entfernt ist und mehrere hundert Mitglieder zählt. Der Verband wird von jungen, heißen blauen Sternen dominiert und ist in einen bläulich schimmernden Reflexionsnebel eingebettet.

OFFENE STERNHAUFEN
Während seiner Entstehung hat ein offener Sternhaufen einen Durchmesser von weniger als 30 Lichtjahren und enthält ein breites Spektrum an Sternen, darunter viele, die heißer und massereicher als unsere Sonne sind.

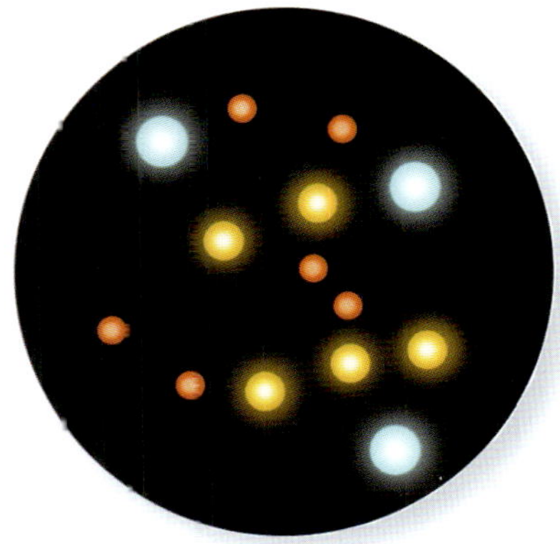

Unter dem Einfluss der galaktischen Gravitation driften die Sterne eines offenen Haufens im Lauf der Zeit auseinander.

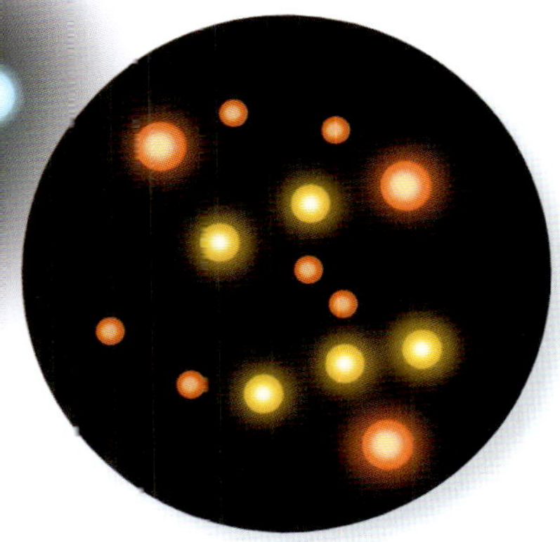

Die einzelnen Mitglieder des Haufens machen die gleiche Entwicklung wie alle Sterne durch: Aus den massereicheren Objekten entstehen die ersten Roten Riesen.

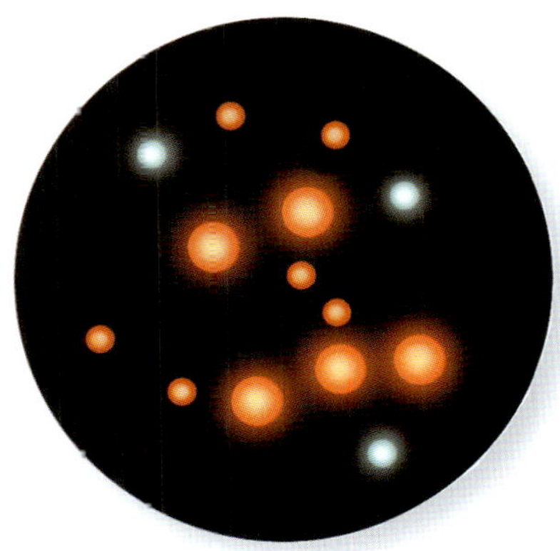

Je weiter sich der offene Haufen ausdehnt, desto schwerer ist er als Einheit zu erkennen. Die ersten Roten Riesen verwandeln sich in Weiße Zwerge, während nun die gelben Sterne zu neuen Roten Riesen werden.

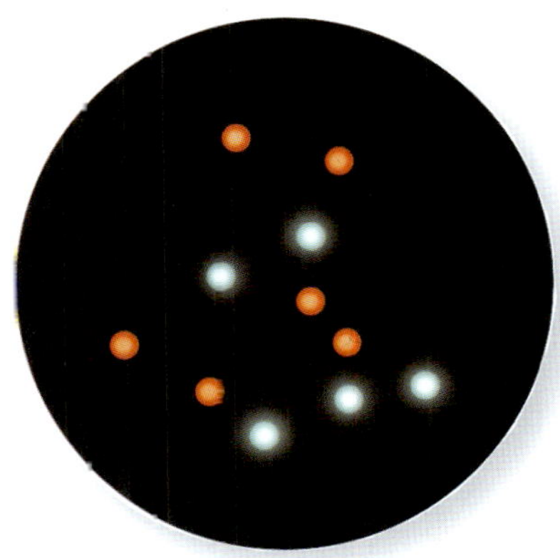

Schließlich unterscheidet sich der Haufen kaum noch von den übrigen Sternen der Galaxie. Seine kleinsten Mitglieder haben sich in all der Zeit kaum verändert.

SCHAU NACH

- Welcher Sternhaufen-Typ ist der älteste?
- Wie groß ist der Plejaden-Sternhaufen?
- Welches ist der massereichste Kugelsternhaufen?

MILCHSTRASSEN-HAUFEN
In dieser Seitenansicht der Milchstraße könnt ihr erkennen, dass offene Sternhaufen auf oder in der Nähe der galaktischen Scheibe angesiedelt sind, während Kugelsternhaufen den linsenförmigen Zentralbereich wie eine Schar von Monden umkreisen.

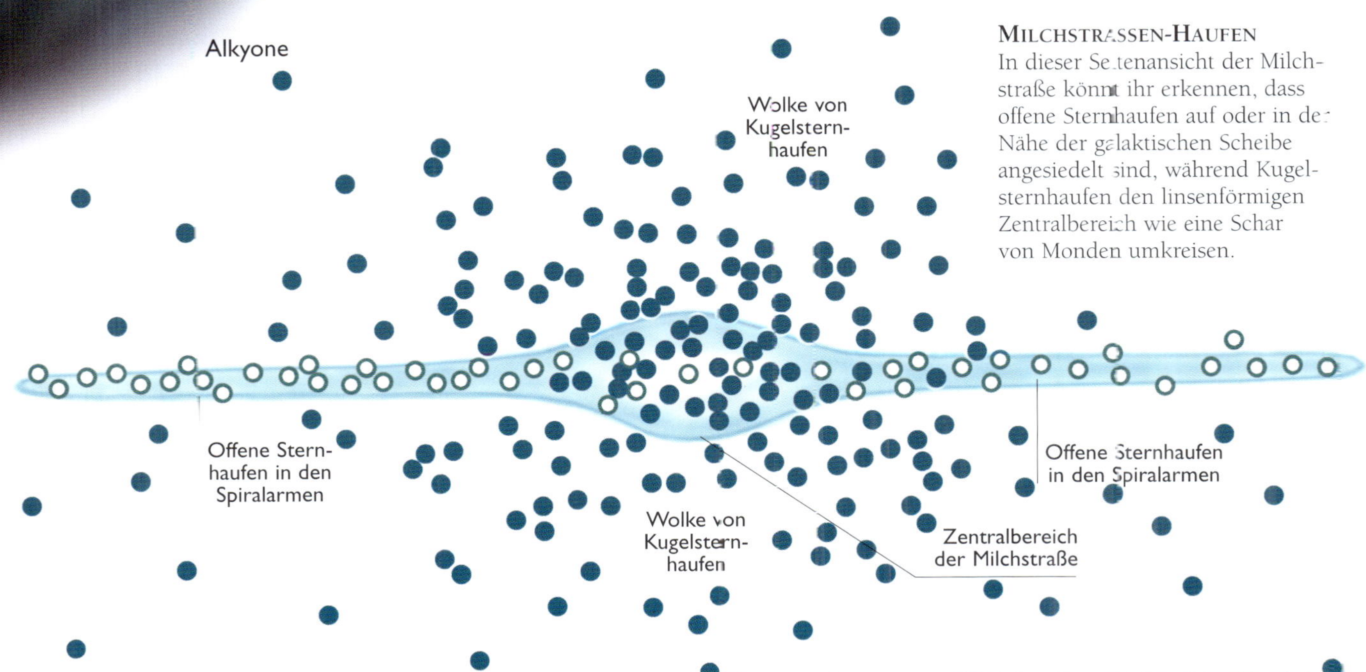

Die Milchstraße

WENN DAS SONNENSYSTEM unsere unmittelbare Nachbarschaft ist, dann können wir die Milchstraße als unsere nächste Großstadt betrachten. Tatsächlich ist die Milchstraße größer als die meisten anderen bisher entdeckten Galaxien. Ihren Namen verdankt sie den Menschen der Antike; sie glaubten, das silberne Lichtband quer über dem Nachthimmel sei von einer Göttin vergossene Milch. Vor etwa 400 Jahren richtete Galilei erstmals sein Fernrohr auf dieses Band und stellte fest, dass es aus zahllosen Sternen besteht, ähnlich jenen, die wir mit bloßem Auge erkennen, aber sehr viel lichtschwächer.

Es dauerte Jahrhunderte, bis man die wahre Form und Größe der Milchstraße herausgefunden hatte – und viele Einzelheiten sind bis heute unklar. Da unser Sonnensystem in die Milchstraße eingebettet ist, kann man sie nämlich nur schwer beobachten; das ist, als läge man mitten in einer Wiese und versuchte ihre Grenzen zu erkennen. Um 1930 entdeckten die Astronomen, dass sich unsere Sonne nicht im Zentrum, sondern im äußeren Drittel der Galaxis befindet. Später, als Radioteleskope die Staubwolken des Systems durchdrangen, zeigte sich, dass die Milchstraße mehrere Spiralarme besitzt. Die Sonne befindet sich im Orion-Arm, jenem Teil der Milchstraße, den wir am Himmel erblicken. Der Perseus-Arm liegt vor dem Orion-Arm, der Sagittarius-Arm dahinter. Sterne, Sternhaufen und Gaswolken umlaufen den Zentralbereich der Galaxis wie Planeten ihr Zentralgestirn. Unsere Sonne benötigt für eine vollständige Umkreisung der Milchstraße 226 Millionen Jahre.

Im Zentralbereich der Milchstraße liegt ein supermassives Schwarzes Loch, das wahrscheinlich die millionenfache Materie unserer Sonne enthält. Um dieses Objekt wirbelt wie eine Nabe der galaktische Wulst, eine riesige Ansammlung von älteren roten und gelben Sternen. Ihn umgibt eine flache vielarmige Scheibe, die sich langsam dreht. Der zentrale Wulst und die Scheibe sind eingehüllt vom so genannten Halo, einer dünn besiedelten Wolke aus alten roten Sternen und Kugelsternhaufen.

GRÖSSE DER MILCHSTRASSE
100 000 LICHTJAHRE DURCHMESSER

STERNE IN DER MILCHSTRASSE
RUND 200 MILLIARDEN

STERNHAUFEN IN DER MILCHSTRASSE
RUND 125 KUGELHAUFEN UND ETWA 1000 OFFENE HAUFEN SIND BEKANNT.

STAUB UND GAS IN DER MILCHSTRASSE
RUND 5 % DER SICHTBAREN MATERIE IN DER MILCHSTRASSE SIND GAS UND STAUB.

◆ WISSENSWERTES ◆

Wenn wir mit einer Raumfähre zum Zentrum der Galaxis reisen könnten, wären wir bei einer Geschwindigkeit von 8 km/s (oder ca. 30 000 km pro Stunde) 1,2 Milliarden Jahre unterwegs. Das entspricht etwa einem Zehntel des Gesamtalters unseres Universums.

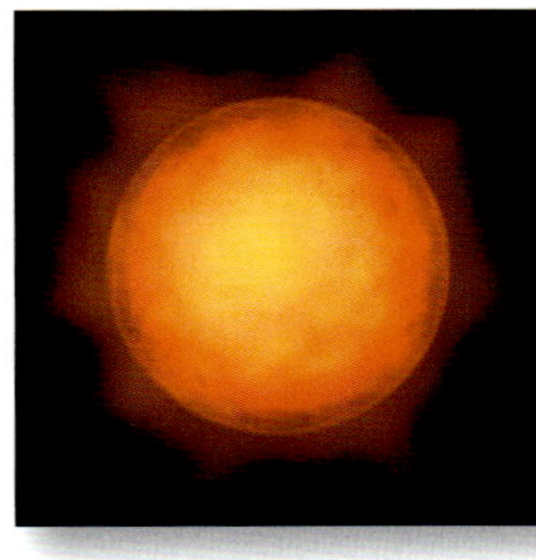

BETEIGEUZE
Gealterte rote Sterne wie Beteigeuze kommen im zentralen Wulst der Milchstraße häufiger vor als in den Spiralarmen.

ORION-NEBEL
Der Orion-Nebel ist Teil einer Riesenwolke aus Gas und Staub – einer „Fabrik“, die seit etwa 12 Millionen Jahren Sterne produziert.

DIE PLEJADEN
Offene Sternhaufen wie die Plejaden werden durch die Gravitation anderer Sterne oder Gas- und Staubwolken allmählich immer weiter auseinander gezogen.

OMEGA CENTAURI
Kugelsternhaufen wie Omega Centauri, die sich gleichzeitig mit den ersten Sternen der Milchstraße entwickelten, sind mittlerweile Milliarden Jahre alt.

ADLERNEBEL
Wolken aus Gas und jungen Sternen wie der Adlernebel finden sich nur im zentralen Wulst und in den Spiralarmen der Galaxis.

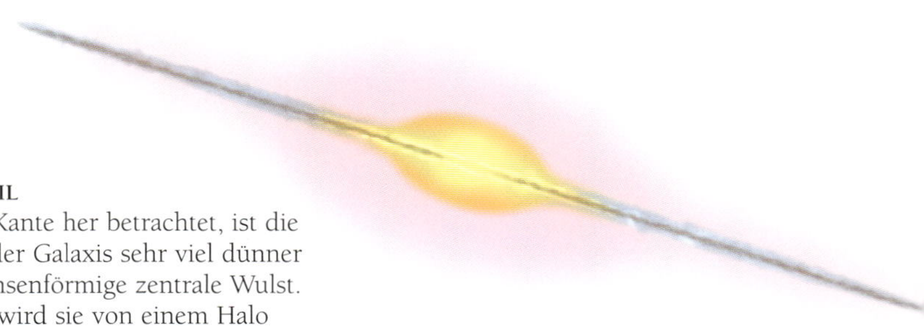

IM PROFIL
Von der Kante her betrachtet, ist die Scheibe der Galaxis sehr viel dünner als der linsenförmige zentrale Wulst. Umhüllt wird sie von einem Halo aus Kugelsternhaufen und alten roten Sternen.

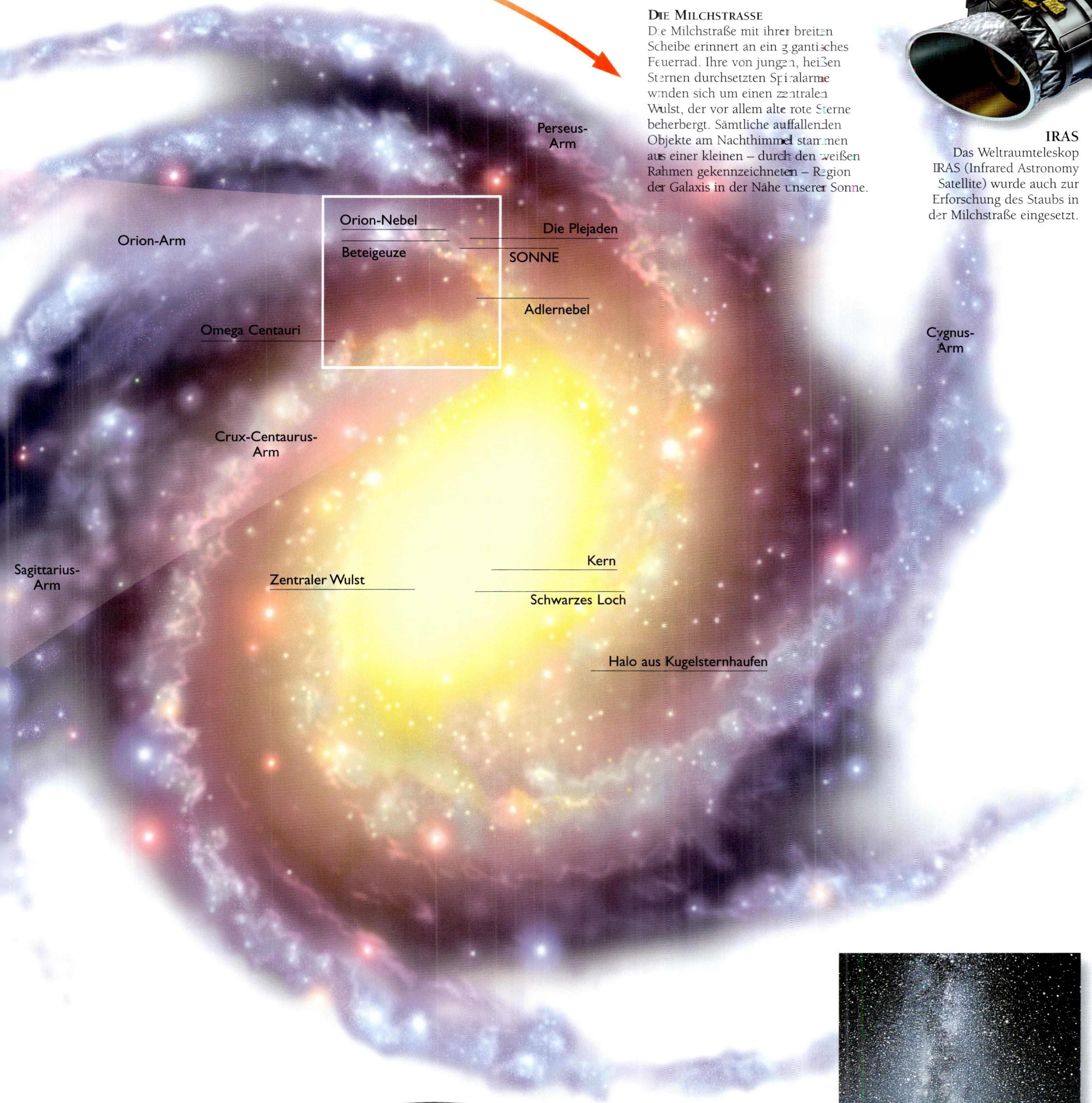

Die Milchstrasse
Die Milchstraße mit ihrer breiten Scheibe erinnert an ein gigantisches Feuerrad. Ihre von jungen, heißen Sternen durchsetzten Spiralarme winden sich um einen zentralen Wulst, der vor allem alte rote Sterne beherbergt. Sämtliche auffallenden Objekte am Nachthimmel stammen aus einer kleinen – durch den weißen Rahmen gekennzeichneten – Region der Galaxis in der Nähe unserer Sonne.

IRAS
Das Weltraumteleskop IRAS (Infrared Astronomy Satellite) wurde auch zur Erforschung des Staubs in der Milchstraße eingesetzt.

Im Infrarotbereich
Diese Infrarot-Aufnahme hebt die wärmsten Gebiete der Milchstraße hervor. Die Infrarotstrahlung stammt hauptsächlich von Staubwolken, die überall in der Scheibe anzutreffen sind und durch die benachbarten Sterne aufgeheizt werden. Staubklumpen bilden die Vorstufe zu neuen Sternen.

Ein Sternenband
Die dunklen Flecken im Silberband der Milchstraße werden von ausgedehnten Staubwolken verursacht, die das Licht der dahinter liegenden Sterne abblocken.

Galaxien

Astronomen unterscheiden je nach Aussehen und Gestalt zwischen spiralförmigen, elliptischen und irregulären (unregelmäßigen) Galaxien. Leicht zu erkennen sind die Spiralgalaxien mit ihren gewundenen Armen, die viel Gas und Staub enthalten – Materie, aus der neue Sterne entstehen. Eine wichtige Untergruppe der Spiralgalaxien sind die Balkenspiralen, bei denen der Kern in die Länge gezogen erscheint. Bei Balkenspiralen könnte es sich um gewöhnliche Spiralgalaxien handeln, die mit kleineren Galaxien zusammengestoßen oder verschmolzen sind. Es wird vermutet, dass auch die Milchstraße bereits mehrere kleine Galaxien „geschluckt" hat und ihr zentraler Wulst die Form eines Balkens hat.

Elliptische Galaxien enthalten überwiegend ältere Sterne und spärliche oder gar keine Gaswolken, in denen neue Sterne entstehen könnten. Diese kugelförmigen bis ovalen Galaxien stammen möglicherweise aus einer frühen Entwicklungsphase des Universums und haben aufgehört, neue Sterne zu bilden, weil ihr Vorrat an Materie erschöpft ist. Am zahlreichsten im Weltall vertreten sind wohl die elliptischen Zwerggalaxien. Da sie jedoch sehr klein sind und vor allem lichtschwache Sterne enthalten, konnten bislang nur wenige aufgespürt werden.

Irreguläre Galaxien sind klein und unregelmäßig geformt, aber viele von ihnen produzieren junge Sterne. Die Kleine Magellansche Wolke etwa ist eine irreguläre Galaxie, die von der Großen Magellanschen Wolke und der Milchstraße verzerrt wird.

Ähnlich wie Sterne sind auch Galaxien zu Haufen gruppiert. Dort kommt es oft zu Zusammenstößen oder Wechselwirkungen, bei denen die Objekte ihre Form verändern. Dabei entstehen meist helle neue Sterne, die einen spektakulären Anblick bieten.

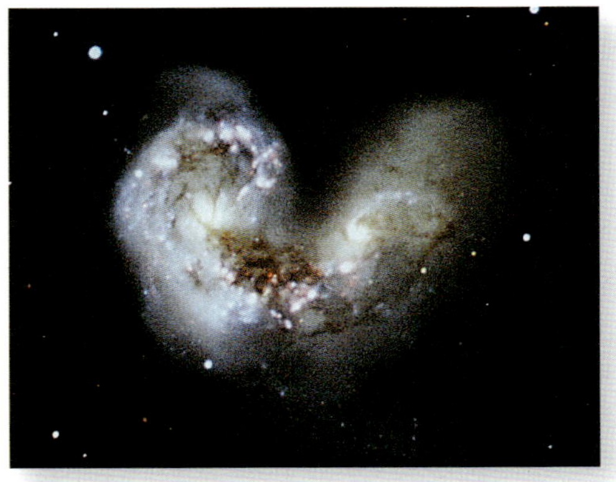

Galaxienkollisionen
Wenn Galaxien zusammenstoßen, durchwandert eine die andere, weil ihre Sterne lose genug verteilt sind. Allerdings löst die wechselseitige Anziehung oft die Geburt neuer Sterne aus. Im Antennae-Galaxienpaar, dessen Annäherung vor 500 Millionen Jahren begann, sind deutlich hell leuchtende Gebiete mit jungen Sternen zu erkennen.

Sternenring
Als eine kleine Galaxie die Scheibe der sehr viel größeren Wagenrad-Galaxie durchdrang, breitete sich vom Zentrum der Kollision ein Ring neuer Sterne aus, der mittlerweile so groß ist, dass er die gesamte Milchstraße umspannen könnte.

VERTEILUNG DER BEKANNTEN GALAXIEN
Spiralgalaxien: 63 %; Balkenspiralen: 15 %; Elliptische Galaxien: 18 %; Irreguläre Galaxien: 4 %

FEUERRAD-GALAXIE/M51 (Seite 208)
Typ: Spiralgalaxie; Entfernung: 15 Millionen Lichtjahre; Durchmesser: 50 000 Lichtjahre

GROSSE BALKENSPIRALE/NGC 1365 (Seite 209)
Typ: Balkenspirale; Entfernung: 55 Millionen Lichtjahre; Durchmesser: 157 800 Lichtjahre

M87 (Seite 209, oben)
Typ: Elliptische Riesengalaxie; Entfernung: 55 Millionen Lichtjahre; Durchmesser: 147 000 Lichtjahre

KLEINE MAGELLANSCHE WOLKE (Seite 209)
Typ: Irregulär; Entfernung: 210 000 Lichtjahre; Durchmesser: 17 000 Lichtjahre

Wissenswertes

Die größten uns bekannten Galaxien sind 100 Millionen Mal massereicher als die kleinsten Galaxien. Bei manchen elliptischen Zwerggalaxien (links) ist die Masse geringer als bei den größten Kugelsternhaufen (rechts).

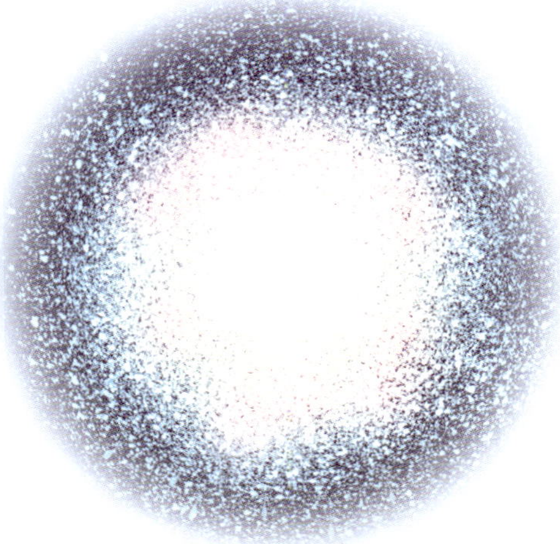

Elliptische Galaxie
Wie diese Illustration von M87 im Sternbild Jungfrau zeigt, hat eine elliptische Galaxie Ähnlichkeit mit dem zentralen Wulst einer Spiralgalaxie. Elliptische Galaxien können massereicher als die Milchstraße sein, umfassen aber auch Zwerggalaxien, die kleiner als die größten Kugelsternhaufen sind.

Irreguläre Galaxie
Wie so viele unregelmäßig geformte Galaxien ist die Kleine Magellansche Wolke winzig, enthält jedoch viele helle Nebel und heiße, junge Sterne. Die Astronomen gehen davon aus, dass die meisten irregulären Galaxien irgendwann von größeren Galaxien aufgesogen werden.

Balkenspirale
Während bei einer regelmäßigen Spiralgalaxie der zentrale Wulst rund ist, wirkt er bei der Balkenspirale stark in die Länge gezogen. So deutlich ausgeprägte Balkenstrukturen wie bei der hier abgebildeten Großen Balkenspirale (NGC 1365) sind selten, aber es gibt viele normale Spiralgalaxien,die schwache Balken zu haben scheinen.

Spiralgalaxie
Die Feuerrad-Galaxie (M51) zählt zu den schönsten Spiralgalaxien, die wir kennen. Typisch für alle Spiralgalaxien sind die Ausläufer oder Arme, aber während sie bei manchen Objekten eng um den Kern gewunden sind, wirken sie bei anderen eher lose oder offen. Spiralgalaxien unterscheiden sich außerdem durch ihren Gehalt an Staub und Gas.

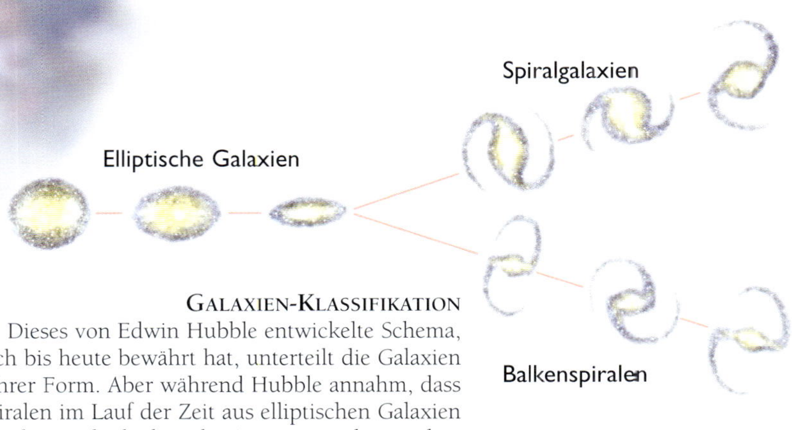

Galaxien-Klassifikation
Dieses von Edwin Hubble entwickelte Schema, das sich bis heute bewährt hat, unterteilt die Galaxien nach ihrer Form. Aber während Hubble annahm, dass die Spiralen im Lauf der Zeit aus elliptischen Galaxien entstanden sind, glauben die Astronomen heute, dass die meisten Spiralgalaxien von Anfang an so aussahen.

◆ *Mach mit: Konfetti-Spirale* ◆

Ihr braucht eine runde Backform, eine Münze und etwas Konfetti (das ihr mit einem Locher selbst machen könnt).

1. Schiebt die Münze auf einer ebenen Fläche so zentral unter die Backform, dass diese sich leicht drehen lässt.
2. Gießt Leitungswasser in die Form (1 – 2 cm hoch).
3. Streut das Konfetti vorsichtig in die Mitte der Form.
4. Dreht die Form langsam. Ihr werdet sehen, dass sich die Papierschnitzel in Spiralen nach außen bewegen.

Die Lokale Gruppe

DIE BEZEICHNUNG LOKALE GRUPPE für die Galaxien in der Nachbarschaft der Milchstraße stammt von Edwin Hubble. Derzeit zählen die Astronomen etwa 35 Galaxien zu diesem Verband, der sich in einem Gebiet von rund 8 Millionen Lichtjahren ausbreitet. Die Mitglieder der Lokalen Gruppe werden durch gegenseitige Anziehung zusammengehalten und bilden einen Galaxienhaufen, so wie die Plejaden einen Sternhaufen bilden.

Zwei große Galaxien dominieren die Lokale Gruppe – unsere Milchstraße und der etwas größere Andromedanebel. Jede der beiden hat eine Ansammlung kleinerer Galaxien um sich geschart. Zum Andromedanebel gehören M32, NGC 147, NGC 185, NGC 205 und vier Zwerggalaxien. Auch die drittgrößte Galaxie der Gruppe, der Dreiecksnebel (M33), befindet sich in der Nähe des Andromedanebels. Die galaktischen Begleiter der Milchstraße sind die Große und die Kleine Magellansche Wolke sowie mehrere Zwerggalaxien. Die übrigen Galaxien der Lokalen Gruppe scheinen isoliert zu sein.

Die Astronomen, die sich intensiv mit der Lokalen Gruppe befassen, haben bislang 3 Spiralgalaxien, 4 elliptische und 14 irreguläre Galaxien sowie rund 14 elliptische Zwerggalaxien gefunden. Einige der kleineren Mitgliedsgalaxien wurden erst in jüngster Zeit aufgespürt. Noch ist unklar, ob die Lokale Gruppe einen höheren Anteil an kleinen Galaxien hat als das Universum insgesamt. Falls die Lokale Gruppe jedoch typisch für die Galaxienverbände ist, muss es im Universum weit mehr kleine Galaxien geben, als man bisher entdeckt hat.

Diverse andere Galaxienhaufen scharen sich um die Lokale Gruppe, der größte davon im Sternbild Jungfrau (Virgo). Gemeinsam mit vielen anderen bilden sie den Lokalen Superhaufen, der eine Ausdehnung von zirka 60 Millionen Lichtjahren hat.

GRÖSSE DER LOKALEN GRUPPE
RUND 8 MILLIONEN LICHTJAHRE IM DURCHMESSER, MIT ETWA 35 MITGLIEDERN

MAGELLANSCHE WOLKEN
GROSSE WOLKE – ENTFERNUNG: 179 000 LICHTJAHRE; DURCHMESSER: 34 000 LICHTJAHRE
KLEINE WOLKE – ENTFERNUNG: 210 000 LICHTJAHRE; DURCHMESSER: 17 000 LICHTJAHRE

ANDROMEDANEBEL (M31)
ENTFERNUNG: 2,5 MILLIONEN LICHTJAHRE; DURCHMESSER: 128 000 LICHTJAHRE

DREIECKSNEBEL (M33)
ENTFERNUNG: 2,6 MILLIONEN LICHTJAHRE; DURCHMESSER: 50 000 LICHTJAHRE

SCULPTOR (ZWERGGALAXIE)
ENTFERNUNG: 284 000 LICHTJAHRE; DURCHMESSER: 1400 LICHTJAHRE

FORNAXHAUFEN
Im gleichen Sternbild wie die Fornax-Zwerggalaxie liegt, wenn auch sehr viel weiter entfernt, der Fornax-Galaxienhaufen, ein riesiges Gebiet im Weltraum, in dem sich Galaxien zu hellen Ketten und Bögen vereinigen.

GALAKTISCHE NACHBARN
Die Lokale Gruppe besteht aus mehreren großen hellen und einer Vielzahl von kleinen Galaxien. Die 17 größten Mitglieder des Verbandes sind hier abgebildet. Die Galaxien, die zur Lokalen Gruppe gehören, liegen in der unmittelbaren Nachbarschaft unseres Systems und bewegen sich nicht so schnell, dass ihre Fliehkraft größer ist als die Anziehungskraft des Galaxienhaufens.

SCHAU NACH

- Wie viele Galaxien enthält die Lokale Gruppe?
- Welcher Galaxientyp ist in der Lokalen Gruppe am häufigsten?
- Zu welchem größeren Verband gehört die Lokale Gruppe?

Andromedanebel
Der Andromedanebel ist das fernste Objekt, das wir – in einem Abstand von etwa 2,5 Millionen Lichtjahren – noch mit bloßem Auge wahrnehmen können. Er ist eine Spiralgalaxie wie unsere Milchstraße, enthält aber mehr Masse als diese.

Kleine Magellansche Wolke
Die Kleine Magellansche Wolke ist die zweitgrößte Begleitgalaxie der Milchstraße. Beim Studium ihrer unregelmäßigen Form zeigte sich, dass sie durch die Gravitation der Milchstraße und der Großen Magellanschen Wolke verzerrt wird.

Virgohaufen
Die Lokale Gruppe befindet sich am Rande eines großen Superhaufens, der den Virgohaufen (unten) umgibt. Der Virgohaufen enthält die elliptische Riesengalaxie M87, die eine starke Radio- und Röntgenquelle ist.

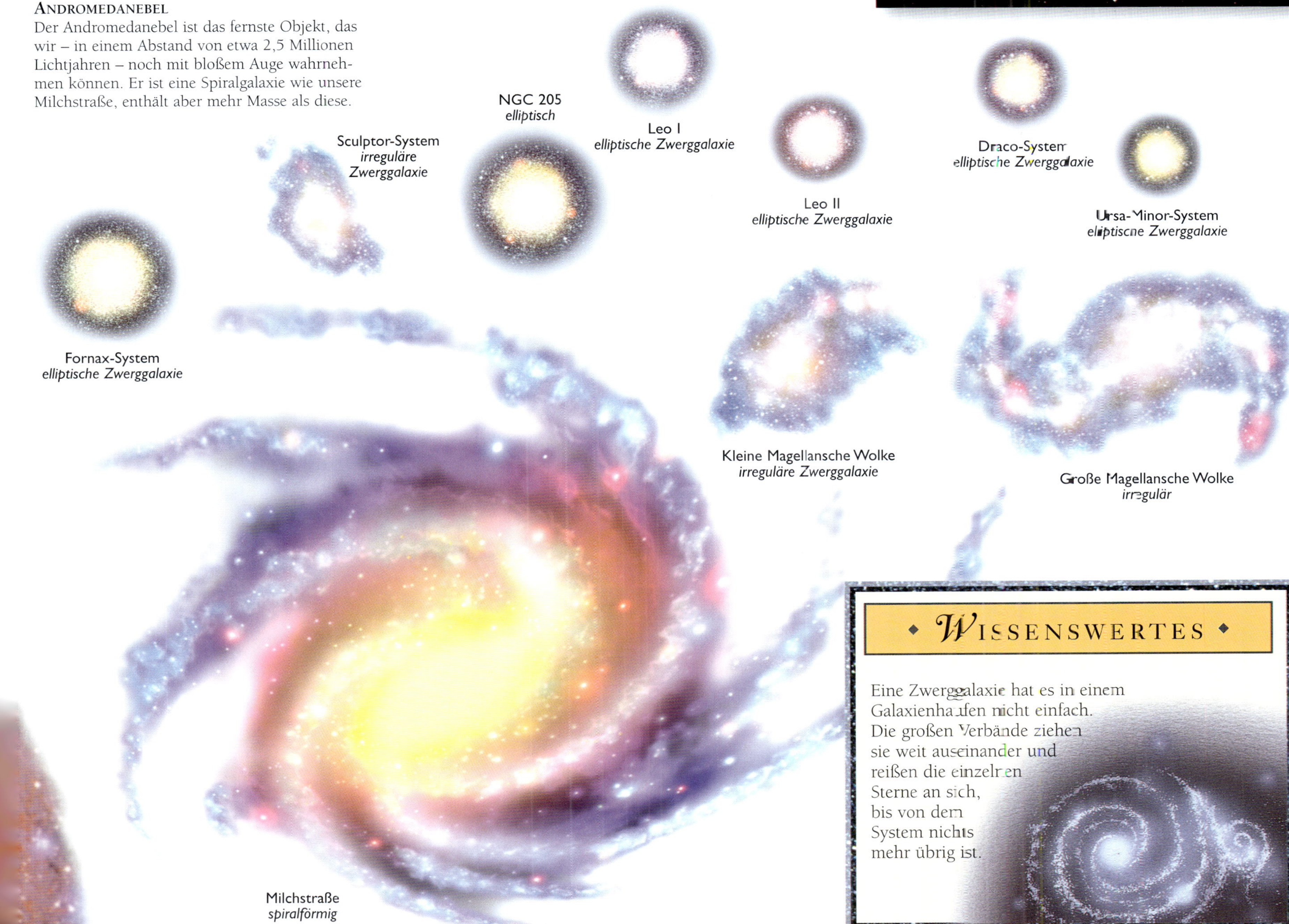

Wissenswertes

Eine Zwerggalaxie hat es in einem Galaxienhaufen nicht einfach. Die großen Verbände ziehen sie weit auseinander und reißen die einzelnen Sterne an sich, bis von dem System nichts mehr übrig ist.

Schwarze Löcher

Manche Galaxien haben leuchtende Kerne, die starke Energie aussenden. Man bezeichnet sie deshalb als aktive Galaxien. Die Astronomen vermuten, dass ihre Energie durch ein kleines, aber extrem massereiches Objekt erzeugt wird, höchstwahrscheinlich ein Schwarzes Loch. Schwarze Löcher sind so dicht, dass sie alles, was in ihre Nähe kommt, ansaugen und für immer verschlingen – nicht einmal Licht kann ihrer ungeheuren Anziehungskraft entweichen. Ein stellares Schwarzes Loch, das bei einer Supernova-Explosion entsteht, hat ungefähr die Masse eines Sterns (S. 201), während ein galaktisches Schwarzes Loch die Masse von Milliarden Sonnen besitzen kann.

Da Schwarze Löcher Licht verschlucken, kann man sie nicht direkt beobachten. Statt dessen suchen die Astronomen nach den Auswirkungen der extrem starken Gravitation. Die Energie einer aktiven Galaxie kommt nicht aus dem Innern des Schwarzen Lochs, sondern aus seiner unmittelbaren Umgebung. Gaswolken und Sternenschutt bilden einen als Akkretionsscheibe bezeichneten Strudel, der im Sog des Schwarzen Lochs herumwirbelt. Die enorme Schwerkraft des Schwarzen Lochs presst diese Scheibe mit extremer Gewalt zusammen und erhitzt sie dabei auf hunderttausend Grad und mehr. Ehe die Materie für immer im Schlund des Schwarzen Lochs verschwindet, sendet sie Röntgen- und Radiostrahlung sowie Unmengen von sichtbarer Energie aus. In manchen aktiven Galaxien ist die Scheibe um das Schwarze Loch sehr dick. Das hat zur Folge, dass aus dem Zentrum Ströme geladener Teilchen fast mit Lichtgeschwindigkeit nach außen schießen – gigantische Strahlen oder Jets, die sich über tausende von Lichtjahren erstrecken können.

DURCHMESSER EINES STELLAREN SCHWARZEN LOCHS
Ein Schwarzes Loch mit der Masse unserer Sonne hätte einen Durchmesser von 6 km.

DURCHMESSER EINES GALAKTISCHEN SCHWARZEN LOCHS
Ein Schwarzes Loch mit der Masse von 1 Million Sonnen hätte einen Durchmesser von 6 Millionen km.

QUASAR PKS 0637-752 (Seite 212, oben)
Entfernung: 6 Milliarden Lichtjahre; Durchmesser: unbekannt

EINSTEIN-KREUZ (Seite 212, Mitte rechts)
Entfernung: 10 Milliarden Lichtjahre; Durchmesser: unbekannt

CENTAURUS A/NGC 5128 (Seite 212, Mitte links)
Entfernung: 26 Millionen Lichtjahre; Durchmesser: 138 000 Lichtjahre

SEYFERT NGC 1275 (Seite 212, unten)
Entfernung: 230 Millionen Lichtjahre; Durchmesser: 175 000 Lichtjahre

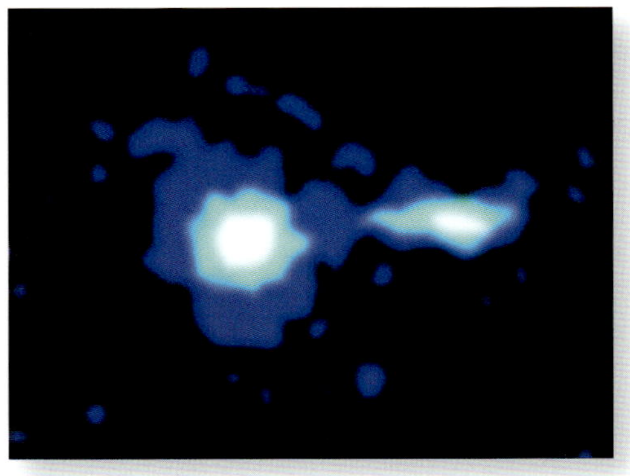

Quasar
Die Kerne von aktiven Galaxien, deren Helligkeit im Verlauf von Wochen oder Tagen schwankt, werden als Quasare – abgekürzt für „quasi-stellare (sternähnliche) Radioquellen" – bezeichnet. Quasar PKS 0637-752 stößt die Energie von 10 Billionen Sonnen aus. Das Röntgenbild zeigt einen gewaltigen, tausende von Lichtjahre langen Jet.

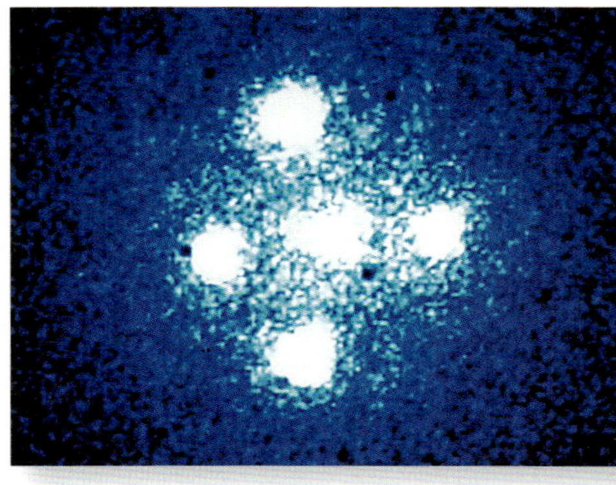

Gravitationslinse
Beim Einstein-Kreuz sind die vier äußeren Objekte Bilder ein und desselben Quasars! In der Mitte befindet sich eine massereiche Galaxie, deren Schwerkraft das Licht des hinter ihr liegenden Quasars wie eine Linse ablenkt und so verteilt, dass er gleich viermal abgebildet wird (siehe Diagramm gegenüber).

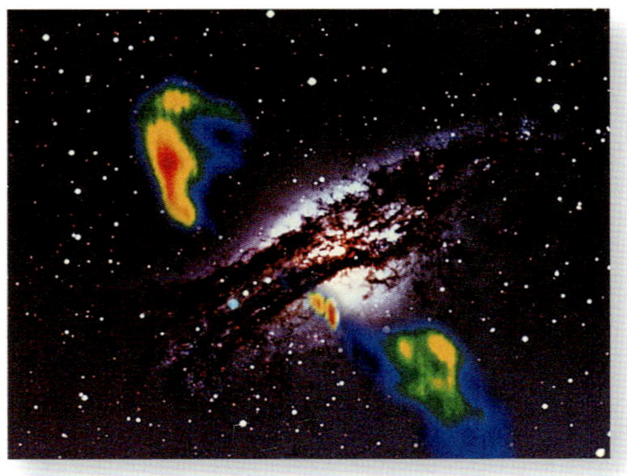

Radiogalaxie
Centaurus A (NGC 5128) ist die der Erde am nächsten gelegene aktive Galaxie. Das optische Bild in der Mitte zeigt eine große elliptische Galaxie, während die Falschfarben-Aufnahme im Radiobereich zwei gewaltige Energie-„Keulen" enthüllt, die nördlich und südlich von der Zentralgalaxie in den Raum hinausschießen.

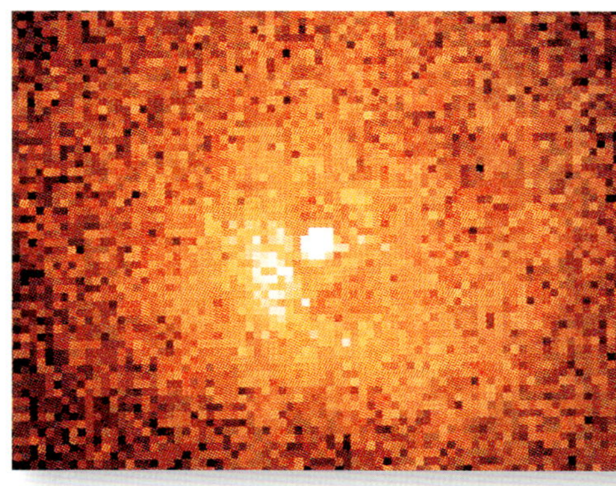

Seyfert-Galaxie
Dieses Röntgenbild zeigt NGC 1275, eine Scheibengalaxie mit einem extrem hellen, sternähnlichen Zentrum, dessen heiße Gase sehr aktiv zu sein scheinen – ein Galaxientyp, der nach seinem Entdecker als Seyfert-Galaxie bezeichnet wird.

Mach mit: *Gravitationslinse*

Eine Gravitationslinse kann Lichtstrahlen bündeln. Ihr benötigt eine einfache Linse, die ihr in der Hand halten könnt (z. B. eine Lupe). Der Versuch klappt besser, wenn die Linse nicht perfekt geschliffen ist.

1. Bewegt die Linse 2 bis 3 cm über einer Zeitung hin und her.
2. Die Verzerrung, die ihr beobachten könnt, ist der gleiche Effekt, den Astronomen (in Super-Zeitlupe!) sehen, wenn ein Schwarzes Loch oder eine massereiche Galaxie an einem weiter entfernten Objekt vorbeizieht.

Schnelle Jets
Radioastronomen wissen seit langem, dass von manchen Galaxien gewaltige Strahlen oder Jets aus heißen Gasen und Energie in den Raum hinausschießen. Diese Jets blieben jedoch ein Rätsel, bis man eine schlüssige Theorie zu ihrem Entstehen in der Umgebung Schwarzer Löcher erarbeitet hatte.

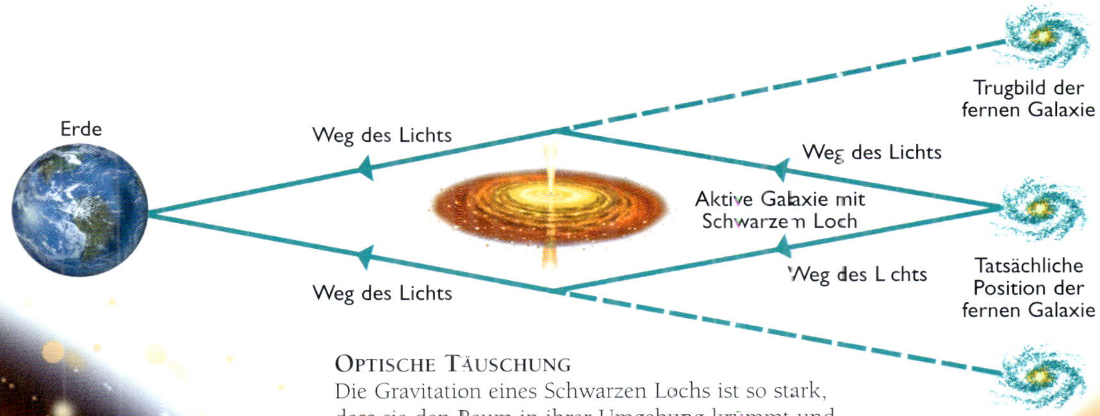

Optische Täuschung
Die Gravitation eines Schwarzen Lochs ist so stark, dass sie den Raum in ihrer Umgebung krümmt und wie eine Linse wirkt. Hier lenkt eine Galaxie mit einem Schwarzen Loch das Licht eines weiter entfernten Objekts ab, sodass für Beobachter auf der Erde die optische Täuschung einer Doppelgalaxie entsteht.

Galaktisches Schwarzes Loch
Aktive Galaxien erzeugen auf kleinstem Raum gewaltige Energien. Die Astronomen nehmen daher an, dass sich im Zentrum solcher Galaxien ein Schwarzes Loch mit einer Akkretionsscheibe (einem scheibenförmigen Bereich aus Gas oder anderer Materie) befindet. Wenn das Schwarze Loch die angesammelte Materie einsaugt, wird diese extrem heiß und strahlt Energie ab.

Schau nach

- Wie „strahlt“ ein Schwarzes Loch?
- Können Galaxien optische Täuschungen hervorrufen?
- Warum erzeugen manche aktiven Galaxien Jets?

Das Universum

DAS UNIVERSUM ENTSTAND vor 12 bis 15 Milliarden Jahren durch eine unvorstellbar heftige Explosion, die wir als Urknall oder „Big Bang“ bezeichnen. Es begann als unendlich heißer und dichter Punkt, in dem alle Materie zusammengepresst war, die es heute enthält. Dieses brodelnde Gemisch exotischer Teilchen hatte eine Temperatur von über einer Billion Grad.

Als sich das Universum ausdehnte, kühlte es ab und Materie-Bausteine wie Protonen, Elektronen und Neutronen tauchten auf. Sie fügten sich zu einfachen chemischen Elementen zusammen – zunächst zu Wasserstoff, dann zu Helium. Die ältesten Sterne und Galaxien wurden aus diesen Elementen gebildet. Dann erzeugten die Kernreaktionen im Innern der Sterne komplexere Elemente, zum Beispiel Sauerstoff, Kohlenstoff, Blei und Gold. Daraus entstanden die nächsten Sterngenerationen, unsere Sonne, die Planeten – und wir! Gleichzeitig gruppierten sich Sterne zu Galaxien und Galaxien zu Galaxienhaufen und Superhaufen.

Der Urknall schuf ein Universum, das sich mit dem Raum selbst ausdehnt. Wohin die Astronomen auch blicken, sie stellen fest, dass sich die Galaxien mit wachsendem Abstand immer schneller von uns entfernen. Wird diese Ausdehnung bis in alle Ewigkeit anhalten? Das hängt davon ab, wie viel Materie das Universum enthält – ein Faktor, der sich nur schwer bestimmen lässt. Berechnet man ihn aufgrund des Lichts, das von Sternen und Nebeln abgestrahlt wird, kommt man nur auf ein Zehntel der Masse, die notwendig wäre, um die Expansion zu stoppen. Deshalb glauben viele Experten, dass sich das Universum für immer ausdehnen wird. Andere suchen nach zusätzlicher „Dunkelmaterie“ – nach lichtschwachen Sternen, Schwarzen Löchern und exotischen Teilchen. Falls es im All genug Dunkelmaterie gibt, könnte die Schwerkraft eines Tages die Ausdehnung zum Stillstand bringen und das Universum würde in einem Endknall oder „Big Crunch“ in sich zusammenstürzen.

ENTFERNUNG ZUM RAND DES UNIVERSUMS
12 BIS 15 MILLIARDEN LICHTJAHRE

ALTER DES UNIVERSUMS
12 BIS 15 MILLIARDEN LICHTJAHRE

SCHWÄCHSTE BISHER ENTDECKTE GALAXIEN
30. GRÖSSENORDNUNG

TEMPERATUR DER HINTERGRUNDSTRAHLUNG
–270° C

SCHAU NACH

- Wird die Ausdehnung nach dem Urknall jemals enden?
- Wie lange liegt die Geburt des Universums zurück?
- Wie sieht die Reststrahlung des Urknalls aus?

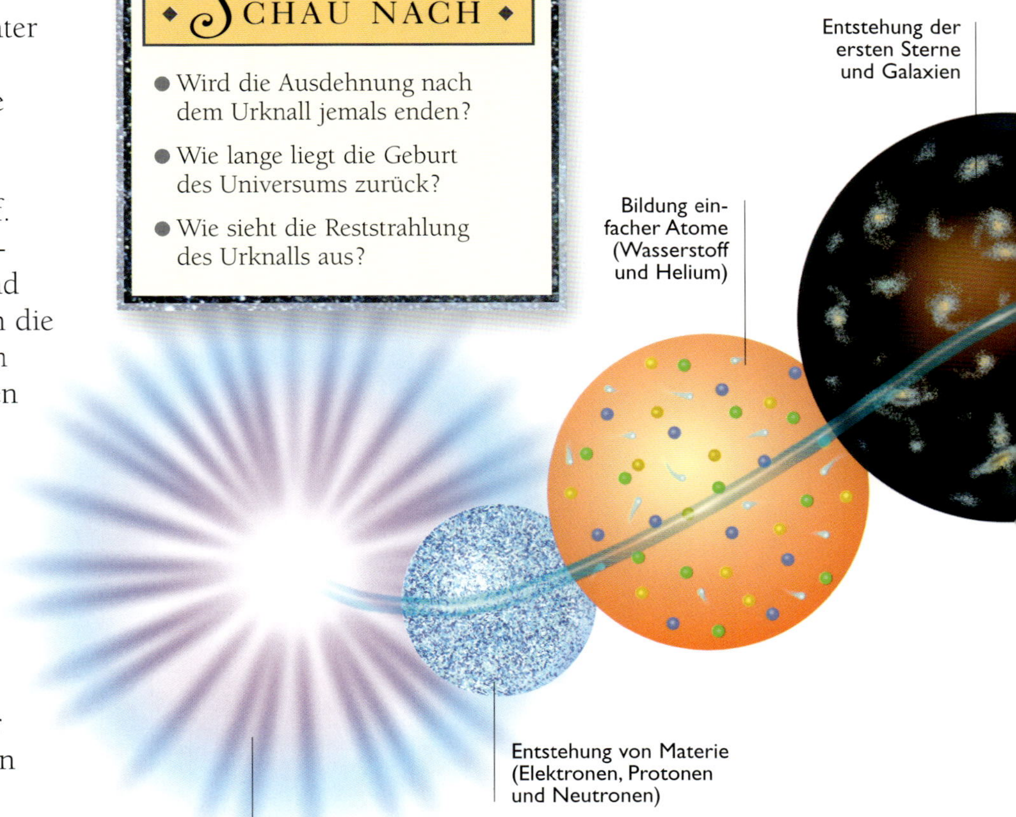

ALTE GALAXIEN
1995 fotografierte das Hubble-Weltraumteleskop die ältesten Galaxien, die je entdeckt worden sind. Die Astronomen erhoffen sich aus dem Studium dieser alten Objekte wichtige Hinweise zur Entstehung und Entwicklung der heutigen Galaxien.

WISSENSWERTES

Während sich das Weltall ausdehnt, entfernen sich die Galaxien voneinander – so wie die Punkte, die ihr auf einen Luftballon gemalt habt, sich voneinander fortbewegen, wenn ihr den Ballon aufblast. Anders als ein Ballon hat ein Universum jedoch kein „Außen“, weil es alles enthält, was es gibt – auch den Raum selbst.

GROSSRÄUMIGE STRUKTUREN
Das Universum weist eine Reihe von riesigen Galaxienbögen auf, die blasenähnliche Leerräume umgrenzen. Astronomen untersuchen, ob die Galaxien zuerst da waren und sich dann zu Verbänden vereinigten – oder ob es in der Anfangszeit Materieketten gab, aus denen die Galaxien entstanden.

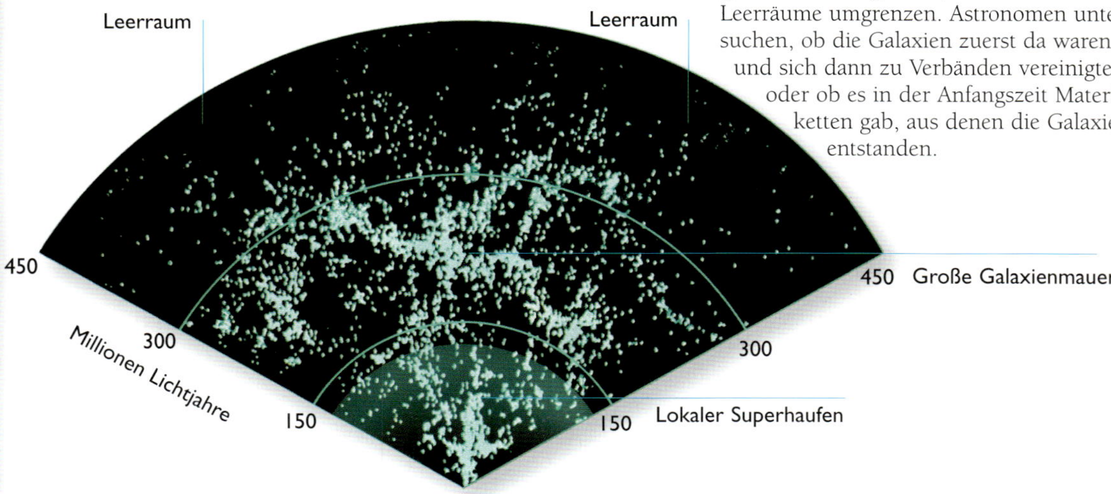

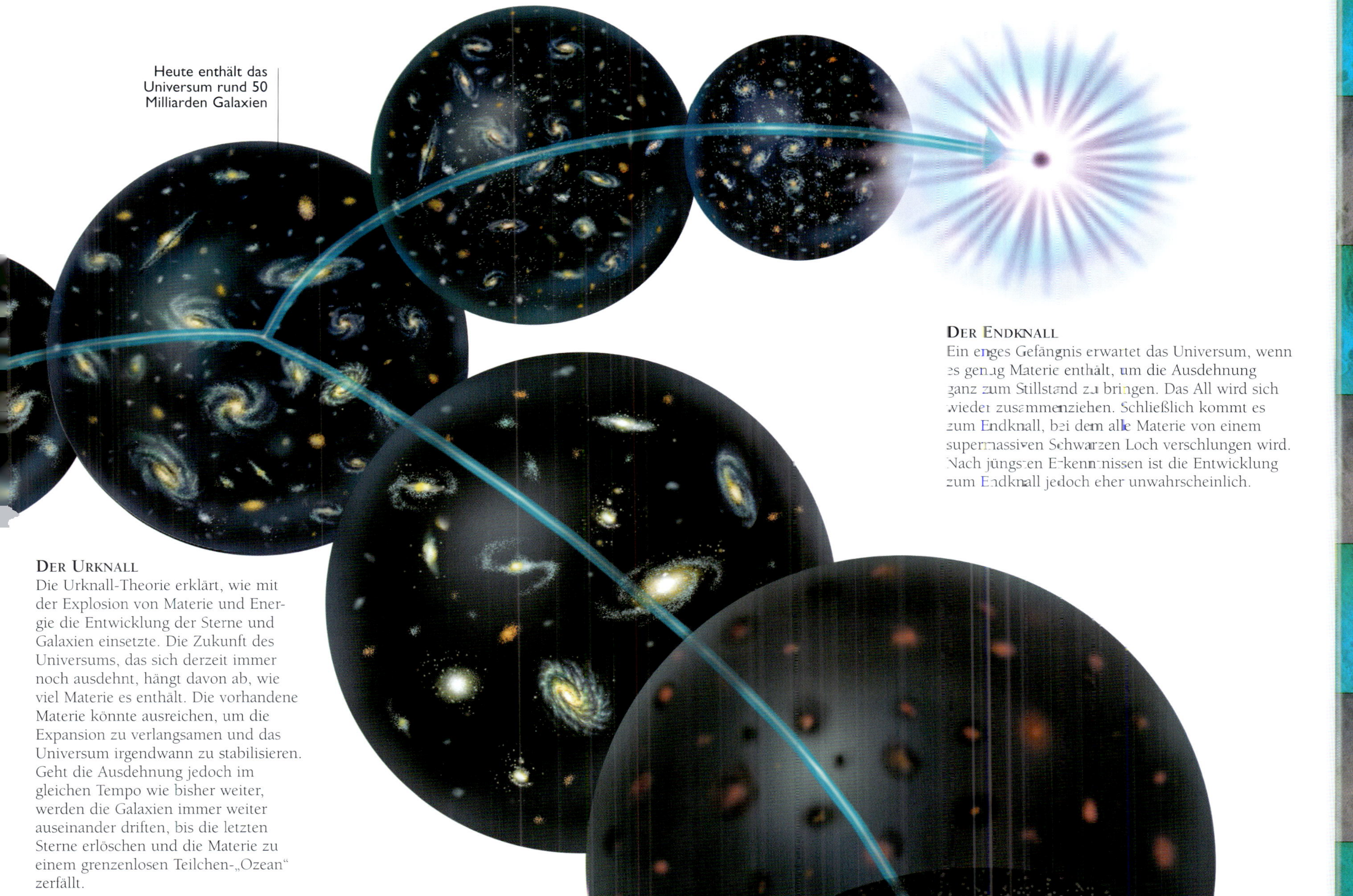

DER ENDKNALL
Ein enges Gefängnis erwartet das Universum, wenn es genug Materie enthält, um die Ausdehnung ganz zum Stillstand zu bringen. Das All wird sich wieder zusammenziehen. Schließlich kommt es zum Endknall, bei dem alle Materie von einem supermassiven Schwarzen Loch verschlungen wird. Nach jüngsten Erkenntnissen ist die Entwicklung zum Endknall jedoch eher unwahrscheinlich.

DER URKNALL
Die Urknall-Theorie erklärt, wie mit der Explosion von Materie und Energie die Entwicklung der Sterne und Galaxien einsetzte. Die Zukunft des Universums, das sich derzeit immer noch ausdehnt, hängt davon ab, wie viel Materie es enthält. Die vorhandene Materie könnte ausreichen, um die Expansion zu verlangsamen und das Universum irgendwann zu stabilisieren. Geht die Ausdehnung jedoch im gleichen Tempo wie bisher weiter, werden die Galaxien immer weiter auseinander driften, bis die letzten Sterne erlöschen und die Materie zu einem grenzenlosen Teilchen-„Ozean" zerfällt.

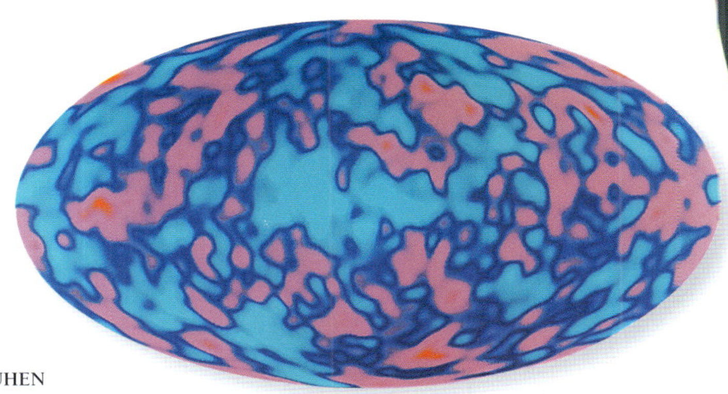

NACHGLÜHEN
Diese vom COBE-Satelliten erstellte Wärmekarte zeigt ein schwaches Gekräusel in der kosmischen Hintergrundstrahlung – einem fernen Echo oder „Nachglühen" des Urknalls. Aus den blauen, etwas dichteren Bereichen entstanden die ersten Sterne und Galaxien.

COBE
Der Forschungssatellit COBE (Cosmic Background Explorer) hatte die Aufgabe, die Reststrahlung des Urknalls zu untersuchen. Seine Messungen ergaben kleine Temperatur- und damit auch Dichteschwankungen.

Himmelsbeobachtung

Sterne beobachten ist einfach: Ihr könnt bei klarem Himmel noch heute Abend vor die Haustür gehen und damit anfangen. Viele Amateur-Astronomen bevorzugen jedoch Orte, die einen unverstellten Blick zum Himmel bieten – wie einen Park oder einen Schulhof. Sucht euch also einen Platz, wo keine Lichter die Sterne überstrahlen und wählt die passende Sternkarte auf den Seiten 222–237 aus.

Wartet mindestens eine Viertelstunde, bis sich eure Augen an das Dunkel gewöhnt haben. Ihr braucht eine Taschenlampe, damit ihr die Sternkarte lesen könnt. Weil ein weißer Strahl eure Pupillen wieder auf Tageslicht einstellen würde, bedeckt das Glas mit rotem Transparentpapier. Haltet nun nach hellen Sternen Ausschau und lokalisiert sie auf eurer Karte. Dann sucht nach lichtschwächeren Sternen, indem ihr auf der Karte eine Linie zu einem hellen Stern zieht und dann am Himmel nach dem gleichen Muster sucht.

Für das Betrachten von Sternbildern oder Meteorschauern reicht das bloße Auge vollkommen aus. Wenn ihr mehr sehen wollt, bietet ein Fernglas meist eine bessere Auflösung als ein billiges Fernrohr. Es zeigt euch die Milchstraße in tausenden von Einzelsternen sowie Sternhaufen wie die Plejaden und lässt ferne Galaxien als verschwommene Lichtflecken erscheinen.

Der nächste Schritt wäre ein gutes Fernrohr. Mit seiner Hilfe könnt ihr die Krater auf dem Mond, die Ringe des Saturn, leuchtende Nebel und mehr erkennen. Da eine solche Anschaffung aber nicht gerade billig ist, solltet ihr euch vor dem Kauf genau erkundigen, worauf ihr achten müsst. Vielleicht gibt es in eurer Nähe einen Astronomieklub, ein Observatorium oder ein Museum, wo ihr euch Rat holen oder ein paar Instrumente ausprobieren könnt.

Die Sternkarten in diesem Buch wollen euch den Einstieg in die Himmelskunde erleichtern. Wenn ihr Spaß daran findet, lohnt sich vielleicht ein Sternatlas, der sehr viel mehr Einzelheiten enthält. Ein Sternatlas ist eine Art Reiseführer durch das Weltall, dem ihr euer Leben lang folgen könnt.

Mit blossem Auge
Schon im Altertum waren der Menschheit die fünf Planeten vertraut, die man ohne weiteres mit bloßem Auge sehen kann: Merkur, Venus, Mars, Jupiter und Saturn. Auf dieser Abendaufnahme ist die Mondsichel zwischen Venus (am oberen Bildrand) und Jupiter (unten) zu sehen.

Lichtverschmutzung
Der helle Schein von Straßenlaternen, Reklameschriften und Häusern lässt die Gestirne verblassen und macht es daher unmöglich, lichtschwache Objekte am Nachthimmel zu erkennen. Die beste Aussicht auf die Sterne habt ihr in klaren, mondlosen Nächten draußen auf dem flachen Land.

◆ Mach mit: *Tagsterne* ◆

Die Sterne leuchten Tag und Nacht, auch wenn wir sie nur nachts sehen können. Tagsüber wird das helle Sonnenlicht von der Atmosphäre so gestreut, dass der blaue Himmel die Sterne verdeckt. Ihr könnt mithilfe eines einfachen Experiments ausprobieren, wie das funktioniert.

1. Knipst mit einem Locher „Sterne“ in eine Karteikarte. Ihr könnt dazu euer Lieblings-Sternbild auswählen.
2. Schiebt die Karte in einen weißen Briefumschlag.
3. Leuchtet in einem dunklen Raum mit einer Lampe auf den Umschlag. Das Papier reflektiert das Licht, sodass ihr die „Sterne“ nicht sehen könnt.
4. Leuchtet nun von hinten auf den Umschlag. Nun scheinen die „Sterne“ durch.

Nächtliche Himmelsereignisse
Manche Himmelsereignisse kann man vorausberechnen. So ereignet sich mindestens einmal im Jahr eine Mondfinsternis (siehe Seite 172). Diese Langzeitaufnahme zeigt den Mond vor, während und nach einer Bedeckung.

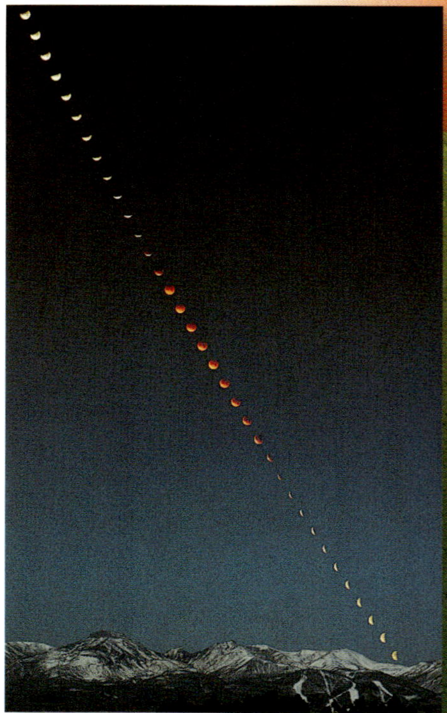

Ein gutes Fernrohr
Die wichtigste Eigenschaft eines Fernrohrs – wichtiger als seine Vergrößerungsleistung – ist eine robuste Montierung.

Der Beobachtungsplatz
Ihr seht mehr am Himmel, wenn ihr es euch bequem macht. Je nach Jahreszeit kann das warme Unterwäsche und eine Wollmütze oder auch ein Mücken-Spray bedeuten. (Aber macht euch darauf gefasst, dass es auch in Sommernächten empfindlich kalt werden kann!) Ein Klappstuhl mit Lehne verhindert, dass Rücken und Schultern beim Hochhalten des Fernglases steif werden. Und eine Thermosflasche mit heißem Kakao ist bei einem längeren Aufenthalt im Freien ein Hochgenuss!

Wissenswertes

Wenn ihr auf freiem Feld steht und zum Nachthimmel aufschaut, seht ihr nicht wirklich „Millionen" Sterne. Selbst bei idealen Bedingungen kann man mit bloßem Auge nur etwa 2000 Sterne erkennen.

Sternbilder

STERNBILDER UNTERTEILEN den Himmel in Abschnitte, die man sich leicht merken kann. Im Altertum, als nur wenige Menschen lesen konnten, waren diese Sternbilder wie himmlische Bilderbücher. Sie sorgten dafür, dass die Sagen und Legenden über die Götter nicht in Vergessenheit gerieten. Die moderne Astronomie hat insgesamt 88 dieser alten Sternbilder oder Konstellationen beibehalten.

Die meisten davon stammen aus der griechischen und römischen Kultur, die vor mehr als 2000 Jahren ihren Höhepunkt hatte. Aber schon damals waren einige der Sternbilder aus dem noch älteren Mesopotamien (im heutigen Irak) übernommen worden. Zu den allerersten Konstellationen zählten nach Ansicht der Astronomen Stier, Löwe und Skorpion, da sie den Sonnenaufgang zu bestimmten Zeiten des jährlichen Anbau- und Erntezyklus markierten.

Die Bezeichnung der einzelnen Sterne erfolgte in unterschiedlicher Weise. Ptolemäus benannte sie nach ihrer Position in einer Konstellation. So bedeutet Rigel im Sternbild von Orion, dem Jäger, auf Arabisch „Fuß". (Der Name ist deshalb arabisch, weil die Schriften des Ptolemäus im Mittelalter durch eine arabische Übersetzung zu uns gelangten.) Etwas später begannen einige Astronomen griechische Buchstaben zu verwenden – angefangen mit Alpha für den hellsten Stern einer Konstellation, Beta für den zweithellsten, und so fort – während andere die Sterne nummerierten.

Sternhaufen, Galaxien und Nebel haben in der Regel Bezeichnungen wie M35 oder NGC 1365. Die M-Nummern stammen von dem Franzosen Charles Messier, der im späten 18. Jahrhundert viele dieser Objekte entdeckte. Die NGC-Nummern beziehen sich auf den *New General Catalogue*, eine umfassende Liste von Sternhaufen und Nebeln, die gegen Ende des 19. Jahrhunderts zusammengestellt wurde.

◆ WISSENSWERTES ◆

In fremden Kulturen werden die Sterne oft zu anderen Figuren gruppiert als bei uns. So bezeichnet man in den USA den Großen Wagen als Großen Schöpflöffel (Big Dipper) – und die Sioux-Indianer sahen in dem gleichen Sternbild ein Stinktier!

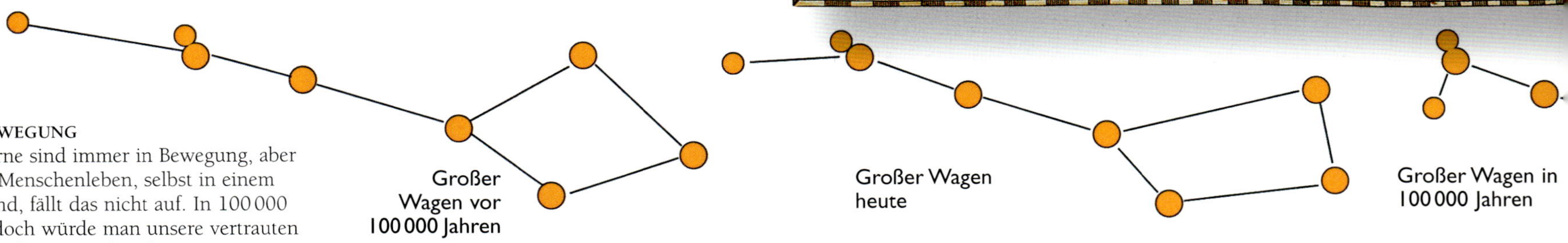

STERNBEWEGUNG
Die Gestirne sind immer in Bewegung, aber in einem Menschenleben, selbst in einem Jahrtausend, fällt das nicht auf. In 100 000 Jahren jedoch würde man unsere vertrauten Sternbilder kaum wiedererkennen.

Der Himmelsjäger Orion
Die ältesten Konstellationen wie Orion setzen sich aus Sternen zusammen, die man mit bloßem Auge erkennen konnte. Der Sage nach war Orion ein mächtiger Jäger, den eine Göttin als Sternbild in den Himmel versetzt hatte. Er schwingt eine Keule über dem Kopf und reckt dem Stier einen mit Löwenhaut bespannten Schild entgegen. Die drei Sterne in der Mitte bilden seinen Gürtel.

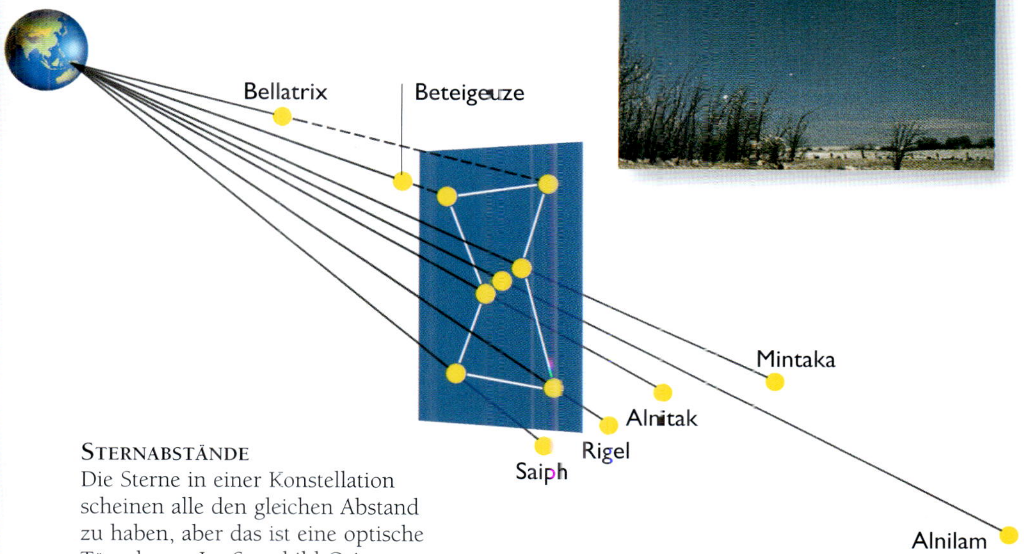

Sternabstände
Die Sterne in einer Konstellation scheinen alle den gleichen Abstand zu haben, aber das ist eine optische Täuschung. Im Sternbild Orion etwa ist Beteigeuze 427 Lichtjahre, Rigel dagegen 773 Lichtjahre entfernt.

Indische Sternkarte
Diese prachtvolle Sternkarte wurde 1840 von einem indischen Herrscher in Auftrag gegeben. Sie ist mit indischen und islamischen Motiven ausgeschmückt, enthält aber auch viele der Sternbilder, die bei uns gebräuchlich sind. Welche könnt ihr erkennen?

◆ Mach mit: *Sternbilder* ◆

So wie andere Völker unterschiedliche Figuren in den Sternen sehen, könnt ihr eure eigenen Sternbilder erfinden.

1. Wählt eines der mythologischen Sternbilder aus, die auf den Seiten 222 – 237 dargestellt sind.
2. Zeichnet die Konstellation auf ein Blatt Papier ab.
3. Malt das mythologische Sternbild nach.
4. Welche anderen Bilder könnte man in der Sternanordnung erkennen? Zeichnet und malt alle, die euch einfallen!

Unser Beispiel zeigt zwei Figuren, die auf den Sternen des Orion basieren.

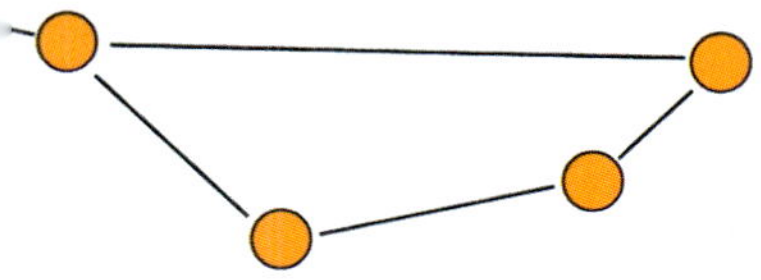

Mythologische Gestalten
Viele alte Sternkarten schmücken die sorgfältig eingetragenen Gestirne mit farbenprächtigen Gestalten der Götter- und Sagenwelt aus. So sehen wir hier unter anderem die Zwillinge (Gemini), Orion, den Jäger, den Stier (Taurus) und den Fluss Eridanus.

Wie man eine Sternkarte liest

Auf den folgenden Seiten findet ihr Sternkarten für die Nord- und Südhalbkugel und für jede der vier Jahreszeiten. Wenn ihr die Doppelseite mit der richtigen Hemisphäre und Jahreszeit aufschlagt, seht ihr zwei Karten mit den Sternen und Sternbildern, die ihr am Nachthimmel erkennen könnt, wenn ihr nach Norden oder Süden schaut. Im Osten und Westen überlappen sich die Karten ein wenig, sodass sie alle Gestirne vollständig zeigen.

Die Sternkarten verändern sich im Lauf eines Jahres, da viele Sternbilder aus eurem Blickfeld verschwinden und wieder auftauchen, während die Erde die Sonne umkreist. So sind die Konstellationen, die ihr an einem Märzabend beobachten könnt, andere als die im September. Die Verschiebung von einer Nacht zur nächsten ist nicht groß, aber sie summiert sich. Nach etwa einem Monat geht jeder Stern um zwei Stunden früher auf und unter. Das bedeutet, dass ihr die Sternbilder vielleicht nicht genau da findet, wo sie auf euren Jahreszeiten-Karten eingetragen sind. Zu Beginn des Quartals liegen sie mehr im Osten, gegen Ende dagegen mehr im Westen. (Und wenn ihr die Sterne spät nachts beobachtet, verwendet ihr am besten eine Karte der nächsten Jahreszeit.)

Die Karten enthalten Sterne, die Milchstraße, Sternhaufen, Nebel und sogar Galaxien, aber keine Planeten oder Kometen, weil solche Objekte ihre Position ständig verändern. Während Sternbilder alljährlich zur gleichen Zeit wieder am gleichen Ort auftauchen, ist das bei Planeten nicht der Fall. Wenn ihr also nach einem bestimmten Planeten sucht, müsst ihr die Zeitung, ein Astronomie-Fachblatt oder Websites wie www.astronomie.de, www.vds-astro.de oder www.skypub.com zu Rate ziehen.

Nach einer Stunde
Aufgrund der Erdrotation scheinen die Sternbilder von Ost nach West zu wandern. Schaut man in Richtung Süden, bewegen sie sich im Lauf einer Stunde – wie hier Orion – ein Stück von links nach rechts, schaut man nach Norden, von rechts nach links.

Nach zwei Wochen
Die Drehung der Erde um die Sonne wirkt sich ähnlich aus wie ihre Rotation: Wenn ihr im Abstand von zwei Wochen abends zur gleichen Stunde in Richtung Süden blickt, wird Orion ein Stück weiter im Westen zu sehen sein.

Sternkarten
Die hier abgebildeten Sternkarten-Halbkreise zeigen jeweils die Hälfte des Himmels zu einer bestimmten Jahreszeit. Der Horizont verläuft entlang der Grundlinie, mit Norden beziehungsweise Süden im Zentrum. Osten und Westen sind markiert, der höchste Punkt entspricht oben. Dreht die Karte so, dass sie mit der Kompassrichtung übereinstimmt, in die ihr gerade schaut.

Sternspuren
Da die Erde um ihre Achse rotiert, scheinen sich die Sterne um den Himmelspol im Kreis zu drehen. Diese Langzeit-Aufnahme hält die Bewegung fest.

Orientierungshilfen
Für den Umgang mit Sternkarten müsst ihr die Himmelsrichtungen kennen. In manchen Orten sind die Straßen nach Nord-Süd oder Ost-West ausgerichtet. Wo das nicht der Fall ist, könnt ihr Osten und Westen nach dem Stand der Morgen- oder Abendsonne bestimmen. Oder ihr fragt einfach einen Erwachsenen.

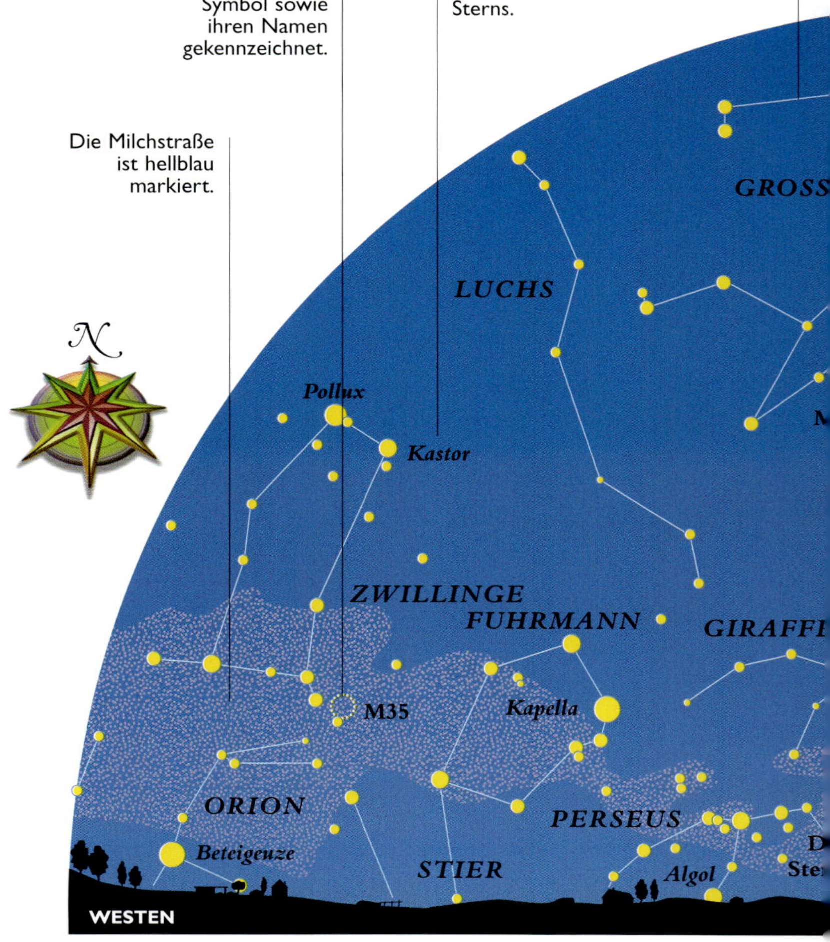

Symbol- und Farbkode
Die Himmelskarten vermerken die Sternhelligkeit mit Punkten, die der Größenklasse des Objekts entsprechen. Lichtschwächere Sterne haben höhere Größenklassen, während die hellsten Sterne bis in den Minus-Bereich gehen. Sternhaufen, Nebel und Galaxien sind durch besondere Symbole gekennzeichnet.

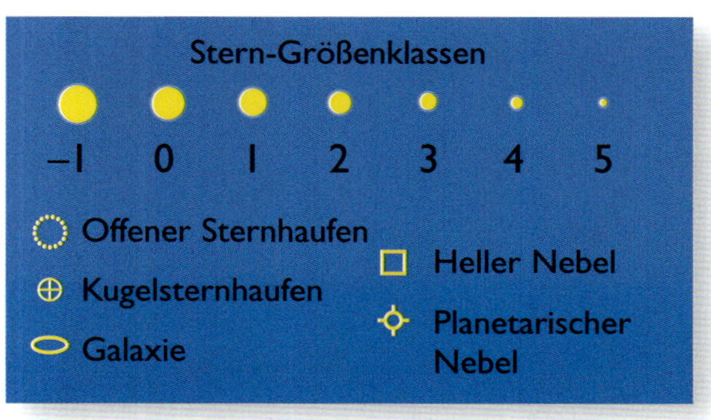

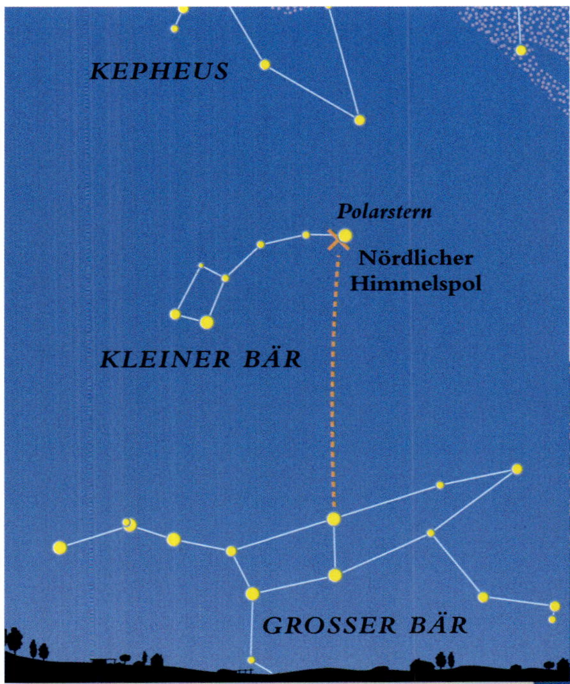

WO IST NORDEN?

Der nördliche Himmelspol liegt in der Nähe des Polarsterns im Kleinen Wagen. Auf der Nordhalbkugel könnt ihr euch am Großen Wagen orientieren, um ihn zu finden. Wählt die richtige Sternkarte auf den Seiten 222 – 229 aus und zieht eine gedachte Linie zwischen dem oberen Eckstern des Großen Wagens und dem Polarstern am Deichselende des Kleinen Wagen.

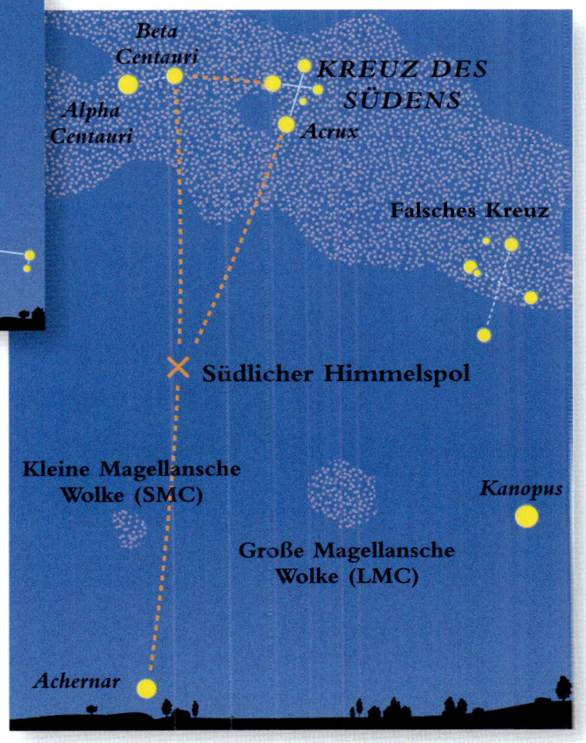

WO IST SÜDEN?

Der südliche Himmelspol auf der Südhalbkugel ist nicht durch einen besonderen Stern markiert, aber das Kreuz des Südens bietet eine gute Orientierungshilfe. Sucht die Konstellation auf einer Sternkarte der Seiten 230 – 237 und zieht, wie in der Skizze rechts gezeigt, einige gedachte Linien zwischen den hellsten Nachbarsternen, um den gesuchten Südpol aufzuspüren.

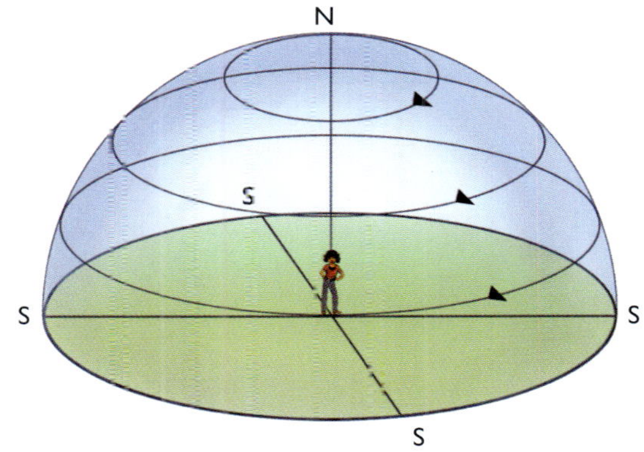

am Nordpol (90°N)

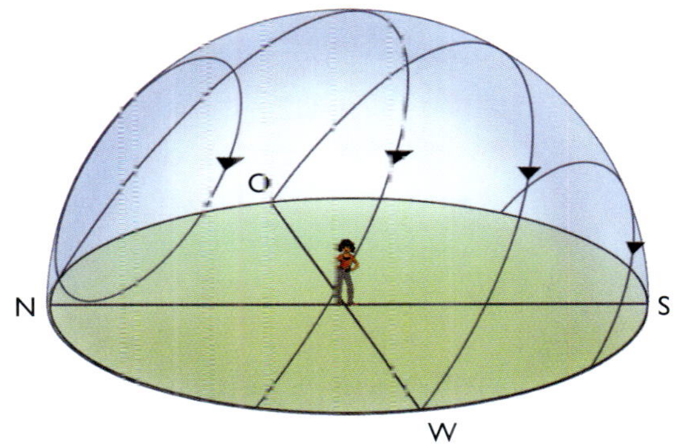

in mittleren nördlichen Breiten (40°N)

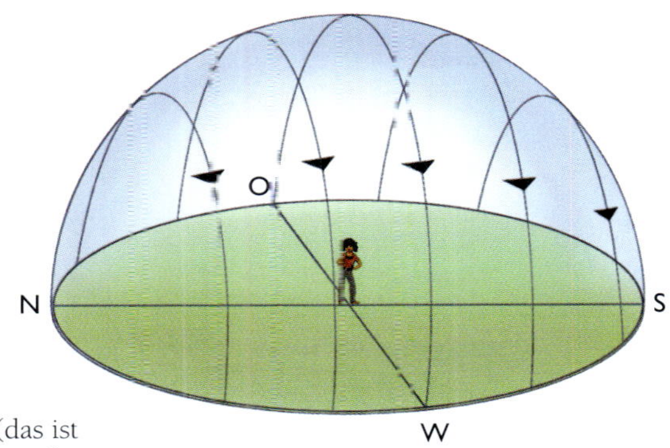

am Äquator (0°)

VERSCHIEDENE BAHNEN

Je nach der geografischen Breite (das ist der Äquatorabstand in Richtung Norden oder Süden), in der sich ein Beobachter befindet, verändern sich die scheinbaren Bahnen der Sterne über den Himmel.

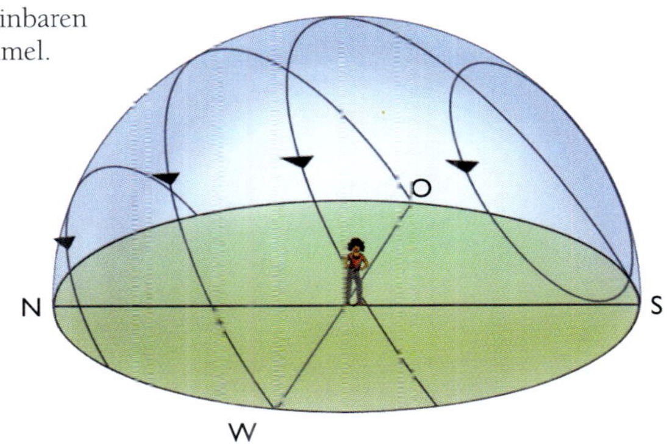

in mittleren südlichen Breiten (40°S)

Galaxien sind durch dieses Symbol sowie ihren Namen gekennzeichnet.

Kugelsternhaufen sind durch dieses Symbol und ihrem Namen gekennzeichnet.

Das ist der Name eines Sternbilds.

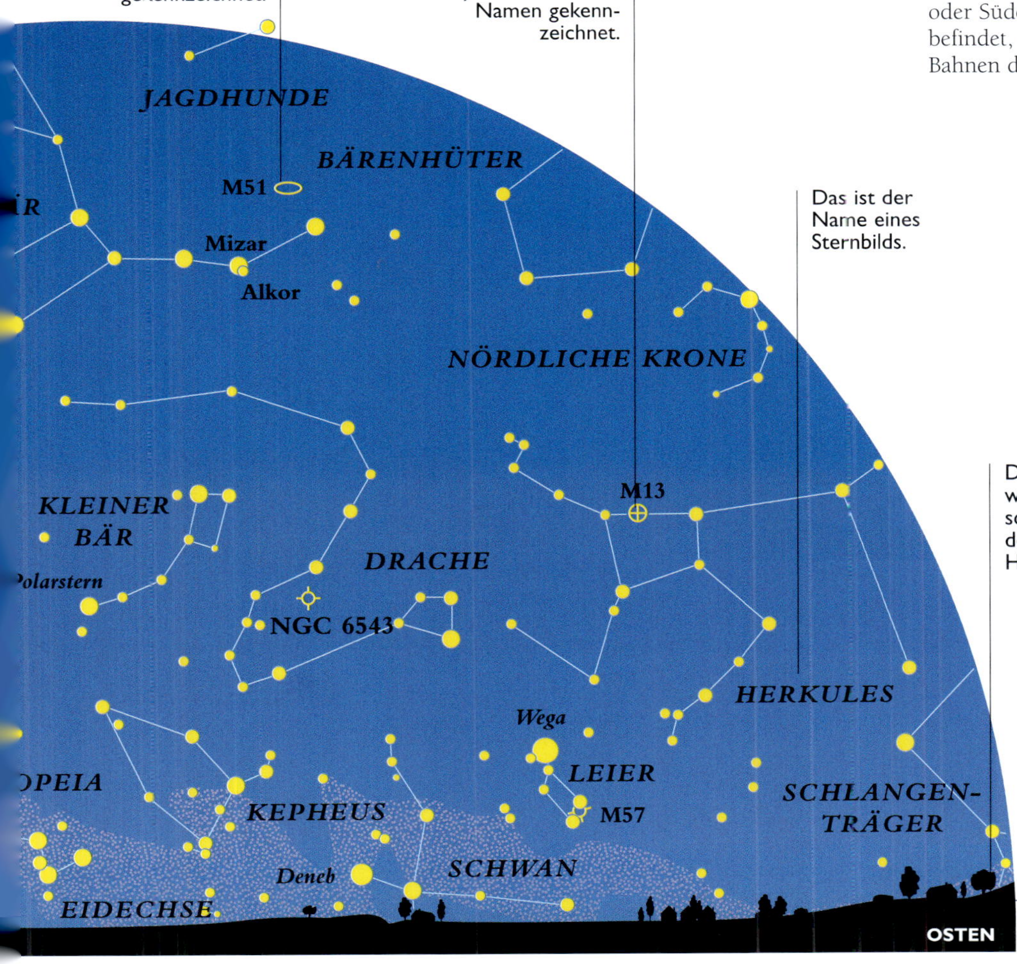

Der Horizont wird durch die schwarzen Umrisse der Landschaft und Häuser angedeutet.

Diese Karte zeigt die Sterne des Frühlingshimmels auf der nördlichen Halbkugel, wenn man nach Norden schaut (siehe Seite 224).

◆ SCHAU NACH ◆

- Welchen Bahnen am Nachthimmel folgen die Sterne in eurer Gegend?
- Wann geht Orion in einem Monat auf, wenn er heute um 21 Uhr am Himmel erscheint?

Wintersterne am Nordhimmel

Blickrichtung Norden: Die meisten Beobachter werden auf Anhieb den Großen Wagen erkennen. Er besteht aus sieben hellen Sternen, die Rücken und Schwanz des Großen Bären bilden. Während der Wintermonate scheint der Große Wagen im Nordosten auf seiner Deichsel zu stehen. Wenn man von den beiden oberen Sternen des Wagens zwei gedachte Linien nach links zieht, kommt man zum Kleinen Bären mit dem Polarstern. Wenn der Große Wagen aufgeht, sinkt im Nordwesten das wie ein großes M geformte Sternbild Kassiopeia. Umgeben ist Kassiopeia, die schöne Königin Äthiopiens, von ihren Gefährten aus der Götter- und Sagenwelt: König Kepheus (ihrem Gemahl), Andromeda (ihrer Tochter), Perseus (dem Helden und Retter Andromedas) und Pegasus (dem Pferd des Perseus). Der Walfisch, der Andromeda zu verschlingen drohte, ehe ihr Perseus zu Hilfe kam, geht im Südwesten unter (siehe Karte gegenüber). Den Andromedanebel (Galaxie M31) seht ihr mit bloßem Auge oder mit dem Fernglas. Er hebt sich als ovaler Lichtfleck gegen den dunklen Himmel ab.

WO SEHT IHR DIESEN STERNHIMMEL?
Auf der Nordhalbkugel, z. B. in Europa, den USA, Kanada und Japan

WANN SEHT IHR DIESEN HIMMEL?
Von Januar bis Ende März

MIT BLOSSEM AUGE ZU ERKENNEN
Algol im Perseus, Grosser Wagen im Grossen Bären, Polarstern im Kleinen Bären, Andromedanebel (M31) in der Andromeda

MIT DEM FERNGLAS ZU ERKENNEN
Doppelhaufen im Perseus, Doppelsterne Mizar und Alcor und Galaxie M81 im Grossen Bären

MIT DEM FERNROHR ZU ERKENNEN
Feuerrad-Galaxie (M51) in den Jagdhunden

Doppelsternhaufen
Gerade noch mit bloßem Auge auszumachen sind diese beiden offenen Sternhaufen, die zwischen Perseus und Kassiopeia dicht zusammen liegen.

Der Held Perseus
Der Legende nach rettete Perseus die schöne Andromeda, die dem Walfisch zum Fraß vorgeworfen werden sollte, und nahm sie später zur Gemahlin.

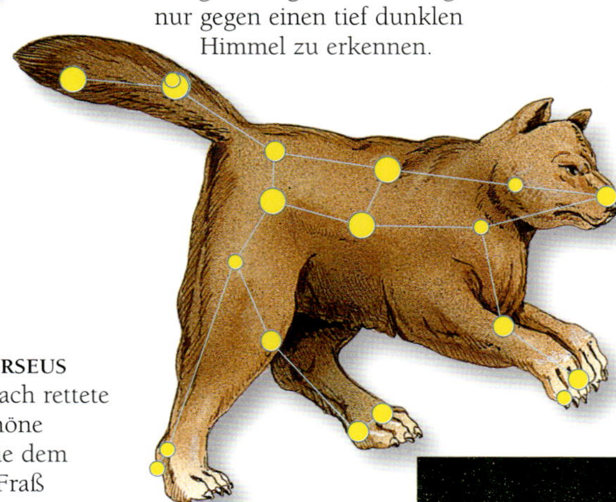

Grosser Bär
Der Große Bär enthält mehr Sterne als der Große Wagen. Die ganze Figur ist allerdings nur gegen einen tief dunklen Himmel zu erkennen.

Grosser Wagen
Die vier Kasten- und drei Deichselsterne des Großen Wagens galten bei den alten Römern als Dreschochsen, die im Kreis um den nördlichen Himmelspol liefen.

Schau nach

- Wie heißt der hellste Stern am Nachthimmel?
- Zu welchem Sternbild gehört der Große Wagen?
- Wen rettete Perseus vor welchem Untier?

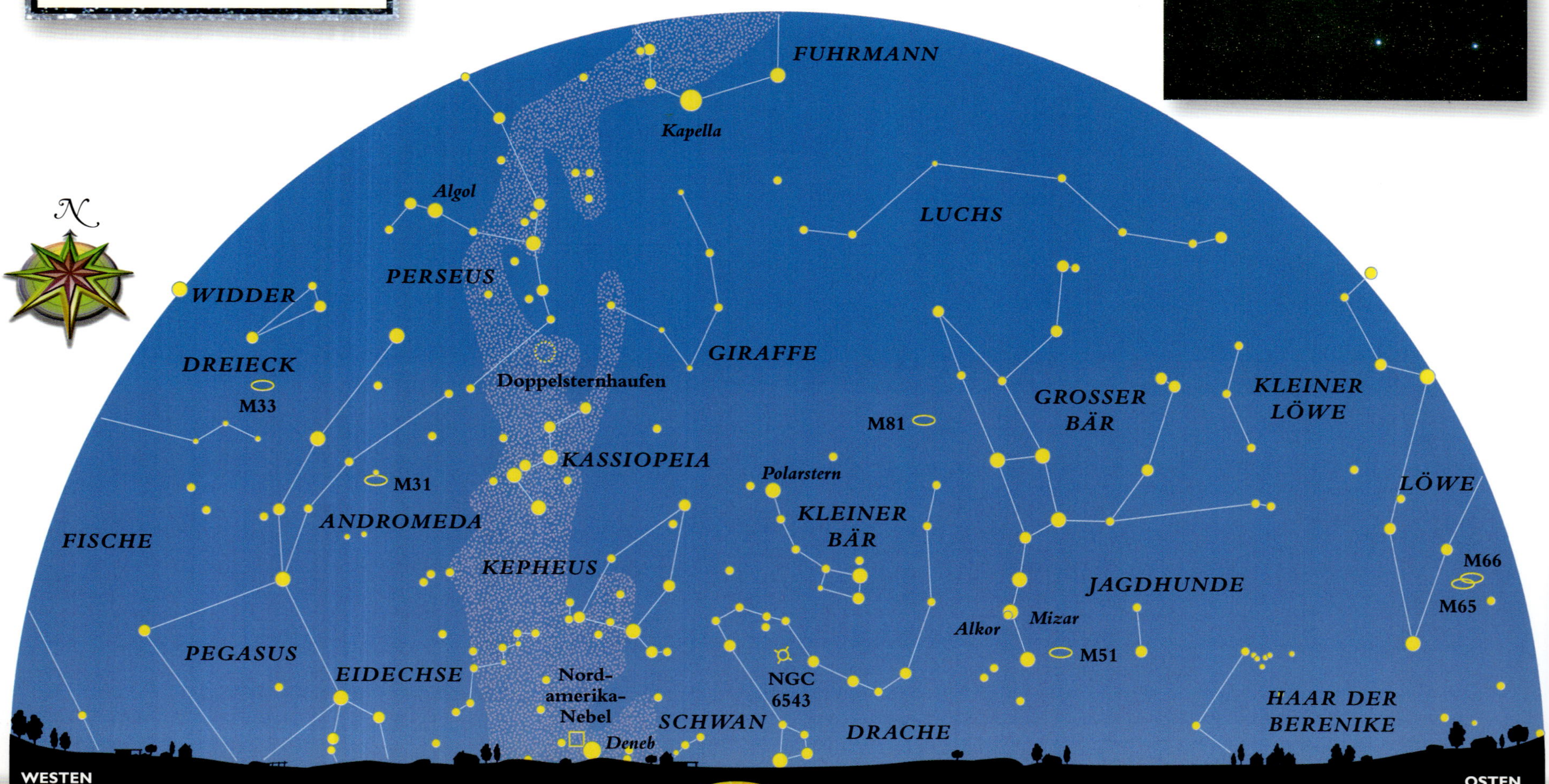

BLICKRICHTUNG SÜDEN: Der Himmelsjäger Orion steht hoch über dem Horizont, deutlich zu erkennen an seinen drei Gürtelsternen. Im Schwertgehänge, von der Mitte des Gürtels abwärts, befindet sich der gerade noch mit bloßem Auge sichtbare Orionnebel (M42). Zwei sehr helle Sterne, Beteigeuze und Rigel, markieren die linke Schulter und den rechten Fuß des Jägers. Orion schlägt den Stier in die Flucht. Dieses Sternbild enthält zwei offene Sternhaufen – an der Schulter die auch als Siebengestirn bezeichneten Plejaden sowie die Hyaden, die den Kopf des Stiers bilden. Unter dem Himmelsjäger kauert der Hase und links davon findet ihr den Großen Hund mit dem gleißenden Sirius als Auge. Senkrecht über Sirius leuchtet Prokyon, der zum Kleinen Hund gehört, und noch ein Stück höher erscheinen die Zwillinge Kastor und Pollux im gleichnamigen Sternbild. Von dort aus könnt ihr rechts oben in der Milchstraße den Fuhrmann mit seinem Hauptstern Kapella (siehe Karte gegenüber) entdecken.

GROSSER HUND
In der Mythologie war der Große Hund einer von zwei Jagdhunden, die Orion stets auf seinen Streifzügen begleiteten.

SIRIUS
Sirius, der das Auge des Großen Hundes bildet und deshalb auch der „Hundsstern" genannt wird, ist der hellste Stern am Nachthimmel. Die alten Ägypter wussten, dass die jährliche Nilüberschwemmung bevorstand, wenn Sirius kurz vor der Sonne aufging.

ORION
Der Himmelsjäger ist ein guter Wegweiser für Himmelsbeobachter. Versucht in seiner Nähe weitere Sternbilder ausfindig zu machen.

ORIONNEBEL (M42)
Ihr könnt diesen berühmten Nebel gerade noch mit bloßem Auge erkennen. Sehr viel leichter ist er allerdings mit dem Fernglas zu sehen.

STIER
Der Stier ist eines der ältesten Sternbilder. Es erscheint bereits auf mesopotamischen Tontafeln, die mehr als 3000 Jahre alt sind.

WO SEHT IHR DIESEN STERNHIMMEL?
AUF DER NORDHALBKUGEL, Z. B. IN EUROPA, DEN USA, KANADA UND JAPAN

WANN SEHT IHR DIESEN HIMMEL?
VON JANUAR BIS ENDE MÄRZ

MIT BLOSSEM AUGE ZU ERKENNEN
SIRIUS IM GROSSEN HUND, RIGEL UND BETEIGEUZE IM ORION, MIRA IM WALFISCH, ORIONNEBEL (M42) IM ORION

MIT DEM FERNGLAS ZU ERKENNEN
STERNHAUFEN PLEJADEN UND HYADEN IM STIER, STERNHAUFEN PRAESEPE (KRIPPE) IM KREBS

MIT DEM FERNROHR ZU ERKENNEN
STERNHAUFEN M35 IN DEN ZWILLINGEN

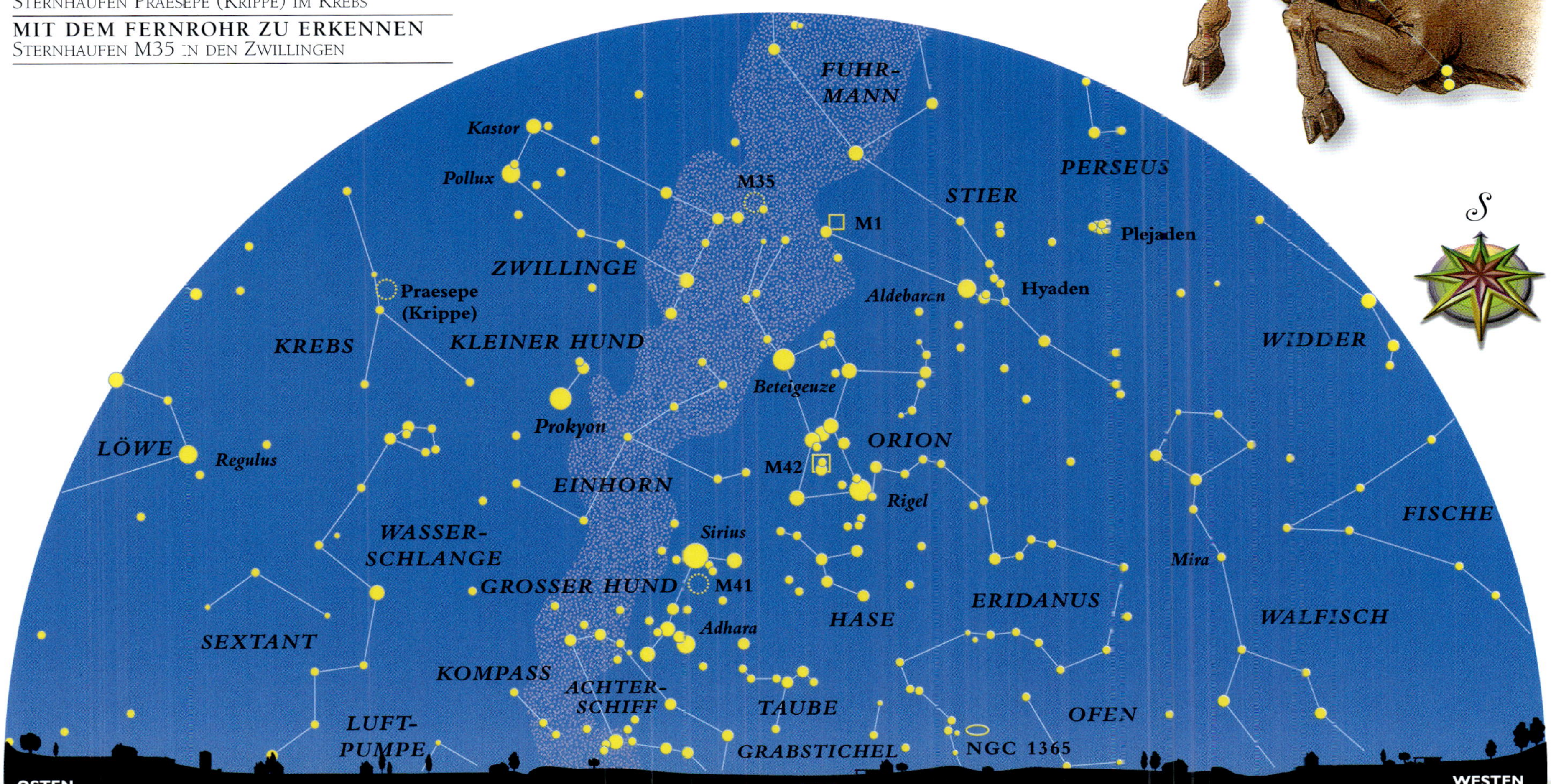

Frühlingssterne am Nordhimmel

Blickrichtung Norden: Um diese Zeit erscheint der Große Wagen (im Sternbild Großer Bär) verkehrt herum hoch am Nordhimmel. Die Verlängerung der linken Wagensterne weist zum Polarstern (im Sternbild Kleiner Bär oder Kleiner Wagen) hinunter. Zwischen diesen beiden Konstellationen windet sich der Leib des Drachen. Senkrecht unter dem Polarstern, schon fast am Horizont, leuchtet das W der Königin Kassiopeia. Während im Nordwesten die Zwillinge mit den Hauptsternen Kastor und Pollux allmählich sinken, geht im Nordosten die helle Wega im Sternbild Leier (ein altes Saiteninstrument) auf. Dicht oberhalb der Leier könnt ihr das Sternbild Herkules erkennen. Nach der griechischen Sage war Herkules der Sohn des Göttervaters Zeus und einer Sterblichen. Die Deichsel des Großen Wagens schließlich deutet auf Arktur, den hellsten Stern im Bärenhüter, hoch im Südosten (siehe Karte gegenüber).

Herkules-Haufen (M13)
Der bekannte Kugelsternhaufen ist mit bloßem Auge nur in einer dunklen Nacht, im Fernglas aber gut zu erkennen.

Herkules
Den Göttersagen nach vollbrachte Herkules viele Heldentaten, die übermenschliche Kraft erforderten. So mistete er einmal die Ställe aus, in denen die Pferde des Sonnengottes untergebracht waren.

WO SEHT IHR DIESEN STERNHIMMEL?
Auf der Nordhalbkugel, z. B. in Europa, den USA, Kanada und Japan

WANN SEHT IHR DIESEN HIMMEL?
Von April bis Ende Juni

MIT BLOSSEM AUGE ZU ERKENNEN
Wega in der Leier, Kastor und Pollux in den Zwillingen

MIT DEM FERNGLAS ZU ERKENNEN
Herkules-Sternhaufen (M13) im Herkules, Doppelsternsystem Mizar und Alkor im Grossen Bären

MIT DEM FERNROHR ZU ERKENNEN
Galaxie M81 im Grossen Bären, Feuerrad-Galaxie (M51) in den Jagdhunden

Feuerrad-Galaxie (M51)
Ein Spiralarm der Feuerrad-Galaxie (nahe der Deichsel des Großen Wagens) wird durch die Anziehungskraft einer kleineren Nachbargalaxie verzerrt.

◆ Wissenswertes ◆

1845 entdeckte der Brite William Parsons mit seinem Riesenteleskop die Spiralstruktur der Feuerrad-Galaxie (M51). Erst danach begann man gezielt nach Spiralgalaxien zu suchen.

Kleiner Bär
Dieses auch als Kleiner Wagen bezeichnete Sternbild findet ihr, wenn ihr den Polarstern und dann die beiden äußeren Wagensterne sucht. Der Rest liegt dazwischen.

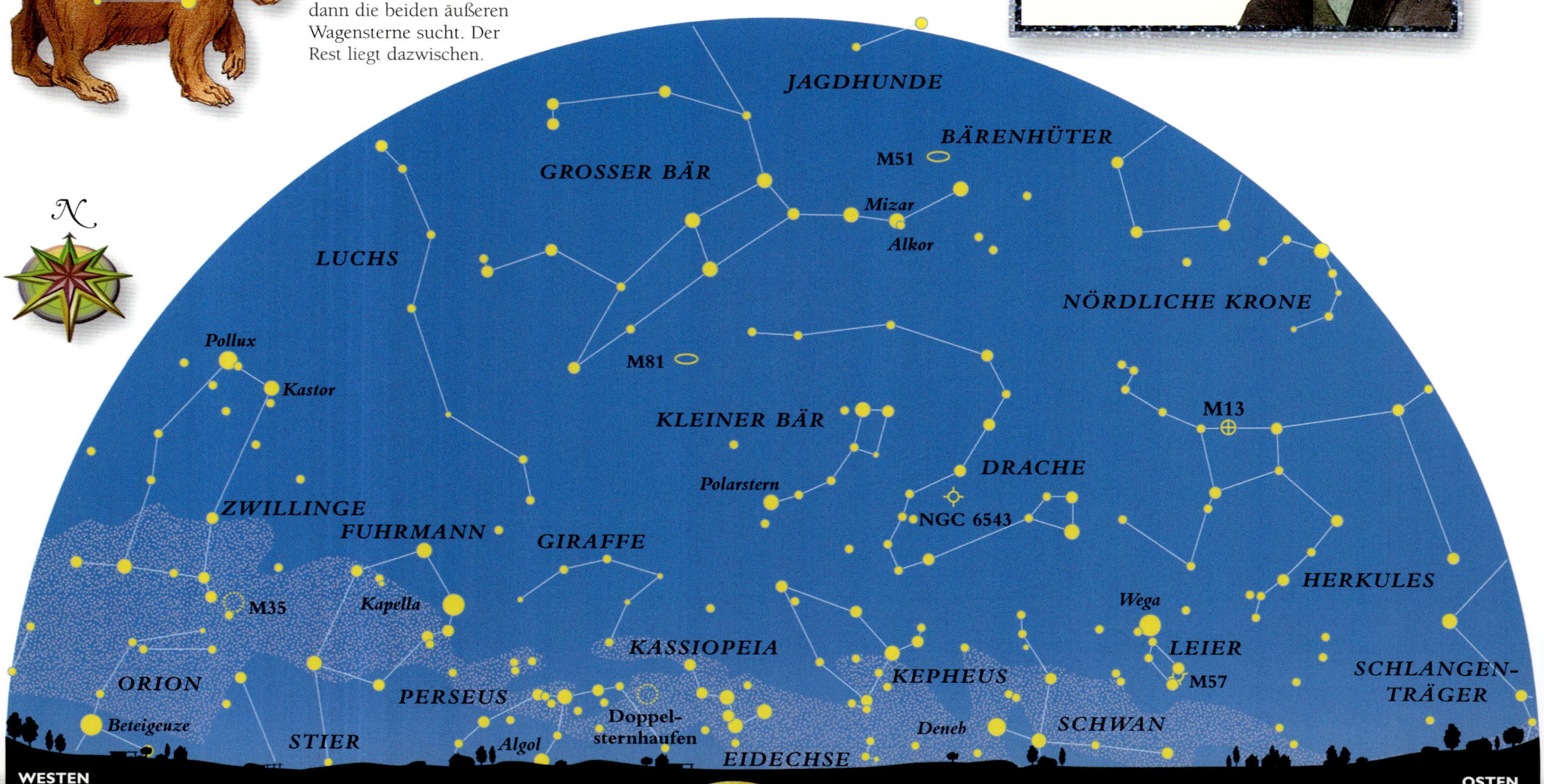

BLICKRICHTUNG SÜDEN: Da sich das Band der Milchstraße jetzt um den Horizont windet und kaum zu sehen ist, erscheint der Frühlingshimmel relativ dunkel. Dennoch erhellen vier lichtstarke Sterne die südliche Hälfte des Himmels. Arktur im Bärenhüter steht hoch im Südosten, Spika im Sternbild Jungfrau mehr im Süden. Im Südwesten werdet ihr Regulus im Löwen entdecken, während Prokyon im Kleinen Hund gerade im Westen untergeht. Das Sternbild Löwe enthält außerdem zwei Spiralgalaxien, M65 und M66, die ihr mit dem Fernglas oder Fernrohr erkennen könnt. Unterhalb von Löwe und Jungfrau erstreckt sich die längste Konstellation am Himmel – Hydra, die Wasserschlange. Da ihre Sterne sehr lichtschwach sind, kann man sie nur in dunklen Nächten finden. Zwischen Jungfrau und dem Schwanz des Löwen liegt der Virgo-Haufen, eine 55 Millionen Lichtjahre entfernte Gruppe von Spiralnebeln und elliptischen Galaxien.

LÖWE
Der Löwe ist eines der ältesten Sternbilder überhaupt. Bereits vor knapp 6000 Jahren erscheint es in Tierkreis-Bildern der Sumerer.

WO SEHT IHR DIESEN STERNHIMMEL?
AUF DER NORDHALBKUGEL, Z. B. IN EUROPA, DEN USA, KANADA UND JAPAN

WANN SEHT IHR DIESEN HIMMEL?
VON APRIL BIS ENDE JUNI

MIT BLOSSEM AUGE ZU ERKENNEN
ARKTUR IM BÄRENHÜTER, SPIKA IN DER JUNGFRAU, REGULUS IM LÖWEN, PROKYON IM KLEINEN HUND

MIT DEM FERNGLAS ZU ERKENNEN
STERNHAUFEN PRAESEPE (KRIPPE) IM KREBS

MIT DEM FERNROHR ZU ERKENNEN
GALAXIEN M65 UND M66 IM LÖWEN, VIRGO-GALAXIENHAUFEN

PRAESEPE (KRIPPE)
Der Sternhaufen spielt eine Rolle in den alten Kalenderregeln: Wenn er vom Himmel verschwindet, fängt es angeblich bald zu regnen an.

SCHAU NACH

- Wo würdet ihr nach einem Galaxienhaufen suchen?
- Wie findet ihr vom Großen Wagen aus den Polarstern?
- Zu welchem Sternbild gehört der Stern Kapella?

WASSERSCHLANGE
Hydra, die Wasserschlange, windet sich quer über den Himmel. Der Sage nach erschlug Herkules eine neunköpfige Hydra.

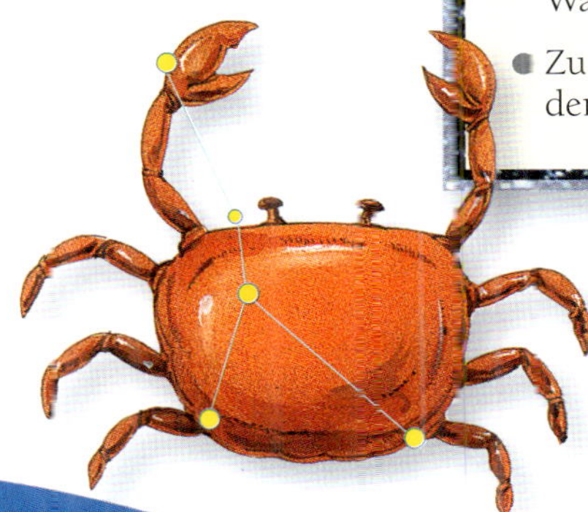

KREBS
Das Sternbild ist vor allem über Städten schwer auszumachen. Am leichtesten findet ihr den Krebs, wenn ihr ihn zwischen Regulus im Löwen (auf dieser Karte) und Kastor und Pollux in den Zwillingen (im Westen auf der gegenüberliegenden Karte) anpeilt.

Sommersterne am Nordhimmel

BLICKRICHTUNG NORDEN: Jetzt liegt der Große Wagen (im Sternbild Großer Bär) links vom Polarstern und gegenüber von Kassiopeia, die rechts höher steigt. Vom Polarstern aufwärts krümmt sich die Deichsel des Kleinen Wagens. Dieses Sternbild wird auch als Kleiner Bär bezeichnet. Darüber bäumt sich, nur schwach sichtbar, der Drache auf. Um diese Jahreszeit kann man die Milchstraße auf der Nordhalbkugel am besten beobachten. Sucht in dunklen, mondlosen Nächten nach dem silbrigen Band, das schräg von Nordosten nach Süden verläuft. In ihrem Bereich findet ihr Königin Kassiopeia und ihren Gemahl Kepheus sowie hoch am Himmel den Schwan. Seine Sterne sind teilweise auf der Karte gegenüber zu sehen und bilden ein Kreuz, das an einen Vogel auf dem Flug nach Süden erinnert. Aus diesem Grund nennt man die Konstellation manchmal auch Nördliches Kreuz.

WO SEHT IHR DIESEN STERNHIMMEL
AUF DER NORDHALBKUGEL, Z. B. IN EUROPA, DEN USA, KANADA UND JAPAN

WANN SEHT IHR DIESEN HIMMEL?
VON JULI BIS ENDE SEPTEMBER

MIT BLOSSEM AUGE ZU ERKENNEN
SOMMERDREIECK (BESTEHEND AUS DENEB IM SCHWAN, WEGA IN DER LEIER UND ATAIR IM ADLER)

MIT DEM FERNGLAS ZU ERKENNEN
MILCHSTRASSE VON KASSIOPEIA BIS SCHWAN, GALAXIE M81 IM GROSSEN BÄREN

MIT DEM FERNROHR ZU ERKENNEN
ANDROMEDANEBEL (M31) IN DER ANDROMEDA, PLANETARISCHER NEBEL NGC 6543 IM DRACHEN

KÖNIG KEPHEUS
Kepheus, mythischer König von Äthiopien, ließ seine Tochter Andromeda vom Helden Perseus vor Cetus, dem Walfisch, retten.

DRACHE
In den griechischen Heldensagen wurde der Drache von Herkules (oder Herakles) bezwungen. Deshalb bilden ihn manche alte Sternkarten unter einem Fuß des Herkules ab.

ANDROMEDANEBEL (M31)
Der Andromedanebel ist die Nachbargalaxie der Milchstraße. Man kann ihn gerade noch mit bloßem Auge erkennen, aber eindrucksvoller wirkt er im Fernglas oder Fernrohr.

SCHWAN
Das Sternbild Schwan ist von vielen Kulturen als fliegender Vogel gedeutet worden. Unser Sternbild hat seinen Ursprung in der griechischen Mythologie.

M81
Obwohl die Spiralgalaxie M81 im Sternbild Großer Bär nur als Lichtfleck im Fernglas zu sehen ist, enthält sie ebenso viele Sterne wie die Milchstraße.

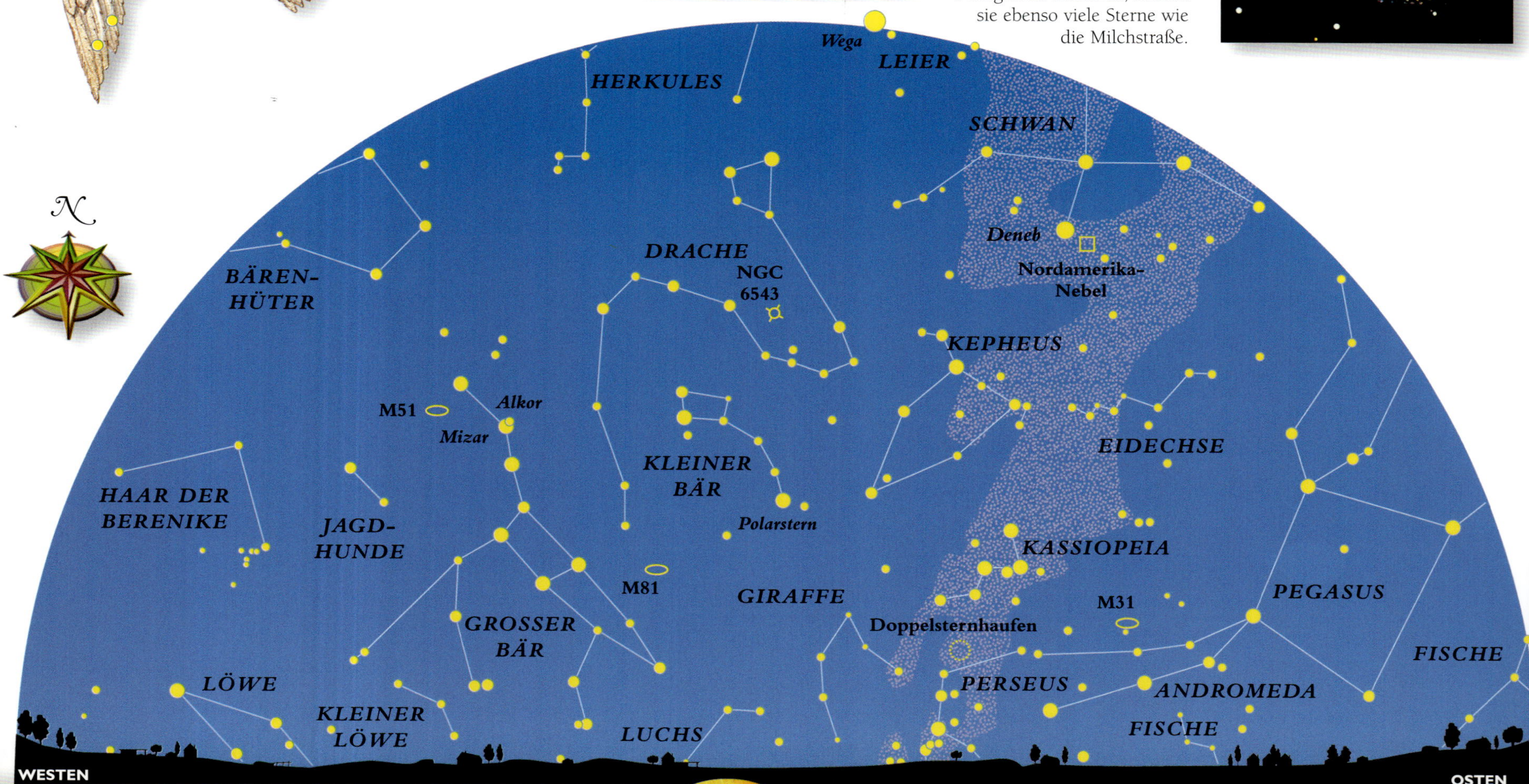

BLICKRICHTUNG SÜDEN: In den Sommernächten erreicht die Milchstraße am südlichen Himmel ihre größte Helligkeit. Ihr Zentrum befindet sich in Richtung der sternreichen Konstellationen Skorpion und Schütze, allerdings verdeckt von Gas- und Staubwolken, die sich über mehr als 30 000 Lichtjahre ausdehnen. Rechts von der Milchstraße ist jetzt der Schlangenträger zu erkennen, ein weitläufiges, aber lichtschwaches Sternbild. Der Schlangenträger – ein anderer Begriff für Äskulap, den eine Schlange einst in die Geheimnisse der Heilkräuter eingeweiht hatte – erscheint stets zusammen mit der Schlange. Weiter im Norden, bei den Sternbildern Adler und Schwan, teilt sich die Milchstraße in zwei Ströme. Die dunkle Insel dazwischen entsteht durch eine Staubwolke in der Nähe unserer Sonne; sie verdeckt die weiter entfernten Milchstraßen-Sterne. Drei helle Sterne bilden das Sommerdreieck Deneb im Schwan (siehe Karte S. 226), Wega in der Leier und Atair im Adler.

LAGUNENNEBEL (M8)
Der Lagunennebel (in der Milchstraße nahe dem Horizont) ist mit einem Fernglas gut zu erkennen und bietet schon in einem kleinen Fernrohr einen herrlichen Anblick.

ADLER
Nach griechischem Mythos schickte Zeus den Adler aus, um Menschen zu retten – oder um sie zu bestrafen.

SCHLANGENTRÄGER
Der Schlangenträger erscheint zwischen den beiden Hälften des Sternbilds Schlange, die auch als Kopf (im Westen) und Schwanz (im Osten) der Schlange bezeichnet werden.

WO SEHT IHR DIESEN STERNHIMMEL?
AUF DER NORDHALBKUGEL, Z. B. IN EUROPA, DEN USA, KANADA UND JAPAN

WANN SEHT IHR DIESEN HIMMEL?
VON JULI BIS ENDE SEPTEMBER

MIT BLOSSEM AUGE ZU ERKENNEN
TEILUNG IN DER MILCHSTRASSE, ANTARES IM SKORPION

MIT DEM FERNGLAS ZU ERKENNEN
STERNWOLKEN IM SKORPION UND SCHÜTZEN

MIT DEM FERNROHR ZU ERKENNEN
LAGUNEN-(M8) UND TRIFIDNEBEL (M20) IM SCHÜTZEN, ADLERNEBEL (M16) IN DER SCHLANGE, HANTELNEBEL (M27) IM FUCHS

◆ SCHAU NACH ◆

- Welche drei Sterne bilden das Sommerdreieck?
- Wie weit entfernt ist das Zentrum der Milchstraße?
- Was verriet eine Schlange dem Schlangenträger?

HANTELNEBEL (M27)
Der Hantelnebel im Sternbild Fuchs ist der Überrest der Gashülle, die von einem alternden Stern abgestoßen wurde.

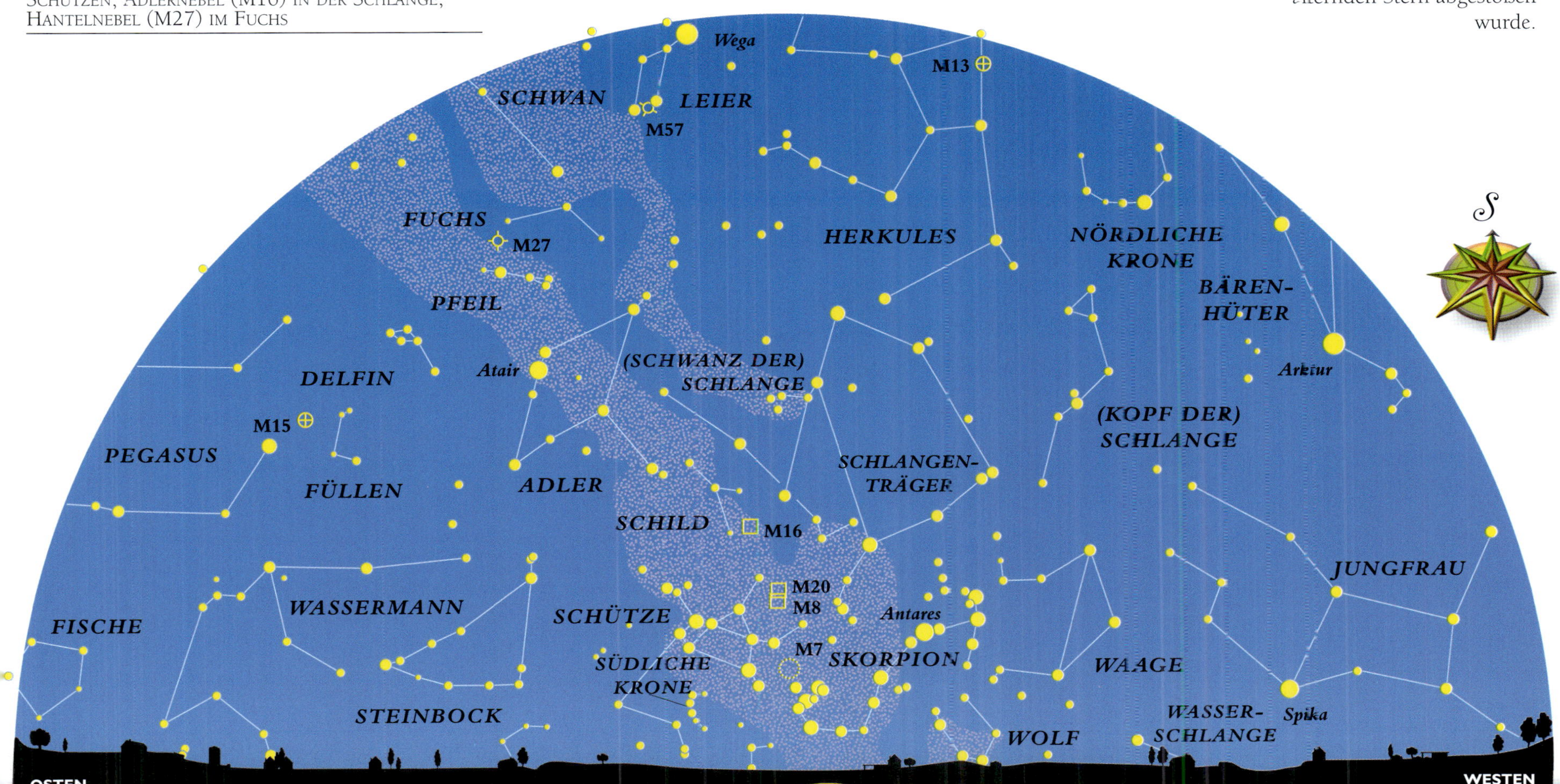

Herbststerne am Nordhimmel

BLICKRICHTUNG NORDEN: Im Herbst steht der Große Wagen (im Sternbild Großer Bär) am Horizont, unter dem Polarstern, der zum Kleinen Bären gehört. Senkrecht über dem Polarstern könnt ihr das leicht gekippte M von Kassiopeia beobachten; das Sternbild ihres Gemahls Kepheus befindet sich links darunter. Im Nordosten geht der Fuhrmann auf, deutlich zu erkennen an seinem hellen gelblichen Hauptstern Kapella. Über dem Fuhrmann seht ihr den Helden Perseus im Band der Milchstraße; ein berühmter Stern dieser Konstellation ist der Bedeckungsveränderliche Algol. Im Westen sinkt allmählich das Sommerdreieck der Sterne Deneb im Schwan, Wega in der Leier und Atair im Adler (siehe Karte gegenüber). Hoch am Himmel steht Andromeda über ihrer Mutter Kassiopeia. Die als Andromedanebel bezeichnete Spiralgalaxie M31 ist das am weitesten entfernte Objekt, das wir mit bloßem Auge wahrnehmen können, eindrucksvoller aber mit dem Fernrohr. Der ovale kleine Lichtfleck hat in Wirklichkeit etwa die Größe unserer Milchstraße.

WO SEHT IHR DIESEN STERNHIMMEL?
Auf der Nordhalbkugel, z. B. in Europa, den USA, Kanada und Japan

WANN SEHT IHR DIESEN HIMMEL?
Von Oktober bis Ende Dezember

MIT BLOSSEM AUGE ZU ERKENNEN
Algol (veränderlicher Stern) im Perseus, Sommerdreieck (bestehend aus Deneb im Schwan, Wega in der Leier und Atair im Adler)

MIT DEM FERNGLAS ZU ERKENNEN
Doppelsternhaufen im Perseus, Nordamerika-Nebel im Schwan

MIT DEM FERNROHR ZU ERKENNEN
Andromedanebel (M31) in der Andromeda, Ringnebel (M57) in der Leier

SCHAU NACH

- Zwei Galaxien der Lokalen Gruppe sind jetzt sichtbar. Welche?
- Welcher Nebel liegt in der Nähe des Sterns Deneb?
- Wer war die Tochter von Kassiopeia?

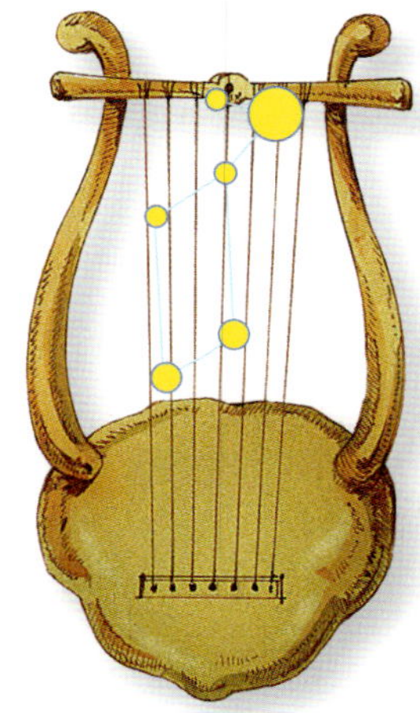

LEIER
Das kleine Sternbild ist durch seinen leuchtstarken Hauptstern Wega und die markante Form leicht zu finden.

FUHRMANN
Der Fuhrmann, der mehrere Sagengestalten in sich vereint, wird meist mit einem Zicklein auf dem Arm und den Zügeln in der freien Hand dargestellt.

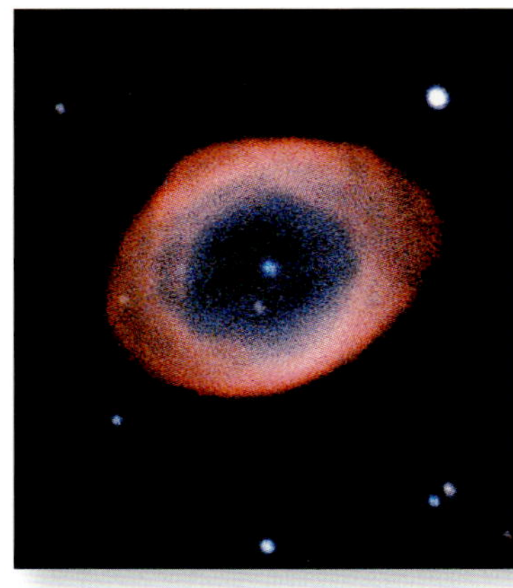

RINGNEBEL (M57)
Der Ringnebel in der Leier ist die abgestoßene Gashülle eines sterbenden Sterns, die einen Weißen Zwerg umgibt. Ein ähnlicher Tod erwartet einst unsere Sonne.

NORDAMERIKA-NEBEL
Die Wasserstoff-Wolke im Schwan verdankt ihren Namen der verblüffenden Ähnlichkeit mit den Umrissen Nordamerikas.

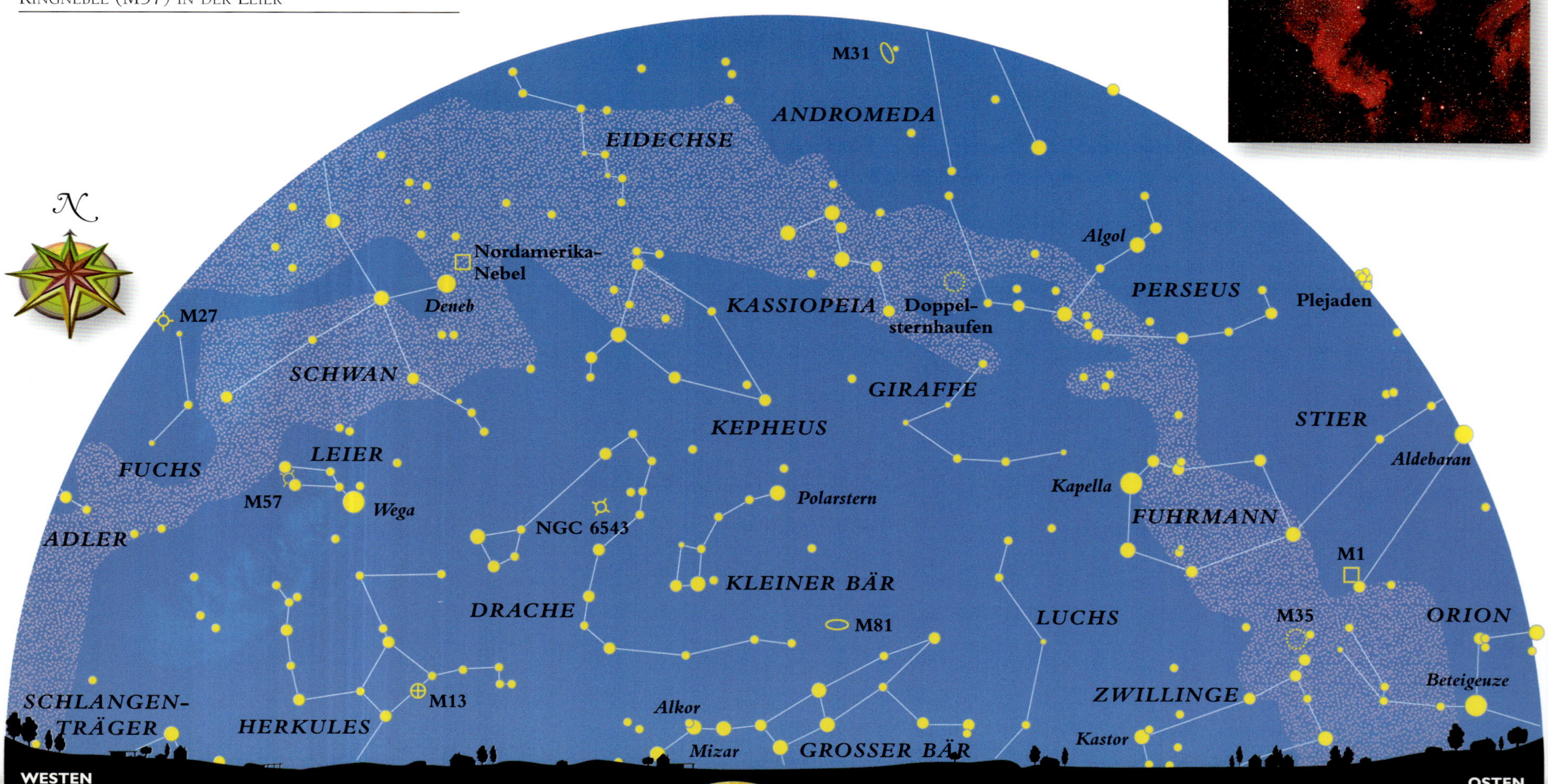

Blickrichtung Süden: Das Große Pegasus-Quadrat mit seinen vier hellen Ecksternen steht jetzt hoch am südlichen Himmel und weist den Weg zu den anderen Sternbildern. Der griechischen Sage nach ist Pegasus das geflügelte Pferd des Helden Perseus. Es entsprang dem Blut der Medusa, einem Ungeheuer mit Schlangenhaaren, das von Perseus enthauptet wurde. Zur Zeit erscheint das Pferd umgekehrt am Himmel, sodass die Sterne unten rechts Hals und Kopf markieren. Pegasus galoppiert nach Westen auf den Stern Atair im Adler zu, der sich im Bereich der Milchstraße befindet. Auf dem Weg dorthin liegt der winzige Delfin, eine Gruppe lichtschwacher Sterne, die ein wenig an einen Papierdrachen erinnert. Unter dem Pegasus-Quadrat gibt es noch mehr „Wasser“-Sternbilder – Wassermann, Südlicher Fisch, Fische und Walfisch. Der Südliche Fisch fällt durch seinen weiß leuchtenden Hauptstern Fomalhaut auf, aber die anderen Konstellationen sind schwer zu erkennen, da sie keine hellen Sterne besitzen. Den Nacken des Walfisches bildet der berühmte Veränderliche Mira. Der Stier steigt nun höher, verfolgt vom Winter-Jäger Orion, der noch halb hinter dem Horizont lauert.

Dreiecksnebel (M33)
Wie der Andromedanebel und unsere Milchstraße ist der Dreiecksnebel (hoch am südöstlichen Himmel) eine Spiralgalaxie der Lokalen Gruppe.

Wassermann
In alten Sternatlanten wird der Wassermann meist mit einem Krug dargestellt, aus dem er einen Wasserstrahl in das Maul des Südlichen Fisches gießt.

Fische
Die Fische gehören zu den 12 Tierkreis-Sternbildern. Da sie relativ lichtschwach sind, kann man sie am ehesten in einer mondlosen Nacht entdecken.

WO SEHT IHR DIESEN STERNHIMMEL?
Auf der Nordhalbkugel, z. B. in Europa, den USA, Kanada und Japan

WANN SEHT IHR DIESEN HIMMEL?
Von Oktober bis Ende Dezember

MIT BLOSSEM AUGE ZU ERKENNEN
Fomalhaut im Südlichen Fisch, der veränderliche Stern Mira im Walfisch

MIT DEM FERNGLAS ZU ERKENNEN
Sternhaufen Hyaden im Stier, Helixnebel im Wassermann, Dreiecksnebel (M33)

MIT DEM FERNROHR ZU ERKENNEN
Kugelsternhaufen M15 im Pegasus

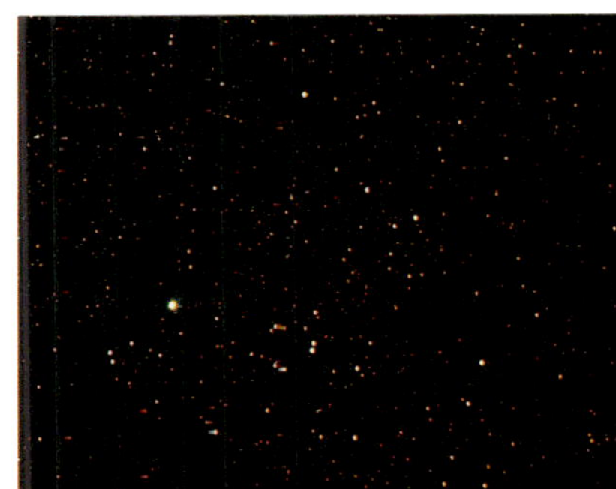

Hyaden
Dieser lose offene Sternhaufen (am östlichen Himmel) ist nur etwa 150 Lichtjahre von uns entfernt.

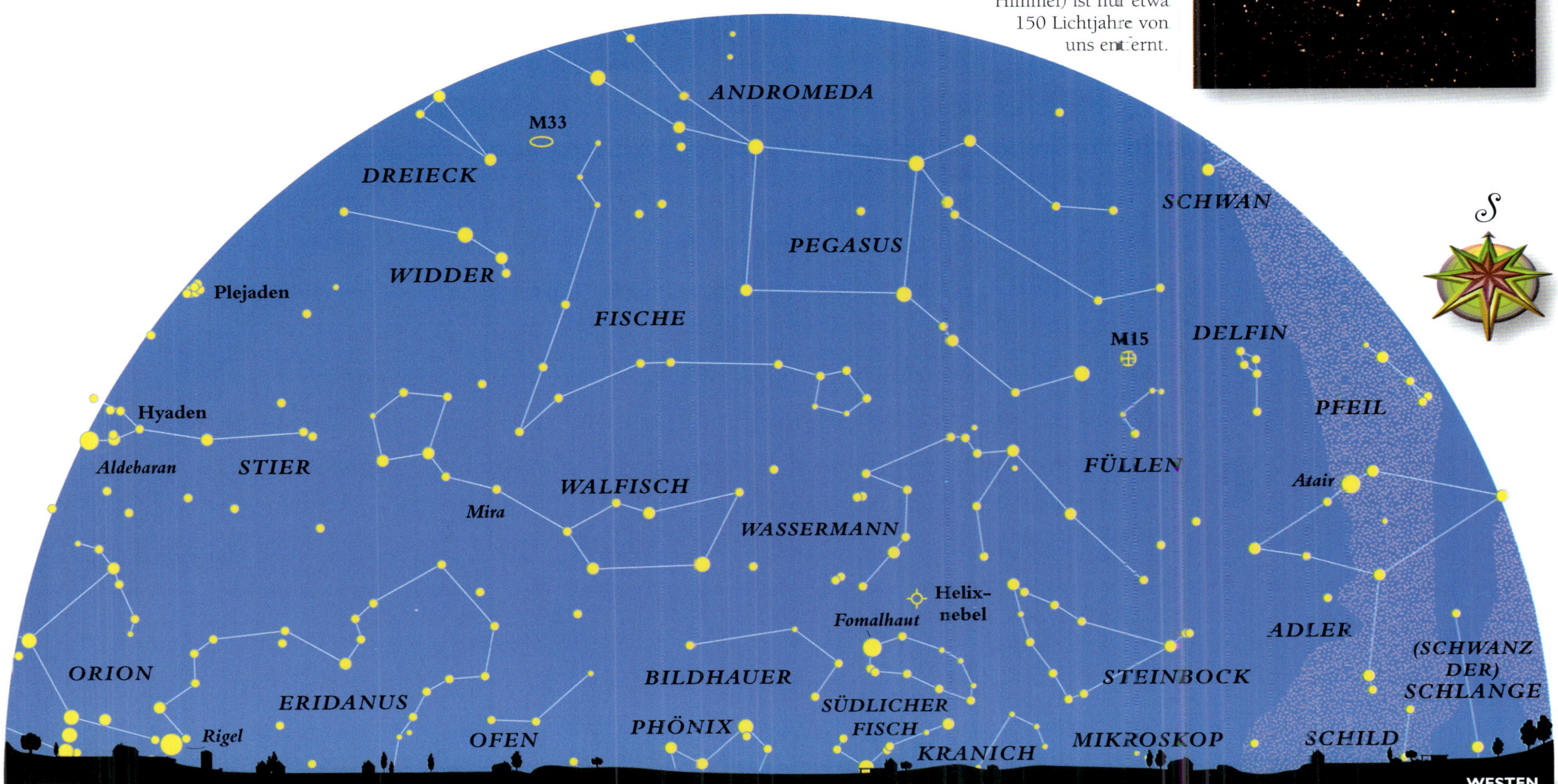

Wintersterne am Südhimmel

Blickrichtung Norden: Drei helle Sterne fallen auf, zwei davon tief am Himmel stehend. Im Nordwesten sinkt der Bärenhüter und mit ihm der gelbliche Arktur. Genau im Norden seht ihr am Horizont die weiße Wega als Hauptstern der Leier, einer kleinen, aber deutlich erkennbaren Konstellation. Etwas höher im Nordosten erstrahlt der weiße Atair im Sternbild Adler. Er befindet sich am Rand eines breiten Risses, der die Milchstraße vom Schwan bis zum Schwanz der Schlange durchzieht und von einer riesigen Staubwolke gebildet wird. Rechts unterhalb der Wega entdeckt ihr nahe dem Horizont Deneb im Sternbild Schwan. Links von der Wega könnt ihr Herkules und den Halbkreis der Nördlichen Krone beobachten. Hoch am westlichen Himmel zeigt sich die lichtschwache Waage, eines der Tierkreis-Sternbilder. Noch weiter oben, in der Nähe des Schützen, verbreitert sich die Milchstraße. Diese Region, in der sich das Zentrum unserer Galaxis befindet, enthält dichte Sternwolken, die einen schönen Anblick bieten.

Wo seht ihr diesen Sternhimmel?
Auf der südlichen Halbkugel, z. B. in Australien, Neuseeland, Südamerika und Südafrika

Wann seht ihr diesen Himmel?
Von Juli bis Ende September

Mit blossem Auge zu erkennen
Dunkle Teilung in der Milchstrasse vom Schwan bis zum Schwanz der Schlange und Schild

Mit dem Fernglas zu erkennen
Sternwolken im Skorpion und Schützen

Mit dem Fernrohr zu erkennen
Lagunen-(M8) und Trifidnebel (M20) im Schützen, Adlernebel (M16) und Hantelnebel (M27) im Fuchs, Kugelsternhaufen M13 im Herkules

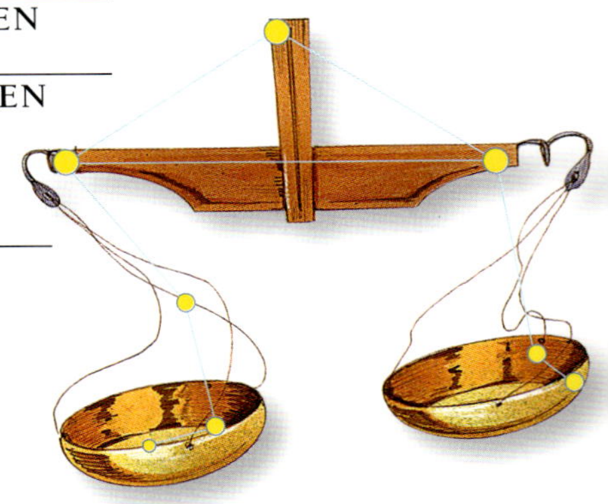

Waage
Im Altertum bildeten die Sterne der Waage die Scheren des Skorpions. Aber um 50 v. Chr. schufen die Astronomen ein eigenes Sternbild für die Gruppe.

Schütze
Der Schütze, der wie der Kentaur als Mischwesen – halb Mensch und halb Pferd – dargestellt wird, gilt nach einer griechischen Legende als der Erfinder von Pfeil und Bogen.

Trifidnebel (M20)
Der helle Trifidnebel im Schützen wird von dunklen Adern aus Gas und Staub in drei Teile gespalten.

Adlernebel (M16)
Der Adlernebel liegt am Rand der Milchstraße im Sternbild Schlange. Im Fernrohr ähnelt die leuchtende Gaswolke einem kauernden Vogel.

Schlange
Die Schlange ist das einzige Sternbild, das aus zwei Teilen – Kopf und Schwanz der Schlange genannt – besteht. Zwischen den beiden Hälften befindet sich der Schlangenträger.

BLICKRICHTUNG SÜDEN: Die Milchstraße geht im Südwesten unter und mit ihr eine Reihe heller Sterne. Das Kreuz des Südens ist leicht an seiner Form zu erkennen. Ganz in seiner Nähe liegt der Kohlensack, eine Dunkelwolke, die mit bloßem Auge beobachtet werden kann. Links unter dem Kreuz des Südens erscheint die Kleine Magellansche Wolke (SMC) wie ein Spritzer der Milchstraße. Rechts und oberhalb des Kreuzes wölbt sich die Konstellation Kentaur, benannt nach einem Fabelwesen, das halb Mensch und halb Pferd ist. Die Sterne Alpha und Beta Centauri bilden die Vorderbeine des Kentauren. Über dem Kentaur kauert der Wolf vor einem breiten Strom der Milchstraße, der sich zum Skorpion am oberen Rand der Sternkarte erstreckt. Hier und im nahen Sternbild Schütze (der ebenfalls ein Kentaur ist) bietet die Milchstraße einen grandiosen Anblick. Deshalb solltet ihr diese Region in einer mondlosen Nacht mit dem Fernglas oder Fernrohr erkunden.

SÜDLICHE KRONE
Die Südliche Krone (auf der Karte unter dem Sternbild Schütze) stellte ursprünglich einen Lorbeerkranz dar.

◆ SCHAU NACH ◆

- Welches Sternbild besteht aus zwei Teilen?
- Warum wirkt die Milchstraße im Schützen und Skorpion breiter?
- Kann man die Nördliche und die Südliche Krone gleichzeitig sehen?

WO SEHT IHR DIESEN STERNHIMMEL?
AUF DER SÜDHALBKUGEL, Z. B. IN AUSTRALIEN, NEUSEELAND, SÜDAMERIKA UND SÜDAFRIKA

WANN SEHT IHR DIESEN HIMMEL?
VON JULI BIS ENDE SEPTEMBER

MIT BLOSSEM AUGE ZU ERKENNEN
ALPHA UND BETA CENTAURI IM STERNBILD KENTAUR

MIT DEM FERNGLAS ZU ERKENNEN
OFFENER STERNHAUFEN M7 IM SKORPION, KUGELSTERNHAUFEN 47 TUCANAE (47 TUC) IN DER KLEINEN MAGELLANSCHEN WOLKE UND OMEGA CENTAURI IM KENTAUR, KLEINE MAGELLANSCHE WOLKE (SMC)

MIT DEM FERNROHR ZU ERKENNEN
STERNHAUFEN SCHMUCKKÄSTCHEN IM KREUZ DES SÜDENS

47 TUCANAE (47 TUC)
Dieser schöne Kugelsternhaufen im Tukan, der sich nahe der Kleinen Magellanschen Wolke (SMC) befindet, ist 16 000 Lichtjahre von uns entfernt. Er zeigt sich im Fernglas oder Fernrohr in seiner ganzen Pracht.

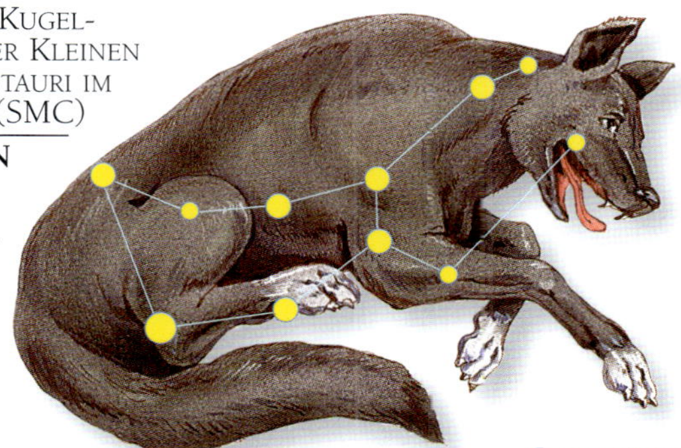

WOLF
Nach einer griechischen Legende tötete der Kentaur den Wolf und opferte ihn auf dem Altar.

MILCHSTRASSE
Die Milchstraße, in einer mondlosen Nacht durch das Fernglas betrachtet, ist ein unvergesslicher Anblick.

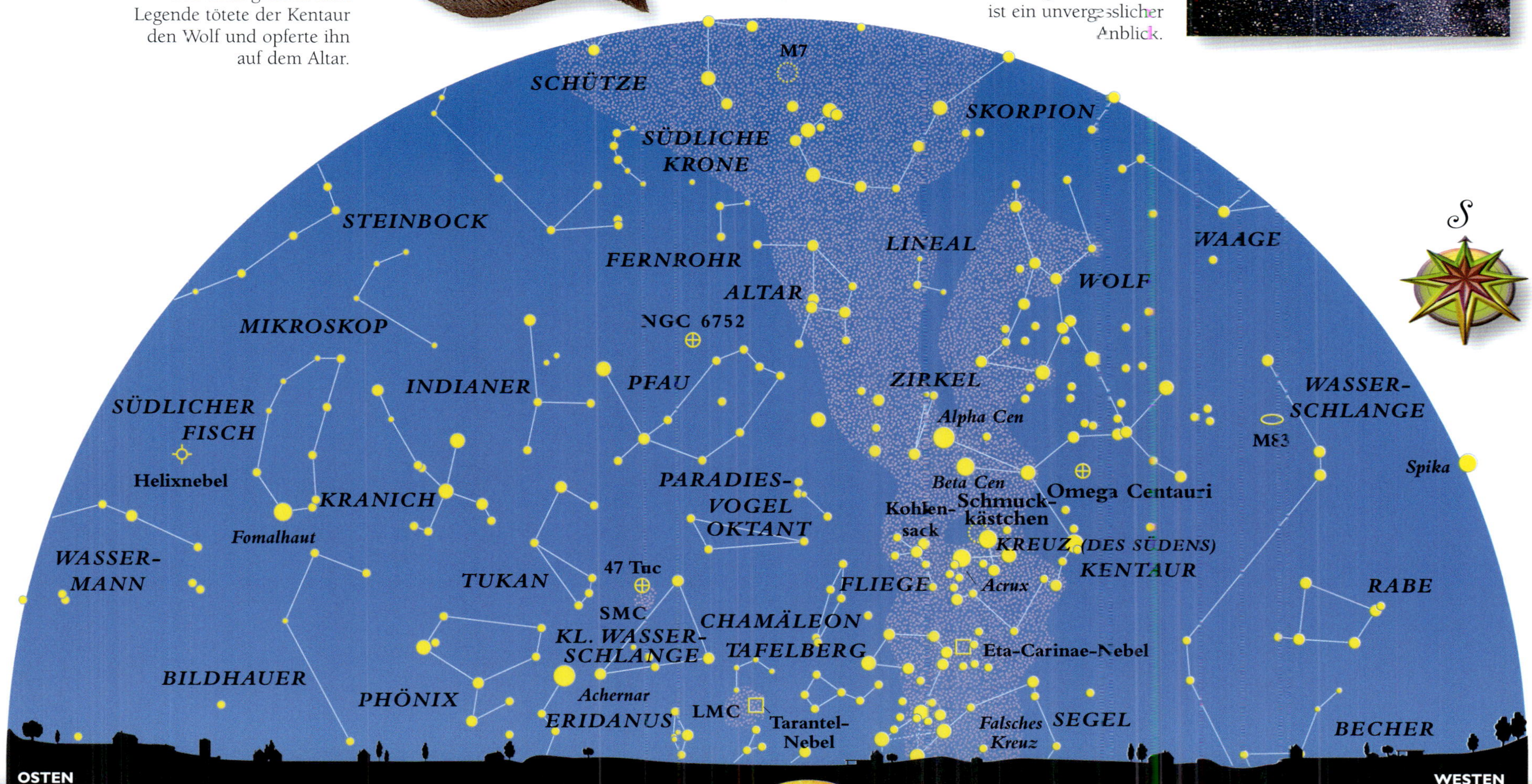

Frühlingssterne am Südhimmel

BLICKRICHTUNG NORDEN: Eine gute Orientierungshilfe liefert jetzt das große Quadrat des geflügelten Pferdes Pegasus, das über dem nördlichen Horizont nach Westen galoppiert. Die nach links verlängerte Verbindungslinie der beiden unteren Quadrat-Sterne führt zum Atair im Sternbild Adler, die nach oben verlängerte Linie der beiden linken Quadrat-Sterne zu Fomalhaut im Südlichen Fisch, der sehr hoch am Himmel steht. Zwischen Pegasus und Fomalhaut befinden sich drei lichtschwache Konstellationen, die alle mit dem feuchten Element zu tun haben: Fische, Walfisch und Wassermann. Diese Sternbilder sind am besten in einer dunklen, mondlosen Nacht zu beobachten. Im Osten geht zur Zeit der helle Stern Aldebaran auf, der das Auge des Stiers bildet. Links von Aldebaran seht ihr die Plejaden, einen offenen Sternhaufen, der auch als Siebengestirn bezeichnet wird. Halb sichtbar am östlichen Horizont lauert Orion, der Himmelsjäger.

WO SEHT IHR DIESEN STERNHIMMEL?
AUF DER SÜDHALBKUGEL, Z. B. IN AUSTRALIEN, NEUSEELAND, SÜDAMERIKA UND SÜDAFRIKA

WANN SEHT IHR DIESEN HIMMEL?
VON OKTOBER BIS ENDE DEZEMBER

MIT BLOSSEM AUGE ZU ERKENNEN
GROSSES PEGASUS-QUADRAT, FOMALHAUT IM SÜDLICHEN FISCH, VERÄNDERLICHER STERN MIRA IM WALFISCH

MIT DEM FERNGLAS ZU ERKENNEN
PLEJADEN UND HYADEN (STERNHAUFEN) IM STIER

MIT DEM FERNROHR ZU ERKENNEN
KUGELSTERNHAUFEN M15 IM PEGASUS, ANDROMEDANEBEL (M31) IN DER ANDROMEDA

FOMALHAUT
Fomalhaut ist der Hauptstern im Südlichen Fisch. Sein Name kommt aus dem Arabischen und bedeutet „Maul des Fisches“.

WALFISCH
Den Nacken des Meerungeheuers bildet Mira, ein veränderlicher Stern mit einer Lichtwechsel-Periode von etwa 11 Monaten.

PEGASUS-QUADRAT
Wenn ihr das große Quadrat findet und die gedachten Linien zwischen den vier Ecksternen verlängert, könnt ihr viele der Frühlings-Sternbilder aufspüren.

♦ WISSENSWERTES ♦

Die Magellanschen Wolken (siehe Karte gegenüber) sind nach dem portugiesischen Entdecker Ferdinand Magellan benannt, der die Galaxien bei seiner Weltumseglung 1521 erstmals beschrieb.

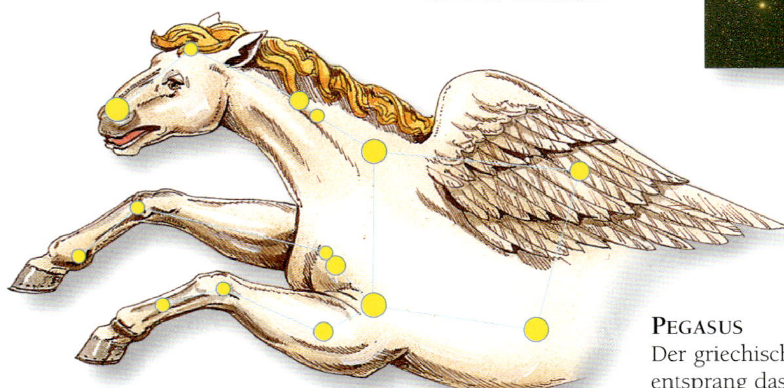

PEGASUS
Der griechischen Sage nach entsprang das geflügelte Pferd Pegasus dem Blut eines Ungeheuers, das der Held Perseus erschlagen hatte.

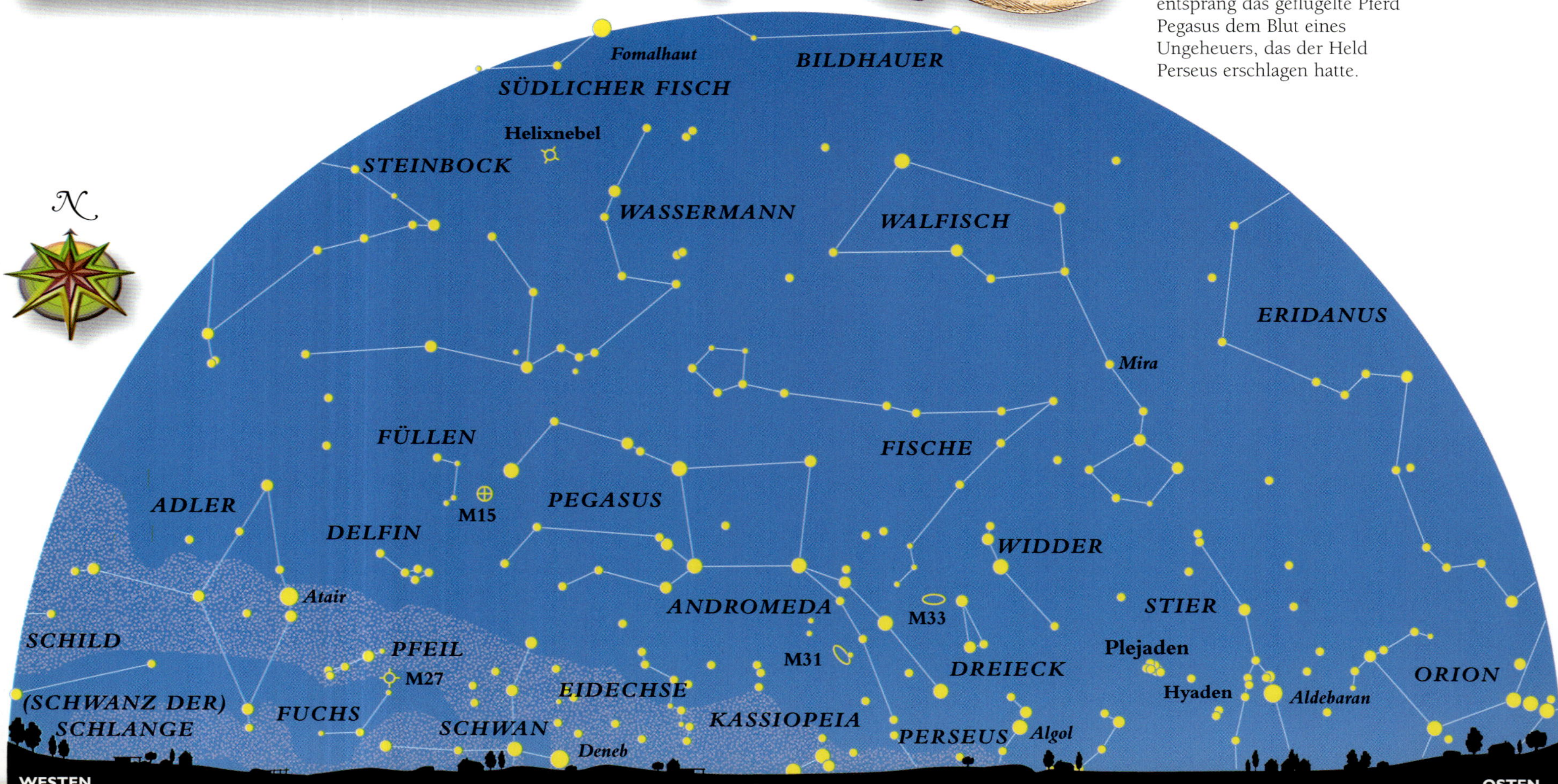

Blickrichtung Süden: Um diese Zeit fallen zwei helle Sterne ins Auge, einer hoch im Süden, der andere tief im Südosten. Bei dem höheren Stern handelt es sich um Achernar im Eridanus, der einen fernen Fluss der griechischen Mythologie symbolisiert. Die lang gestreckte Figur beginnt bei Achernar und windet sich zum östlichen Horizont, wo jetzt Orion aufgeht. Das Gegenstück tief im Südosten ist Kanopus im Schiffskiel, der zweithellste Stern nach Sirius. Zwischen Kanopus und Achernar liegt die Große Magellansche Wolke (LMC), etwas nach rechts oben versetzt die Kleine Magellansche Wolke (SMC). Beide sind Begleiter unserer Galaxis und sehen am Nachthimmel wie verschüttete „Tropfen" der Milchstraße aus. Oberhalb von Achernar seht ihr Phönix, den Feuervogel, und rechts davon den hoch aufgerichteten Kranich. Unter diesen beiden befinden sich der Tukan und der Pfau. Die Milchstraße geht allmählich am westlichen Horizont unter.

Tukan
Dieser amerikanische Tropenvogel wurde erst zu Beginn des 17. Jahrhunderts in die Liste der Sternbilder aufgenommen.

Große Balkenspirale NGC 1365
Die Große Balkenspirale NGC 1365 gehört zu den hellsten Mitgliedern eines Galaxienhaufens im Sternbild Ofen.

WO SEHT IHR DIESEN STERNHIMMEL?
Auf der Südhalbkugel, z. B. in Australien, Neuseeland, Südamerika und Südafrika

WANN SEHT IHR DIESEN HIMMEL?
Von Oktober bis Ende Dezember

MIT DEM BLOSSEN AUGE
Kanopus im Schiffskiel, Achernar im Eridanus

MIT DEM FERNGLAS ZU ERKENNEN
Kleine Magellansche Wolke (SMC), Große Magellansche Wolke (LMC)

MIT DEM FERNROHR ZU ERKENNEN
Kugelsternhaufen 47 Tucanae (47 Tuc) in der Kleinen Magellanschen Wolke, Große Balkenspirale NGC 1365 im Sternbild Ofen

Kranich
Der Kranich wurde erst im Jahr 1603 eingeführt und ist damit wie der Tukan ein Sternbild der Neuzeit.

Magellansche Wolken
Die beiden Begleitgalaxien der Milchstraße werden wohl in ferner Zukunft mit unserer Galaxis zusammenstoßen und verschmelzen.

Schau nach

- Nennt mindestens drei jetzt sichtbare Vogel-Sternbilder.
- Wie heißt der zweithellste Stern am Nachthimmel?
- Wo findet ihr den veränderlichen Stern Mira?

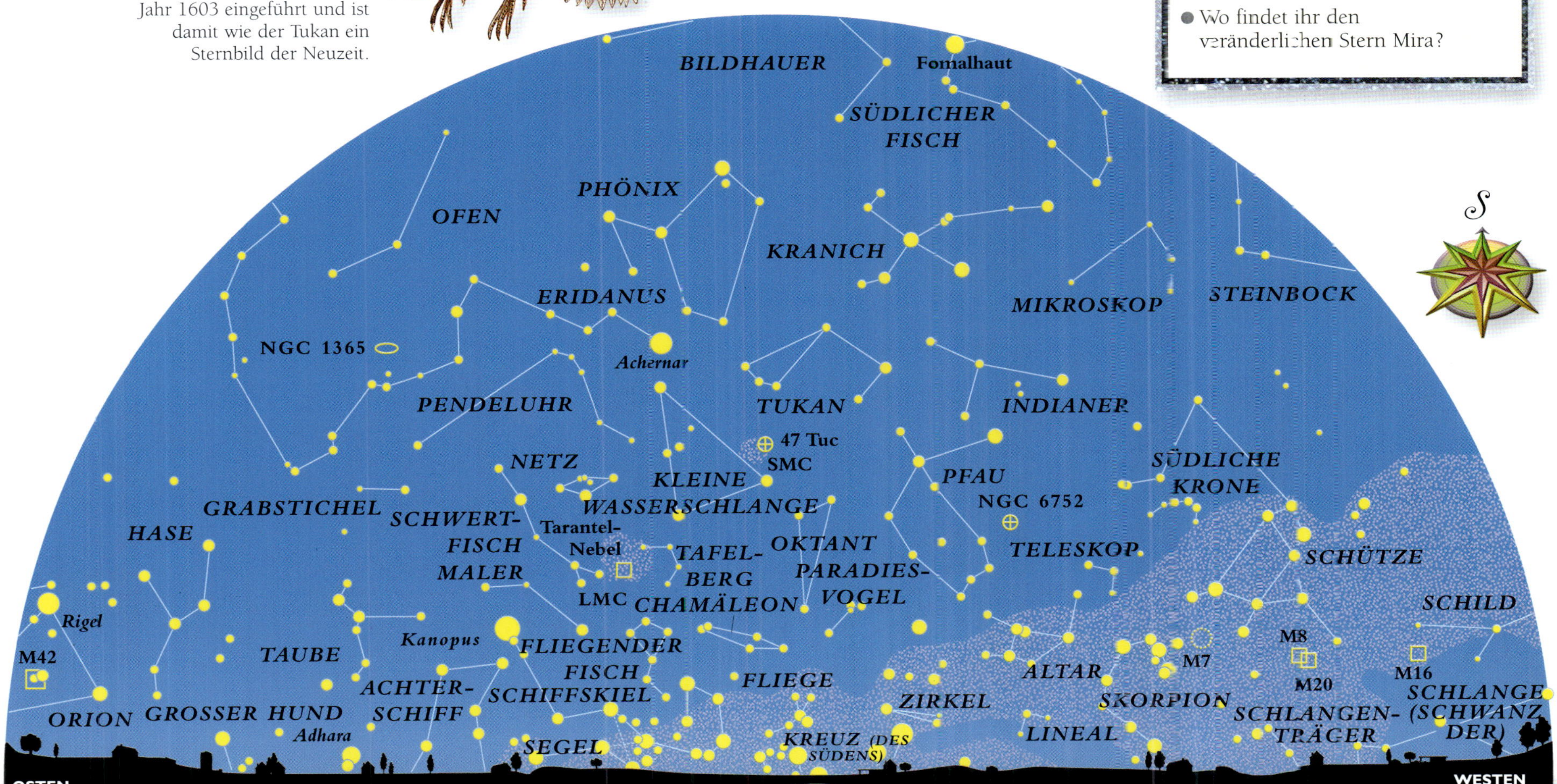

Sommersterne am Südhimmel

BLICKRICHTUNG NORDEN: In dieser Jahreszeit steht der große Jäger Orion hoch am Nordhimmel und weist euch die Richtung zu den übrigen Sternbildern. Fällt euch der Farbunterschied zwischen Beteigeuze (einem kühlen roten Riesenstern) und Rigel (einem heißen blauweißen Überriesen) auf? Wenn ihr die Linie der lichtschwächeren drei Gürtelsterne Orions nach links unten verlängert, stoßt ihr auf den Stier mit seinem rötlichen Hauptstern Aldebaran, der wie ein zorniges Auge glüht, und den beiden offenen Sternhaufen Plejaden und Hyaden. Wenn ihr den Gürtel nach oben rechts verlängert, strahlt euch Sirius, der hellste Stern am Himmel, im Großen Hund entgegen. Die Verbindungslinie von Sirius zum nordöstlichen Horizont führt euch zunächst zu Prokyon im Kleinen Hund und dann zu Regulus im Sternbild Löwe. Von Orion aus in Richtung Norden könnt ihr ein Stück über dem Horizont den Fuhrmann mit seinem gelben Hauptstern Kapella sehen. Zu seiner Rechten befinden sich die Zwillinge mit den beiden hellen Sternen Kastor und Pollux. Glanzpunkt im Sternbild Krebs ist Praesepe (Krippe), ein offener Sternhaufen dicht neben Pollux, der mehr als 200 Sterne enthält und im Fernglas einen prächtigen Anblick bietet.

WO SEHT IHR DIESEN STERNHIMMEL?
Auf der Südhalbkugel, z. B. in Australien, Neuseeland, Südamerika und Südafrika

WANN SEHT IHR DIESEN HIMMEL?
Von Januar bis Ende März

MIT BLOSSEM AUGE ZU ERKENNEN
Sirius im Grossen Hund, der Himmelsjäger Orion

MIT DEM FERNGLAS ZU ERKENNEN
Offener Sternhaufen Praesepe (Krippe) im Krebs, offene Sternhaufen Plejaden und Hyaden im Stier

MIT DEM FERNROHR ZU ERKENNEN
Offene Sternhaufen M35 in den Zwillingen und M41 im Grossen Hund, Crabnebel (M1) im Stier, Orionnebel (M42) im Orion

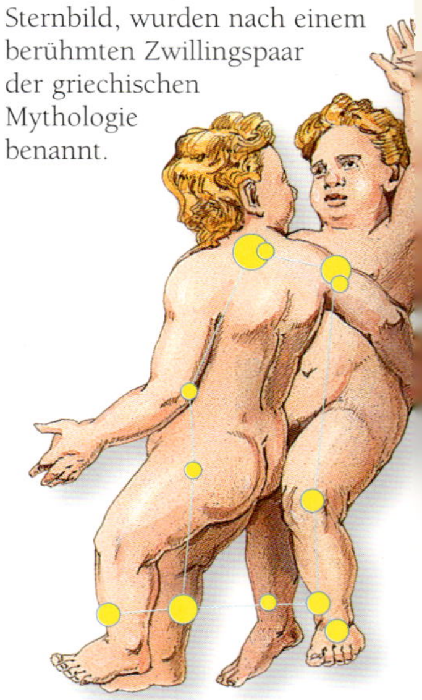

ZWILLINGE
Kastor und Pollux, die beiden hellsten Sterne in diesem Sternbild, wurden nach einem berühmten Zwillingspaar der griechischen Mythologie benannt.

PLEJADEN
Die Plejaden heißen im Volksmund auch das Siebengestirn oder die Sieben Schwestern, aber die meisten Menschen können ohne Hilfsmittel nur sechs Sterne erkennen.

◆ WISSENSWERTES ◆

Der Legende nach benannte der Griechenkönig Menelaos den Stern Kanopus nach einem berühmten Steuermann. Kanopus wird heute noch in der Raumfahrt als Navigationshilfe benutzt.

EINHORN
Das Einhorn wurde erst im 17. Jahrhundert eingeführt und besteht überwiegend aus lichtschwachen Sternen.

CRABNEBEL (M1)
Der Crab- oder Krebsnebel im Stier ist der gasförmige Überrest eines Sterns, der 1054 in einer Supernova explodierte.

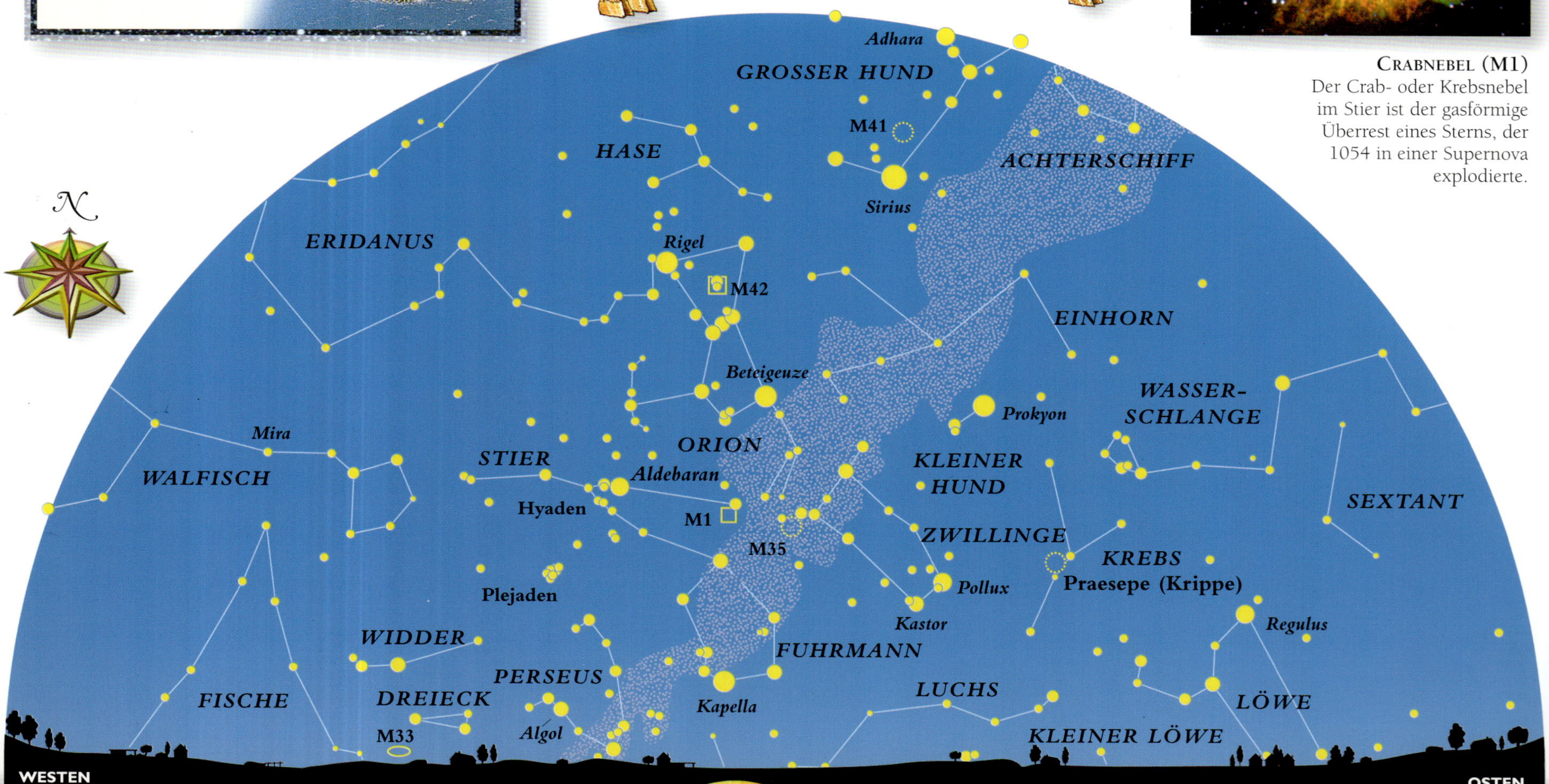

Blickrichtung Süden: Hoch im Süden markiert der helle Stern Kanopus das Steuerruder des Schiffskiels, der ein Teil des mythischen Schiffes Argo ist. Mit diesem Schiff machten sich die Argonauten unter Führung des Helden Jason auf die Suche nach dem Goldenen Vlies – dem Fell eines geflügelten Widders, das in einem heiligen Hain aufbewahrt und von einem Drachen bewacht wurde. Früher war das Schiff Argo ein ausgedehntes Sternbild, doch heute unterteilt man es in Kiel, Segel, Achterschiff und Kompass, die alle in der Milchstraße liegen. Unter dem Segel im Südosten geht das kleine Kreuz des Südens auf, halb umschlossen vom Sternbild Kentaur. Im Südwesten leuchtet Achernar, ein heller Einzelstern. Er steht am Ende des Flusses Eridanus, der dicht neben dem Rigel im Orion (siehe Karte gegenüber) „entspringt". Der Nebelfleck zwischen Achernar und Kanopus ist die Große Magellansche Wolke (LMC). Die Kleine Magellansche Wolke (SMC) bildet ein Dreieck mit Achernar und der Großen Wolke.

Wo seht ihr diesen Sternhimmel?
Auf der Südhalbkugel, z. B. in Australien, Neuseeland, Südamerika und Südafrika

Wann seht ihr diesen Himmel?
Von Januar bis Ende März

Mit blossem Auge zu erkennen
Kanopus im Schiffskiel, Kreuz des Südens

Mit dem Fernglas zu erkennen
Grosse Magellansche Wolke (LMC), Kleine Magellansche Wolke (SMC)

Mit dem Fernrohr zu erkennen
Sternhaufen Schmuckkästchen im Kreuz des Südens, Kugelsternhaufen 47 Tucanae (47 Tuc) in der Kleinen Magellanschen Wolke (SMC), Tarantel-Nebel in der Grossen Magellanschen Wolke (LMC)

Eridanus
Der gewundene Himmelsfluss erinnert an den sagenhaften Weltstrom Okeanos, der nach der Vorstellung der Antike die Erde umschloss.

Taube
Dieses Sternbild am höchsten Punkt der Karte wurde erst um 1600 eingeführt. Es bezieht sich auf die Taube, die Noah von der Arche aussandte, um nach Land Ausschau zu halten.

Schau nach

- Was geschah 1987 in der Großen Magellanschen Wolke?
- Wo befindet sich Eridanus um diese Jahreszeit?
- Was ist der Crabnebel?

Eta-Carinae-Nebel
Im Zentrum dieser Gaswolke im Sternbild Schiffskiel liegt der instabile Stern Eta Carinae, der nach Ansicht der Astronomen irgendwann in den nächsten Jahrtausenden explodieren wird.

Grosse Magellansche Wolke
1987 beobachteten Astronomen in der kleinen irregulären Galaxie LMC eine Sternexplosion. Es war die erste helle Supernova seit Erfindung des Fernrohrs vor rund 400 Jahren.

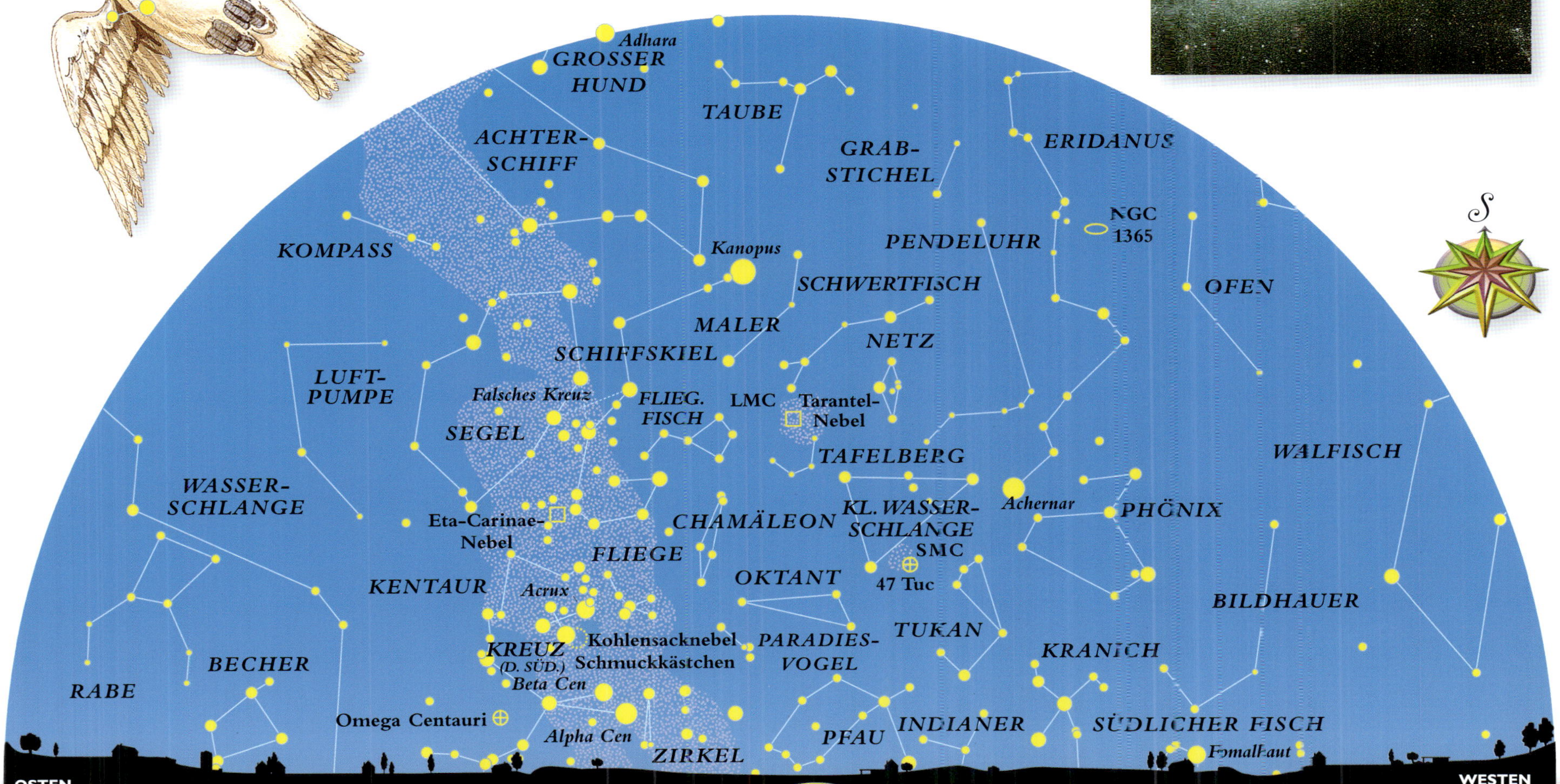

Herbststerne am Südhimmel

Blickrichtung Norden: Vier helle Sterne helfen euch jetzt beim Aufspüren der Sternbilder. Sucht zunächst nach Prokyon im Kleinen Hund, der im Nordwesten untergeht. Schräg rechts davon, im Norden, strahlt Regulus im Herzen des Löwen. Noch weiter rechts stoßt ihr im Nordosten auf Arktur, den Hauptstern des Bärenhüters, der sich etwa auf gleicher Höhe mit Regulus befindet. Direkt darüber steht Spika im Sternbild Jungfrau, ein weißer Stern, der sich deutlich von dem rötlichen Arktur abhebt. Die Himmelsregion zwischen Löwe und Jungfrau enthält den Virgo-Galaxienhaufen, der bei einem Abstand von zirka 55 Millionen Lichtjahren zur Lokalen Gruppe der nächste größere Galaxienhaufen ist. Die Wasserschlange, die derzeit hoch am Himmel zu erkennen ist, hat ihren Kopf in der Nähe von Prokyon, windet sich an den Sternbildern Becher und Rabe vorbei und endet schließlich nicht weit entfernt von Spika.

WO SEHT IHR DIESEN STERNHIMMEL?
Auf der Südhalbkugel, z. B. in Australien, Neuseeland, Südamerika und Südafrika

WANN SEHT IHR DIESEN HIMMEL?
Von April bis Ende Juni

MIT BLOSSEM AUGE ZU ERKENNEN
Regulus im Löwen, Arktur im Bärenhüter, Spika in der Jungfrau

MIT DEM FERNGLAS ZU ERKENNEN
Offener Sternhaufen Praesepe (Krippe) im Krebs

MIT DEM FERNROHR ZU ERKENNEN
Galaxien M65 und M66 im Löwen, M83 in der Wasserschlange, M87 in der Jungfrau, Virgo-Galaxienhaufen

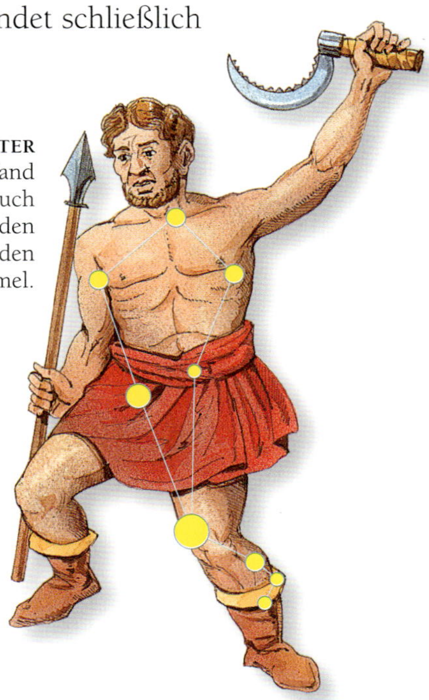

Bärenhüter
Nach einer alten Legende erfand der Bärenhüter (der manchmal auch Ochsentreiber genannt wird) den Pflug und erhielt deshalb von den Göttern einen Ehrenplatz am Himmel.

M87
Die elliptische Galaxie M87 in der Jungfrau ist einer der massereichsten Sternverbände, die wir kennen. In einem kleinen Fernrohr sieht sie wie ein verschwommener Lichtfleck aus.

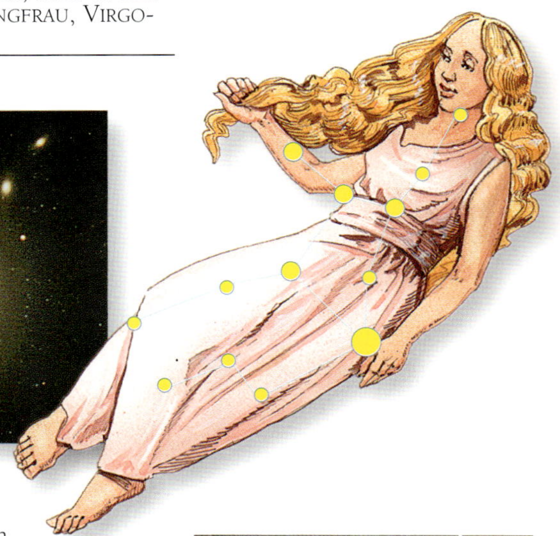

Jungfrau
Die Jungfrau ist die einzige weibliche Gestalt unter den 12 Sternbildern des Tierkreises.

M83
Die Balkenspirale M83 ist uns so zugewandt, dass wir ihre Scheibe von vorn sehen. Man kann sie mit einem Fernglas hoch im Nordosten beobachten.

Schau nach

- Wie heißt das Schiff, zu dem das Sternbild Segel gehört?
- Wann wurde das Kreuz des Südens ein eigenes Sternbild?
- Wie kam der Bärenhüter an den Nachthimmel?

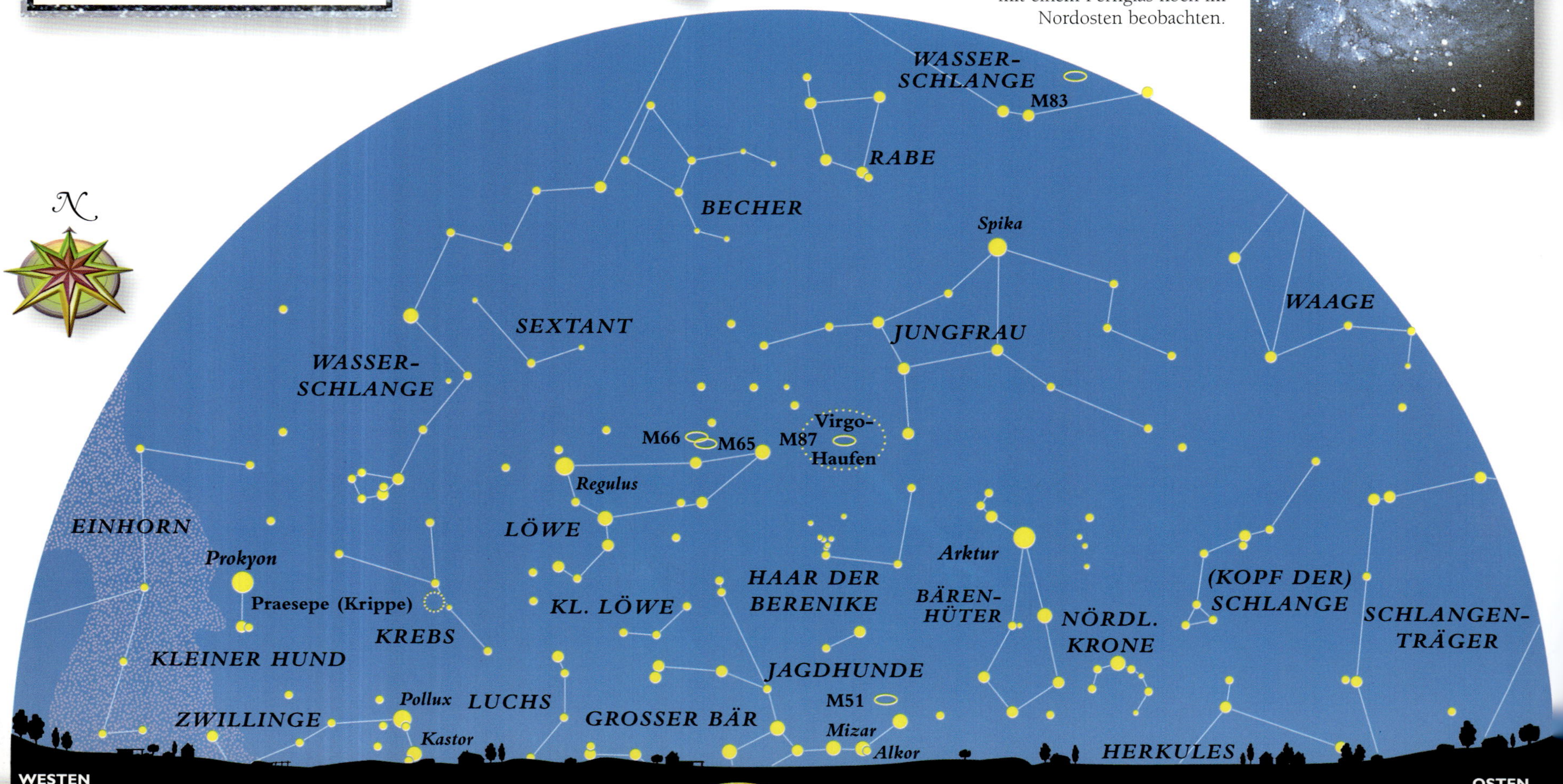

SKORPION
Nach einer griechischen Sage bedrohte der Skorpion Orion mit seinem Giftstachel. Die Götter brachten deshalb die beiden an entgegengesetzte Stellen des Himmels, damit sie sich nicht mehr begegnen konnten.

BLICKRICHTUNG SÜDEN: Um diese Jahreszeit könnt ihr in mondlosen Nächten und abseits der Großstadtlichter die Milchstraße in ihrer vollen Pracht bewundern. Jetzt ist die beste Gelegenheit, den schimmernden Bogen, der sich quer über den Südhimmel wölbt, mit einem Fernglas oder einem kleinen Fernrohr nach seinen schönsten Sternen abzusuchen. Das Band verläuft vom gleißenden Sirius im Großen Hund, der sich dem westlichen Horizont zuneigt, bis zum rötlichen Antares im Skorpion, der gerade im Südosten aufgeht. Schräg über dem hellen Kanopus im Südwesten findet ihr Schiffskiel, Segel und Achterschiff – alles Sternbilder, die im Altertum zur Konstellation Argo gehörten, dem legendären Schiff von Jason und den Argonauten. Links davon setzt der Kentaur mit seinen Vorderhufen – markiert von Alpha und Beta Centauri – geschickt über das winzige Kreuz des Südens mit seinen hellen Sternen hinweg.

SCHMUCKKÄSTCHEN
Betrachtet man die Sterne dieses kleinen offenen Haufens im Fernrohr, dann glitzern sie in allen Farben. Das Schmuckkästchen liegt 6800 Lichtjahre entfernt in der Nähe des südlichen Kreuzes

WO SEHT IHR DIESEN STERNHIMMEL?
AUF DER SÜDHALBKUGEL, Z. B. IN AUSTRALIEN, NEUSEELAND, SÜDAMERIKA UND SÜDAFRIKA

WANN SEHT IHR DIESEN HIMMEL?
VON APRIL BIS ENDE JUNI

MIT BLOSSEM AUGE ZU ERKENNEN
MILCHSTRASSE, KREUZ DES SÜDENS, KOHLENSACK IM KREUZ DES SÜDENS

MIT DEM FERNGLAS ZU ERKENNEN
MILCHSTRASSE, GROSSE MAGELLANSCHE WOLKE (LMC)

MIT DEM FERNROHR ZU ERKENNEN
STERNHAUFEN SCHMUCKKÄSTCHEN IM KREUZ DES SÜDENS, KUGELSTERNHAUFEN OMEGA CENTAURI IM KENTAUR, ETA-CARINAE-NEBEL IM SCHIFFSKIEL, TARANTEL-NEBEL IN DER GROSSEN MAGELLANSCHEN WOLKE (LMC)

TARANTEL-NEBEL
Der Tarantel-Nebel verdankt seinen Namen der Tatsache, dass seine Gaswolken Ähnlichkeit mit den behaarten Beinen einer Spinne haben. Ihr findet ihn links vom Stern Kanopus.

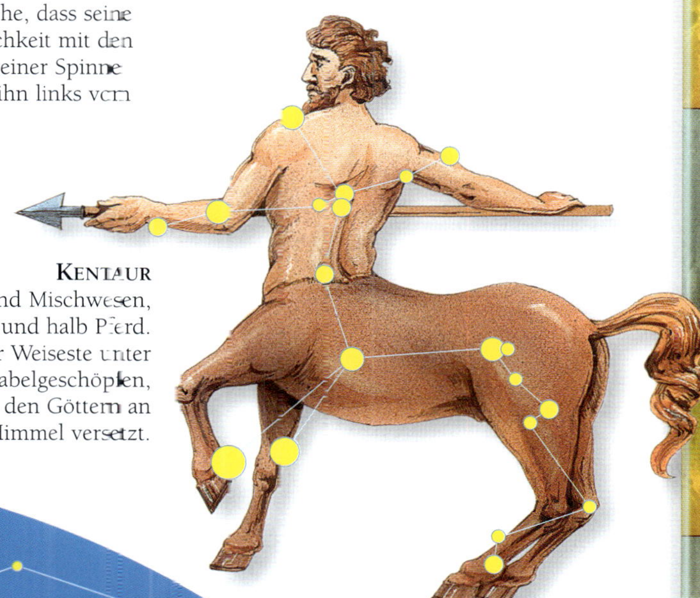

KENTAUR
Kentauren sind Mischwesen, halb Mensch und halb Pferd. Chiron, der Weiseste unter diesen Fabelgeschöpfen, wurde von den Göttern an den Himmel versetzt.

KREUZ
Das Kreuz des Südens wurde erst 1592 eine eigene Konstellation. Vorher gehörten seine Sterne zum Sternbild Kentaur.

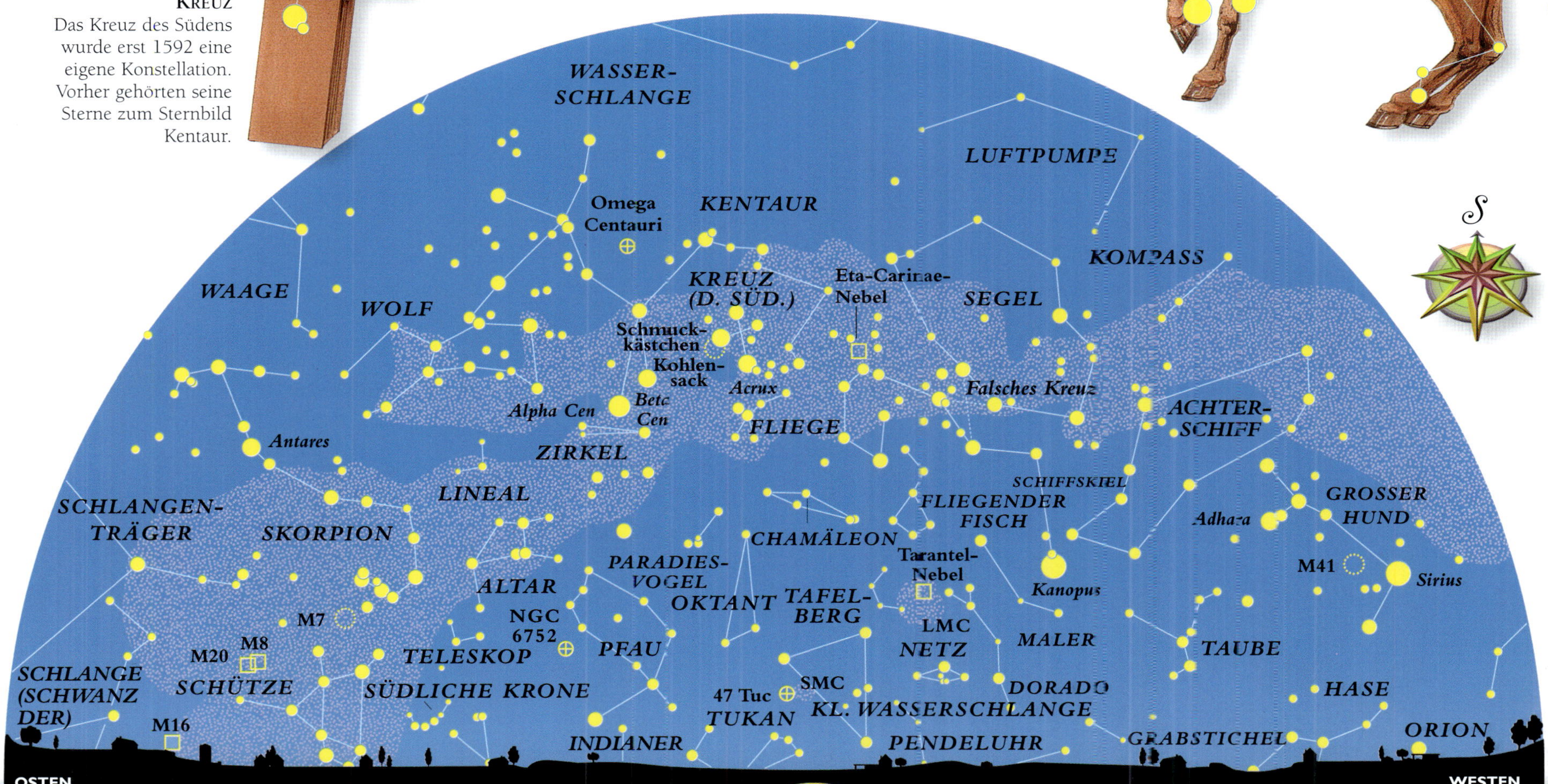

Fakten und Zahlen

Sonne

Scheinbare Helligkeit: –26,8
Absolute (tatsächliche) Helligkeit: 4,8
Rotationszeit: 25 Erdentage am Äquator, 34 Erdentage in Polnähe
Durchmesser: 1 392 000 km
Masse: 332 946fache Erdmasse
Dichte: 1,4fache Dichte von Wasser
Oberflächenschwerkraft: 27,9% d. Erdschwerkraft
Aufbau: 92,1% Wasserstoff, 7,8% Helium, 1% sonstige Elemente
Oberflächentemperatur: 5500 °C
Kerntemperatur: 15 500 000 °C
Magnetfeldstärke: bis zu 10 000 mal höher als auf der Erde

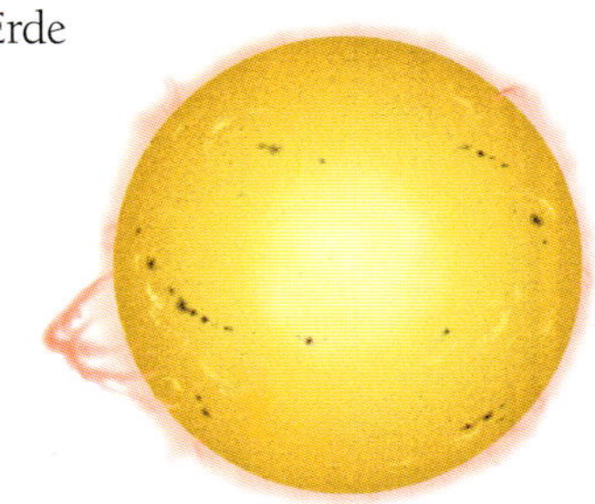

Merkur

Bekannt seit: prähistorischer Zeit
Entdecker: unbekannt
Beobachtung: mit bloßem Auge
Scheinbare Helligkeit: –2 bis +3
Sonnenabstand: 0,4 AE oder 58 Millionen km
Länge des Jahres: 88 Erdentage
Durchschnittsgeschwindigkeit: 48 km/s
Bahnneigung: 7,0°
Bahnexzentrizität: 0,21
Achsneigung: 0,5°
Rotationszeit: 59 Erdentage
Sonnentag: 176 Erdentage
Durchmesser: 4875 km
Masse: 5,5% der Erdmasse
Dichte: 5,4fache Dichte des Wassers
Oberflächenschwerkraft: 38% der Erdschwerkraft
Aufbau: Eisen und Gestein
Atmosphäre: praktisch keine
Durchschnittstemperatur: –173 °C bis 427 °C
Magnetfeldstärke: 0,5% des Erdmagnetfelds
Monde: keine
Ringe: keine
Sondenmissionen: 1

Venus

Bekannt seit: prähistorischer Zeit
Entdecker: unbekannt
Beobachtung: mit bloßem Auge
Scheinbare Helligkeit: –4,0 bis –4,6
Sonnenabstand: 0,7 AE oder 108 Millionen km
Länge des Jahres: 225 Erdentage
Durchschnittsgeschwindigkeit: 35 km/s
Bahnneigung: 3,4°
Bahnexzentrizität: 0,01
Achsneigung: 177,4°
Rotationszeit: 243 Erdentage
Sonnentag: 117 Erdentage
Durchmesser: 12 104 km
Masse: 82% der Erdmasse
Dichte: 5,2fache Dichte von Wasser
Oberflächenschwerkraft: 90% der Erdschwerkraft
Aufbau: überwiegend Gestein
Atmosphäre: 97% Kohlendioxid, 3% Stickstoff
Atmosphäredruck: 96fache der Erdatmosphäre
Durchschnittstemperatur: 470 °C
Magnetfeldstärke: geringer als 0,05% des Erdmagnetfelds
Monde: keine
Ringe: keine
Sondenmissionen: 25

Erde

Bekannt seit: prähistorischer Zeit
Entdecker: unbekannt
Sonnenabstand: 1,0 AE oder 150 Millionen km
Länge des Jahres: 365,25 Tage
Durchschnittsgeschwindigkeit: 30 km/s
Bahnneigung: 0°
Bahnexzentrizität: 0,02
Achsneigung: 23,5°
Rotationszeit: 23 Stunden 56 Minuten
Sonnentag: 24 Stunden
Durchmesser: 12 756 km
Masse: 5,5 x 10^{24} Tonnen
Dichte: 5,5fache Dichte von Wasser
Aufbau: überwiegend Gestein
Atmosphäre: 78% Stickstoff, 21% Sauerstoff sowie geringe Mengen Wasser, Argon, Kohlendioxid
Durchscnittstemperatur: 17°C
Monde: 1
Ringe: keine

Mars

Bekannt seit: prähistorischer Zeit
Entdecker: unbekannt
Beobachtung: mit bloßem Auge
Scheinbare Helligkeit: –2,6 bis +1,8
Sonnenabstand: 1,5 AE oder 228 Millionen km
Länge des Jahres: 687 Erdentage
Durchschnittsgeschwindigkeit: 24 km/s
Bahnneigung: 1,9°
Bahnexzentrizität: 0,09
Achsneigung: 25,2°
Rotationszeit: 24 Stunden 37 Minuten
Sonnentag: 24 Stunden 40 Minuten
Durchmesser: 6780 km
Masse: 10% der Erdmasse
Dichte: 3,9fache Dichte von Wasser
Oberflächenschwerkraft: 38% der Erdschwerkraft
Aufbau: überwiegend Gestein
Atmosphäre: 95% Kohlendioxid, 2,7% Stickstoff, 1,6% Argon und sonstige Elemente
Atmosphäredruck: 0,6% der Erdatmosphäre
Durchschnittstemperatur: –59°C
Magnetfeldstärke: geringer als 0,1% des Erdmagnetfelds
Monde: 2
Ringe: keine
Sondenmissionen: 36

Jupiter

Bekannt seit: prähistorischer Zeit
Entdecker: unbekannt
Beobachtung: mit bloßem Auge
Scheinbare Helligkeit: –2,5 bis –1,2
Sonnenabstand: 5,2 AE oder 778 Millionen km
Länge des Jahres: 11,9 Erdenjahre
Durchschnittsgeschwindigkeit: 13 km/s
Bahnneigung: 1,3°
Bahnexzentrizität: 0,05
Achsneigung: 3,1°
Rotationszeit: 9 Stunden 55 Minuten
Sonnentag: entspricht der Rotationszeit
Durchmesser: 142 984 km
Masse: 317,8fache Erdmasse
Dichte: 1,3fache Dichte von Wasser
Schwerkraft in Wolkenhöhe: 2,6fache Erdschwerkraft
Aufbau: überwiegend Gase
Atmosphäre: 86% Wasserstoff, 13,6% Helium und geringe Mengen Methan, Ammoniak, Wasser
Durchschnittstemperatur in Wolkenhöhe: –108 °C
Magnetfeldstärke: 7,1fache Stärke des Erdmagnetfelds
Monde: Mindestens 62
Ringe: 3
Sondenmissionen: 7

Erläuterungen zu Planeten

Scheinbare Helligkeit: Wie hell ein Objekt am Himmel erscheint. Niedrige Größenklassen stehen für helle, hohe für dunkle Objekte.

Sonnenabstand: Die durchschnittliche Entfernung eines Planeten von der Sonne.

Bahnneigung: Der Winkel einer Planetenbahn gegenüber der Erdbahn-Ebene.

Bahnexzentrizität: Die Ellipsenform einer Planetenbahn. Je größer die Zahl, desto stärker weicht sie von der Kreisform ab.

Erläuterungen zu Asteroiden

Sonnenabstand: Die durchschnittliche Entfernung eines Asteroiden zur Sonne.
Umlaufzeit: Stets in Erdenjahren angegeben.

Erläuterungen zu Kometen

Namen: Kometen werden nach ihren Entdeckern benannt.

Umlaufzeit: Stets in Erdenjahren angegeben.

Bahnneigung: Der Winkel einer Kometenbahn gegenüber der Erdbahn-Ebene.

Bahnexzentrizität: Die Ellipsenform einer Kometenbahn. Je größer die Zahl, desto stärker weicht sie von der Kreisform ab.

Allgemeine Erläuterungen

- 1 AE (Astronomische Einheit) ist die mittlere Entfernung der Erde von der Sonne und entspricht rund 150 Millionen km.
- 1 Tonne entspricht 1000 kg.

Geländeformen auf Planeten

Geländeformen auf Gesteinsplaneten und Monden kommen aus dem Lateinischen oder Griechischen.
Chasma: tiefes, langes Tal mit steilen Seitenwänden
Corona: große ovale oder runde Struktur
Fossa, fossae: flaches, langes und schmales Tal
Mons, montes: Berg oder Gebirgskette
Patera: unregelmäßig geformter Krater
Planitia: Tiefebene
Planum: Plateau oder Hochebene
Regio: größeres Gebiet, das eine Einheit bildet
Rupes: langgestreckte Böschung
Terra: ausgedehnte Landmasse
Tessera: Gebiet mit mehreren, sich überkreuzenden Verwerfungen
Tholus: kuppelartiger Berg oder Hügel
Vallis, valles: Tal oder Tälersystem
Vastitas: ausgedehnte Ebene

Saturn

Bekannt seit: prähistorischer Zeit
Entdecker: unbekannt
Beobachtung: mit bloßem Auge
Scheinbare Helligkeit: 0,6 bis 1,5
Sonnenabstand: 9,6 AE oder 1432 Millionen km
Länge des Jahres: 29,4 Erdenjahre
Durchschnittsgeschwindigkeit: 10 km/s
Bahnneigung: 2,5°
Bahnexzentrizität: 0,05
Achsneigung: 26,7°
Rotationszeit: 10 Stunden 39 Minuten
Sonnentag: entspricht der Rotationszeit
Durchmesser: 120 533 km
Masse: 95,2fache Erdmasse
Dichte: 0,7fache Dichte von Wasser
Schwerkraft in Wolkenhöhe: 1,1fache Erdschwerkraft
Aufbau: überwiegend Gase
Atmosphäre: 96% Wasserstoff, 3,3% Helium sowie Methan, Ammoniak u. sonstige Elemente
Durchschnittstemperatur in Wolkenhöhe: –139°C
Magnetfeldstärke: 0,34fache Stärke des Erdmagnetfelds
Monde: mindestens 34
Ringe: 7
Sondenmissionen: 4

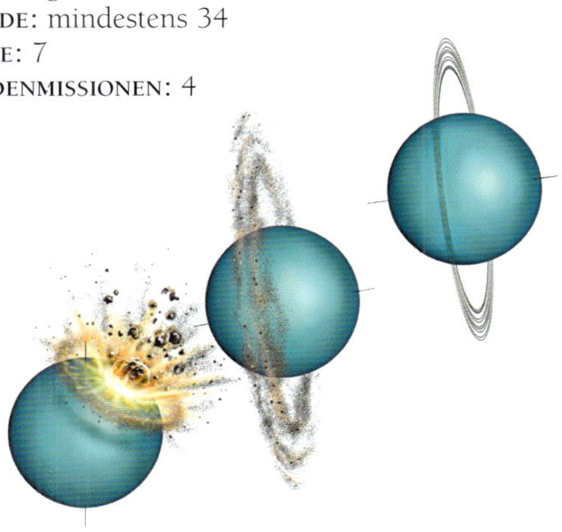

Uranus

Bekannt seit: März 1781
Entdecker: Wilhelm Herschel
Beobachtung: mit bloßem Auge gerade noch erkennbar, mit dem Fernrohr leicht aufzuspüren
Scheinbare Helligkeit: 5,5 bis 5,9
Sonnenabstand: 19,2 AE oder 2871 Millionen km
Länge des Jahres: 84,1 Erdenjahre
Durchschnittsgeschwindigkeit: 7 km/s
Bahnneigung: 0,8°
Bahnexzentrizität: 0,04
Achsneigung: 97,9°
Rotationszeit: 17 Stunden 14 Minuten
Sonnentag: entspricht der Rotationszeit
Durchmesser: 51 118 km
Masse: 14,5fache Erdmasse
Dichte: 1,3fache Dichte von Wasser
Schwerkraft in Wolkenhöhe: 0,90fache Erdschwerkraft
Aufbau: überwiegend Gase
Atmosphäre: 83% Wasserstoff, 15% Helium, 2% Methan
Durchschnittstemperatur in Wolkenhöhe: –197°C
Magnetfeldstärke: 0,38fache Stärke des Erdmagnetfelds
Monde: mindestens 21
Ringe: 11
Sondenmissionen: 1

Neptun

Bekannt seit: September 1846
Entdecker: Urbain Leverrier, John Couch Adams, Johann Galle und Heinrich d'Arrest
Beobachtung: mit dem Fernrohr
Scheinbare Helligkeit: 7,9
Sonnenabstand: 30,1 AE oder 4498 Millionen km
Länge des Jahres: 164,9 Erdenjahre
Durchschnittsgeschwindigkeit: 5,5 km/s
Bahnneigung: 1,8°
Bahnexzentrizität: 0,01
Achsneigung: 29,6°
Rotationszeit: 16 Stunden 7 Minuten
Sonnentag: entspricht der Rotationszeit
Durchmesser: 49 528 km
Masse: 17,2fache Erdmasse
Dichte: 1,6fache Dichte von Wasser
Schwerkraft in Wolkenhöhe: 1,1fache Erdschwerkraft
Aufbau: überwiegend Gase
Atmosphäre: 80% Wasserstoff, 19% Helium 1% Methan
Durchschnittstemperatur in Wolkenhöhe: –201°C
Magnetfeldstärke: 0,22fache Stärke des Erdmagnetfelds
Monde: 13
Ringe: 6
Sondenmissionen: 1

Pluto

Bekannt seit: Februar 1930
Entdecker: Clyde Tombaugh
Beobachtung: mit dem Fernrohr
Scheinbare Helligkeit: 13,7
Sonnenabstand: 39,5 AE oder 5914 Millionen km
Länge des Jahres: 248 Erdenjahre
Durchschnittsgeschwindigkeit: 5 km/s
Bahnneigung: 17,1°
Bahnexzentrizität: 0,25
Achsneigung: 122,5°
Rotationszeit: 6,4 Erdentage
Sonnentag: entspricht der Rotationszeit
Durchmesser: 2304 km
Masse: 0,2fache Erdmasse
Dichte: 2,1fache Dichte von Wasser
Oberflächenschwerkraft: 0,065fache Erdschwerkraft
Aufbau: Gestein und Eis
Atmosphäre: Methan, Stickstoff
Atmosphärendruck: etwa 3 000 000fach stärker als auf der Erde
Durchschnittstemperatur: –233 °C
Magnetfeldstärke: unbekannt
Monde: 3
Ringe: keine
Sondenmissionen: keine

Asteroiden

Name	Entdecker	Sonnenabstand	Umlaufzeit	Rotationszeit	Durchmesser
1 Ceres	Piazzi, 1801	2,76 AE	4,6 Jahre	9 h 5 min	913 km
2 Pallas	Olbers, 1802	2,77 AE	4,6 Jahre	7 h 49 min	523 km
4 Vesta	Olbers, 1807	2,36 AE	3,6 Jahre	5 h 21 min	520 km
10 Hygeia	De Gasparis, 1849	3,14 AE	5,6 Jahre	27 h 40 min	429 km
511 Davida	Dugan, 1903	3,18 AE	5,7 Jahre	5 h 8 min	337 km
704 Interamnia	Cerulli, 1910	3,06 AE	5,4 Jahre	8 h 44 min	333 km
253 Mathilde	Palisa, 1885	2,65 AE	4,3 Jahre	17 h 24 min	66 km
243 Ida	Palisa, 1884	2,86 AE	4,9 Jahre	4 h 38 min	60 km
433 Eros	Witt & Charlois, 1898	1,46 AE	1,8 Jahre	5 h 18 min	33 km
951 Gaspra	Neujmin, 1916	2,21 AE	3,3 Jahre	7 h 3 min	18 km

Kometen

Name	Erstmals registriert	Grösster Sonnenabst.	Kleinster Sonnenabst.	Typ	Umlaufzeit	Bahnneigung	Bahnexzentr.
Encke	1786	4,1 AE	0,3 AE	kurzperiod.	3,3 Jahre	11,9°	0,85
Wirtanen	1954	5,1 AE	1,1 AE	kurzperiod.	5,5 Jahre	11,7°	0,65
Wild 2	1978	5,3 AE	1,6 AE	kurzperiod.	6,4 Jahre	3,2°	0,54
d'Arrest	1851	5,6 AE	1,4 AE	kurzperiod.	6,5 Jahre	19,5°	0,61
Tempel-Tuttle	1866	19,5 AE	1,0 AE	kurzperiod.	32,9 Jahre	163°	0,90
Halley	239 v. Chr.	35,0 AE	0,6 AE	kurzperiod.	76,0 Jahre	162°	0,97
Swift-Tuttle	1862	52,3 AE	1,0 AE	kurzperiod.	137,3 Jahre	113°	0,96
Bennett	1970	281,8 AE	0,5 AE	langperiod.	1678 Jahre	90°	0,99
Donati	1858	311,6 AE	0,6 AE	langperiod.	1950 Jahre	117°	0,99
Hale-Bopp	1995	370,6 AE	0,9 AE	langperiod.	2529 Jahre	89,4°	0,99
Hyakutake	1996	2006 AE	0,2 AE	langperiod.	31 781 Jahre	125°	0,99
Ikeya-Seki	1965	4000 AE	0,01 AE	langperiod.	39 443 Jahre	129°	0,99

Monde

Name	Entdeckung	Entfernung vom Planeten in km	Umlaufzeit	Durchmesser in km
Erde				
Erdmond	Altertum	384 401	27,3 Tage	3476
Mars				
Phobos	Hall, 1877	9378	0,3 Tage	27
Deimos	Hall, 1877	23 459	1,3 Tage	15
45 Eugenia				
S/1998(45)1	Merline, 1998	1240?	4,7 Tage	10?
243 Ida				
Dactyl	Galileo-Raumsonde, 1993	90	unbekannt	1,6
Jupiter				
Metis	Synnott, 1979	127 960	0,3 Tage	40
Adrastea	Jewitt & Danielson, 1979	128 980	0,3 Tage	25
Amalthea	Barnard, 1892	181 300	0,5 Tage	270
Thebe	Synnott, 1979	221 900	0,7 Tage	110
Io	Galilei, 1610	421 600	1,8 Tage	3643
Europa	Galilei, 1610	670 900	3,5 Tage	3120
Ganymed	Galilei, 1610	1 070 000	7,2 Tage	5268
Kallisto	Galilei, 1610	1 883 000	16,7 Tage	4800
Themisto	Sheppard & andere, 2000	7 507 000	130 Tage	8
Leda	Kowal, 1974	11 094 000	238,7 Tage	16
Himalia	Perrine, 1904	11 480 000	250,6 Tage	186
Lysithea	Nicholson, 1938	11 720 000	259,2 Tage	36
Elara	Perrine, 1905	11 737 000	259,6 Tage	76
S/2003 J12	Sheppard & andere, 2003	15 912 000	489,5 Tage	1
Carpo	Sheppard & andere, 2003	16 989 000	456,1 Tage	3
Euporie	Sheppard & andere, 2001	19 302 000	550,7 Tage	2
S/2003 J3	Sheppard & andere, 2003	20 221 000	584 Tage	2
S/2003 J18	Gladman & andere, 2003	20 514 000	597 Tage	2
S/2003 J16	Gladman & andere, 2003	20 963 000	616 Tage	2
Euanthe	Sheppard & andere, 2001	21 027 000	620 Tage	3
Mneme	Sheppard & andere, 2003	21 069 000	620 Tage	2
Harpalyke	Sheppard & andere, 2000	21 105 000	623,3 Tage	4
Praxidike	Sheppard & andere, 2000	21 147 000	625,3 Tage	7
Thelxinoe	Sheppard & andere, 2003	21 162 000	628 Tage	2
Orthosie	Sheppard & andere, 2001	21 168 000	623 Tage	2
Hermippe	Sheppard & andere, 2001	21 252 000	631,9 Tage	4
Helike	Sheppard & andere, 2003	21 263 000	635 Tage	4
Iocaste	Sheppard & andere, 2000	21 269 000	631,5 Tage	5
Ananke	Nicholson, 1951	21 200 000	631 Tage	30
Thyone	Sheppard & andere, 2001	21 312 000	632,4 Tage	4
S/2003 J15	Sheppard & andere, 2003	22 627 000	690 Tage	2
S/2003 J17	Gladman & andere, 2003	23 001 000	714 Tage	2
Pasithee	Sheppard & andere, 2001	23 029 000	716,3 Tage	2
S/2003 J10	Sheppard & andere, 2003	23 042 000	716 Tage	2
Arche	Sheppard & andere, 2002	23 064 000	715,6 Tage	3
Kale	Sheppard & andere, 2001	23 124 000	720,9 Tage	2
Chaldene	Sheppard & andere, 2000	23 179 000	723,8 Tage	4
Isonoe	Sheppard & andere, 2000	23 217 000	725,5 Tage	4
Erydome	Sheppard & andere, 2001	23 219 000	720,8 Tage	3
Erinome	Sheppard & andere, 2000	23 279 000	728,3 Tage	3
Taygete	Sheppard & andere, 2000	23 360 000	732,2 Tage	5
S/2003 J9	Sheppard & andere, 2003	23 384 000	733 Tage	1
Carme	Nicholson, 1938	22 600 000	692 Tage	40
S/2003 J5	Sheppard & andere, 2003	23 495 000	739 Tage	4
S/2003 J19	Gladman & andere, 2003	23 533 000	740 Tage	2
Aitne	Sheppard & andere, 2001	23 547 000	741 Tage	3
S/2003 J23	Sheppard & andere, 2003	23 563 000	732 Tage	2
Kalyke	Sheppard & andere, 2000	23 583 000	743 Tage	5
S/2003 J14	Sheppard & andere, 2003	23 614 000	779 Tage	2
Pasiphae	Melotte, 1908	23 500 000	735 Tage	50
Eukelade	Sheppard & andere, 2003	23 661 000	746 Tage	4
Megaclite	Sheppard & andere, 2000	23 806 000	752,8 Tage	6
Sponde	Sheppard & andere, 2001	23 808 000	749,1 Tage	2
S/2003 J4	Sheppard & andere, 2003	23 930 000	755 Tage	2
Sinope	Nicholson, 1914	23 700 000	758 Tage	36
Hegemone	Sheppard & andere, 2003	23 947 000	740 Tage	3
Aoede	Sheppard & andere, 2003	23 981 000	762 Tage	4
Kallichore	Sheppard & andere, 2003	24 043 000	765 Tage	2
Callirrhoe	Scotti & andere, 1999	24 102 000	758,8 Tage	8
Autonoe	Sheppard & andere, 2001	24 122 000	765,1 Tage	4
Cyllene	Sheppard & andere, 2003	24 349 000	752 Tage	2
S/2003 J2	Sheppard & andere, 2003	29 541 000	980 Tage	2
Saturn				
Pan	Showalter, 1990	133 583	0,6 Tage	20
S/2005 S01	Jewitt & andere, 2005	136 500	0,594 Tage	7
Atlas	Terrile, 1980	137 670	0,6 Tage	38
Prometheus	Collins & andere, 1980	139 353	0,6 Tage	140
Pandora	Collins & andere, 1980	141 700	0,6 Tage	110
Epimetheus	Walker & andere, 1966	151 422	0,7 Tage	140

Name	Entdeckung	Entfernung vom Planeten in km	Umlaufzeit	Durchmesser in km
Janus	Dollfus, 1966	151 472	0,7 Tage	220
Mimas	Herschel, 1789	185 520	0,9 Tage	392
Methone	Jewitt & andere, 2004	194 000	1,01 Tage	3
Pallene	Jewitt & andere, 2004	211 000	1,14 Tage	4
Enceladus	Herschel, 1789	238 020	1,4 Tage	500
Tethys	Cassini, 1684	294 660	1,9 Tage	1060
Telesto	Smith & andere, 1980	294 660	1,9 Tage	34
Calypso	Pascu & andere, 1980	294 660	1,9 Tage	34
Dione	Cassini, 1684	377 400	2,7 Tage	1 120
Helene	Laques & Lecacheux, 1980	377 400	2,7 Tage	36
Polydeuces	Jewitt & andere, 2004	377 400	2,74 Tage	4
Rhea	Cassini, 1672	527 040	4,5 Tage	1528
Titan	Huygens, 1655	1 221 830	16 Tage	5150
Hyperion	Bond, 1848	1 481 100	21,3 Tage	350
Iapetus	Cassini, 1671	3 561 300	79,3 Tage	1436
Kiviuq	Gladman & andere, 2000	11 365 000	449,2 Tage	16
Ijiraq	Kavelaars & andere, 2000	11 440 000	451,5 Tage	12
Phoebe	Pickering, 1898	12 952 000	550,5 Tage	230
Paaliaq	Gladman & andere, 2000	15 199 000	686,9 Tage	22
Skathi	Kavelaars & andere, 2000	15 647 000	728,9 Tage	8
Albiorix	Holman & andere, 2000	16 404 000	783,5 Tage	32
S/2004 S11	Jewitt & andere, 2004	16 950 000	822 Tage	6
Erriapo	Kavelaars & andere, 2000	17 616 000	871,9 Tage	10
Siarnaq	Gladman & andere, 2000	18 160 000	893,1 Tage	40
Tarvos	Kavelaars & andere, 2000	18 247 000	925,6 Tage	15
S/2004 S13	Jewitt & andere, 2004	18 450 000	906 Tage	6
S/2004 S17	Jewitt & andere, 2004	18 600 000	986 Tage	4
Mundlifari	Gladman & andere, 2000	18 709 000	951,4 Tage	7
Narvi	Sheppard & andere, 2003	18 719 000	956,2 Tage	7
S/2004 S15	Jewitt & andere, 2004	18 750 000	1008 Tage	6
S/2004 S10	Jewitt & andere, 2004	19 350 000	1026 Tage	6
Suttungr	Gladman & andere, 2000	19 463 000	1016,3 Tage	7
S/2004 S12	Jewitt & andere, 2004	19 650 000	1048 Tage	5

Name	Entdeckung	Entfernung vom Planeten in km	Umlaufzeit	Durchmesser in km
S/2004 S18	Jewitt & andere, 2004	19 650 000	1052 Tage	7
S/2004 S09	Jewitt & andere, 2004	19 800 000	1077 Tage	5
S/2004 S14	Jewitt & andere, 2004	19 950 000	1081 Tage	6
Thrymir	Gladman & andere, 2000	20 382 000	1086,9 Tage	7
S/2004 S08	Jewitt & andere, 2004	22 200 000	1355 Tage	6
S/2004 S16	Jewitt & andere, 2004	22 200 000	1271 Tage	4
Ymir	Gladman & andere, 2000	23 096 000	1312,4 Tage	18
Uranus				
Cordelia	Voyager 2, 1986	49 770	0,3 Tage	26
Ophelia	Voyager 2, 1986	53 790	0,4 Tage	30
Bianca	Voyager 2, 1986	59 166	0,4 Tage	42
Cressida	Voyager 2, 1986	61 780	0,5 Tage	62
Desdemona	Voyager 2, 1986	62 680	0,5 Tage	54
Juliet	Voyager 2, 1986	64 350	0,5 Tage	84
Portia	Voyager 2, 1986	66 090	0,5 Tage	108
Rosalind	Voyager 2, 1986	69 940	0,6 Tage	54
S/2003 U2	Showalter & andere, 2003	74 800	0,618 Tage	10
Belinda	Voyager 2, 1986	75 256	0,6 Tage	66
S/1986 U10	Karkoshka, 1999	76 416	0,6 Tage	40?
Puck	Voyager 2, 1986	86 010	0,8 Tage	154
S/2003 U1	Showalter & andere, 2003	97 734	0,923 Tage	10
Miranda	Kuiper, 1948	129 390	1,4 Tage	484
Ariel	Lassell, 1851	191 020	2,5 Tage	1158
Umbriel	Lassell, 1851	266 300	4,1 Tage	1172
Titania	Herschel, 1787	453 910	8,7 Tage	1580
Oberon	Herschel, 1787	583 520	13,5 Tage	1524
S/2001 U3	Holman & andere, 2001	4 276 000	266,6 Tage	22
Caliban	Gladman & andere, 1997	7 169 000	579 Tage	60
Stephano	Gladman & andere, 1999	804 000	677,4 Tage	32
Trinculo	Holman andere, 2001	8 504 000	759 Tage	18

Name	Entdeckung	Entfernung vom Planeten in km	Umlaufzeit	Durchmesser in km
S/1999 U1	Gladman & andere, 1999	10 000 000?	unbekannt	20?
Sycorax	Nicholson & andere, 1997	12 214 000	1289 Tage	160
S/2003 U3	Holman & andere, 2003	14 345 000	1694,8 Tage	20
Prospero	Holman & andere, 1999	16 256 000	1977,3 Tage	50
Setebos	Kavelaars & andere, 1999	17 418 000	2234,8 Tage	47
S/2001 U2	Holman & andere, 2001	20 901 000	2823,4 Tage	21
S/1999 U2	Gladman & andere, 1999	25 000 000?	unbekannt	20?
Neptun				
Najade	Voyager 2, 1989	48 227	0,3 Tage	58
Thalassa	Voyager 2, 1989	50 070	0,3 Tage	80
Despina	Voyager 2, 1989	52 526	0,3 Tage	148
Galatea	Voyager 2, 1989	61 953	0,4 Tage	158
Larissa	Reitsma & Voyager 2, 1989	73 548	0,6 Tage	208

Name	Entdeckung	Entfernung vom Planeten in km	Umlaufzeit	Durchmesser in km
Proteus	Voyager 2, 1989	117 647	1,1 Tage	436
Triton	Lassell, 1846	354 760	5,9 Tage	2706
Nereid	Kuiper, 1949	5 513 400	360,1 Tage	340
S/2002 N1	Holman & andere, 2002	15 686 000	1874,8 Tage	61
S/2002 N2	Holman & andere, 2002	22 337 190	2925,6 Tage	40
S/2002 N3	Holman & andere, 2002	22 613 200	2980,4 Tage	40
S/2003 N1	Jewitt & andere, 2003	46 738 000	9136,1 Tage	38
S/2002 N4	Holman & andere, 2002	47 279 670	9007,1 Tage	60
Pluto				
Charon	Christy, 1978	19 636	6,4 Tage	1
S/2005 P2	Hubble-Teleskop, 2005	50 000	unbekannt	100–140
186S/2005 P1	Hubble-Teleskop, 2005	65 000	unbekannt	110–160

Erläuterungen zu Monden

Name: 45 Eugenia und 243 Ida sind Asteroiden mit eigenen Monden.
Umlaufzeit: Alle Tage sind Erdentage.
Masse: Sehr große Maßzahlen werden wissenschaftlich ausgedrückt, z. B. mit $3{,}7 \times 10^9$. Die kleine Zahl nach der 10 ist die Anzahl der Nullen, die nach der 1 steht. Demnach ist 10^9 gleich 1 000 000 000 und $3{,}7 \times 10^9$ ist 3 700 000 000 oder 3700 Millionen.

- Eine Tonne ist eine metrische Tonne und entspricht 1000 kg.
- Ein Fragezeichen bedeutet, dass die Angabe geschätzt ist.

Meteorschauer

**Daten können leicht abweichen*

Schauer	Sternbild	Datum*	pro Stunde	Ursprung
Quadrantiden	Bärenhüter	3. Jan.	40 Meteore	unbekannt
Lyriden	Leier	22. Apr.	15 Meteore	Komet Thatcher
Eta Aquariden	Wassermann	5. Mai	20 Meteore	Komet Halley
Delta Aquariden	Wassermann	28. Juli	20 Meteore	unbekannt
Perseiden	Perseus	12. Aug	50 Meteore	Komet Swift-Tuttle
Orioniden	Orion	22. Okt.	25 Meteore	Komet Halley
Tauriden	Stier	3. Nov	15 Meteore	Komet Encke
Leoniden	Löwe	17. Nov.	15 Meteore	Komet Tempel-Tuttle
Geminiden	Zwillinge	14. Dez.	50 Meteore	Asteroid 3200 Phaethon
Ursiden	Kleiner Bär	23. Dez.	20 Meteore	Komet Tuttle

Mondfinsternisse

Datum	Art	Am besten beobachtbar in
7.9.2006	partiell	Indischer Ozean, Asien, östliches Afrika
3.3.2007	total	Afrika, Europa
28.8.2007	total	zentraler Pazifik, westliches Nord- & Südamerika
21.2.2008	total	Nord- & Südamerika, westliches Europa
16.8.2008	partiell	westliches Asien, Europa, Afrika
21.12.2009	partiell	Asien, Indischer Ozean, Afrika, Europa
26.6.2010	partiell	zentraler Pazifik, westliches Nord- & Südamerika
21.12.2010	total	Nordamerika, westliches Südamerika
15.6.2011	total	südwestliches Asien, Afrika, Indischer Ozean
10.12.2011	total	westlicher Pazifik, östliches Asien, Alaska, Yukon
4.6.2012	partiell	zentraler Pazifik, westliches Nord- & Südamerika
15.4.2014	total	Nordamerika, westliches Südamerika, Pazifik
8.10.2014	total	Pazifik, westliches Nord- & Südamerika
4.4.2015	total	Pazifik, westliches Nord- & Südamerika
28.9.2015	total	Westeuropa & Afrika, Nord- & Südamerika
23.3.2016	partiell	Asien, Australien, Pazifik, westliches Amerika
18.8.2016	partiell	Australien, Pazifik, Nord- & Südamerika
16.9.2016	partiell	Europa, Afrika, Asien, Australien, westlicher Pazifik
11.2.2017	partiell	Nord- & Südamerika, Europa, Afrika, Asien
7.8.2017	partiell	Europa, Afrika, Asien, Australien
31.1.2018	total	Asien, Australien, Pazifik, westliches Nordamerika
27.7.2018	total	Südamerika, Europa, Afrika, Asien, Australien
21.1.2019	total	Pazifik, Nord- & Südamerika, Europa, Afrika
16.7.2019	partiell	Südamerika, Europa, Afrika, Asien, Australien

Sonnenfinsternisse

Datum	Art	Am besten beobachtbar in
29.3.2006	total	westl. und nördl. Afrika, Türkei, Südrussland
22.9.2006	partiell	Atlantischer Ozean
19.3.2007	partiell	östliches Asien, Alaska
11.9.2007	partiell	Südamerika, Antarktis
7.2.2008	partiell	Antarktis, östliches Australien, Neuseeland
1.8.2008	total	Nordkanada, Grönland, Sibirien, Mongolei, China
26.1.2009	partiell	südl. Afrika, Antarktis, südöstl. Asien, Australien
22.7.2009	total	Indien, Nepal, China, zentraler Pazifik
15.1.2010	partiell	mittleres Afrika, Indien, Myanmar, China
11.7.2010	total	südlicher Pazifik, Osterinsel, Chile, Argentinien
4.1.2011	partiell	Europa, nördliches Afrika, zentrales Asien
1.6.2011	partiell	östliches Asien, Alaska, Nordkanada, Island
1.7.2011	partiell	südlicher Indischer Ozean
25.11.2011	partiell	südl. Afrika, Antarktis, Tasmanien, Neuseeland
20.5.2012	partiell	China, Japan, Pazifik, westliche USA
13.11.2012	total	nördliches Australien, südlicher Pazifik
10.5.2013	partiell	nördliches Australien, Salomon-Inseln, Pazifik
3.11.2013	total	Atlantischer Ozean, mittleres Afrika
29.4.2014	partiell	südlicher Indischer Ozean, Australien, Antarktis
23.10.2014	partiell	nördlicher Pazifik, Nordamerika
20.3.2015	total	nordöstlicher Atlantischer Ozean
13.9.2015	partiell	südl. Afrika, südl. Indischer Ozean, Antarktis
9.3.2016	partiell	Südasien, Pazifik
1.9.2016	partiell	Afrika
26.2.2017	partiell	südliches Afrika, südliches Südamerika
21.8.2017	total	Nordamerika
15.2.2018	partiell	südliches Südamerika, Antarktis
13.7.2018	partiell	südliches Australien
11.8.2018	partiell	nördliches Europa, nördliches Asien
6.1.2019	partiell	östliches Asien
2.7.2019	total	Südamerika
26.12.2019	partiell	südliches Asien
21.6.2020	partiell	südliches Asien
14.12.2020	total	Südamerika
10.6.2021	partiell	nördliches Kanada, Grönland, Russland
4.12.2021	total	Antarktis

Bemannte Missionen zum Mond

* Die Namen der Astronauten, die auf dem Mond landeten, sind kursiv gesetzt.

Name	Besatzung*	Start	Ankunft	Landeplatz	Mitgebrachte Proben
Apollo 8	Frank Borman, James Lovell, William Anders	21. Dez. 1968	24. Dez. 1968	keine Landung	keine Gesteinsproben
Apollo 10	Thomas Stafford, John Young, Eugene Cernan	18. Mai 1969	22. Mai 1969	keine Landung	keine Gesteinsproben
Apollo 11	*Neil Armstrong, Edwin Aldrin,* Michael Collins	16. Juli 1969	20. Juli 1969	Meer der Ruhe	22 kg
Apollo 12	*Charles Conrad, Alan Bean,* Richard Gordon	14. Nov. 1969	19. Nov. 1969	Ozean der Stürme	34 kg
Apollo 13	James Lovell, John Swigert, Fred Haise	11. Apr. 1970	14. Apr. 1970	keine Landung	keine Gesteinsproben
Apollo 14	*Alan Shepard, Edgar Mitchell,* Stuart Roosa	31. Jan. 1971	5. Febr. 1971	Fra-Mauro-Hochland	42 kg
Apollo 15	*David Scott, James Irwin,* Alfred Worden	26. Juli 1971	30. Juli 1971	Hadley-Rille	77 kg
Apollo 16	*John Young, Charles Duke,* Thomas Mattingly	16. Apr. 1972	21. Apr. 1972	Descartes-Hochland	96 kg
Apollo 17	*Eugene Cernan, Harrison Schmitt,* Ronald Evans	7. Dez. 1972	11. Dez. 1972	Taurus-Littrow-Tal	2111 kg

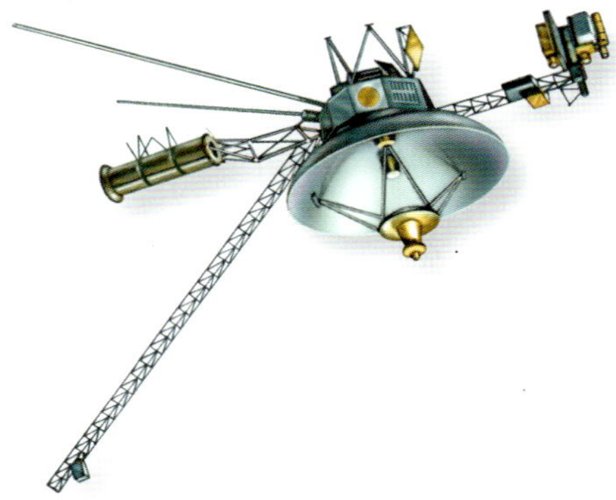

Wichtige unbemannte Missionen im Sonnensystem

Mission	Land	Art	Start	Ankunft	Missionsdaten
Mond					
Luna 2	UdSSR	Aufprall	12. Sept. 1959	13. Sept. 1959	harte Landung
Luna 3	UdSSR	Vorbeiflug	4. Okt. 1959	7. Okt. 1959	erste Bilder von der Rückseite zeigen, dass Berge vorherrschen
Ranger 7	USA	Aufprall	28. Juli 1964	31. Juli 1964	funkt bis zum Aufschlag Bilder, findet viele kleine Krater
Ranger 8	USA	Aufprall	17. Febr. 1965	20. Febr. 1965	schlägt im Meer der Ruhe auf, funkt über 7000 Fotos
Ranger 9	USA	Aufprall	21. März 1965	24. März 1965	schlägt im Krater Alphonsus auf, findet Vulkanschlote
Zond 3	UdSSR	Vorbeiflug	18. Juli 1965	20. Juli 1965	fotografiert die Mondrückseite
Luna 9	UdSSR	Lander	31. Jan. 1966	3. Febr. 1966	erste weiche Landung, Panorama-Aufnahmen der Oberfläche
Luna 10	UdSSR	Orbiter	31. März 1966	3. Apr. 1966	erstes Raumschiff, das in eine Mondumlaufbahn einschwenkt
Surveyor 1	USA	Lander	30. Mai 1966	2. Juni 1966	erster Lander, der chemische Messungen vornimmt
Lunar Orbiter 1	USA	Orbiter	10. Aug. 1966	14. Aug. 1966	funkt Bilder und sucht geeignete Landeplätze für Apollo
Luna 11	UdSSR	Orbiter	24. Aug. 1966	28. Aug. 1966	fotografiert die Oberfläche
Luna 12	UdSSR	Orbiter	22. Okt. 1966	25. Okt. 1966	fotografiert die Oberfläche
Lunar Orbiter 2	USA	Orbiter	6. Nov. 1966	10. Nov. 1966	fotografiert mögliche Landeplätze für Apollo
Luna 13	UdSSR	Lander	21. Dez. 1966	24. Dez. 1966	fotografiert, nimmt Bodenproben mit automatischen Schaufeln
Lunar Orbiter 3	USA	Orbiter	5. Febr. 1967	8. Febr. 1967	fotografiert mögliche Landeplätze für Apollo
Surveyor 3	USA	Lander	17. Apr. 1967	20. Apr. 1967	funkt über 6000 Bilder, späterer Landeplatz für Apollo 12
Lunar Orbiter 4	USA	Orbiter	4. Mai 1967	8. Mai 1967	fotografiert die gesamte erdzugewandte Mondseite
Lunar Orbiter 5	USA	Orbiter	1. Aug. 1967	5. Aug. 1967	fotografiert geologisch interessante Gebiete
Surveyor 5	USA	Lander	8. Sept. 1967	11. Sept. 1967	analysiert Mondoberfläche, übermittelt 6300 Oberflächenfotos
Surveyor 6	USA	Lander	7. Nov. 1967	10. Nov. 1967	funkt fast 30 000 Fotos von der Oberfläche
Surveyor 7	USA	Lander	7. Jan. 1968	10. Jan. 1968	landet am Rand des Kraters Tycho, analysiert Oberflächengestein
Zond 5	UdSSR	Vorbeiflug	15. Sept. 1968	18. Sept. 1968	fliegt um den Mond, kehrt am 21. September unbeschadet zurück
Zond 6	UdSSR	Vorbeiflug	10. Nov. 1968	14. Nov. 1968	fliegt um den Mond, kehrt am 17. November unbeschadet zurück
Zond 7	UdSSR	Vorbeiflug	7. Aug. 1969	11. Aug. 1969	fliegt um den Mond, kehrt am 14. August unbeschadet zurück
Luna 16	UdSSR	Lander	12. Sept. 1970	20. Sept. 1970	sammelt Gestein ein und bringt es zur Erde
Zond 8	UdSSR	Vorbeiflug	20. Okt. 1970	24. Okt. 1970	fliegt um den Mond, kehrt am 27. Oktober zurück
Luna 17	UdSSR	Rover	10. Nov. 1970	17. Nov. 1970	erstes Mondfahrzeug, legt 10 km zurück
Luna 20	UdSSR	Lander	14. Febr. 1972	21. Febr. 1972	automatisches Einsammeln von Bodenproben
Luna 21	UdSSR	Rover	8. Jan. 1973	15. Jan. 1973	erkundet den Krater Posidonius, fährt 37 km
Luna 22	UdSSR	Orbiter	29. Mai 1974	2. Juni 1974	fotografiert aus der Mondumlaufbahn
Luna 24	UdSSR	Lander	9. Aug. 1976	14. Aug. 1976	landet im Meer der Gefahren, holt Bodenproben
Hiten (Muses-A)	Japan	Vorbeiflug/Orbiter	24. Jan. 1990	19. März 1990	fliegt am Mond vorbei und setzt 1 Satelliten aus
Clementine	USA	Orbiter	25. Jan. 1994	21. Febr. 1994	mineralogische Studien mit hochauflös. Kameras
Lunar Prospector	USA	Orbiter	7. Jan. 1998	11. Jan. 1998	untersucht Aufbau, findet Eis in polnahen Kratern
SMART-1	Europa	Orbiter	28. Sept. 2003	15. Nov. 2004	untersucht für etwa 30 Monate die chemische Zusammensetzung
Merkur					
Mariner 10	USA	Vorbeiflug	3. Nov. 1973	29. März 1974	erste Nahaufnahmen, Kraterlandschaften, Nachw. eines Eisenkerns
Messenger	USA	Orbiter	3. Aug. 2004	18. März 2011	vollständige Kartierung, erforscht Zusammensetzung, Polkappen und Magnetosphäre
Venus					
Mariner 2	USA	Vorbeiflug	27. Aug. 1962	14. Dez. 1962	erster Vorbeiflug bestätigt dichte Atmosphäre, heiße Oberfläche
Venera 4	UdSSR	Lander	12. Juni 1967	18. Okt. 1967	misst Atmosphäre, zerschellt beim Landeversuch
Mariner 5	USA	Vorbeiflug	14. Juni 1967	19. Okt. 1967	liefert verbesserte Atmosphäredruck- und Temperaturwerte
Venera 5	UdSSR	Lander	5. Jan. 1969	16. Mai 1969	erforscht Atmosphäre
Venera 6	UdSSR	Lander	10. Jan.1969	17. Mai 1969	erforscht Atmosphäre
Venera 8	UdSSR	Lander	27. März 1972	22. Juli 1972	sendet erste Daten von der Oberfläche zur Erde

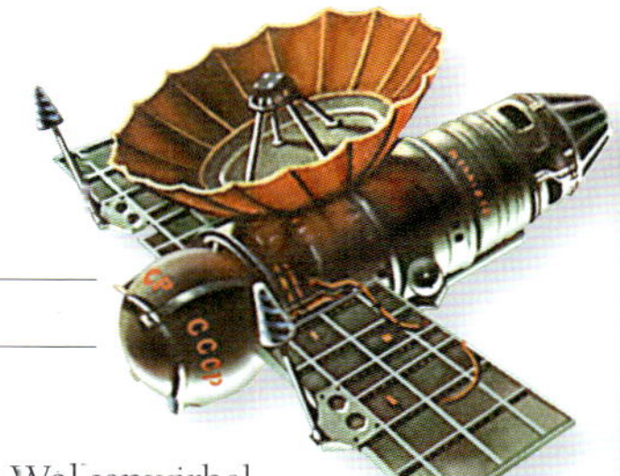

Mission	Land	Art	Start	Ankunft	Missionsdaten
Venus (Fortsetzung)					
Mariner 10	USA	Vorbeiflug	4. Nov. 1973	5. Febr. 1974	Vorbeiflug auf dem Weg zu Merkur, fotografiert Wolkenwirbel
Venera 9	UdSSR	Orbiter & Lander	8. Juni 1975	22. Okt. 1975	erste Bilder von der Venusoberfläche zeigen Vulkangestein
Venera 10	UdSSR	Orbiter & Lander	14. Juni 1975	25. Okt. 1975	fotografiert verstreute Felsbrocken und Staub
Pioneer-Venus-Orbiter	USA	Orbiter	20. Mai 1978	4. Dez. 1978	erste Radarkartierung der Gesamtoberfläche, erforscht Wolken
Pioneer-Venus-Sonden	USA	Eintauch-Sonden	8. Aug. 1978	9. Dez. 1978	fünf Sonden entnehmen Proben aus der Atmosphäre
Venera 11	UdSSR	Orbiter & Lander	9. Sept. 1978	25. Dez.1978	fotografiert Oberfläche, analysiert Atmosphäre
Venera 12	UdSSR	Orbiter & Lander	14. Sept. 1978	21. Dez. 1978	fotografiert Oberfläche, analysiert Atmosphäre
Venera 13	UdSSR	Orbiter & Lander	30. Okt. 1981	1. März 1982	fotografiert Oberfläche, analysiert Atmosphäre
Venera 14	UdSSR	Orbiter & Lander	4. Nov. 1981	5. März 1982	fotografiert Oberfläche, analysiert Atmosphäre
Venera 15	UdSSR	Orbiter	2. Juni 1983	10. Okt. 1983	Radarkartierung der nördlichen Hemisphäre
Venera 16	UdSSR	Orbiter	7. Juni 1983	14. Okt. 1983	Radarkartierung der nördlichen Hemisphäre
Vega 1	UdSSR	Lander & Ballon	15. Dez. 1984	11. Juni 1985	misst Atmosphäre und Windgeschwindigkeiten mit Wetterballon
Vega 2	UdSSR	Lander & Ballon	21. Dez. 1984	16. Juni 1985	misst Atmosphäre und Windgeschwindigkeiten mit Wetterballon
Magellan	USA	Orbiter	4. Mai 1989	10. Aug. 1990	geologische Erkundung mittels Radar
Galileo	USA	Vorbeiflug	18. Okt. 1989	10. Febr. 1990	Vorbeiflug auf dem Weg zu Jupiter, erforscht Wolken
Cassini-Huygens	USA	Vorbeiflug	15. Okt. 1997	26. Apr. 1998	Vorbeiflug auf dem Weg zu Saturn, erforscht Wolken
Cassini-Huygens	USA	Vorbeiflug	15. Okt. 1997	24. Juni 1999	zweiter Vorbeiflug an Venus, erforscht Wolken
Messenger	USA	Vorbeiflug	3. Aug. 2004	24. Okt. 2006	erster Vorbeiflug
Messenger	USA	Vorbeiflug	3. Aug. 2004	6. Juni 2007	zweiter Vorbeiflug
Venus Express	Europa	Orbiter	9. Nov. 2005	April 2006	Erforschung von Atmosphäre und Wolkensystem
Mars					
Mariner 4	USA	Vorbeiflug	28. Nov. 1965	14. Juli 1965	erste Nahaufnahmen zeigen viele Krater, dünne Atmosphäre
Mariner 6	USA	Vorbeiflug	24. Febr. 1969	31. Juli 1969	übermittelt 75 Fotos, erweitert geologische Kenntnisse
Mariner 7	USA	Vorbeiflug	27. März 1969	5. Aug. 1969	übermittelt 126 Fotos, erweitert geologische Kenntnisse
Mars 3	UdSSR	Orbiter & Lander	28. Mai 1971	3. Dez. 1971	einige Daten und wenige Fotos
Mariner 9	USA	Orbiter	30. Mai 1971	12. Nov. 1971	kartiert erstm. den Planeten, entdeckt Flusstäler u. Riesenvulkane
Mars 5	UdSSR	Orbiter	25. Juli 1973	12. Febr. 1974	überdauert nur wenige Tage
Mars 6	UdSSR	Orbiter & Lander	5. Aug. 1973	12. März 1974	geringe Datenausbeute
Mars 7	UdSSR	Orbiter & Lander	9. Aug. 1973	9. März 1974	geringe Datenausbeute
Viking 1	USA	Orbiter & Lander	20. Aug. 1975	19. Juni 1976	Vermessung aus der Umlaufbahn, erfolglose Suche nach Leben
Viking 2	USA	Orbiter & Lander	9. Sept. 1975	7. Aug. 1976	Vermessung aus der Umlaufbahn, erfolglose Suche nach Leben
Mars Global Surveyor	USA	Orbiter	7. Nov. 1996	12. Sept. 1997	vollständige Kartierung mit hoch auflösenden Kameras
Mars Pathfinder	USA	Lander & Rover	2. Dez. 1996	4. Juli 1997	erforscht Geologie einer einst überschwemmten Landschaft
Nozomi (Planet-B)	Japan	Orbiter	4. Juli 1998	Dez. 2003	Triebwerkfehler, keine Daten
Mars Climate Orbiter	USA	Orbiter	11. Dez. 1998	23. Sept. 1999	zerschellt bei Ankunft, keine Daten
Mars Polar Lander	USA	Lander	3. Jan. 1999	3. Dez. 1999	missglückte Landung, keine Daten
Deep Space 2	USA	Aufschlagsonde	3. Jan. 1999	3. Dez. 1999	mitgeführt von Polar Lander, nach Absetzen verschollen
Mars Odyssey	USA	Orbiter	7. April 2001	24. Okt. 2001	findet große Mengen Wassereis an den Polen
Mars Express	Europa	Orbiter & Lander	2. Juni 2003	25. Dez. 2003	weist Wassereis an den Polen und Methan in der Atmosphäre nach
Spirit	USA	Lander & Rover	10. Juni 2003	4. Jan. 2004	sucht nach Spuren von fließendem Wasser
Opportunity	USA	Lander & Rover	8. Juli 2003	25. Jan. 2004	weist ehemals flüssige Wasservorkommen nach
Mars Reconnaisance Orbiter	USA	Orbiter	12. Aug. 2005	10. März 2006	Kartografierung der Oberfläche, sucht nach Wasservorkommen
Asteroiden					
Galileo	USA	Vorbeiflug	18. Okt. 1989	29. Okt. 1991	erste Nahaufnahmen eines Asteroiden, 951 Gaspra, zeigt Krater
Galileo	USA	Vorbeiflug	18. Okt. 1989	28. Aug. 1993	Asteroid 243 Ida: kraterübersäte Oberfläche, Mond Dactyl
NEAR	USA	Vorbeiflug	17. Febr. 1996	27. Juli 1997	Asteroid 253 Mathilde: große Krater, niedrige Dichte
NEAR	USA	Vorbeiflug	17. Febr. 1996	23. Dez. 1998	Asteroid 433 Eros: Kartierung von Kratern und Oberfläche
Deep Space 1	USA	Vorbeiflug	24. Okt. 1998	29. Juli 1999	Asteroid 9969 Braille: untersucht Magnetfeld, Oberflächenaufbau
NEAR	USA	Orbiter	17. Febr. 1996	14. Febr. 2000	Asteroid 433 Eros: umfliegt als erste Sonde einen Asteroiden
NEAR	USA	Orbiter	17. Febr. 1996	12. Febr. 2001	Asteroid 433 Eros: landet als erste Orbitersonde auf einem Asteroiden
Stardust	USA	Vorbeiflug	7. Febr. 1999	2. Nov. 2002	Asteroid 5535 Annefrank: enger Vorbeiflug auf dem Weg zu Komet Wild 2
Jupiter					
Pioneer 10	USA	Vorbeiflug	3. März 1972	3. Dez. 1973	erste Nahaufnahmen von einem Gasriesen
Pioneer 11	USA	Vorbeiflug	6. Apr. 1973	3. Dez. 1974	untersucht Jupiters Polargebiete und Magnetfeld
Voyager 1	USA	Vorbeiflug	5. Sept. 1977	5. März 1979	erste Nahaufnahmen von Planeten und Monden, entdeckt Ringe
Voyager 2	USA	Vorbeiflug	20. Aug. 1977	9. Juli 1979	Entdeckungen von Voyager 1 bestätigt
Galileo	USA	Orbiter & Eintritt	18. Okt. 1989	7. Dez. 1995	erste Atmosphäresonde, fotografiert Planeten und Monde
Ulysses	USA/Europa	Vorbeiflug	6. Okt. 1990	8. Febr. 1992	Vorbeiflug auf dem Weg zur Sonne, zahlreiche Messungen
Cassini-Huygens	USA	Vorbeiflug	15. Okt. 1997	1. Okt. 2000	bisher unerreicht scharfe Fotoaufnahmen
Saturn					
Pioneer 11	USA	Vorbeiflug	6. April 1973	1. Sept. 1979	erster Besuch einer Sonde, entdeckt neue Ringe
Voyager 1	USA	Vorbeiflug	5. Sept. 1977	12. Nov. 1980	Nahaufnahmen von Wolken, Ringen und Monden
Voyager 2	USA	Vorbeiflug	20. Aug. 1977	25. Aug. 1981	bestätigt Entdeckungen von Voyager 1
Cassini-Huygens	USA	Vorbeiflug	15. Okt. 1997	Juli 2004	Flug um Planet und Monde, Landekapsel für Titan
Cassini-Huygens	USA	Orbiter & Lander	15. Okt. 1997	1. Juli 2004	Umlaufbahn um Saturn, Erforschung der Saturnmonde
Cassini-Huygens	USA	Orbiter & Lander	15. Okt. 1997	25. Dez. 2004	Landung auf Saturnmond Titan, Übermittlung von Windgeräuschen
Uranus					
Voyager 2	USA	Vorbeiflug	20. Aug. 1977	24. Jan. 1986	erster Sondenbesuch, studiert Ringe u. Monde, findet neue Monde
Neptun					
Voyager 2	USA	Vorbeiflug	20. Aug. 1977	25. Aug. 1989	erster Sondenbesuch, erforscht Stürme, findet Geysire auf Triton

Mission	Land	Art	Start	Ankunft	Missionsdaten
Pluto					
bis heute noch keine Mission gestartet					
Kometen					
Giotto	Europa	Vorbeiflug	2. Juli 1985	14. März 1986	fotografiert den Kern des Halleyschen Kometen
Stardust	USA	Vorbeiflug	7. Febr. 1999	2. Jan. 2004	Proben vom Kometen Wild 2
Deep Space 1	USA	Vorbeiflug	24. Okt. 1998	29. Juli 1999	Daten von Asteroid 9969 Braille
Deep Space 1	USA	Vorbeiflug	24. Okt. 1998	22. Sept. 2001	Daten und Fotos von Komet 19P/Borrelly
Deep Impact	USA	Vorbeiflug & Impaktor	12. Jan. 2005	4. Juli 2005	Einschlag auf Tempel 1 erlaubt ersten Blick in das Innere eines Kometen
Rosetta	Europa	Orbiter & Lander	2. März 2004	2014	erforscht Komet Tschurjumow Gerasimenko

Sternbilder

Lateinischer Name	Deutscher Name	Hemisphäre	Besonderheiten
Andromeda	Andromeda	Nördliche	Spiralgalaxie M31 (Andromeda), Doppelstern Gamma Andromedae, offener Haufen NGC 752
Antlia	Luftpumpe	Südliche	planetarischer Nebel NGC 3132, Spiralgalaxie NGC 2997
Apus	Paradiesvogel	Südliche	Doppelstern Delta Apodis, Veränderlicher Stern S Apodis, Veränderlicher Stern Theta Apodis
Aquarius	Wassermann	Äquatorzone	Kugelsternhaufen M2, planetarische Nebel NGC 7009 (Saturn) und NGC 7293 (Helix)
Aquila	Adler	Äquatorzone	heller Stern Atair, Veränderliche Eta Aquilae und R Aquilae, offener Haufen NGC 6709
Ara	Altar	Südliche	offener Haufen NGC 6193, Kugelsternhaufen NGC 6397
Aries	Widder	Nördliche	Doppelsterne Gamma Arietis, Lambda Arietis und Pi Arietis
Auriga	Fuhrmann	Nördliche	heller Stern Capella, offene Haufen M36, M37 und M38, Doppelstern Omega Aurigae
Boötes	Bärenhüter	Nördliche	heller Stern Arktur, Doppelstern Mu Boötis
Caelum	Grabstichel	Südliche	Doppelstern Gamma Caeli, Veränderlicher R Caeli
Camelopardalis	Giraffe	Südliche	Doppelstern Beta Camelopardalis, Veränderlicher VZ Camelopardalis, Sternhaufen NGC 1502
Cancer	Krebs	Nördliche	offene Haufen M44 (Beehive) und M67, Doppelsterne Zeta Cancri und Iota Cancri
Canes Venatici	Jagdhunde	Nördliche	Spiralgalaxien M51 (Feuerrad) und M94, Kugelsternhaufen M3
Canis Major	Großer Hund	Südliche	heller Stern Sirius, offene Haufen M41 und NGC 2362
Canis Minor	Kleiner Hund	Äquatorzone	heller Stern Prokyon
Capricornus	Steinbock	Südliche	Doppelsterne Alpha Capricorni und Beta Capricorni, Kugelsternhaufen M30
Carina	Schiffskiel	Südliche	heller Stern Canopus, Emissionsnebel Eta Carinae, offene Haufen NGC 3532 und IC 2602
Cassiopeia	Kassiopeia	Nördliche	Veränderlicher Gamma Cassiopeiae, offener Haufen M52
Centaurus	Kentaur	Südliche	heller Stern Alpha Centauri, Kugelsternhaufen Omega Centauri, elliptische Galaxie NGC 5128
Cepheus	Kepheus	Nördliche	Veränderliche Delta Cephei und Mu Cephei
Cetus	Walfisch	Äquatorzone	Veränderlicher Mira Ceti, Seyfert-Galaxie M77
Chamaeleon	Chamäleon	Südliche	Doppelstern Delta Chamaeleontis, planetarischer Nebel NGC 3195
Circinus	Kompass	Südliche	Doppelstern Alpha Circini
Columba	Taube	Südliche	Veränderlicher T Columbae, Kugelsternhaufen NGC 1851
Coma Berenices	Haar der Berenike	Nördliche	Kugelsternhaufen M53, Spiralgalaxien M64 (Black-eye) und NGC 4565
Corona Australis	Südliche Krone	Südliche	Doppelstern Kappa Coronae Australis, Kugelsternhaufen NGC 6541
Corona Borealis	Nördliche Krone	Nördliche	Doppelstern Nu Coronae Borealis, Veränderlicher R Coronae Borealis
Corvus	Rabe	Südliche	Veränderlicher R Corvi, Galaxien NGC 4038 und NGC 4039 (Antennae-Galaxien)
Crater	Becher	Südliche	—
Crux	Kreuz (des Südens)	Südliche	heller Stern Acrux, offener Haufen NGC 4755 (Schmuckkäst.), Dunkelwolke Kohlensack
Cygnus	Schwan	Nördliche	heller Stern Deneb, Doppelstern Beta Cygni, Emissionsnebel NGC 7000 (Nordamerika)
Delphinus	Delfin	Nördliche	Doppelstern Gamma Delphini
Dorado	Schwertfisch	Südliche	irreguläre Galaxie Große Magellansche Wolke, Emissionsnebel NGC 2070 (Tarantel)
Draco	Drachen	Nördliche	Doppelsterne Psi Draconis und 39 Draconis, planetarischer Nebel NGC 6543
Equuleus	Füllen	Nördliche	Doppelstern Gamma Equulei
Eridanus	Eridanus (Fluss)	Südliche	heller Stern Achernar, Dreifachstern Omicron 2 Eridani
Fornax	Ofen	Südliche	Spiralgalaxie NGC 1365 (Große Balkenspirale)
Gemini	Zwillinge	Nördliche	helle Sterne Kastor und Pollux, offener Haufen M35, planetarischer Nebel NGC 2392 (Struwelpeter)
Grus	Kranich	Südliche	Doppelstern Delta Gruis und Mu Gruis
Hercules	Herkules	Nördliche	Veränderlicher Alpha Herculis, Kugelsternhaufen M13 (Herkules) und M92
Horologium	Pendeluhr	Südliche	Veränderliche R Horologii und TW Horologii
Hydra	Wasserschlange	Äquatorzone	Doppelstern 27 Hydrae, offener Haufen M48, planetarischer Nebel NGC 3242, Spiralgalaxie M83
Hydrus	Kleine Wasserschlange	Südliche	Doppelstern Pi Hydri
Indus	Indianer	Südliche	Doppelstern Theta Indi
Lacerta	Eidechse	Nördliche	—
Leo	Löwe	Äquatorzone	heller Stern Regulus, Doppelstern Gamma Leonis, Spiralgalaxien M65 und M66
Leo Minor	Kleiner Löwe	Nördliche	—
Lepus	Hase	Südliche	Doppelstern Gamma Leporis, Kugelsternhaufen M79
Libra	Waage	Südliche	Doppelstern Alpha Librae, Veränderlicher Delta Librae
Lupus	Wolf	Südliche	offener Haufen NGC 5822, Kugelsternhaufen NGC 5986
Lynx	Luchs	Nördliche	—
Lyra	Leier	Nördliche	heller Stern Wega, Veränderlicher Beta Lyrae, planetarischer Nebel M57 (Ring)
Mensa	Tafelberg	Südliche	—
Microscopium	Mikroskop	Südliche	Doppelstern Alpha Microscopii

Lateinischer Name	Deutscher Name	Hemisphäre	Besonderheiten
Monoceros	Einhorn	Äquatorzone	offener Haufen M50, Nebel NGC 2237 (Rosettenn.) und NGC 2264 (Konusnebel)
Musca	Fliege	Südliche	Doppelstern Theta Muscae, Kugelsternhaufen NGC 4372 und NGC 4833
Norma	Winkelmaß	Südliche	offene Haufen NGC 6067 und NGC 6087
Octans	Oktant	Südliche	Polstern Sigma Octantis, Doppelstern Lambda Octantis
Ophiuchus	Schlangenträger	Äquatorzone	offene Haufen IC 4665 und NGC 6633, Kugelsternhaufen M10 und M12
Orion	Orion (Jäger)	Äquatorzone	helle Sterne Beteigeuze und Rigel, Emissionsnebel M42 (Orion), Dunkelwolke IC 434 (Pferdekopf)
Pavo	Pfau	Südliche	Veränderlicher Kappa Pavonis, Kugelsternhaufen NGC 6752
Pegasus	Pegasus (Flügelross)	Nördliche	Doppelstern Epsilon Pegasi, Kugelsternhaufen M15
Perseus	Perseus (Held)	Nördliche	Veränderlicher Algol (Beta Persei), offene Haufen NGC 869 und NGC 884 (Doppelhaufen)
Phoenix	Phönix (Feuervogel)	Südliche	Doppel- und Veränderlicher Stern Zeta Phoenicis
Pictor	Maler(-staffelei)	Südliche	—
Pisces	Fische	Äquatorzone	Doppelstern Rho und 94 Piscium, Spiralgalaxie M74
Piscis Austrinus	Südlicher Fisch	Südliche	heller Stern Fomalhaut
Puppis	Achterschiff	Südliche	Veränderlicher L2 Puppis, offene Haufen M46 und M47
Pyxis	Kompass	Südliche	—
Reticulum	Kleines Netz	Südliche	Doppelstern Zeta Reticuli
Sagitta	Pfeil	Nördliche	Kugelsternhaufen M71
Sagittarius	Schütze	Südliche	Kugelsternhaufen M22 und M23, Emissionsnebel M8 (Lagune), M17 (Omega), M20 (Trifid)
Scorpius	Skorpion	Südliche	heller Stern Antares, Doppelstern Beta Scorpii, offener Haufen M7, Kugelsternhaufen M4 und M80
Sculptor	Bildhauer	Südliche	Spiralgalaxien NGC 253 und NGC 55
Scutum	Schild	Nördliche	offener Haufen M11 (Wildente)
Serpens	Schlange	Äquatorzone	Doppelstern Nu Serpentis, Emissionsnebel M16 (Adler), Kugelsternhaufen M5
Sextans	Sextant	Äquatorzone	Doppelstern 17 und 18 Sextantis, elliptische Galaxie NGC 3115 (Spindel)
Taurus	Stier	Äquatorzone	heller Stern Aldebaran, offene Haufen M45 (Plejaden) und Hyaden, Supernova-Überrest M1 (Crab)
Telescopium	Teleskop	Südliche	Doppelstern Delta Telescopii
Triangulum	Dreieck	Nördliche	Spiralgalaxie M33 (Dreiecksnebel)
Triangulum Australe	Südliches Dreieck	Südliche	Veränderlicher R Trianguli Australe, offener Haufen NGC 6025
Tucana	Tukan	Südliche	Doppelstern Beta Tucanae, Kugelsternhaufen 47 Tucanae, irreguläre Galaxie Kleine Magellansche Wolke
Ursa Major	Großer Bär	Nördliche	Doppelstern Mizar und Alkor, Spiralgalaxie M81 und M101, pekuliare Galaxie M82
Ursa Minor	Kleiner Bär	Nördliche	Polarstern, Doppelstern Gamma und 11 Ursae Minoris
Vela	Segel	Südliche	Doppelstern Gamma Velorum, offene Haufen IC 2391 und NGC 2547
Virgo	Jungfrau	Äquatorzone	heller Stern Spika, elliptische Galaxien M47, M87 und M104 (Sombrero-Nebel), Quasar 3C 273
Volans	Fliegender Fisch	Südliche	Doppelstern Gamma Volantis, Balkenspirale NGC 2442
Vulpecula	Fuchs	Nördliche	planetarischer Nebel M27 (Hantel)

Veränderliche Sterne

Stern	Sternbild	Typ	Helligkeit	Periode (Tage)
R Canis Majoris	Großer Hund	Bedeckungsver.	5,7–6,3	1,1
Algol (Beta Persei)	Perseus	Bedeckungsver.	2,1–3,4	2,9
Delta Cephei	Kepheus	Cepheiden	3,5–4,4	5,4
Eta Aquilae	Adler	Cepheiden	3,5–4,3	7,2
Beta Lyrae	Leier	Bedeckungsver.	3,4–4,3	12,9
Alpha Herculis	Herkules	semi-regulär	3,0–4,0	50–130
L2 Puppis	Achterschiff	pulsierend	2,6–6,2	141
Mira (Omicron Ceti)	Walfisch	pulsierend	3,4–9,3	332
R Hydrae	Wasserschlange	pulsierend	3,4–10,7	389
RX Leporis	Hase	irregulär	5,4–7,4	irreg.

Erläuterungen zu Sternbildern

Hemisphäre: Die Spalte verrät euch, wo ihr das Sternbild am ehesten findet – auf der Nord- oder Südhalbkugel oder in der Äquatorzone. Je nachdem, wo ihr lebt, entdeckt ihr vielleicht auch Sternbilder, die nicht für eure Hemisphäre aufgelistet sind. In diesem Fall schlagt einfach auf den Seiten 222–237 nach.

Zu Sternen & Sternhaufen

Scheinbare Helligkeit: An diesen Zahlen seht ihr, wie hell ein Stern am Himmel leuchtet.

Entfernung von der Erde: Entfernungen (und Haufen-Durchmesser) sind in Lichtjahren (Lj) angegeben.

Sternhaufen

Haufen	Sternbild	Typ	Anzahl der Sterne	Scheinbare Helligkeit	Durchmesser	Entfernung von der Erde	Zu erkennen mit
Hyaden	Stier	offener	100	0,8	17 Lj	150 Lj	bloßem Auge
Plejaden	Stier	offener	mehrere hundert	1,6	13 Lj	375 Lj	bloßem Auge
Praesepe	Krebs	offener	50	3,9	15 Lj	590 Lj	Fernglas
Doppelhaufen	Perseus	offener	350	4,3	61 Lj	7000 Lj	Teleskop
47 Tucanae	Tukan	kugelförmig	460 000	4,4	125 Lj	16 000 Lj	Teleskop
Omega Centauri	Kentaur	kugelförmig	1 100 000	4,5	180 Lj	17 000 Lj	Teleskop
Schmuckkästchen	Kreuz	offener	50	5,2	24 Lj	6800 Lj	Teleskop
Herkules-Haufen (M13)	Herkules	kugelförmig	220 000	6,4	110 Lj	21 000 Lj	Teleskop
M15	Pegasus	kugelförmig	410 000	7,0	120 Lj	34 000 Lj	Teleskop
M4	Skorpion	kugelförmig	44 000	7,1	50 Lj	14 000 Lj	Teleskop

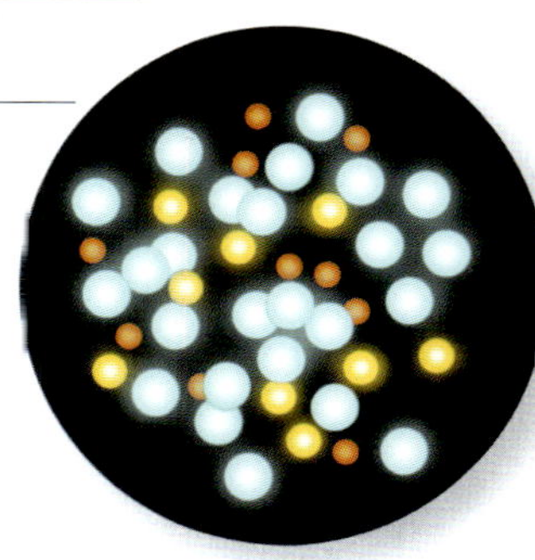

NEBEL

NEBEL	STERNBILD	ART	SCHEINBARE HELLIGKEIT	DURCH-MESSER	ENTFERNUNG VON DER ERDE	ZU ERKENNEN MIT
NGC 7293 (Helixnebel)	Wassermann	planetarisch	6,5	2 Lj	600 Lj	Teleskop
M27 (Hantelnebel)	Fuchs	planetarisch	8,1	2 Lj	815 Lj	Teleskop
M57 (Ringnebel)	Leier	planetarisch	9,0	0,4 Lj	1140 Lj	Teleskop
IC 434 (Pferdekopfnebel)	Orion	Dunkelwolke	—	20 Lj?	1200 Lj?	Teleskop
M42 (Orionnebel)	Orion	Emission	4,0	40 Lj	1500 Lj	Teleskop
NGC 2264 (Konusnebel)	Einhorn	Dunkelwolke	—	50 Lj	3000 Lj	Teleskop
M20 (Trifidnebel)	Schütze	Emission/Reflexion	8,5	40 Lj	5000 Lj	Teleskop
M8 (Lagunennebel)	Schütze	Emission	5,8	130 Lj	5200 Lj	Teleskop
M1 (Crabnebel)	Stier	Supernova-Überrest	8,4	13,7 Lj	6520 Lj	Teleskop
M16 (Adlernebel)	Schlange	Emission	6,0	315 Lj	7000 Lj	Teleskop

GALAXIEN

GALAXIE	STERNBILD	ART	GALAXIENHAUFEN	SCHEINBARE HELLIGKEIT	DURCH-MESSER	ENTFERNUNG VON DER ERDE	ZU ERKENNEN MIT
M81	Großer Bär	spiralförmig	Coma-Sculptor-Wolke	7,9	30 000 Lj	4 500 000 Lj	Teleskop
M83	Wasserschlange	spiralförmig	Coma-Sculptor-Wolke	8,2	52 000 Lj	15 000 000 Lj	Teleskop
M51 (Feuerrad)	Jagdhunde	spiralförmig	Coma-Sculptor-Wolke	9,0	50 000 Lj	15 000 000 Lj	Teleskop
M101	Großer Bär	spiralförmig	Coma-Sculptor-Wolke	7,9	120 000 Lj	17 500 000 Lj	Teleskop
NGC 6946	Kepheus	spiralförmig	Coma-Sculptor-Wolke	8,9	78 000 Lj	18 000 000 Lj	Teleskop
NGC 5128 (Centaurus A)	Zentaur	Riesenellipse	Coma-Sculptor-Wolke	7,0	138 000 Lj	26 000 000 Lj	Teleskop
M87	Jungfrau	Riesenellipse	Virgo-Haufen	8,6	147 000 Lj	55 000 000 Lj	Teleskop
NGC 1365 (Große Balkenspirale)	Ofen	Balkenspirale	Fornax-Haufen	9,5	157 800 Lj	55 000 000 Lj	Teleskop
M104 (Sombrero)	Jungfrau	spiralförmig	Virgo-Haufen	8,3	160 000 Lj	65 000 000 Lj	Teleskop
NGC 4038/4039 (Antennae)	Rabe	Spiralenpaar	Becher-Wolke	10,7	220 000 Lj	82 800 000 Lj	Teleskop
NGC 1275	Perseus	Seyfert	Perseus-Haufen	11,6	175 000 Lj	230 000 000 Lj	Teleskop
3C 273	Jungfrau	Quasar	unbekannt	12,0	unbekannt	1 900 000 000 Lj	Teleskop

LOKALE GRUPPEN

GALAXIE	ART	SCHEINBARE HELLIGKEIT	DURCHMESSER	ENTFERNUNG VON DER ERDE
Milchstraße	spiralförmig	—	100 000 Lj	—
SagDEG	elliptisch	3,6	unbekannt	80 000 Lj
Große Magellansche Wolke	irregulär	0,6	34 000 Lj	179 000 Lj
Kleine Magellansche Wolke	irregulär	2,8	17 000 Lj	210 000 Lj
Sculptor-Zwerggalaxie	irregulär	9,1	1400 Lj	284 000 Lj
Sextant I	elliptisch	10,3	3000 Lj	300 000 Lj
Ursa-Minor-Zwerggalaxie	elliptisch	10,0	1000 Lj	300 000 Lj
Carina	elliptisch	10,6	500 Lj	300 000 Lj
Draco-Zwerggalaxie	elliptisch	10,9	500 Lj	300 000 Lj
Fornax-Zwerggalaxie	elliptisch	8,5	3000 Lj	500 000 Lj
Leo I	elliptisch	11,8	1000 Lj	600 000 Lj
Leo II	elliptisch	12,3	500 Lj	600 000 Lj
NGC 6822	irregulär	9,3	8000 Lj	1 700 000 Lj
Wolf-Lundmark-Melotte	irregulär	11,3	7000 Lj	2 000 000 Lj
IC 5152	irregulär	11,7	5000 Lj	2 000 000 Lj
NGC 205	elliptisch	8,6	10 000 Lj	2 200 000 Lj
NGC 147	elliptisch	10,4	10 000 Lj	2 200 000 Lj
NGC 185	elliptisch	10,1	6000 Lj	2 200 000 Lj
M32	elliptisch	9,0	5000 Lj	2 200 000 Lj
Andromeda III	elliptisch	13,5	3000 Lj	2 200 000 Lj
Andromeda I	elliptisch	14,4	2000 Lj	2 200 000 Lj
Andromeda II	elliptisch	13,0	2000 Lj	2 200 000 Lj
M31 (Andromeda)	spiralförmig	4,4	128 000 Lj	2 500 000 Lj
IC 1613	irregulär	10,0	12 000 Lj	2 500 000 Lj
M33 (Dreiecksnebel)	spiralförmig	6,3	50 000 Lj	2 600 000 Lj
DDO 210	irregulär	15,3	4000 Lj	3 000 000 Lj
Pisces	irregulär	15,5	500 Lj	3 000 000 Lj
IC 10	irregulär	11,7	6000 Lj	4 000 000 Lj
Sextant A	irregulär	—	unbekannt	4 000 000 Lj?
SagDIG	irregulär	15,6	5000 Lj	4 000 000 Lj
GR 8	irregulär	14,6	200 Lj	4 000 000 Lj
Antlia	elliptisch	14,8	unbekannt	4 100 000 Lj?
Pegasus	irregulär	12,4	8000 Lj	5 000 000 Lj
Leo A	irregulär	12,7	7000 Lj	5 000 000 Lj
Tuçana	elliptisch	15,1	unbekannt	unbekannt

ERLÄUTERUNGEN ZU NEBEL, GALAXIEN UND LOKALE GRUPPEN

SCHEINBARE HELLIGKEIT: Wie hell ein Stern am Himmel zu sehen ist. Hellere Objekte haben kleinere Zahlen als lichtschwächere Objekte.

DURCHMESSER/ENTFERNUNG VON DER ERDE: Die Zahlen sind in Lichtjahren (Lj) angegeben. Ein Fragezeichen bedeutet, dass die Angabe eine unbestätigte Schätzung ist.

Kosmische Rekorde

Heißeste Planetenoberfläche im Sonnensystem
Die Venusoberfläche mit 470 °C, dicht gefolgt von Merkur mit 427 °C. Da die dichte Venusatmosphäre die Sonnenwärme einfängt und festhält, sind die Temperaturen nachts ebenso hoch wie tagsüber. (Das Gestein heizt sich dabei bis zur Rotglut auf!)

Kälteste Planetenoberfläche im Sonnensystem
Die Plutooberfläche, wenn der Planet am weitesten von der Sonne entfernt ist. Die tatsächliche Temperatur in diesem Bereich konnte noch nicht ermittelt werden, da Pluto seit seiner Entdeckung 1930 noch keinen Umlauf vollendet hat und den sonnenfernsten Punkt erst im Februar 2114 erreichen wird. Gegenwärtig beträgt seine Oberflächentemperatur –233 °C – und sie sinkt langsam!

Größter Krater in unserem Sonnensystem
Das Südpol-Aitken-Becken auf dem Mond mit einem Durchmesser von ca. 2500 km. Dieser uralte Aufschlagkrater ist so stark von jüngeren Kratern zernarbt, dass er erst 1994 entdeckt wurde, als die Sonde Clementine eine Mond-Umlaufbahn einschlug, um Daten für eine genaue Kartierung zu sammeln. Das Becken liegt auf der erdabgewandten Seite des Mondes und ist über 12 km tief.

Höchster Berg in unserem Sonnensystem
Der Olympus Mons auf dem Mars mit einer Höhe von 24 km und einem Durchmesser von über 50 km. Die zweithöchste Erhebung, Maxwell Montes, ragt 11 km über das mittlere Niveau der Venus auf. Als höchster Berg der Erde gilt der Mount Everest mit 8,8 km über dem Meeresspiegel. Er erhält allerdings Konkurrenz vom Mauna Kea auf Hawaii, der vom Meeresgrund bis zum Gipfel 9 km misst.

Größte Schlucht in unserem Sonnensystem
Valles Marineris, ein Grabenbruchsystem auf dem Mars, das ca. 4000 km lang, bis zu 600 km breit und bis zu 8 km tief ist. Befände sich diese Schlucht in den USA, so würde sie sich von San Francisco an der Westküste bis zu den Appalachen in Virginia nahe der Ostküste erstrecken. Und in Europa würde sie von Paris bis zum Ural an der russischen Grenze zu Asien reichen.

Größter Mond in unserem Sonnensystem
Der Jupitermond Ganymed hat einen Durchmesser von 5268 km und übertrifft damit die Planeten Merkur und Pluto.

Größter Planet in unserem Sonnensystem
Jupiter besitzt die 317,8fache Masse und den 11fachen Durchmesser der Erde. Der Gasriese enthält mehr Masse als alle übrigen Planeten, Monde, Kometen und Asteroiden zusammen.

Größter bekannter Planet im Weltall
Eine namenlose Welt, die den Stern HD 114762 umkreist und die 11fache Jupitermasse zu besitzen scheint. Allerdings nehmen manche Astronomen an, dass es sich in Wahrheit um einen Braunen Zwerg handelt – also um einen kleinen, extrem kühlen und lichtschwachen Stern. Wenn das stimmt, geht der Rekord an einen Planeten mit der 6,6fachen Jupitermasse, der den Stern 70 Virginis umkreist. (Das kann sich bald ändern, da die Astronomen mit ihren Teleskopen immer tiefer ins All vordringen.)

Größter Meteorschauer
Der Leoniden-Schwarm vom 13. November 1833, bei dem bis zu 200 000 Meteore in der Stunde niedergingen. Augenzeugen berichteten, dass die Meteore „wie Schneeflocken" fielen. Das erstaunliche Schauspiel verhalf den Astronomen zu der Erkenntnis, dass Meteore aus dem äußeren Weltraum in die Erdatmosphäre eindringen und keinen irdischen Ursprung haben wie etwa Regen.

Größter Meteorit
Der Hoba-Meteorit in Namibia, ein Koloss von 60 Tonnen, der ungefähr so viel wiegt wie neun Elefanten! Der 1920 entdeckte Eisenmeteorit liegt heute noch da, wo er einst in den Boden einschlug. Er ist etwa drei Meter lang, aber das verfärbte Erdreich ringsum verrät, dass ein Teil bereits verwittert ist.

Größter Asteroid
1 Ceres mit einem Durchmesser von 913 km. Dieser größte aller Asteroiden ist zugleich der erste, den man aufspürte – und das am 1. Januar 1801, dem ersten Tag des 19. Jahrhunderts. Der Entdecker von Ceres war Giuseppe Pizzi (1746–1826) an der Sternwarte Palermo auf Sizilien.

Erdnächster Komet
Komet Lexell, der 1770 in einem Abstand von 2,2 Millionen km an unserem Planeten vorbeiraste – das ist kaum mehr als der sechsfache Mondabstand. Trotz seiner Erdnähe entwickelte dieser Komet nie einen langen Schweif und sein Kopf sah höchstens fünfmal größer als der Mond am Nachthimmel aus.

Längster Kometenschweif
Der des Großen März-Kometen 1843 mit einer Länge von 300 Millionen km. Sein Schweif war so lang, dass er von der Sonne bis weit über die Marsbahn hinaus reichte. Im sonnennächsten Punkt seiner Umlaufbahn war der Komet nur 130 000 km von der Sonne entfernt, womit er ihre Oberfläche fast „streifte".

Hellster Stern am Nachthimmel
Sirius, Größenklasse –1,4. Sirius ist genau genommen ein Doppelstern. Sein lichtschwacher Begleiter war der erste, je entdeckte Weiße Zwerg.

Größter Stern
Beteigeuze im Orion, ein Roter Überriese mit dem etwa 800fachen Durchmesser der Sonne. In unserem Sonnensystem würde er bis über die Jupiterbahn hinausragen.

Massereichster Stern
Eta Carinae mit der etwa 150fachen Masse der Sonne. Manche Astronomen halten Eta Carinae allerdings für ein Doppelsternsystem.

Masseärmster Stern
Gliese 105C mit etwa einem Zehntel der Sonnenmasse. Damit liegt er an der untersten Grenze für die Entwicklung zu einem echten Stern, d. h. für das „Zünden" der nuklearen Reaktion, mit der Wasserstoff zu Helium verschmilzt.

Sonnennächster Stern
Proxima Centauri, das dritte Mitglied des Systems Alpha Centauri. Der kühle Rote Zwerg ist nur 4,2 Lichtjahre von der Sonne entfernt und damit um 0,1 Lichtjahre näher als die beiden anderen Sterne des Systems.

Kugelsternhaufen mit der höchsten Sternzahl
Omega Centauri mit 1,1 Millionen Sternen bei einem Durchmesser von etwa 180 Lichtjahren.

Massereichste Galaxie
Elliptische Riesengalaxie M87 im Sternbild Jungfrau, die zum Virgo-Galaxienhaufen gehört. Ihre Masse entspricht etwa 800 Milliarden Sonnenmassen.

Masseärmste Galaxie
Zwerggalaxie Pegasus II mit etwa 10 Millionen Sonnenmassen. Zwar existieren möglicherweise noch kleinere Galaxien, aber da sie keine große Leuchtkraft besitzen, können die Astronomen sie nur dann entdecken, wenn sie nahe genug sind.

Sonnennächste Galaxie
Canis-Maior-Galaxie im Sternbild Großer Hund mit einer Entfernung von etwa 25 000 Lichtjahren. Allerdings entdecken die Astronomen ständig neue Zwerggalaxien, und es ist durchaus möglich, dass sie irgendwann eine noch nähere Galaxie aufspüren.

Fernstes mit bloßem Auge sichtbares Objekt
Die 2,5 Millionen Lichtjahre entfernte Andromeda-Galaxie, besser bekannt als Andromedanebel (M31). Das Licht, das wir sehen, wurde ausgesandt, als auf der Erde gerade die letzte große Eiszeit begann.

Fernstes bisher entdecktes Objekt
Eine namenlose Galaxie im Großen Bären mit einer Entfernung von etwa 12,6 Milliarden Lichtjahren. Auch dieser Rekord wird wohl bald übertroffen.

GESCHICHTE DER ASTRONOMIE

30 000 v. CHR. Auf Knochen eingeritzte Mondphasen – ältestes astronomisches Zeugnis?

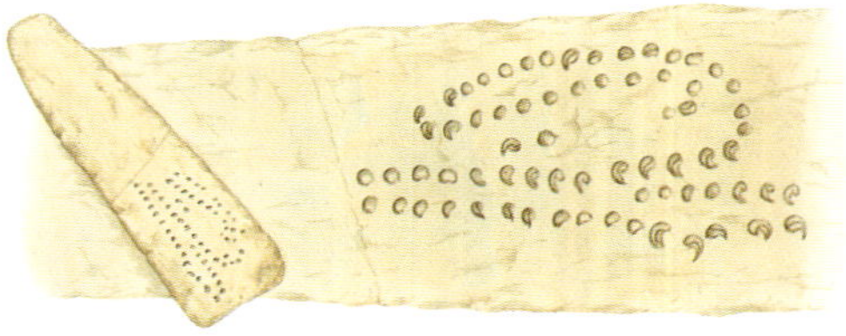

4000 v. CHR. Auf sumerischen Tontafeln in Mesopotamien finden sich die ersten Aufzeichnungen von Löwe, Stier und Skorpion.

600 v. CHR. Der griechische Philosoph Thales kennt vermutlich die Ursachen von Sonnen- und Mondfinsternissen.

525 v. CHR. Der griechische Philosoph Pythagoras stellt die These auf, dass die Erde eine Kugel ist.

350 v. CHR. Der griechische Philosoph Aristoteles liefert eine wissenschaftliche Begründung für die Kugelgestalt der Erde.

300 v. CHR. Der griechische Astronom Aristarch behauptet als Erster, nicht die Erde, sondern die Sonne stünde im Mittelpunkt des Universums.

200 v. CHR. Der griechische Astronom Eratosthenes bestimmt den Umfang der Erde – und irrt sich nur um 400 km!

150 v. CHR. Der griechische Astronom Hipparch entwickelt ein System von Größenklassen, um die Sternhelligkeit zu messen, entdeckt ein schwaches Taumeln der Erdachse und stellt den ersten Sternkatalog zusammen.

150 n. Chr. Der griechische Astronom Claudius Ptolemäus veröffentlicht den *Almagest*, ein Werk über das astronomische Wissen des Altertums, das mehr als ein Jahrtausend richtungsweisend bleibt.

165 Chinesische Astronomen zeichnen die ersten Himmelsbeobachtungen auf, darunter die Aktivität von Sonnenflecken.

635 Chinesischer Gelehrter stellt fest, dass Kometenschweife von der Sonne weg weisen.

1543 Nikolaus Kopernikus veröffentlicht sein Werk *Über die Umläufe der Himmelskörper*. Es stellt die Sonne in den Mittelpunkt der Welt.

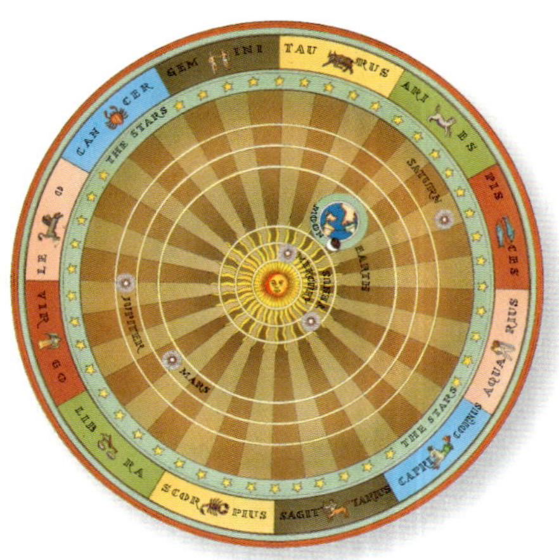

1572 Tycho Brahe entdeckt eine Supernova im Sternbild Kassiopeia und stellt fest, dass sie sich jenseits des Mondes befindet. Das steht im Widerspruch zur Vorstellung der Antike, dass der Himmel vollkommen und unveränderlich sei.

1576 Tycho Brahe errichtet auf einer Ostsee-Insel seine Sternwarte Uranienborg und trägt die bis dahin genauesten Beobachtungen der Welt über Stern- und Planetenbewegungen zusammen.

1600 Tycho Brahe nimmt Johannes Kepler als mathematischen Gehilfen in seine Dienste.

1608 Der Holländer Hans Lippershey erfindet das Linsenfernrohr.

1609 Gestützt auf Tychos Unterlagen, erkennt Kepler, dass die Marsbahn elliptisch sein muss – ein entscheidender Fortschritt gegenüber der klassischen Astronomie, die auf kreisförmigen Bahnen beharrt hatte. Galileo Galilei erfährt von der holländischen Erfindung und baut das Fernrohr nach. Er nutzt es als erster für die Astronomie.

1610 Galilei macht seine Erkenntnisse über Jupitermonde, Krater auf dem Erdmond und Sterne in der Milchstraße publik und setzt sich für das kopernikanische Modell des Sonnensystems ein.

1616 Die katholische Kirche verbietet die Lehre des Kopernikus.

1619 Kepler entdeckt einen mathematischen Zusammenhang zwischen der Länge eines Planetenjahres und dem Sonnenabstand.

1633 Die Kirche stellt Galilei unter Hausarrest, weil er weiterhin das kopernikanische Gedankengut verbreitet.

1665 Isaac Newton begründet die klassische theoretische Physik.

1687 Newton veröffentlicht sein Werk *Mathematische Grundlagen der Naturwissenschaft*, das die Astronomie mit der Physik verbindet.

1727 James Bradley entdeckt die Aberration von Sternenlicht – die scheinbare Positionsverschiebung eines Sterns, die auf der Bewegung der Erde beruht. Damit ist erstmals der physikalische Nachweis erbracht, dass sich die Erde um die Sonne dreht.

1758 Der Halleysche Komet kehrt genau zu dem Zeitpunkt wieder, den Edmond Halley vorherberechnet hat.

1781 Wilhelm Herschel entdeckt den siebenten Planeten Uranus. Es ist der erste in der Neuzeit aufgespürte Planet.

1833 Ein spektakulärer Leonidenschwarm zeigt den Astronomen, dass Meteore ihren Ursprung im Weltraum und nicht in der Atmosphäre haben.

1835 Die Kirche nimmt die Bücher von Kopernikus und Galilei vom Index (einer Liste verbotener Werke).

1838 Friedrich Bessel bestimmt die Parallaxe von 61 Cygni und führt damit die erste direkte Entfernungsmessung an einem Fixstern durch.

1846 Johann Galle und Heinrich d'Arrest entdecken den achten Planeten Neptun auf Vorhersagen von Urbain Leverrier (und unabhängig davon John C. Adams).

ab 1860 Das Spektroskop vermittelt den Astronomen neue Erkenntnisse über den Aufbau von Sternen und Nebeln.

ab 1880 Die Himmelsfotografie wird zu einem wichtigen Hilfsmittel der Astronomie.

1905 Albert Einstein veröffentlicht seine Spezielle Relativitätstheorie.

1908 Ejnar Hertzsprung unterteilt die Sternpopulation in zwei Gruppen, die Riesen und die Zwerge. Es ist der erste Schritt zum Verständnis der Sternentwicklung.

1910 Die Wiederkehr des Halleyschen Kometen wird zum ersten Medienereignis der Welt.

1912 Henrietta Leavitt beobachtet, dass langperiodische Cepheiden-Veränderliche heller leuchten als kurzperiodische, und entwickelt daraus die Perioden-Helligkeits-Beziehung. Vesto Slipher entdeckt, dass die meisten „Spiralnebel" sich von der Erde entfernen – ein erster Hinweis auf die Ausdehnung oder Expansion des Weltalls.

1916 Albert Einstein veröffentlicht seine Allgemeine Relativitätstheorie. Sie sagt die Expansion des Weltalls vorher.

1917 Auf dem Mount Wilson in Kalifornien, USA, wird das 2,5-Meter-Hooker-Spiegelteleskop fertiggestellt.

1919 Einsteins Allgemeine Relativitätstheorie wird durch Sternort-Messungen während einer totalen Sonnenfinsternis bestätigt.

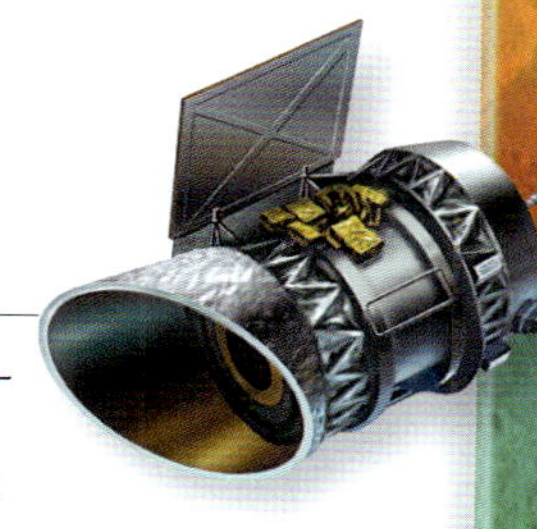

1923 Edwin Hubble beweist mithilfe von Cepheiden-Veränderlichen, dass „Spiralnebel“ Galaxien sind, die sich außerhalb der Milchstraße befinden.

1929 Hubble erbringt den Beobachtungsnachweis für die Ausdehnung des Universums und liefert erste Schätzwerte für das Alter und die Expansionsrate des Weltalls.

1930 Clyde Tombaugh entdeckt den neunten Planeten Pluto.

1931 Karl Jansky fängt mit einer drehbaren Antennenanlage erstmals Radiowellen aus dem Kosmos auf.

1937 Grote Reber baut in seinem Garten ein Radioteleskop und entdeckt damit Radioquellen im Zentrum der Milchstraße.

1938 Hans Bethe erklärt die Energieerzeugung (und damit das Leuchten) der Sonne und anderer Sterne durch Kernreaktionen in ihrem Zentralbereich.

1942 John Hey und Mitarbeiter orten die Sonne als Störstrahlungsquelle von Radarstationen.

1946 Hey und seine Mitarbeiter entdecken die stärkste Radioquelle im All – die Radiogalaxie Cygnus A.

1948 George Gamow, Ralph Alpher und Robert Herman beschreiben die Entstehung chemischen Elemente im Frühstadium des Universums.
Auf dem Mount Palomar in Kalifornien, USA, wird der 5-Meter-Spiegel des Hale-Teleskops fertiggestellt.

1952 Walter Baade stellt fest, dass die bisher für die Galaxien angenommenen Entfernungen mindestens verdoppelt werden müssen.

1957 Mit dem Start des Satelliten Sputnik 1 durch die Sowjetunion (heute Russland) beginnt das Zeitalter der Raumfahrt.

1959 Die sowjetische Sonde Lunik 3 sendet die ersten Aufnahmen von der Mondrückseite.

1961 Juri Gagarin (Sowjetunion) umkreist an Bord von Wostok 1 als erster Mensch die Erde.

1962 Mariner 2 ist die erste Sonde, die zur Erforschung anderer Planeten ausgesandt wird. Bei ihrem Vorbeiflug an der Venus entdeckt sie eine dichte Atmosphäre und hohe Oberflächentemperaturen.

1963 Maarten Schmidt stellt fest, dass Quasare eine extreme Rotverschiebung besitzen und sehr weit entfernt sein müssen.

1965 Arno Penzias und Robert Wilson entdecken die kosmische Hintergrundstrahlung – das ferne Echo des Urknalls.
Mariner 4 fliegt am Mars vorbei.

1967 Jocelyn Bell-Burnell entdeckt Pulsare, die bald darauf als Neutronensterne identifiziert werden.

1969 Die Apollo-11-Astronauten Neil Armstrong und Edwin Aldrin betreten als erste Menschen den Mond.

1971 Mariner 9 umfliegt als erste Sonde einen anderen Planeten, den Mars.

1973 Pioneer 10 fliegt zum ersten Mal an Jupiter vorbei und entdeckt starke Strahlungsgürtel.

1974 Mariner 10 gelingt der erste von drei Merkur-Vorbeiflügen. Findet Anzeichen für massiven Eisenkern und riesige Aufschlagkrater.

1975 Venera 9 macht die ersten Aufnahmen der Venusoberfläche.

1976 Viking 1 und 2 landen auf dem Mars. Sie entdecken nirgends Spuren von Leben.

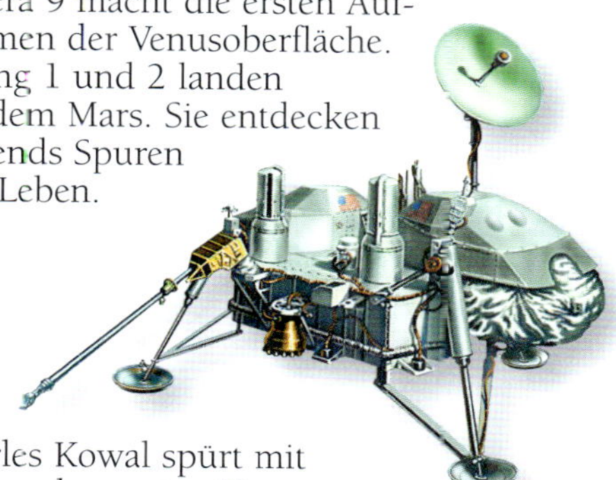

1977 Charles Kowal spürt mit Chiron den ersten Kometen im äußeren Sonnensystem auf.
Astronomen an Bord des Kuiper Airborne Observatory entdecken fünf Uranus-Ringe.

1978 James Christy entdeckt Plutos Mond Charon.

1979 Voyager 1 und 2 fliegen an Jupiter vorbei. Sie fotografieren und vermessen den Planeten und seine Monde und entdecken das Ringsystem.
Pioneer 11 gelingt erster Saturn-Vorbeiflug.

1980 Voyager 1 beginnt mit der Erforschung des Saturn-Systems.
Das VLA(Very Large Array)-Radioteleskop nimmt seine Arbeit im amerikanischen Bundesstaat Neu-Mexiko auf.

1983 Der Astronomische Infrarot-Satellit IRAS erstellt eine Infrarot-Karte des gesamten Sternenhimmels.

1985/6 Forschungssonden verfolgen die Wiederkehr des Halleyschen Kometen.

1986 Voyager 2 gelingt der erste Uranus-Vorbeiflug.

1987 Supernova 1987 A erscheint in der Großen Magellanschen Wolke.

1989 Voyager 2 gelingt der erste Neptun-Vorbeiflug. Die Sonde sammelt Daten über den Planeten, seine Monde – und ein Ringsystem, dessen Vorhandensein man seit 1981 vermutet hatte.

1990 Das Hubble-Weltraum-Teleskop wird gestartet.

1991 Auf ihrer Reise zum Jupiter fliegt die Sonde Galileo nahe an dem Asteroiden 951 Gaspra vorbei.
Das Compton Gamma Ray Observatory beginnt mit der Durchmusterung des Weltalls nach hochenergetischen Strahlungsquellen.

1992 Das Satelliten-Observatorium COBE bestätigt die Vorhersagen der Urknall-Theorie.

1993 Das erste 10-m-Keck-Teleskop am Mauna Kea, Hawaii, wird in Betrieb genommen.
Das Hubble-Weltraumteleskop wird in seiner Umlaufbahn repariert und auf den neuesten technischen Stand gebracht.

1994 Teile des Kometen Shoemaker-Levy 9 stürzen auf Jupiter.

1995 Entdeckung des ersten Planeten außerhalb unseres Sonnensystems (Stern 51 Pegasi).
Der Forschungssatellit Galileo schickt eine Sonde in die Jupiter-Atmosphäre und beginnt seine Reise zu den Jupitermonden.

1996 Schwarzes Loch im Zentrum der Milchstraße bestätigt.

1997 Gammastrahlen-Ausbruch, verursacht durch Kollision von Neutronensternen, zur Quelle weitab der Milchstraße zurückverfolgt.
Pathfinder landet auf dem Mars mit dem Marsauto Sojourner.

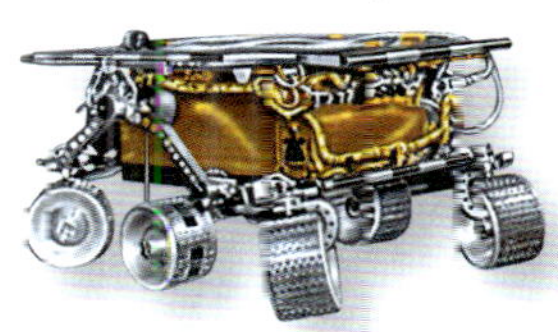

1999 Chandra X-Ray Observatory sucht den Himmel nach Röntgenstrahlung ferner Quellen ab.

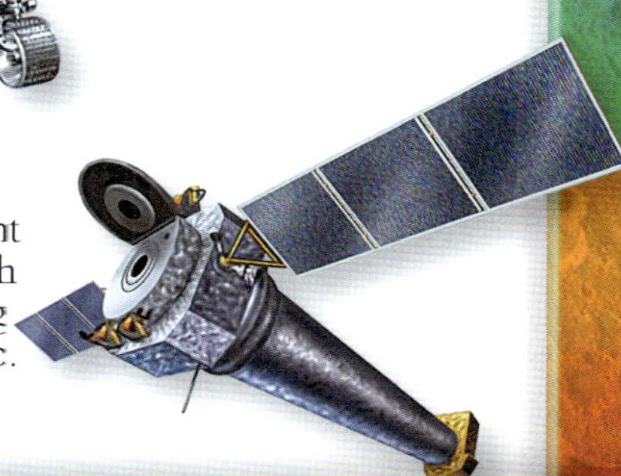

2000 Cassini-Huygens gelingen die bisher schärfsten Fotoaufnahmen von Jupiter.

2001 NEAR landet als erste Sonde auf einem Asteroiden.

2002 Stardust fliegt am Asteroiden 5535 Annefrank vorbei und liefert Fotos.
Mars Odyssey beginnt ihre Messungen auf dem Mars und findet große Mengen Wassereis an den Polen.

2003 Das Spaceshuttle Columbia verglüht beim Landeanflug auf die Erde. Alle sieben Astronauten finden den Tod.
Das Spitzer Infrarot-Weltraumteleskop wird gestartet.

2004 Opportunity weist ehemals flüssiges Wasser auf dem Mars nach.
SMART-1 schwenkt in eine Umlaufbahn um den Mond ein.
Cassini-Huygens landet auf Saturnmond Titan und liefert erstmals Windgeräusche von einem außerirdischen Himmelskörper.

2005 Deep Impact schlägt auf dem Kometen Tempel 1 ein und erlaubt zum ersten Mal einen Blick in das Innere eines Kometen.
Hubble-Weltraum-Teleskop entdeckt zwei weitere Pluto-Monde.

Glossar

A

Aktive Galaxie ~ Galaxie, deren Kernbereich starke Strahlung aussendet; Ursache sind vermutlich aufgeheizte Gase, die in ein Schwarzes Loch gesogen werden.

Antenne ~ Gerät zum Empfang von Radiowellen aus dem All. Viele Antennen bestehen aus einem offenen Aluminium- oder Stahldrahtgeflecht.

Anziehungskraft ~ *Siehe* Gravitation

Äquator ~ Gedachte Linie auf der Oberfläche eines Planeten, Mondes oder Sterns, deren Ebene durch den Mittelpunkt des Körpers geht und senkrecht auf der Rotationsachse steht.

Äquinoktium ~ *Siehe* Tagundnachtgleiche

Asteroid ~ Kleinkörper aus Gestein oder Metall, der die Sonne umkreist. Die meisten der auch Kleinplaneten oder Planetoiden genannten Objekte haben ihre Bahnen im Asteroiden-Hauptgürtel zwischen Mars und Jupiter.

Astronomie ~ Aus dem Griechischen stammende Bezeichnung für Himmels- oder Sternkunde. Heute versteht man darunter das wissenschaftliche Studium des Weltalls einschließlich Sonnensystem, Sternen und Galaxien.

Astronomische Einheit (AE) ~ Die mittlere Entfernung zwischen Erde und Sonne; sie beträgt ungefähr 150 Millionen Kilometer.

Atmosphäre ~ Die äußere Gashülle um einen Planeten, Mond oder Stern.

B

Bedeckungsveränderliche ~ Doppelsterne, bei denen ein Partner den anderen regelmäßig bei ihrem Umlauf bedeckt, sodass es zu periodischen Lichtwechseln kommt. Da die Helligkeitsschwankungen nicht auf echte Sternveränderungen zurückzuführen sind, spricht man auch von „optischen Veränderlichen".

Brauner Zwerg ~ Ein lichtschwaches Objekt mit weniger als 0,1 Sonnenmasse, bei dem die Zentraltemperatur nicht ausreicht, um die Kernfusion in Gang zu setzen.

D

Doppelstern ~ Sternpaar, dessen Partner sich um einen gemeinsamen Schwerpunkt bewegen.

Doppler-Effekt ~ Eine Farbverschiebung des Lichts, hervorgerufen durch eine scheinbare Verdichtung oder Dehnung der Wellen, wenn sich ein Stern oder eine Galaxie auf uns zu oder von uns weg bewegt.

Dunkelnebel ~ Wolke aus interstellarem Staub, die das Licht weiter entfernter Sterne abblockt. Der Pferdekopfnebel im Orion ist ein Dunkelnebel.

E

Eintauch-Sonde ~ Unbemannte Sonde, die sich vom Mutterschiff löst und in die Atmosphäre eines Planeten oder Mondes eintritt, um während des Sinkflugs Daten zu sammeln. Manche dieser Sonden schaffen die Landung, aber die meisten, z. B. auch die Eintauchsonde der Galileo-Mission, werden durch die Reibungshitze und den zunehmenden Druck zerstört.

Elektromagnetisches Spektrum ~ Die gesamte von Himmelskörpern erzeugte Strahlung, geordnet nach Wellenlängen oder Frequenzen. Sie reicht von langwelliger Radiostrahlung mit niedrigen Frequenzen bis zu kurzwelliger Gammastrahlung mit hohen Frequenzen.

Ellipse ~ Die Bahnform der meisten Planeten und Kometen, die einem in die Länge gedehnten Kreis ähnelt.

Elliptische Galaxie ~ Kugelförmige (sphärische), meist abgeplattet erscheinende Galaxie ohne erkennbare Scheibe und Spiralarme. Sie besteht überwiegend aus älteren roten Sternen. Es gibt elliptische Riesengalaxien wie M87 in der Jungfrau, aber auch Zwerggalaxien wie das winzige Sculptor-System.

Emissionsnebel ~ Interstellare Wolke, deren Gase (hauptsächlich Wasserstoff) durch das Licht benachbarter heißer Sterne zum Leuchten angeregt werden. Der Nordamerika-Nebel im Schwan ist ein berühmter Emissionsnebel.

Endknall ~ Mögliches Ende des Universums, falls die Schwerkraft die derzeitige Ausdehnung des Weltalls stoppt und anschließend die gesamte Materie in ein einziges Schwarzes Loch zieht und unendlich verdichtet. Auch Big Crunch genannt.

Erdlicht ~ Sonnenlicht, das von der Erde reflektiert wird und den Teil des Mondes erhellt, der nicht direkt von der Sonne bestrahlt ist. Man nennt diese Erscheinung auch aschgraues Mondlicht oder Erdschein. Für jemanden, der sich auf dem Mond befindet, ist das Erdlicht das gleiche wie für uns das Mondlicht.

Extraterrestrisch ~ Wörtlich: außerirdisch. Alles, was von jenseits der Erde kommt.

F

Fernglas ~ Durch Knickbrücke verbundenes Doppelfernrohr mit schwacher Vergrößerung. Auch Prismenglas oder Feldstecher genannt. Gut als Anfangsinstrument für Hobby-Astronomen geeignet.

Feuerkugel ~ Ein extrem heller Meteor. Auch Bolid genannt.

Finsternisse ~ Himmelserscheinungen, bei denen die Sonne ganz oder teilweise verdunkelt wird, weil sich der Mond zwischen die Sonne und den Beobachter auf der Erde schiebt (Sonnenfinsternis), oder bei denen der Vollmond ganz oder teilweise in den Schatten der Erde tritt (Mondfinsternis).

Flyby ~ *Siehe* Vorbeiflug

G

Galaktische Scheibe ~ Das flache, breite Gebilde, das den Kern einer Spiralgalaxie umgibt. Unsere Sonne liegt in der Scheibe der Milchstraße.

Galaxie ~ Durch die Gravitation zusammengehaltener Verband von einigen Millionen bis Milliarden Sternen. Es gibt Spiralgalaxien, elliptische und irreguläre Galaxien.

Galaxis ~ Historisch bedingte Bezeichnung des Milchstraßensystems.

Galilei-Monde ~ Bezeichnung für die vier Hauptmonde des Jupiter: Io, Europa, Ganymed und Kallisto. Der Name bezieht sich auf Galileo Galilei (1564–1642), einen italienischen Astronomen, der die Monde 1610 entdeckte.

Gammastrahlung ~ Energiereichste Form der elektromagnetischen Strahlung mit den höchsten Frequenzen und den kürzesten Wellenlängen. Sie wird in aktiven Galaxien, bei Supernovae und in der Umgebung von Schwarzen Löchern freigesetzt.

Gasriese ~ Ein großer Planet, der überwiegend aus Wasserstoff besteht. In unserem Sonnensystem sind Jupiter, Saturn, Uranus und Neptun Gasriesen.

Gesteinsplaneten ~ Bezeichnung für die vier inneren Planeten des Sonnensystems, da sie überwiegend gesteinshaltig sind. Auch erdähnliche Planeten genannt.

Geysir ~ Eine heiße Quelle, die in regelmäßigen Abständen Wasser- oder Gasfontänen ausstößt. Während aus den Geysiren auf der Erde kochendes Wasser schießt, bestehen die Eruptionen auf dem Neptunmond Triton aus heißem Stickstoffgas.

Gezeiten ~ Die Verzerrung eines Körpers durch die Anziehungskraft eines anderen Objekts in seiner Nähe. Auf der Erde das Heben und Senken der Wassermassen in den Meeren. Es beruht auf dem Wechselspiel zwischen der Anziehungskraft des Mondes und der Fliehkraft, die beim Umlauf der Erde um das gemeinsame Schwerezentrum Erde-Mond entsteht. Kommt die Anziehungskraft der Sonne hinzu, werden die Gezeiten verstärkt. In diesem Fall sprechen wir von einer Springflut.

Granule ~ Kuppe oder Blase aus heißem Gas an der Sonnenoberfläche. Die kleinsten Granulen haben einen Durchmesser von etwa 500 km.

Gravitation ~ Gegenseitige Anziehung zwischen Massekörpern. Eine der Grundkräfte der Natur, die Galaxien zusammenhält, dafür sorgt, dass Planeten, Monde und Raumschiffe in ihren Bahnen bleiben, und bewirkt, dass wir fest auf der Erde stehen und nicht davonschweben. Auch Anziehungskraft oder Schwerkraft genannt.

Gravitationslinse ~ Optischer Effekt, bei dem das Licht eines weit entfernten Objekts im Schwerefeld eines massereichen Gebildes, z. B. einer Galaxie, abgelenkt wird. Dadurch sieht der Beobachter auf der Erde mehrere, zum Teil verzerrte Bilder.

Größenklasse ~ Maßeinheit für die Helligkeit eines Himmelsobjekts, abgekürzt mit hoch gestelltem m für magnitudo (lat. Größe). Niedrige Zahlen bedeuten eine hohe Leuchtkraft. Den hellsten Sternen sind daher negative Zahlen zugeordnet. So beträgt die Größenklasse unserer Sonne $-26{,}8^{m}$. Die scheinbare Größenklasse beschreibt die Menge des beim Beobachter ankommenden Lichtes; sie wird durch die wirkliche Helligkeit, die Entfernung und Hindernisse auf dem Weg zum Beobachter beeinflusst. Die tatsächliche (oder absolute) Größenklasse eines Sterns entspricht seiner Helligkeit in einem gedachten Abstand von 32,6 Lichtjahren.

Gürtel ~ Allgemein ein schmaler Bereich, z. B. der Asteroidengürtel zwischen Mars und Jupiter; speziell die dunklen Wolkenbänder der Gasriesen-Planeten, im Gegensatz zu den hellen, als Zonen bezeichneten Streifen.

H

Haufen ~ Ansammlung von Sternen oder Galaxien, die durch ihre gegenseitige Anziehungskraft zusammengehalten werden.

Hauptreihe ~ Ein Band im Hertzsprung-Russell-Diagramm, das 90 Prozent aller Sterne enthält. Es verläuft diagonal von oben links (hohe Temperatur und Helligkeit) nach unten rechts (niedrige Temperatur und Helligkeit).

Helligkeit ~ Die Strahlungsstärke eines Himmelskörpers. Dabei ist die scheinbare Helligkeit die Menge des beim Beobachter ankommenden Lichtes; sie wird durch die Entfernung und Hindernisse auf dem Weg zum Beobachter beeinflusst. Die Astronomen benutzen als Vergleichsmaßstab die absolute Helligkeit; das ist die Helligkeit eines Sterns in einem gedachten Abstand von 32,6 Lichtjahren.

Hemisphäre (nördliche und südliche) ~ Anderes Wort für Halbkugel oder Planetenhälfte. Die Erde wird durch den Äquator in die nördliche und südliche Hemisphäre unterteilt.

Hertzsprung-Russell-Diagramm ~ Eine grafische Darstellung von Sterneigenschaften, bei der die absolute Helligkeit relativ zur Oberflächentemperatur aufgetragen wird. Aus diesem Diagramm kann man die Entfernung und das Alter von einzelnen Sternen oder Sternhaufen bestimmen.

Himmelspole ~ Die Punkte, an denen die gedachte Verlängerung der Erdachse das Himmelsgewölbe im Norden und Süden schneidet.

Horizont ~ Die Linie, an der Himmel und Erde zusammentreffen.

I

Infrarotstrahlung ~ Unsichtbare Strahlung, deren Wellenlänge etwas größer ist als die des sichtbaren Lichtes. Wir spüren sie als Wärme, wenn wir uns in der Nähe eines Feuers oder einer Heizung befinden.

Interferometrie ~ Neue Technik der gleichzeitigen Beobachtung einer Strahlungsquelle mit mehreren unabhängigen Teleskopen. Aus der Überlagerung der Einzelbeobachtungen erhält man ein sehr viel schärferes Bild des Objekts.

Interstellare Materie ~ Die im Raum zwischen den Sternen verteilte Materie aus Gas und Staub. Im Lauf der Zeit entwickeln sich aus dieser Materie wieder neue Sterne.

Irreguläre Galaxie ~ Unregelmäßig geformte Galaxie ohne erkennbare Struktur, z.B. die Kleine Magellansche Wolke. Die meisten irregulären Galaxien enthalten große Mengen an Gas und Staub.

J

Jahr ~ Die Zeitspanne, die ein Planet benötigt, um die Sonne einmal zu umrunden. Das Erdenjahr hat 365,25 Tage.

Jahreszeiten ~ Zyklische Wetterveränderungen auf einem Planeten. Durch die Neigung der Rotationsachse erhält jeweils ein Gebiet mehr Licht und Wärme, während der Planet die Sonne umwandert.

K

Kern ~ Das oft auch als Zentrum oder Zentralbereich bezeichnete Innere eines Objekts. Der Erdkern besteht aus Nickel und Eisen.

Kernfusion ~ Verschmelzung zweier Atomkerne zu einem schwereren Kern, wobei eine große Menge Energie freigesetzt wird. Durch diesen Prozess, der vor allem im heißen Sterninnern abläuft, verwandeln sich einfache in immer komplexere Elemente.

Koma ~ Diffuse Gas- und Staubwolke, die den Eiskern eines Kometen umhüllt und den sichtbaren Kometenkopf bildet. Sie entsteht, wenn die Eisbestandteile des Kometen in Sonnennähe verdampfen, und kann einen Durchmesser von mehr als 100 000 km erreichen.

Komet ~ Gebilde aus gefrorenem Gas und Staub, das die Sonne auf einer stark elliptischen Bahn umrundet. In Sonnennähe verdampft ein Teil des Eises und der Komet entwickelt neben einer Koma lange Gas- und Staubschweife. Es gibt kurz- und langperiodische Kometen (mit einer Umlaufzeit von weniger bzw. mehr als 200 Jahren).

Kommandokapsel ~ Auch Kommandoeinheit oder -modul genannt. Der Teil der Apollo-Raumschiffe, der die Mannschaftskabine enthielt. Sie blieb in einer Umlaufbahn, während die Landefähre zur Mondoberfläche weiterflog.

Kontinent ~ Größte zusammenhängende Festlandmassen auf der Erde, vielleicht auch auf anderen Planeten.

Konvektion ~ Der durch Strömung von heißeren zu kühleren Schichten bewirkte Wärmetransport, z. B. in der Atmosphäre, im Wasser, auf der Sonne und auf Planeten.

Kopernikanisches System ~ Auch als heliozentrisch bezeichnetes Weltbild, das die Sonne und nicht die Erde in den Mittelpunkt des Sonnensystems stellt. Es ist nach dem polnischen Astronomen und Domherrn Nikolaus Kopernikus (1472–1543) benannt, der dieses Modell in seinem Werk *Sechs Bücher über die Umläufe der Himmelskörper* beschreibt.

Korona ~ Äußerer Bereich der Sonnenatmosphäre, der von der Erde aus nur während einer totalen Sonnenfinsternis zu sehen ist.

Kosmische Hintergrundstrahlung ~ Extrem schwache, aber konstante Strahlung, die aus allen Himmelsrichtungen mit gleichmäßiger Intensität auf die Erde trifft und als „Nachglühen" des heißen Universums nach dem Urknall angesehen wird.

Kosmos ~ Anderer Begriff für das Universum.

Krater ~ Kesselförmige Vertiefung in der Oberfläche eines Planeten, Mondes oder Asteroiden, bei der es sich meist um die Spuren von Meteoriteneinschlägen handelt.

Kruste ~ Die Außenschicht eines Gesteinsplaneten, Mondes oder Asteroiden. Wir leben auf der Erdkruste.

Kugelsternhaufen ~ Von der Schwerkraft zusammengehaltene kugelförmige Verbände, die bis zu einer Million Sterne enthalten können. In der Milchstraße wurden bisher mehr als hundert Kugelsternhaufen entdeckt.

Kuiper-Gürtel ~ Eine schmale Region jenseits der Neptunbahn, in der ganze Scharen von Kometen die Sonne umkreisen.

L

Lander ~ Zur Landung auf einem Planeten oder Mond vorgesehene Sonde oder Raumschiff-Einheit, manchmal mit Roboter-Fahrzeugen zur Erkundung der Landeplatz-Umgebung ausgestattet. Lander werden in der Regel erst nach Flyby- und Orbiter-Missionen eingesetzt.

Lava ~ Geschmolzenes Gestein, das durch Vulkane oder Risse in der Oberfläche aus dem Innern eines Planeten oder Mondes quillt.

Lichtjahr ~ Astronomische Entfernungseinheit. Die Strecke, die das Licht bei einer Geschwindigkeit von rund 300 000 km/s in einem Jahr zurücklegt (knapp 10 Billionen km).

Lokale Gruppe ~ Kleiner Haufen von etwa 35 Galaxien, zu dem auch unsere Milchstraße gehört. Weitere Mitglieder sind die Große und die Kleine Magellansche Wolke, der Andromedanebel (M31) und der Dreiecksnebel (M33).

M

Magma ~ Geschmolzenes Gestein im Innern eines Planeten oder Mondes. Sobald es an die Oberfläche quillt, wird es als Lava bezeichnet.

Magnetfeld ~ Kraftfeld, das durch elektrische Ströme oder veränderliche elektrische Felder erzeugt wird. Viele Himmelskörper verfügen über ein Magnetfeld, das in ihrem Innern, an ihrer Oberfläche oder in ihrer Umgebung auftritt.

Magnetpol ~ Einer von zwei Punkten an der Oberfläche eines Planeten, Mondes oder Sterns, an dem die Magnetfeldlinien in den Raum austreten.

Mantel ~ Die Schicht im Innern eines Planeten oder Mondes, die zwischen Kruste und Kern liegt. Sie kann ganz aus Gestein oder aus einem Gemisch aus Eis und Gestein bestehen.

Mare (Mz: Maria) ~ Großes, dunkles Gebiet auf der Oberfläche des Mondes oder Mars, entstanden durch Lava, die sich einst in die Tiefebenen ergoss. Da die frühen Astronomen diese Flecken für ausgetrocknete Ozeane hielten, wählten sie die Bezeichnung *mare* (lateinisch „Meer").

Mehrfachsterne ~ Drei oder mehr Sterne, die infolge ihrer gegenseitigen Massenanziehung eine Gruppe bilden. Das sonnennächste Mehrfachsystem Alpha Centauri besteht aus drei Sternen: Alpha Centauri A und B sowie Proxima Centauri.

Meteor ~ Strichförmige Leuchterscheinung am Himmel, hervorgerufen durch kleinen Gesteins- oder Metallbrocken aus dem All, der beim Eintauchen in die Erdatmosphäre verglüht. Im Volksmund auch Sternschnuppe genannt.

Meteorit ~ Gesteins- oder Metallbrocken aus dem All, der den Durchgang durch die Erdatmosphäre überdauert und auf der Oberfläche eines Planeten oder Mondes landet.

Meteoroid ~ Gesteins- oder Metallbrocken, der die Sonne umrundet. Größere Stücke stammen meist von geborstenen Asteroiden, kleinere eher von Kometen.

Meteorschauer ~ Auch Meteorstrom genannt. Eine Schar von Meteoren, die in einem begrenzten Zeitraum aus einem kleinen Gebiet, dem so genannten Ausstrahlungspunkt, zu kommen scheinen. Meteorschauer treten dann auf, wenn die Erde einen Staubstrom durchquert, der häufig das Auflösungsprodukt eines Kometen ist. Die Namen der Meteorschauer gehen auf die Sternbilder zurück, in denen sich der Ausstrahlungspunkt befindet. Die Perseiden etwa, die wir um den 12. August sehen, scheinen aus dem Sternbild Perseus zu kommen und bestehen aus Staubteilchen des Kometen Swift-Tuttle.

Milchstraße ~ Die Galaxie, in der sich unser Sonnensystem befindet. Außerdem das schimmernde Lichtband, das sich über den Nachthimmel zieht und sich aus

unzähligen leuchtschwachen Sternen zusammensetzt. Seit altersher auch Galaxis genannt.
Mond ~ Der natürliche Satellit eines Planeten. Auch Trabant oder Begleiter genannt.
Mondlandefähre ~ Landemodul der Apollo-Raumschiffe, das jeweils zwei Astronauten auf der Mondoberfläche absetzte.
Mondsichel ~ Der schmale, gekrümmte Teil des Mondes, der zwischen Neumond und Erstem Viertel beziehungsweise zwischen Letztem Viertel und Neumond am Himmel zu sehen ist.

N

Nebel ~ Wolke aus interstellarem Gas und Staub, die hell oder dunkel sein kann; in manchen Fällen auch der Überrest einer Supernova oder eine abgestoßene Sternhülle. Früher galt der Begriff Nebel für alle unscharfen Objekte, also auch für Galaxien und Sternhaufen. Dieser Gebrauch ist heute nur noch vereinzelt üblich, z.B. beim Andromedanebel (richtiger: Andromeda-Galaxie). Echte Nebel gelten als Geburtstätten von Sternen.
Neumond ~ Mondphase, in der sich der Mond zwischen Erde und Sonne befindet und deshalb unsichtbar bleibt. Manchmal wird auch die dünne Sichel, die sich ein paar Tage nach Neumond tief am Abendhimmel zeigt, als Neumond bezeichnet.
Neutronenstern ~ Ein sehr kompakter, aus dicht gedrängten Neutronen zusammengesetzter Körper, der als Sternüberrest einer Supernova-Explosion gilt. Neutronensterne können in Form von Pulsaren beobachtet werden.
Nova ~ Weißer Zwerg in einem Doppelsternsystem, dessen Helligkeit plötzlich um mehrere Größenklassen ansteigt. Ein solcher Lichtausbruch ereignet sich, wenn der Weiße Zwerg seinem Begleiter so viel Gas entzieht, dass es zu einer Explosion kommt.

O

Offener Sternhaufen ~ Loser, durch die Gravitation zusammengehaltener Verband von Sternen mit einigen hundert bis tausend Mitgliedern.

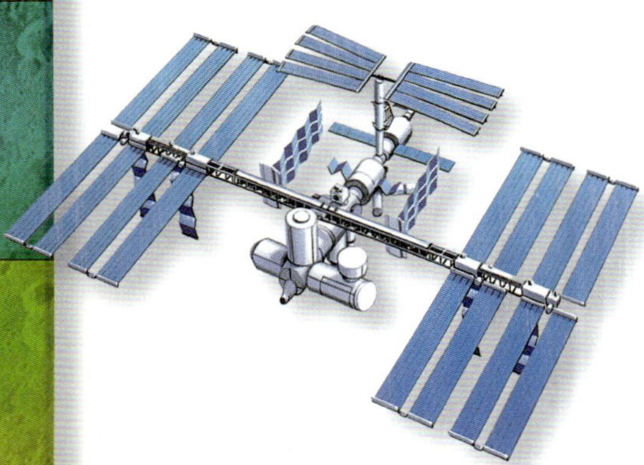

Oortsche Wolke ~ Ein Schwarm von Billionen Kometen, der die Sonne wie eine Kugelschale umgibt und sich vermutlich vom Kuiper-Gürtel mehr als zwei Lichtjahre ins All erstreckt.
Optisches Teleskop ~ Jedes Teleskop, das im Bereich des sichtbaren Lichtes arbeitet.
Orbit ~ Die Bahn, auf der ein Himmelskörper, z. B. die Erde, einen anderen Himmelskörper, z. B. die Sonne, umläuft.
Orbiter ~ Raumfahrzeuge oder Sonden, die einen Planeten oder Mond umkreisen.

P

Phase ~ Entwicklungsstufe, Erscheinungsform oder Zustand eines Gegenstands, z. B. die verschiedenen Erscheinungsformen des Mondes, je nachdem, wie er von der Sonne beleuchtet wird.
Photosphäre ~ Sichtbare äußere Begrenzung der Sonne oder eines anderen Sterns.
Planet ~ Großer Himmelskörper, z. B. Mars oder Jupiter, der einen Stern, z. B. die Sonne, umkreist. Planeten leuchten nicht selbst, sondern reflektieren das Licht ihres Zentralgestirns.
Planetarischer Nebel ~ Von einem sterbenden Stern abgestoßene Gashülle. Die irreführende Bezeichnung „planetarisch" hat damit zu tun, dass solche Nebel im Fernrohr planetenähnlich aussehen. Heute spricht man eher von einem Ringnebel.
Planetesimal ~ Kleinkörper aus der Frühzeit unseres Planetensystems, der sich durch Anlagerung von Materie aus dem Sonnen-Urnebel gebildet hat und sich durch Kollisionen allmählich zu einem großen Planeten entwickelt. Planetesimale bestehen überwiegend aus Gestein oder Eis.
Plattentektonik ~ Theorie, derzufolge die Erdkruste ein Mosaik aus etwa zwei Dutzend starren Platten ist, die auf dem geschmolzenen Gestein des Erdmantels schwimmen und sich ständig verschieben.
Polarlicht ~ Lichterscheinung am Himmel, hervorgerufen durch den Zusammenprall von elektrisch geladenen, im Magnetfeld der Erde eingefangenen Sonnenpartikeln mit Molekülen und Atomen der oberen Atmosphäre. Auch Nordlicht, Südlicht oder Aurora genannt.
Pole ~ Zwei gegenüberliegende Punkte auf der Oberfläche eines rotierenden Planeten, Mondes oder Sterns, die zugleich die Endpunkte der Rotationsachsen bilden.
Proto-Sonne ~ Verdichtung gasförmiger Materie im Zentrum des Sonnennebels, aus der später die Sonne entstand.
Protuberanz ~ Dichte, kühle Gaswolke, die von der Sonnenoberfläche in die Korona ragt. Sie wird durch Magnetfelder gehalten.

Ptolemäisches System ~ Auch als geozentrisch bezeichnetes Weltbild der Antike. Es stellt die Erde in den Mittelpunkt des Sonnensystems, umkreist von Sonne, Planeten und Sternen. An diesem Modell, das der griechische Astronom Claudius Ptolemäus um 150 n.Chr. beschrieb, hielt die Menschheit fast 1500 Jahre fest, ehe sie es durch das Kopernikanische System ersetzte.
Pulsar ~ Extrem dichter Neutronenstern, der sich rasch dreht und dabei Radiowellen aussendet. Diese werden in Form von gepulsten Signalen von den Radioteleskopen der Erde aufgefangen.
Pulsierender Veränderlicher ~ Stern, dessen Lichtwechsel durch eine regelmäßige Expansion und Kontraktion bewirkt wird.

Q

Quasar ~ Kurzform für quasistellare Radioquelle. Extrem energiereiche Strahlungsquelle im Zentralbereich einer fernen, leuchtstarken Galaxie. Wahrscheinliche Ursache dieser Strahlung ist Materie, die in ein Schwarzes Loch gesogen wird.

R

Radarastronomie ~ Im Gegensatz zur Radioastronomie nicht die passive Erforschung der Radiostrahlung, sondern das aktive Aussenden von Funkimpulsen zu nahen Himmelskörpern und die Untersuchung der reflektierten Signale. Auch Radio-Echo-Methode genannt.
Radioastronomie ~ Beobachtung und Untersuchung der Radiostrahlung von kosmischen Objekten.
Radioenergie ~ Unsichtbare Strahlung mit den größten Wellenlängen und den niedrigsten Frequenzen des elektromagnetischen Spektrums.
Radiogalaxie ~ Aktive Galaxie mit einer starken Radiostrahlungsquelle.
Radioteleskop ~ Gerät zur Beobachtung kosmischer Objekte im Bereich der Radiostrahlung.
Raumstation ~ Erdumkreisendes Raumschiff als Stützpunkt für einen längeren Aufenthalt von Menschen im All.
Reflektor ~ Spiegel oder andere Oberfläche zur Bündelung der auftreffenden Strahlen. Auch für ein Teleskop mit einem solchen Spiegel benutzt.

Reflexionsnebel ~ Interstellare Wolke, deren Staubpartikel das Licht naher Sterne reflektiert.
Refraktor ~ Eine Linse zur Bündelung der auftreffenden Strahlen. Auch für ein Linsenfernrohr benutzt.
Relativitätstheorie ~ Von Albert Einstein (1879–1955) entwickelte Gleichungssysteme. Sie beschreiben die Einflüsse von Bewegung und Gravitation auf das Gefüge von Zeit und Raum.
Ringe ~ Staubteilchen und Gesteinsbrocken, die einen Planeten in Ringsystemen umlaufen. Man nimmt an, dass die Ring-Bestandteile Überreste zerbrochener Monde sind.
Ringnebel ~ *Siehe* Planetarischer Nebel
Röntgenstrahlung ~ Unsichtbare Strahlung mit Wellenlängen zwischen denen von UV- und Gammastrahlung. Sie wird von extrem heißen Objekten und bei heftigen Aktivitäten ausgesandt, z. B. von explodierenden Sternen und bei der Kollision von Galaxien.
Rotation ~ Die Drehung eines Planeten, Mondes oder Sterns um seine Achse.
Rotationsachse ~ Eine gedachte Gerade durch das Zentrum von Planeten, Monden, Sternen und Galaxien, um die sich die genannten Objekte drehen.
Roter Riese ~ Alternder Stern, der den Wasserstoff in seinem Zentralbereich aufgebraucht hat; seine Außenhülle ist stark aufgebläht und relativ kühl. Viele Rote Riesen sind pulsierende Veränderliche.
Roter Überriese ~ Das Stadium eines Roten Riesen bei einem extrem großen und massereichen Stern.
Rover ~ Kleines, ferngesteuertes Fahrzeug, das die Oberfläche eines Planeten oder Mondes erkundet. Auch für das Allrad-„Mondauto" der Apollo-Astronauten verwendet.

S

Satellit ~ Jedes Objekt, das einen Himmelskörper umkreist. Man unterscheidet zwischen natürlichen Satelliten (Monden) und künstlichen Satelliten (Raumschiffen oder -stationen in einer Planeten-Umlaufbahn).
Satelliten-Galaxie ~ Kleiner, zu einer größeren Galaxie gehörender Sternverband.

Satelliten-Observatorium ~ Ein Teleskop, das die Erde oder Sonne umläuft, um Beobachtungsstörungen durch die Erdatmosphäre zu vermeiden.

Schwarzes Loch ~ Extrem kompakter Körper mit so hoher Anziehungskraft, dass keine Strahlung (also auch kein Licht) von ihm entweichen kann. Schwarze Löcher können je nach der Masse, die sie enthalten, sehr groß oder winzig klein sein.

Schwerkraft ~ *Siehe* Gravitation

Seyfert-Galaxie ~ Aktive Scheibengalaxie mit einem extrem hellen, sternähnlichen Kern; wurde erstmals 1943 von dem amerikanischen Astronomen Carl Seyfert entdeckt.

Sichtbares Licht ~ Strahlung, die das menschliche Auge wahrnehmen kann.

Siderischer Tag ~ Die Rotationsperiode eines Planeten, d. h. die Zeit, die er benötigt, um sich einmal um seine Achse zu drehen. Auf der Erde dauert ein siderischer Tag 23 Stunden 56 Minuten. Auch Sterntag genannt.

Sonde ~ Unbemanntes, von der Erde ausgesandtes Raumfahrzeug, das andere Planeten, Monde oder Asteroiden im Sonnensystem untersuchen soll. Die Daten, die es sammelt, werden als Funksignale zur Erde geschickt.

Sonnenflare ~ Explosionsartige Freisetzung von elektromagnetischer Strahlung und großen Mengen energiereicher Teilchen in der Chromosphäre. Kann als plötzliche Aufhellung in der Nähe von Sonnenflecken beobachtet werden. Oft erscheinen einige Tage später, wenn die Teilchen die Erde erreichen, Polarlichter am Nachthimmel.

Sonnensystem ~ Ursprünglich bezog sich dieser Begriff nur auf unsere Sonne und die sie umkreisenden Planeten, Monde, Kometen und Asteroiden. Heute wird er auch für andere Sterne und ihre Planetenfamilien verwendet.

Sonnentag ~ Die Zeit von einem Mittag zum nächsten. Auf der Erde dauert ein Sonnentag 24 Stunden.

Sonnenwende ~ Die beiden Zeitpunkte im Jahresablauf, an denen sich Auf- und Untergangsstellen der Sonne nicht weiter in der bisherigen Richtung verschieben, sondern wieder umkehren. Der Pol neigt sich jetzt am stärksten der Sonne zu (oder kippt am stärksten von ihr weg) und die Sonne erreicht mittags ihre höchste (oder tiefste Stellung) am Himmel. Die Sonnenwende, lateinisch Solstitium, kennzeichnet den Beginn des Sommers und Winters.

Sonnenwind ~ Von der Sonne ausgehende Strömung elektrisch geladener Teilchen und Magnetfelder.

Spaceshuttle ~ Wieder verwendbare Raumfähre der NASA, die Menschen und Fracht in eine Umlaufbahn um die Erde bringt. Die NASA besitzt insgesamt drei Raumfähren: Discovery, Atlantis und Endeavour.

Spektrograph ~ Instrument zur Aufspaltung des Lichts in die verschiedenen Wellenlängen des Spektrums und dessen fotografische Aufzeichnung.

Spektrum ~ Die Regenbogenfarben des sichtbaren Lichts, das von der Sonne oder einem Stern ausgestrahlt wird. Man erhält sie durch Brechung der Lichtstrahlen in einem Prisma oder Spektrographen. Häufig auch für das gesamte elektromagnetische Spektrum verwendet.

Spiralarm ~ Dichte, gekrümmte Region in der Scheibe einer Spiralgalaxie, die besonders viele Sterne und Gaswolken enthält.

Spiralgalaxie ~ Große Scheibengalaxie mit hellen Sternen und Gaswolken, die zu mehreren, gekrümmt vom Kern nach außen verlaufenden Spiralarmen gruppiert sind. Eine Sonderform ist die Balkenspirale, die einen länglichen Kern und nur zwei Spiralarme besitzt.

Stern ~ Selbst leuchtende Gaskugel, die ihre Strahlungsenergie aus Nuklearreaktionen in ihrem Innern erhält. Unsere Sonne ist ein Stern.

Sternassoziation ~ Verband von höchstens hundert jungen Sternen, die sich gemeinsam entwickelten und mittlerweile lose über hunderte von Lichtjahren verteilen. Die hellen Sterne von Perseus gehören zu drei Assoziationen.

Sternbild ~ Gruppe von Sternen, die zu einer Figur oder einem Bild zusammengefügt wurden. Es gibt heute 88 Sternbilder, die sich meist auf die Sternmythen und -legenden des Altertums beziehen. Auch Konstellation genannt.

Sterntag ~ *Siehe* Siderischer Tag

Sternwolke ~ Bereich innerhalb der Milchstraße, in dem die Sterne so dicht stehen, dass sie wie eine Wolke aussehen.

Strahlung ~ Energie, die sich in Form von Wellen- oder Teilchenstrahlen ausbreitet.

Strahlungszone ~ Mittlere Schicht der Sonne (und anderer Sterne), in der Energie durch Strahlung nach außen transportiert wird. Sie liegt zwischen Zentralbereich und Konvektionszone.

Superhaufen ~ Loser Verband von mehreren durch die Gravitation zusammengehaltenen Galaxienhaufen. Der Lokale Superhaufen enthält die Lokale Gruppe, den Virgo-Haufen und andere Galaxienhaufen.

Supernova ~ Sternexplosion, bei der ein massereicher Stern unter extremer Helligkeitsentwicklung seine Atmosphärehülle abstößt. Zu einer Supernova kommt es, wenn ein Riesenstern seinen Wasserstoffvorrat verbraucht hat oder wenn ein Stern zu viel Gas von seinem Begleiter zu sich herüberzieht.

Supernova-Überrest ~ Expandierende Gaswolke aus den Materieresten einer Supernova

T

Tag (Rotationsperiode und Sonnentag) ~ Der siderische Tag oder Sterntag eines Planeten oder Mondes entspricht seiner Rotationsperiode – der Zeit, in der er sich einmal vollständig um seine Achse dreht. Der Sonnentag ist dagegen die Zeitspanne von einem Mittag zum nächsten.

Tagundnachtgleiche ~ Der Moment, an dem die Sonne den Himmelsäquator von Süden nach Norden oder von Norden nach Süden überquert und direkt über dem Äquator eines Planeten zu stehen scheint. Zu diesem Zeitpunkt sind überall auf dem Planeten Tag und Nacht gleich lang.

Teleskop ~ Jedes Instrument, das Licht oder sonstige Strahlung sammelt und auf diese Weise die Beobachtung von Himmelsobjekten erleichtert.

Tierkreis ~ Ein Band von 12 Sternbildern, das die Sonne im Lauf des Jahrs zu durchwandern scheint. Die Sternbilder sind: Fische, Widder, Stier, Zwillinge, Krebs, Löwe, Jungfrau, Waage, Skorpion, Schütze, Steinbock und Wassermann.

Treibhauseffekt ~ Die Erwärmung einer Planetenoberfläche durch eingefangene Sonnenstrahlung. Kurzwelliges Sonnenlicht durchdringt die Atmosphäre ungehindert und heizt die Oberfläche auf. Dagegen blockiert die Gashülle einen Teil der langwelligen Wärmestrahlung, die von der Oberfläche abgegeben wird, sodass sich die oberflächennahen Schichten immer stärker erwärmen. Auch Glashauseffekt genannt.

Trojaner ~ Zwei Gruppen von Asteroiden, welche die Sonne auf der gleichen Bahn wie Jupiter umlaufen, eine vor und eine hinter dem Riesenplaneten.

U

Ultraviolettstrahlung ~ Unsichtbare Strahlung mit kürzeren Wellenlängen und höheren Frequenzen als beim sichtbaren Licht. Die UV-Strahlung der Sonne verursacht den Sonnenbrand.

Universum ~ Das Weltall mit allen Galaxien, Schwarzen Löchern, Sternen, Nebeln, Monden, Planeten, Kometen, Asteroiden, Meteoroiden und Staubpartikeln. Auch wir sind Teil des Universums!

Urknall ~ Anfang des Universums, bei dem das Weltall in einer gewaltigen Explosion aus einem Zustand unendlicher Dichte hervorging. Auch Big Bang genannt.

V

Veränderlicher Stern ~ Stern, dessen Helligkeit sich im Lauf der Zeit ändert. Zu den regelmäßigen Veränderlichen gehören Bedeckungs- und Pulsationsveränderliche.

Vollmond ~ Mondphase, in der die Mondscheibe vollständig von der Sonne erhellt wird.

Vorbeiflug ~ Eine Weltraum-Mission zu einem Planeten oder Mond, bei dem die Sonde weder landet noch in eine Umlaufbahn einschwenkt. Das ist in der Regel die erste Stufe einer Erkundung, gefolgt von einem Orbiter und dann einem Lander. Vorbeiflug-Sonden und Missionen werden oft als „Flyby" bezeichnet.

W

Weißer Zwerg ~ Alter, extrem dichter und heißer Stern; in der Regel der Überrest eines Roten Riesen.

Wellenlänge ~ Abstand zwischen zwei Wellenbergen.

Weltraum ~ Das Universum jenseits der Erdatmosphäre. Die Grenze ist fließend und beginnt ungefähr 160 Kilometer oberhalb der Erde.

Weltraumteleskop ~ Im Allgemeinen jedes Teleskop an Bord eines Satelliten oder Raumfahrzeugs. Das Hubble-Weltraumteleskop, benannt nach dem amerikanischen Astronomen Edwin Hubble (1889 – 1953), wurde von der NASA 1990 ausgesetzt.

Z

Zone ~ Ein helles Wolkenband in der Atmosphäre eines Gasriesen.

Register

Danksagungen

Weldon Owen möchte folgenden Personen für ihre Hilfe bei der Fertigstellung dieses Buches danken: Helen Bateman, Mike Croll, Michael Hann, Veronica Hilton, John Mapps, Stuart McVicar, Cliff Watt.

Fotonachweis: AAO = Anglo-Australian Observatory, AF = Akira Fujii, ESO = European Southern Observatory, NOAO = National Optical Astronomy Observatories, ROE = Royal Observatory, Edinburgh, SPL = Science Photo Library, STScI = Space Telescope Science Institute, TPL = The Photo Library, Sydney, TS =Tom Stack & Associates
o=oben, **u**=unten, **m**=Mitte, **l**=links, **r**=rechts
3 Oliver Strewe/Weldon Owen; **8o** Superstock; **m** TPL/Rev.Ronald Royer/SPL; **u** TPL/NASA/DVR/SPL; **9** TPL; **10ul** AAO/ROE; **ur** TPL/STScI/SPL; **11or** TPL/Kim Gordon/SPL; **12ul** TPL/NASA/SPL; **ur** The Observatories of the Carnegie Institute of Washington; **13ol** NOAO; **mr** ESO; **14** The Bridgeman Art Library/British Museum, London; **15ol** William Austral/MacQuitty/Camera Press; **or** The Granger Collection; **m** TPL/Paul Thompson; **18o** ASP/Mt Wilson and Las Campanas Observatories; **19ol** Malin/IAC/RGO; **or** TPL/Hale Observatories/SPL; **20ol** Richard J. Wainscoat; **or** Corbis/Roger Ressemeyer; **21ul** TPL/David Nunuk/SPL; **ur** TPL/NASA/SPL; **22l** TPL/Max Planck Institute/SPL; **r** STScI/NASA 25 **o** TPL/NASA/SPL; **ml** Novosti, London; **mr** TPL/NASA/SPL; **u** TPL/NASA/SPL; **27** TPL/NASA/SPL; **32or** Tony & Daphne Hallas/Astrophoto; **ml** TPL/NASA/SPL; **mr** TPL/SPL 33 **ul** TPL/Geoff Tomkinson/SPL; **34** TS/JPL/TSADO; **36ml** NASA; **mr** TPL/SPL/David P. Anderson/NASA; **38ol** Auscape/Maurice & Katia Krafft; **or** TPL/Ted Mead; **39m** NASA; **u** TPL/SPL/NASA; **40m** A; **u** NASA; **42ml** TPL/SPL/BMDO/NRL/LLNL; **mr** NASA; **44or** TPL/Fred Espenak/SPL; **mr** TPL/John Sanford/SPL; **ur** AF; **46or** TPL/John Sanford/SP; **mr** TPL/David Nunuk/SPL; **48ml** TPL/USGS/SPL; **mr** TPL/NASA/SPL; **50o**NASA; **mr** NASA; **ml** John Hopkins University Applied Physics Laboratory; **u** TPL/NASA/SPL; **52o** TPL/NASA/SPL; **ml** NASA; **mr** NASA; **u** TPL/NASA/SPL; **56** NASA/JPL; **58** NASA; **60** TPL/STScI; **62** TPL/John Chumack; **63ul** TPL/SPL; **ur** TPL/European Space Agency/SPL; **64ul** NASA/STScI; **ur** NASA/STScI; **64-65** NASA/STScI; **65om** NASA/STScI; **ul** AAO/David Malin; **ur** TPL/Fred Espenak/SPL; **66o** TPL/ROE; **m** AAO/David Malin; **u** TPL/STScI/NASA; **67or** TPL/I.M House; **m** TPL/STScI/NASA; **ul** AAO/David Malin; **ur** AAO/David Malin; **68ur** TPL/Lick Observatory; **70ul** NASA/STScI; **71ur** AF; **72ml** AAO/ROE; **mr** NASA/STScI; **76o** AF; **78o** NASA/STScI; **om** NASA/STScI; **m** TPL/Tony Hallas/SPL; **um** AF, **u** AAO/ David Malin; **79ul** TPL/NASA/SPL; **ur** TPL/Fred Espenak/SPL; **80o** AAO/David Malin; **m** NASA/STScI; **82** AAO/ROE; **83ol** TPL/NASA/SPL; **om** AAO/ROE; **or** TPL/SPL; **84o** NASA/Chandra X-Ray Observatory/MFSC; **mo** NASA/STScI; **mu** TPL/SPL/AAO/David Malin; **u** TPL/Max Planck Institute/SPL; **86m** NASA/STScI; **87m**TPL/NASA/SPL; **88o** David Miller; **m** Jerry Schad; **ul** Oliver Strewe/Weldon Owen; **br** AF; **90-91** The Granger Collection, New York; **91o** Alan Dyer; **m** British Library, London; **92ul** TPL/Pekka Parviainen/SPL; **94o** AF; **m** AF; **95ot** A; **m** TPL/SPL; **96o** TPL/Kim Gordon; **m** NOAO; **97** AF; **98ml** TPL/Celestial Image Pict/SPL; **mr** Bill and Sally Fletcher; **99o** TPL/SPL; **mr** TPL/Kim Gordon/SPL; **100om** TPL/Kim Gordon/SPL; **um** TPL/Tony Hallas/SPL; **10lo** TS/Bill and Sally Fletcher; **m** TPL/John Sanford; **102ml** TPL/SPL; **mr** TPL/SPL; **103mc** AAO/David Malin, **mr** TPL/Fred Espenak/SPL; **104** AF; **105o** AAO/David Malin; **m** AF; **106o** TPL/Tony Hallas/SPL; **m** TPL/J. Hester & P. Scowen/SPL; **107ml** TPL/SPL; **mr** AAO/ROE; **108o** AAO/David Malin; **m** TPL/NOAO/SPL; **109m** TPL/SPL; **o** AAO/David Malin; **121** TPL/NASA/SPL.

Illustrationsnachweis: Wildlife Art Ltd.
18-25, 120mr, 121ur, 121mr, 124ul, **Tom Connell**; 1(Sternbilder), 14-17, 94-109, 116mr, 117or, 120ml, 120ul, 120m, 123or, 125ul **Luigi Gallante**; 68-73, 78-83, 117ul, 118m, 121or, **Lee Gibbons**; 1m, 3, 8-13, 26-65, 66-67 (digitale Bearbeitung), 74-78, 84-87, 90-93, 112mr, 113-115, 117ur, 118or, 119or, 120r, 121ol, 121ml, 121m, 121um, 122, 123u, 124ur, 124or, 125or, **David A. Hardy**; alle „Mach mit“-Projekte und „Wissenswertes“-Kästchen, 119bl, 120tl, 12tr, **Sandra Pond**; 38bc, 38br, 39bl, 39br, 88-89, **Jonathon Potter**.